SPYRIDON MARINATOS · KRETA, THERA UND DAS MYKENISCHE HELLAS

SPYRIDON MARINATOS

KRETA, THERA UND DAS MYKENISCHE HELLAS

Aufnahmen von Max Hirmer

HIRMER VERLAG MÜNCHEN

2. überarbeitete und erweiterte Auflage 1973
 – Klischees: Brend'amour, Simhart & Co., München, und Chemigraphia Gebr. Czech, München – Satz und Druck: Kastner & Callwey, München – Buchbinderarbeiten: Grimm & Bleicher, München – Holzfreie Papiere: Papierfabrik Scheufelen, Oberlenningen – Umschlagentwurf: Eugen O. Sporer, München
ISBN 3 7774 2600 8

In höchster Verehrung widme ich dieses Buch
dem Andenken meiner Lehrer

GEORG KARO

FERDINAND NOACK

GERHART RODENWALDT

und dem Beseeler der Archäologie

MAX HIRMER

VORWORT ZUR 2. AUFLAGE

Das große Interesse, das der Erstauflage entgegengebracht worden ist, hätte bereits wenige Jahre nach ihrem Erscheinen eine Zweitauflage erfordert. Aber erst jetzt sind die Ausgrabungen der neuest entdeckten minoischen Denkmäler soweit fortgeschritten bzw. zu einem gewissen Abschluß gekommen, daß die Befunde in die erwartete Neuauflage dieses Werkes eingebaut werden konnten.

In dieser Neuauflage sind der minoischen Welt nunmehr zwei Kapitel gewidmet, eines Kreta, das zweite den epochalen Entdeckungen auf Thera. Wie in der ersten Auflage schließt das Werk mit dem, nun sehr bereicherten, Kapitel über das mykenische Hellas.

Die Ergänzungen innerhalb des Kapitels Kreta bringen in erster Linie die wichtigen Ergebnisse, die Nikolaos Platon bei der modernst und mit aller wissenschaftlichen Akribie durchgeführten Ausgrabung des im Osten der Insel gelegenen Palastes von Zakros gewonnen hat. Ergebnisse, die für die Gesamtbeurteilung des Problems der Herrscherpaläste auf Kreta von großer Wichtigkeit sind. Auf die übrigen großen Paläste der Insel projiziert, zeigen sie deutlich, daß es sich bei diesen, wie stets angenommen, allgemein um fürstliche Residenzen und keineswegs um Totenpaläste handelte.

Was auf Thera, der dem minoischen Kulturkreis angehörenden, von Kreta kaum 120 km entfernt liegenden südlichsten Kykladeninsel ans Tageslicht gekommen ist, bedeutet in seinen Ergebnissen das große archäologische Ereignis der neuesten Zeit. Es handelt sich um die Freilegung einer dem Spätminoikum I angehörenden, nahe dem heutigen Dorfe Akrotiri gelegenen kleineren Stadt mit den Häusern reicher Kaufleute und Schiffseigner. Um 1500 v. Chr., durch ein starkes Erdbeben zerstört, ist die Stadt zufolge Vulkanausbruchs bis zu 3 m Höhe mit Bimsstein überdeckt und hoch mit vulkanischer Asche überschüttet worden. Was die Ausgrabungen unter der Leitung von Spyridon Marinatos wieder ans Tageslicht brachten, steht vor uns wie ein zweites, allerdings um 1600 Jahre älteres Pompeji. Ein Schatz großartiger Wandmalereien und edler Keramik ist geborgen und nunmehr im Nationalmuseum in Athen ausgestellt.

Dem dritten Teil des Buches, der dem mykenischen Hellas gewidmet ist, ist das Kapitel über das Wesen der mykenischen Kultur, die hier unter den verschiedensten Aspekten geistreich beleuchtet wird, eingefügt. Mit diesem Kapitel schließt sich in der Darstellung der mykenischen Geisteswelt eine der Erstauflage anhaftende Lücke.

Der textlichen Ausweitung und Ergänzung des Werkes in seiner zweiten Auflage entspricht die beträchtliche Vergrößerung des Bildteiles, der nunmehr 318 Tafeln, darunter 58 in Farbe umfaßt.

Allen, die dem Zustandekommen der Erweiterung dieser Neuauflage des Werkes mit ihrer Hilfe zur Seite standen, gilt mein aufrichtiger Dank: Prof. Dr. Nikolaos Platon, Saloniki; Direktor Dr. Stylianos Alexiou, Archäologisches Museum, Iraklion; Dr. Costis Davaras, Museum Hagios Nikolaos; den Direktoren Dr. Basilios Kallipolitis und Dr. Nikolaos Yalouris, Nationalmuseum Athen, sowie Prof. Dr. G. E. Mylonas, Athen.

Meinem Sohne Albert Hirmer danke ich für die Anfertigung der Neuaufnahmen und für seine Arbeit an der Gesamtgestaltung des Bandes.

Von ganzem Herzen danke ich endlich Prof. Dr. Dr. h. c. Spyridon Marinatos, dem Generalsekretär der Archäologischen Forschungen in Griechenland, für seine erneute Autorschaft und für seine stete Freundschaft. Trotz der Überlast der ihm auferlegten mannigfachen archäologischen Arbeiten und der anstrengenden Ausgrabungstätigkeit auf Thera hat er sich der Abfassung der neuen Kapitel und der Überarbeitung des Textes der ersten Auflage unterzogen, alles mit der ihm eigenen, immer gleich jugendlichen Begeisterung für seine Wissenschaft.

München, Sommer 1973

MAX HIRMER

VORWORT ZUR 1. AUFLAGE

Kretas archäologische Erforschung ist das Spatenwerk der letzten sechzig Jahre. Erst um die Wende zu unserem Jahrhundert konnten die bahnbrechenden Arbeiten einsetzen, die Knossos und Phaistos und die anderen bedeutenden Denkmäler der Insel wieder ans Licht brachten und mit ihnen die Schätze aller übrigen Gattungen der Künste.

Ist auf Kreta die grundlegende Forscherarbeit mit dem Namen von Sir Arthur Evans unauslöschlich verknüpft, so im mykenischen Hellas mit dem Namen von Heinrich Schliemann. Mykenai, Tiryns, Orchomenos erstanden wieder vor uns durch ihn. In zäher archäologischer Arbeit von über acht Jahrzehnten erschloß sich uns mehr und mehr die Weite des mykenischen Kulturraumes, bis in den allerletzten Jahren noch in der Südwest-Peloponnes mit Pylos ein weiteres wichtiges Zentrum der mykenischen Kultur entdeckt und erforscht wurde.

Veröffentlichungen über Kreta und das mykenische Hellas sind dank der Forschungen der Archäologen aller Kulturländer, nicht zuletzt der Griechen, zahlreich; viele sind von hohem wissenschaftlichen Rang und großem archäologischen Wert. Dennoch fehlte für einen weiteren Kreis interessierter Menschen die Zusammenfassung der Denkmäler in einer Form, die im Wort ihrer wissenschaftlichen Bedeutung, im Bild ihrer künstlerischen Schönheit in gleichem Maße gerecht wird. Dies ist die Aufgabe des vorliegenden Werkes. Bei aller wissenschaftlichen Treue sind seine Bilder nicht zuletzt um der Schönheit willen geschaffen.

Der Monumentalität der Architektur und dem Zauber der Landschaft, die sie umschließt, sind die Bilder gewidmet, weiterhin den Fresken der Paläste und Villen. Diese sind hier aber nur insoweit wiedergegeben als wirklich Erhaltenes gezeigt werden kann und nicht Entstellung durch verwirrende Ergänzung moderner Hände. Weiterhin entrollt sich vor uns die unendliche Fülle alles dessen, was das Leben der Menschen der minoischen Zeit auf Kreta und der mykenischen Zeit in Hellas umgab: der Zauber der Werke der Kleinkunst und des Kunstgewerbes aller Art. Darüber aber steht als gewaltiges Monument der frühmykenischen Zeit der riesige und einzigartige Fund aus den Schachtgräbern von Mykenai: die Goldmasken der Könige, ihr und ihrer Frauen Schmuck, ihre Wehr und die Fülle der Goldgefäße, die teils dem Opferdienst, teils dem täglichen Leben dienten, die Goldsiegelringe und Gemmen, deren viele das religiöse Denken der Zeit widerspiegeln.

Durchweg in Neuaufnahmen ist das Bedeutendste zu zeigen versucht.

Daß diese Neuaufnahmen erfolgen konnten, dankt der Unterzeichnete der fördernden Hilfe der griechischen Institutionen und Gelehrten. So dem Archäologischen Rat des Staates sowie dem Generaldirektor der Altertümer im Kultusministerium, Herrn Dr. Joannes Papadimitriu; dann insbesondere dem Direktor des Nationalmuseums in Athen, Herrn Professor Dr. Christos Karusos, und dem Direktor des Archäologischen Museums in Iraklion, Herrn Dr. Nikolas Platon, und seinem Mitarbeiter, Herrn Dr. Stylianos Alexiou; schließlich auch dem Direktor des Italienischen Archäologischen Instituts in Athen, Herrn Professor Dr. Doro Levi. Herr Dr. Stelios Giamalakis, Iraklion, hat seine wertvolle Privatsammlung zu Aufnahmen für dieses Werk zur Verfügung gestellt, wofür auch hier nochmals gedankt sei. Herrn Dr. Franz Willemsen, Archäologisches Seminar der Universität München, sei Dank gesagt für seine Mühewaltung bei der Zusammenstellung der zahlreichen Grundrisse und Rekonstruktionen, die dieses Buch bereichern.

Endlich gilt der Dank des Unterzeichneten wieder seiner Mitarbeiterin, Fräulein Julia Asen, die mit ihm zusammen die oft sehr schwierigen Aufnahmen durchgeführt hat.

Max Hirmer

KRETA

DIE INSEL KRETA

Die Geschichte der Kultur und der Kunst der griechischen Länder ist ebenso vielgestaltig und kontrastreich wie ihre Landschaften verschiedenartig und ihre Küsten stark gegliedert sind. Das Leben in Griechenland ist ungefähr ebenso alt wie im übrigen Europa. Neueste Funde in Thessalien haben bewiesen, daß dieses Gebiet in der älteren paläolithischen Zeit von Menschen besiedelt war. Riesige Überschwemmungen, Schlammanhäufungen und zum Teil starke geologische Veränderungen haben diesem uralten Leben ein jähes Ende bereitet.

Kretas Stellung in dieser ältesten Welt ist noch unklar. Diese Insel hat jedenfalls von jeher eine kleine selbständige Welt mit zum Teil eigener Fauna für sich gebildet. Die Höhlenbären und der Elephas creticus bezeugen es. Wann die Insel vom übrigen Rumpfe, der aus dem Urmeer, der Tethys, ragte, abgetrennt wurde, ist nicht genau bekannt. Im Altertum und auch heute fehlen auf Kreta manche im übrigen Griechenland häufige Tiere, wie Wolf, Fuchs, Adler und auch die echte Eule. Mit Ausnahme des Wolfes sind sie nicht nur auf dem Festland, sondern selbst auf den kleineren Inseln verbreitet. An Wildtieren sind auf Kreta nur Steinbock – das berühmteste Tier in der Kunst und Literatur der Insel –, Dachs, Wildkatze und Wiesel zu erwähnen. Schon die Alten haben diese Beobachtung gemacht, denn sie sagten, daß Zeus seine Geburtsinsel von schädlichem Getier freigemacht oder daß Herakles die Insel gereinigt habe, so daß es »nichts mehr an Wildtieren, wie Bären, Wölfen, Schlangen und ähnlichem« gebe. Freilich ist das übertrieben, denn es gibt Schlangen und unter ihnen die giftige Viper. Skorpione, deren Stich schmerzhaft, aber nicht lebensgefährlich ist, sind zahlreich vorhanden. Gefährlicher ist eine giftige Spinne, die besonders im Osten Kretas vorkommt, Rogalida genannt, deren Biß den Tod verursachen kann, wie die Ärzte der Insel versichern. Plinius berichtet schon über diese Spinne (Diodor IV, 17; Plinius Hist. Nat. VIII, 83).

Die ältesten wirklichen Kulturen wurden auf unserer Erde dort geboren, wo der Mensch nicht hart mit den Elementen um seine Existenz zu kämpfen hatte. Weder in den vereisten Zonen noch unter der glühenden Sonne des Äquators sind bedeutende Kulturen entstanden. Ein gemäßigteres Klima und fruchtbares Ackerland, dessen Erträge ohne große Mühe die Ernährung sicherten, ließen Kräfte zur Entwicklung der Kultur frei. Von großen Strömen bewässerte Ebenen und Täler mit sicheren jährlichen Ernten scheinen die idealen Voraussetzungen zu sein. Unter diesen Bedingungen sind in China, Indien, Mesopotamien und Ägypten die ältesten Kulturen entstanden. Kreta, das eine ebenso alte und jedenfalls die älteste Kultur auf europäischem Boden entwickelte, war freilich nicht so begünstigt; es besaß aber alles Notwendige in ausreichendem Maße. Zahlreich und fruchtbar sind seine kleinen, für Griechenland typischen Ebenen, Täler und ackerbaufähigen Terrassen. Die Messaraebene im südlichen Zentralteil der Insel ist mit über 40 km Länge und 6 bis 12 km Breite für griechische Verhältnisse sogar groß. Doch sind gerade die Inselteile, in denen die Kultur erwuchs, wasserarm. Tatsache ist, daß die Ackerländer in verschiedenen Höhen liegen, die die Ernte zu verschiedener Zeit reifen lassen. Andererseits läßt sich freilich beobachten, daß der vielgepriesene Frühlings- und Frühsommerregen, für den schon in prähistorischer Zeit zum Himmel gebetet wurde, nicht überall gleich günstig ist. Ein April- oder Mairegen, der die höherliegenden Gegenden begünstigt, ist wenige Kilometer weiter in tieferer Lage der Ernte schädlich. Weiterhin ist Kreta durch drei große und viele kleine Gebirgsmassive sehr stark gegliedert und die klimatische Abstufung wirkt sich günstig aus. Die großen Gebirgszüge – Leuka im Westen, Ida in der Mitte und

Dikte im Osten – sind alle über 2000 m hoch. Der Gipfel des Ida erreicht fast 2500 m. An vielen Stellen sind die Bergabhänge sanft geneigt und gangbar. Einst bedeckten diese Berge große Wälder von Eichen, Zypressen und Tannen (Abies cephallenica), von denen jetzt nur noch Spuren vorhanden sind. Abies cephallenica ist in den verkohlten Resten der einstigen Säulen des Palastes von Knossos erkannt worden; aus Zedernholz gefertigte Stiele von Doppeläxten waren sicher einheimische und keine importierten Hölzer.[1] In den tiefen Schluchten unter den Bergspitzen gibt es ewigen Schnee, da der erste Neuschnee in jedem Jahr noch die letzten Reste des vorjährigen trifft. Einige Quellen haben deshalb genügend Wasser; es gibt sogar einige Kleinflüsse, die immer Wasser führen. Nicht nur größere Viehherden können sich erhalten, auch kleine Ackerbaugebiete werden selbst im Hochsommer regelmäßig bewässert. Hoch oben auf dem Ida war und ist daher noch heute Besiedlung möglich. Ein kleines Bergplateau, bis heute Nida genannt, das 1600 m über dem Meer liegt, war schon in minoischer Zeit ein Zentrum nicht nur des religiösen Lebens. Die berühmte Idagrotte sowie die ein paar Stunden weiter südlich liegende Grotte von Kamares, aber auch noch andere, sind Zeugen des regen Lebens in den ihnen naheliegenden Gebieten. Zwei Quellen flankieren die Zeusgrotte am Ida; weiter nördlich und tiefer gelegen ist eine andere, noch stärkere Quelle. Nur die Hirten kennen sie da oben zwischen Himmel und Erde. Von den Hirten wird man auch mit Überraschung hören, daß die Quelle Zominthos heißt, ein prähistorischer Name, der, sonst unbekannt, bis heute im Munde des Volkes lebt. Kanethos heißt eine andere Quelle des Ida, wohl auch ein prähistorischer Name.

Ein weit größeres fruchtbares Plateau liegt auf dem östlichen Berg Dikte, 860 m über dem Meere. Auch hier gab es blühende Siedlungen, berühmte Grotten, um die sich natürlich auch Legenden bildeten. Sanfte Hänge machen in allen Höhenlagen Viehzucht und sogar den Ackerbau möglich. Tiefe, oft tunnelartige Schluchten, von deren Grund der Himmel häufig nicht mehr zu sehen ist, zerreißen die Berge und ermöglichen den Verkehr von Norden nach Süden. Nimbros und Samaria sind ihrer wilden Schönheit wegen besonders berühmt.

Diese Gegebenheiten ermöglichten das Leben überall auf Kreta: von den hohen Berglandschaften, die im Winter regelmäßig mit Schnee bedeckt sind, bis tief zu den sandigen Küstenstreifen im Süden, wo ein geradezu subtropisches Klima herrscht und wo die Schwalben überwintern. Es ist leicht zu begreifen, wie unerhört verschiedenartig die Erzeugnisse in einem Gebiet sein mußten, in dem innerhalb einer Entfernung von wenigen Stunden warmes Klima mit kälterem abwechselt. Es gibt kaum einen zweiten Landstrich in Hellas, wo heute mit gleichem Erfolg Weizen und Wein, Orangen, Öl, Rosinen, Kirschen, Tomaten, Äpfel, Bananen, Kastanien und Melonen angebaut werden. Nach den Kunstwerken und Schrifttafeln zu urteilen, weideten einst große Herden von Ochsen, Schafen und Schweinen auf der Insel, deren Pflanzenwelt damals viel üppiger und bunter war als heute. Damals existierten noch Palmenwälder, deren letzte Spuren bis heute im Osten der Insel zu sehen sind. Vielleicht gab es auch Papyros, zumindest – wie die Kunstwerke bezeugen – in den Teichen der Palastgärten, und Zuckerrohr, das heute hier und da zu finden ist und das nach der Überlieferung von ägyptischen Soldaten eingeführt wurde.

Alle diese Tatsachen lassen leicht verstehen, daß die Insel eine selbständige geographische und wirtschaftliche Einheit bildete, die alle notwendigen Voraussetzungen für ein behagliches Leben und folglich auch für die Entwicklung einer Kultur besaß.

Das gemäßigte Klima, die reichen Erzeugnisse des Landes und der besonders empfindsame und bewegliche Charakter der minoischen Rasse ermöglichten in kurzer Zeit die Entwicklung jener frohen, farbenliebenden und lebensfreudigen Kultur, die uns erst im beginnenden 20. Jahrhundert wieder erschlossen wurde. Noch bevor einige ihrer schönsten Erzeugnisse auf der Insel selbst gefunden wurden, waren sie in Ägypten ausgegraben worden: es waren die Kamaresvasen, die sicherlich nicht leer, sondern gefüllt mit Kretas feinen

Wirtschaftserzeugnissen ihren Weg bis zu den Siedlungen des Fayums am Anfang des 2. Jahrtausends v. Chr. gefunden hatten. Die minoische Kultur verdankte die Möglichkeit ihrer Ausbreitung der bevorzugten geographischen Lage der Insel. Im Zentrum des östlichen Mittelmeeres »lag diese Insel sehr günstig für die Ausfahrten in alle Welt« (Diodor IV, 17).

Kretas Naturprodukte waren während des ganzen Altertums berühmt. Öl, Honig, Fische, Feigen und andere Früchte und eine Menge von aromatischen und medizinischen Kräutern werden von den Schriftstellern erwähnt, manche Früchte sind in verkohltem Zustand ausgegraben worden, manche sind auf Kunstwerken dargestellt zu sehen.

Alle diese Produkte des Landes wie auch die handwerklichen Erzeugnisse bildeten einen Teil von Kretas Reichtum. Sie wurden über das Meer exportiert, das der Insel zugleich unschätzbaren Schutz gegen feindliche Angriffe bot, die für die übrigen Kulturen eine ständige Bedrohung waren. Ägypten war in jeder Periode seiner Geschichte bedroht: von Nubiern, Libyern, syrischen Beduinen, Hethitern und Assyrobabyloniern. Seine Kulturentwicklung wurde mehrmals unterbrochen. Die sumerische Kultur Mesopotamiens wurde durch die semitischen Akkadier vernichtet, während diese selber unter elamitischen und kassitischen Einfällen schwer zu leiden hatten. Kreta ist, soweit wir das heute beurteilen können, bis zur Ankunft der Achaier wohl nie von Feinden gestört worden. Es hat außerdem sehr früh das erzielt, was die später kommenden Griechen nie erreicht haben: den inneren Frieden – treffend »pax minoica« genannt –, unter dem es seine sanfte, idyllische und das friedliche Leben widerspiegelnde Kunst entwickelt hat. Das gesamte Altertum und auch die anschließenden Zeiten haben nie vergessen, daß Kreta einst eine große und glückliche Insel war. Homer nennt sie mit bezeichnenden Ausdrücken schön und fruchtbar und dicht bevölkert. Andere Schriftsteller beschreiben sie als »groß, fett und weidenreich«, nennen sie die Insel der Seligen und preisen sie. Als die Araber am Anfang des 9. Jahrhunderts n. Chr. von Spanien aus gegen Kreta fuhren, verkündete ihr Anführer Abu-Hafs seinen Piraten, sie würden eine Insel erobern, auf der Milch und Honig fließe, und manche modernen Schriftsteller haben im minoischen Kreta und seiner Kultur ein Land und ein Volk von Glückseligen erkennen wollen, nämlich Scheria mit den Phäaken oder sogar das platonische Atlantis.

ZUR GESCHICHTE UND KULTUR VON KRETA

Soweit wir heute ersehen können, erscheint auf Kreta der Mensch in einer schon fortgeschrittenen Phase der neolithischen Zeit, etwa im 4. Jahrtausend v. Chr. Die mesolithische Periode des 6.–7. Jahrtausends, die in den letzten Jahren für das griechische Festland wiederholt bezeugt wurde, ist für Kreta noch nicht belegt.

Sicher ist wohl, daß die ersten Bewohner Kretas aus dem Osten kamen. Ihre neolithische Kultur wird durch
eine schwarzgraue, polierte oder Urfirniskeramik sowie durch dickleibige Tonidole einer Muttergottheit *2*
charakterisiert. Die Zahl der Inselbewohner scheint nicht besonders groß gewesen zu sein. Neolithische Spuren
sind ziemlich selten; gefunden wurden sie in einigen Grotten, vor allem in der Eileithyiahöhle bei Amnissos, *1*
in einigen vor Wind geschützten Landschaften, in ein paar steingebauten Häusern (die immer rechtwinkligen Grundriß haben), in besonderem Maße in den tiefen Schichten unter dem Palast von Knossos und in geringerem Maße unter dem Palast von Phaistos. Die mächtigen Schichten in Knossos übertreffen nach Evans mit einer Höhe von fast 6,50 m (gegenüber 5,35 m für das ganze Bronzezeitalter gemeinhin) jede andere neolithische Schicht in Europa, weshalb Evans der neolithischen Zeit in Kreta eine lange Dauer zuschreibt. An manchen Punkten des »Tells« von Knossos erreicht die Höhe der neolithischen Schicht sogar 8 m. Das hängt aber sicher mit der Lebens- und Bauweise der Bewohner zusammen und kann nicht als Beweis für extrem lange Dauer

der neolithischen Periode gewertet werden.[2] Die neolithischen Menschen von Kreta haben sicher Ackerbau, Viehzucht und Fischerei betrieben.

Gegen die Wende vom 4. zum 3. Jahrtausend setzt die subneolithische Periode ein, gekennzeichnet durch
4 graurötliche und schwarze Keramik, die manchmal Ritz-, manchmal Politurmuster zeigt. Bald mehren sich
8 oben, 5 oben die Gefäßformen. Zwei charakteristische Grundformen sind die sog. Teekanne und die Schnabelkanne. Den
III ersten bemalten Gefäßen, den gefleckten, die zur Urfirnisfamilie gehören, folgen gegen Ende des 3. Jahrtausends
8 unten die ersten hellbemalten Gefäße.

Die frühminoischen Bewohner Kretas breiteten sich über die ganze Insel aus, in Ostkreta und rings um die große Messaraebene war die Besiedlung am dichtesten.

Die Kultur beginnt nun ihr eigenes Gepräge zu erhalten. Die Bewohner haben sich in Siedlungen festgesetzt, deren Häuser bisweilen verputzte Wände und Fußböden aufweisen. Sie sind schon tüchtige Seeleute, die von ihren Fahrten kykladische, libysche und ägyptische Erzeugnisse nach Kreta mitbringen. Mochlos, in der
13 Mirabellobucht, entwickelt sich zu einem vornehmen und reichen Zentrum, für das Goldschmuck und prächtige
6, II bunte Steinvasen charakteristisch sind. Ebenso reich und gut organisiert erscheinen die Siedler der Messara-
3 ebene. Sie werden in großen, runden Grüften mit reichen Beigaben bestattet.

Am Ende des 3. Jahrtausends ist Kreta schon reich besiedelt; kulturell gesehen steht es am Übergang von der bäuerlichen Stufe zu der des Städte- und Palastbaus, vom Gemeindeleben zum organisierten Königtum. Eine merkwürdige Tatsache ist, daß der Westteil der Insel, der ebenso fruchtbar und sogar wasserreicher ist als der Zentral- und Ostteil, von der kulturellen Entwicklung so gut wie unberührt blieb. Neolithische Reste sind dort vorhanden. In den letzten Jahren sind mehrfach Spuren aus allen Perioden ans Licht gekommen; aber sie reichen über die Stufe importierten Kulturgutes nicht hinaus. Sicher war das Bergmassiv des Ida, aber anscheinend auch eine Rassenverschiedenheit der Bevölkerung dem Eindringen der Kultur aus dem Osten hinderlich.[3] Merkwürdigerweise wurden auch in der Argolis alle mykenischen Herrschersitze im östlichen Teil der Ebene gegründet. Auf der gegenüberliegenden Seite der argolischen Ebene und im arkadischen Hochland gibt es wenige oder keine Gründungen. Ähnlich blieben die Provinzen westlich von Parnassos und Pindos bis tief in die hellenistische Zeit in primitiverem Zustand.

Bald nach Beginn des 2. Jahrtausends werden die großen Paläste in Zentralkreta angelegt. Ob sie vollkommen unabhängig voneinander oder ihre Bewohner durch eine Art Staatenbund unter der Oberherrschaft von Knossos verbunden waren, läßt sich noch nicht sagen. Die Nachgrabungen der letzten Jahre in Phaistos zeigen, daß die beiden Paläste von Knossos und Phaistos ebenbürtig und gleichwertig nebeneinander bestanden haben. Der dritte Palast, von Malia, etwa 40 km östlich von Knossos, ist dagegen bescheidener. Unbefestigt, wie die umliegende Stadt, lag er in der Ebene vor der Küste. Offenbar war weder vom Lande noch vom Meer her ein Angriff zu befürchten. Friede und Ordnung müssen auf der Insel geherrscht haben, da wir keinerlei Befestigungen kennen, während in Griechenland und auf den Kykladen die ersten Befestigungen schon von frühester Zeit an bekannt sind.

Die Lebensdauer dieser »Alten« Paläste ist nicht sehr lang gewesen. Etwa nach zwei bis drei Jahrhunderten waren alle zerstört, ob gleichzeitig oder nacheinander, können wir nicht sagen. Ebensowenig läßt sich erkennen, ob die »Neuen« Paläste sofort auf den Ruinen erbaut wurden. Es ist wahrscheinlicher, daß eine gewisse Zeit dazwischenliegt, die in jedem Einzelfalle verschieden lang ist.

Man kann annehmen, daß die Alten Paläste um 1700 v. Chr. zerstört und um 1600 oder etwas später die Neuen erbaut wurden. Sowohl die Alten wie auch die Neuen Paläste zeigen Spuren von kleineren Zerstörungen und mehr oder minder weniger ausgedehnten Umbauten und Planänderungen. Die Ursachen sind leicht vorstellbar. Baulustige Herren, wie wir sie im Orient kennen, wird es auch in Kreta gegeben haben; dazu kamen häufige Feuersbrünste, die bei der ausgedehnten Verwendung von Holz in der minoischen Architektur oft verheerende Auswirkungen haben mußten. Ferner wird das Alter der riesigen Gebäude Erneuerungen notwendig gemacht haben, die mit verschiedenen Abänderungen im Bauplan kombiniert wurden. Vor allem aber waren es die Erdbeben, die zu ständiger Bautätigkeit zwangen.

Von den Naturwissenschaften her wissen wir – was auch der Archäologe immer vor Augen haben muß –, daß die Naturphänomene sich mit Regelmäßigkeit wiederholen. »Wo es gebebt hat, wird es wieder beben«, sagen die Geologen. Erst spät sind die Archäologen auf die ganz natürliche Erklärung der kretischen Palastkatastrophen gekommen, nachdem wir seit 1926 wiederholt Erdbebenkatastrophen erlebt haben. Aus den Erdbebenlisten, so lückenhaft sie sind, können wir mit Sicherheit entnehmen, daß in Kreta, ganz besonders im Bereich von Knossos, in jedem Jahrhundert mit mindestens drei großen Erdbeben zu rechnen ist, von denen sich eines katastrophal auswirkt. So wird es auch im minoischen Zeitalter des 2. Jahrtausends gewesen sein.

Die größte Bautätigkeit auf Kreta, die neue Anregung für die Architektur und die ganze Kunst brachte, *26–67, Fig. 3–19*
hat bald nach 1600 v. Chr. begonnen. Mit Recht ist diese Epoche als das Neue Zeitalter bezeichnet worden. In der Baukunst erkennen wir diese Epoche nicht so klar in den Palästen, in denen sich Altes und Neues oft eng vermischen, wie in den sogenannten Herrenhäusern, die eine Mittelstufe zwischen Palästen und Bürgerhäusern bilden. Entsprechend der hierokratischen Form der damaligen Verfassung und nach den gemachten Funden können wir mit Sicherheit sagen, daß diese Kleinpaläste Sitze höherer Beamter mit zugleich geistlichen und weltlichen Funktionen waren. Die Herrenhäuser liegen in 10 bis 15 km Entfernung voneinander, was der Ausdehnung eines damaligen Verwaltungsbezirkes des Landes entsprechen mag. Alle diese vornehmen Gebäude, die – wie die Paläste – gewöhnlich mit Fresken geschmückt waren, und von denen wir schon fast ein Dutzend kennen, zeigen eine einheitliche Baugeschichte: sie wurden um oder bald nach 1600 v. Chr. angelegt, und schon vor oder um 1500 v. Chr. waren sie wieder zerstört. Die gewaltsame und plötzliche Zerstörung ist bei den Ausgrabungen immer klar zum Vorschein gekommen. Über manche Stätten muß die Vernichtung so unerwartet hereingebrochen sein, daß man selbst Kostbarkeiten aus Metall nicht mehr retten konnte.

Diese Zerstörung um 1500 v. Chr. ist die größte, verheerendste und unheimlichste für die gesamte minoische Kultur gewesen. Nicht nur die Paläste samt den umliegenden Städten, nicht nur die Herrenhäuser, sondern auch alle übrigen Siedlungen – Gurnia, Psyra, Palaikastro, Zakro –, Hafenanlagen, wie Amnissos, Niru Chani, Gräber, wie das Tempelgrab von Knossos, und selbst die Grotte von Arkalochori, deren Decke auf die darin befindlichen Metallschätze stürzte, wurden vernichtet und für immer verlassen. Eine so weitgehende Katastrophe ist nur auf Grund außergewöhnlicher Ursachen vorstellbar. Erdbeben allein reichen zur Erklärung dieser Katastrophe, die der Kultur auf der Insel endgültig den Untergang bereitete, nicht aus. Zufolge der in Amnissos gemachten Beobachtungen ist man zu dem Schluß gekommen, daß der riesige Vulkanausbruch in Thera (Santorin) diese völlige Verwüstung auf Kreta verursacht haben muß. Nur langsam schenkten die Gelehrten ihre Aufmerksamkeit den Naturphänomenen. Jetzt wird im allgemeinen die große Naturkatastrophe als Ursache der Zerstörung anerkannt, wenn auch mit mehr oder weniger Vorbehalt.[4]

Thera, eine vulkanische Insel, war einst kreisrund, wie es solche Inseln zu sein pflegen. Viele Jahrhunderte lang ruhte der Vulkan, und auf der Insel lebte eine Bevölkerung, wohl eine minoische Kolonie, die freskengeschmückte Häuser, bemalte Vasen und vielerlei Hausgerät besaß. Irgendwann erfolgte dann der Vulkanausbruch. Riesige Mengen an Bimsstein und Vulkanasche wurden ausgeworfen, die die Insel mit einer 30 m dicken Schicht bedeckten und zugleich das Meer in weitem Umkreis anfüllten. Die Siedlungen auf der Insel wurden unter diesen dicken Schichten begraben. Vulkanische Kräfte sprengten schließlich den Zentral- und Westteil der Insel in die Luft und so entstand das heutige Einbruchsbecken, das größte seiner Art. Nur der östliche, sichelförmige Teil der Insel ist übriggeblieben.

Die Vulkane werden in Gruppen eingeteilt. Dem Vulkan von Thera ähnelt der Krakatau in Niederländisch Indien. Die Erscheinungen seines Ausbruches von 1883 sind ein wertvolles Hilfsmittel zur Rekonstruktion der Auswirkungen des Vulkanausbruches von Thera. Die Katastrophe von 1887 wandelte in einem Umkreis von mehr als 150 km den Tag zur Nacht. Gewaltige Explosionen und Blitze zerstörten die Häuser, vulkanische Asche fiel Hunderte von Kilometern weit entfernt. Die durch den Ausbruch verursachten Luftdruckwellen umliefen die ganze Erde. Den größten Schaden jedoch richteten eine Reihe von riesigen, bis zu 15 m hohen Flutwellen an, die mit unheimlicher Geschwindigkeit die benachbarten Inseln Java und Sumatra erreichten. Städte wie Teloeg, Betoeng und Tjaringin und Anjer auf Sumatra und Java wurden von den Wellen vernichtet, Steinblöcke, Lokomotiven und Eisenbahnlinien weggeschwemmt; ein Dampfer (Maruw) wurde von der Welle mehrere Kilometer ins Binnenland über die Stadt hinaus in einen Wald geworfen. Zugleich verursachten die Flutwellen in Tjaringin Feuersbrünste, da brennende Lampen umgestürzt wurden. Mehr als 36000 Menschen kamen bei der Katastrophe ums Leben.

Der Ausbruch von Thera war viermal so groß wie der vom Krakatau: 83 qkm explodiertes und gesunkenes Land auf Thera gegenüber 23 qkm auf Krakatau. Die Entfernung von Thera bis Kreta (ca. 100 Kilometer) ist geringer als die von Krakatau nach vielen zerstörten Punkten der umliegenden Inseln. Außerdem ist das Meer unvergleichlich tiefer zwischen Thera und Kreta als um den Krakatau und die Geschwindigkeit der Meereswellen wächst bei größerer Meerestiefe. In weniger als einer halben Stunde konnten die Wellen Kreta erreicht haben. Alle blühenden Siedlungen, die an den Küsten lagen, werden in wenigen Minuten ausgelöscht worden sein.

Wann der Ausbruch von Thera stattgefunden hat, läßt sich an Hand der Keramik und des Stils der Freskenfragmente bestimmen: er muß zur Zeit des schon reifen Florastils gewesen sein. Näheres können wir vorläufig auf Grund der Funde auf Thera nicht sagen, da sie ausgesprochenen Lokalcharakter haben und zahlenmäßig beschränkt sind. Unser Interesse aber gilt Kreta und zwar zunächst den Küstensiedlungen, die als erste von den Flutwellen vernichtet wurden. Da stellen wir fest, daß überall, in Amnissos, Niru Chani, Malia, Gurnia, Psyra, weiter in Palaikastro und Zakros, die Grabungsfunde dem entwickelten Florastil angehören und nur wenige Vasen des frühen Meeresstiles an diesen Orten existieren (in Amnissos sogar gar keine, aber das ist wohl ein Zufall). Infolgedessen muß der Zeitpunkt des Vulkanausbruchs nach 1550 und vor 1500, etwa 1525/1520 v.Chr., erfolgt sein.

Offen bleibt die Erklärung der Zerstörung der anderen Paläste im Binnenland Kretas, von Knossos und Phaistos, von Hagia Triada, Tylissos, Sklavokampos und vielen anderen Orten. Dorthin sind natürlich die Wellen nicht vorgedrungen.

Die meisten der hier gefundenen Keramiken, besonders die großen Vorratsvasen, sind alle spätminoisch Ia. Es gibt auch einzelne Vasen, die einen entwickelteren Stil zeigen (spätminoisch Ib), aus der Zeit um 1500, so zum Beispiel in Tylissos und Sklavokampos. Einige wenige Gefäße aus Phaistos und Hagia Triada – vereinzelt auch anderswo – scheinen sogar stilistisch noch weiter fortgeschritten zu sein, bleiben aber immer innerhalb derselben Stilphase. Leider kann man nur auf Grund genauester Fundbeobachtungen solche Tatsachen historisch auswerten, und solche Beobachtungen fehlen.

Zwei Erklärungen sind denkbar: entweder arbeiteten die Werkstätten an manchen Orten in schnellerer stilistischer Entwicklung, oder aber die Zerstörung ist in diesen großen Zentren nicht vollständig gewesen, die Bauten wurden nicht gänzlich verlassen und das Leben setzte sich in beschränktem Umfang in einigen wiederhergestellten Teilen der Gebäude fort. Die zweite Erklärung ist die wahrscheinlichere, und so kann man annehmen, daß in manchen Zentren das Leben nicht völlig erlosch, so wie es an der Nordküste der Fall war. In Hagia Triada hat es bis in die römische Zeit hinein niemals eine vollkommene Unterbrechung des Lebens gegeben.

Daß aber die große Katastrophe um 1520 v. Chr. die gesamte Insel in Ruinen legte, beweist ein noch sichereres Indiz als die Keramik, nämlich Siegelabdrücke, die von ein und denselben Siegeln stammen. Bei der Ausgrabung des Herrenhauses von Sklavokampos wurde ein kleiner Fund an Tonabdrücken gemacht. Dabei wurde nun die historisch wichtige Tatsache festgestellt, daß Tonabdrücke, die von den gleichen Siegeln wie die von Sklavokampos gemacht waren, schon in Zakros, Gurnia und Hagia Triada gefunden worden waren.[5] Das beweist, daß die vier Zentren untereinander oder sogar mit einer fünften Zentralstelle in Verbindung standen bevor die Katastrophe hereinbrach. Die Siegelabdrücke sind von der Art, wie sie auf kleinen Gepäckstücken oder auf Briefen mit dünnen Fäden befestigt wurden. Lange Zeit kann also zwischen den einzelnen Katastrophen nicht verflossen sein, allerdings vorausgesetzt, daß es immer persönliche Siegel waren. Wenn nicht gleichzeitig, müssen die Zerstörungen doch in allen vier Zentren innerhalb weniger Jahre erfolgt sein.

Es wurde beobachtet, daß eine Reihe von großen Erdbeben vor oder nach jedem Ausbruch von Thera typisch sind und daß sie rings um den Vulkan – Kykladen, Sporaden, Dodekanes, Kleinasien, Kreta, Thessalien, Jonische Inseln – oft katastrophal wirken. Ähnliches muß man sich bei der riesigen Explosion gegen Ende des 16. Jahrhunderts v. Chr. vorstellen; es folgten Erdbeben, die – vielleicht mehrere Jahre nach dem verheerenden Ausbruch – auch im Inneren Kretas die Katastrophe vervollständigten, dort, wo die Flutwellen keinen Schaden angerichtet hatten. Alle Zentren versanken für immer oder wurden verlassen, nur die Zentralmacht Knossos widerstand, und der dortige Palast – nunmehr der einzige auf Kreta – überlebte trotz der wiederholten Teilzerstörungen um hundert Jahre oder mehr. Nicht zu Unrecht erinnerten sich die Praisier in Ostkreta, die die Nachkommen der minoischen Eteokreter waren, daß Kreta einst verwüstet worden und menschenleer geblieben sei.[6]

Während dieses Jahrhunderts steigt die Macht und zugleich die Kultur im ganzen festländischen Griechenland. Zum ältesten und reichsten Zentrum der frühmykenischen Kultur entwickelte sich – etwa gleichzeitig mit der Blütezeit der zweiten kretischen Paläste – Mykenai. Pylos gesellte sich hinzu, auch von mancher Insel der Ägeis kennen wir Spuren dieser Kultur. Gegen 1500 siedelten wohl viele Kreter zum Festland und zu den Inseln über, dennoch lebte Knossos noch stark und reich während des Jahrhunderts von 1500 bis 1400 v. Chr. Evans hatte die Kunst der zweiten Hälfte dieser Periode, besonders die keramische Kunst, als »Palace-Style« bezeichnet. Heute neigt man dazu, den Palaststil als festländisches Merkmal auf Kreta zu bezeichnen. Unter Palaststil versteht man eine stilistische Erstarrung der vorausgehenden naturalistischen Richtung. Der neue Stil ist vorwiegend dekorativ, manchmal kommt es sogar zu einer barocken Wandlung der bis dahin gültigen Naturformen. Der Palaststil ist nicht ausschließlich, aber doch in erster Linie für Knossos gültig, ganz besonders bei den großen Amphoren und sonstigen Vorratsvasen. Dieser Stil ist mit dem gleichzeitigen des Festlandes nicht identisch. Er verschlechtert sich nach 1400 v. Chr., dem Beginn der dritten und letzten Phase der spätminoischen Kultur. Bis zu deren Ende, etwa 1100 v. Chr. oder noch später, verfolgt die Entwicklung oder der Niedergang der Kunst ihren eigenen kretischen Weg, der von der Entwicklung auf dem Festland ziemlich unabhängig bleibt.

Über die kretische Verfassung läßt sich noch weniger sagen als über die bisher behandelten Probleme. Auch die Entzifferung der Linearschrift B, die man in Kreta nur aus dem damals erhalten gebliebenen Palast von Knossos besitzt, hat keine Klarheit gebracht. Die übliche Meinung geht dahin, daß der Palast von Knossos um 1400 v. Chr. – den anderen Palästen folgend – endgültig zerstört wurde und niemals mehr durch eine neue Macht in Besitz genommen wurde. Wo die bisherige Macht, falls überhaupt noch vorhanden, lebte und wie die nunmehr kleinen Gemeinden Kretas regiert wurden, wissen wir nicht.

Die Schrift, deren teilweise Entzifferung durch Michael Ventris im Jahre 1953 uns neue historische Horizonte geöffnet hat, geht in Kreta den typischen Weg der übrigen schriftbildenden Kulturen. Eine ganze Menge von

frühen Siegeln weist einige Zeichen auf, die Evans, noch bevor er Kreta besucht hatte, als eine vorhellenische Schrift bezeichnet hat. Die Idee war zu kühn, um Anhänger zu finden. Trotzdem war es Evans vergönnt, die Richtigkeit seiner Vermutung mit dem Spaten beweisen zu dürfen. Tatsächlich gibt es in Kreta, abgesehen von der ganz primitiven piktographischen Stufe, die an sich nichts beweisen würde, auch die übrigen Stufen der
120 Schriftentwicklung, die der glückliche Entdecker als hieroglyphisch (in zwei Stadien), Linear A und Linear B, bezeichnet hat. Die Entwicklung bis zur Linear A fällt in die erste Hälfte des zweiten Jahrtausends. Die Linear-A-Schrift ist überall im minoischen Kreta verbreitet. In Phylakopé (auf der Insel Melos), in Mykenai und auf Kypros finden sich ebenfalls ihre Spuren. Wie in Ägypten war für religiöse Zwecke die ältere hieroglyphische Schriftform in Kreta beibehalten worden. Auf einem Stein aus Malia – entweder ist es ein Opfertisch oder ein Türangelzapfen – und auf einem Doppelbeil aus der Grotte von Arkalochori haben wir dafür Beispiele, zu
72, 73 denen wahrscheinlich auch der berühmte Diskos von Phaistos gerechnet werden darf.

Die A-Schrift wurde auf Stein- und Metallgerät eingeritzt, auf Vasen mit Tinte geschrieben, in Goldringe graviert, auf Wände gemalt und natürlich in erster Linie auf Tontäfelchen geschrieben. Über das vergängliche Schreibmaterial können wir natürlich nur Vermutungen anstellen, wobei wir voraussetzen dürfen, daß die Tinte sicher nicht nur zur Beschriftung von Vasen eingeführt wurde. Der ägyptische Papyros war wohl im Gebrauch. Eine alte Überlieferung berichtet, daß die Kreter auf Palmblätter geschrieben haben; schließlich kommt auch noch Leder für Aufzeichnungen in Frage. Jedenfalls war die Schrift A nicht nur allgemein bekannt, sondern auch für alle praktischen Zwecke des Lebens in Verwendung.

Ganz im Gegensatz dazu wurde die Schrift B von Evans nur im Palast, und zwar im Neuen Palast von Knossos, und nur auf Tontäfelchen gefunden. Nach den Ideogrammen, den Zahlzeichen, die schon Evans entziffert und als zum Dezimalsystem gehörig erkannt hat, und dem allgemeinen Aussehen war bald klar, daß diese Tontafeln, die nach Tausenden zählen, ausschließlich Notizen und Inventarlisten verschiedener Gegenstände, also Ver-
120 waltungsakten, waren. Damals waren vom Festland nur wenige Spuren dieser Schrift, auf Gefäße gemalt, bekannt, vor allem auf den Bügelkannen aus dem Kadmospalast zu Theben. Evans erkannte auf diesen thebanischen Schriftdenkmälern dieselben Kombinationen von Buchstaben, also dieselben Wörter, die auch in Knossos vorkamen. Nicht mit Unrecht hat er diese Tatsache als »revolutionär« bezeichnet und den Schluß gezogen, daß in beiden Gegenden dieselbe Sprache gesprochen worden ist. Das wäre natürlich – Evans hat daran nicht einen einzigen Moment gezweifelt – die minoische, vorhellenische Sprache, und diese Annahme stand im Einklang mit seinem sonstigen Pankretismus.

Den Pankretismus von Evans haben viele zugunsten der festländischen Selbständigkeit bekämpft, niemand aber hat ernstlich an die Möglichkeit gedacht, daß die griechische Sprache am Hofe von Knossos gesprochen wurde; trotzdem haben die Tatsachen gerade dieses bewiesen.

Kurz vor Ausbruch des zweiten Weltkrieges, 1939, ging Professor Carl Blegen nach Pylos, wo er die Existenz eines Palastes vermutete. Gleich bei den ersten Versuchsgrabungen stieß er auf das Archiv des Neuen Palastes. Die ersten Tontafeln, absolut identisch mit denen von Knossos, erregten größte Aufmerksamkeit. Viele glaubten, daß diese Tafeln die Beute einer Plünderung des knossischen Palastes seien; das war in der Tat damals die einzig mögliche Erklärung. Nach dem Kriege wurden die Ausgrabungen in Pylos wieder aufgenommen. Die Zahl der Schrifttafeln stieg von Jahr zu Jahr in die Hunderte. Ihre Veröffentlichung erfolgte rasch, zugleich wurden die immer noch unveröffentlichten Tafeln von Knossos publiziert. Viele Forscher versuchten sich an der Entzifferung. Es gelang Michael Ventris als erstem, zu beweisen, daß hinter dem Geheimnis der Tonurkunden nicht nur von Pylos, sondern auch von Knossos die griechische Sprache verborgen ist. 1953 erschien der berühmte Artikel von Ventris und Chadwick und später das Buch, die diese Entdeckung darlegten.[7]

Wace hatte, schon 1952, die ersten Schrifttafeln in Mykenai gefunden, die auch hier auf die griechische

Sprache hinweisen. Auf Vasen, Bügelkannen, waren schon vorher kurze Inschriften aus anderen Palastzentren, nämlich aus Theben, aus Tiryns und Einzelbeispiele aus Orchomenos und Eleusis, bekannt. Die B-Schrift scheint also im mykenischen Griechenland fast überall bekannt gewesen zu sein, allerdings nur in Palastzentren, soweit wir bisher sehen können. In Kreta hingegen kommt sie nur in Knossos vor. Die historische Schlußfolgerung ist klar: Achäische Griechen hatten Knossos in Besitz genommen.

Sofern die Entzifferung richtig ist – und daran kann man trotz der vorhandenen Schwierigkeiten nicht zweifeln –, bestätigt sie diese Schlußfolgerung. Auf diese Schwierigkeiten soll hier nur summarisch hingewiesen werden: obwohl die Dokumente der B-Schrift von Knossos, Pylos und Mykenai identisch und gleichzeitig scheinen, sind die festländischen nach 1300 v. Chr., die knossischen kurz vor 1400 zu datieren. Zur Erklärung wird jetzt erwogen, ob die endgültige Zerstörung des Palastes zu Knossos nicht doch weit nach 1400 anzusetzen ist. In Hinblick auf die Arbeiten von Evans und Mackenzie, die die Schichten und Datierungen in Knossos festgelegt haben, ist das wohl schwer anzunehmen, aber dennoch nicht ausgeschlossen. Jedenfalls hängen von der Beantwortung dieser Frage mehrere historische und auch kunsthistorische Folgerungen ab. Falls der Palast, unter dessen Ruinen die B-Dokumente begraben waren, etwa 1425 (übliche Datierung) zerstört worden ist, kann man sich den Vorgang so vorstellen: Bald nach der großen Zerstörung Kretas durch den Ausbruch von Thera hätten sich die Achäer in Knossos festgesetzt. Zu ihrem kriegerischen und abenteuerlustigen Charakter würde die Eroberung eines durch eine Katastrophe betroffenen Landes nicht schlecht passen. Man könnte aber auch an einen friedlichen Wechsel der Dynastie, etwa durch die Ehe einer knossischen Königin mit einem achäischen Prinzen denken. Die Achäer hätten dann den knossischen Palastschreibern befohlen, ihre eigene Schrift der griechischen Sprache anzupassen. Die kretischen Schreiber haben es getan so gut es ihnen möglich war, aber die Resultate waren dürftig; deshalb ist das B-Syllabar so ungeeignet für den Dialekt der Achäer geblieben. Von Knossos ist dann das neue Alphabet auch nach dem Festland gekommen, wohl immer in den Händen knossisch-minoischer Berufsschreiber und nur im Gebrauch der Paläste. Anders läßt sich nicht erklären, weshalb das Syllabar nicht verbessert worden ist und sich beim Volke weder in Kreta noch auf dem Festland durchgesetzt hat.

Die Leistungen der minoischen Kultur im zweiten Jahrtausend sind über Kretas Grenzen hinausgedrungen. Schon für die späte frühminoische Zeit gibt es unverkennbare Zeichen eines regen Verkehrs mit benachbarten Ländern, ganz besonders mit Ägypten und Syrien. Sehr viele der frühen Siegel stellen Schiffe dar, ein Beweis dafür, daß der Seemannsberuf verbreitet war. Die keramischen Erzeugnisse der frühen Kamareszeit erreichten nicht nur Ägina und Melos – Phylakope, wo sogar möglicherweise eine minoische Kolonie existierte –, sondern waren auch in Ägypten verbreitet. Möglich, aber nicht fest beweisbar, bleiben Beziehungen mit dem Westen, Malta und dem sizilischen Gebiet. Dagegen zeigt sich die Verbindung mit dem Orient immer klarer. Zur Zeit der Anlage der Neuen Paläste dürfte die Ausstrahlung wohl die gleiche gewesen sein, obwohl wir für jene Zeit die minoischen Spuren außerhalb Kretas nicht so sicher nachweisen können. Das Minoische kreuzt sich jetzt mit dem Mykenischen, und die Trennung ist manchmal schwer. Kypros, Milet und manch andere Orte im Osten sowie die Liparischen Inseln im Westen gehören zu den Stätten, wo sich das Minoische mit dem Mykenischen vermischt. Ein weiteres Problem sind die Grabungsfunde aus den altbekannten und den neuentdeckten Schachtgräbern von Mykenai. Manches ist bodenständig, manches nordisch, manches minoisch. Letzteres ist aber so stark angefochten worden, daß nur sehr wenig bleibt, was als unbestreitbar kretischer Herkunft gilt.

In Kreta selbst liegen die Dinge klarer: zusammen mit den Neuen Palästen sind, wie schon gesagt, die zahlreichen Herrenhäuser angelegt worden. Sie sahen wie kleine Paläste aus mit ihren alabasterverkleideten Pracht-

räumen, freskengeschmückten Zimmern und von großen Vorratsgefäßen überladenen Magazinen. Manche
63, 61–62, XXII solcher Herrenhäuser, wie die von Tylissos oder das neuentdeckte von Vathypetron, haben ungefähr die Dimensionen eines mykenischen Palastes. Aber auch die Privathäuser auf Kreta sahen im Verhältnis zu denen des mykenischen Griechenlands prächtig aus. Sie bestanden aus vielen Zimmern und waren mehrstöckig. Oft waren sie mit Höfen, Korridoren, Magazinen und mehreren Küchen versehen, wie in Palaikastro. Die Ausstattung war immer reich, ganz besonders an Tongeschirr, unter dem sich viele und komplizierte Küchen- und Räuchergeräte fanden. In Gurnia, Palaikastro und Chamaisi sind Idole, Bronzegeräte und allerlei Berufswerkzeuge ausgegraben worden. Derartiges ist außerhalb von Kreta nicht gefunden worden. Der Lebensstandard des Volkes auf der Insel muß viel höher als irgendwo anders gewesen sein.

Es wurde jetzt festgestellt, daß größere Siedlungen – Städte im alten Sinne des Wortes – nicht nur rings um die Paläste, sondern auch an anderen Plätzen existierten. Sie hatten sich ohne jegliche Befestigungsanlagen entfaltet, die später die Hauptsorge jeder Siedlung sein sollten. Bezeichnenderweise waren küstennahe Gelände
66, 67 für Siedlungen bevorzugt. Das Städtchen Gurnia wurde dicht an der Küste der Mirabellobucht gegründet, und auf Psyra, einem Felseninselchen, besser einem Felsen in derselben Bucht, lag eine weitere blühende Sied-
65 lung. Das schöne Herrenhaus von Niru Chani wurde auch an der Küste, etwa 15 km östlich von Knossos erbaut. Es ist kein »capriccio« eines badelustigen Magnaten, sondern ein planmäßig angelegtes Unternehmen für überseeischen Handel gewesen. Die dortige Sandküste, die durch eine felsige Landzunge vor dem Nordwestwind, dem gefährlichsten und häufigsten Wind auf Kreta, geschützt ist, bildete einen für die damaligen Verhältnisse idealen Landeplatz. Schon in der Zeit gegen 1600 v. Chr. wurde dort ein Markt angelegt, der der Agora der seetüchtigen Phäaken in der Odyssee (VI, 265ff.) sehr ähnlich ist. Der meeresnahe weiche Porosfelsen zeigt künstliche Einschnitte, die nur durch Anlagen für Schiffswerften entstanden sein können. Hier sind die ältesten Hafenanlagen des Mittelmeeres, die ähnlichen phönizischen um viele Jahrhunderte vorausgehen.

Diese Anlage von Niru Chani, heute Hagioi Theodoroi genannt, ist nicht die einzige. Jenseits des felsigen Vorgebirges Kakon Oros, nur sechs Kilometer weiter nach Westen und näher bei Knossos, beginnt eine der schönsten und zugleich größten Sandküsten von Kreta von etwa zwei Kilometer Länge. Es ist der berühmte Platz von Amnissos, schon in der Odyssee als Landungsstelle genannt, wo das Heiligtum und die im Altertum
1, Fig. 1, 2 sehr bekannte Grotte der Eileithyia lag, letztere wiederum von Homer als allbekannt erwähnt (Od. XIX, 188/9). Es muß ein berühmter Platz gewesen sein. Kallimachos preist die amnissiadischen Nymphen, und Strabo berichtet, Minos habe dort die Hafenstadt von Knossos errichtet. Der Forschung ist es gelungen, alles wieder-
64, XXIII zufinden: den Landeplatz mit mehreren Niederlassungen, u. a. einer freskengeschmückten Villa, einem Brunnen für die Wasserversorgung der Besatzungen und einem Heiligtum mit einem Altar, an dem später, in römischer Zeit, Zeus Thenatas verehrt wurde.

Noch drei Kilometer weiter westlich, an der Mündung des Kairatos, des Flusses von Knossos, befand sich eine weitere Hafenanlage. Teile ihrer Mauern liegen heute noch zum Teil unter dem Meeresspiegel. Reste von Häusern einer dortigen Siedlung haben sich gefunden, und erst kürzlich wurden interessante Kammergräber mit schönen Beigaben entdeckt, darunter ein ägyptisches Alabastron mit der Kartusche Thutmosis III. Drei große Hafenanlagen bestanden im Gebiet von Knossos auf einem Küstenstrich von kaum zehn Kilometer Länge. Sicher ist das ein Beweis für große Seeunternehmungen um die Mitte des zweiten Jahrtausends.

Die Überlieferung, unter anderem von Herodot, Thukydides und Platon hat uns viel vom einstigen Ruhm der Meeresherrschaft des Minos berichtet. Einige Einzelheiten scheinen historisch zu sein, zum Beispiel die Nachricht bei Thukydides, daß die Besatzungen der Schiffe des Minos aus den vorhellenischen Inselbewohnern neu rekrutiert wurden. Ob dieser Minos (die Überlieferung kennt deren mindestens zwei) ein Minoer oder ein Achäer war, wird erst mit der Beantwortung der Frage, wann die Achäer Knossos besessen haben, zu klären sein. Nach unserem derzeitigen Wissen war er wohl ein Achäer. Man hat schon längst – immer auf Grund der Denkmäler – die Beobachtung gemacht, daß eine Seeherrschaft der Kreter wohl am besten für die mittlere spätminoische Zeit, also 1450/1400, anzunehmen ist.[8]

Unter der Voraussetzung, daß die knossischen Schrifttafeln mindestens bis in die Zeit von 1400 v. Chr. reichen, scheint es sicher zu sein, daß Knossos damals in der Hand eines achäischen Königs war. Die Triakontoren, jene schnellen und höchst seetüchtigen, verlässigen Schiffe mit fünfzehn Ruderern an jeder Schiffsseite, waren schon damals geschaffen. Daß dieser »Minos« für seine Schiffe die tüchtigen Seeleute der Inseln geworben und mit ihrer Hilfe eine Meeresherrschaft aufgebaut haben soll, ist an sich recht verständlich. Die Inselbewohner waren von jeher seetüchtig. Was ihnen gefehlt hatte, war eine kriegerische Persönlichkeit, die mehr als ein Söldnerführer war; und das ist der Achäer gewesen, in dessen Hände das reiche und organisierte Knossos fiel. Daß er sich auch gegen seine eigenen Landsleute wendete, wie uns die attischen Legenden über Nisos und Theseus überliefert haben, stimmt mit dem übrigen Charakter der kriegslustigen Achäer überein. Ein Nachkomme dieser Dynastie war Idomeneus, der nach Troja zog. Schon zu Zeiten Homers berichtete die Überlieferung, daß die Achäer seit mindestens drei Generationen in Knossos herrschten. Wenn wir an den üblichen traditionellen Datierungen des trojanischen Krieges festhalten wollen, muß es noch länger gewesen sein.

ZUR DATIERUNG

Die Hoffnungen, durch moderne physikalische Methoden zu genaueren Datierungen zu gelangen, sind noch nicht realisiert worden. Die »Radiocarbon 14«-Messungen sind problematisch und z. T. stark widersprechend, ohne aber mit dem auf anderen Wegen erzielten Ergebnissen in Gegensatz zu kommen. Bezüglich der vorhellenischen Datierung auf Kreta haben Evans und Mackenzie das Material der Ausgrabungen vortrefflich bearbeitet. Der letztere hat die keramischen Stile, das beste Hilfsmittel der Archäologen für die Datierung, in ausgezeichneter Weise behandelt, während Evans, sich ganz besonders auf Ägypten stützend, das ganze Material in ein einheitliches System gebracht hat.

Evans hat von den verschiedenen Datierungsmethoden der Prähistoriker sicher die treffendste gewählt, nämlich die dreiteilige Gliederung, die auch mit dem biologischen Gesetze von Jugend, Reife und Alter übereinstimmt. Von der neolithischen Periode abgesehen, hat er die Bronzezeit auf der Insel in drei Abteilungen geordnet und sie unter Benutzung des Namens des großen mythischen Königs der Insel, Frühminoische (FM), Mittelminoische (MM) und Spätminoische (SM) Periode genannt. Seine Theorie stimmt vortrefflich mit den Tatsachen überein, so daß dieselbe Zeitgliederung auch für das übrige Griechenland übernommen wurde, wo wir nunmehr von Früh-, Mittel- und Späthelladischer und entsprechend -kykladischer Kultur sprechen. Evans hat jede von den drei minoischen Perioden in drei weitere Untergruppen geteilt, die aber mehr für die Spezialisten von Wert sind und nicht immer genau mit den Tatsachen übereinstimmen.

Die stilistische Entwicklung der Keramik zeigt folgendes Bild: die monochrome Keramik der neolithischen Zeit gibt es weiterhin in der frühminoischen Zeit, dazu kommen bemalte Vasen, und zwar wird mit dunkler Farbe auf den hellen Tongrund gemalt. In der letzten Phase der frühminoischen Zeit beginnt die entgegengesetzte Methode, und diese charakterisiert die Keramik der mittelminoischen Zeit: weiße oder weißgelbe Malfarbe wird auf die mit dunklem Firnis bedeckte Vase aufgetragen. Ohne eine klare Trennung vollzieht sich der Übergang zur spätminoischen Zeit. Die Malerei wird nun wieder in dunkler Farbe auf hellen Grund gesetzt, der Stil der Dekoration wird naturalistisch. Diese Entwicklung hatte schon in der mittelminoischen Zeit, als mit weißer Farbe gemalt wurde, begonnen. Da sich stilistisch zwischen der zweiten spätminoischen

Zeit, dem sog. Palaststil, und der vorausgehenden ersten Periode keine klare Grenze festlegen ließ, hat Evans in seinen letzten Lebensjahren noch eine Unterteilung in die weiteren Untergruppen: a, b und c, vorgenommen, wobei freilich zum Beispiel zwischen SM I c und SM II a nur sehr feine und sogar subjektive Stilunterschiede vorhanden sind.

Die historische Einteilung auf Grund der Architektur stimmt nicht ganz mit diesem Bild überein: die Vorpalastzeit deckt sich mit der frühminoischen Zeit. Die Zeit der Alten Paläste entspricht der ersten und zweiten Phase der mittelminoischen Zeit, der Blütezeit des polychromen, sog. Kamares-Stils. Die Zeit der Neuen Paläste umfaßt die letzte Phase der mittelminoischen Zeit (MM III) und die ersten Phasen der spätminoischen Zeit (SM I – SM II). Die Zeit nach den Großen Palästen beginnt für Knossos mit der dritten Phase der spätminoischen Zeit (SM III), für das übrige Kreta schon in SM II.

Gemäß den Evansschen Schätzungen und Parallelen zwischen Kreta und Ägypten hat man für die zeitliche Abfolge Jahreszahlen eingeführt. Wenn Evans auch den Beginn der frühminoischen Zeit etwas zu früh angesetzt hat, so sind im übrigen seine Datierungen doch bis heute gültig. Er setzte den Anfang des Bronzezeitalters noch vor dem dritten Jahrtausend fest. Heute neigt man dazu, den Beginn um 2600 v. Chr. anzusetzen, was dann auch für das übrige Griechenland gültig wäre. Manche Gelehrte halten noch an früheren Datierungen fest. Wir sind berechtigt, etwa um 2800 die allgemeine Einführung des Metalls in Kreta anzunehmen. Danach haben wir das auf Seite 64 gegebene chronologische Bild.[9]

ÜBER DIE RELIGION DER MINOER

Die minoische Kultur und Kunst bieten ein vielfarbiges, aber nicht leicht verständliches Bild. Besonders schwer ist es, in das Wesen der minoischen Religion von Kreta und mit ihr auch in die Religion des mykenischen Hellas einzudringen. Trotz vieler und hervorragender Facharbeiten bleibt sie noch ein schwer verständliches Gebiet. Die Entzifferung der B-Schrift hat unsere Erkenntnis eher erschwert als erhellt. Wir finden darin hauptsächlich achäische Gottheiten.[10]

Alle übrigen bekannten Kulturen vor und nach Kretas Blütezeit, Griechenland eingeschlossen, haben für ihre Gottheiten Tempel geschaffen. In Ägypten gab es schon im Mittleren Reich große Steintempel. Mesopotamien besaß große, aus Ziegeln gebaute Tempel und riesige Zikkurats; Babylonier und Assyrer, Hethiter und selbst kleinere Völker hatten schon in früher Zeit ihre Tempel. Selbst die Israeliten haben es – obwohl sich ihr religiöser Kult keiner Bilder bediente – nicht unterlassen, mindestens einen großen Tempel zu errichten. In ihnen stand immer ein kleineres oder größeres Kultbild einer Gottheit. Statuen und zahlreiche Reliefs stellten Götter und Dämonen dar. Von der minoischen Kultur kennen wir keine Tempel, keine großen Kultbilder, keine Reliefs und keine monumentalen Darstellungen einer Gottheit. Es existieren über solche lediglich unbewiesene Vermutungen.

Gottlos ist Kreta nicht gewesen, kein Volk – abgesehen von den Kyklopen – ist je ohne Götter gewesen. Die kleinen Kunstwerke, wie Ringe, Gemmen und die Idole der Spätzeit, die zweifellos Gottheiten darstellen, beweisen, daß die Kreter keinen bildlosen Kult hatten wie die Israeliten und mancher andere nomadische oder nomadisierende Stamm. Die Kreter glaubten an die Existenz einer Gottheit oder von Gottheiten; auserlesene Gläubige wurden ihrer sogar manchmal ansichtig, aber die Gottheiten wurden nicht in Tempeln verehrt. Nach den archäologischen Funden läßt sich sagen, daß die Kreter sich ihrem Gott unter freiem Himmel, in einem heiligen Hain, auf einer Bergspitze und vor allem in Höhlen nahe fühlten.

Evans hat dieses von Anfang an erkannt und in seiner bahnbrechenden Monographie über minoischen

Baum- und Pfeilerkult veröffentlicht. Seither hat sich viel neues Material gefunden, aber die Meinungen haben sich wenig geändert. Der »Heilige Baum« wird allgemein anerkannt, aber ob in ihm die Gottheit selbst, ein Symbol von ihr oder ein Zeichen der Heiligkeit des Ortes zu erkennen ist, wie etwa in den Zypressen unserer Friedhöfe, läßt sich nicht sagen. Für und wider den Pfeilerkult ist viel geschrieben worden. Evans' Beobachtung, daß fast überall wo im Erdgeschoß von Gebäuden Pfeiler vorkommen, religiöse Gegenstände und manchmal rituelle Vorrichtungen vorhanden sind, ist richtig. Mit der Darstellung der kretisch-mykenischen Säule, wie sie auf Gemmen, Ringen und unter anderem auch auf dem Relief des Löwentores von Mykenai vorkommt, soll wohl etwas anderes ausgedrückt werden. Sicher ist die Säule ein Symbol. Manchmal steht sie auf einem konkaven Gegenstand, der als Altar bezeichnet wird, aber kein Altar sein kann. Manchmal ist sie von zwei Tieren flankiert, manchmal sind die Tiere oder ist eines von ihnen mit einem Strick an die Säule gebunden. Auf Grund von überzeugenden Analogien läßt sich schließen, daß diese Säule wie das genau entsprechende Symbol in Ägypten »Vereinigung« bedeutet, die für jede Nation und für jede Zeit als ein heißer Wunsch zu ihrem Glück besteht.[11] Es gibt viele Symbole in der kretisch-mykenischen Religion, unter ihnen die Doppelaxt und die sog. Heiligen Hörner. Sie sind die bekanntesten, aber nicht eben die verständlichsten Symbole. Es läßt sich nur sagen, daß sie sowohl die Gottheit selbst wie auch – und das häufiger – die Heiligkeit eines Ortes bezeichnen.

Aber kehren wir zu der Zentralfrage der Gottheit selbst zurück. Schon aus neolithischer Zeit finden sich dickleibige weibliche Idole auf Kreta, wie sie auch in weitesten Gebieten von Europa, Kleinasien und Afrika vorkommen und nach allgemeiner Meinung die große Gottheit der Natur und der Fruchtbarkeit darstellen. Auf Kreta, der einsamen Insel mit der friedlichen Kultur und der vereinigten Bevölkerung, war die ursprüngliche Gottheit nicht vielgestaltig. Man brauchte keine Kriegsgottheit, man hatte nicht mehrere selbständige Gebiete oder Völker, die ihre eigenen Gottheiten entwickelt hätten, man hatte, soweit wir erkennen können, keine lebhafte religiöse Mythologie, die vieler Götter bedurft hätte. Was man auf der Insel hatte, was man liebte oder was man fürchtete, waren die Felder und die Herden, für die man Fruchtbarkeit erflehte, die Wälder und die Gebirge, in denen man jagte, das Meer, das man voll Ehrfurcht erlebte, und die Erdbeben aus der Tiefe, die man mit Recht fürchtete. Unter diesen Umständen ist es natürlich, die Idee der Gottheit als Naturgöttin, Jägerin, Herrin der Tiere, Meeresgöttin, Göttin der Erdtiefe usw. zu verehren.

Nun ergibt sich eine wichtige Frage: War die kretische Religion polytheistisch oder monotheistisch? Die meisten und bekanntesten Forscher neigen dazu, viele Gottheiten anzunehmen, da eine monotheistische Religion wie sie in antiker Zeit nur Israel hatte, ein hochentwickeltes Volk voraussetzt. Aber abgesehen von der Tatsache, daß Kreta an sich eine Einheit gewesen ist und große Kulturleistungen hervorgebracht hat, ergeben sich weitere Schwierigkeiten, falls wir einen richtigen Götterhimmel in Kreta annehmen: eigentliche männliche Götter gibt es in Kreta entweder gar nicht oder nur in ganz bescheidenem Maße; es wäre also ein Kreis vieler weiblicher Gottheiten dagewesen, was sehr eigenartig wäre. Weiterhin hat man, besonders von der späteren Periode, den Eindruck, daß die abgebildete Gottheit immer ein und dieselbe ist und nur die Symbole verschieden sind, die bald Vögel, Blumen, bald Doppelhörner, Schlangen, Waffen und bald unverständliche Gegenstände sind. Die noch unsicheren Lesungen der A-Schrift scheinen Namen zu ergeben, die aus den Orten abzuleiten sind wie Kupanatuna oder Pipituna (das letztere in der B-Schrift). Der im Griechischen weiterlebende Name Diktynna wäre etwa als Dikutuna zu verstehen. Der Name, der uns oft und auch auf Kultgegenständen begegnet – darunter auf dem berühmten Opfertisch aus der Grotte von Psychro –, wird jetzt Asasara gelesen, was mit dem längst vermuteten Akakala (Ἀκακαλλίς) identisch sein könnte.

Es handelt sich in Kreta wohl um eine Stufe der Religion, die wir »unvollkommenen Monotheismus« nennen möchten. Die Kreter scheinen an eine große Gottheit geglaubt zu haben. Sie war die Herrin der Berge und der Tiere, des Meeres und der unterirdischen Kräfte. Sie erschien unter vielen Namen, wohl aber meistens als Eponymos von Ortschaften und Bergen, wie auch später die Namen Idaia, Dindymene oder Sipylene, Lindia oder Paphia, die die eigentlichen Namen der betreffenden Gottheiten ersetzten. Die Gottheit trägt auch viele und zum Teil sehr verschiedene Symbole. Zufolge der verschiedenen und sich wandelnden Vorstellungen, die in jeder Religion beim Volke herrschen, wissen wir nicht, wie weit die verschiedenen Eigenschaften der Gottheit, die durch die Symbole verdeutlicht sind, zu unterscheiden waren: War zum Beispiel die Göttin mit den Blumen schon so weit unterschieden von der Göttin mit den Tauben, daß beide als zwei selbständige Göttinnen zu verstehen sind? Es ist schwer, das mit Sicherheit zu unterscheiden, es war aber wohl nicht der Fall.

Als älteste Kultorte haben wohl die Höhlen gedient und sind durch alle Perioden hindurch Kultstätten geblieben; sie haben sogar die minoische Kultur überlebt bis tief in die hellenistische Zeit. Die Eileithyia-Höhle bei Amnissos hat sogar, nachdem sie zunächst als Wohnhöhle benutzt worden war, vom 3. Jahrtausend bis ins 5.–6. Jahrhundert n. Chr. ununterbrochen als Kultstätte gedient. Sie ist damit eine der ehrwürdigsten religiösen Stätten überhaupt, da sie ihren Ruhm durch zwei Kulturen und drei Religionen über dreieinhalb Jahrtausende glorreich bewahrt hat. Die Höhlen waren wohl in erster Linie Zentren der Volksreligion. Laut späterer Überlieferungen nahmen die großen Göttinnen Zuflucht in den Höhlen, und junge Götter wurden dort geboren oder erzogen. Allerlei Weihgeschenke, zum Teil recht kostbare, wurden ihnen dort dargebracht. Die Stalaktiten und Stalagmiten mit ihren merkwürdigen Gestalten, die in der tiefen Dunkelheit noch phantastischer im Licht der Lampen wirkten, müssen eine große Rolle für die Gläubigen gespielt haben. In den bedeutenderen Höhlen gab es gemauerte Eingänge, Räume für Wohnungen, Altäre und Kapellen. Große Vorratsgefäße existierten in Psychro und in der neugefundenen Kulthöhle von Lykastos auf dem heiligen Berge Juktas. Das Höhlenpriestertum besaß offenbar Herden, Ackerfelder und Sklaven. Nach der späteren Überlieferung zu urteilen, hielten gebildete Priesterkollegien religiöse Doktrinen, heilige Logoi, wohl auch Mysterien für lange Jahrhunderte in manchen Grotten lebendig. Die berühmteste Höhle, zumindest in hellenischer Zeit, war die Idäische. Pythagoras und auch Epimenides knüpften an die Traditionen dieser Höhle an.

Außer den Höhlen gab es ummauerte Bezirke. In ihnen standen der Heilige Baum, aus einer Umfriedung aufwachsend, ein oder mehrere Altäre unter freiem Himmel, manchmal auch ein kleiner Wald von Oliven, Zypressen und Eichen, wie die Überlieferung berichtet. Auf hohen Stielen stehende große Doppeläxte waren allenthalben vorhanden. Das alles wissen wir von Darstellungen. Weniger wissen wir durch die Ausgrabungen über die Gestalt jener Heiligtümer, die gewöhnlich an Berggipfeln oder in ländlicher Umgebung lagen und in deren heiligen Bezirken Weihgeschenke dargebracht wurden. Es bestanden wohl keine umfangreichen Gebäude und Altäre oder gar Kapellen. Die Weihgeschenke waren Gefäße, Terrakotten, Menschen oder Tiere darstellend, und eigenartige Kultgeräte. Solche Heiligtümer kennt man schon aus dem Anfang des
15-18 zweiten Jahrtausends v. Chr.; die Weihgeschenke sind für uns nicht nur wertvoll zur Erkenntnis der damaligen Vorstellung von der Gottheit und ihrer Heilkraft, sondern auch der zeitgenössischen Mode, Tracht und Frisur der Männer und Frauen der frühen mittelminoischen Zeit (Petsofa, Piskokephalon, Bergspitze des Juktas).

Soviel über den öffentlichen Kult. Dem privaten Kult dienten kleine Hausaltäre, die schon erwähnten Pfeilerräume und, in den Palästen, die Palastheiligtümer. Schon in den Alten Palästen bestanden kleine Kulträume, die, soweit wir wissen, Idole und kleine Kultgeräte bargen, während die Freitreppen und der Hof zur Abhaltung kultischer Handlungen vor einem größeren Kreis von Menschen dienten. Am meisten bekannt ist das Heiligtum des Alten Palastes von Phaistos: vier kleine Zimmer an der Nordostecke des Westhofes und die
50, 51 große Schautreppe längs der Nordseite desselben Hofes. Eine Art Steig im Hofe, von dem entsprechend höhere Stufen zur Treppe hinaufführten, war – vielleicht mit Teppichen bedeckt – der jeweilige Zugang zur könig-

lichen Loge oder zu einem Altare. Heilige Straßen gab es in jeder Kultur, auch in der griechischen. Eine solche
war wohl die Prunkstraße, die in Knossos den Palast mit dem sog. Kleinen Palast verband. Sie war sorgfältig *28*
mit fein bearbeiteten Steinen gepflastert, wie später die Prozessionsstraße des Marduk in Babylon. Für die
Klärung der Art der Zeremonien ist der Steinkernos in Malia, an der Südwestecke des Zentralhofes, von Be- *56*
deutung. Er diente zu Zeremonien oder Dankesspenden für die Fruchtbarkeit des Jahres und anderen Kult-
handlungen. Der kleine Palast in Gurnia und die Megara von Niru Chani und Tylissos hatten entsprechende
bescheidenere Anlagen. In Knossos befindet sich die Schautreppe an der entsprechenden Stelle des Westhofes *29*
wie in Phaistos, während die Palastkapelle des Westflügels mit ihrer dreiteiligen Fassade zum Zentralhof
orientiert ist. Eine winzige Kapelle, kaum viel größer als 1 qm, stand über der Ruine des Südostteiles des
Palastes bis in die letzten Tage der minoischen Kultur. Die Idole der Göttin mit den Tauben und Kultgeräte
wurden dort in situ gefunden.

Ähnliche Kapellen, die aus einem kleinen Zimmer bestehen, sind typisch für die späteste Phase und wurden
an vielen Stellen gefunden. Die von Gazi, unweit von Herakleion, und die von Karphi in Lassithi sind die
bekanntesten, da sie eine Anzahl von zum Teil halblebensgroßen Tonfiguren der Gottheit bargen. *134–137*

Der »Orans«-typ dieser Idole mit hocherhobenen Händen ist der bekannteste und charakteristischste der
minoischen Muttergöttin. Niemand hat den göttlichen Charakter dieser Figuren verneint, dagegen wird er
für die früheren Typen, die Fayence-Schlangengöttin von Knossos eingeschlossen, in Frage gestellt, da sie auch *70, XXV*
Sterbliche darstellen könnten.

Die Göttin erscheint gewöhnlich allein oder von Tieren begleitet. Eine viel seltenere Darstellung ist die der
Mutter mit dem göttlichen Kinde, die schon durch kykladische Idole der frühen Zeit belegt ist, sofern eine
Gestalt auf dem Kopfe eines weiblichen Marmoridols ein Kind verkörpern soll. Eine weitere Darstellung,
auch schon aus der frühen Periode bezeugt, zeigt zwei nebeneinanderstehende Göttinnen. Sie sind aufs engste
miteinander verbunden und halten sich manchmal umschlungen. Außer den zwei Figuren aus Teké gibt es
eine zweite, kykladische Gruppe, die bisher unbeachtet geblieben ist, deren Frauen sich umschlungen halten,
wie in der Elfenbeingruppe von Mykenai.[12] *242, 243*

Derartige Gruppen erscheinen auch in griechischen Terrakotten der archaischen Zeit auf Kreta. Sie lassen
sich am besten mit den kretischen Μητέρες vergleichen, deren Kult in Sizilien bis in die Zeiten Diodors lebendig
blieb. Die kostbare Elfenbeingruppe von Mykenai zeigt zusammen mit den zwei Müttern auch das göttliche
Kind als παραπαίζων. Die »Zwei-in-eins«-Mütter sind durch einen Peplos vereinigt, wie es später in den
eleusinischen Mysterien geschieht. So gibt es auch in der kretisch-mykenischen Religion die Heilige Dreiheit.
Die dortigen Triaden sind jedenfalls nicht den ägyptischen von Vater, Mutter und Kind ähnlich. Auf Kreta ist
die Göttin manchmal von zwei jungen weiblichen Gestalten begleitet (»Dioskurai«), und später ist entweder
ein Gott zwischen zwei Göttinnen (Dreros, vielleicht Gortyn) oder eine Göttin zwischen zwei männlichen
Gestalten dargestellt (Goldplakette aus der Idagrotte, Tonkapelle der Sammlung Giamalakis). *144, 145*

Der Kult wurde in den Privatkapellen in aller Stille, fast heimlich ausgeführt, wie etwa vor den Hausaltären
der Japaner. Das bedeutete Steigerung des Gefühls für die private, individuelle Gottheit des Hauses, von deren
Existenz noch Homer erfüllt war. Daneben gab es öffentliche Zeremonien, an denen größere Menschenmengen
beiderlei Geschlechts teilnahmen. Standarten auf hohen Stangen bezeugten das festliche Moment, wie auf
Miniaturfresken, dem Rhyton von Hagia Triada und auf den Stelen des Gudea dargestellt. Bei den religiösen
Festlichkeiten erschienen die Frauen barfuß, mit entblößten Brüsten und einem vorne offenen Kultrock.[13]

Die kretische Kunst zeigt die Gottheit in recht verschiedenen, zum Teil poetischen Szenen. Stolz steht die
Göttin auf der Bergspitze, begleitet von Löwen, die sie auf anderen Darstellungen zähmt oder im Gebirge
jagt. Ruhig fährt sie auf dem göttlichen Schiffe oder zeigt sich auf den Wellen ruhend. Dann wieder

sitzt sie auf dem Stier oder einem anderen Wesen, das auf den Wellen schwimmt; in späterer Zeit erzählen uns die Mythen, Zeus habe Europa oder Aigina geraubt und auf eine Insel entführt.

In einem warmen Lande wie Kreta, wo Temperament und Phantasie der Bewohner stark vom Religiösen beeindruckt werden, wo Naturphänomene die Erregung verstärken, sind Ekstase und Vision eine natürliche Folge. In der Dunkelheit der Höhlen glaubt auch heute das Volk noch, in den Schatten und Tropfsteingebilden menschliche oder tierische Gestalten zu erkennen. Die wunderbar klare Luft des Frühlings und des Herbstes erzeugt eine Fata Morgana, Küste und Landschaft scheinen in der Luft zu schweben. Merkwürdige Widerspiegelungen über den kretischen Schluchten (die sog. Drossuliten in Sphakia) lassen menschenartige Schatten sich über den Himmel bewegen. Damals war die Zeit, in der sich die Götter noch häufiger den Sterblichen zeigten, wie es auch noch Homer berichtet. Gewisse Handlungen, wie Gebet, Tanz und Opfergaben, sollten die Gottheit bewegen zu erscheinen und sogar herunterzusteigen. Dabei setzen wir voraus, daß die Gottheit der minoischen Welt nicht nur unter der Erde, in den Höhlen, in den Wäldern und in den Gebirgen wohnte, sondern auch schon zum Himmel gestiegen war. Beweisen können wir es nicht, aber benachbarte Kulturen machen es glaubhaft.

Interessant sind in dieser Hinsicht Szenen, auf denen während einer religiösen, ausschließlich oder haupt-
115 oben sächlich von Frauen ausgeführten Handlung eine junge Gottheit schwebend in der Luft erscheint. In den meisten Fällen ist es wohl mit Sicherheit ein männlicher Gott. Es scheint ein junger Gott zu sein. Es ist schwer und verantwortungsvoll, über minoische Religion zu schreiben. Ist es der junge Gott, der μέγιστος κοῦρος, den mehr als tausend Jahre später die eteokretischen Priester in Praisos in griechischer Sprache, aber noch in minoischem Denken anrufen, herunterzusteigen zur Befruchtung von Tier- und Pflanzenwelt? Ist er der Liebesgenosse, der Befruchter der großen Gottheit, der sie jährlich in Liebe umfängt und jährlich stirbt? Ist er – wenigstens in einigen Fällen – der Gott, der sich mit der sterblichen Königin paart, um den Sterblichen einen König göttlichen Blutes zu geben?[14] Die heilige Ehe (ἱερός γάμος) zwischen Göttern und die heimliche Ehe zwischen Gott und Sterblichen sind Leitmotive der Mythologie und des Epos.

Dämonische Wesen spielen auch eine Rolle in der kretischen Religion, und zwar die aus den ägyptischen Ta-urt entwickelten, eselartigen Dämonen. Sie sorgen für die Bewässerung der Pflanzenwelt durch das lebenspendende heilige Wasser des Himmels, das sie symbolisch von der Göttin empfangen. Oft erscheinen sie auch als wilde Wesen zusammen mit großen Bestien, die sie sogar tot auf den Schultern tragen. Von weiteren Dä-
123 Mitte monen haben wir wenig Kunde. Der stierköpfige »Minotauros« ist der bekannteste. Eine Menge von merkwürdig unorganischen Mischwesen, die aus den Siegelabdrücken von Zakros bekannt sind, scheinen auf die reiche Phantasie eines einzigen Künstlers zurückzugehen.

Das für die Religion wohl interessanteste Kunstwerk ist der vielbesprochene Sarkophag von Hagia Triada. Er bereitet unserer Erkenntnis große Schwierigkeiten, da er mehrere Szenen zeigt, die, als Einzelszenen betrachtet, nicht schwer zu verstehen sind, die aber völlig unverständlich werden, wenn man versucht die Darstellungen in einen logischen Zusammenhang zu bringen.

An sich wäre es ganz natürlich, in Hagia Triada ein Grab anzunehmen, das nach ägyptischen Vorbildern, wohl aus dem Totenkult, ausgemalt war. In der Tat sind Reste solcher Fresken in Hagia Triada gefunden worden. Es ist vorstellbar, daß, weil das Grab zerstört wurde oder aus einem anderen Grund, Auszüge der Grabmalereien auf den Sarkophag übertragen wurden. Die große Frage aber ist, ob die dargestellten Themen auf allen vier Seiten, deren eine sogar in zwei Zonen geteilt ist, gedanklich verbunden sind.

XXX–XXXIII Auf der einen Langseite des Sarkophages von Hagia Triada bringen einige Personen in einem von Flötenspiel begleiteten Opferzug einen Stier, Früchte und Wein dar. Die andere Langseite zeigt eine Doppelszene: zwei Frauen gießen unter den Klängen des Kitharaspiels Opferflüssigkeit in ein Gefäß im Heiligen Bezirk; die andere

Darstellung, auf der drei Opferträger dem vor seinem Grab oder einem Altare stehenden, armlosen Toten oder Gott ihre Gaben bringen – ein Schiff (eher als Elfenbeinzahn) und zwei Kälbchen (wohl lebende Tiere und keine Nachbildungen) – ist noch unverständlich.

Die beiden Schmalseiten zeigen je zwei Personen in einem von zwei Tieren gezogenen Wagen, die einen sind schwere, irdische Pferde, die anderen geflügelte Greifen, die den Wagen im Fluge ziehen. Ein wunderlicher Vogel mit kräftigen Beinen und wilden Augen scheint zu den Insassen dieses Wagens zu reden. Wiedergaben seltsamer Vögel kommen auf Kreta wiederholt vor. Es gab wohl einen Mythos über große geflügelte Wesen, wie wir sie aus arabischen Märchen kennen.

LEBEN, KUNST UND HANDWERK

DIE VORPALASTZEIT

Wir haben schon zu Beginn das Bild der Kunst von Kreta als buntfarbig und eigenartig bezeichnet. Den modernen Forschern erscheint das künstlerische Temperament der Kreter bald primitiv, bald stark naturalistisch, bald impressionistisch, bald barock. Trotz einer gewissen Primitivität hat Kretas Kunst unerhört kühne und »moderne« Lösungen gewagt, die dem ägyptischen Künstler entweder fernlagen oder von ihm erst spät, etwa in der Amarna-Zeit, versucht wurden. Selbst die delikaten, miniaturistischen und eigenartig schematisierenden Tendenzen der Kunst des Fernen Ostens hat man in Kretas Kunstwollen wiedergefunden.

Die Entwicklung der kretischen Kunst spielt sich innerhalb des 3. und 2. Jahrtausends v. Chr. ab. Sie zeigt aber weder die strenge Disziplin noch den einheitlichen Geist der gleichzeitigen ägyptischen Kunst. Die eigentliche große Kunstperiode von Kreta umfaßt das 16. und 15. Jahrhundert. Farbenfreude und Neigung zu lebendiger Dekoration kennzeichnen das Wesen der kretischen Kunst ebenso wie das Fehlen monumentaler Äußerungen, besonders in den plastischen Werken. Selbst die riesigen Paläste, die imposantesten Schöpfungen der kretischen Kunst, sollten niemals durch ihr Volumen wirken. Ihre über weite Flächen verteilten Bauten in terrassenförmiger Abstufung haben einen ähnlich malerischen Eindruck geboten wie die an Berghängen liegenden heutigen kretischen Dörfer mit ihren buntfarbigen Wänden, Türumrahmungen und Veranden.

In der frühminoischen Zeit versuchte die Kunst ihren eigenen Weg zu finden. Die Keramik, die anfangs ihren monochromen Charakter aus der neolithischen Periode beibehielt, vermehrte die Gefäßformen. Große Becher mit hohem Fuß wurden mit verschiedenen Politurmustern (Pyrgos-Stil) geschmückt, während die ersten be- *4*
malten Gefäße gefertigt wurden. Der Überzug der Oberfläche mit dunklem Firnis, in Nachahmung der ersten Bronzegefäße, jener großen neuen Erfindung, ließ eine interessante Gattung entstehen, deren Stil man als Vassiliki-Stil oder als den der Gefleckten Waren (Mottled Ware) bezeichnet. Der dunkle Firnisüberzug der *8 oben, III*
Gefäße, dem Urfirnis des Festlandes entsprechend, wurde nämlich durch ungleichmäßiges Brennen im Ofen bald dunkelbraun, bald heller gelb oder rötlich. Durch stellenweise Überdeckung des Firnisauftrages wurden beim Brennen beliebige oder auch berechnete Muster erzielt, die ältesten Vorläufer der abstrakten Kunst. Manchmal erhielten die Vasen auch Bemalung. Die Muster wurden vermehrt; neben geradlinigen erscheinen die ersten Muster mit gekurvten Linien. Gegen Ende der Periode entstand eine neue Maltechnik, die als Vorspiel zu dem folgenden Stil der mittelminoischen Periode gelten kann. Es ist der sog. Hell-auf-Dunkel-Stil, *8 unten, IV*
dessen Muster in dicker, weißlicher oder weißgelber Farbe auf dunklen Grund aufgetragen wurde.

Die Farbenfreude des minoischen Volkes zeigt sich schon, besonders in Ostkreta, in der frühminoischen Zeit bei den schönen Steinvasen aus buntfarbigem Material. Die Technik zur Herstellung der Steinvasen hatten *II*
die Kreter von Ägypten gelernt; einige wenige gefundene Vasen könnten direkter Import sein, aber im großen

und ganzen sind Formen und Material kretisch. Geäderte Kalksteine, feinkörnige Steine und buntfarbige Stalaktitenstücke, letztere aus den Grotten, wurden zu kunstvollen Gefäßen verarbeitet. Der kretische Steinschneider verstand die Adern des Steines kunstvoll zur Dekoration auszunutzen. In Mittelkreta, in der Messaraebene, wurde an Stelle der Verarbeitung farbiger Steine die Einlegearbeit mit Steinen erfunden.

Die Goldschmiedekunst wurde schon in dieser Periode sehr gepflegt. Während die Bronzewerkzeuge, hauptsächlich Dolche, sich nicht besonders auszeichnen und manchmal Importe aus dem benachbarten ägäischen Gebiet sein könnten, zeigen die Schmuckgegenstände aus Gold wunderbare Feinheit und Eleganz. Vor allem
13 aus Ostkreta (Mochlos) und aus den Messara-Gräbern besitzen wir Ketten, kleine Tiere und Blumengebilde, die einen großen Sinn der Kreter für eine gepflegte äußere Erscheinung bezeugen. Der Schmuck der königlichen Gräber von Ur, besonders die Golddiademe der Königin Shubad, wahrhaft königliche Geschmeide, sind die einzigen Vorgänger, die zum Vergleich herangezogen werden können. Wir kennen die gleichzeitigen Goldschätze von Troja II und von Poliochni auf Lemnos, die auch Reichtum und Wohlstand der dortigen Gebiete bezeugen, aber ihnen mangelt die edle Form der kretischen Schmuckstücke. Die Ägyptologen sagen, daß die Ägypter der Welt die künstlerische Gestalt der Blume erschlossen haben. Wie wir auch später noch sehen werden, steht der minoische Kreter ihnen nicht nach. Die kretische Kunst der Blütezeit verherrlicht die Blume nicht weniger als die ägyptische. Schon die Frühzeit macht den Anfang mit den schlichten, aber graziösen Goldblumen von Mochlos, die einst edlen Toten als Grabschmuck beigegeben wurden.

Über die Architektur der Frühzeit können wir noch wenig sagen. Es bestanden jedenfalls geräumige Häuser, deren Fußböden, sogar manche Wände, rot gefärbt waren. Mehr wissen wir über die Gräber, besonders über die der Messara. In dieser größten Ebene der Insel war die frühminoische Kultur natürlicherweise am reichsten. Dort bestanden kleine Gemeinden, die von der Landwirtschaft, in geringerem Maße von dem Handel mit der wenig über 400 km entfernten libyschen Küste lebten. Dagegen waren Mochlos und das übrige Ostkreta mehr auf den Seeverkehr mit dem Archipel und den Küsten des Orients angewiesen. In der Messara lagen die kleinen Siedlungen am Rande der Ebene verteilt. Es waren kleine oder größere Dörfer und jedes von ihnen besaß ein oder mehrere große und solide gebaute Rundgräber, die man sich gewöhnlich gewölbt vorstellt. Das größte dieser Gräber (Grab B von Platanos) hat 13,10 m inneren Durchmesser und ist damit fast genauso groß wie die größten Tholosgräber der mykenischen Periode, während der äußere Durchmesser auf Grund der dicken Wände über 18 m war. Die Gräber waren wohl mit Holzdächern versehen, die Wände sicher nach innen geneigt. Charakteristisch für alle sind die megalithisch mit Türpfosten und Oberschwellen aus großen Steinen gebauten Türen, die alle im Osten liegen. Sie sind das früheste Beispiel für eine fixierte Orientierung, die wir später bei den Palästen und sonstigen Prachtbauten wieder antreffen werden.

Die Rundgräber waren Gemeindegrüfte und sind jahrhundertelang in Gebrauch gewesen. Oft hatten sie äußere Anbauten von rechteckiger oder unregelmäßiger Form, um die Fülle der Toten bergen zu können. Sowohl diese Anbauten wie auch manche nicht runde, sondern viereckige Gräber enthielten spätere und ärmere Beigaben. Die Gräber gehören dem Ende der frühminoischen und der beginnenden mittelminoischen Periode um die Wende zum 2. Jahrtausend v. Chr. an. In ihnen fanden sich Grabpithoi und Tonsarkophage in Form von Holztruhen, die oft mit knopfartigen Gebilden zum Anbinden des Deckels an die Truhe versehen sind. Die reichsten Toten sind jedenfalls die der älteren Perioden, die auf dem Boden der Rundgrüfte bestattet waren. Die Beigaben bilden für uns heute den größten Schatz an Kunstgegenständen der frühminoischen Zeit. Reich vertreten ist die Keramik, deren jüngste Beispiele schon dem frühen Kamares-Stil
10 angehören. Auch figürliche Keramik ist gefunden worden. Einige Rhyta haben menschliche Formen
14 (Ostkreta), einige stellen Stiere dar, an deren Hörnern menschliche Gestalten hängen. Das würde bedeuten, daß die ersten für Kreta so charakteristischen Stierspiele sich in der breiten Ebene der Messara entwickelt

hätten, dort, wo die jungen Hirten die halb wilden Tiere, die an den wasserreichen Gebieten des südlichen Ida
weideten, zu fangen und zu zähmen hatten. Der Deckel einer Steinpyxis, dessen Griff in Gestalt eines Wind- 6
hundes modelliert ist, zeigt wohl die beste frühminoische Plastik. Das müßig liegende Tier ist vom gleichen
Typ wie die heute die kretischen Dörfer durchstreifenden Hunde. Unter den gefundenen Kleinplastiken der
frühminoischen Zeit sind manche wohl aus den Kykladen importierte marmorne Inselidole und manche ein- 11
heimische Nachahmungen aus Steatit.

Die bedeutendsten Leistungen des frühminoischen Kunsthandwerks lagen wohl auf dem Gebiet der Siegel-
kunst. Manche Siegelstöcke haben die Gestalt von Tieren, wie Vögeln und Affen, und manchmal von Tier- 12
gruppen. Die Siegelfläche befindet sich unter der Basis der Darstellung. Diese Kunstart war anscheinend aus dem Orient eingeführt worden und hatte so großen Anklang gefunden, daß auch auf Kreta jeder positionell selbständige Mensch unbedingt sein eigenes Siegel hatte. Da die Siegel wohl an einer Schnur um den Hals getragen wurden, gingen sie oft verloren, und unsere Kenntnis von ihnen besteht nicht nur aus den Funden an großen Grabungsplätzen, sondern auch im gleichen Maße aus Zufallsfunden irgendwo auf kretischem Boden. Ein Aberglaube besagt, daß die Siegel der Milch der Wöchnerinnen förderlich seien; so kann man auch heute noch sehen, daß Siegel in ähnlicher Weise wie einst von kretischen Müttern um den Hals getragen werden. Ihr Name Galopetres (Milchsteine) wurde von der Wissenschaft und den Sammlern übernommen. Besonders geschätzt waren die Siegelsteine, deren weißliche Farbe an Milch erinnert. Die Siegel wurden anfangs nur aus weichem Material hergestellt, aus Steatit, Knochen und vor allem Elfenbein. Abgesehen von den erwähnten plastischen Formen, zu denen noch Nachbildungen menschlicher und tierischer Füße kommen, gibt es Knopfsiegel und Skarabäen, Prismen und Zylinder, bei welch letzteren die Siegelfläche sich immer auf den zwei Basen, nie auf der Mantelfläche befindet. Erst am Ende der Periode erscheinen als Material weichere Halbedelsteine, wie Bergkristall, Amethyst, Quarz oder Jaspis und andere. Die Verzierungen der Schnittfläche bilden für uns heute eine unschätzbare Sammlung von Motiven, die nicht nur Kunstentwicklung und Kunstwollen zeigen, sondern auch wichtig sind für ethnologische Erkenntnisse. Anfangs sind die Muster einfach und linear, Spiralen und mäanderartige Linien spielen eine große Rolle. Tierformen werden sehr früh schon in rein dekorativer Weise verwendet: lange, zum Teil spiralenförmige Reihen von Löwen, aber auch von Skorpionen, Spinnen und Ameisen füllen die Stempelfläche. Siegel mit menschlichen Darstellungen treten allmählich auch hervor und bezeugen den Beruf ihres Trägers, eines Jägers oder Töpfers, letzterer ein besonders häufiger Beruf. Die vielen Schiffsdarstellungen lassen auf zahlreiche Seefahrer, von denen wir auch anderweitig Kunde haben, schließen. Eine Siegelform verdient hier noch besondere Erwähnung. Es ist ein kreisförmiges Stück aus Bein mit einem Loch zum Aufhängen. Aus diesem Siegel hat sich später der kretisch-mykenische Ring entwickelt mit dem winzigen Reif und der großen, elliptischen Stempelfläche.[15]

Die Siegel von der Wende des 3. zum 2. Jahrtausend haben noch eine besondere Bedeutung als Träger der ältesten Schrift, zunächst in pictographischer und dann in mehr entwickelter hieroglyphischer Schrift. Die auf den Siegeln nebeneinander abgebildeten Tiere, Köpfe, Gelenke, Pflanzenbilder und Werkzeuge brachten Evans auf den Gedanken, es könne sich um eine primitive kretische Schrift handeln.

DIE ZEIT DER ALTEN PALÄSTE

Der Übergang von der Bauernkultur zur Kultur eines Herrschers wäre nicht schwer vorstellbar, wenn es im minoischen Kulturraum nur einen Palast gäbe. Es gab aber mindestens vier Paläste, und soweit wir es heute beurteilen können, sind sie alle kurz nach 2000 v. Chr. entstanden. Da keine Anhaltspunkte für eine Einwanderung fremder Stämme oder einer fremden Dynastie vorhanden sind, muß der Grund in einer inneren politischen Wandlung liegen.

In der Messaraebene wurden die großen Rundgräber bis etwa um 1900 oder 1800 v. Chr. benutzt, dann wurden die umliegenden Siedlungen offenbar verlassen. Um die gleiche Zeit aber entstand der Palast von
I, XVIII Phaistos auf einem allseits frei gelegenen Hügel mit herrlichem Rundblick. Ausschlaggebend war aber wohl –
49-51 wie es sich entsprechend auch für Knossos zeigen wird – das Vorhandensein einer bedeutenden, vielleicht der bedeutendsten Siedlung der Messaraebene. Vielleicht war auch schon eine Anlage palastartiger Bauten dort. Starke Persönlichkeiten werden die Führung der kleineren Gemeinden übernommen haben, wie es in Ägypten wenige Zeit vorher auch geschehen war. In diesem Lande, dessen politisches Schicksal soviel mit Kreta gemein hat, waren in dieser Zeit gleichfalls die Lokalfürsten den mächtigen Begründern des Mittleren Reiches gewichen.

49-51, XVIII Auf dem geebneten Hügel von Phaistos wurde ein großer Palast angelegt. Gleichzeitig entstanden der Palast
56-59, XX in Malia und der größte von allen in Knossos. Jeder dieser drei Bezirke wird unter der Führung einer starken
26-41 Persönlichkeit gestanden haben, welche die anderen zur Gefolgschaft verpflichtete. Knossos bietet das klarste Beispiel der Entwicklung dieser Paläste.

Auf dem »Tell« von Knossos muß seit Jahrtausenden reges Leben geherrscht haben, denn die neolithischen Schichten unter dem Palast sind die höchsten in Europa, und künftige Forschungen werden zeigen, ob schon der mesolithische Mensch dort wohnte, wie es nicht nur in Thessalien sondern auch auf den kleinen Inseln Skyros und Zakynthos der Fall gewesen zu sein scheint.

Aus frühminoischer Zeit stammen auf dem »Tell«, dessen heutiger Name Kephala (Kopf) ist, merkwürdige unterirdische, in weiches Gestein gehauene Gewölbe, die nur in gewisser Hinsicht mit den »Hypogaeen« auf Malta zu vergleichen sind. Zu Beginn der mittelminoischen Zeit existierten auf dem Gipfel des Tells schon dicht nebeneinanderliegende, solide Gebäude mit runden Ecken, deren eine noch heute neben dem Eingang des Thronsaales im Westflügel des Neuen Palastes zu sehen ist. Diese Gebäude der mächtigen Lokalfürsten, die wohl bald zu Königen aufstiegen, sind als einheitlicher Bau fundamentiert. Interessant ist, daß die »protopalatischen« Bauten in die Palastbauten einbezogen wurden; es ist auch ein Hinweis darauf, daß einheimische Führer sich diese Paläste errichteten.

Von diesen Alten Palästen Kretas besitzen wir nur wenige Reste, die sich in den Neuen Palästen erhalten haben. Es genügt, hier nur die wichtigsten Züge dieser Bauten hervorzuheben. Alle Palastanlagen haben zwei
Fig. 4, 12, 14 gemeinsame Eigenschaften. Erstens haben alle Paläste zwei Höfe: den Mittelhof, um den sich die verschiedenen Räume gruppieren und der immer rechteckig ist, und den Westhof, der an die Westfassade der Paläste grenzt und keine bestimmte Form haben muß. Zweitens zeigen alle Paläste eine einheitliche Orientierung. Sie sind nach bestimmten, wohl religiösen Regeln ausgerichtet, so wie es im Orient geschah. Die lange Achse der Mittelhöfe ist mit nur leichten Abweichungen von Norden nach Süden orientiert, so daß die vier Seiten des Hofes und damit des gesamten Gebäudes den vier Himmelsrichtungen fast genau zugekehrt sind.[16] Diese Orientierung wiederholt sich bei den Herrenhäusern und bei ganzen Städten, wie Gurnia, so daß man in Kreta von einem planmäßigen Palast- und Städtebau sprechen kann.

48 Um die Paläste herum entwickelten sich die Städte. Wir wissen, daß in Malia Privathäuser bis in die spätesten
XVIII Tage des Palastes bestanden und mit ihm zusammen um 1500 v. Chr. untergingen. In Knossos und Phaistos überlebten die Städte die Katastrophen der Paläste und erlebten sogar in griechischer Zeit eine Nachblüte, die sicher noch in dem ehemaligen Ruhm der Paläste begründet war. Es sind wohl die ältesten Städte Griechenlands und Europas überhaupt. In Knossos ist das Leben bis heute niemals vollkommen unterbrochen worden.

Wie diese frühesten Städte Europas auf Kreta aussahen, können wir uns auf Grund von Fayenceplättchen vorstellen, die insgesamt vermutlich einst eine hölzerne Truhe in Einlegetechnik schmückten und von einer

Darstellung einer Stadt stammen. Die Plättchen, die tief unter einem Fußboden des Neuen Palastes in Knossos gefunden wurden, sind sicher mittelminoisch, obwohl die genaue Datierung schwer ist. Sie zeigen, außer Darstellungen von Menschen, Tieren und Pflanzen, Häuser, deren Bauart schon architektonische Eleganz aufweist: horizontale Baugliederung, Tür- und Fensterpfosten, kreisrunden Dekor, dessen Vorbild die Endstücke der tragenden Holzbalken gewesen sein dürften, endlich die Merkmale der sog. isodomischen Bauart aus Ziegeln oder Porosquadern. Völlige Symmetrie herrscht in den Fassaden; die Tür liegt in der Mitte des Erdgeschosses und die Fenster sind symmetrisch – je zwei oder drei in jedem Stockwerk – verteilt, alle Häuser scheinen dreistöckig gewesen zu sein. Manche von ihnen zeigen sogar noch ein in das Dach hineingebautes, mit einer Tür und einem leicht schrägen Terrassendach versehenes Zimmer. Dieses war wie ägyptische Darstellungen schließen lassen, das Sommerschlafzimmer, in dem der Kreter wie der zeitgenössische Ägypter die Kühle der Nacht suchte. Manche der Fayencehäuser haben keine Öffnungen oder nur enge Fenster in den oberen Stockwerken. Sicher sollte damit die Rückfront der Häuser angedeutet werden, während die Fassaden breite, luftige Fenster haben, die sogar mit einer Art Fensterglas versehen sind, vielleicht aus dünn verarbeitetem Leder, einer Art Pergament, das ziemlich durchsichtig ist.

Es ist auffällig, daß mit der raschen städtebaulichen Entwicklung die Ausstattung der Stätten für das Jenseits nicht Schritt hielt. Die bisher üblichen Grabanlagen hören in der mittelminoischen Zeit allmählich auf. Vielleicht hängt das mit einem Wechsel der religiösen Vorstellungen über das Leben nach dem Tode zusammen. Massengräber werden fast nirgends mehr benutzt. Die Toten werden einfach in einem Pithos oder in einem Tonsarge unter der Erde begraben. Wenn überhaupt Beigaben mitgegeben werden, so sind sie dürftig.

Aus dieser Zeit stammen die ersten öffentlichen Heiligtümer, die auf Bergspitzen und offenen Plätzen liegen. Die Natur der Gottheit erscheint in verschiedener Gestalt; bald ist sie Schützerin, bald Fruchtbarkeits- und bald Heilgottheit. Die Weihgaben geben uns willkommene Kenntnis von den plastischen Bemühungen dieser Periode. Tiere sind gewöhnlich recht summarisch dargestellt, oft auf dem Boden einer Schale, die vielleicht eine Spendeflüssigkeit von Milch, Wein oder Honig enthielt. Diese sowie Weihgaben in Gestalt eines betenden Menschen, eines Hirten mit seiner Ochsenherde, kleinerer Haustiere oder Tauben sind ohne weiteres als Bitten *18*
um den Schutz der Gottheit verständlich. Andere Darstellungen brauchen eine Erklärung, so die der Wiesel, die damals wohl nützliche Haustiere gegen Mäuse waren. Nachbildungen von Teilen des menschlichen Körpers sind sicher als Bitte von Heilungsuchenden zu verstehen. Manche Gelenke zeigen deutlich pathologische Formen, manche Körperteile sagen über bestimmte Leiden aus. Darstellungen einer Hälfte des menschlichen Körpers – es ist immer die rechte Hälfte – deuten auf Paralyse hin. Ein Spezialist könnte manches über die damaligen Krankheiten folgern.

Besonders interessant für uns sind die Tonstatuetten, die Adoranten beiderlei Geschlechts darstellen. Die *15-17*
Männer zeigen kaum Varianten, es sind nackte Jünglinge mit Schamtaschen, die den Dolch vorne am Gürtel befestigt tragen, wie es die Kreter noch heute zu tun pflegen. Die Frauen, prachtvolle Erscheinungen, unterscheiden sich in modischen Gewändern und Frisuren. Sie tragen einen weiten, langen, bis zu den Füßen reichenden Rock. Die Jacke läßt die Brüste unbedeckt, ein Hinweis auf kultische Nacktheit. Die Hüte und besonders die Haarfrisuren sind verschiedenartig und wirken zum Teil erstaunlich kunstvoll und modern. Manche dieser Terrakotten sind außerordentlich schön modelliert.

Einen entschiedenen Fortschritt machte die Siegeltechnik in der Periode der Alten Paläste, wobei die Vielzahl der bisher üblichen Formen eingeschränkt wurde. Die Petschafte wurden weiterhin aus harten Steinen, vorwiegend Halbedelsteinen, gefertigt, und zwar in so eleganten Formen, daß sie ihre Herkunft von metallenen Vorbildern verraten. Die Kreter, die die monumentale Kunst nicht geliebt haben, hinterließen in ihren Siegeln kleine Meisterwerke. Die Siegelflächen zeigen Bilder von Bäumen, Vögeln und anderen Tieren, manchmal

überraschend bewegt und lebendig eingraviert. Manche zeigen ganze Szenen: Einen Steinbock zwischen
schroffen Felsen, ein Reh neben einem Flusse lagernd, einen Hirtenknaben mit weidenden Schafen, sogar
25 phantastisch wirkende Stalaktiten einer Höhle. Ein Tonstück trägt zwei Porträts, wohl Vater und Sohn,
meisterhaft gearbeitet. Einen entscheidenden kulturellen Fortschritt bezeugen die Stempel mit einer schon
entwickelten hieroglyphischen Schrift. Es gibt Tonstücke und Tontäfelchen mit diesen Hieroglyphen in flachen
und einfachen Formen eingeschnitten. Auf den Siegeln aber sind die Zeichen, ähnlich ägyptischen Hieroglyphen, wie plastische Gestalten und machen diese frühen Schriftdenkmäler zu kleinen Kunstwerken.

Die erstaunlichste Leistung des kretischen Handwerks aus der Zeit der Alten Paläste ist die Keramik, die uns in reicher Fülle erhalten ist. Schon damals waren die Arbeiten der Palastwerkstätten weit über Kretas Grenzen hinausgedrungen. Ausgrabungen in Ägypten brachten die ersten Gefäße, die bezeichnenderweise »ägäisch« genannt wurden, ans Licht. Erst einige Jahre später wurden gleichartige Gefäße von englischen und italienischen Archäologen in Kreta gefunden, und zwar in einer schwer zugänglichen, bis Mai mit Schnee bedeckten Grotte am südlichen Ida, der später berühmt gewordenen Grotte von Kamares (der griechisch-kretische Ausdruck für
Brücken), dem Namen des benachbarten Dorfes, von dem die Grotte auf mehrstündigem, steilem Pfad zu
20-24, V-XIII erreichen ist. Nach dem Fundplatz wird der Stil dieser buntfarbigen Gattung »Kamares-Stil« benannt. Wie schon
IV oben erwähnt, wurde bereits zu Ende der frühminoischen Zeit die »Hell-auf-Dunkel«-Technik erfunden. Die Vasen
wurden völlig mit dunklem Firnis bedeckt und darauf mit weißgelber Farbe gemalt. Zu Beginn der mittelminoischen Zeit wurden die Gefäßformen, die Qualität von Ton, Firnis, Farben und Mustern derart verbessert und verfeinert, daß die Kamareskeramik noch heute unsere Bewunderung erweckt. Es sind kaum jemals feinere Erzeugnisse aus den Händen so früher Töpfer gekommen. Die Voraussetzung dazu war die Erfindung der drehbaren Töpferscheibe, die um diese Zeit in Kreta eingeführt wurde. Mit ihrer Hilfe und der
verfeinerten Qualität des Tones war es möglich, Gefäße in neuen Formen und mit dünnen Wandungen herzu-
IV unten stellen. Eine Technik, die man Barbotine nennt, erlaubte durch Aufspritzen von flüssigem Ton einen Teil oder
die ganze Oberfläche der Gefäße gleichmäßig rauh zu machen; manchen Töpfern gelangen gezahnte oder dornartige Verzierungen, in denen man Nachahmungen von Muschelschalen erkennt.

Um die bewunderte Feinheit der Kamaresgefäße zu erreichen, braucht man äußerst feinen und elastischen Ton. Heutige Versuche, die sachkundige Töpfer in Kreta machten, haben gezeigt, daß der Ton monatelang gereinigt, angefeuchtet und geknetet werden muß, um die Elastizität zu erlangen, die die Fertigung nicht nur dünnwandiger Gefäße, sondern auch wellenförmiger Lippen und Nachahmungen gehämmerter Arbeiten, kunstvoller Henkel und ähnlicher Formen ermöglicht, die Metallgefäßen eignen. Nicht nur die Gefäße sind von äußerster Zartheit, auch der sie bedeckende Firnis ist jetzt von großer Feinheit, dunkel lilafarbig oder schwarz und von metallischem Glanz. Den Kamarestöpfern wird die Erfindung dieses Firnisses zugeschrieben, der viele Jahrhunderte später auf den griechischen Vasen noch einmal zu bewundern ist. Fast alle kleinen Kamaresschalen sind dünnwandig; die allerfeinsten Gefäße, die sog. Eierschalenware, vermochten aber wohl nur die Palast-
werkstätten herzustellen, vielleicht aus einer Kombination von Ton und stärkendem Firnis.[16a] Es sind nur kleine
VI oben Gefäße, meist einhenkelige Tassen. Die äußerst dünne Wandung und der elegante farbige Dekor machen sie zu
kleinen Meisterwerken, die durch Jahrtausende geschätzt waren. Lukian kannte analoge Vasen, die er »windgetragen und hautdünn« (ἀνεμοφόρητα καὶ ὑμενόστρακα) nennt (Lukian Lexiphanes 7).

Reiche Phantasie und großes technisches Geschick des kretischen Töpfers überraschen. Mit den um einige rote und gelbe Farbtöne bereicherten Dekorationsfarben wurde die Marmorierung von Steinvasen und Breccien in bewundernswerter Weise nachgeahmt. Dekorativ stilisierte Muscheln, Oktopoden, Fische und Frösche schmücken die Gefäße, selbst Darstellungen der menschlichen Gestalt wurden gewagt, wie es besonders die letzten Grabungen in Phaistos zeigen.

Die Pflanzenwelt lieferte die meiste Anregung zum Schmuck der Keramik. Keineswegs geben die Vasenmaler ein naturalistisches Bild der Gewächse, vielmehr stilisieren sie die Formen zu dekorativen Mustern; einige von ihnen zeigen das Vorbild noch deutlich, wie die Margeriten-, Iris- und Anemonen-artigen Blüten, die zur Belebung von Spiralenmustern verwendet sind, indes andere völlig umgebildet sind in rein dekorative Formen. Auf einem meisterhaften Ausgußgefäß von Knossos erscheinen innerhalb pflanzlicher Ranken Blätter, in denen schon das griechische Anthemion anklingt; auf einer feinen, henkellosen Tasse von Eierschalenfeinheit aus dem gleichen Palast ist eine Wasserrose zu erkennen (»Waterlily« Evans). *20, 21* *VII*

Soweit wir es heute beurteilen können, ist der Kamaresstil in Knossos konservativer und mehr an die Natur gebunden geblieben. In Phaistos dagegen hat er sich – wie die neuen Funde der letzten Jahre beweisen – weiter von der Natur entfernt, ohne aber die Verbindung mit ihr ganz aufzugeben. Alles, was es an dekorativen Formen und Möglichkeiten gibt, ist bei der Keramik von Phaistos kühn und geschickt angewandt: einfachere Systeme, wie isodomische Ziegelmotive, Schuppenmuster, S-Linien und Efeugirlanden, Rosetten, Feuerräder, Gitter und korallenartige Gebilde, Kombinationen von Mäandern und Federn, Spiralen, Dornspiralen, schraubenartigen Motiven, Blumensternen, kurz: eine Menge überraschender Formen und Kombinationen erweckt immer neu unsere Bewunderung. Die Vielfalt unter den Tausenden von Gefäßen und Scherben, die zuletzt in den tiefen Schichten des Palastes in Phaistos gefunden wurden, ist so groß, daß man den Eindruck hat, daß jeder neue Fund zugleich neue Motive bringt. *20 unten, 23, 24* *V, VIII–XIII*

Bedauerlicherweise haben wir keine gut erhaltenen Bauteile der Alten Paläste Kretas. Es ist unvorstellbar, daß bei so lebendigem und einfallsreichem künstlerischen Empfinden, wie es sich bei der Keramik zeigt, die Wände der Paläste ohne malerischen Schmuck geblieben sein sollten. Freskenspuren aus den mittelminoischen Schichten zu Phaistos deuten darauf hin, daß mindestens lineare Dekorationen die damaligen Bauten schmückten.[17]

Vornehme Privathäuser aus der Kamareszeit kennen wir noch nicht. Die einzige Ausnahme bildet das berühmt gewordene Privathaus von Chamaisi, das etwa den Herrenhäusern der nächsten Periode vergleichbar ist.[18]

DAS GOLDENE ZEITALTER VON KRETA: DIE ZEIT DER NEUEN PALÄSTE

1 Architektur

Wann die Alten Paläste zerstört wurden, ob gleichzeitig und durch welche Ursachen, können wir nicht sagen. Zwischen den Katastrophen, die die einzelnen Paläste vernichteten, kann jedenfalls kein großer Abstand gewesen sein. Wir nehmen an, daß die Katastrophen sich um 1700 v. Chr., vielleicht auch etwas früher, ereignet haben. Die gefundene Kamareskeramik aus dieser Zeit zeigt noch höchste Qualität, Exemplare mit Anzeichen eines Stilverfalles kennen wir nicht

Erst für die Zeit um 1600 oder 1580 läßt sich eine neue Entwicklung feststellen. Die Neuen Paläste befanden sich im Aufbau, erhaltene Kunstwerke zeigen noch die Stilmerkmale der mittelminoischen Zeit, sofern der Anfang der spätminoischen Zeit um 1550 angenommen wird. Mit Recht hat Evans die Periode von der Wende des 17. Jahrhunderts an als »Neues Zeitalter« bezeichnet. Die große Bautätigkeit auf der ganzen Insel, die Neuerungen in der Kunst – man denke an die monumentale Malerei – und ein einzigartiger Aufschwung auf allen Gebieten sind Zeugen dafür.

Das alles steht in schroffem Gegensatz zu dem vorangegangenen Jahrhundert. Es heißt gewöhnlich, daß in diesem Zeitraum von 1700 bis 1600 sich der Wiederaufbau vollzogen habe. Tatsächlich aber können dieser Periode keine Bauwerke zugeschrieben werden, abgesehen von mehr oder weniger hypothetischen Teilen des

Palastes von Knossos. Wir kennen aus dieser Zeit keine großen Kunstwerke, selbst die Keramik ist spärlich und schwer auf diese Zeit fixierbar. Es war ein Jahrhundert, das weder Verfall noch Verwüstung zeigt; es muß eine monumentlose Zwischenperiode gewesen sein. Wieder zeigt uns Ägypten das analoge Bild: Es ist die Zeit der Hyksosherrschaft für das Niltal, die zweite, durch politische Unruhe kulturlose Zwischenzeit. Daß auf Kreta fast genau um die Mitte des 17. Jahrhunderts ein Alabasterdeckel mit dem Namen des Hyksospharaos Kyan Knossos erreichte, ist vielleicht historisch nicht ohne Bedeutung. Kein Geringerer als Eduard Meyer hat es als Hinweis auf Kretas Eroberung durch die Hyksos gedeutet.

Die Festlegung des genauen Zeitpunktes des Wiederaufbaues der einzelnen Paläste bereitet noch größte Schwierigkeiten. Auf alle Fälle aber waren nach 1600 die vier Neuen Paläste an denselben Stellen, zum Teil unter Verwendung der älteren Ruinen, im Wiederaufbau, der wohl bis zur zweiten und endgültigen Zerstörung fortdauerte. Wir haben allen Grund zur Annahme, daß die Tradition nie völlig unterbrochen war. Während in der älteren Periode Knossos und Phaistos an Rang und Bedeutung ebenbürtig erscheinen – nach den neuesten Grabungen ist offenbar sogar Phaistos das mächtigste Zentrum der Kamares-Kultur gewesen – ist Knossos ihm beim Wiederaufbau weit überlegen. Es scheint, als ob der Adel von Knossos die Initiative zur Wiederherstellung der kretischen Macht ergriffen hätte, genau wie die Fürsten von Theben in Ägypten am Ende der Hyksoszeit. Zum Bau des Neuen Palastes in Knossos haben anscheinend nicht nur die lokalen Edlen, sondern auch die der übrigen Paläste Beitrag geleistet. Das wäre in der Tat der Anfang der kretischen Vereinigung und der Alleinherrschaft des knossischen »Minos« in Kreta, von der uns die Überlieferung berichtet. Die beiden anderen Paläste von Phaistos und Malia beweisen durch die Großartigkeit ihrer Anlagen allerdings einen hohen Grad von Selbständigkeit, so daß die Alleinherrschaft zumindest in der ersten Phase keine absolute gewesen sein wird.

26–41
Fig. 3–7

Knossos. Daß der wiederaufgebaute Palast von Knossos den anderen Palästen gegenüber den Vorrang hatte, beweisen nicht nur seine Ausdehnung und seine üppige Pracht, sondern vor allem seine riesigen Magazine. Sie sind weit geräumiger als die Magazine der zwei übrigen Paläste zusammen. Große, tief in den Fußboden der Vorratsräume und des Korridors eingelassene Gruben nahmen den Reichtum der Ernte und die übrigen Schätze auf. Vermutlich mußten auch die anderen Paläste von ihren Erträgnissen an Knossos abliefern.

Der Palast von Knossos einschließlich seiner Höfe bedeckte eine Fläche von 20000 qm. Das ist einzigartig, nicht nur im Vergleich zu den mykenischen Palästen, sondern auch zu anderen. Der Palast des Nebukadnezar in Babylon nahm zwar genau eine doppelt so große Fläche ein, aber er hatte fünf Höfe und war nur einstöckig, während der Palast von Knossos mindestens drei Stockwerke besaß. Der Palast konnte sicher mehrere Hunderte, wenn nicht sogar Tausende von Bewohnern aufnehmen.

Die nachmaligen Ruinen, die noch die geräumigen Zimmer und Korridore mit Resten von Stierspieldarstellungen an den Wänden erkennen ließen, und von denen man in das Dunkel der tiefer gelegenen Räume des Ostflügels eindringen konnte, machten auf die später kommenden Griechen einen nachhaltigen Eindruck, der seinen Niederschlag in der Überlieferung fand. Die Weitläufigkeit des Palastes erweckte in ihnen das Gefühl verwirrender Ausweglosigkeit. Dies übertrug sich auf den Namen Labyrinth. Eine beliebte, aber wissenschaftlich nicht bewiesene Erklärung dieser Bezeichnung leitet Labyrinth von dem lydischen »labrys« Doppelaxt, dem in Knossos vielfach gefundenen Kultzeichen, ab: Haus der labrys – Haus der Doppeläxte. Um die Darstellungen der Stiere woben die Griechen die Minotauroslegende. Sie haben nie gewagt, an dem gleichen Ort zu wohnen, an dem der Geist des sagenhaften Königs Minos und der Pasiphaë, von Daidalos und Ikaros, von Theseus und Ariadne lebendig war. So blieben die Ruinen verschont von neuen Bauten. Den die Stätte umgebenden Heiligen Wald von Zypressen weihten sie der ortsverwandten Göttin Rhea.

Die Umgebung des Palastes von Knossos. Das »Neue Zeitalter« von etwa 1580/1550 an, ist durch eine *Fig. 3* einzigartige Bautätigkeit überall auf Kreta gekennzeichnet. In erster Linie wurde in Knossos gebaut. Nicht nur der Palast wurde neu errichtet und wohl zum ersten Male mit Fresken ausgeschmückt, im ganzen Gebiet von »Knossos, der großen Stadt« (Homer), wurden vielmehr neue Bauten, zum Palast gehörige Annexe, Magnatenhäuser und monumentale Gräber angelegt. Nur ein kleiner Teil davon ist bisher ausgegraben. Das Gebiet um den Palast birgt noch viele Ruinen, und mehrere Generationen von Ausgräbern werden dort noch beschäftigt sein. Die meisten Gebäude können oder müssen Privathäuser gewesen sein, obwohl sie fast unmittelbar an den Palast angrenzten, so zum Beispiel die Privathäuser, die die Namen South House, South-East House, House of the Chansel Screen, North-West Treasure House usw. tragen. Der große Herrscher lebte offenbar inmitten seiner Untertanen, mitten in der großen Stadt, so wie es auch in späteren Perioden der europäischen Geschichte geschah. Es gibt keinen Beweis, daß die »Königliche Villa« dem König gehört hat. Nur für den »Kleinen Palast« gibt es ausreichende Hinweise, daß er wirklich organisch mit dem Großen Palast verbunden war. In diesem Gebäude übertreffen einige der Säle die des Palastes an Größe; es war ein Bau von ausgesprochen religiösem Charakter, mit Heiligem Bassin, Pfeilerräumen und Kultgeräten von wirklich königlicher Art. Das berühmte Ochsenkopfrhyton aus Steatit wurde hier gefunden; der religiöse Charakter des Baus ging nie *98* verloren. Nach seiner Zerstörung bauten die Nachkommen der »Reoccupation Period« einen Altar genau über dem alten Purifikationsraum, aber keine Fayencegöttinnen und keine Prachtrhyta wurden mehr aufgestellt; die Nachkommen der alten Glanzzeit brachten als Kultbilder grobe, natürliche Steingebilde, die an menschliche Gestalten erinnerten. Der ausgesprochen religiöse Charakter des Kleinen Palastes erlaubt uns, die Prachtstraße, die ihn mit dem Kultplatz des Großen Palastes, dem sog. Amphitheater der Schautreppen verband, als Pro- *28* zessionsstraße zu bezeichnen. Auf diesem äußerst kunstvoll angelegten Weg wurden Kultbilder und heilige Symbole zum Kultplatz getragen, der vielleicht mit einem Sacellum versehen war und wo eine Menge Menschen sich an der religiösen Handlung beteiligen oder ihr beiwohnen konnten.

Jeder Palast besaß eine analoge Anlage. In Phaistos ist sie an der Nordseite des Westhofes fast genauso *50, 51* angelegt, während sie in Malia neben der Südwestecke des Zentralhofes lag. Die Miniaturfresken von Knossos stellen wohl eine solche Zeremonie dar, vielleicht sogar am Kultplatz selbst und bei der Heiligen Straße.

Der Kleine Palast, der bisher das zweitgrößte Gebäude in Knossos ist, hat sehr gelitten und seine Ostfassade ist *42, 43* zerstört. *Fig. 8* Heute existiert noch ein großartiges Peristyl, an das im Norden ein Megaron angrenzt. Wie und wo der Eingang war, können wir nicht mehr sagen. Westlich des Megarons liegt das Heiligtum mit den genannten Fetischen und Steinen; weiter nach Westen und Süden gibt es eine Anzahl von Räumen. Eine Haupttreppe und weiter westlich eine andere schließen südlich an den großen Pfeilersaal an. Die Heiligkeit dieses Raumes wird durch die ausgegrabenen Kultgegenstände, darunter eine Doppelaxtbase, bezeugt. Ein noch größerer Pfeilersaal befindet sich an der Südostecke des Gebäudes, dessen ausgegrabener Teil ungefähr 90 m lang und mehr als 30 m breit ist. Im Westen, unter der großen Verschüttung, schließt ein Gebäude an, das ebenso groß und vielversprechend zu sein scheint.

Die sog. Königliche Villa ist von der Nordostecke des Palastes zugänglich; sie war in einem Einschnitt des *44, 45* Hügels erbaut, mit der Fassade nach Osten. *Fig. 9*

Durch einen kleinen ummauerten Hof erreichte man den Eingang, der in der für die mykenischen Megara typischen Form zwei Säulen zwischen zwei Anten hatte. Eine kleine, durch eine Balustrade abgeteilte Nische an der Rückwand des Hauptsaales barg wohl nur einen Thron oder einen Altar, bereit für die allenfallsige Anwesenheit der Gottheit, nicht für den lebenden König.

Es ist interessant, daß die erste Etage auch einen direkten Zugang von außen hatte, von dem höher liegenden Gelände aus.

Südlich vom Palast gibt es viele ausgegrabene und unausgegrabene Häuser. Erwähnt seien noch die Treppenhalle (Stepped Portico) und der Viadukt, die einen großartigen Zugang zum Palast bildeten. Daneben liegt ein eigenartiges Gebäude, sicher ein Annex des Palastes, dem Evans den türkischen Namen Karavan-Serai (Gasthof) gab. Es enthielt Wasservorrichtungen für Menschen und Tiere. Sein Hauptsaal war durch einen Fries mit pickenden Rebhühnern und anderen Vögeln geschmückt.

46, 47, Fig. 10, 11 Noch etwas weiter nach Süden befindet sich die letzte Entdeckung Evans', das berühmte »Tempelgrab«[19] inmitten eines einst dichtbevölkerten Stadtviertels. Es war sicher eine königliche Gruft. Eines der halberforschten Häuser, das eine Balustrade mit einem Altar ähnlich der Königlichen Villa zeigt, wurde von Evans »das Priesterhaus« genannt.

Phaistos und Hagia Triada. Fast gleichzeitig mit den englischen Ausgrabungen begannen auch die italienischen, die im westlichen Teil der Messaraebene zwei hervorragende Entdeckungen brachten. In Phaistos wurde der Palast ans Licht gebracht, der an Großartigkeit gleich neben dem von Knossos steht, und eine halbe Wegstunde weiter nach Westen wurde ein weiterer Komplex minoischer Bauten in Hagia Triada gefunden, bald Palast, bald Villa genannt. Sicher ist, daß diese Niederlassung eng mit Phaistos verbunden war; um einen Palast im strengeren Sinne handelt es sich nicht, da der Komplex nicht die für einen Palast typische Anlage zeigt. Außerdem lagen die Paläste auf Kreta in der Regel in größerem räumlichem Abstand voneinander entfernt. Bevor wir versuchen, die Beziehungen zwischen Phaistos und Hagia Triada zu erklären, wollen wir einen kurzen Blick auf die Geschichte von Phaistos werfen.

Aus der späteren Erinnerung ist Phaistos nicht vollkommen verschwunden, wie dies bei Malia der Fall ist. Es wird vielmehr in den beiden großen Epen Homers erwähnt; seine Soldaten sollen unter Idomeneus nach Troja gezogen sein. Eine berühmte theosophische Gestalt der Griechen, Epimenides, der einstmals als einer der Sieben Weisen galt, stammte aus Phaistos. In griechischer Zeit war die Stadt ohne Bedeutung. Strabos Nachricht, Phaistos sei von Minos begründet, wird auf der Lokalerinnerung an die glorreiche minoische Vergangenheit beruhen. Rhadamanthys, eine der ruhmvollsten Gestalten von Kreta, der Gesetzgeber und Wohltäter mehrerer Länder, wegen seiner Gerechtigkeit Richter der Toten genannt, war ein Phaistier und ein König, der einst in dem dortigen Palast geherrscht hat, wie uns durch die Genealogien des Kinaithon überliefert ist. Die Legende kennt ihn nur als Bruder des Minos in Knossos, und als Erinnerung an die beherrschende Zentralmacht von Knossos kann die Überlieferung gelten, nach der Minos seine beiden Brüder, Rhadamanthys und Sarpedon, vertrieben hat. Letzterer, der dritte Bruder, könnte der König des dritten vorhandenen Palastes, des von Malia, gewesen sein.[20]

49-51, XVIII, Fig. 12 In Phaistos können wir noch eine Vorstellung des Alten Palastes bekommen, da der Westhof in seinem jetzigen Zustand der Alten Palastzeit angehört.

Ehe wir uns Hagia Triada zuwenden, seien noch ein paar Worte über Phaistos gesagt, die uns vielleicht den Namen »Palast« für Hagia Triada verständlicher machen werden. Der Palast von Phaistos zeigt einige merkwürdige Phänomene: Trotz seiner übrigen Pracht haben seine Wände keinen Freskenschmuck, im Gegensatz zu Hagia Triada. In Phaistos wurde weder königlicher Schatz noch wertvolles Gerät gefunden, was überrascht bei dem Reichtum der Funde in Hagia Triada. Seine Magazine sind klein und arm. Endlich zeigen die leeren Räume und das Fehlen von Bauresten im NO, im O und vielleicht auch im SW, daß der Neue Palast wohl nie vollkommen vollendet wurde. Nur der Teil nördlich des Zentralhofes und die nördliche Hälfte des Westflügels scheinen vollendet gewesen zu sein.

52-55, XIX Fig. 13 Es ist nun bezeichnend, daß nur 3 km weiter nach Westen der Bau von Hagia Triada errichtet wurde, der an Pracht mit den anderen Palästen wetteifert. Er kann schwerlich einer Privatperson gehört haben. In

Hagia Triada ist alles vorhanden, was in Phaistos fehlt. So liegt der Schluß nahe, daß Phaistos zwar von seinen Herrschern wiederaufgebaut wurde, und zwar durch mehrere Generationen hindurch. Einer der letzten Herrscher aber zog es offenbar vor, näher am Meer, in Hagia Triada zu leben. Der eigentliche Palast, der von Phaistos, aber blieb als geheiligter, traditioneller Sitz weiter bestehen. Der Herrscher aber residierte offenbar in Hagia Triada, als die große Katastrophe kurz vor 1500 hereinbrach; deshalb sind königliche Schätze, Kunstwerke, Korrespondenz (Schrifttafeln und Siegelabdrücke) und Fresken in Hagia Triada gefunden worden.

Der Bau von Hagia Triada, der mitten in einer längst vorhandenen Siedlung errichtet wurde, zeigt weder den Plan eines Palastes, noch gar eines Herrenhauses. Der Hauptkomplex ist im rechten Winkel gebaut, allerdings unter Beachtung der Orientierungsregel. Die eine Seite ist nach Osten, die andere fast genau nach Süden gerichtet. An der Spitze des Winkels liegen die schönsten und interessantesten Empfangsgemächer; sie waren so orientiert, daß sie den erfrischenden Nordwestwind auffangen konnten.

Hagia Triada war ein von alters her bedeutender Platz; schon in frühminoischer Zeit bestand dort eine
blühende Siedlung, wie die zwei Rundgräber beweisen, die etwa 150 m östlich davon entdeckt wurden. *3*
Ringsum lag die Nekropole der späteren minoischen Perioden, aus der wir schöne Funde haben. Der berühmte *XXX–XXXIII*
Sarkophag mit bemalten Darstellungen lag in einer rechteckigen, steinverkleideten Kammer.

Zur Zeit des Alten Palastes von Phaistos existierte auch in Hagia Triada eine kleine Siedlung (östlich vom *55, Fig. 13*
Haupthof I), die wohl gleichzeitig mit dem Palaste und durch dieselbe Ursache zerstört wurde. Nach dem
Urteil der Ausgräber ist die »Villa« kurz nach der Errichtung des Neuen Palastes von Phaistos erbaut worden.
Dann wurden Palast und Villa während der Blütezeit der spätminoischen Zeit I plötzlich zerstört, aber es ist
erwiesen, daß sie seitdem nicht unbewohnt blieben. Das dichtbesiedelte Nordquartier der «Villa« mit dem *54, 55*
großen Markt, der mit acht geräumigen Läden und der zugehörigen Halle an einen hellenistisch-römischen Markt erinnert, künden von einer Nachblüte. Offenbar war dort immer lebhafter Handelsverkehr. Die Erinnerung an den dort in frühgriechischer Zeit bestehenden Kult blieb lebendiger als die an den Ruhm des Palastes von Phaistos. In hellenistisch-römischer Zeit erlebte die Kultstätte von Hagia Triada, ähnlich wie das für das übrige Kreta gilt, eine neue Belebung. Aus Dachziegelfunden wissen wir, daß wenigstens ein kleiner Tempel dort stand, und aus den Ziegelstempeln erfahren wir, daß Zeus Vélchanos (sicher eine vorhellenische Gottheit) verehrt wurde.

Die Verbindung zwischen Phaistos und Hagia Triada muß in minoischer Zeit rege und ohne Schwierigkeiten gewesen sein, wie die Reste einer alten, steingepflasterten Straße zeigen. Sie erreichte die Villa von Süden her, eine Abzweigung führte zur Ostseite des Haupthofes, während eine weitere etwas westlicher genau vor dem erwähnten Hauptwohnquartier endete.

Nördlich schließen sich Räume an, die den Funden nach nur Hilfsräume, doch schön gebaut und mit der oberen Etage durch Treppen kunstvoll verbunden waren. Ein zweites, alabasterverkleidetes Polythyron war Bureau und Briefarchiv des Herrn. Kostbare Siegelabdrücke wurden hier gefunden, die den später in Sklavokampos, Zakros, Gurnia und Knossos entdeckten sehr gleichen. Es handelt sich um kleine und oft winzige Tonlappen, die einst an zwei dünnen Fäden befestigt und einmal oder mehrmals gestempelt waren. Sie stammen wohl von Papyrosschriftstücken oder – gemäß einer Überlieferung durch Plinius – von Palmblätterbriefen. Eine Art von Alabasterschränken existierte in diesem Raum, sicher zur Aufbewahrung der Korrespondenz. Die vor vielen Jahren bestätigte Tatsache, daß die Siegelabdrücke in Sklavokampos (Mittelkreta, 10 km westlich von Tylissos), Gurnia und Zakros (Ostkreta) vom gleichen Stempel stammen wie die hier gefundenen, ist von großer Bedeutung. Sie deuten auf eine mögliche Abhängigkeit der Verwaltung von einer Zentralstelle auf Kreta und zeugen von der gleichzeitigen Zerstörung aller dieser Plätze in Mittel-, Süd- und Ostkreta.

Das in einem kleinen Gemach gefundene, berühmte Fresko zeigt in der Darstellung der von Tieren belebten

Vegetation der Flußlandschaft große Ähnlichkeit mit ägyptischen Wiedergaben derartiger Szenen. Es entstammt der besten Zeit des kretischen Naturalismus.

Hinter diesem Raum, in einem der Magazine mit dicken Wänden, wurde der größte Bronzeschatz gefunden, den wir überhaupt aus den prähistorischen Grabungen haben: Neunzehn »Talente«, d. h. Kupferbarren, in der rohen Gestalt, die sie in der Gießerei bekamen. Die viereckige konkave Metallmasse hatte ein Gewicht von je etwa 29 kg; das entspricht dem sumerischen Gun (akkadisch biltu), das sich vom Zweistromland aus überall als Gewichtmaß durchsetzte. Indem es einen fixierten Wert hat, ist es zugleich die älteste Form des Geldes.[21] Nach ägyptischen Darstellungen müssen wir uns vorstellen, daß der Fürst und Kaufmann von Hagia Triada in seinem Handelshaus eine Waage und geschulte Beamte hatte, die gegen Barbezahlung verkauften und kauften.

Interessant ist, daß durch die Funde erwiesen ist, daß Räume, die durch Pfeiler als Kulträume bezeichnet sind, für profane Zwecke genutzt und, wie in Hagia Triada, als Magazinräume für Vorratsgefäße verwendet wurden. Ähnliche Fälle kennen wir aus dem Megaron A in Tylissos und aus Vathypetron.

Malia. 25 km östlich von Herakleion liegt das alte und moderne Chersonesos, wo einst ein Heiligtum der Britomartis lag. Einige Kilometer weiter treffen wir in der Küstenlandschaft einen Ort, Stalida genannt, sicher ein antiker, und zwar dorischer Name (Stala – Stalis, kleine Stele). Noch einige Kilometer weiter (40 km von Herakleion) weitet sich der schmale Landstreifen zwischen den Bergen und dem Meere zu ebenen Feldern, griechisch omala (ein gewöhnlicher, neugriechischer Ortsname). Von diesen omala – omalia leitet sich der heutige Name des dortigen Dorfes Malia ab. Seine frühen Ernten verdankt es der rötlichen Farbe seiner Äcker, die sich in der Spätwintersonne schnell erwärmen. Mit Hunderten von ziemlich primitiven Windmühlen schöpfen die Kleinbauern das Grundwasser für ihre Felder. Alles reift in üppiger Fülle.

Der Palast liegt noch 2 km hinter dem Dorf gen Osten und kaum 150 bis 200 m vom Meer entfernt, am Fuße der zur Höhe des Dikte aufsteigenden Berge. Wir kennen keinen antiken Namen für diesen Palast; heute heißt die dortige Landschaft Tarmaros.[22]

56-59, XX, Fig. 14 Bei der Palastanlage ist wieder das Gesetz der Nordsüd-Orientierung befolgt. Es gibt Gründe anzunehmen, daß die bedeutenden Bauten auf Kreta an der Westseite begonnen wurden. Bei den Palästen und Herrenhäusern ist die aus großen Steinen erbaute Westwand die monumentalste; die meisten und wichtigsten Räume liegen immer im Westflügel (nur Knossos bildet teilweise eine Ausnahme). Falls die Bauarbeiten stecken blieben, war es immer der Ostflügel, der einfacher oder gar unvollendet blieb. So war es in Phaistos, und vom Herrenhaus von Vathypetron wurde nur der Westflügel vollendet. In Malia muß es ähnlich gewesen sein. Der Westflügel mit zahlreichen Räumen war fertiggestellt und auch das Quartier nördlich des Mittelhofes zum Abschluß gebracht. An der Ostseite des Hofes aber wurde nur eine Reihe dürftiger Magazine gebaut, um den Hof nach allen Seiten abzuschließen. An der Westseite des Mittelhofes lagen nur die Pracht- und Kulträume und keine Magazine.

Der Palast von Malia steht in seiner Bauart und Ausstattung hinter den anderen Palästen zurück. Das vornehme Quartier lag, wie in Phaistos, an der Nordwestecke. Polythyron, Hallen und Heiliges Bassin sind denen in Phaistos analog. Der breite Haupteingang lag an der Südwestecke des Mittelhofes mit einem Raum für den Torwächter; ein Propylon gab es nicht. Eine große rechteckige Nische an der Südfassade erinnert an eine ähnliche in der Westfassade zu Vathypetron. Der Westhof hatte acht kreisrunde Wasserzisternen, weitere Vorrichtungen für Wasser gab es in diesem Palaste nicht.

An der Südwestecke des Mittelhofes befindet sich ein interessantes religiöses Denkmal: der berühmte kreisrunde Stein mit Eintiefungen in der Mitte und rings um den Rand. Man hat ihn, wohl mit Recht, als einen
56 unten Kernos erklärt, das bekannte Opfergerät der späteren Mysterien, in dem allerlei Erstlinge der Gottheit darge-

bracht wurden. Der Mittelhof ist der einzige, der in der Mitte eine Eschara (niedriger Altar) hat. Die Hallen an der Ost- und Nordseite zeigen im Wechsel Pfeiler und Säulen. Der Fußboden der Magazine des Ostflügels hat Ablaufrinnen, offenbar waren die Vorratsvasen nicht sehr dicht oder leicht zerbrechlich.

Der Pfeilersaal am Beginn des Nordflügels hat in seinem Vorraum einen und im Hauptraum sechs Pfeiler in zwei Reihen. Es ist viel über diese hypostylen Räume diskutiert worden. Ihr religiöser Charakter ist zwar sehr wahrscheinlich, aber keinesfalls bewiesen. Neben diesem Pfeilersaal an der Nordwestecke des Hofes führt ein Nordwestkorridor zum Nordquartier durch einen Hof, den ein späterer, anders orientierter tempelartiger Bau, aus Vorraum und Cella bestehend, unterbricht. Es ist das einzige Zeichen einer »Reoccupation Period« in Malia, dessen Palast und Stadt nach der furchtbaren und plötzlichen Katastrophe kurz vor 1500 nie mehr bewohnt wurden.

In den letzten Jahren hat man begonnen, Privathäuser der um den Palast liegenden ehemaligen Stadt auszugraben. Es sind einfache Häuser und Herrenhäuser mit interessanten Plänen, Gemächern und Purifikations-bassins. Auch Reste von steingepflasterten Straßen um den Palast und zwischen den Häusern wurden gefunden. Diese Stadt, so nahe am Meer, wurde wohl mit dem Palast durch die Flutwellen des Vulkanausbruchs von Thera blitzschnell vernichtet.

Zakros. Den Ostteil von Kreta umfaßt die heutige Provinz Siteia. In klassischer Zeit war es das Gebiet von Itanos und Praisos, der berühmten Stadt der Eteokreter, in der mancherlei minoisches Erbe überlebt hatte. In diesem Gebiet von Siteia, besonders in Palaikastron und Zakros, waren durch Grabungen Gefäße gefunden worden, die eine einzigartig hohe Entwicklung des sog. Meeresstils zeigten, weshalb ich schon 1939 die Vermutung äußerte, es müsse hier ein Palast gewesen sein.[22a] Wie sich bereits gezeigt hatte, waren die Paläste auf Kreta nicht nur Verwaltungszentren, sondern auch Zentren der Kunst, wobei die einzelnen Paläste ihre besonderen Schwerpunkte hatten. Knossos war berühmt für seine Fayencen und Freskomalereien, die Palastwerkstätten von Phaistos waren in der Herstellung von Keramik im Kamaresstil den anderen weit überlegen. Entlang der fast in gerader Linie von Norden nach Süden verlaufenden, etwa 35 km langen Ostküste von Kreta zieht sich eine Bergkette, die – wie es scheint – den Namen Dikte trug. Das berühmte Heiligtum des Zeus Diktaios haben englische Grabungen in Palaikastro aufgedeckt. Die östlichen Ausläufer der Bergkette umschließen die kleine Ebene von Epano Zakros und weiter abwärts zum Meer die noch kleinere von Kato Zakros mit dem gleichnamigen Hafen, dem besten Ankerplatz der Ostküste. Hier sammeln sich jetzt zu Frühjahrsbeginn die ägäischen Schwammfischer, besonders die von Kalymnos, bevor sie die große Fahrt zur libyschen Syrte wagen.

Zwischen Epano Zakros und Kato Zakros liegen mehrere Schluchten, von denen die eine »Totenschlucht« heißt. Sie weist eine Menge von kleinen Grotten auf, die schon in frühminoischer Zeit als Grabplätze gedient haben. Hier und in der Umgebung wurden auch neolithische Funde gemacht. In der von einem kleinen Fluß durchströmten Ebene von Kato Zakros haben sich Spuren von früh- und mittelminoischer Besiedlung gefunden. Auf zwei durch einen Gießbach getrennten Hügeln am Nordende der Ebene lag eine minoische Stadt. Am Fuße des nördlichen, genauer nordöstlichen Hügels liegt der Palast. Ein Teil seiner Nebenräume zieht den Hang hinauf. Diese Räume hatten die Grabungen des englischen Archäologen Hogarth im Jahr 1901 gerade berührt, als sie im August durch eine in dieser Gegend sehr seltene Naturkatastrophe abgebrochen werden mußten. Eine wahre Sintflut verwüstete die Äcker und den Baumbestand. Auch Ausgrabungen haben ihr Schicksal: erst zwei Generationen später, 1962/63, sollte der Palast von Nikolaos Platon entdeckt werden. Er ist der kleinste der kretischen Paläste, seine Ausdehnung beträgt nur etwa ein Drittel des Palastes von Knossos, sein Volumen ist viel kleiner als das von Knossos.

Bei der Freilegung des Palastes von Zakros[22b] wurden alle Erfahrungen der modernen Grabungstechnik an- *60, XXI* gewandt. Er ist der einzige der bisher bekannten kretischen Paläste, der nach seiner Zerstörung nie wieder aufgebaut oder geplündert wurde. Welche Überlegungen für seine Lage an dieser Stelle ausschlaggebend gewesen sind, wissen wir noch nicht. Es ist vorläufig anzunehmen, daß der kleine Hafen, der für den damaligen Handelsverkehr mit dem Orient und Ägypten und Libyen wichtig war, dabei eine Rolle spielte. Keiner der übrigen minoischen oder mykenischen Paläste – mit Ausnahme des Palastes von Malia – lag so nahe am Meer.

Nach den bisherigen Grabungsbefunden geht die erste Anlage auf die Zeit der Alten Paläste zurück. Der aus-
Fig. 15 gegrabene Palast stammt aus der Zeit der Neuen Paläste im 16. Jahrhundert. In praktisch unveränderter Gestalt wurde er um 1450 v. Chr. (oder etwas früher) durch Erdbeben und Feuersbrünste zerstört. Er ähnelt in seiner allgemeinen Anlage den anderen kretischen Palästen und hat die typische Orientierung nach den vier Himmelsrichtungen. Seine einzelnen Teile gruppieren sich um den Zentralhof und den Westhof. In Hinblick auf die Anordnung der verschiedenen Räume um den Zentralhof, bei der es unter den Palästen größere Abweichungen gab, steht der Palast von Zakros dem von Knossos am nächsten. Bei beiden liegen die Wohn- und Empfangsräume im Ostflügel, während die Räume des Westflügels Kultzwecken dienten. Im Palast von Zakros sind die Magazine nicht in langen Reihen angeordnet, wie dies für die anderen Paläste so charakteristisch ist. Er besitzt ferner als Besonderheit künstliche Wasserinstallationen, die in den übrigen Palästen kaum anzutreffen sind.

Die Zerstörung muß durch eine Naturkatastrophe erfolgt sein, die den Bewohnern gerade noch so viel Zeit ließ, persönliche Kostbarkeiten wie Juwelen, Gemmen und kleine Kunstgegenstände aus Edelmetall mitzunehmen, denn derartige Dinge wurden in den Ruinen nicht gefunden. Alles übrige blieb zurück und niemand von den Bewohnern scheint zurückgekehrt zu sein, um wertvolle Gegenstände zu bergen. Der Ausgräber sagt:
88, 108–111, »Magazine, Räume aller Art, Sakraldepots, Schatzkammern mit ihrem ganzen Inhalt lagen da wie zur Stunde
XXVIII, XXIX der Katastrophe. Eine große Menge Hausgerät wurde an der Stelle gefunden, an die es aus dem oberen Stockwerk herabgefallen war. Die meisten wertvollen Gegenstände befanden sich an ihren originalen Plätzen. Werkzeuge wurden da gefunden, wo sie am Tage der Katastrophe zum letzten Mal gebraucht worden waren. Rohmaterialien zusammen mit halbfertigen Kunstgegenständen lagen in den Werkstätten, während die fertigen Erzeugnisse unberührt in den Lagerhäusern standen. In der Küche und ihren Nebenräumen wurden die Kochgeräte teils aufgeräumt, teils benutzt und noch mit den Resten der letzten Mahlzeit gefunden. Nur im Ostflügel hatten kretische Bauern so tief geackert, daß Fundstücke und Architekturreste stark beschädigt waren.« »Alle Anzeichen beweisen«, so fährt der Ausgräber fort, »daß der mächtige Bau einer plötzlichen und gewaltigen Katastrophe zum Opfer gefallen ist. Er ist zusammengestürzt und gleichzeitig verbrannt. Spuren von neuer Bewohnung fehlen und nur auf dem südlichen Hügel wurden einige Häuser nach 1380 v. Chr. repariert und wieder bewohnt.«

Herrenhäuser. Als Zwischenglied zwischen den Palästen und einfachen Bürgerhäusern gab es auf Kreta die sog. Herrenhäuser. Sie waren immer geräumig, oft luxuriös gebaut und freskengeschmückt; manchmal waren sie so groß, daß sie einem Palast der mykenischen Zeit gleichkamen. In einer Entfernung von 10–15 km lagen sie auseinander und gewöhnlich ganz einsam. Sicherlich waren sie die Sitze höherer Verwaltungsbeamter, wie es auch die schon erwähnten Funde von Siegelabdrücken beweisen. Sie unterscheiden sich von einigen zuletzt beobachteten Bautypen, deren ausgegrabene Reste zeigen, daß es große Einzelhäuser verschiedener Planvarianten waren mit geräumigen Zimmern, reich an großen Vorratspithoi. Weit und breit im Umkreis der Ruinen dieser Bauten ist nicht die kleinste Scherbenspur zu finden. Die Schlußfolgerung drängt sich auf, daß im minoischen Kreta einsame Häuser inmitten großer Landgüter existierten, ein weiterer Beweis dafür, daß nicht nur äußerer Friede sondern auch innere Sicherheit herrschten.

Zahlreiche Herrenhäuser sind bisher bekannt geworden und es sind sicher noch mehr zu entdecken. Ausgegraben wurden schon solche in Tylissos, Sklavokampos, Amnissos, Prasa (unweit Amnissos), Niru Chani, Vathypetron. In dem dichtbewohnten Gebiet von Mittelkreta ist ein sehr zerstörtes Herrenhaus in Apodulu (südlich des Rethymnon-Bezirkes) mit einer kleinen goldenen Doppelaxt und einem wichtigen Steingefäß ausgegraben worden. In demselben Gebiet wurde während des Krieges noch ein großes Herrenhaus gefunden, und in Ostkreta (Sitia) wird schon an zwei Stellen gegraben und weitere Funde sind zu erwarten.

In Tylissos, wo jedenfalls eine ganze Stadt lag, sind drei Herrenhäuser dicht nebeneinander ausgegraben *63, Fig. 16–18* worden. Eines war besonders wertvoll mit Alabaster und Fresken geschmückt. Es hatte eine runde Zisterne und Wasserzuführung. Später wurde ein griechischer Tempel oder ein Heiligtum über der Ruine errichtet. In allen drei Häusern wurden schöne Funde gemacht, darunter Bronzestatuetten von Adoranten, kostbare *112* Steinvasen, riesige Bronzekessel (der größte wiegt 52 kg) und Tontafeln mit der Linearschrift A.[23]

Die Villa von Amnissos mit einer Halle an der Nordostecke und schönen Fresken im Hauptzimmer des oberen *64* Stockwerkes hatte keine Magazine und Vorratsvasen, die sonst nie fehlen. Vielleicht diente dieses dicht an der Küste liegende Haus dem Badeaufenthalt. Vielleicht gehörte es dem König.

Das Herrenhaus von Niru Chani, eines der schönsten, liegt 7 km weiter östlich, nahe dem Meere; Reste *65, Fig. 19* einer Mole sind sichtbar. Es hatte Magazine mit großen Vorratsgefäßen, während in Zimmern Dutzende von Opfertischen und großen Doppeläxten aus Bronzeblech lagen. Es scheint, daß in den Handelshäusern die Handelsartikel bis zum Versand in Zimmern gelagert wurden. So ist es zu erklären, daß zum Beispiel in den Palästen von Theben und von Pylos Dutzende bzw. Hunderte von Gefäßen in Räumen lagen, die sicher keine Magazine waren. Das Herrenhaus von Niru Chani hatte einen nach Osten gelegenen Hof mit einer Art Schautreppe. Die Fassade zeigte zwei Säulen zwischen Anten. Von der Halle führten vier Türen in ein gepflastertes, mit Gipsplatten verkleidetes Gemach. Ein freskengeschmückter Korridor führte weiter nach Westen, während rechts und links Zimmer (eines mit Sitzbänken), Lichthof, Treppen und Magazine lagen. Die größten Doppeläxte, die wir überhaupt kennen, bis 1,20 m lang, stammen aus diesem Bau.

Das umfänglichste bisher gefundene Herrenhaus, an dem noch ausgegraben wird, ist das von Vathypetron, *61, 62, XXII* 15 km südlich von Knossos, in einer schönen Landschaft, etwas östlich vom heiligen Berg Iyttos (heute Juktas) gelegen. Es war ursprünglich als ein Palast geplant, mit West- und Zentralhof, mit Prachträumen, die aus großen Quadern von Porosstein gebaut wurden. Um 1600, zu Beginn der großen neuen Bautätigkeit, wurde die Anlage begonnen. Aus unbekannten Gründen aber, wohl wegen des dortigen lockeren Tonbodens, wurden die großen Pläne bald aufgegeben. Nur der Westflügel wurde vollendet, ein Teil der ersten Etage als Wohnung benutzt und das übrige in eine landwirtschaftliche Anlage verwandelt, wohl eine der ersten ihrer Art auf europäischem Boden. Im Westhof wurde eine Olivenpresse, in einem aus gehauenen Steinen gebauten Teil des Südquartiers eine Weinpresse und die Weberei gefunden. Über einen mehr als 30 m langen Ostwestkorridor an der Südseite, an der das Handwerksquartier lag, erreichte man den großen Ofen, in dem die Gefäße gebrannt wurden. Eine Nische an der Westfassade diente sicher religiösen Zwecken. Hinter ihr fand sich eine Opfergrube und weiter östlich an derselben Achse lag ein Saal mit Dreisäulenhalle nach dem Osthofe zu. In diesem Hofe befindet sich das Fundament eines leichten, aber sehr interessanten Baues: Es ist das einzige bisher gefundene dreischiffige Heiligtum von dem Typus, den wir nur aus den Bildwerken kennen. Vathypetron hat *61 unten* wohl nur kurze Zeit bestanden. Wenige Jahrzehnte nach 1550 brach der Bau zusammen. Nur wenige gefundene Scherben gehören dem frühen Meeresstil an, die meisten zeigen Wellenmuster und Florastil. Der Bau hat keine Anzeichen einer Feuersbrunst. Die riesigen Haufen von Porosquadern deuten auf ein Erdbeben hin.[24]

STÄDTEBAU. Über den Städtebau im minoischen Kreta kann man noch wenig sagen. Sicher ist, daß um die Paläste von Knossos und Malia Städte lagen, deren langsame Entwicklung eine unregelmäßige Planung zur Folge hatte. Man darf vermuten, daß Knossos aus großen, ziemlich weit auseinander gelegenen Quartieren bestand. Für Malia mag dasselbe gelten. Über die Stadt in Phaistos wissen wir wenig aus der Zeit des Neuen Palastes; in Hagia Triada existierte nur eine Siedlung.[25]

Was uns heute besonders beeindruckt, ist die damalige Lebensweise der Kreter, die auf europäischem Boden wohl kaum ihresgleichen hatte. Auch die kleinen Häuser waren fast immer mehrstöckig, hatten Höfe, oft mehrere Küchen und weite Fenster. Die Keramikfunde beweisen, daß der Lebensstil gepflegt war. Das Lebensniveau des Volkes war offenbar höher als es heute in einigen Gebieten des Orients ist.

66, 67, XXIV GURNIA. Das besterhaltene Städtchen ist Gurnia, dessen alter Name unbekannt ist und das nahe dem Meere an der Mirabellobucht in Ostkreta liegt. Der Kern der Siedlung befand sich auf einem niedrigen Hügel, dessen Sattel der kleine Palast des Ortsvorstehers einnahm. Reste der Wohnhäuser sind rings um den Hügel sichtbar.

Was auffällt, ist, daß Gurnia an den Flanken des länglichen, von Süden nach Norden ziehenden Hügels, besonders an der Ostseite, kaum eine unbebaute Stelle zeigt. Die kleinen Häuser, die oft aneinandergebaut sind, haben nur wenige, zum Teil sehr wenige und sehr kleine unregelmäßige Zimmer. Manchmal ist ein kleiner freier Hof vorhanden. Fast alle Häuschen hatten ein aufgebautes Stockwerk, das häufig über eine äußere Treppe zugänglich war. Es scheint, als hätte das Erdgeschoß vielfach keinen Eingang gehabt und nur als Vorratsraum gedient, zugänglich vom Hausinneren.[26]

Das Straßennetz war planmäßig angelegt; es gab eine obere Ringstraße, die um den Hügel, und eine untere, die um das Ostquartier auf der Ebene verlief. Quergassen schufen die Verbindung und führten teils mit Stufen bergan. Alle Straßen waren sorgfältig steingepflastert. Der kleine Palast auf dem Südteil des Hügels ist schlecht erhalten. Sein geräumiger Hof hatte eine kleine Schautreppe mit einem großen, bearbeiteten, ebenen Stein, der merkwürdigerweise an das »Bad« des Palastes zu Tiryns erinnert.

Der höchste Punkt des Hügels nördlich des Palastes blieb aus unbekannten, vielleicht religiösen Gründen unbebaut. Das nördlich anschließende Sacellum stammt aus der spätesten Zeit der Wiederbesetzung. Das Städtchen muß ganz plötzlich, kurz vor 1500, zerstört worden sein; noch lag das Handwerkszeug des Zimmermanns und des Kupferschmiedes an der Arbeitsstätte. Sicher hat die durch den Vulkanausbruch auf Thera verursachte Flutwelle Gurnia wie die übrigen Siedlungen der Nordküste Kretas vernichtet.

2 Freskomalerei – Plastik – Kleinkunst

Von einer wirklichen Monumentalkunst kann man auf Kreta nicht sprechen. Nur Wandmalerei und das damit verwandte Stuckrelief, die im Dienste der Architektur auch lebensgroße Darstellungen brachten, waren entwickelt.

Die ältesten Stuckreliefs und Fresken müssen um 1600 v. Chr. entstanden sein zur Dekoration der neuen Paläste und Villen. Nach dem zum Teil beinahe abstrakt stilisierten Dekor des Kamares-Stils zur Zeit der Alten Paläste tritt ohne Anzeichen eines Übergangs nun ein naturnaher Stil auf.

Eine Stilgeschichte der kretischen Wandmalerei ist noch nicht möglich, die großen Linien aber sind klar. Am Beginn stehen die schlichten Amnissos-Fresken; ähnliche Fresken gab es in Knossos.[27] Es scheint möglich, daß die Freskotechnik mitbestimmend war für die Entwicklung des spätminoischen Stils. Die bei der Freskomalerei notwendige schnelle Arbeit prägte vielleicht den sog. kretischen Impressionismus. Die Vorzeichnungen wurden in den feuchten Wandbewurf eingeritzt, die Bildränder mit Schnüren mechanisch eingedrückt.

Man malte in feiner Beobachtung der Natur den Typus der Pflanze unter Verzicht auf Einzelheiten, wie bei dem schon erwähnten Lilien-Fresko von Amnissos. Die Lilie war die kretisch-mykenische Nationalblume bis zum Ende dieser Epoche. Beliebt war die Wiedergabe von Iris- und Krokusblüten, Efeu, Papyros, Schilf, Gras und Palmen. Allerdings kennen wir die letzteren mehr aus der Vasenmalerei als von Wandfresken.

Bald wurde die Wandmalerei durch Menschen- und Tierdarstellungen belebt. Die besten Fresken dieser Art sind die aus Hagia Triada; sie sind aber leider stark vom Feuer zerstört. Die Darstellung ist freier geworden. In einem stilistisch noch gebundener wiedergegebenen, wohl am Wasser gelegenen Waldteil begegnen wir einer Frau, einem Hasen, einem Fasan und einer Wildkatze. Freier ist eine analoge Komposition aus dem sog. Freskenhaus in Knossos. Mit leuchtenden Farben und überraschender Kühnheit sind Felsen, Krokus, zum Teil von den Felsen herabhängende Rosen, Pankratiuslilien, Myrthen, Salvien, dazu Papyros und Schilf gemalt, dazwischen blaue Affen.[28]

Einer noch späteren Phase des Palastes von Knossos entspricht die letzte Stufe der Wandmalerei, die uns wie eine Wiederholung der Gestalten aus den ägyptischen Gräbern der 18. Dynastie dünkt. Das riesige Prozessions-fresko, von dem wir als einzige erhaltene Figur den Rhytonträger haben, ist das typische Beispiel solcher *XV, Fig. 7* Darstellungen. Gewiß gab es Unterschiede in der Tracht und in den Geschenken, die die einzelnen Figuren trugen. Eine Abwechslung brachten auch die, wie wir wissen, geschminkten Frauen hinein. Diese lebensgroßen Figuren standen in zwei Reihen übereinander und es waren im ganzen wohl über fünfhundert. In der Vorstellung einer gewissen Monotonie werden wir kaum fehlgehen.

Bei den Miniaturfresken ist auf einer größeren Wandfläche eine Vielzahl von Menschen bei kultischen Feiern in sehr kleinem Maßstab dargestellt. Die Männer sind schemenhaft nur mit dem Oberkörper dicht nebeneinander gestellt, die Frauen sitzen bequem in hübschen Gewändern und reger Unterhaltung beieinander; sie sind nur wenige Zentimeter groß. An anderer Stelle malte der Künstler im gleichen Stil fast lebensgroß die »Blauen Damen«, die uns einen überraschenden Eindruck der damaligen Frauen geben.

Leider sind uns nur wenige größere Reste der minoischen Malereien erhalten geblieben; aber sie genügen, um selbst und in ihrem Nachklang auf anderen Werken die vielen verschiedenen Themen zu zeigen. Stiere und Stierspiele gehörten zu den beliebtesten Bildern, ferner Prozessionen mit Symbolen, heiligen Kleidern, Dä- *XVII* monen, Fabeltieren, Tanz und Spiel. Auch die Szenen aus dem kultischen und profanen Leben sind für uns sehr aufschlußreich, wir nennen hier die Fresken mit der sogenannten Pariserin, mit dem minoischen Offizier *XVI* und seinen Soldaten oder mit den Szenen spielender Kinder. Großartig ist das Fragment eines Stieres an der *XIV* Wand der Westhalle beim Nordeingang in Knossos. Modellierung und gespannte Kraft des im Schmerz brüllenden Tieres lassen uns die Bedeutung des verlorenen Kunstwerkes ahnen.

Ein mit Fresken ausgestatteter Festsaal hatte in der Regel einen Sockel, bei dem man Marmorierung nachahmte. Darüber folgte die Bemalung, die manchmal rings um den Raum lief, oben von Bändern oder gezahnten Streifen begrenzt. Der Grund war bald eintönig, bald wechselten horizontale und senkrechte Wellenstreifen in zwei bis drei Grundfarben. Die Decken waren oft mit Flächenmustern bedeckt.

Zumindest in späterer Zeit waren auch die Fußböden bemalt, wie Reste in Hagia Triada zeigen. Ähnliche Böden mit Delphinen und Oktopoden finden sich wieder in Tiryns, Mykenai und Pylos.

Monumentale Plastik gibt es auf Kreta nicht. Die größere der Schlangengöttinnen ist mit 34 cm Höhe eine *70* der größten uns erhaltenen minoischen Plastiken. Doch gab es wohl auch etwas größere Werke; ja, in einem Falle können wir auf das Vorhandensein einer überlebensgroßen hölzernen »Statue« einer Göttin schließen.

Die Kleinplastik hat im Gegensatz zur Malerei Vorstufen in der mittelminoischen Periode. Ihr Material war Fayence, Bronze, Elfenbein und Ton. Die Statuetten stellen bis auf die beiden Schlangengöttinnen Sterbliche dar: Betende, Stierspringer, Kinder und Tiere.

Ganz im Gegensatz zur strengen Gebundenheit der frühen griechischen Plastik ist die minoische voller
112 Bewegung. Die eine Hand hochhaltenden Beter sind schlanke, federnde Gestalten von kräftiger Muskulatur
und zurückgebogenem Oberkörper. Unter den immer mit einem Rock bekleideten Frauenstatuetten ist die
sog. Bayadere von Berlin ein Meisterwerk. Aus Hagia Triada stammen ähnliche. Die in edler Proportion
der Körperteile geformten Frauengestalten stehen in leicht vorgebeugter Haltung mit sanft geneigtem Kopf.
Die Gesichter sind in der Regel weich modelliert.

96, 97 Mit großer Fertigkeit sind die kleinen rundplastischen Stierspringer in Elfenbein gearbeitet, Moment-
aufnahmen einer lebensgefährlichen Phase des Sprunges. Nicht weniger bewundernswert sind die Figürchen
113 zweier Kinder, deren eines steht, während das andere spielend kauert. Trotzdem sie nicht sehr gut erhalten sind,
begreift man die weiche Modellierung der Körper und Gesichter.

68 Zu den Meisterwerken der minoischen Kunst zählen der Zepterkopf aus Malia, die in Stein gearbeiteten
Rhyta mit Tierköpfen, die durch Einlagen von Halbedelsteinen und kostbarem Metallschmuck bereichert
98, 99 waren, wie der Steatitstierkopf aus dem Kleinen Palast und der Marmorlöwinnenkopf aus dem Neuen Palast in
118, 119 Knossos und das Rhyton mit Bergheiligtum aus Zakros. Die aus Stein gearbeiteten Vasen, Lampen, Muscheln,
90 Reliefarbeiten mit Rosetten, Triglyphen und Halbrosettenfriese verraten sichere Hand und großes Können der
Künstler. Die Stiere von Psyra sind gute Beispiele qualitätvoller Tonarbeit.

Aus Kreta kennen wir weder große Steinreliefs im Dienste der Architektur oder als selbständige Kunstwerke
noch historisch berichtende wie in Ägypten. Lediglich ein erzählendes Moment tritt auf den Reliefdarstel-
lungen der Kleinkunst hervor: Bruchstücke von Steatitvasen zeigen Gebäude, Säulenhallen, Berglandschaften
mit Heiligtümern und wandelnden Pilgern. Die glücklicherweise erhaltenen drei Steatitvasen aus Hagia Triada,
100-107 der »Prinzenbecher«, das große Trichterrhyton mit den Darstellungen verschiedener Sportarten und die
»Schnittervase«, bringen Szenenfolgen.

Der Steinschneidekunst verwandt ist die Siegelkunst, die auf Kreta seit ältester Zeit bestand. Schon die mittelminoische Zeit hat für die Siegelflächen an Stelle der weicheren Steine und des Beins Halbedelsteine verwendet. Ihre Formen wurden auf wenige und typische beschränkt. Am Anfang der spätminoischen Zeit bestand noch als Überbleibsel das Prisma, bei dem aber nur auf einer oder zwei Seiten Darstellungen eingeschnitten wurden; immer seltener wurde der flachgedrückte Zylinder; allmählich blieb die linsen- oder mandelförmige Gemme fast allein in Gebrauch.

Da jeder Bürger wohl mehrere verschiedene Siegel besaß, mußten die Siegelschneider für Abwechslung
121–123 sorgen. Keiner von den Tausenden der auf uns gekommenen Siegelsteine ist im Schnittbild dem anderen
ganz gleich. War auch der Themenkreis begrenzt, so variierte doch die Ausführung in den Einzelheiten.[29] Ein geradezu klassisches Motiv ist der Löwe, der andere Tiere angreift, ein im Orient uraltes Thema. Merkwürdig ist nur, daß auf Kreta niemand einen Löwen gesehen haben konnte. An Stelle des Löwen erscheinen oft Hunde, was auf die Jagd hinweisen könnte. Oft werden die Tiere Rücken gegen Rücken dargestellt oder ein Stier von zwei in entgegengesetzter Richtung rennenden oder stehenden Tieren angegriffen. Um das zu verstehen, muß man sich die Tradition der frühminoischen Siegelkunst vergegenwärtigen, bei der die Tiere kreis- oder spiralenförmig, ohne Bezug auf den Hintergrund, dargestellt wurden.

Fische und Vögel, Bäume und Gebäudeteile, phantastische Wesen und Meeresbilder, endlich der Mensch als Hirt, Gaukler, Adorant, als Stierspieler und Jäger, in den seltensten Fällen auf Kreta auch als Krieger, gehören zu dem weiteren Formenschatz des Siegelschneiders. Eine kleine Gruppe von Siegelsteinen versucht individuelle Porträtdarstellungen. Mythologische Szenen gibt es nicht. Die künstlerische Qualität der Siegel ist hoch, die Zeichnung kühn, die Perigramme sind oft von großer Feinheit und das Einpassen der Bilder in die Siegelfläche sehr geschickt. Für uns sind sie zum Studium des minoischen Lebens äußerst wichtig.[30]

Ein eigener Zweig der Siegelkunst sind die Siegelringe. Die große Stempelfläche vieler Siegelringe bot 115
genügend Platz, um gestaltenreiche Szenen darzustellen. Daß sie sich manchmal auf architektonischen Sockeln abspielen, läßt auf Kopien nach Werken der größeren Kunst schließen. Für uns bilden die Siegelringe heute eine wichtigste Quelle für die Kenntnis der minoischen Religion. Eigenartig ist, daß die Ringe offenbar noch nicht am Finger getragen wurden und daß sie allem Anschein nach nur den Frauen gehörten. Die Mehrzahl der Siegelringe besteht aus Gold, selten waren die Siegelflächen aus Halbedelsteinen, Silber, Bronze oder Eisen geschnitten. Letzteres zeugt nicht wie die Bronze von Armut. Eisen war damals noch eine Seltenheit und, wie der große Nickelgehalt zeigt, meteoritischer Herkunft. Daher schrieb man den Ringen aus Meteoriteisen wohl magische Kräfte zu.[31]

3 Metallkunst

Nach der Überlieferung ist Kreta die Heimat der Metallkunst gewesen. Trotzdem wurden auf kretischem Boden keine so großen Metallfunde gemacht wie auf griechisch-mykenischem und werden wohl auch nicht mehr gemacht werden. Der Grund, daß es auf Kreta keine ungeplünderten Gräber gibt, dürfte nicht ausreichend sein. Es liegt wohl mehr an der verschiedenen Lebensauffassung des Volkes von Kreta und dem des mykenischen Hellas. Der mykenische Krieger sammelte Reichtümer, aber nicht um mit ihnen zu leben, sondern um sie, wie der Ägypter, mit sich ins Jenseits zu nehmen. Das minoische Kreta hatte keine Krieger. Seine im friedlichen Leben erworbenen Reichtümer waren nicht besonders groß; man lebte dem diesseitigen Leben, umgab sich und seine Familie mit allen Bequemlichkeiten, mit reichem Hausgerät in künstlerischer Ausführung, begnügte sich aber dabei mit Ton, Stein und Bronze als Material. Von seinem Besitz nahm der Kreter wenig mit für das Jenseits. Außer einigen Ausnahmen, die aber schon aus der Achäerzeit, d. h. aus der Zeit um 1400 v. Chr. und später, stammen, wurde auf Kreta kein wirklich reich mit Beigaben ausgestattetes Grab gefunden.

Was an Kostbarkeiten ausgegraben wurde, steht den entsprechenden mykenischen Funden in der Qualität
nicht nach: Kettenglieder, Schmuckgegenstände und rundplastische Gestalten aus Gold; Bronzevasen, Lampen 114 *unten*
und flache Schalen (Cherniba), die auf den Schrifttafeln als Bestecke bezeichnet sind und wohl zum Waschen der Hände dienten, mit oft eleganten Dekorationen aus der Werkstatt des Kupferschmiedes.[32] Manche Geräte wirken allein durch ihre Größe, so die Kessel aus Tylissos (Gewicht des größten 52 kg, Durchmesser 1,40 m).

Waffenfunde sind auf Kreta spärlich; abgesehen von denen aus der achäischen Nekropole von Knossos,
unter denen goldgefaßte Schwertgriffe sind, besitzen wir aus der Zeit der Neuen Paläste nur aus Malia Beispiele 116, 117
königlicher Waffen. Aus der Zeit des Alten Palastes stammt ein großes Schwert mit einem Knauf aus Amethyst, eine Paradewaffe. Von einem Gebrauchsschwert der Zeit um 1600 v. Chr. ist die sorgfältig gearbeitete Gold-
verkleidung des Schwertknaufes mit der einziselierten Gestalt eines Akrobaten erhalten. 69

Eine Ausnahme bildet der überraschende Fund aus der Höhle von Arkalochori in Mittelkreta.[33] Ob diese Höhle eine Kulthöhle und mit der Zeushöhle der hesiodischen Tradition identisch war oder ob sie zu einer Kupferschmiedewerkstatt gehörte, bleibt dahingestellt. Auch in der Idäischen Grotte wurde ein Metallschatz gefunden. Auf Kreta existierte eine dunkle Kunde über in Höhlen lebende Wesen, die die Metalle verarbeiteten. Jedenfalls lagen in der Grotte von Arkalochori Hunderte von Bronzeschwertern und Dolchen, großen und kleinen Doppeläxten und dazu einige halbgearbeitete Stücke sowie Kuchen aus Rohmetall. Außerdem wurden etwa 25 kleine Doppeläxte aus Gold (viele mit goldenen Stielen), sechs ähnliche aus Silber, einige Blatt Goldblech und ein kleiner Goldgegenstand, einen Berg oder Felsen darstellend, gefunden. Manche von den Bronzeäxten haben ziselierte Dekoration, die goldenen zeigen gravierten Dekor. Eine Bronzeaxt hat eine
hieroglyphische Inschrift, während auf einer silbernen einige Linear A Buchstaben erhalten sind. 114 *oben*

Der interessanteste Fund sind die Schwerter, die sicher für den Export hergestellt wurden. In Arkalochori sind die längsten Schwerter der prähistorischen Zeit geschmiedet worden, ein halbes Dutzend der gefundenen Klingen sind über 1 m lang und die größte (105,5 cm) ist länger als selbst das längste der bekannten mykenischen Schwerter einschließlich des Griffes. Ein unvollendetes Schwert ist aufschlußreich für die Technik der Herstellung: eine Mittelrippe und sorgfältigste Hämmerung verliehen den überlangen Klingen verlässige Stabilität. Einige der gefundenen Exemplare sind heute noch elastisch. Die von den Minoern hergestellten Waffen werden auch die Mykener gebraucht haben.

4 Keramik

Aus dem Zeitraum der Neuen Paläste ist uns eine Menge schöner Gefäße erhalten. Stilistisch können zwei Perioden unterschieden werden, eine frühere mit dem naturalistischen sog. Flora- und Meeresstil und eine etwas spätere, ungefähr um 1500 beginnende mit einem Höhepunkt zwischen 1450 und 1400, dem sog. Palaststil. Hier zeigt sich die Rückkehr zu dem alten, auf Symmetrie bedachten, fast geometrisch anmutenden Stil der mittelminoischen Zeit, nur daß in der Kamareszeit die linearen Muster allmählich einbezogen wurden in einen Dekor aus pflanzlichen und tierischen Elementen. In der Zeit des Naturalismus aber hatte sich ein fester Schatz lebender Naturformen gebildet, die nun immer stärker stilisiert werden und schließlich erstarren; das lineare Element kommt als Ergänzung dazu. Qualität von Ton und Firnis sind hervorragend.

Um 1600 v. Chr. traten neben den buntfarbigen Gefäßen und jenen mit breiten Spiralen in Weiß auf dunk-
74, 76, XXVI lem Grund fast plötzlich solche mit naturnahem Dekor auf, wie die Lilien- und Gräsergefäße, die vielleicht von
der Freskomalerei beeinflußt waren. Noch wird der Dekor in Weiß auf dunklem Grund ausgeführt. Daneben
beginnt eine freilich nicht neue Art: der Dekor erscheint in dunkler Malfarbe auf hellem Grund. Sehr charakte-
ristisch und aufschlußreich ist der Keramikenfund in den steinverkleideten Schächten, den sog. Schatzgruben
70, XXV, 71 von Knossos, dem auch die Schlangengöttinnen und die Reliefs mit den säugenden Tieren angehören und der
75 neben Vertretern der beiden Gefäßstile auch Keramik enthält, die die Verbindung klar werden läßt, einer-
seits mit dem Vogelkrug von Melos und andererseits mit den Funden der Schachtgräber von Mykenai.

Die neue Art der dunklen Dekoration auf hellem Grund entwickelte sich schnell. Der Übergang von der
mittelminoischen zur spätminoischen Zeit vollzog sich ohne Einschnitt. Als Muster erscheinen Wellenlinien,
80, 82–84 unten Spiralen, Scheiben, Punktrosetten, Doppelbeile, Papyros, Wazsymbole, zum Teil verbunden mit naturalisti-
81 schen Elementen, wie Olivenzweigen und Blattstreifen oder prächtigen Bukranien, wie beim Pithos aus Psyra.
Parallel lief die Entwicklung von Gefäßen mit vorwiegend naturalistischen Motiven. Man sagt, der alte Ägypter
habe als erster die Blume für die Kunst entdeckt. Der kretische Künstler steht ihm nicht nach. Die Wandfresken
in Amnissos, Hagia Triada und Knossos, besonders dem »Freskenhaus«, haben uns einen Schatz an Blumen- und
Pflanzenbildern geschenkt, den die Vasenmaler offenbar als Vorbild nahmen. Sternanemonen, Lilien, Krokus,
76, XXVI, 78, 79 Iris, Gräser, Schilf, Efeu, Platterbsenblüten und andere Arten der kretischen Flora sind auf spätesten Gefäßen der
91–93 mittelminoischen und auf frühesten der spätminoischen Zeit gemalt. Der Papyros, in reiner oder veränderter
Gestalt, ist oft dargestellt, er wuchs wohl damals auf der Insel als eingeführte Pflanze.[34]

84 oben, 85–87 Ob der weitere Zweig des kretischen Naturalismus, der Meeresstil, in der Tat etwas später erscheint (spätminoisch Ib, während der Florastil als mittelminoisch III und spätminoisch Ia gilt), ist eine Frage, die der weiteren Untersuchung bedarf. Er trat wohl nur seltener auf. Bei Siedlungen, die von der späteren Katastrophe plötzlich und vollkommen zerstört worden waren, wie Gurnia, Niru Chani oder Vathypetron, wurden überall neben einer Anzahl von Vasen des Florastils nur ein oder zwei Exemplare des Meeresstils ausgegraben, was aber natürlich kein Beweis für eine spätere Datierung dieses Stils ist. Der Meeresstil ist vornehmer in der

Erscheinung und schwerer in der technischen Durchführung. Er war der aristokratische Stil der spätminoischen Kunst.[35]

Nach der bisherigen Fundhäufigkeit, die aber trügen kann, scheint es, als ob Ostkreta die Heimat des Meeresstils sei. Aus Zentralkreta besitzen wir meist nur Fragmente von frühen Meeresstilgefäßen, darunter mit ausgezeichnetem Relief. Ostkreta hat uns dagegen die schönsten Gefäße dieses Stils geschenkt, an ihrer Spitze die berühmte Bügelkanne aus Gurnia (mit einem zwischen Meeresgebilden schwimmenden Oktopus). Wohl der
gleichen Art ist die linsenförmige Flasche aus Palaikastro, auf der Purpurschnecken zwischen den Fangarmen des *87*
Oktopus schwimmen; möglich, daß sie etwas jünger ist als die Kanne aus Gurnia. Aus Palaikastro kennt man nicht weniger als 17 Rhyta, die in einem Hause gefunden wurden. Einige waren im Meeresstil bemalt; aus
Zakros kennt man ein Rhyton mit Purpurschnecken (Murex trunculus), Seesternen und Algen geschmückt. *86 rechts*
Die Fangarmenart (Nautilus argonautica) wurde in allen Kunstarten am häufigsten dargestellt, zuletzt auf
einem schönen eingelegten Dolch in Pylos; der Vorläufer dieser abwechselnd goldenen und silbernen Okto- *LII, 195*
poden ist auf dem Doppelkrug aus Gurnia zu erkennen. Daß die berühmte »Canne de Marseilles«, die über *84 oben*
Ägypten nach Europa kam, aus Kreta stammt, ist wohl sicher.

Ein beliebtes Motiv sind die Delphine. Charakteristisch sind einige Gefäße, auf denen der Vasenmaler in *86 links*
Anlehnung an Wandfresken ganze Meeresszenen darzustellen versucht.

Wie eingangs erwähnt, verlieren die Darstellungen allmählich wieder ihre naturalistische Kraft, es ist die Phase, die von Evans mit spätminoisch Ic bezeichnet wurde, eine Übergangsstufe zum sog. Palaststil.

Vertreter dieses neuen Stils auf größeren Gefäßen sind nur aus Knossos bekannt, darunter der Relief-
pithos, der, nach seinem Fundort, der oberen Stufe der Haupttreppe der Königlichen Villa, zu schließen, nur *93*
Dekorationsstück gewesen sein kann. In seinem Dekor ist der Papyros zu erkennen, dazu Wellenlinien, die wohl Wasser darstellen sollen; konzentrische Kreise vervollständigen den Zierat. Palmenartige Stämme, Papyros und
Phantasiegebilde im Anklang an Meerespflanzen erscheinen auf anderen Gefäßen. Allmählich erstarren die *91, 92*
natürlichen Formen mehr und mehr zu symmetrisch über die Fläche verteilten Gebilden. Bei den Ausläufern des Meeresstils ist die gleiche Wandlung festzustellen: der ehemals vital gestaltete Oktopus wird zu einem kraftlosen Wesen, dessen ehedem unheimliche Fangarme zu symmetrischen, gegenständigen Spiralen werden. Entsprechend wandeln sich alle Motive. Freie Stellen auf den Vasen werden mit anderen Gegenständen, selbst mit
Wiedergaben von Helmen gefüllt. In der Endphase dieser Entwicklung verlieren die einzelnen Dekorations- *94*
motive völlig ihren organischen Zusammenhang. *95*

SPÄTZEIT

Das letzte minoische Leben entfaltet sich in Kreta unabhängig von dem des Festlandes. Es gab wohl keine Paläste mehr auf der Insel; ob noch irgendwo eine Zentralmacht bestand, ist unbekannt; aber wenn es sie gab, mußte sie in Knossos gewesen sein. Die Stadt blieb immer bestehen, vielleicht nicht mehr mit den achtzig- bis hunderttausend Einwohnern, die Evans errechnet hat, aber doch groß, wie die Nekropolen beweisen. Die Ausgrabungen haben gezeigt, daß der Lebensstandard gesunken war. Die Häuser enthielten noch eine bedeutende Anzahl von Zimmern; luxuriösere Ausstattung und Freskenschmuck gab es jedoch nicht mehr. Der gefundene Hausrat ist reich an Ton- und Steinvasen, gelegentlich hat sich auch ein Bronzegerät gefunden.

Von den Gräbern haben wir ein reicheres Bild als von den Wohnungen. Die in das weiche Gestein gehauenen Kammergräber, die seit der späten mittelminoischen Zeit existierten, bekamen nun überlange Dromoi, d.h. Korridore, durch die die Grabkammern zugänglich waren. In diesen Grabanlagen oder, für die Ärmeren

130–132 in einfachen Schächten wurden die Toten in Tonsärgen oder in Wannen bestattet, eine Sitte, die auf dem Festland fast vollkommen unbekannt war.

XXX–XXXIII Hervorragend innerhalb der Grabdenkmäler ist der Steinsarkophag von Hagia Triada, der am Anfang der Nachpalastzeit entstanden ist und dessen gemalte Darstellungen für die Kenntnis der kretischen Religion von hervorragender Bedeutung sind (vgl. S. 24). Er ist das einzige Beispiel für die Malerei dieser späten Periode.

Abgesehen von diesem Sarkophag haben wir nur wenige Tonsärge mit Darstellungen religiösen Sinnes.
131 Aus Ostkreta kennen wir mehrere, die Doppelhörner, Doppeläxte, Stiere und den Flügelgreif zeigen. Im übrigen bezieht sich die Bemalung nicht auf den Toten und ist nur von künstlerischem Interesse. Die Wannen wie auch die Tonsärge und natürlich auch die Pithoi wurden als Hausgeräte hergestellt; in Vathypetron sind Tontruhen gefunden worden, die fast immer hölzerne Vorbilder nachahmen. Der Gebrauch als Sarg für den Toten ist sekundär, deshalb ist die Bemalung wie die der übrigen Tongefäße.

Hauptmerkmale der Gefäßmalerei der Spätzeit sind, daß die Naturformen jetzt vollkommen verändert, um nicht zu sagen entstellt wurden; daß Tiere, in seltenen Fällen sogar menschliche Gestalten, jetzt auf den
126–128 Tongeräten erscheinen, was ehedem nicht der Fall war. Große, nicht näher bestimmbare Vögel mit großen Schnäbeln, entstellten Flügeln und konventionell gemalten Federn fliegen über Delphine, sitzen auf dem Boden oder in Strauchwerk. In letzterem läßt sich ab und zu eine Lilie oder eine Palme mehr ahnen als erkennen. Große Büsche mit riesigen Blättern sollen wohl Papyros darstellen. Andere Gebilde leiten sich von Palmen und Efeu, Oktopoden und Purpurschnecken her. Manche sind mit Motiven bemalt, die wohl der Weberei entnommen wurden. Ferner erscheinen Kühe mit Kälbern, kümmerlich gestaltete Pferde, Ziegen und andere Tiere auf Gefäßen wie auf Särgen. Viele Gefäße, besonders vom Ende der Periode, sind unbemalt. Daneben gibt es viel Gerät von ungewöhnlicher und zum Teil unerklärter Form, von raffinierterer Lebensweise zeugend. Räuchergefäße sind nicht selten, und die Tatsache, daß in einigen von ihnen Kohlen, in Malia sogar zusammen mit den Kohlen Samen von aromatischen Pflanzen gefunden wurden, beweist, daß Wohlgerüche die Räume erfüllten. Die Listen von aromatischen Substanzen auf den Schrifttafeln bestätigen den Gebrauch und Handel dieser Dinge.

Die Kleinplastik der Nachpalastperiode in Kreta bewahrte ihr Formgefühl, wenn auch aus der letzten Phase manche unbedeutenden Arbeiten aus Ton auf uns gekommen sind. Besonders die Metallplastik wahrte ihre
125 Tradition. Die Gestalten der Adoranten sind nun weniger gespannt, sie stehen gerade und ruhig vor der Gottheit; die oft überlangen Gelenke wirken schon wie Vorläufer der geometrischen Zeit der Griechen. Tiere aus Bronze oder Ton wurden meist summarisch behandelt, manchmal zeigen sie individuelle Züge.
140 Kulturgeschichtlich interessant ist ein mit Wasserkrügen beladener Esel aus Phaistos. Seine Nachkommen holen noch heute, nach mehr als dreitausend Jahren, ähnlich beladen und sogar in ähnlichen Krügen das Trinkwasser.

Darstellungen menschlicher Gestalten wurden in Häusern, Heiligtümern und heiligen Grotten gefunden.
138 Interessant ist als Werk der Volksreligion eine Gruppe von Tänzerinnen mit einer Leierspielerin aus Palaikastro. Gestalten mit Kranzgebilden um den Kopf und kreisrunden Augen sind wohl Adoranten aus der spätesten
133–137, 141–143 Periode. Manche Plastiken erreichen nahezu halbe Lebensgröße. Die bedeutendsten sind die Idole der minoischen Muttergöttin, die für uns heute die größten plastischen Werke der minoischen Kultur überhaupt sind.

Mit verschiedenen Attributen ausgestattet, standen sie in kleinen Heiligtümern, von denen, als Gedenken an die Zeit der großen Vergangenheit – wie es vielfach in Verfallsperioden geschieht – viele neu errichtet wurden. Wie Oranten halten sie beide Hände erhoben, der genaue Sinn des Gestus entzieht sich unserer Kenntnis. Er bedeutet wohl die immer gnädige, immer zur Hilfe bereite Mutter. Alle Darstellungen sind das Werk einfacher Töpfer. Körper und Kopf der Idole wurden auf der Töpferscheibe gedreht und die nötigen Einzelheiten anschließend hinzugefügt. Die Idole von Gazi sind qualitativ noch besser und disziplinierter gearbeitet als die späteren Göttinnen von Karphi (im Lassithi), die als subminoisch gelten müssen. Das Unvermögen, die Köpfe als weibliche zu charakterisieren, zeigt den weitgehenden Verfall.

Dieser Göttinnentypus überlebte die minoische Kultur; bis in das 7. Jahrhundert v. Chr. finden wir ihn von Griechen hergestellt. Auf minoisches Erbe geht auch die runde Tonkapelle mit einer Göttin im Inneren *144, 145* zurück, die auf Kreta entstand, als es schon von Griechen bewohnt war. Die zwei männlichen Gestalten auf dem Dach bilden vielleicht zusammen mit der Göttin eine Trias, deren Ursprung auch minoisch sein kann. Aus der Idagrotte ist eine ähnliche Trias bekannt. Die tiefere Bedeutung dieser Triaden muß in einer lokalen Überlieferung liegen.

Falls, wie schon S. 17 angedeutet wurde, mit Sicherheit erwiesen werden kann, daß die in Knossos gefundenen Reste des Palastarchivs in Linearschrift B wirklich bis nach 1300, vielleicht sogar bis 1250 v. Chr. reichen, müßte auch der Palast von Knossos noch bis in diese Zeit bestanden haben. Die Endzeit der minoischen Kultur gewänne damit nochmals besonderes Interesse, indem auch die Sage neues Licht erhielte. Es wäre die Zeit um 1300/1250 v. Chr. dann die Zeit des Minos, der als Grieche galt und dessen Enkel Idomeneus mit den übrigen Achäern gegen Troja zog. Minos ist sicher Achäer gewesen. Gemäß dem kriegslustigen Charakter seiner Rasse hat er seine Unternehmungen gegen die eigenen Landsleute, gegen Megara und Athen, ausgedehnt. Über ihn siegte, wie uns die attische Überlieferung berichtet, der Athener Theseus. So ist es zu erklären, daß uns in attischer Sprachform Namen wie Talos, Androgeos und wohl auch Minos erhalten sind. Dieser Minos und sein Enkel Idomeneus waren die Zeitgenossen des Verfalls auf Kreta, den wir eben skizziert haben. Lange Zeit zurück lag für sie das Wunder des einstigen erhabenen Palastes von Knossos, von dessen überragender Größe sie wie auch die späteren Griechen keine Ahnung mehr hatten.

THERA

DIE ENTDECKUNG EINES NEUEN ZENTRUMS DER ÄGÄISCHEN KULTUR

1939 wurde erstmals die Theorie aufgestellt, daß der Untergang der minoischen Kultur durch einen gewaltigen Vulkanausbruch verursacht worden sei. Die zum Beweis notwendigen Ausgrabungen auf der Insel Thera wurden zunächst durch den Zweiten Weltkrieg und durch Schwierigkeiten in Griechenland selbst verhindert. Erst 1967 war es möglich, mit Ausgrabungen auf Thera zu beginnen. Mehrere Gründe sprachen dafür, Akrotiri an der Südküste der Insel als Ausgangspunkt für die Grabungen zu wählen. Zum einen waren dort die durch die Vulkanasche verursachten Verschüttungen durch Erosion teilweise abgetragen, zum anderen wußte man, daß die Franzosen Fouqué und Mamet vor mehr als hundert Jahren bronzezeitliche Spuren festgestellt und ihre Resultate mit Plänen der Architekturreste auch kurz publiziert hatten. Der genaue Ort jener Grabungen konnte jedoch bis jetzt noch nicht gefunden werden. Seit 1967 werden die Ausgrabungen 600 m südlich des Dorfes Akrotiri ständig fortgesetzt und die Resultate jeweils am Jahresende veröffentlicht.

Um die Gründe, die zu der großen Katastrophe auf Thera und Kreta geführt haben, zu klären, wurde im dritten Grabungsjahr, 1969, ein internationaler Kongreß auf Thera abgehalten, an dem Archäologen, Philologen, Vulkanologen, Geologen, Seismologen, Historiker und Botaniker teilnahmen, um erstmals ein wissenschaftliches Problem gleichzeitig von den verschiedenen Disziplinen her in Angriff zu nehmen.[36] Danach müssen wir unseren 1959 in der ersten Auflage dieses Buches (S. 13–15) gemachten Äußerungen folgendes hinzufügen:

Zwischen den Katastrophen auf Thera und Kreta liegt ein Zeitraum von ungefähr einer Generation, wie die stilkritische Betrachtung der Keramik aus dem Palast von Zakros ergibt, der ja unberührt durch Menschenhand, im Zustand der Zerstörung auf uns gekommen ist. Die in Zakros gefundene Keramik zeigt den Stil zum Zeitpunkt der Katastrophe von Thera und die fortgeschrittenste Stufe des ostkretischen Meeresstils. Die Grabungen in Akrotiri haben Tausende von Gefäßen erbracht, unter ihnen auch eine größere Anzahl von importierten minoischen und mykenischen. Alle sind spätminoisch SM Ia, was wir heute um 1500 v. Chr., mit einem Spielraum von etwa zehn Jahren früher oder später datieren. Der Meeresstil ist auf Thera nicht unbekannt, vgl. den 1971 gefundenen Opfertisch, gehört aber seiner frühen Stufe an. Die Darstellung der Delphine und korallenartigen Gebilde auf den Gefäßen[37] ist, verglichen mit denen des entwickelten Meeresstils von Ostkreta, höchstens eine Generation älter.

Meine 1939 zu dieser Beobachtung gegebene Erklärung, daß die Kunstgeschichte genügend Beispiele dafür bietet, daß sich die stilistische Entwicklung in verschiedenen Gebieten nicht gleichzeitig vollziehen muß[38], ist nicht ausreichend, noch dazu bei der geringen Entfernung der beiden Inseln voneinander. Die Geologen müssen bei der Lösung helfen. Einige der Kongreßteilnehmer glauben, die riesige Kaldera, der Krater von Thera, sei in der Folge verschiedener, zeitlich getrennter Vulkanausbrüche entstanden; die Mehrzahl von ihnen ist jedoch der Auffassung, der große Ausbruch sei mit einem Male, innerhalb eines sehr kurzen Zeitraumes erfolgt. Der Ausbruch des Krakatau hat sich 1883 in zwei Tagen vollzogen. Der Krakatau ist aber ein Vulkan, der ständig in Tätigkeit gewesen war, während Thera aus mindestens acht Vulkanen bestand, die seit Jahrtausenden geruht hatten. Es wäre möglich, daß einer der Vulkane erst eine Generation nach dem großen Ausbruch tätig geworden ist, oder daß ein anderes vulkanisches Ereignis ein gewaltiges Erdbeben mit Flutwellen ausgelöst hat, das dann die Katastrophe über Kreta hereinbrechen ließ. Bei den Ausgrabungen auf Thera wurde die Beobachtung gemacht, daß das ganze Gelände nach Südosten abgesunken ist. Die Südseite der Insel zeigt diese Senkung und die ausgegrabenen Gebäude weisen eine deutliche Neigung nach Südosten auf. Sie stehen zwar noch alle aufrecht, aber nur, weil sie von Bimsstein umgeben und bedeckt sind. Das Absinken des Bodens muß also auf Thera nach dem großen Ausbruch von 1500 v. Chr. erfolgt sein; diese Senkung könnte für Kreta die zerstörende Flutwelle verursacht haben.

DIE AUSGRABUNG

Der Umfang der bisherigen Ausgrabungen scheint über den einer Siedlung hinauszugehen; vielleicht kann man von einer Stadt sprechen, die sich in einer Entfernung von etwa 200 m vom heutigen Südufer, längs eines kleinen Baches nach Norden dehnte. Im Norden hinter Akrotiri öffnet sich heute die furchtbare Kaldera; aus den Fumarolen der in ihrem Mittelpunkt gelegenen Kammeneninseln steigen heiße Luft und von Zeit zu Zeit Rauchwolken auf. Ehemals erhob sich hier der imposanteste Vulkan der Insel mit 1800 m Höhe, an dessen Südhang die Stadt lag. Vielleicht erstreckte sich die Stadt entlang einer oder auch zweier von Norden nach Süden verlaufender Hauptstraßen. In der Breite scheint ihre Ausdehnung nur in geringem Maße über die Bachufer hinausgegangen zu sein.

Der nördlich von Akrotiri gelegene Stadtteil ist in den Abgrund der Kaldera, die mit 300 m dort die größte Tiefe aufweist, verschwunden. Eine nordwestlich von Akrotiri gefundene dreifüßige, reliefierte Steinschale (im Museum von Thera) läßt auf ein vornehmes Stadtviertel schließen.

Vom südlichen Teil der Stadt, der zur Zeit ausgegraben wird, ist bisher ein Stück von etwa 150 m Länge bei einer höchsten Breite von 35–40 m freigelegt. Es hat sich gezeigt, daß dieses Gelände schon in frühkykladischer Zeit besiedelt war, selbst spätneolithische Artefakte kamen zutage. Aus mittelkykladischer – etwa der mittelminoischen entsprechenden – Zeit fand sich aus Kreta eingeführte echte Kamaresware. Gegen Ende dieser Periode, etwa um 1560–1500 v. Chr., wurde die Siedlung durch ein starkes Erdbeben zerstört. Die Bewohner haben zum Teil die Verschüttungen eingeebnet, auf älteren Mauern wieder aufgebaut, beschädigte Wände durch eine Parallelwand gefestigt, sogar einige Gebäude neu errichtet. Für die neue Stadt, die jetzt ausgegraben wird, gibt es Hinweise, daß in ihr nach 50 Jahren, etwa um 1500 v. Chr., noch rege Bautätigkeit herrschte und manche Häuser nach Entfernung älterer Wandmalereien neu mit Fresken geschmückt wurden.

Da kam plötzlich die endgültige Katastrophe. Sie muß mit Erdbeben begonnen haben. Die Bewohner konnten offenbar noch ihre Häuser verlassen, da sich keine Skelette in den Ruinen gefunden haben. Sicher ist, daß viele zu den zerstörten Häusern zurückkehrten, um Wertgegenstände und Nahrungsmittel zu bergen. Sie hatten sogar begonnen, den Schutt von einigen Straßen und Höfen zu entfernen. Nach kurzer Zeit muß der Vulkanausbruch erfolgt sein, denn alle Ruinen sind in einer Höhe bis zu 3 m von Bimsstein bedeckt. Die Bewohner haben die Stadt und vielleicht die Insel für immer verlassen. Ob und wie ihre Rettung erfolgt ist, entzieht sich unserer Kenntnis. Sofern der Vulkanausbruch langsam erfolgte, ist es vorstellbar, daß sich die Bewohner mit eigenen Schiffen und denen von benachbarten Inseln, selbst solchen von Kreta, retten konnten. War der Ausbruch von absteigenden Glutwolken begleitet, so kann die Auswirkung sich wie bei dem Ausbruch des Mont Pelée auf Martinique am 8. Mai 1902 vollzogen haben. Die dort im Hafen auf Schiffe wartenden 32000 Einwohner wurden von den plötzlich ausgestoßenen heißen Gasen des Vulkans innerhalb von drei Minuten getötet. Wenn sich auf Thera ähnliches ereignet hat, werden wir bei den Grabungen eines Tages vielleicht auf eine große Menge der getöteten, unter Bimsstein begrabenen Bewohner stoßen.

Die Ausgrabungen haben klar gezeigt, daß zunächst ein Erdbeben die Stadt zerstört hat, und anschließend ein Vulkanausbruch die Trümmer mit einem Bimssteinregen von 2–3 m Höhe zudeckte, auf dem eine Schicht pulverartiger vulkanischer Asche liegt, die chemisch aus winzigen Kristallen reinen Glases besteht.

Es gilt hier nur, eine allgemeine Beschreibung der Ruinen und von dem jähen Ende des Lebens auf Thera zu geben. Es mutet uns an wie ein zweites Pompeji, allerdings um 1600 Jahre älter. Daß die Erdstöße nicht sehr stark gewesen sein können, beweist die Tatsache, daß einige Gebäude noch bis zum dritten Stockwerk aufrechtstehen. Teile derselben Gebäude sind aber fast bis zum Erdboden abgetragen, was bedeutet, daß sich bei dem Vulkanausbruch weitere Begleiterscheinungen – wie horizontale Ausbruchswolken, Auswürflinge, Ausfluß von Sand und Kieseln, sintflutartige Regengüsse – ausgewirkt haben müssen. Beobachtungen bei der Grabung haben ergeben, daß über einigen Räumen der Erdgeschosse trotz des Erdbebens die Decken erhalten geblieben sind. In diesen Zimmern hatten Bewohner, die davon gekommen waren, alles aufgespeichert, was sie in den Ruinen hatten sammeln können: ganze und zerbrochene Vorratsgefäße, Werkzeuge, Geräte aus Metall, Rohmaterialien und kostbare Gegenstände wie kunstvolle Stein- und Metallgefäße. Auch zwei Rhyta aus Straußeneiern wurden in Zimmer Δ 16 gefunden.

Funde organischer Reste sind in Akrotiri selten. Das Holz war buchstäblich verdampft. Einige Gefäße zeigen viele charakteristische Risse, wie sie bei sehr großer Hitze entstehen, die wir bei dem Vulkanausbruch annehmen müssen. Verkohlte Gerste, Erbsen, Pflanzensamen und Gerstenmehl wurden in Gefäßen, jedoch in kleinen Mengen, gefunden. Es war zur Zeit des Vulkanausbruchs offenbar keine Erntezeit. Schnecken- und Seeigelschalen und andere Reste von Mahlzeiten sind nicht selten.

Nach dem bisherigen Stand der Grabungen liegt die Südgrenze der Stadt im Bereich der derzeitigen Grabungen. Eine, wahrscheinlich zwei weitere, ziemlich parallel verlaufende Straßen führen zu den nördlichen, höher gelegenen Stadtteilen. Die in ihrem Verlauf gesicherte Mittelstraße liegt (s. Plan, auf dem die Sektoren mit *Fig. 23*
griechischen Buchstaben bezeichnet sind) zwischen den Sektoren B (rechts) und Γ (links). Die sie flankierenden Hauswände haben noch erhaltene Türen und Fenster. Da einige anliegende Räume nachweislich als Werkstätten gedient haben, wurde die Straße vom Ausgräber nach den Telchinen des Mythos – kunstfertigen Schmieden und Söhnen des Hephaistos – Telchinenstraße benannt. Städtebaulich interessant ist, daß sie sich in Abständen von 25 m weitet, zunächst zu einem viereckigen Platz. Da versammelten sich die Handwerker, um ihre Tagesrationen zu empfangen. Eine unzerstörte Mühle wurde dort gefunden mit den Meßgefäßen für Mehl, Wein oder Öl. Nach weiteren 25 m verbreitert sich die Telchinenstraße zu einem dreieckigen Platz. Hier muß ein Ver- *148*
kehrsmittelpunkt gewesen sein. Rechts liegt der Sektor Δ mit einem monumentalen Eingang, der wegen seiner schlechten Erhaltung noch nicht freigelegt wurde. Links steht das »Westhaus«; seine Türe, drei ungleiche Fenster im Erdgeschoß sowie zwei von drei Öffnungen des Obergeschosses sind auf der Fassade sichtbar. Dieses Haus barg kostbare Fresken, darunter das Miniaturfresko mit der ägäischen Flotte. Der erwähnte Sektor Δ rechts vom Platz ist der größte bisher ausgegrabene Gebäudekomplex. Das Fenster gehört zu einem Polythyron, dessen Obergeschoß bereits freigelegt wurde (Δ 1). Die Nordfassade des Komplexes gibt Tafel 148 wieder. Bei der Versuchsgrabung 1967 kam hier zum ersten Mal eine Einheit aus behauenen Steinen zutage.[39]

Es mag seltsam erscheinen, aber die gesamten Ausgrabungen von Thera befinden sich auf dem Niveau der Obergeschosse. Nur in wenigen Fällen haben die Grabungen den Fußboden des Erdgeschosses erreichen können, da dies mit überaus komplizierten Restaurierungsfragen verbunden wäre. Die Fußböden vom Obergeschoß sind oft eine schwere Konstruktion von großen und kleinen Balken, auf denen Laub, Erde und große Steinplatten liegen. Tafel 147 unten zeigt ein derartiges Beispiel an Raum B 1 am Anfang der Telchinenstraße *147*
rechts. Unter dem Plattenfußboden mit der in der Zimmermitte sichtbaren Säulenbasis liegt das Erdgeschoß noch unberührt.

Der bisher ausgegrabene Teil der Stadt hat vier Einheiten aus behauenen Steinen erbracht, von Einheit 2 sind drei, von den übrigen je zwei Stockwerke erhalten. Einheit 3 hat Innenräume mit reicher Wandmalerei. Die Wände eines Korridors zeigen Bergspitzen mit karger Vegetation, die an japanische Malereien erinnern. An anderen Stellen kamen bei vorläufigen Arbeiten Schilfrohre, vornehme Frauen und offenbar im Netz gefangene Vögel zutage. Die übrigen Bauten sind in gewöhnlicher Steinbauart errichtet, die Innenwände aber überwiegend aus Lehmziegelplatten gebaut. In den meisten Räumen standen Keramik und größere Vorratspithoi. In den Magazinen 1–3 des Sektors A im nördlichen Teil des Grabungsfeldes fanden sich nicht weniger als vierzig Vorratsgefäße.

Die Fresken

Die künstlerisch interessantesten Resultate der Ausgrabungen sind die außerordentlichen Freskenfunde. Mit Ausnahme des Frühlings- oder Lilienfreskos, das zu einem kleinen Erdgeschoßzimmer zu gehören scheint, stammen die übrigen Fresken aus den einstigen Obergeschossen und fast ausschließlich aus sakralen Räumen, wie aus den Funden von Schatzkammern, Opfertischen und Rhyta hervorgeht.

Das Fresko der blauen Affen. In dem architektonisch unbedeutenden Raum B 6 des Südostsektors B wurden Fragmente dieser großen Komposition entdeckt, die aus dem darüber befindlichen Stockwerk herabgestürzt waren. Eingehende Studien über mehrere Jahre hinweg ergaben, daß die Darstellung sich über mindestens drei Wände erstreckt haben muß. Eine Ecke konnte rekonstruiert werden, und von dort stammen die besterhaltenen Affen. Eine Herde von blaugrünen Affen (Cercopithecus callitrichus) klettert auf rote Felsen hinauf. In der psychologischen Erfassung der Tiere und in der Kraft der Bewegungen sind sie meisterhaft wiedergegeben. Leider fehlt uns die Kenntnis vom Anlaß des Geschehens. Köpfe von kleineren Tieren und Reste von Füßen haben zu dem Schluß geführt, die Affen würden von Hunden oder Raubtieren gehetzt. Auf der dritten Wand war wohl eine Darstellung einer Berglandschaft mit Krokusbüscheln. Ein schöner Fries mit Spiralen schloß die ganze Komposition nach oben ab.[40]

Der »Afrikaner«. Die dürftigen Reste dieses Freskos wurden auf dem Fußboden eines Korridors und eines Zimmers in Sektor A gefunden, wo die Baureste nur bis zu 1 m Höhe erhalten sind. Das Hauptthema war ein Bergheiligtum; Altar und Doppelhörner sind gut erhalten. Säulenartige Motive mit einer Bekrönung von Meereslilien (Pancratium maritimum) sind zu erkennen sowie adorierende Affen. Auf dem Hauptfragment ist ein interessantes nach links gewandtes Profil eines Mannes zu sehen, vor ihm Reste einer Palme. Die Gesichtszüge, das Haar (mit zwei federartigen blauen Gebilden) und ein sehr großer goldener Ohrring zeigen, daß es sich nicht um einen »Minoer« handelt. Er wird hier »Afrikaner« genannt.[41]

XXXVI, XXXVII Das Frühlingsfresko. Das Jahr 1970 war für die Ausgrabungen entscheidend. Obwohl die Freskenfunde schon erfreulich waren, konnte man nicht ahnen, daß ein völlig ausgemaltes Zimmer unberührt gefunden würde. Es war Zimmer Δ 2 des Sektors Δ das, wie schon gesagt, im Erdgeschoß zu sein scheint. Ursprünglich war es größer, seine heutigen Dimensionen sind ungefähr 2,50×2,40 m. Die Ostwand, die als Fassade diente und Türe, Fenster und Nische aufweist, war nicht bemalt. Über die anderen drei Wände lief vom Fußboden an eine einheitliche Darstellung; sie schloß oben mit einer breiten roten Zone ab, unter der auf der südlichen, westlichen und einem Teil der nördlichen Wand ein Wandbrett umlief. Dieses sowie das Zimmer waren mit vielen kleinen Gefäßen, mancherlei Kupfergeschirr gefüllt; dazu standen zwei große und einige mittelgroße Vorratsgefäße, ein Holzbett und ein hölzerner Schemel in dem Raum.[42]

Das Fresko, das den vollentfalteten Frühling des Mittelmeergebietes darstellt, ist ein Meisterwerk. Die Landschaft zeigt schroffe Gegensätze. Erschreckend kahl wirken die spitzen, seltsam geformten Felsen der vulkanischen Insel in ihrer farbigen Eigenart. Der wilde Eindruck wird gemildert durch die auf den Felsen wachsenden schönen und beliebten Blumen, die edel duftenden Madonnenlilien. Überall wachsen die Liliengruppen auf den Felsengipfeln und an den Hängen, tief in den Schluchten. Sie stehen nicht steif, sie wirken belebt und wie von der auf der Insel nie fehlenden Brise bewegt. Die Schwalben sind bereits gekommen, einzeln oder zu Paaren fliegen sie durch die duftende Frühlingsluft, zwitschern und kokettieren, die Zeit des Nestbaues ist da.

Es ist ohne Zweifel ein religiöses Bild, das der allmächtigen Göttin, die die Wiedergeburt der Natur bewirkt, dargebracht wird, um ihren Segen für die Belebung der trockenen Insel zu erbitten.

Das Kinder- und Antilopenfresko. Das Zimmer B 1 des Sektors B, das durch ein großes Fenster sein Licht *XXXVIII, 149*
von dem erwähnten Platz mit der Mühle bekam, ist ein sakraler Raum. Sein südlicher Teil war in eine Schatzkammer verwandelt,[43] in deren durch Lehmplatten abgeteilten vier Raumabschnitten die heiligen Geräte, unter ihnen zwei Opfertische, aufbewahrt wurden. An dem von einer Lehmwand abgeteilten westlichen Abschnitt der Nordwand hatte vielleicht eine Treppe ins Erdgeschoß heruntergeführt. Der verbliebene Raum war mit kostbaren Fresken geschmückt. Die Nordwand zeigte je eine Antilope zu beiden Seiten des Fensters; Ost- und Westwand waren mit je zwei Antilopen bemalt; das kleine freigebliebene Stück der Südwand zeigt zwei sich im Faustkampf gegenüberstehende Kinder. Die Fundumstände waren leider nicht so günstig wie im Lilienzimmer. Mit Ausnahme der Antilope ohne Kopf an der Nordwand waren die übrigen Fresken mit den Innenwänden auf den Steinplattenboden gefallen. Glücklicherweise ist nur wenig endgültig verloren. In mühsamer dreiwöchentlicher Arbeit konnten die Fundstücke mit den Mitteln moderner Technik in gesicherter Form zusammengesetzt werden.

Auch diese Fresken sind meisterhaft gemalt. Obwohl die Antilopen – vielleicht eine Abart der Oryx beisa mit Hörnern, die wohl eher zu Gazella granti oder Gazella thonsoni gehört – nur im Umriß festgehalten sind, wirken sie sehr lebendig und naturgetreu. Die Darstellung ist tierpsychologisch ausgezeichnet getroffen.

Die Kinderszene ist in der Geschichte der Kunst das erste künstlerische Bild zarter, junger Kindergestalten, die miteinander spielen. Die Körper sind nur mit einem Schurz aus leichtem, netzartigem Stoff, vielleicht mit Leder kombiniert, bekleidet. Ihre rechten Hände stecken in Fausthandschuhen. Der Gesichtsausdruck des rechten Kindes zeigt wache Intelligenz, gepaart mit Angriffslust. Das linke Kind scheint etwas älter zu sein, die Gesichtsfarbe ist von hellerem Ton. Bei den Ägyptern war es üblich, die Frauenköpfe durch hellere Farbgebung zu kennzeichnen. Anscheinend ist auch hier ein Mädchen dargestellt, vielleicht die Schwester des Knaben. Zu einem Mädchen würde es auch passen, daß es Schmuck trägt, Ohrringe, Halskette und Armbänder und einen Ring über dem Fußgelenk. Sein Gesichtsausdruck ist ernst, fast möchte man sagen: melancholisch. Eigenartig ist die Haartracht beider Kinder. Die zunächst gegebene Erklärung, die Kinder trügen blaue Kappen, auf denen einige Haarlocken befestigt seien, dürfte nicht stichhaltig sein. Richtiger ist es vielleicht an eine ausrasierte, blaugefärbte Kopfhaut zu denken, auf der nur einzelne Locken stehengelassen wurden. Jedenfalls ist diese Kinderszene ein kunst- und kulturhistorisch wertvolles Dokument und wohl eine der reizendsten Kinderszenen, die wir in der Kunst der Welt besitzen.

Das Fresko der Frauen bei einer Kulthandlung. Zwischen den Sektoren A und Δ ist ein isoliertes Gebäude *151, 152, XXXIX*
zum Teil freigelegt (s. Plan). Es hat den Namen »Frauenhaus« bekommen, da im Zimmer 1 ein Fresko mit *Fig. 23*
beinahe lebensgroßen Frauen gefunden wurde. Leider ist dieses Fresko fragmentarisch. Daß das Zimmer der Kultraum des Hauses war, beweisen die vier aus Lehmplatten gemachten Schatzgruben, die das religiöse Geschirr enthielten. Die schöne farbige Vogelkanne gehört hierher. Das kleine Zimmer (1), das auch hier dem Obergeschoß angehört, hat den nur leicht eingesunkenen Fußboden enthalten. Die Ausgräber haben es von Osten her betreten, wo vielleicht auch der einstige Eingang lag. Die gegenüberliegende West- und ein Teil der Südwand waren mit überlebensgroßen Meereslilien (Pancratium maritimum) in Gruppen von je drei bemalt. *150*

An dem anderen Teil der Südwand war noch der nach links schreitende Unterkörper einer Frau in situ erhalten.
XXXIX, 151 Die weiteren zugehörigen Funde ergaben die vornehme Gestalt einer Dame in minoischer Tracht mit schönem Kopf, einem großen goldenen Ohrring und nur spärlich aufgetragenem Rot auf der Wange und den Lippen. Ihr Mund ist leicht geöffnet, als würde sie singen oder Gebete sprechen. In ihren Händen trug sie Opfergaben, in der rechten am wahrscheinlichsten Blumen. Die vornehme Haltung, der edle, etwas melancholische Ausdruck des Gesichtes und die ganze aristokratische Erscheinung sind eine meisterhafte Leistung der ägäischen Malerei.

152 Die Fragmente von zwei weiteren Frauengestalten gehören zu dem Fresko der Nordwand. Von der vorderen, die scheinbar etwas kleiner war, ist nur die Hälfte des Rockes des Unterkörpers erhalten. Beide Frauen schreiten in leicht vorgebeugter Haltung nach rechts. Die vollständiger erhaltene, größere Gestalt trägt über einem leichten Rock einen zweiten farbigen Überrock und die minoische Jacke, die ihre üppige, realistisch wiedergegebene große Brust freiläßt. Vielleicht sollten mit dieser kräftigen und der kleineren Gestalt Mutter und Tochter dargestellt werden. Die mütterliche Frau, deren Gesicht leider nicht erhalten ist, brachte offenbar der Gottheit ein heiliges Gewand dar. Die übrigen dürftigen Spuren sind nicht mit Sicherheit zu deuten. Doch ist es klar, daß sie eine religiöse Zeremonie wiedergeben. Ob die wellige Doppellinie des Hintergrundes den »Himmel« und das Flächenmuster die »Sterne« andeuten sollen und damit einen Hinweis geben auf eine nächtliche Kulthandlung, muß Vermutung bleiben.

148 oben Die Fresken des Westhauses. Dieses Haus, das mit seiner Fassade, wie bereits gesagt, zum Dreieckplatz liegt, ist nicht so groß und vornehm gebaut wie die übrigen. Die in ihm gefundenen Fresken waren für uns eine Überraschung. 1971, beim Anlegen eines Schachtes für die Fundamente der Dachstützen, wurde zunächst
153 die »Junge Priesterin«, dann das sog. Labarum gefunden.[44] Die Ausgrabung von 1972 wurde vollendet mit dem Resultat, daß in Zimmer 4 das sog. Labarum siebenmal gemalt war. Zugleich war das Fenster dieses Raumes in seinen beiden Pfosten mit je einer großen Blumenvase, aus der Lilien emporsteigen, bemalt. Zimmer 5 hatte einen kostbaren Miniaturfries, die »Priesterin« und zwei etwas unterlebensgroße Fischer.

XL, XLI Es wurde klar, daß das »Labarum« nichts anderes als die Seitenansicht der Kajüte war, die alle Kriegsschiffe auf dem Miniaturfries tragen. Die »Priesterin« war zusammen mit den zwei Fischern auf die drei Ecken des
153 Zimmers 5 mit dem Miniaturfries gemalt. Sie ist mit einem gelben Schleier bedeckt, der über einer mit Kreuzmustern geschmückten blauen Jacke liegt. Den Kopf haben wir uns wieder ausrasiert mit ausgesparten Locken zu denken. Rot sind die Lippen und auch das Ohr, an dem ein großer Ohrring hängt. In der linken Hand hält sie eine Metallvase mit hornartigem Griff. Die Vase enthält die Opfergabe, einen roten Kuchen, den die »Priesterin« mit einem Gewürz – wohl Krokus – bestreut. Von den Fischern ist einer bis auf eine kleine Ver-
XXXIV letzung an den Füßen intakt erhalten. Er ist etwa 1,15 m hoch. Das Bild kann als das älteste selbständige Gemälde gelten. Eine Lehmziegelplatte wurde mit Kalk bestrichen und die Bemalung wurde in der Werkstatt ausgeführt. Das Gemälde wurde dann an der entsprechenden Stelle des Zimmers befestigt. Durch das Erdbeben hat es sich von der Wand gelöst und stand bei der Entdeckung fast senkrecht an sie gelehnt.

Im Fischer haben wir zum erstenmal einen ägäischen Epheben dargestellt. Er ist vollkommen nackt. Die Genitalien sind deutlich gemalt. Auf dem ausrasierten Kopfe sehen wir hier ganz klar zwei ausgesparte Locken. In den erhobenen Händen trägt der Jüngling zwei Bündel von Makrelen; ein bescheidenes Halsband ist sein einziger Schmuck. Die Klarheit seiner Gesichtszüge ist von solcher Erhabenheit, daß er mit den athenischen Epheben des frühen rotfigurigen Stils verglichen werden kann. Der andere Fischer stand offenbar künstlerisch noch höher, ist jedoch nur in sehr brüchigem Zustand auf uns gekommen.

XL–XLII Der Miniaturfries. Der Miniaturfries ist als Komposition und als Durchführung ein einziges Meisterwerk und zugleich ein historisches Dokument von hervorragender Bedeutung. Falls alle vier Wände des Zimmers in dieser Weise bemalt waren, dann hätte der Fries, der über Fensterhöhe gemalt war, eine Länge von 16 m gehabt. Wir wissen aber noch nicht, ob die Westwand des Zimmers bemalt war. Die übrigen drei Wände waren sicher mit Darstellungen geschmückt, so daß die Länge des Frieses mindestens 12 m betragen hat. Erhalten sind davon nur 6–7 m, aber die Lücken verteilen sich so, daß der Fries ohne weiteres verständlich ist. Es handelt sich um eine Flotte im Seegefecht (oder möglicherweise Schiffbruch) und drei hintereinander gemalte »Städte« oder Siedlungen, zwischen denen eine subtropische Landschaft und eine Flotte von sieben bis acht großen Kriegsschiffen eingeschoben sind. Das ganze spielt sich in der Fremde ab.

Die Fragmente wurden im Innern des Hauses und längs der Nord-, Ost- und Südwand des Zimmers gefunden. Inhaltlich besteht der erhaltene Teil der großen Flotte aus mindestens acht großen und mindestens sechs kleineren Schiffen, mehr als 80 Personen, zahlreichen Gebäuden, dazu Vieh, wilden Tieren und Vögeln. Die Szene spielt sich zum Teil im Meere ab, das meiste jedoch in subtropischer Landschaft mit Bach, Palmbäumen und kleineren Wasserströmen und in einem Hochland mit Mittelmeervegetation, wo Löwen und Hirsche zu sehen sind.

Die Erzählung fängt nach dem jetzigen Stand in der Westecke der *Nordwand* des Zimmers 5 an und entwickelt sich nach rechts hin. Der Anfang ist sehr lückenhaft. Klar ist ein steiler Hügel, auf dessen Gipfel viele Leute in reger Handlung zu sehen sind. Sie tragen lange Mäntel. An den Steilseiten des Hügels klettern junge Leute im minoischen Schurz nach oben. Einige haben schon den Gipfel erreicht. Anscheinend nicht weit vom Fuß des Hügels sieht man das Meer, felsige Ufer mit Häusern, Schiffe und ertrunkene Leute, die zeichnerisch *XLII*
kostbare Meisterwerke sind. Man sieht ferner »mykenische« Krieger, die in kriegerischer Ordnung vor den Häusern dahinschreiten. Sie sind mit Turmschilden, Eberzahnhelmen, Lanzen und Schwertern bewaffnet. Auf den Dächern stehen Männer und Frauen in nicht recht verständlichen Handlungen. Ziegenböcke, Mähnenschafe und Ochsen (sehr lückenhaft) erscheinen »samt den Hirten«, aber wir wissen noch nicht, ob sie weggeführt werden sollen. Das alles geht aus den spärlichen Fragmenten hervor, die – der erwähnten Reihe nach – längs der Nordwand gefunden wurden. Die Höhe des Frieses ist hier und sonst 40 cm.

Auf der *Ostwand*, die wir jetzt betrachten, ist die Höhe nur 20 cm. Das Thema ist ein langer, aber nicht breiter
Wasserstrom, an dessen Felsenufern rechts und links windgepeitschte Palmbäume verschiedener Art und weitere *XL oben*
subtropische Pflanzen dicht beieinander wachsen. Die Landschaft ist belebt: Wildenten, Panther, Flamingos und ein riesiger Greif, der mit ausgebreiteten Flügeln sich davonmacht. Wenn wir uns weiter nach rechts wenden, ändert sich die Landschaft zu einem Hochland. Zwischen einer anderen Art von Waldbäumen verfolgt ein Löwe zwei Hirsche, die voller Schrecken fliehen. Die Zeichnung dieser Tiere ist meisterhaft.

Nach dieser Szene verbreitert sich der Fries wieder auf 40 cm Höhe. Zugleich erscheinen die ersten Häuser einer Siedlung. Es ist sicher, daß hier der schmale Ostfries sich mit dem südlichen höheren im rechten Winkel berührte. Damit haben wir die *Südostecke* des Zimmers erreicht, und mit der Siedlung beginnt die *Südwand*. An der anderen Ecke (*Südwestecke*) dieser Wand haben wir eine andere Siedlung, und dazwischen liegt die
Flotte von acht großen Kriegsschiffen. De facto haben wir hier den ganzen Fries erhalten; seine Länge beträgt *XL unten*, *XLI*
genau 3,90 m. Aus der vorderen Siedlung ist soviel klar, daß der Wasserstrom sich hier spaltet und daß eine Mündung neben dem Meere in einem Ufer voller Binsen verschwindet. Da haben wir eine »Szene am Bach«. Zwei mit Fellmänteln bekleidete Gestalten, die eine stehend, die andere sitzend, befinden sich in friedlicher Plauderei. Links vereinzelte Landhäuser im Felde. Rechts die Hauptsiedlung auf den Felsen. Man sieht übereinanderliegende Häuser mit sehr kleinen Fenstern und mit horizontalen oder senkrechten Schlitzen. Auf den Dächern in friedlicher Unterhaltung Männergruppen. Unten am Hafen rudern die Schiffe dem Meere zu, wo die große Flotte sich nach rechts in Bewegung setzt. Das weiteste Schiff hat schon die andere Stadt erreicht, während das erste hier mit der Landebrücke noch den Uferfelsen berührt.

Von den Schiffen ist eines ganz erhalten. Alle gehören, mit nur kleinen Abweichungen, demselben Typ an. Der Bug endet in ein dünnes und merkwürdig langes Ende, das mit Symbolen (Schmetterling, Blume) geschmückt ist. Das Heck endet in Löwen- oder Greifenkopf; sonst sind auf den Seiten der Schiffe Löwen, Tauben, Delphine und noch weiteres gemalt. Die Schiffe fahren in zwei parallelen Reihen; alle haben einen Mast; aus künstlerischen Gründen sind bei der unteren Reihe der Schiffe die Masten niederer gezeichnet. Ein einziges Schiff ist ohne Ruderer und mit ausgebreiteten Segeln dargestellt.

Jedes Schiff zeigt am Heck eine Kajüte, die aus Holzstangen und Ochsenfellen besteht. In der Mitte hat jedes Schiff ein geräumiges Zeltdach, möglicherweise von dem Segel gedeckt. Bewundernswerte Militärdisziplin herrscht auf den Schiffen. Innerhalb der Kajüte sitzt der Kommandant, draußen der Schiffsjunge. Stolz und steif hält der Steuermann das außerordentlich große Steuerruder mit beiden Händen. Vor ihm steht manchmal der Antreiber, um die Ruderer in Takt zu halten. Diese arbeiten wie Maschinen. Seetechnisch betrachtet kann man sagen, daß die Ruderer ganz kurze Ruder benutzen, weshalb sie mit den Gesichtern zum Schiffsbug sitzen und paddeln. Aus manchen Einzelheiten der Malerei kann man mit Wahrscheinlichkeit schließen, daß die Flotte in seichten Gewässern fuhr. Unter den Zelten sitzen paarweise ungewöhnlich aussehende Leute, die mit langen Mänteln bekleidet sind, während die Mannschaft die üblichen leichten Kleider trägt, die aus der ägäischen Welt bekannt sind. Hier und da, auch über den Kajüten, sieht man die Helme der Krieger, die nunmehr in den Schiffen ausruhen. Den Ton des siegreichen Einzugs gibt das in der Mitte stehende Admiralschiff, das girlandengeschmückt segelt, an. Schwärme von spielenden, prachtvoll gemalten Delphinen machen die Freude noch mehr fühlbar. Ganz am Ende ist die dritte und bedeutendste Stadt dargestellt. Minoisch aussehende Frauen begrüßen die Ankommenden. Doppelhörner sind auf den Gebäuden sichtbar. Doch gibt es auch Fellmantelträger, und auch diese Siedlung muß in der Fremde sein.

Es besteht kaum ein Zweifel, daß wir hier die Erzählung einer historischen Episode vor uns haben, als deren Gegenbeispiel die ziemlich gleichzeitige Expedition der Königin Hatschepsut nach dem Lande Punt, die in Theben im Tempel von Deir-el-Bahari dargestellt ist, gelten darf. Wir haben uns deshalb nach einem Lande umzusehen, wo die Szenen der theräischen Miniaturen sich am wahrscheinlichsten haben abspielen können. Ägypten kann das nicht sein, und fast sicher nicht die syrische oder die kleinasiatische Küste, deren Länder wir verhältnismäßig gut kennen. Es kommt nur Libyen in Frage; und in der Tat, klimatologische und schon bekannte andere Gründe haben die Gelehrten dazu geführt, schon in frühbronzezeitlichen Perioden Beziehungen zwischen der Ägäis und Libyen vorauszusetzen.

Wir können hier nicht im einzelnen alle Gründe aufführen, die für Libyen sprechen. Es sei nur erwähnt, daß Kleidung, Haarfrisur, Gesichtszüge der Menschen, Flora und Fauna (Mähnenschaf) für Libyen sprechen. Der merkwürdige Gegenstand, den einer von den ertrinkenden Kriegern um den Hals trägt, wird durch Herodots Nachricht gedeutet, daß libysche und andere Stämme mit Häuten von Straußen oder Kranichen als Schutzwehr kämpften.[45] Herodot beschreibt auch einen beträchtlichen Fluß in Libyen. Heute gibt es einen solchen Fluß nicht mehr, aber moderne Forscher haben Herodots Nachricht verteidigt, und sicher gab es damals auch weitere kleine Flüsse oder Bäche. Stimmt die Vermutung, Libyen sei das dargestellte Land, so bekommt die Überlieferung des Mythos von Aigyptos, dem Enkel des Poseidon und der Libya, und seinem Bruder Danaos, der aus Furcht vor der Übermacht seines Bruders von Ägypten nach Argos floh, besondere Bedeutung. Wir haben bereits das mit Girlanden geschmückte, die Fahrt anführende »Admiralsschiff« erwähnt. Seine Kajüte ist als einzige mit dem Waz-Lilien-Symbol (für Blühen und Gedeihen) ausgezeichnet, das auch an den Girlanden hängt. Diese mit dem ägyptischen Symbol versehene Kajüte hatten wir siebenmal in Zimmer 4 des Westhauses gemalt gefunden. Es liegt nun nahe, in dem Besitzer dieses Hauses den Kommandanten der Expedition zu sehen, deren Ablauf er auf dem Miniaturfresko in seinem Hause malen ließ. Der Kopf dieses

Mannes ist in seiner Kajüte gut zu sehen. Er trägt am Hinterkopf kurzgeschnittenes Haar und eine Stirnlocke sowie kurzen Bart. Er ähnelt dem Bild eines Mykeners von einem im Gräberrund B von Mykenai gefundenen Siegelstein. Sein Kopf ist der einzige in der Bilderfolge, bei dem man von einem »Mykener« oder besser gesagt »Ägäer« sprechen kann.

Keramik

Keramikfunde sind bei Grabungen stets von besonderer Wichtigkeit, da sie eine große Hilfe für die Datierung bedeuten. Die Keramik von Thera zeichnet sich obendrein durch besondere Schönheit und gute Erhaltung aus. Zwei Hauptarten sind zu unterscheiden: die mattbemalte und die importierte »firnisbemalte« Keramik. Jede von diesen Klassen ist wieder zweigeteilt in lokale oder importierte Keramik mit Mattmalerei und minoische oder mykenische importierte mit Firnismalerei. Beide Arten sind aus der Zeit etwa 1560–1500 v. Chr., da größere Vasen zwei oder mehr Generationen leicht überdauern können.

Die lokale Keramik von Thera zeigt einen eigenartigen Stil, der dem der Insel Melos nahesteht, aber noch ausgeprägter ist. Neben geometrischem Dekor, allerlei Spiralenkombinationen und pflanzlichen Mustern ist *154*
ein echter Florastil entwickelt mit Motiven von Schilf oder Gras, Hülsenfrüchten, Getreideähren und kompli- *155–157*
zierteren Kombinationen. Besonders beliebte Motive waren Lilie und Krokus, letzterer oft als zusätzlicher *158, 161*
Dekor verwendet wie bei einer Seiherpyxis. Interessant ist ein Krug, auf dessen Schultern Weintrauben gemalt *160*
sind; es ist die erste Darstellung der Weintraube in der ägäischen Kunst.

In der minoischen und mykenischen Kunst dieser Stufe waren Tierdarstellungen noch nicht beliebt; auf Thera waren sie – mehr noch als auf Melos – üblich. Vasenscherben (die aber gerade deshalb aus einer etwas älteren Periode stammen müssen) zeigen Bilder von Vögeln, Vierfüßlern, selbst von Menschen[46], und viele erhaltene Gefäße, die – zufolge ihrer Aufbewahrung auf dem Fußboden – nicht herabstürzten, sind mit Del- *162*
phinen, Vögeln, besonders mit Schwalben, bemalt. Gefäße mit ein- und mehrfarbigem Schwalbendekor sind *XLIII, 159*
auf Thera im Gegensatz zu anderen Orten so häufig, daß sie theräisch genannt werden können. Eine im Gräberrund B in Mykenai gefundene Kanne und eine Scherbe aus Melos können auf Grund ihrer Form auch theräisch sein.[47]

Eine Gruppe mattgemalter Gefäße mit »Drahtspiralen« und vier Becher, die nur auf der Vorderseite bemalt sind, dürften nach der Tonqualität zu schließen nicht theräisch sein; sie werden entweder auf einer anderen Kykladeninsel oder in der Argolis hergestellt worden sein. Die niedere ovale Schüssel, »Kymbe«, und eine *XLIV oben*
eigenartige Seiherpyxis scheinen charakteristisch für Thera zu sein. An erhaltenen plastischen Gefäßen sind bisher auf Thera lediglich drei tönerne Rhyta, ein Stierkopf und zwei Löwenköpfe, gefunden worden. Es gibt aber Bruchstücke, deren eines beweist, daß es einen Stierkopf von natürlicher Größe gab.[48] Ob es sich um ein Rhyton oder ein Relief handelt, bleibt ungewiß.

Bei trichterförmigen Rhyta handelt es sich offenbar auch um eine typisch theräische Form. Manche von ihnen sind nicht symmetrisch gearbeitet; die eine Seite ist konvex, die andere aber gerade oder leicht konkav in ihrem Verlauf, ein Beweis, daß diese Trichterrhyta ursprünglich eine Nachahmung des Stierhorns waren.[49]

Die Fundzahl der importierten Keramik wächst von Jahr zu Jahr. Es sind in erster Linie kleine Becher, Askoi und Tassen, aber auch mittelgroße Gefäße. Häufig sind auch importierte Ausgußkannen, die meistens echt minoisch sind, manchmal auch mit anscheinend beabsichtigter rotbrauner Farbigkeit.

Wie bereits gesagt, ist die ganze auf Thera gefundene Keramik, gleichgültig ob lokaler Herkunft oder importiert, an das Ende von Spätminoisch Ia oder von Mykenisch I, d. h. um 1500 v. Chr. zu datieren. Daß auf Kreta Meeresstil-Keramik im Horizont der Schichten vom Zeitpunkt der Zerstörung der minoischen

Kultur gefunden wurde, auf Thera aber nahezu fehlt, ist ein Beweis für zwei aufeinanderfolgende Katastrophen.

XLIV unten Der zeitliche Abstand scheint nach dem Fund des schönen und guterhaltenen Opfertisches in mehrfarbigem frühen Meeresstil kürzer zu sein als zunächst angenommen. Die Fundumstände sind sehr lehrreich. Der Opfertisch wurde im Obergeschoß des Westhauses auf der Fensterbank des kleinen Zimmers gefunden, in dem die Handwerker bei ihrer Arbeit an ihm offensichtlich vom Erdbeben überrascht wurden. Auf dem Fußboden des gleichen Raumes fanden sich zwei Tonnen, gefüllt mit gelöschtem Kalk, daneben Reibsteine zum Polieren des Kalkstriches, und eine kleine Tasse, noch zur Hälfte mit roter Farbe gefüllt.

Der Opfertisch besteht aus Kalkmischung (Stucco), auf deren polierte Oberfläche eine Meereslandschaft frisch aufgetragen war. Delphine schwimmen oder kreisen, und der Raum zwischen ihnen ist von Bläschen und Schaum gefüllt. Korallen und Algen beleben die Seelandschaft oben, unten und an den Seiten. Der Künstler hat in ein Felsloch einen Seeigel gemalt. Vielleicht war die letzte Hand noch nicht überall angelegt und der Opfertisch war mit einem zum Schutz darübergestülpten Topf zum Trocknen ans Fenster gelegt worden.

Dieser Fund gibt uns wirklich Zeugnis von der letzten Stunde vor dem Untergang und beweist, daß zu jener Zeit der Meeresstil Thera schon erreicht hatte. Dieser Stil ist zwar schon reich angelegt, aber noch im Anfangsstadium. Noch gibt es weder Oktopus, noch Nautilus, noch Purpurschnecke und Seestern, die in der letzten Phase dieses Stils von Ostkreta erscheinen. Der Untergang von Thera und der minoischen Kultur auf Kreta sind nur durch die kurze Zeitspanne innerhalb dieser Stilentwicklung getrennt.

Der eben beschriebene Opfertisch und das Fresko mit den fliegenden Fischen von Phylakopi auf Melos sind für das Wesen der minoischen oder besser der ägäischen Kultur, zusammen mit der übrigen Keramik, äußerst charakteristisch. Man braucht nur einen Vergleich mit der griechischen Keramik anzustellen, um sich den Unterschied klarzumachen: dort Krieger, Heldentaten, Landkämpfe, Seegefechte und Szenen des täglichen Lebens, hier die Welt des Goldenen Zeitalters der Ägäis. Sie lebt mit dem Sinn der prächtigen Farben, mit dem Reiz der geometrischen Schönheit, mit der Zartheit der Pflanze, mit dem Blumenrausch und mit der Märchenwelt des Meeresbodens.

Man sieht jetzt mit Erstaunen, daß selbst eine winzige Insel, wie es Thera ist, eine hohe Kultur der »Seligkeit« entwickeln konnte, die weder minoisch noch mykenisch, aber eben theräisch ist. Vergleicht man diese Kulturstufe mit der gleichzeitigen irgendeiner Landschaft des festländischen Hellas – von Mykene und einigen großen mykenischen Zentren abgesehen –, so wird man begreifen, warum die größten Helden des griechischen Mythos gewürdigt werden, auf den Inseln der Seligen ein ewiges Leben zu genießen.

DAS MYKENISCHE HELLAS

BURGEN UND HERRENSITZE

Zu Beginn des 2. Jahrtausends v. Chr., um die Zeit der Errichtung der Alten Paläste auf Kreta, drangen in Hellas die ersten griechischen Stämme ein. Sie brachten sehr wenige und dürftige Bronzewaffen und Bronzegeräte mit sich und eine grauschwarze monochrome (minyische) und eine mattbemalte Keramik, die sie weiter entwickelten. Ihre Toten bestatteten sie in hockender Stellung in kleinen Kistengräbern ohne oder nur mit ganz wenigen Beigaben. Ihre Häuser waren klein, öffentliche Bauwerke gab es nicht, abgesehen von einigen Befestigungen. Ihre manchmal hufeisenförmig erbauten Herrenhäuser hatten zwei bis drei Räume, zuweilen mit einem offenen Vorraum und einem ziemlich großen Herd ungefähr in der Mitte des Hauptraumes. Die Anlage zeigt den Beginn des sog. Megarons, das sich zum Hauptmerkmal der mykenischen Palastarchitektur entwickelte, auf Kreta aber nicht heimisch war. Da die mykenische Kultur in ihrer allgemeinen Erscheinung sehr minoisch wirkt, wurde das mykenische Hellas lange Zeit als minoische Kolonie angesehen. Das stimmt jedoch nicht. Die Mykener haben zwar im großen und ganzen die minoische Kultur angenommen, bewahrten aber ihre kulturelle Eigenart, pflegten ihre monochrome Keramik, manche Gefäßformen, ihre Megaronarchitektur, ihren Herd, ihre Tholosgräber und Befestigungstechnik. Sie paßten die friedvolle minoische Kultur ihrem kriegerischen Wesen an. Zur Zeit der Entstehung der Neuen Paläste auf Kreta kamen die festländischen Griechen erstmals mit der Kultur Kretas in ernste Berührung. Nach der materiellen und kulturellen Armut der vorangegangenen mittelhelladischen Zeit waren plötzlich und ohne Übergang erstrangige Kunstgegenstände da, die Schliemann 1876 in den Schachtgräbern von Mykenai fand: wahre Schätze an Gold- und Silbergerät, Schmuck, goldverzierten Waffen, Edelsteinen, Bernstein, Bronzegefäßen, kostbaren Grabbeigaben in Form von goldenen Diademen, goldenen Brustplatten, Goldmasken und anderen Gegenständen aus Gold. Die Funde schienen ein unerklärliches Wunder. Nach den Ausgrabungen von Evans auf Kreta glaubte man die Erklärung gefunden zu haben. Nachdem gleiche Arbeiten und Formen in Knossos zum Vorschein gekommen waren, mußten die überraschenden mykenischen Funde minoisch sein. Kriegerische Achäer mußten die Zerstörung der Alten Paläste auf Kreta verursacht und die Schätze geraubt haben. Diese Auffassung, die zum Teil heute noch besteht, ist aber unhaltbar. Die kretischen Paläste wurden von Naturgewalten zerstört und ohne Befestigungsanlagen wieder aufgebaut. Die Funde von Mykenai sind keine »echten« minoischen Arbeiten, es ist auch nicht glaubhaft, daß ein kretischer Palast so viel Gold besessen hätte. Die Erklärung läßt sich anders finden.

Das einzige Goldland der damaligen Zeit war Ägypten. Aus der in Amarna gefundenen Korrespondenz geht das Bemühen aller Könige um Gold hervor. Duschratta von Mitanni, ein Zeitgenosse Echnatons, berichtete, in Ägypten sei das Gold »wie Staub zwischen den Füßen«. Während der Zeit der Schachtgräber von Mykenai versuchten die Ägypter, die Fremdherrschaft der Hyksos (1730–1580 v. Chr.) abzuschütteln, wozu sie Hilfe von außen brauchten. Ferner wissen wir, daß schon die Könige der frühen 18. Dynastie Soldatendienste mit Gold zu belohnen pflegten. Auch ihre eigenen Offiziere zeichneten sie mit Goldgeschenken aus; Ahmose, Sohn des Ebne, erhielt das »Gold der Tapferkeit« für Verdienste im Kampf gegen die Hyksos. Es liegt nahe, zu vermuten, daß die kriegerischen Achäer mit ihren schweren Waffen, dem Turmschild, Hörnerhelm, der großen Lanze und ihren überlangen Schwertern den Ägyptern beistanden gegen die asiatischen Eindringlinge der Hyksos. Der Lohn der Achäer bestand in Gold, das sie mit nach Hellas nahmen. In den Schachtgräbern von

Mykenai wurden nahezu 15 kg Gold gefunden. Mykenai hat auch in den folgenden Generationen seinen Goldreichtum bewahrt. Etwa 700 Jahre später nennt Homer es noch polychrysos, goldreich. Es ist die Erinnerung an eine Tatsache, die wir archäologisch mindestens für die Zeit bis 1550 v. Chr. bezeugen können.

Nicht nur die Goldfunde weisen auf eine Verbindung mit Ägypten hin, mehr noch einige Äußerungen des Totenkultes, die nur der Generation der Ägyptenkämpfer eigen sind und später höchstens von Zeit zu Zeit auftauchen. Beeindruckt von dem Glauben der Ägypter an die Möglichkeit eines Weiterlebens nach dem Tode, begannen die heimgekehrten Mykener die Kistengräber in kleine und größere Räume zu wandeln (Grab IV, das größte der Schachtgräber, mißt 4 x 7 m). Dem Toten wurde für das Fortleben alles Notwendige mitgegeben: sein Tafelgeschirr, seine Waffen, sein Schmuck. Dem Toten der vorausgegangenen Generation war höchstens eine kleine Tonvase beigegeben worden. Damit die fortlebende Seele den Körper verlassen, aber wieder zu ihm zurückfinden konnte, trugen die Mumien des Mittleren Reiches die Masken oder die gleich auf das den Leichnam umhüllende Leinen gemalten Porträts der Toten. Die Masken der Könige wurden aus Gold gearbeitet, manchmal ihre Mumien in Gold gehüllt. Die Mykener folgten dem Vorbild und ließen Brustplatten aus Gold und Masken von ihren Künstlern arbeiten. So fand Schliemann die berühmte Goldmaske des »Agamemnon« auf dem mumienartig umwickelten Toten. Es scheint, daß die Mykener auch von der ägyptischen Balsamierungskunst gelernt hatten. Schliemann berichtet, daß unter einer schweren Goldmaske »das runde Gesicht mit allem Fleisch wunderbar erhalten« und die »Farbe des Körpers der einer ägyptischen Mumie sehr ähnlich« war.[50]

Damit die schweifende Seele Ein- und Ausgang zum Grabe fände, wurden in Nachahmung der Scheintüre
168, 169 des ägyptischen Grabes auf den mykenischen Gräbern reliefverzierte Stelen errichtet, die nichts mit den gelegentlich über mittelhelladischen Gräbern stehenden einfachen Steinen gemeinsam haben.

Während dieser Zeit tritt zu Anfang des 16. Jahrhunderts v. Chr. in Mykenai plötzlich die minoische Kultur in Erscheinung. Eduard Meyer hatte die Ansicht geäußert, die Ägypter hätten sich von Kreta Hilfe für den Kampf gegen die Hyksos geholt, wie es aus den ägyptischen Quellen hervorgeht. Daß die Kreter selbst Waffenhilfe leisteten, ist auf Grund unserer Kenntnis der völlig unkriegerischen Kultur von Kreta nicht denkbar, wohl aber, daß die see-erfahrenen Kreter die kriegerischen Mykener zu Schiff nach Ägypten und zurückbrachten. So bahnten sich freundschaftliche Beziehungen zwischen Kreta und Mykenai an, in deren Folge sicher auch mykenische Fürsten kretische Prinzessinnen heirateten. Mit ihnen zog minoische Kunst und Kultur auf friedlichem Weg in Mykenai ein. Die Frauen aus Kreta hatten die mit kultischen Szenen geschmückten
228, 229 unten Goldringe mitgebracht, die man in Mykenai fand, und es erklärt sich so, warum sie – wie auf Kreta – nur den Frauen eigen waren. Es mag sein, daß einige der Frauen aus den Schachtgräbern I, III und IV nordischer Abstammung waren, die meisten aber stammten aus Kreta, wie Einzelheiten, zum Beispiel der Kleiderschmuck, beweisen.[51]

Mykenai hat der um etwa 1600 v. Chr. entstandenen Kultur in Hellas den Namen gegeben, da die ersten Zeugen dieser Kultur in Mykenai ausgegraben wurden und Mykenai bis zum Ende der Hauptsitz der weit über Hellas verbreiteten Kultur blieb. Die frühe Zeit von 1600 bis 1500 v. Chr., die sog. frühmykenische Periode, ist in solcher Pracht nirgends zu finden. Aus der Zeit zwischen 1550 und 1500, d. h. der späthelladischen oder mykenischen Periode I, sind Ausstrahlungen schon in einigen Orten von Hellas und auf einigen Inseln fest-
179 zustellen. Aus dieser frühen Zeit sind nur Gräber bekannt. Eine Reihe von Kammergräbern und offenbar auch Tholosgräbern in Pylos lassen dieses Gebiet als ein wichtiges, frühmykenisches Zentrum erscheinen. Paläste oder Befestigungsanlagen wurden nicht gefunden. Die damaligen Fürsten, auch die von Mykenai, lebten wohl noch im bescheidenen Megaron von Hufeisenform. Vielleicht schon in diese Zeit gehören Reste von Befestigungsmauern in Mykenai und Tiryns. Erst für die mittelmykenische Periode, die praktisch das ganze 15. Jahrhundert

v. Chr. umfaßt, lassen sich überall in Griechenland blühende Fürstentümer nachweisen, die, wie es scheint, alle Mykenais Vormachtstellung anerkannten. Für die spätere mykenische Zeit ist ein Zusammenschluß aller Gebiete gesichert. Die Sage berichtet von ihrer Verfassung, die während des trojanischen Krieges alle Männer zum Kriegsdienst verpflichtete, wenn auch damals die Disziplin sich schon zu lockern begann.

Ein Bild der Kultur dieser mittleren Zeit von 1500 bis 1400 v. Chr. kann wieder nur durch die reichen *170–173;*
Fürstengräber gewonnen werden. Leider waren die meisten der gefundenen Gräber, wie die neun großartigen *Fig. 31–34;*
königlichen Tholosgräber in Mykenai und das in Orchomenos, längst geplündert. Nur ungefähr einmal in jeder *182, 183*
Generation ereignete sich das Glück der Entdeckung eines unberührten Tholosgrabes, wie in Vaphio in Lakonien, in Midea in der Argolis und vor drei Jahren in Pylos. Von der Architektur dieser Periode ist wieder sehr wenig bekannt, da hier selbst die Gräber meist schlecht erhalten sind.

Erst mit der dritten mykenischen Periode fängt für unser Wissen die eigentliche Geschichte der mykenischen *XLV, 163–166*
Baukunst an. Der Beginn dieser Zeit wird fast genau in den Anfang des 14. Jahrhunderts festgelegt, ihr Ende *174–177*
fällt für fast alle Paläste in die Zeit zwischen 1250 und 1200 v. Chr. Die letzten Ausklänge der mykenischen Kultur aber lassen sich bis 1100 verfolgen. Die imposantesten und umfangreichsten Reste sind die Mauern. In ihrer jetzigen Gestalt stammen sie meist aus dem ausgehenden 13. Jahrhundert, ihr Kern aber ist immer älter. Wie Werke einer Gigantengeneration stehen sie da, und in der Tat nannten die Alten sie Werke der
Kyklopen. Pausanias fand die Mauern von Tiryns nicht weniger bewundernswert als die Pyramiden Ägyptens. *175*
Die Mauern bestehen aus riesigen, wenig bearbeiteten Steinen, die ohne verbindenden Mörtel übereinander gelagert sind. Nur wenige kleine Steine füllen die Zwischenräume, so ausgezeichnet sind die Blöcke ineinander gepaßt. Die durchschnittliche Dicke der Mauern beträgt 6 m, in Mykenai sogar stellenweise 10 m und in
Tiryns, wo die Galerien der Ost- und Südseite eingebaut wurden, erreicht sie 17,5 m. Diese Galerien, die *174*
zu den großartigsten Steinbauten der antiken Welt zählen, sind spitzbogig durch vorkragende Steine gedeckt.

Die namhaftesten kyklopischen Mauern sind die von Tiryns, Mykenai und Arne (Glà) am einstigen Kopaissee in Böotien. Auch in Athen auf der Akropolis haben sich beträchtliche Reste der Pelargikonmauer erhalten.[52] Sie wurden in solchem Maße respektiert, daß Mnesikles sein Meisterwerk, die Propyläen, an ihrer Südecke unvollendet ließ, um nicht das an dieser Stelle erhaltene Stück des Pelargikon zu beschädigen. Die Mauern von Arne übertreffen mit 3 km Umfang alle übrigen Umfassungsmauern; die von Mykenai sind kaum 900 m lang. Die Mauern von Arne haben zwei große und zwei kleinere Tore und umschlossen eine palastartige
Anlage, die, ähnlich wie die von Hagia Triada, aus zwei im rechten Winkel aneinanderstoßenden Teilen *180, 181*
bestand. Merkwürdigerweise ist der Name dieser wichtigen mykenischen Burg nicht bekannt. Man hat sie *Fig. 37*
Arne, Glà, Phlegya, Glechon oder Gyrton genannt. Da sich weder eine zugehörige Siedlung noch Gräber gefunden haben, war sie vielleicht als Zufluchtsburg aller umliegenden Städte gebaut worden und ist namenlos geblieben. Die Mauer von Arne zeigt die gleichen, in regelmäßigen Abständen von ungefähr 10 m auftretenden Einzüge oder Rücksprünge wie die Mauer des mykenischen Troja VI und die von Tiryns und Mykenai.

Die berühmteste der mykenischen Mauern ist die von Mykenai selbst, deren beide Zugänge, eine kleine *163, 164, Fig. 26*
nördliche Pforte und das Löwentor, gut erhalten sind. Das letztere ist in megalithischer Weise aus vier riesigen Steinen gebaut; das Entlastungsdreieck enthält das Relief mit dem Wappen der Stadt und des Herrscherhauses. In der Mitte steht eine einzelne Säule, ähnlich der bei dem ägyptischen Zeichen für »Vereinigung«. Das heilige Symbol, auf dessen Sinn gerade Mykenais Macht beruhte, ist von zwei kräftig modellierten Löwen (oder Löwinnen) flankiert. Sie legen die Vorderfüße auf zwei konkave Gegenstände, die man »Altäre« nennt.[53] Das Löwentor mit dem rechts anschließenden Turm, die Nordpforte und ein Turm an der Nordostecke der Befestigung sind aus Quadern von Konglomeraten in beinahe isodomischer Art erbaut, was sonst nirgends an kyklopischen Mauern zu sehen ist. Die Erklärung für diese einzige Ausnahme ist einfach: das Konglomerat

kommt in der Nähe von Mykenai in horizontalen, losen Schichten vor. Nachdem die Achäer gelernt hatten, die großen natürlichen Quadern mit der Säge zu zerkleinern, wurde dieses vortreffliche Material auch für einige der gleichzeitigen Tholosgräber gebraucht.

Fig. 24, 26; 35 Die Akropolen von Mykenai und Tiryns bestanden offenbar schon um 1300 v. Chr. Nach der Mitte des 13. Jahrhunderts wurden Erweiterungen und Modifikationen vorgenommen. Die Erweiterungen sind in Mykenai an der Ostecke, in Tiryns an der Unterburg leicht erkennbar. Noch lehrreicher ist die Änderung der Hauptzugänge zu den Akropolen von Athen, Mykenai und Tiryns, die, wie es scheint, ziemlich gleichzeitig stattfand. Die bisher vom Binnenland zugänglichen Oberburgen orientierten sich nun nach dem Meere, dem Haupthandelsweg. In Tiryns wurde eine Bastion mit einer Pforte und Treppe an der Meeres-(West-)Seite der Mauer erbaut, um den Besuchern der Akropolis den Weg bis zum Osttor zu ersparen. Es gibt Gründe anzunehmen, daß in Mykenai der ältere Eingang zur Akropolis an der Nordseite war, an der später die Pforte erhalten blieb. An dieser Seite lagen auch der ältere Eingang zum Palast und das Propylon. Das Löwentor und die Palasttreppe als neuer Eingang zum Megaron des Königs wurden erst später an der dem Meer zugewandten Seite erbaut.[54] Um das nun an leicht zugänglicher Stelle liegende Burgtor zu schützen, wurde rechts vom Tore ein Turm erbaut, dem der Feind seine rechte, nicht vom Schilde gedeckte Seite zuwandte.

Die Sorgfalt, die einer gesicherten Wasserversorgung zugewandt worden ist, zeigt, daß die Burgen mit feindlichen Überfällen zu rechnen hatten. Wer die Feinde waren, entzieht sich unserer Kenntnis, ob es Dorer oder Turscha, Sardana oder Sekelesch gewesen sind, die – bevor sie Ägypten erreichten – wohl durch Hellas und Kreta gezogen waren. Aus dem späteren 13. Jahrhundert sind jedenfalls verschiedene Katastrophen und Feuersbrünste bezeugt.

Die Wasserversorgung von Tiryns ist noch nicht geklärt. Für die Versorgung der mykenischen Burg auf der Akropolis von Athen bestand eine kühne Anlage. In einer natürlichen Felsspalte – wenige Schritte nordwestlich vom jetzigen Erechtheion – war mit in den Fels gehauenen Stufen, Steinen und Holz eine Treppe angelegt, auf der es möglich war, das unter der Kyklopenmauer entspringende Trinkwasser ungesehen vom Feinde zu erreichen.

Noch großartiger war die Anlage für die Wasserversorgung der Burg von Mykenai, die die Lokaltradition dem sagenhaften Gründer der Stadt, Perseus, zuschreibt. Der geheime Brunnen der Akropole, für den der östlichste Teil der Befestigung ausgebaut wurde, ist ein imposantes Werk. Ein unterirdischer Gang führt unter die Fundamente der kyklopischen Mauer zu einem Tunnel, der mit etwa 100 Stufen bis zum Wasser in 15 m
Fig. 26 Tiefe führt. Die Belagerten holten ihr Wasser buchstäblich unter den Füßen der Belagerer herauf.

Über die Paläste der älteren Zeit wissen wir noch nichts. Die erhaltenen Ruinen entstammen der Spätzeit, vielleicht mit Ausnahme der etwas älteren Ruinen des Kadmospalastes in Theben. Der Grundriß des mykenischen Palastes ist völlig anders als der der Paläste auf Kreta. Seine Grundlinien sind einfach und klar, aus ihnen entwickelte sich die schöne schlichte Gestalt des griechischen Tempels.

Das Leben des Palastes kreiste um den Zentralteil, d. h. um das im Innern liegende Megaron. Ein Hauptmerkmal der mykenischen Bauten ist, gleich denen auf Kreta, die Orientierung nach den Himmelsrichtungen. Das Megaron, eine große, rechteckige Anlage, hat die Fassade immer im Süden, abgesehen von kleinen, lokalbedingten Abweichungen wie in Mykenai. Schon an den neolithischen Megaronbauten von Thessalien wird diese Eigenschaft deutlich, die wohl auf Licht und Wärme suchende Menschen aus dem Norden deutet.

Das mykenische Megaron, vor dem ein geräumiger, gelegentlich von Säulen umgebener Hof liegt, besteht aus drei Räumen. Wir verwenden im folgenden Bezeichnungen, die schon Homer gebrauchte und die sicher mykenisch sind. Der erste, der Vorraum, bildet die Front mit zwei Säulen zwischen den beiden Südenden der Längswände. Sein Name ist Aithusa (= die Grellstrahlende), da seine gen Süden offene Seite von Sonnenlicht durchflutet wurde. Es folgt das Vorzimmer des Hauptraumes, der Prodomos. Hier konnten gelegentlich Gäste übernachten. Eine große Tür führte in den letzten und nördlichen, großartigen Raum, das eigentliche Megaron oder Domos. In Mykenai mißt das Megaron fast genau 12 x 13 m. Merkwürdigerweise sind weder hier noch in den anderen mykenischen Palästen Türangellöcher auf den Megaronschwellen festgestellt worden.[55]

In der Mitte des Megarons befand sich der niedrige, aber an Umfang mächtige kreisrunde Herd, dessen Durchmesser in Tiryns 3,50 m, in Mykenai 3,70 m und in Pylos rund 4 m beträgt. Er ist immer von vier Säulen umgeben, die wohl irgendwie ein Dach oder eine leichtere Überdeckung des Herdes stützten. In dem pylischen Palaste fanden sich die tönernen Schornsteinröhren, die dem Rauchabzug des Herdfeuers dienten. Man stelle sich aber nicht ein Feuer aus rauchbildendem Holz vor, wenn auch das Megaron des Odysseus aithaloen, rauchgeschwärzt, genannt wird. Der Freskenschmuck des Megarons in den mykenischen Palästen ist niemals rauchgeschwärzt gefunden worden. An kalten Tagen wird sich der König mit seiner Schar um die wärmende Glut des Herdes versammelt haben. Man schreibt dem Herd religiöse Bedeutung zu, was sicher richtig ist; in erster Linie aber diente er wohl den gemeinsamen Mahlzeiten. Der König selbst saß auf seinem Thron, der immer rechts vom Eingang an der Wand gegenüber dem Herde stand. Ausgedehnte Freskenkompositionen mit Kriegs- oder Jagdszenen schmückten friesartig die Megaronwände. Sofern Fenster vorhanden waren, müssen sie oben in den Wänden gewesen sein.[56]

In Tiryns und Pylos war das sogenannte Frauenmegaron eine kleinere und einfachere Wiederholung des großen. Alle übrigen Räume des Palastes, Korridore, Magazine, Bad, Hilfszimmer, einige mit Freskenschmuck, lagen ohne festen Plan um das Megaron. Sicher war ein Stockwerk aufgebaut, in dem vielleicht die Frauen wohnten, die in Hellas mehr von den Männern getrennt lebten, als es auf Kreta Sitte war. *Fig. 35*

Die mykenischen Paläste erscheinen auf den ersten Blick viel bescheidener als die kretischen. Der neuentdeckte Palast von Pylos mit seinen drei selbständigen Annexen, einer von diesen im Westen und zwei im Osten, ist der besterhaltene. Er nimmt eine Fläche von nur 80 x 70 m ein, d. h. wenig mehr als ein Viertel der Fläche des knossischen Palastes. Das besagt allerdings nichts über das Gesamtausmaß der Anlagen. Die mykenischen Paläste standen auf Hügeln, deren Raum immer beschränkt war. Die Bauten für Handwerk, Handel und Verwaltung lagen in der Unterstadt, wie es Mykenai zeigt, wo die Palastarchive, Salbfabriken usw. in der Unterstadt gefunden worden sind. Auch in Tiryns scheint die Unterstadt Gebäude in beträchtlicher Zahl zu bergen.[57] *Fig. 36*

In der Anlage von Siedlungen und Häusern standen die Mykener entschieden hinter den Kretern zurück. In Mykenai lagen außer dem Palast des Herrschers auf dem Burghügel noch einige Häuser, die wohl von der Herrscherfamilie und von höheren Palastbeamten bewohnt worden waren. Obwohl sie geräumig und freskengeschmückt waren, lassen sie sich doch nicht mit den entsprechenden Häusern auf Kreta vergleichen. Das Wenige, das bisher von den Unterstädten und von einer Provinzsiedlung in Malthi in Triphylien bekannt ist, deutet auf einen bescheidenen Lebensstandard des Volkes. *Fig. 26: F–K*

Der offenbar rege Handelsverkehr lag, soweit wir es beurteilen können, in den Händen des Königs. An mehreren Stellen in der Argolis sind Reste von Straßen und Brücken aus der mykenischen Zeit aufgedeckt worden, die gleich wichtig waren für die Streitwagen der adeligen Krieger wie für den Handel. Eine Anlage ähnlich dem Viadukt von Knossos ist auch in Mykenai gefunden worden; es war vielleicht eine besonders große und feste Brücke, die die Verbindung mit Prosymna sicherte. In ihrer Nähe wurde kürzlich das Heroon des Agamemnon gefunden.

DAS GRABWESEN

Im Gegensatz zu der Bevölkerung von Kreta, die dem diesseitigen Dasein lebte, trafen die Mykener größere Vorsorge für das Leben nach dem Tode. Es wurde schon gesagt, daß diese Einstellung plötzlich um 1600 v. Chr. hervortrat, offenbar nach der Berührung der Mykener mit Ägypten.

Fig. 24, 26 Die ersten Kenntnisse über die mykenischen Gräber verdanken wir Schliemann, der 1876 das Gräberrund A innerhalb der Akropolis von Mykenai entdeckt hat. In einem kreisrunden Bezirk von 27,5 m Durchmesser, der, von einer Doppelreihe aufrechtstehender Platten umschlossen, seinen Eingang im Westen hatte, befanden sich sechs Schachtgräber, über denen viele, zum Teil skulptierte Stelen standen. In diesen Gräbern lagen die mächtigen Herrscher von Mykenai mit reichen Beigaben. Obgleich die Gräber und die Schätze offenbar lange bekannt gewesen sind, waren sie in einer Art religiöser Ehrfurcht respektiert worden und im wesentlichen ungeplündert.

Fig. 24, 25 Fünfundsiebzig Jahre später, 1951, wurde das zweite Gräberrund B entdeckt. Es befindet sich außerhalb der Burgmauer, im Gegensatz zu dem erstgenannten Gräberrund, das jedenfalls absichtlich und trotz beträchtlicher Schwierigkeiten in den Mauerring einbezogen worden war. Es liegt 130 m westlich vom Löwentor und hat mit 28 m Durchmesser ziemlich die gleiche Größe wie das Gräberrund A. Der Ring um es besteht aus einfachen Steinen; der Eingang lag auch im Westen. Der Bezirk barg hier 24 Gräber, aber nur 14 waren mehr oder weniger Schachtgräber; die größten von diesen maßen etwa 3,80 x 2,80 m. Drei Gräber hatten Stelen, von denen zwei Darstellungen zeigen. Viele der Gräber sind einfache Kistengräber, wie sie auch noch im Gräberrund A waren, ohne anfangs erkannt zu werden. Das Gräberrund B ist wenig älter als das von A. Einige der dort Bestatteten müssen gleichzeitig mit solchen von A gelebt haben. Der erste Eindruck besagt, daß es sich auch hier um königliche Gräber handelt; einige der Beigaben sind kostbar. Nur ein Toter hatte eine dürftige Maske aus Elektron. Die beiden praktisch gleichzeitigen Gräberrunde A und B, die Ende des 17. und Anfang des 16. Jahrhunderts v. Chr. über älteren Gräberfeldern angelegt worden sind, legen die Folgerung nahe, daß diese mächtigen Herrscher damals erst nach Mykenai gekommen waren. Es scheint, als habe ein Doppelkönigtum bestanden oder wenigstens zwei Linien innerhalb des Herrscherhauses.[58]

Noch vor dem Ende des 16. Jahrhunderts wurden in beiden Gräberrunden keine Toten mehr beigesetzt. Schachtgräber gab es auch an anderen Plätzen, in Lerna (Argolis) scheint sogar eine Art von Gräberrund gewesen zu sein. In Mykenai aber und zugleich im ganzen mykenischen Bereich erscheinen jetzt gleichzeitig zwei neue Grabformen: das Tholosgrab für die Könige und das Kammergrab für die Vornehmeren der Bevölkerung.

Man nimmt an, daß die ältesten Tholosgräber in Mykenai um 1520 v. Chr. entstanden, es ist aber möglich, daß einige schon bis 1600 v. Chr. zurückreichen. Für beide Gräberarten wurde ein Dromos horizontal oder etwas geneigt in das weiche Gestein gegraben. Nach Erreichung einer für die Stabilität genügenden Tiefe wurde die Grabkammer aus der Erd- und Gesteinsmasse ausgehauen und rund, viereckig oder sogar höhlenartig und unregelmäßig gestaltet; letzteres allerdings selten und nur bei ärmlicheren Gräbern. Gewöhnlich führte am Ende des Dromos eine schöne Tür in die Grabkammer, die in der Regel rechteckig war. In Pylos wurde eine Reihe von frühen Kammergräbern gefunden, deren runde Kammern nach oben gewölbt waren.

Sind die Wände der Kammer eines derartigen Grabes der größeren Festigkeit wegen durch eine Wandverkleidung gestützt, so spricht man vom Tholosgrab. Die pylischen Kammergräber, die mindestens ebenso alt sind wie die ältesten Tholosgräber, können als Vorläufer gelten. Wo man die Wände der Grabkammer mit einer Steinmauer stützte, war es nicht nötig, sie aus dem Gestein auszuhauen; Aushebung aus Erde genügte.[59]

Die ältesten Tholosgräber haben nur Türeingang und Kammer mit Stein verkleidet; kleine, plattenartige

Steine wurden verwendet. Der Türsturz ist verhältnismäßig kurz. Eine verbesserte Ausführung zeigt die Verwendung größerer, bearbeiteter Steine, zum Beispiel in den unteren Zonen der Tholoskammer, am Türpfosten und Türsturz, der manchmal so behauen ist, daß er der Rundung der Wand folgt. Wie bei den Kammergräbern war auch bei den älteren Tholosgräbern keine Tür vorhanden; der Eingang wurde nach jeder Bestattung zugemauert.

Die dritte und letzte Stufe der Tholosgräber zeigt in Bauart und Material höchste Qualität. Die Steinquadern wurden der Tholosrundung entsprechend bearbeitet. Die Eingangsfront bereitete architektonisch die größten Schwierigkeiten durch den ungeheueren Druck der Wand, der auf der Türöffnung lastete. Man versuchte die Last mit dem riesigen Türsturz aufzufangen, und endlich wurde das Entlastungsdreieck über dem Türsturz erfunden oder von Ägypten übernommen. Zuletzt erhielten die Gräber verschließbare Tore. Die Schwelle des Atreus-Grabes besteht aus drei Steinstücken und einem Keil, der beweglich war, um die mächtigen Türflügel einsetzen und gelegentlich zur Reparatur entfernen zu können. Wie hätte man ein 5,40 m hohes und sicher bronzeverkleidetes Tor anders mit seinen beiden Zapfen in die Angeln einhängen können?

In Mykenai sind neun Tholosgräber bekannt, von denen je drei der alten, der mittleren und der letzten Periode angehören. Diese letzten, die die vollkommensten Baudenkmäler der mykenischen Kultur sind, sind die als Atreus-, Klytaimnestra- und Genien-Grab bekannten. Das Genien-Grab ist das kleinste und wohl auch das letzte in der Reihe, die der zweiten Hälfte des 14. Jahrhunderts zuzuschreiben ist. Man datiert sie sogar noch später, aber es ist fraglich, ob man solche Bauten um oder nach 1300 v. Chr. annehmen kann. Die skulptierten Fassaden der Gräber und das Relief des Löwentors sind jedenfalls auf Grund ihrer hohen Qualität nicht sehr spät zu datieren. Die Datierung nach Scherbenfunden ist nur bei ungestörten Schichten ein sicherer Beweis.

Diese dritte Stufe der Tholosgräber bildet den Höhepunkt der mykenischen Architektur und die betreffenden Werke zählen zu den Meisterwerken der Baugeschichte der Bronzezeit. Das sog. Atreus-Grab in Mykenai, *170–173*
aus schön gearbeitetem Konglomerat bestehend und daher ausgezeichnet erhalten, hatte die imposanteste *Fig. 31–34*
Tholoskammer, die in Europa gebaut wurde; erst viel später sind im hellenistischen Samothrake und noch später in Rom ähnliche Bauten entstanden. Der Durchmesser der Tholos ist 14,50 m und ihre Höhe 13,20 m; der innere Torsturz ist 8 m lang, 5 m breit und 1,20 m stark und wiegt über hundert Tonnen. Das Innere der Tholos war mit bronzenem und vielleicht sogar mit zum Teil goldenem oder vergoldetem Schmuck versehen, wie wir auf Grund von Befestigungslöchern schließen können. Großartig muß die Fassade gewesen sein, die einen zweistöckigen Bau imitierte, wie wir nach einem in Phaistos wiedergewonnenen Vorbild wissen. Die Dekoration bestand aus vier Halbsäulen und Platten aus Porphyr und anderen farbigen Steinen, die von Spiralen, Rosetten, triglyphenartigen und anderen Motiven dicht bedeckt waren. Große Gipssteinplatten, die einst zum Grabe gehörten und Darstellungen aus dem Stierleben trugen, können ebenso der Fassade wie dem inneren Schmuck angehören. Das Grab war natürlich durch den mächtigen Dromos immer sichtbar. Es war der mächtigste Grabbau nicht nur von Mykenai, sondern der ganzen mykenischen Kultur.

Ähnlich dürfte nur noch das Grab von Orchomenos in Böotien gewesen sein, das – soviel wir wissen – *182, 183*
auch das einzige ist, das wie das sog. Atreus-Grab eine Nebenkammer, hier rechteckig, hat. Leider ist, abgesehen von der Nebenkammer, die Tholos von Orchomenos in schlechtem Zustand auf uns gekommen, aber die skulptierte flache Decke der Nebenkammer ist vergleichsweise ausgezeichnet erhalten.

Pausanias hat das Grab gesehen und bewundert. Er bezeichnete es als das Schatzhaus des Minyas, des mythischen Königs des überreichen Orchomenos, und vergleicht es zusammen mit der Mauer von Tiryns mit den Pyramiden Ägyptens. Das großartige Grab von Mykenai, das wir heute Grab oder Schatzhaus des Atreus nennen, hat Pausanias nicht gesehen. Was Pausanias die »Schatzhäuser des Atreus und seiner Söhne« nannte, sind Tholoi. Schatzhäuser wurden sie genannt auf Grund ihrer kostbaren Beigaben.[60]

Eine andere edle Schöpfung der mykenischen Architektur ist das nur wenig kleinere, gleichzeitige und auch
Fig. 24, 25 mit dekorierter Fassade versehene sog. Grab der Klytaimnestra. Es liegt kaum 10 m vom Gräberrund B entfernt, und es ist nicht ausgeschlossen, daß ein Zusammenhang zwischen diesem Gräberrund und den drei ihm naheliegenden Tholosgräbern bestand. Die Tatsache, daß diese Einheit um das Gräberrund B mit den Tholosgräbern von Aigisthos der älteren Zeit, dem Löwengrab der mittleren Zeit und dem Klytaimnestra-Grab der späteren Zeit bestand, könnte auf engere Familienbeziehungen innerhalb einer Linie hindeuten, wobei das Gräberrund B den Stammvätern gehört hätte. Dann wäre das reichere Gräberrund A mit den übrigen sechs Tholosgräbern, die sich symmetrisch zu je zwei auf je eine der drei Entwicklungsstufen verteilen, dem stärkeren Zweig des königlichen Hauses selbst zuzuschreiben.

Die Kammergräber von Mykenai liegen, in einzelnen Gruppen zusammen, in beträchtlichen Entfernungen voneinander. Man hat mit Recht daraus gefolgert, daß die Unterstadt von Mykenai aus mehreren, getrennten Siedlungen bestand. So war es wohl bei den meisten alten Städten von Hellas, deren Namen deshalb im Plural stehen: Mykenai, Athenai, Thebai usw. Die meisten der Kammergräber blieben Generationen lang in Gebrauch.

In ganz Hellas und auf den Inseln haben sich Zeugen der mykenischen Kultur der Spätzeit erhalten. Sehr interessant ist die Tatsache, daß an Plätzen, von denen die Sage der heroischen Zeit berichtet, die Grabungen der Archäologen den Beweis der Richtigkeit der Überlieferung gebracht haben. So wurden in Theben die Reste eines sehr interessanten Palastes mit Fresken und anderen wichtigen Funden ausgegraben. Im benachbarten Orchomenos ist das oben erwähnte berühmte Tholosgrab wiedergefunden worden und auch wohl zum Palast gehörige Freskenstücke. Archäologisch-religionsgeschichtliche Überlegungen machen es wahrscheinlich, daß unter der dortigen mittelbyzantinischen Klosterkirche von Skripu der Tempel der Chariten und unter diesem der mykenische Palast lag. Weiter nördlich war Iolkos, der Mittelpunkt der Argonautensage. Mehrere Tholosgräber sind schon aus diesem noch weitere Funde versprechenden Gebiet bekannt. Im Süden liegt der Kern des mykenischen Athen auf der Akropolis und in den mykenischen Gräbern der Agora; weiter zu nennen sind die Tholosgräber in Menidi und Thorikos und die in Attika in großer Anzahl aufgedeckten Kammergräber.
178, 179 Im Westteil der Peloponnes lassen die Tholosgräber von Kakovatos in Elis und der Palast von Englianos bei
XLVI Pylos in Westmessenien mit vielen Tholos- und Kammergräbern mehrere Fürstentümer vermuten. Im Gebiet des Odysseus sind reiche Kammergräber auf der Insel Kephallenia erforscht, die uns zusammen mit manchen ähnlichen Gräbern in Achaia, Salamis und an anderen Orten eine Vorstellung vermitteln von den spätesten Tagen der mykenischen Kultur, die der Zeit der homerischen Helden schon nahe ist.

Die mykenischen Fürsten waren nicht nur Krieger sondern auch Seefahrer und Handelsunternehmer. Durch welche dieser Tätigkeiten die mykenische Kultur eine so weite Verbreitung gefunden hat, entzieht sich unserer Kenntnis. Achäische Kolonien bestanden schon im 14. Jahrhundert v. Chr. auf den Inseln bis nach Rhodos und Kypern; in Kleinasien scheinen sogar Kolonien in noch früherer Zeit existiert zu haben, so zum Beispiel Milet. Ein Kolonialstaat namens Ahhijawa muß in diesem Gebiet gelegen haben. Der Handel verbreitete die mykenischen Erzeugnisse. Olivenöl war offenbar ein sehr wichtiges Produkt, daneben aber auch Keramik, Elfenbeinschnitzerei und kostbares eingelegtes Metallgerät sowie Bronzewaffen. Mykenische Keramik ist in Kleinasien und Syrien, Ägypten, Sizilien und auf den liparischen Inseln gefunden worden, in Siedlungen und in Gräbern. Die sizilischen Gräber zeigen sogar manche Einzelheiten, die auf die mykenischen Kammergräber zurückzuführen sind. Indirekte Einflüsse der mykenischen Kultur scheinen bis nach Iberien und sogar England gedrungen zu sein.

Abgesehen von der Architektur, der, wie gesagt, eigene Bauideen zugrunde liegen, kann die mykenische Kunst im großen und ganzen als minoisch bezeichnet werden mit nur einzelnen eigenen Zügen. Bei der Keramik, von der wir viel besitzen, zeigen sich bei genauer Durchsicht des Materials einige Unterschiede. Die mykenische ist der minoischen in der Qualität von Ton, Brand und Firnis überlegen. Letzterer ist feiner, glänzender und haltbarer. Die mykenischen Prachtamphoren sind fast alle dünnwandiger und farbenprächtiger als die auf Kreta. Die Gefäßformen sind praktisch identisch, höchstens differieren sie im Zeitpunkt des Erscheinens und der Beliebtheit. Ferner hat das Festland einige Sonderformen aus der bodenständigen, mittelhelladischen Tradition heraus entwickelt. Es gibt zum Beispiel eine Gruppe tiefer Becher mit mittelhohem Fuß, die eine Hauptgattung der mykenischen Keramik bilden. Diese Becher wurden auch in frühmykenischer Zeit, aber aus hellerem Ton, hergestellt und als gelb-minyische Ware bezeichnet. In der weiteren Entwicklung zeigen sie kleine, aufgemalte Wesen und sind unter dem Namen ephyrisch bekannt. Etwa neunhundert Jahre später, um 550 v. Chr. erschienen ähnliche Trinkgefäße, auch mit winzigen Figuren auf breiter, heller Lippenfläche. Es sind die sog. Kleinmeisterschalen. Auf Grund der bisherigen Funde scheint es, als ob das sog. Alabastron eine häufige mykenische, aber seltene minoische Form sei. Das charakteristischste aller späteren mykenischen Gefäße, die Bügelkanne, ist in Kreta um 1580 v.Chr. erfunden worden. Auf dem Festlande wurde sie offenbar nicht vor 1400 eingeführt und war anscheinend mit der Ausbreitung des Ölhandels verbunden. Zwei Stücke, eines davon aus Pylos, die schon um 1500 zu datieren sind, könnten aus Kreta importiert sein.

Der Malstil der frühmykenischen Keramik ist nahezu identisch mit dem minoischen Flora- und Meeresstil. Um 1500 aber treten auf dem Festlande schon die Merkmale des Palaststiles hervor, deutlicher und schneller als auf Kreta. In den folgenden Perioden unterscheiden sich minoische und mykenische Gefäßformen und Dekorationen stärker voneinander, verschiedene Lokalstile zeichnen sich ab; die Gesamtentwicklung folgt aber weiter der minoischen Keramik. Der naturalistische Stil, der in sich die vererbte Neigung zum Dekorativen hatte, entwickelte sich schnell und immer freier zum Linearen, und bald nach 1400 waren alle Motive aus der Pflanzen- und Meerestierwelt zu dekorativen Linien reduziert.

Entweder als Reaktion auf diese leblose Linienwelt oder in Auswirkung von Wandmalereien oder aus volkloristischen Neigungen, die uns nicht mehr bekannt sind, tragen die Gefäße der letzten Phasen der Endperiode wieder ganze Szenen. Leider sind sie so begrenzt und typisiert, daß wir kaum eine historische oder mythologische Szene in ihnen sehen dürfen. Sofern die Tiere zu erkennen sind, sind es Stiere, Hirsche oder Ziegen. Häufig sind Darstellungen von Wagen, die von kümmerlichen Wesen gezogen werden, wohl Pferden. In der kyprischen Gattung besonders der levanto-mykenischen Welt, aber auch in der hellado-mykenischen Keramik erscheinen menschliche Gestalten auf und um den Wagen, aber so schematisch, daß man nur in den *258*
seltensten Fällen gewagt hat, eine Szene mit erzählendem, religiösem oder historischem Sinn zu erkennen. Mit der fortschreitenden Zeit degenerieren die Formen. Die in Hellas gemalten Szenen zeigen noch etwas mehr Bewegung, im großen und ganzen aber wird zu dieser Zeit überall ziemlich gleich gearbeitet. Man spricht deshalb von der mykenischen Koine, d. h. der gemeinsamen Kunstsprache in der Keramik. Einzelfälle mit ungewöhnlichen Darstellungen sind Ausnahmen. Innerhalb der Keramik mit Figuren, die dem sog. Illustrierenden Stil angehört und in die Zeit um 1200 v. Chr. und später fällt, ist sicher der Kriegerkrater aus Mykenai *256, 257*
das interessanteste Beispiel.

Eine charakteristische festländische Kunstübung ist der frühe Versuch, in Stein zu arbeiten, der auf Kreta ganz fehlt. Man hat oft geschrieben, daß die skulptierten Stelen der Schachtgräber von Mykenai die Anfänge der *168, 169*
Monumentalskulptur in Europa sind. Das ist zuviel gesagt, da wir bisher erst drei Jahrhunderte später und nur

163 im Relief des Löwentors die Fortsetzung dieser Kunstgattung wiederfinden. Die frühmykenischen Stelen gehören zu den übrigen Eigentümlichkeiten, die die zwei Schachtgräberrunde von Mykenai aufweisen. Eine ganz späte, kleine bemalte Stele aus der Unterstadt und ein zuletzt in Thessalien gefundenes, problematisches, menhir-artiges Denkmal können keine Fortsetzung bilden.

Stelen existierten schon längst im Orient und in Ägypten, und zwar dort zur Verewigung von Friedens- oder Kriegstaten (Stelen des Eannatum, des Naram-Sin, des Ur-Nammu, des Gudea) und in Ägypten über den Gräbern des Mittleren Reiches. Soweit sie hier nicht direkt die Tür des Grabes darstellten, trugen sie eine oder mehrere Szenen aus dem Leben des Toten, in erster Linie seine Gelage und ihn im Kreise seiner Verwandten. Wir haben schon erwähnt, daß die Mykener die Idee der Stele aus Ägypten mitgebracht haben. Die Szenen auf den mykenischen Stelen sind keine Totenszenen, sie bringen Bilder aus dem Kriegs- und Jagdleben des Toten. Die Ideale der beiden Völker waren eben verschieden, die Mykener wollten als siegreiche Krieger oder Jäger auf ihren Streitwagen weiterleben.

Die figürlichen Darstellungen auf den Grabstelen sind primitiv im Vergleich zu den linearen Mustern auf den in den Schachtgräbern gefundenen Metallarbeiten. Die ausführenden Künstler waren offenbar die gleichen, nur gab es für Arbeiten in Stein keine Vorbilder und die Erfahrung fehlte, da die Kreter diese Kunst ja nicht geübt hatten. Zur Verwendung kam Poros- und Süßwasserkalkstein, in den die Zeichnung eingeritzt oder in flachem Relief herausgearbeitet wurde, beides technisch gleich ungeschickt.

In dem neuen Gräberrund B wurden, wie schon gesagt, wenige Stelen aus dem gleichen Material und in der gleichen Technik wie in A gefunden. Die beiden von ihnen, die Darstellungen tragen, zeigen Szenen aus dem Leben der Hirten.[61]

Die Kunststufe, der die Funde aus den beiden Gräberrunden B und A entstammen, beginnt um 1600 v. Chr. – vielleicht einige Jahre früher im Rund B, sie endet um 1500 mit den letzten Kunstarbeiten für Rund A. Schon in diesem Rund A sind einige Gefäße gefunden worden, die noch mittelhelladisch mattbemalt waren. Jetzt besitzen wir aus dem Rund B größere mattbemalte Gefäße, die aber schon den Einfluß des kretischen Florastils verraten. Im ganzen ist Keramik in den reichen Gräbern selten, da für das königliche und fürstliche Geschirr nur Kupfer und kostbare Metalle verwendet wurden. Der typische Keramikstil der Zeit der Neuen Paläste auf Kreta ist in der Keramik der Schachtgräber in meist geschickten Nachahmungen reich vertreten und
253 enthält schon den Keim des echt Mykenischen. Die schlanke Efeukanne zum Beispiel aus Grab I des Rundes A zeigt die Pflanzenform schon in mykenischer Fassung.

Die bedeutendsten Funde der Schachtgräber des Rundes A sind die kostbaren Metallarbeiten, die zum Teil
222,226 Leichenschmuck, zum Teil Beigaben sind. Die toten Frauen trugen Kleider mit Borten aus aufgenähtem
224 Goldschmuck, wie ihn die Fresken auf Kreta zeigen. Viele Hunderte von Rundscheiben aus dünnem Goldblech wurden bei den Toten beiderlei Geschlechtes gefunden. Die Leichen der Männer waren mumienartig in
190 Tücher gewickelt, auf die auch Goldschmuck aufgenäht war. Nur die angesehensten Toten hatten Brustplatten
184–188 und Masken aus Gold. Die Frauen trugen große goldene Diademe oder Halbdiademe. Es scheint, daß der
XLVIII; 191 Totenschmuck, zum mindesten für die bedeutendsten der Toten, im Grabe an Ort und Stelle fertiggestellt wurde, da sich dort Goldblechreste gefunden haben.

Besonders interessant sind die eigentlichen Grabbeigaben. Wir beginnen mit den Waffen. Von den Verteidigungswaffen, den riesigen Turmschilden und den mit Büschen und Hörnern geschmückten Helmen, sind nur Spuren des Einzelschmuckes vorhanden, da sie ja aus Leder und Filz bestanden. Von den mit Eberzähnen verkleideten Helmen, die wir gut aus Abbildungen kennen, sind reiche Reste da. Von Angriffswaffen haben sich Lanzenspitzen von älterem und jüngerem Typ, Pfeilspitzen, deren einige aus Feuerstein bestehen, und am reichsten die Waffen des Nahkampfes gefunden.

Der mykenische adelige Krieger hatte ein langes und ein kurzes Schwert, ein schweres Messer - das man Kopis nennen möchte - und ein Beil, um die Schutzwaffen des Gegners zu brechen. An seinem Koppel hing der Schleifstein. Daneben fanden sich die kurzen, oft ganz bronzebeschlagenen Wurfspieße, die kleinen Dolche und die eingelegten Prunkdolche. Warum manche Toten mehr als ein Dutzend Schwerter bei sich hatten, kann man auf verschiedene Weise erklären: es könnte aus reiner Freude an Waffen sein, es könnte sich um erbeutete Stücke handeln, oder die Vielzahl der Waffen könnte den Ansprüchen einer raffinierten Kriegstechnik entsprechen. Unter den Schwertern gab es viele Prunkstücke mit goldbeschlagenen Heften und Scheiden. Der Schwertgriff endete oben in einen Knauf aus Elfenbein, Halbedelstein oder goldumkleidetem Holz. Die Schwerter unterscheiden sich durch verschiedenartige Heftung und vor allem in der Länge. Die kürzeren sind 65–75 cm und die längeren 85–95 cm lang. Die größte Klinge, die wir haben, mißt genau 95 cm und stammt aus dem sog. Grab des Agamemnon (Grab V). Seit dem Schwerterfund von Arkalochori auf Kreta kann über die Herkunft der Schwerter kaum noch ein Zweifel bestehen. Schwerter ohne Mittelrippe sind eine bloße Verlängerung des Dolches. Sie könnten Hieb- oder Stoßwaffen sein, waren aber nicht sehr fest. Verbesserte Schutzvorrichtungen forderten neue Angriffswaffen. Nachdem der Kopf des Kriegers durch einen Helm mit Wangen- und Nackenklappen und sein Körper durch den riesigen Turmschild gedeckt wurde, war nur noch der Hals unterhalb des Kinns ungeschützt. Um diese verwundbare Stelle zu treffen, mußten die Schwerter möglichst lang sein. Die Klingen, deren Legierung und Hämmerung verbessert wurden, erhielten durch die Mittelrippe große Stabilität trotz ihrer beträchtlichen Länge. Vorhandene Darstellungen zeigen, wie die Schwerter gegen die ungeschützte Halspartie geführt wurden. Die Prunkschwerter haben ziselierte Klingen mit Spiralen, Wazmustern, Greifen und Pferden. Die Mittelrippen zeigen Astragal- oder Achterschild-Dekoration.

Das kleine Schwert, das bei den Griechen den Namen Paraxiphis (Nebenschwert) führte und etwa 50 cm lang ist, befindet sich oft unter den mykenischen Beigaben. Es diente als ausgesprochene Hieb- und Stoßwaffe in der Endphase des Kampfes, wenn alle übrigen Waffen vernichtet waren. Erfolgreich gegen die schweren Schutzwaffen waren offenbar die Kopis (sog. Schlachtmesser) und das Beil. Beile waren aber seltene Waffen. Wir haben nur das Beil aus Grab IV des Rundes A und das des Tholosgrabes von Vaphio. Homer erwähnt nur zweimal ein Beil beim Nahkampf mit der wertvollen Auskunft, daß das Beil im Inneren des Schildes seinen Platz hatte. Die riesigen hohen Schilde der mykenischen Helden konnten als wahre Waffenschränke dienen. Man kann auch jetzt verstehen, weshalb das »Schlachtmesser« mit dem Griff in einem Stück gegossen war und oben eine ringförmige Öse zum Aufhängen hatte, denn es war für harte Schläge bestimmt und hing vielleicht im Inneren des Turmschildes.[62]

Einen Höhepunkt in der mykenischen Kunst stellen die eingelegten Arbeiten, ganz besonders die Dolche, *194, 195*
dar.[63] Es handelt sich bei diesen Dolchen um echte Einlegearbeiten aus Gold, Silber oder aus farbige Abwechs- *XLIX–LII*
lung gebenden Legierungen von Gold, Silber und Kupfer und aus schwarzem Niello, einer Masse aus Kupfer, Blei und Schwefel, zugleich als Füllung wie als Farbe für Einzelheiten dienend. Da noch Ritzung, Gravierung oder Punzierung für Einzelheiten hinzutreten konnte, versteht man, daß die Niellotechnik als »Malerei durch Metall« bezeichnet wurde. Die Einlegearbeit im ganzen wurde auf dünnen Kupferblättchen ausgeführt, die vom Waffenschmied auf den Bronzeklingen der Dolche befestigt wurden. Ob diese kunstvollen Dolche nur von einem Atelier oder von mehreren gefertigt wurden und wo, entzieht sich unserer Kenntnis. Es ist nicht ausgeschlossen, daß die Herstellung auf Kreta geschah, obwohl wir bisher keine Reste eingelegter Arbeit auf der Insel fanden.

Die berühmten fünf Dolche von Mykenai wurden in den Schachtgräbern IV und V gefunden. Das Gräberrund B, das ein Prachtschwert und königlichen Leibschmuck barg, hat uns keine Werke in Einlegetechnik
geschenkt. Ein Elektronbecher, der als Vorläufer der Ephyra- und der Kleinmeisterschalen gelten kann, *208*

hat als Schmuck eine kleine »Blumenvase« mit Lilienblättern und Sprossen von Diktamon, jener berühmten
und mit wundersamen Heilkräften versehenen aromatischen Pflanze.[64]

209–218 Zahlreich sind die Funde an Goldbechern und Goldtassen in mannigfacher Form und Größe. Sie sollten
königlichen Toten auch nach dem Tode dienen. Bald wirken sie allein durch den Adel des Goldes und ihrer
Gestalt, bald haben sie gehämmerten Dekor in Form von Rosetten, rennenden Löwen oder linearen Motiven
210 und plastisch verzierte Henkel. Der sog. Nestorbecher[65] trägt zwei Vögel auf seinen Henkeln, Falken mit
ausgebreiteten Flügeln, vielleicht ein Nachklang des ägyptischen Horosfalken. Der Becher war für Spenden
bestimmt.

Eine merkwürdige Tatsache der Schachtgräberkunst ist, daß, noch ehe der naturalistische Stil zu voller Blüte
kam, sich schon eine Tendenz zum Stilisieren und zur Erstarrung bemerkbar macht, so bei den runden, der
224 Gewandung der Toten aufgenähten Goldscheiben. Auch die interessante, goldbekleidete, sechseckige Holz-
büchse zeigt einen merkwürdig konventionellen Stil.

196 Von beträchtlichem geschichtlichen Interesse ist ein Trichterrhyton aus Silber. Die Darstellung zeigt eine über
256, 257 der Küste gelegene Stadt, die von mykenischen Kriegern erstürmt wird. Ein großer Eimer oder Krater trägt
große Kriegerfiguren mit Achterschilden und phantastisch geschmückten Helmen, wie sie später auf etrus-
kischen Werken zu sehen sind.

Die mit der Reliefkunst verwandte Glyptik hat uns ausgezeichnete Beispiele hervorragender Ringe und
228, 229 Siegel aus Gold, Silber und Halbedelsteinen geschenkt. Abgesehen von den religiösen Darstellungen zeigen die
Siegel oft wilde Kriegs- und Jagdszenen; die ersteren entfalten sich meist als Zweikämpfe; nur ein Goldring
zeigt vier Krieger. Gewöhnlich kämpft ein junger Krieger gegen einen Schwerbewaffneten oder einen Löwen
oder verfolgt große Jagdstücke mit seinem Streitwagen mitten in wilder Landschaft. Von den religiösen Szenen
229 unten ist die auf einem großen Siegelring von außergewöhnlichem Interesse: Die unter einem Baum sitzende Göttin,
vor sich ein kleines Wesen mit weitem Rock auf einem Sockel, man sagt ein Idol, empfängt Blumengeschenke
von drei anderen Göttinnen oder dienenden Nymphen. Auf diese beziehen sich paarweise wohl die sechs
eingravierten Löwenköpfe. Alle vier Gestalten mögen als Gefährtinnen der Tiere in den Bergen gelten, so
wie später Artemis und ihr Gefolge zu verstehen sind.

235 oben Grab Gamma des neuen Gräberrundes B hat uns eine Amethystgemme geschenkt, die, der Tradition der
mittelminoischen Zeit I/II folgend, das lebensvolle Porträt eines Fürsten zeigt. Die Frisur ist kretisch, so gut wie
identisch mit der auf einer Porträtgemme aus Vatheia, und die Nase zeigt den merkwürdigen »sattelartigen«
Vorsprung, den wir als Merkmal innerhalb der königlichen Familie von Knossos kennen.

An rundplastischen Werken haben uns die Schachtgräber Tierkopfrhyta erhalten. Aus Stein sind sie uns schon
von Kreta bekannt; als kostbare Prachtstücke aus Edelmetall aber kommen sie erst in den Schachtgräbern von
Mykenai vor. Ohne helladische Vorstufen erscheinend, bezeugen sie wieder das plötzliche Auftreten der Kunst
und Religion Kretas in Mykenai.

197, 198 Grab IV barg zwei Meisterwerke dieser Art, zwei Rhyta in Form eines Löwen- und eines Stierkopfes.
LIII Das erste war aus einem einzigen, starken Goldblech getrieben, das zweite, aus Silberblech, zeigt eigens ge-
arbeitete Ohren, Hörner aus Goldblech und mit Gold eingelegte Nüstern, Lippen und eingelegte Augen.

Von Halbedelsteinen hat sich an erster Stelle Bergkristall in den Schachtgräbern gefunden. Eine Art Schach-
brett mit Fayence- und Bergkristalleinlagen war einem Toten mitgegeben. Eine Anzahl von Anhängern,
Perlen, Nadelköpfen, Knäufen und verschiedenen Einlagen bestand aus Kristall. Manchmal war die Unter-
seite der Kristallgegenstände bemalt, wie es aus Knossos bekannt ist.

Aus dem Gräberrund A haben wir keine Gefäße aus Bergkristall, aber das an Kristallgegenständen reiche Grab
235 unten Omikron des Gräberrundes B hat uns u. a. ein schönes Gefäß geschenkt: eine Schale, die in einem Entenkopf

endet. Die Form erinnert an die frühhelladischen »Sauce-boats«, doch hat diese Form ihre Vorläufer auch in Steingefäßen von Mochlos, Ostkreta.[66]

Im Rahmen dieses Buches können nicht alle Kunstgegenstände der Schachtgräber behandelt werden, wir möchten nur noch auf einige Schmuckstücke hinweisen, die entschieden von den Lebenden getragen worden waren, so ein schweres Armband und Ohrringe. Letztere sind auf Kreta von der frühminoischen Zeit an *223*
nachzuweisen, in Ägypten erst im Neuen Reich, vielleicht unter ägäischem Einfluß. Interessant ist der Fund einer Art Ordenskette im Grab V, die offenbar als Zeichen der Würde getragen wurde. Die Kettenglieder *227 oben*
bestehen aus Falkenpaaren, wohl wieder in Erinnerung an den Horosfalken.[67]

Aus dem Ende des 16. Jahrhunderts v. Chr. mehren sich die Funde auch aus anderen Teilen des mykenischen Kulturraumes. Tholos- und Kammergräber liefern uns die Funde. Aus der Zeit bald nach 1500 stammt ein überraschend großes Schwert aus einem halbzerstörten Schachtgrab bei Staphylos auf der Insel Peparethos *192, 193*
(heute Skopelos).[68] Der Griff ist doppelt so groß wie der der Schwerter aus den Schachtgräbern, die Klinge ist leider verloren. Seiner Größe nach kann dieses Schwert nicht mehr Kampfschwert gewesen sein, sondern kann nur noch kultischen Zwecken gedient haben.

Die Niellotechnik wurde weiterentwickelt, und zwar auf Waffen und Bechern, wo auch Darstellungen von Porträts versucht wurden. Prunkdolche lassen sich bis mindestens 1400 v. Chr. herauf verfolgen, nur daß auf den späteren Stücken die Einlagen sehr beschränkt sind und häufig nur noch ein einzelnes Tier zeigen. Dolche mit Delphinen und Vögeln in eingelegter Technik wurden in Prosymna (Argos) und zuletzt in Pharai (Achaia) *LII unten*
gefunden. Aus der Zeit um 1500 v. Chr. aber haben wir noch Dolche mit umfänglicheren Darstellungen auf beiden Klingenseiten. Das Grab von Vaphio enthielt mindestens zwei solcher Dolche, der eine mit schwimmenden Epheben.[69] Ein zum Teil noch ungeplündertes Tholosgrab von Pylos hat uns erst vor kurzem zwei präch- *LII, 195*
tige Dolche geliefert. Beide Dolche, die – wahre Meisterwerke der mykenischen Kunst – in komplizierter Technik eingelegte Szenen mit Nautiloi und Leoparden zeigen, haben wahrscheinlich einer Frau gehört. Wir wissen ja von sportliebenden mykenischen Prinzessinnen und auch, daß Königin Aahhotep und andere ägyptische Prinzessinnen Prunkdolche besaßen.

Reiche Siegelfunde aus den Tholosgräbern von Pylos, Vaphio und dem etwas jüngeren von Midea (Argos) *231–234*
zeigen, daß dieser Kunstzweig weiterhin sehr gepflegt war.

Zu den besten mykenischen Kunstwerken gehören die Reliefarbeiten in Gold und Elfenbein. Die letzteren blieben bis zum Ende der spätmykenischen Zeit beliebt, während die ersteren nur aus dem 15. Jahrhundert v. Chr. bekannt sind. Die berühmtesten Beispiele hierfür sind die Goldbecher von Vaphio, die in ausgezeich- *200–207*
neter Treibtechnik und in ausgewogen künstlerischer Komposition zwei Stierszenen darstellen. Die Vorliebe für das Leben der großen Herdentiere, die den Hauptreichtum der Aristokratie bildeten, ist natürlich. Noch in der Ilias Homers heißen die reichen Bürger die »Rinderreichen« (Polybutai), während in der Odyssee der Vorsteher der Rinderherde sich stolz gegenüber seinen Berufsgenossen, den Schweine- und Schafhirten, gebärdet. Die frei weidenden Stiere in den großen Herden waren oft halbwild und bösartig; nur mit Anstrengung und unter Gefahr konnten die Hirten die Tiere fangen. Homer bringt in einem Gleichnis (XIII, 571) das Bild des zappelnden Stiers, den die Hirten an ein Seil binden und gegen seinen Willen ziehen. Dieses Hirtenleben wird auf den Bechern dargestellt; eine der Szenen ist sogar der von Homer beschriebenen gleich. Einer der Becher gibt das Bild eines von ungeheurer Spannung erfüllten, gewaltsamen Stierfangs mit Netz und Seil wieder, der andere das idyllisch friedliche Gegenstück der mit Hilfe einer Kuh gefangenen Stiere. Die Charakteristik der Tiere und Tierfänger ist ausgezeichnet. Eine etwas später entstandene Goldschale mit Polypen und *218, 219*
Delphinen aus Midea (Argos) ist ebenfalls hervorragend, aber thematisch ruhiger.

Reste von Steatit-Reliefvasen, wohl Import aus Kreta, wären von Interesse, sind aber zu dürftig erhalten.

Die Elfenbeinarbeiten sind thematisch wie stilistisch abwechslungsreich. Außer den örtlichen und zeitlichen Stilunterschieden lassen sich noch kyprische, syrische und andere östliche Einflüsse feststellen. Mykenai war offenbar führend in der Herstellung. Büchsen, Spiegelgriffe, Kämme, Plättchen für Möbeleinlagen in Relief- und Ritztechnik sind die häufigsten der Funde. Auch Leiern aus Elfenbein wurden verschiedentlich als Grabbeigaben gefunden, ein Beweis dafür, daß mancher Fürst selbst die Leier spielte, wie Achilleus in der Ilias.
244, 245 Verblüffend wirken zwei Spiegelgriffe mit gleichem Motiv, zwei ganz jungen, antithetisch sitzenden Gestalten. Das eine Paar, wie Gestalten des Äthers auf Blumen sitzend, hält Vögel in den Händen. Das andere Paar, sanft und wie schlafend, Kopf gegen Kopf geneigt, erinnert an Engel eines Melozzo da Forli. Eine sitzende Frauengestalt, wohl eine Göttin, erinnert an die besten kretischen Stuckreliefs aus Psyra und Knossos.

242, 243 Religionsgeschichtlich höchst interessant ist die sehr fein gearbeitete Gruppe von zwei sitzenden Frauen, die, durch den Peplos zu einer Einheit verbunden – wie später die Mysten – ein vor ihnen spielendes Kind bewachen. Viele Deutungen sind vorgeschlagen worden, aber es besteht wohl kaum ein Zweifel, daß wir die Μητέρες vor uns haben, denen das göttliche Kind anvertraut ist. Gewöhnlich sind nur zwei dieser »Mütter« (nach der kretischen Benennung, die uns Diodor überliefert hat) dargestellt. Auch später, in griechischer Zeit, erscheinen derartige Figuren paarweise als Terrakotten. Nach einer der vielen Überlieferungen hießen sie Arktoi, Bären: Zeus hatte sie aus Dankbarkeit in die Sternbilder des großen und kleinen Bären verwandelt. Von Interesse sind
238, 239 eine Reihe von Elfenbeinplättchen in Form von Kriegerköpfen, deren Helme immer aus Eberzähnen bestehen und manchmal mit Wangenklappen versehen sind. Das beste Beispiel stammt aus Mykenai. Von den übrigen ist interessant das in Spata, Ostattika, gefundene. Von dort kennt man weitere Elfenbeinplättchen, zum Beispiel mit
240 Sphingen oder einem Löwen einen Stier angreifend und andere. Der Stil ist konventionell, aber noch kräftig.

Unter den Reliefs und rundplastischen Arbeiten in Stein, Bronze und Edelmetallen interessieren neben
225 unten kleinen Tieren in Gold, wie Fröschen, Eulen, Heuschrecken u. a., vor allem die menschlichen Darstellungen,
248, 249 wie der Kuros von Kampos in Lakonien und vor allem der lebensgroße Stuckkopf einer Sphinx (?) aus Mykenai.
LVI, LVII Die Krone der plastischen Werke bildet das Relief des Löwentores von Mykenai.

Fayence und Glastechnik seien hier übergangen. Wichtig aber sind die Freskenfunde. Diese Kunst kam vollkommen entwickelt aus Kreta; selten aber sind kretische Themen, wie Stierspiele, Kulthandlungen und Frauendarstellungen. Im allgemeinen wurde den Künstlern wohl die Aufgabe vom König selbst gestellt, die Themen waren Krieg oder Vorbereitung zum Krieg, Belagerung und Erstürmung einer Stadt, Jagd, Wagenfahrt und ähnliches.

Die erhaltenen Fresken sind alle schwer zu datieren; sie reichen nie bis in die frühmykenische Zeit zurück. Manche von den besseren weisen wir den »älteren« Palästen zu, aber diese älteren Paläste, einschließlich des von Theben, der als der älteste der erhaltenen gilt, müssen um 1400 oder 1450 v. Chr. datiert werden. Manche
LVIII Bruchstücke von Mykenai, darunter die »Frauen auf der Veranda«, müssen zu den ältesten gehören. Der große Frauenfries von Theben ist nicht vor 1450–1400 zu datieren.[70] Die Fresken von Tiryns, die sich auf zwei Perioden und Stile verteilen, sind schwer einzuordnen; die älteren und besseren stammen wohl, ähnlich wie die des Palastes von Mykenai, ungefähr aus der Zeit um 1400 v. Chr. Die wenigen Spuren aus Orchomenos und die neuerdings in Pylos gefundenen müssen noch später, vielleicht um 1300 v. Chr., datiert werden.

Interessant ist die Beobachtung, daß nach Katastrophen oder bei Reparaturen der Paläste die alten Themen
250, LIV wiederholt wurden. Es scheint zum Beispiel, daß in Tiryns die neue Ausmalung des Palastes zwar in anderem Stile, aber mit den gleichen Themen erfolgte. Auf Jagdszenen kämpfen Krieger gegen Eber. Auch Frauen nehmen an der Jagd teil. Sie fahren ohne Begleitung in Streitwagen. Auf den erhaltenen Bruchstücken lassen sich die edlen Gestalten der Kriegsaristokratie von den groben Gesichtern der Diener unterscheiden. Der Fries der lebensgroßen Frauen von Theben gehörte zu einem wohl religiösen Zug. Der Fries des Megarons von

Mykenai muß mehr als 40 m lang gewesen sein. Aus den vorhandenen Resten sind Krieger und Pferde bei der Vorbereitung zum Kampf zu erkennen, ferner Wagen im Sturm gegen ein großes Gebäude, dessen Verteidiger kopfüber herunterfallen. Die Fresken des pylischen Palastes sind durch Brand stark beschädigt. Sie brachten friedliche Szenen, darunter eine mit einem Leierspieler, daneben Kampfszenen, unter ihnen zwei Krieger in tödlichem Zweikampf. Auch aus kleineren Bauten sind Freskenspuren erhalten.

Späte Beispiele sind die Freskoreste mit drei Dämonengestalten, die anscheinend Jagdbeuten auf den Schultern *LVIII unten* tragen – wohl eher eine volkstümliche Szene als eine religiöse –, aus einem Haus in Mykenai und die bemalte Stele, deren Krieger an die des Kriegerkraters von Mykenai erinnern. Die kleine dürftige Stele, die zu einem *256, 257* nochmaligen Gebrauch neu bemalt wurde, gibt ein bezeichnendes Bild der Endphase der einst glorreichen Stadt. Es wurden keine Paläste mehr gebaut, niemand mehr ließ sein Haus ausmalen. Kein Dichter würde mehr Mykenai goldreich preisen.

DAS WESEN DER MYKENISCHEN KULTUR

HERKUNFT DER ERSTEN MYKENISCHEN HERRSCHER

Wie schon bei der Beschreibung der Rundgräber A und B von Mykenai erwähnt, waren die dort begrabenen Herrscher offenbar erst aus der Fremde zugewandert. Aufgrund der neuen archäologischen und historischen Forschungen läßt sich dies folgendermaßen erklären: Während der unruhigen Hyksoszeit standen weite Gebiete des vorderen Asiens und sicher auch Südost-Europas unter dem Einfluß wandernder fremder und eigener Volksstämme. Aus der Weltgeschichte sind mehrere derartiger Völkerwanderungen bekannt, in deren Verlauf starke und weniger starke Führer Kriegergruppen organisierten, deren Mitglieder sich bald zu Berufskriegern entwickelten. Derartige Gruppen müssen damals auch bis zum südlichsten Teil der Balkanhalbinsel vorgedrungen sein.

Der Sprache nach gehörten sie zu den Indogermanen. Den Verlauf ihrer Wanderungen zeigen am klarsten die ihnen eigenen niedrigen, schildförmigen Grabhügel oder Tumuli, die oft als Kurgan bezeichnet werden. Solche Tumuli erscheinen etwa im 17. oder 16. Jahrhundert v. Chr. in Makedonien, Albanien und Hellas. Besonders zahlreich sind sie entlang der westpeloponnesischen Küste, im Gebiet von Elis, Triphylien und Messenien. Sie gehören der mittelhelladischen Epoche (meist der späteren Phase) an. In manchen von ihnen sind auch Bestattungen aus der mykenischen Zeit festgestellt worden. Besonders interessant ist, daß auch in albanischen Tumuli mykenische Grabbeigaben gefunden wurden.

Die Herkunft der erwähnten Kriegerscharen ist noch nicht genauer festgestellt, anscheinend kamen sie aus verschiedenen Gegenden. Für Griechenland scheint klar zu sein, daß die Einwanderer gleichen Blutes waren wie die zwei bis drei Jahrhunderte vorher eingedrungenen Stämme von Bauern und Hirten, die die mittelhelladische Kultur geschaffen haben. Nach sicheren Anzeichen führte der Einwanderungsweg einiger dieser Scharen über Anatolien nach Griechenland. Da sie durch Berührung mit iranischen und anderen Lebenskreisen das Pferd kennengelernt hatten, waren sie ihren nördlichen Verwandten weit überlegen. Obwohl das frühmykenische Pferd (sog. Przewalski Pferd) noch einer kleinen, gedrungenen und rauh behaarten Rasse angehört, war es doch für jene Krieger ein kostbarer Besitz. Es ist auch sehr wahrscheinlich, daß diese Krieger einen verbesserten Typus von Streitwagen, der den kleinasiatischen Mitanni zugeschrieben wird, mit sich brachten.

In Attika, in der Marathonebene, die der prädestinierte Raum für Pferde und Wagen war, ist vor kurzem eine Gruppe von vier Tumuli gefunden worden. Zwei von ihnen haben ganz gleiche Dimensionen (17,50 m

Durchmesser) und sind nebeneinander errichtet. Beide sind spätmittelhelladisch. Der erste und bedeutendste hat innerhalb des äußeren Steinkreises (der wie in allen Fällen sehr sorgfältig aus kleinen Steinplatten gebaut wurde) einen kleineren Steinkreis. Dieser birgt ein rechteckiges, geräumiges, aus Steinplatten gefügtes Grab, das nicht mehr als Kisten-, sondern als Schachtgrab zu bezeichnen ist. Es war gewiß das Grab des Häuptlings und daneben, in dem anderen geräumigen Grab, war sein Pferd beigesetzt. Hier haben wir den ältesten Beweis der Liebe und Wertschätzung der Krieger für ihre treuen Helfer. Diese Tradition währte in der Marathonebene bis in die letzten Tage der mykenischen Kultur: im Dromos des unweit von den Tumuli liegenden Tholosgrabes fanden sich zwei beigesetzte Pferde. Formen des Überganges von der mittelhelladischen zur mykenischen Zeit, die in den Tumuli von Marathon festgestellt wurden, zeigen die ununterbrochene Tradition und lassen keinen Zweifel mehr an der rassischen Identität jener frühen Einwanderer um 1600 v. Chr. mit den Mykenern; beide waren reinblütige Griechen.

Soweit wir heute urteilen können, waren zwei dieser eingewanderten Kriegergruppen sehr bedeutend. Die einen haben sich in der Peloponnes, im Gebiet von Elis-Triphylien, niedergelassen. Der Gott ihrer Ahnen war Poseidon, und die königliche Familie war den Göttern der Unterwelt verbunden, deren Symbol die Eule war. Das Hauptzentrum scheint Peristeria gewesen zu sein, eine Akropole in Triphylien, mit Spuren von Befestigungen und mit drei Tholosgräbern, deren größtes den sogenannten Gräbern von Atreus und Minyas ähnlich ist. Einige Goldbecher, Diademe und weiterer Goldschmuck entsprechen Beigaben der Schachtgräber von Mykenai und sind zeitlich gleich.

Die stärkste und vornehmste dieser Kriegergruppen hat sich gleichzeitig in der Ostpeloponnes, in Mykenai, angesiedelt. Zwei Steinkreise bargen die königlichen Grabstätten, deren Schätze buchstäblich die »Mykenische Kultur« erschlossen haben. Die Funde gaben auch die ersten Auskünfte über diese Menschen. Es waren mächtige Krieger, mit Helmen und Bodenschilden versehen, die mit großen Lanzen, langen Schwertern, schweren Schlagmessern, aber auch mit dem Bogen zu Fuß oder auf dem Wagen kämpften.

Aus dem Wagen schossen sie mit dem Bogen auf fliehende Hirsche, und zu Fuß griffen sie die Löwen mit Lanze, Schwert und Bogen im Nahkampf an. Ihre Pferde waren die gleichen, die wir aus den Gräbern der Marathonebene kennen. Als Zeichen der großen Ehrfurcht, die das Griechentum diesem grauen Zeitalter entgegengebracht hat, wurden bis in die Zeit Alexanders des Großen Nachkommen dieser der Hera heiligen Pferde in einem heiligen Hain gehalten. Das wilde, unschöne Aussehen wurde damit erklärt, daß sie aus der Rasse der menschenfressenden Rosse des Diomedes stammen sollten, die Herakles dem Eurysteus nach Mykenai bringen mußte. Eine weibliche Gottheit, die später mit der Hera von Argos gleichgesetzt wurde, ist anscheinend die Schutzgöttin dieser Kriegersippe gewesen.

Vielleicht gab es keine weitere ebenso starke Gruppe von Einwanderern. Bis in die Zeit des Homerischen Epos lebten nur zwei Gruppen im Bewußtsein der Zeitgenossen. Die »Kypria« erzählten, daß der Zug gegen Troja nur möglich wäre, wenn Nestor von Pylos neben Agamemnon von Mykenai stände; und im Schiffskatalog der Ilias ist nach Agamemnon mit hundert Schiffen der zweitstärkste Führer Nestor mit neunzig Schiffen genannt. Archäologische Funde von weiteren Schachtgräbern und erhaltenen Ruinen lassen auf weitere Niederlassungen in frühmykenischer Zeit in Volimidia (Triphylien), in Lerna, auf dem Tell der Kadmeia in Theben und wohl auch in Iolkos schließen.[71]

DAS MYKENISCHE KÖNIGTUM

Es wäre zu gewagt, genaueres über das Wesen des frühesten Königtums des mykenischen Zeitalters zu sagen. Durch Vergleich mit anderen Völkern können wir jedoch eine ungefähre Vorstellung von der frühmykenischen, heroischen Periode erlangen. Viele Völker in allen Teilen der Welt haben ein heroisches Zeitalter erlebt, angefangen mit den arischen Hirtenkriegern, die um 1400/1200 v. Chr. in Indien eindrangen, endend mit den Wikingern, die im 9. Jahrhundert n. Chr. Gebiete im Norden von Mitteleuropa besetzten. Alle diese Perioden haben einige Gemeinsamkeiten[72], etwa daß ein plötzlich auftretender König oder eine neu gegründete Dynastie göttlichen Ursprungs waren. Bei manchen Königsnamen wird der Name des göttlichen Vaters zugefügt. In Ägypten galt der Pharao immer als Sohn des Ammon-Re; alle Könige des griechischen Epos werden als Zeusgeborene bezeichnet. Die Komödiendichter und späteren Schriftsteller wie Lukian waren sich bei ihrer Kritik der Liebschaften des Zeus nicht bewußt, daß Zeus in Gründungszeiten durch seine Liebe zu irdischen Frauen sterblichen Königen göttliche Abstammung verlieh. Nur Männer vom Geistesrang Platons waren sich dieser heiligen Verbindungen bewußt. Im »Kritias« schreibt Platon[73] die Schuld am Verfall von Atlantis der Tatsache zu, daß das einst göttliche Blut in den Adern der Könige im Laufe der Zeit degeneriert war. Nach Pausanias galten nicht weniger als dreißig Gestalten des heroischen Zeitalters als Söhne und Töchter des Poseidon.[74]

In den frühesten Perioden der alten Kulturen wurde die Zeitrechnung mit Hilfe der Generationsfolgen der Könige oder der herrschenden Geschlechter vorgenommen. Um bei ihnen einen lückenlosen Ablauf zu erreichen, waren an den Stellen, wo die erbliche Nachfolge abriß, Namen von Göttern eingefügt. Noch nach dem Beginn der Geschichtsschreibung versuchten Griechen, ihren Stammbaum bis zu einem göttlichen Ahnen zurückzuverfolgen. Der Geschichtsschreiber Hekataios von Milet behauptete, unter seinen Vorfahren sei der sechzehnte Ahne ein Gott gewesen.[75]

In Mykenai hatten sich wohl Reste der Überlieferung von den ältesten Königen erhalten; im Erdreich über den Schachtgräbern Schliemanns wurde eine Scherbe gefunden, deren Inschrift mit Buchstaben des 6. Jahrhunderts v. Chr. »den Helden« preist. Es muß also bewußt geblieben sein, daß dieser Ort Helden barg.[76]

Wirklich lebendig geblieben in der Erinnerung des Volkes sind nur zwei bis drei Genealogien. Die älteste handelt von Phoroneus, der durch Hera der Argolis, der Ebene von Argos, verbunden war. Ferner erhielt sich die Kunde von der Sintflut und von Deukalion, der sie als einziger mit seiner Frau Phyrre überlebte.[77]

Die athenische Genealogie scheint etwa bis zur Mitte des 16. Jahrhunderts zu reichen; die genealogischen Erinnerungen der mykenischen Familien aber gehen nicht über das 13., höchstens das 14. Jahrhundert hinaus. Die Pelopiden und Perseiden führten ihren Stammbaum auf Perseus, den »Gründer« von Mykenai, zurück. Der letzte in der Reihe der neun Könige von Mykenai war Teisamenos, der Sohn des Orest. Zu seiner Zeit brachen die Dorier in die Argolis ein. Rechnen wir für jeden der Könige 20–25 Jahre Regierungszeit, so müßte Perseus um 1300 Mykenai gegründet haben. So grob diese Berechnung ist, sie stimmt in etwa mit den Daten für die Baugeschichte überein; Perseus wäre derjenige König gewesen, der zumindest mit dem Bau der kyklopischen Mauern begonnen hat. Nach Übereinstimmungen mit dem Material und der Technik der Verarbeitung bei der großartigen Tholos des Atreus müßte derselbe König Perseus ihr Erbauer gewesen sein. Ihre heutige Bezeichnung »Schatzhaus des Atreus« ist ebenso willkürlich wie die Namen der übrigen Tholosgräber von Mykenai. Historisch wahrscheinlicher, vielleicht sogar richtig, wäre es, wenn dieses großartigste Kuppelgrab Europas der überragenden Persönlichkeit von Perseus zugeschrieben würde. Perseus, dem Mythos nach mit den drei damals bekannten Kontinenten Europa, Afrika und Asien verbunden, war nicht nur der mächtigste König von Mykenai, sondern gilt auch als Ahnherr anderer königlicher Geschlechter. Durch seinen Sohn Perses, den ihm Andromeda, Tochter des Königs Kepheus von Aithiopien, geboren hatte, galt er auch als Stammvater der Perser.[78]

Im Kapitel über das Grabwesen wurde im Zusammenhang mit der Auffindung des Gräberrundes B, das wie das Gräberrund A über älteren mittelhelladischen Kistengräbern angelegt war, die Folgerung gezogen, daß die Herrscher von Mykenai erst aus der Fremde zugewandert seien. Außerdem ließen die z. T. gleichzeitigen Beisetzungen auf zwei ziemlich gleich starke Herrscherfamilien oder ein Doppelkönigtum schließen. Diese Vermutung wird erhärtet durch die weiteren Funde von Tholosgräbern in Mykenai und im pylischen Bereich, wo die Gräber jeweils paarweise zusammenliegen.

Das Doppelkönigtum, eine bekannte, aber schwierige Regierungsform, kennen wir von Sparta her. Beim alten deutschen Königtum war die Erbfolge vom Vater zum Sohn eingeführt, aber nicht obligatorisch.[79] Ebenso war es wohl beim mykenischen und auch homerischen Königtum. Platon beschreibt für Atlantis ein Königtum, bei dem immer das älteste Familienmitglied Thronerbe wurde, einen Kronprinzen gab es somit nicht.[80] In Mykenai wurde Elektryon, der Sohn, Nachfolger des zeusgeborenen Perseus. Der nächste König wurde aber nicht der Sohn des Elektryon, Likymnios, sondern Sthenelos, der Bruder des Elektryon. Dann folgte Sthenelos' Sohn Eurystheus. Nach dem Pelopiden Artreus folgte sein Bruder Thyestes und dann erst sein Sohn Agamemnon und dessen Sohn Orest. Diese Art von Erbfolge führte jedoch zu Streit und Haß, und es wird verständlich, warum Aigisthos, Sohn des Thyestes, Agamemnons Ermordung plante.

Wahrscheinlich hat sich die Erbfolge von Bruder zu Bruder durch erstgeborene Zwillingspaare im Königshaus ergeben. Zwillinge wurden bei vielen Völkern besonders verehrt und nach dem Tode gefürchtet. Frazers Goldenbough führt viele Beispiele an.

Auch die mykenische Überlieferung kennt königliche Zwillinge. Die Dioskuren Kastor und Polydeukes wurden sogar vergöttlicht. Die Feindschaft der Zwillinge Proitos und Akrisios, der Kinder des Königs Abas von Argos mit Aglaia, begann schon im Mutterleib. Die Zwillinge der Antiope, Zethos und Amphion, dagegen lebten friedlich miteinander in Theben. Die Molioniden Eurytos und Kteatos mit ihren zusammengewachsenen Körpern können als bronzezeitliche siamesische Zwillinge angesehen werden.[81] Das messenische Gegenstück zu den Dioskuren ist das Zwillingspaar Idas und Lynkeus.

Den vielfachen Erwähnungen von Zwillingspaaren im Mythos und Epos liegt wohl die Tatsache des Doppelkönigtums zugrunde. Die Paare Eteokles und Polyneikes, Söhne des Oidipus; Agamedes und Trophonios, Söhne des Erginos, die legendären Erbauer des Apollontempels zu Delphi (und der Schatzhäuser für König Hyrieus von Hyria und Augeas in Elis) sind so bekannt wie die Paare des Epos: Diomedes und sein Wagenlenker Sthenelos sowie Idomeneus von Kreta und sein Waffengefährte Meriones. Sicher bezeugt ist wohl das Doppelkönigtum in Elis mit der gemeinsamen Herrschaft von Augeas und Aktor (Paus. V, 1, 11) sowie in Theben, wo nach Kadmos Tod dessen Söhne regieren. In Messenien herrschen die Brüder Aphareus und Leukippos gemeinsam, wobei Pausanias (IV, 2, 4) Aphareus als vorrangigen König nennt.

Um bei dieser Erbfolge Streit und Haß zu vermeiden, heirateten Könige und ihre Söhne häufig eine Tochter des Bruders bzw. des Onkels. Frazer nennt drei Könige, die sich mit Töchtern ihrer Brüder vermählten, wagt aber keine Erklärung anzugeben.[82] Als weiteres Beispiel sei Leonidas von Sparta, der Held der Thermopylen, erwähnt, der Gorgo, die Tochter seines älteren Bruders, zur Frau nahm.[83]

Der Zusammenhalt und die Hilfsbereitschaft unter den Mitgliedern der Königshäuser oder der adeligen Familien muß sehr groß gewesen sein; sie gaben einander Unterkunft und selbst Land und ließen den Beschenkten in führende Stellungen aufsteigen. Pausanias nennt folgende Beispiele: Als Melaneus, Sohn des Apollon, zu König Perieres von Messenien kam, erhielt er einen Teil von dessen Land. In der nächsten Generation kam Neleus aus Thessalien – er galt als Sohn des Poseidon – nach Messenien. Auch ihm wurde ein

Teil der Küste mit mehreren Städten, darunter Pylos, überlassen. Selbst Hyettos, der wegen Mordes aus Argos nach Orchomenos flüchten mußte, wurde ein Teil des Landes als Wohnsitz gegeben.[84]

Die Haupttätigkeit der mykenischen Könige war, wenn sie sich auch z. T. weiterer Aufgaben annahmen, die Kriegsführung zu Land und zur See. Alle waren in ihrer Eigenschaft als König auch Richter. Aiakos von Aigina, Sohn des Zeus und der Aigina, wurde wegen seiner hohen Gerechtigkeit bei Ausübung dieses Amtes nach seinem Tode Richter in der Unterwelt. Dem weisen König Pittheus von Troizen wurde manches Gesetz zugeschrieben. Überragende Gesetzgeber wie Hammurapi, Minos oder Rhadamanthys hat es unter den Mykenern jedoch nicht gegeben. Manche Könige waren erfindungsreiche und geschickte Handwerker. Odysseus, so berichtet Homer (Odyssee 23, 190f.), baute eigenhändig sein Schlafgemach und fertigte das Bett aus dem Holz eines starken Olivenbaumes. Nauplios, Poseidons Sohn, vor allem sein Sohn Palamedes sollen besonders kenntnisreich gewesen sein auf den Gebieten der Seefahrt und Astronomie, der Verbesserung der Schriftzeichen, aber auch von Maßen und Gewichten. Trophonios und Agamedes, die bereits als die legendären Erbauer des Apollontempels von Delphi erwähnt wurden, galten als berühmte Architekten, die die Schatzhäuser des Königs Hyrieus von Hyria und des Augeas in Elis errichtet haben sollen. Die Söhne des Asklepios, Machaon und Podaleirios, erwarben sich als Chirurg und Pathologe unsterblichen Ruhm.

Eine andere Tätigkeit der mykenischen Könige erstreckte sich auf die Ausübung von Handel. In Theben sollen Dutzende von beschrifteten, aber sonst groben Bügelkannen in einem bemalten Luxusraum des Palastes gefunden worden sein, wo sie offenbar vorübergehend gelagert waren, als der Palast plötzlich der Zerstörung anheim fiel. Ähnliche Funde wurden auf Pylos gemacht, wo man Tausende von Trinkbechern in einem Raum nahe dem Megaron des Palastes fand, vermutlich auch hier als Handelsware gelagert. Handel konnten wohl nur die Könige betreiben, die die Möglichkeit hatten, die zur Herstellung der Waren notwendigen Materialien zu beschaffen und in ihren Palastwerkstätten Handwerker und Sklaven zu beschäftigen. Privatunternehmungen waren in der mykenischen Kultur, soweit wir urteilen können, nicht entwickelt und vielleicht gar nicht möglich. Um keramische Produkte zu erzeugen, waren Wasser, Gebüsch als Brennstoff, eine oder mehrere Arten von Tonerde und ganz besonders eine Gruppe von erfahrenen Handwerkern nötig. Eine Menge von Sklaven war unentbehrlich. Nur der König konnte und wollte vielleicht diesen Vorteil haben. Die vielen Fundstücke einer besonders schönen Keramik auf Ost-Kreta ließen dort mit Sicherheit eine Palastwerkstatt vermuten. Grabungen haben sie bestätigt.[85] Aus der Überlieferung wissen wir, daß zu manchen Palästen Künstler und Handwerker gehörten, über deren Verbleib eifersüchtig gewacht wurde. König Minos forderte sogar mit einem Kriegszug nach Sizilien den aus seinem Palast in Knossos entflohenen Daidalos von dem dortigen König Kokalos zurück.

Im internationalen Handel war die Sache noch schwieriger. Es gab kein internationales Recht und – abgesehen von der Seeräuberei – bestand auch sonst keine Sicherheit in den Häfen des Auslandes. Die Abfertigung war willkürlich und manchmal geradezu böswillig. Einziges Remedium waren Geschenke an den Pharao oder an andere Herrscher, die älteste Form der Importsteuer, um sich einer relativen Gefahrlosigkeit zu versichern. Aus der El Amarna Korrespondenz erfahren wir, daß ein unglücklicher Händler in Ägypten starb und daß sofort sein Schiff und sein Handelsgut in Beschlag genommen wurden. Aus der genannten Korrespondenz geht hervor, daß die Könige selbst den Handel trieben. Außer Keramik sind Edelsteine, Gemmen und Nachahmungen orientalischer Siegelzylinder als Handelsware für den König von Theben bezeugt. Die Herstellungszentren für Elfenbeinschnitzereien, Metallwaren – besonders Messer und Schwerter – und Einlegearbeiten sind noch nicht bekannt. Es ist möglich, daß für Metallkunst, ganz besonders für Messer- und Schwertfabrikation, ein oder mehrere Zentren existierten. Es scheint auch angebracht, für die sehr delikate Arbeit der Einlagetechnik ein Hauptzentrum vorauszusetzen.

Ein wichtiges Handelsprodukt der mykenischen Könige war das Olivenöl. Der Olivenbaum wurde bekanntlich im 3. Jahrtausend im südlichen Vorderasien zur Kulturpflanze entwickelt. Auf Kreta stammen die ersten sicheren Beweise für das Vorhandensein von Olivenöl aus der Zeit um 1600 v. Chr. Das charakteristische Gefäß zur Aufbewahrung des Öls ist die Bügelkanne. Die ältesten Exemplare dieses Types sind auf Kreta und nun auch auf Thera gefunden worden. Erst 1400 v. Chr., d. h. erst nach der Blütezeit der kretischen Kultur, kam der Olivenölhandel in die Hände der mykenischen Könige. In der Unterstadt von Mykenai, auf einem Gelände, das infolge seiner Lage zwischen den königlichen Gräbern sicher zum Besitz der Könige gehörte, lagen zwei Gebäude, die offenbar der Ölgewinnung und Wollweberei gedient haben.[86] Die Palastarchive bestätigen, daß Öl und Wolle zu den wichtigsten Handelsobjekten gehört haben.

Ob das Öl in mykenischer Zeit als Nahrungsmittel oder als Brennstoff für die großen Steinlampen diente, ist nicht bekannt. Homer erwähnt es als Mittel zur Körperpflege. Öl wurde auch zur Parfumherstellung benutzt, wie Vorrichtungen in dem erwähnten Gebäude der Unterstadt von Mykenai zeigen. Auf Schrifttafeln in Linear B wird Öl erwähnt, das mit Duftstoffen von Salbei und Rosen versetzt ist: pa ko we bzw. wo do we. Die oben erwähnte Faktorei von Mykenai hatte Vorrichtungen, um durch bemessene Hitze die pflanzlichen Essenzen durch das Olivenöl abzufangen. Parfümierte Öle waren offenbar durch Jahrhunderte ein bevorzugtes Handelsgut. Sowohl innerhalb der mykenischen Gesellschaft (Wohnungen und Gräber) als auch im Ausland war kein anderes Gefäß so geläufig wie die Bügelkanne. Es ist charakteristisch, daß es große und mittelgroße Bügelkannen für den Handel gibt, wie auch kleine und winzige, in denen das parfümierte Öl geliefert wurde.

KRIEG

Wie bereits erwähnt, lag die Hauptaufgabe der mykenischen Könige auf dem Gebiet der Kriegsführung. Friedensperioden waren selten. König und Adel waren bis in die homerische Zeit praktisch Berufskrieger; die Schlachten wurden selbst bei großen Armeen fast ausschließlich durch die Könige und die wenigen Helden durchgeführt, die um den König herum kämpften.

Wir kennen nur unsichere Spuren von wenigen Befestigungen aus der mittelhelladischen oder früh-
230 oben mykenischen Periode. Vielleicht genügten den Kriegern ihre Brust- und ihre Turmschilde zur Verteidigung, vielleicht bildeten auch die am Rande der Siedlungen stehenden Häuser mit ihren öffnungslosen Außenwänden eine Art Ringmauer, sog. casemate walls. Echte Mauern sind aber nur die aus unbehauenen, geschickt aufeinander gepaßten Steinblöcken errichteten Kyklopenmauern. Der Überlieferung nach wurden sie erstmals
174, 175 unten in Tiryns von besonderen, aus Kleinasien kommenden Mauern erbaut, die Kyklopen hießen, was auf eine Rasse mit großen Rundaugen deutet, wie manchmal die Sumerer oder die Hethiter dargestellt wurden. Diese Mauern sind wohl das erste Anzeichen dafür, daß sich das mykenische Königtum gefährdet fühlte.

Von der Bewaffnung der mykenischen Krieger war bereits früher die Rede. Weitere wertvolle Auskunft gibt ein kostbares, kürzlich auf Thera gefundenes Miniaturfresko. Es zeigt frühmykenische Krieger (etwa 1550–1500 v. Chr.), die bei der Erstürmung einer wohl libyschen Stadt vielleicht die Beute – Ochsen, Schafe,
XLII Ziegen – auf ihre Schiffe schleppen. Alle Krieger tragen mit Wangenschutz versehene, mit Hörnern, Troddeln
238, 239 und Büscheln verzierte Helme, mit Eberzählen umkleidet, die, wie es scheint, leichter und kühler waren als
230 oben die aus Metall gefertigten Helme. Zur Ausrüstung der Krieger gehörte auch der halbzylindrische, mit geflecktem Ochsenfell bezogene Schild, der den Körper vom Hals bis zu den Knien schützte. Ferner trug der Krieger Lanze und Schwert, aus dessen Scheide unten drei bis fünf Lederschnüre heraushingen, wie es von einigen wenigen mykenischen Gemmen und von kyprischen Kriegerdarstellungen bekannt ist. Die Erklärung gibt Apollonius Rhodius, ein Gelehrter und auch epischer Dichter des 3. Jahrhunderts v. Chr.,

in seinem Epos »Argonautika« mit folgender Szene: Der Heros Oileus wird von einem Pfeil verwundet, sein Kampfgefährte Eribotes bindet mit den oben genannten Lederriemen die Wunde ab.[87]

Das erwähnte Miniaturfresko von Thera, das wohl kostbarste historische Dokument der Ägäis, weist – wie *XL–XLII*
schon das bekannte mykenische Silberrhyton – auf die Seetüchtigkeit der Mykener hin. Offenbar waren *196*
sie die einzigen Einwanderer der mittleren Bronzezeit in Hellas, die ihre Eroberungen auch über das Meer ausdehnten. Die Seetüchtigkeit war ihnen vom Anfang bis zum Ende eigen. Man denke etwa an den Zug des Königs Minos nach Sizilien, an die Ahhijawa und die Fahrt der Argonauten oder an die dunkle Kunde von mehreren Unternehmungen der Achaier, von denen die gegen Troja durch das Epos verewigt wurde.

Über die Feldzüge zu Land wissen Überlieferung und Epos mehr zu berichten. Besonderen Nachklang hat »der Zug der Sieben gegen Theben« behalten, obwohl es wohl größere und bedeutendere kriegerische Auseinandersetzungen gegeben hat. Manche Kunstdenkmäler, wie die Grabstelen in Mykenai, geben uns Auf- *169*
schluß über Einzelheiten der mykenischen Kriegsführung. Die älteren »Hippoten« kämpften noch aus dem Streitwagen, wie es im Orient und in Ägypten üblich war. Im Epos dient der Wagen nur dazu, die Edlen zur Kampfstätte zu bringen und ihnen von dort die Möglichkeit eines schnellen Rückzuges zu geben. Wagen und Zaumzeug waren mit Bronzebeschlägen oder Elfenbeineinlagen verziert. Die Pferde waren gepflegt und trugen ihre Mähne gewöhnlich in einzelne Büschel zerteilt; das Büschel zwischen den Ohren war auf der Stirn zu einem vorspringenden Horn geformt als Prokomion, wie es sich auch manchmal in der Haartracht der Männer zeigt. Ein Fresko aus Tiryns zeigt ein edles Pferdegespann (das Przewalski-Pferd wurde nicht mehr verwendet) mit einem Fuchs und einem Schimmel. Es war offenbar Brauch, verschiedenfarbige Pferde zusammenzuspannen. Auch die Namen der Pferde vom Streitwagen des Achilleus, Xanthos (gelbrot) und Balios (weiß), deuten darauf hin. Wie sehr die Pferde in der damaligen Zeit von ihren Herren geliebt und geschätzt wurden, zeigen Aufzeichnungen aus dem Archiv von Tell-el-Amarna, in denen die Pferde mit dem gleichen Wunsch »Sei Wohlbefinden« bedacht werden wie die Königin und der Thronfolger. Einigen Pferden wurde sogar göttliche Abstammung zugedacht. Poseidon Hippios war ein Beiwort des großen Herrn der Achaier, und göttliche Rosse wie Areion retteten ihren Herren aus großer Todesnot. Andere Pferde, wie Pegasos oder Skyphios oder das oben genannte Pferdepaar des Achilleus, galten als Geisterrosse.[88]

Die vom Streitwagen herab kämpfenden Krieger trugen wohl als erste den schweren Bronzepanzer, von dem ein schönes Exemplar in einem Kammergrab von Midea in Argos gefunden wurde. (Ein weiterer Bronzepanzer soll sich in den USA befinden.) Der Panzer besteht – ähnlich den Chitinpanzerringen der Krustaceen – in seinem unteren Teil aus mit Lederriemen verbundenen, gebogenen Bronzeplatten, den opawota der pylischen Schrifttafeln. Damit findet der Name Astakós (Hummer) eines Helden aus Theben, Vaters mehrerer berühmter Heroen, wohl seine Erklärung.[89]

Der Ruhm von hervorstechenden Eigenschaften damaliger Helden hat sich durch die Jahrtausende erhalten und ist geradezu sprichwörtlich geworden. Noch heute weiß man von der unüberwindlichen Kraft des Herakles und der Kentauren, von dem schnellfüßigen Achilleus und von Iphiklos, der angeblich so schnell über die Ähren der Felder laufen konnte, daß sie nicht gebrochen wurden.[90] Auch die Namen besonders stimmgewaltiger Helden sind lebendig geblieben. Eine laute Stimme – wie die des Menelaos – war eine gepriesene Eigenschaft der homerischen Kämpfer. Der Arkadier Stentor, mit eherner Stimme, konnte nach Homer so laut schreien wie fünfzig Männer zusammen.[91] Weitere Eigenarten der mykenischen Helden finden wir auch bei anderen Berufskriegern. Die langen Streitgespräche, die die homerischen Kämpfer mit ihren Gegnern halten, sind auch bei anderen Völkern üblich. Die Samurai preisen sogar die Heldentaten ihrer Väter und Vorväter, wie es auch manche homerische Helden machen. Homer berichtet weiterhin vom Tod des Aias, der sich in sein aufrecht in den Boden gestecktes Schwert stürzte. Erst die Funde der überaus langen mykenischen Schwerter machten diese Kunde begreiflich; die Schwerter waren so lang, daß kein Krieger es sich selbst in die Brust hätte stoßen können.

Eine Besonderheit der Kampfführung in mykenischer Zeit ist der Kampf zweier Krieger mit jeweils einem
230 Mitte, r. Schwert in jeder Hand, wie es auf einer Gemme aus Pylos zu sehen ist. Auf einem Bronzebeschlag aus dem 7. Jahrhundert v. Chr. aus Olympia ist der Lapith Kaineus als Kämpfer mit einem Schwert in jeder Hand dargestellt. Auch Theseus hielt auf dem berühmten Gemälde des Polygnotos in der Lesche der Knidier in Delphi in jeder Hand ein Schwert. Die gleiche Gepflogenheit kennen wir aus der Geschichte bei den Mongolen. Dort findet sich die Darstellung von Ogodai, Nachfolger des Dschingis-Khan (1206–1227 n. Chr.) mit einem Schwert in jeder Hand. Als Baber, ein späterer Nachkomme von Dschingis-Khan und Timur Lenk, 1525 n. Chr. in Indien einfiel, trat ihm Daulet Khan mit zwei Schwertern bewaffnet entgegen.

Der Zweikampf anstelle einer Schlacht zwischen zwei Armeen scheint bei allen kriegerischen Völkern üblich gewesen zu sein. Typische Beispiele sind der Zweikampf zwischen Aias und Hektor, von dem die Ilias, und der Kampf von David und Goliath, von dem die Bibel berichtet. Es scheint erwiesen zu sein, daß manchmal mehrere Paare von Zweikämpfern anstelle der Armeen die Entscheidung austrugen. Die Darstellung auf dem bekannten Goldring aus Mykenai mag eine derartige Situation wiedergeben. Aus der Bibel wissen wir, daß je zwölf auserlesene Krieger auf seiten von Saul und von David kämpften und fielen. Aus dem dorischen Kriegertum wissen wir von einer Schlacht, in der je 300 Spartaner und Argiver ausgewählt wurden, um über die Besetzung des Landes Thyrea im Zweikampf zu entscheiden.[92]

GESELLSCHAFT UND SITTEN – FRAUENLEBEN

Wie wir aus den Palastarchiven wissen, betrieb die Bevölkerung Landwirtschaft, Viehzucht und Gewerbe. Der Palast verfügte über eine gut organisierte Verwaltung, die die Felder verpachtete und die zu rodenden Waldgebiete bestimmte und vergab. König und Hof hatten mit diesen Aufgaben nichts zu tun, sie wurden lediglich im Zusammenhang mit religiösen Zeremonien, der Ablieferung der Erzeugnisse des Landes an die Heiligtümer genannt wie einmal auch in Verbindung mit einer Mobilmachung in Pylos.

Die archäologischen Funde in Mykenai geben nur wenig Auskunft über Einzelheiten des täglichen Lebens. Auf Kreta wurden große Mengen von Tongeschirr in den verschiedensten Formen gefunden, was auf eine hochentwickelte Lebenskultur schließen läßt. Anders im mykenischen Gebiet, wo in der Regel in einer ganzen Siedlung weniger Tonware gefunden wird als in einem einzigen kretischen Haus.

167, 170–173, 179 Dagegen waren in Mykenai die Bestattungsbräuche und Grabanlagen weit prächtiger entwickelt. Die
182, 184–224, Angehörigen der adeligen Familien wurden in Kammergräbern, die Könige in oft großartigen Tholosgräbern
237 beigesetzt und mit vielen, häufig kostbaren Beigaben ausgestattet.

Die Privathäuser waren durchwegs sehr einfach gebaut, selbst wenn sie mit Fresken ausgemalt waren. In den Palästen war Freskenschmuck die Regel. Der Herd war häufig mit einer Kalkschicht bestrichen und wurde oftmals neu bemalt. Vielleicht liegt hier der gleiche Brauch zugrunde, der in älteren islamischen Palästen (z. B. dem in Isfahan in Persien) üblich war, wo nach dem Tod jedes Sultans die Malereien neu übermalt werden mußten. Der Herd im mykenischen Haus war ja Sitz der häuslichen Geister und der persönlichen Schutzgottheit des Königs.

Über Feste und Zeremonien rein mykenischen Ursprungs wissen wir wenig. Alle derartigen Szenen auf
228, 229 Ringen, Gemmen und Malereien sind schon aus dem Kunstgut des kretischen Kulturkreises bekannt. Mykenisch könnten vielleicht die militärischen Zeremonien sein, bei denen Prunkwaffen (besonders kostbare Lanzen-

spitzen aus Kreta und lange, dünne, für den Kampf nicht geeignete, mit kunstvollen Griffen versehene Schwerter, wie sie aus Malia und wohl aus Skopelos bekannt sind) Anwendung fanden. Das klassische Altertum besaß analoge Prunkwaffen.[93] *192, 193*

Wenn uns die im mykenischen Gebiet gefundenen Kunstwerke nicht irreführen, d. h., wenn sie nicht von Kreta importiert waren, lag die Ausführung der meisten Zeremonien in den Händen der Frauen. In den Malereien treten sie am meisten hervor. Die mykenischen Frauen hatten keine untergeordnete Stellung im Leben. Sie wurden mit ebenso reichen Beigaben bestattet wie die Männer. Diese aus den wenigen archäologischen Funden gewonnene Erkenntnis wird von der Überlieferung aus dem heroischen Zeitalter bestätigt. *191, 222, 223 u., 224, 227 u.* Der heldische Geist ihrer Männer mußte auch die Frauen beeinflussen; die Literatur berichtet über Amazonen und kriegerische Frauen. Wir wissen von nordischen Frauen, die mit Dolchen bestattet wurden. Auch die Prunkdolche von Myrsinochorion in Pylos waren anscheinend Grabbeigaben einer Königin. *195, LII*

Überlieferung und Kunstwerke berichten von der sportlichen Betätigung der Frauen. Die meisten Berichte gibt es über Atalante, die bei den Leichenspielen für Pelias beim Ringen Peleus, den Gatten der Thetis und Vater des Achilleus, besiegte. Die große Jägerin nahm an der kalydonischen Jagd teil und traf als erste den Eber. Mit ihren Pfeilen tötete sie die beiden Kentauren Rhoikos und Hylaios, die sie mit ihrer Liebe bedrängten. Von ihren Freiern verlangte Atalante, im Wettlauf besiegt zu werden, was nur Meilanion durch eine List gelang. Er ließ während des Laufs drei Äpfel aus dem Garten der Hesperiden fallen. Durch das Bücken nach den kostbaren Früchten verlor Atalante Zeit und damit den Wettlauf. Unter den Fragmenten des Eberjagdfreskos von Tiryns ist eine weiße, d. h. eine Frauenhand erhalten, die eine Lanze hält, eine wichtige Bestätigung der Überlieferung von Atalante. Das gleiche Fresko zeigt adelige Frauen bei einer Ausfahrt im Streitwagen. Erfahren im Bogenschießen war auch Amymone, die aber statt eines Hirsches versehentlich einen Satyr traf.[94] *234 rechts* Eine Gemme aus Vaphio zeigt das Bild einer mit einem Fellrock bekleideten Frau mit einem Wurfspieß.

Apollodor hat viele Namen von sportgewandten Frauen überliefert. Deianeira, die Frau des Herakles, zeichnete sich als Wagenlenkerin aus. Kyrene wird von Pindar als »die Pferde-treibende« gepriesen. Aus Liebe zur Jagd wollte Kallisto jungfräulich bleiben und ihr Leben im Gefolge der Artemis verbringen, bis Zeus sich ihr näherte und sie Mutter von Arkas werden ließ. Ganz besonders jagdfreudig war Prokris, die Tochter des athenischen Königs Erechtheus und Gemahlin des Kephalos, die von König Minos einen Jagdhund und einen nie sein Ziel verfehlenden Wurfspieß erhielt, der sie später selbst das Leben kostete. Die Aufzählung sportlicher Frauen ließe sich anhand der klassischen Schriftsteller leicht fortführen. Aus mythographischer Quelle wissen wir von Helene, Tochter des Ätolers Tityros, die von Achilleus, den sie zum Kampf herausgefordert und am Kopf verletzt hatte, getötet wurde. Alle diese Berichte bezeugen den kriegerischen Geist der mykenischen Frauen.

In kritischen Zeiten zogen die Frauen mit in den Krieg. Pausanias sah vor dem Heratempel in Argos noch Gräber von Frauen, die in jener Schlacht gefallen waren, an der auch Perseus teilgenommen hatte. Diese bei den indogermanischen Völkern verbreitete Sitte des Mitkämpfens der Frauen fand ihren Niederschlag in den Berichten über die Amazonen, jenem sagenhaften Volk kriegerischer Frauen, die über das Meer gekommen sein sollen. Man brachte sie auch in Zusammenhang mit dem Dionysoskult.

Einer rauhen Sitte der Kriegsvölker muß noch gedacht werden. In tragischem Heroismus folgten Frauen ihren Männern in den Tod. Pausanias berichtet über den freiwilligen Tod von Mitgliedern einer Familie durch drei Generationen: Als Idas, einer der »messenischen Dioskuren«, nach der Tötung des Kastor vom Blitz des Zeus vernichtet wird, gibt sich seine Frau Marpessa selbst den Tod. Auch ihre Tochter Kleopatra folgt ihrem Gatten, dem großen Meleagros, in den Tod. Polydora (Laodameia), die Tochter von Meleagros und Kleopatra, war so unglücklich über den Tod ihres Gatten, der als erster Grieche vor Troja fiel, daß sie Selbstmord beging.[95] Deianeira, die Frau des Herakles, erhängte sich aus Verzweiflung über ihre unbeabsichtigte Schuld an seinen unerträglichen Schmerzen, die ihn in den Flammentod trieben.

Auf manchem mykenischen Herrscher lastet der Fluch seines Geschlechtes. Mythos und antike Tragödien berichten von den unvorstellbaren Greueltaten der Pelopiden, von Pelops, der für seinen Betrug und Verrat verflucht wurde; von seinen Söhnen Atreus und Thyestes, die nicht vor Mord und Kinderschlachten zurückschreckten.[96] Von Parallelen bei anderen Völkern berichtet Herodot; von Aigisthos, dem Sohn des Thyestes, der Agamemmnon, den Sohn des Atreus, erschlug und von Orest, der Muttermord beging.

Wie bereits erwähnt, gab das Doppelkönigtum Anlaß zu Haß und Streit innerhalb der königlichen Familien. Proito und Akrisios sollen schon im Mutterleib gestritten haben; Eteokles und Polyneikes, die Söhne des Ödipus, fielen im mörderischen Zweikampf vor Theben.

230 unten Manche Kunstwerke der mykenischen Zeit lassen derartige Szenen erkennen. Eine Gemme aus Pylos zeigt einen kräftigen Mann, der zwei junge Menschen tötet; der eine liegt schon am Boden, den zweiten trifft der Wurfspieß in die Schulter. Es ist wie die Darstellung von Tydeus, der seine beiden Neffen in Kalydon tötet.[97]

Die Überlieferung hat viel Material über die Untugenden der alten Geschlechter geliefert. Ehebruch wurde mit Mord des Ehebrechers geahndet. Wir hören von Hyettos von Argos, der nach Orchomenos flüchtete, nachdem er Moluros, den er beim Ehebruch mit seiner Frau ertappte, ermordet hatte.[98] Auf einer korinthischen Amphora finden wir die Darstellung einer derartigen Szene: die Frau liegt halbnackt auf dem Bett, während ein Mann mit nacktem Schwert einbricht und der Ehebrecher, vollkommen nackt, davonläuft. Die Beischriften nennen die Frau Ismene, den Fliehenden Periklymenos und den Strafenden Tydeus.[99]

Manche Taten der damaligen Helden sind für unsere moralischen Begriffe unrecht, wurden aber von den Zeitgenossen toleriert, sogar mit gewisser Bewunderung anerkannt. Es soll auch kleine Epen gegeben haben, die griechische Diebe priesen. Selbst unter den Göttern gab es einen Dieb: Hermes, den sein Homerischer Hymnos als Meisterdieb besingt und der schon als Wickelkind seinem Bruder Apollon die Rinderherde stahl. Sein Sohn Autolykos, der Großvater des Odysseus, vom Vater im Diebeshandwerk unterwiesen, übertraf alle: weder Pferde, noch Ochsen und Schafe waren vor ihm sicher. Sein kühnster Diebstahl war der Helm des Amyntor aus Eleon, der später Eigentum des Meriones wurde, des Enkels von König Minos und Waffen-
238, 239 gefährten des Idomeneus. Dieser Eberzahnhelm, wie ihn Homer beschreibt (Ilias X, 261 f.), ist die älteste Form des mykenischen Helmes.

Das Volksgedächtnis bewahrte an manchen der mächtigen Krieger eine schlechte Erinnerung. Salmoneus galt als Verächter der Götter. Als Zeus verkleidet fuhr er in seinem Streitwagen, Kessel und getrocknete Tierfelle nachschleifend, und behauptete, dieser Lärm sei Donner; er schleuderte Fackeln gen Himmel, um den Blitz nachzuahmen, bis Zeus ihn und seine Stadt durch seinen Blitz vernichtete. Diesem Bericht liegt sicher ein Nachklang von Regenzauber zugrunde. Der Ägypter Sophis und der römische Kaiser Caligula sollen den gleichen Wetterzauber praktiziert haben.[100]

Lebendig geblieben ist auch die Erinnerung an die Gewohnheit unmäßigen Essens und Trinkens. Gefräßigkeit und übermäßiges Trinken galten geradezu als Tugenden der großen Helden. Dafür haben die Dichter des Epos das Epitheton hyperphialos geschaffen, ein Wort, das ursprünglich keine schlechte Bedeutung hatte.[101]

In der naiven Vorstellung des Volkes erzeugt große Eßlust auch große Körperkraft. Der außergewöhnlich starke Herakles konnte einen ganzen Ochsen allein verzehren; Lepreos stand ihm nicht nach; Idas verspeiste im Wettkampf mit den Dioskuren einen halben Ochsen. Auch bei anderen Völkern besteht die Vorstellung von der kraftspendenden Gefräßigkeit.

210 Die Ilias (XI, 632–637) schildert den riesigen Becher des Nestor, den kaum einer in gefülltem Zustand zu heben vermochte, den jedoch der greise Nestor mühelos hob. Die Ausgrabungen haben verschiedentlich

Becher mit dem fünf- bis sechsfachen Volumen der üblichen Becher zutage gebracht, der »Nestor-Palast« in Pylos bietet besonders gute Beispiele.[102] Die Folgen der Zeugung in Trunkenheit für die Nachkommen scheinen in früher Zeit bekannt gewesen zu sein, wie uns Berichte von Apollodor, Plutarch und anderer Schriftsteller über Entartung und Wahnsinn bei manchen Helden vermuten lassen.

Überlieferung und Darstellungen auf Kunstwerken berichten über einige Frauengestalten der minoischen und mykenischen Welt. Eine der bekanntesten ist Ariadne, Tochter des Königs Minos von Kreta, mit deren Hilfe Theseus den Rückweg aus dem Labyrinth fand, nachdem er den Minotauros getötet hatte. Ihre Schwester Phaidra, die Frau des Theseus, begeht Selbstmord aus verschmähter Liebe zu ihrem Stiefsohn Hippolytos, den sie verleumdete. Aerope, Tochter eines Achäerkönigs von Kreta namens Katreus, betrügt ihren Mann Atreus aus dem Geschlecht der Pelopiden mit seinem Bruder Thyestes. Die Reihe der durch Skandale bekannt gewordenen Frauen setzt sich fort mit den drei Töchtern des Königs Tyndareos: Klytaimestra, Helena und der weniger bekannten Timandra, die nach Stesichoros alle drei mehrfach ihre Ehe brachen oder den Gatten verließen. Manche Frau ließ sich soweit betören, daß sie dem neuen Liebhaber große Schätze mitbrachte. Aerope verließ Atreus mit dem goldenen Lamm, das die Herrschaft über Mykene verbürgte; Helena brachte Paris so viele Schätze aus dem Palast des Menelaos mit, wie sie zu tragen vermochte.

Untreue gegenüber ihrem Mann Kephalos ließ sich auch Prokris, von deren Jagdfreudigkeit bereits erzählt wurde, mit Pteleon zuschulden kommen. Sie floh nach Kreta, wo sie von König Minos, wie schon früher berichtet, einen berühmten Jagdhund und einen sein Ziel nie verfehlenden Speer erhielt. Nach ihrer Rückkehr nach Attika gelang ihr die Versöhnung mit ihrem Mann, der als leidenschaftlicher Jäger oft zur Jagd ging. Prokris folgte ihm eines Tages, um ihn aus einem Gebüsch eifersüchtig zu beobachten. Kephalos, der ein Wild in diesem Versteck vermutete, sandte den nie das Ziel verfehlenden Speer hinein und traf sie tödlich. Der Prozeß auf dem Areopag verurteilte Kephalos zu ewiger Verbannung.

Den schlechtesten Ruf als Frau hatte Eriphyle, die ihren Mann, den Seher Amphiaraos, verriet. Als Seher war ihm bewußt, daß von den Teilnehmern des Zuges der Sieben gegen Theben lediglich Adrastos heimkehren würde, und so versteckte er sich, um nicht gegen Theben mitziehen zu müssen. Eriphyle aber ließ sich von Polyneikes mit dem berühmten Halsband, das Harmonia bei ihrer Hochzeit mit König Kadmos von Theben von Aphrodite erhalten hatte, bestechen und verriet ihren Mann, der seine Teilnahme am Kriegszug gegen Theben mit seinem Leben bezahlen mußte. Den zweiten Verrat übte sie an ihren Söhnen Alkmeon und Amphilochos, die sie – dieses Mal von Polyneikes Sohn Thersandros mit dem Mantel der Harmonia bestochen – zur Beteiligung am Zug der Epigonen gegen Theben überredete. Ihr Sohn Alkmeon ahndete ihren doppelten Verrat mit dem Tod. Von den Erinyen verfolgt, flüchtete er nach Arkadien, heiratete Alphesiboia, die Tochter des Phegeus, der er Halsband und Mantel der Harmonia schenkte. Auf der Flucht vor den Erinyen kam er zum Flußgott Acheloos, der ihn entsühnte und ihm seine Tochter Kallirrhoe zur Frau gab, deren Verlangen nach dem Halsband und Mantel der Harmonia Alkmeon in den Tod trieb und weiteres Unheil heraufbeschwor, bis seine Söhne den Unheilsschmuck dem Delphischen Apollon weihten.[103]

Wir hätten nicht soviel aus der mykenischen Mythologie berichtet, wenn nicht eine ganze Anzahl von Kunstwerken der mykenischen Kultur in ihren Darstellungen Bezug nehmen würden auf mythologische und historische Szenen. Auf einer Gemme glauben wir die Erzählung vom Raub der Europa oder einem ähnlichen Mythos zu sehen; eine andere zeigt – wie schon früher gesagt – Tydeus, seine beiden Neffen tötend; *230*
das Eberjagdfresko von Tiryns bringt wohl die Atalantesage. Ein Fresko im Palast von Pylos zeigt eine in ein langes Gewand gekleidete Gestalt auf einem Felsen sitzend. Ihre Finger streichen über die Phorminx, die viersaitige Leier, das Instrument des Apollon und des Orpheus. Ein vor dem Spieler fliegender Vogel ist wohl

von der Musik angelockt. Eine Deutung des Bildes auf Orpheus oder den thrakischen Sänger Thamyris, der auch mit Pylos verbunden ist, liegt nahe.

128 unten Die gleiche Szene fand sich kürzlich auf einer kleinen Pyxis aus Chania auf Westkreta. Hier spielt die Szene an einem heiligen Ort, der durch Altar, Doppelhörner und Doppeläxte gekennzeichnet ist. Die Gestalt ist in ein ähnlich langes Gewand gekleidet; neben ihr ist eine große Phorminx sichtbar, deren Klang offensichtlich die in Scharen herbeifliegenden Vögel angezogen hat. Sollte Orpheus in frühester Zeit nur die Vögel mit seiner Musik angelockt haben und seine Macht über die ganze Tierwelt erst eine Hinzufügung späterer Sagen sein?

Auch der aus der Überlieferung bekannte Zweikampf mit einem für beide Kämpfer tödlichen Ausgang findet sich auf einem Fresko im Palast von Pylos.

LV Läßt das entzückende Fresko aus Mykene nicht an die Erzählung von Eriphyle denken? Diese prächtig gekleidete Frau mittleren Alters mit kleinem Doppelkinn hält in ihrer rechten Hand ein kunstvolles Halsband, dem ihr Blick wie bezaubert zugewandt ist. Ihre Linke greift – wie die der »Blauen Dame« von Knossos – zum Hals, den ein ähnlich kostbarer Schmuck ziert, vielleicht soll er eine Wiederholung des Halsbandes in ihrer Hand sein. Der Halsschmuck besteht aus einer Reihe von Perlen und zwei untereinander hängenden Reihen länglicher Elemente – jeweils zweien aus Gold und einem wohl aus Karneol. Der Schmuck bedeckt einen Teil der Brust, wie wir es vom Schmuck ägyptischer Frauen kennen. Wenn hier nicht Eriphyle selbst vor uns steht, so muß es eine Gestalt aus dem gleichen Sagenkreis sein. Eriphyle-Darstellungen sind bekannt von der Kypseloslade, einem etwas jüngeren korinthischen Krater, und von einem der Gemälde des Polygnot in der Lesche der Knidier in Delphi. Das Fresko von Mykene wird ihrer Erscheinung und dem außergewöhnlichen Schmuck, den Hephaistos' Kunstfertigkeit geschaffen haben soll, am meisten gerecht.[104]

Wir dürfen nicht übersehen, auch von den Bacchen in Theben zu berichten, den an den orgastischen Feiern des Dionysos teilnehmenden Frauen, und von den Proitiden von Tiryns, den drei Töchtern des Proitos. Da sie die Weihen des Dionysoskultes verachteten, wurden sie von bacchischer Raserei befallen, die auch auf andere Frauen aus Argos übergriff. Nach einer anderen Version der Sage fühlten sich die Proitiden Hera an Schönheit überlegen, wofür sie von der Göttin mit Wahnsinn bestraft wurden. Aus den Sagen anderer Völker sind ähnliche Phänomene bekannt.[105]

Doch dürfen wir hier nicht nur die düsteren Seiten des mykenischen Frauenlebens sehen. Wir wissen, daß in späteren Zeiten diesen Vertreterinnen des heroischen Zeitalters große Bewunderung entgegengebracht wurde. Die Kunstwerke der mykenischen Zeit und die späteren Griechen – außer Euripides, dem Frauenverächter – verkündeten ihr Loblied. Götter hatten sich mit diesen sterblichen Frauen verbunden und hatten durch sie der Menschheit erhabene Helden geschenkt. Es ist ein charakteristisches Phänomen, daß diese bronzezeitlichen Vorstellungen bis in die Zeit der griechischen Klassik hinein Bestand behielten und in der didaktischen Dichtung, im Drama und in der Prosa als vollkommen glaubhaft weiterlebten. Wie groß das Interesse für berühmte Frauengestalten war, beweist das Vorkommen von Frauenkatalogen bei verschiedenen Schriftstellern. Hesiod hat in seinen Frauenkatalogen über die Verbindung der Götter mit erhabenen sterblichen Frauen erzählt; in seiner Schrift »Über Frauen« hat er viele Heldinnen vorgeführt, die nach der Ehe mit einem erhabenen Helden gestrebt hatten. Da Hesiod diese Frauen jeweils mit den Worten e hoie einführte, erhielten seine Lobgedichte, von denen fünf Bücher bekannt sind, den Namen Ehoeae.

Die Odyssee bringt in der Nekyia eine Aufstellung berühmter Frauen. Es gibt auch Kataloge mit der Aufzählung der Freier, die sich um hervorragende Frauen, deren bekannteste Helena ist, beworben hatten.

Auch in der bildenden Kunst finden außergewöhnliche Frauen Darstellung. Polygnot hat in der Lesche der Knidier in Delphi über zwanzig heroische Frauen gemalt.[106]

Wie stark die Gestalten und das Wesen der mykenischen Kultur in der griechischen Literatur verwurzelt und lebendig sind, beweisen nicht nur Epos und Prosa, sondern ganz besonders das Drama. Es spiegelt in erster Linie – abgesehen von wenigen Fällen – die Greuel und Schmerzen, aber auch die Freude, Größe und Herrlichkeit des mykenischen Zeitalters.

DIE ENTZIFFERUNG DER SCHRIFT – MYTHOLOGISCHES – LITERARISCHES

Sir Arthur Evans hatte schon richtig erkannt, daß (vom Hieroglyphischen abgesehen) die Schrift der Tontafeln von Knossos zwei Systemen angehörte. Er hatte sie als Linear A und Linear B bezeichnet. Aus dem mykenischen Hellas waren damals keine Schrifttafeln bekannt. Die Beischriften auf den Bügelkannen aus dem Palast des Kadmos in Theben waren die längsten bekannten festländischen Texte. Evans hatte bemerkt, daß auf ihnen Kombinationen von Buchstaben, d. h. Wörter existierten, die schon von den Tontafeln aus Knossos bekannt waren. Er schloß daraus, daß das festländische Griechenland von den minoischen Kretern erobert worden sei und daß in beiden Distrikten dieselbe Sprache gesprochen wurde. Wir wissen heute, daß es umgekehrt war. Nach der Verwüstung Kretas um 1500 bis 1450 v. Chr. durch den Ausbruch des Vulkans von Thera und durch eine lange Reihe von heftigen Erdbeben war Knossos – und anscheinend auch das übrige Kreta – unter die Herrschaft einer achäischen Dynastie gelangt. Die Achäer veranlaßten die minoischen Schreiber, ihre syllabische Schrift des Linear A-Systems für das Griechische anzuwenden. Das geschah mit kleinen Änderungen der Linear A-Schrift, doch war die griechische Sprache wenig geeignet, in Silbenschrift festgehalten zu werden. Das Wort puro soll in dieser Silbenschrift Pylos heißen. Bei Umschrift dieses Wortes in das griechische Alphabet sind aber etwa ein Dutzend von Lesarten möglich, und nur wenn der Zusammenhang des Textes klar ersichtlich ist, kann man ihn richtig lesen.[107]

Das ist eine der kleineren Schwierigkeiten bei der Entzifferung der Schrift, auf Grund deren die geniale Leistung von Michael Ventris in Zusammenarbeit mit Dr. John Chadwick noch heute gelegentlich angegriffen wird. Über ihre Richtigkeit kann aber kein Zweifel bestehen, obwohl fast jede Schrifttafel nur zum Teil lesbar ist. Es sind verschiedene Gründe, die die vollkommene Entschlüsselung der Linear B-Schrift erschweren: Der Dialekt, die vielen Eigen- und Ortsnamen und unverständliche Bezeichnungen.

Fest steht, daß die Schriftdokumente von Linear B in Griechisch verfaßt sind. Diese »mykenische« Sprache, die oft achäisch genannt wird, scheint ein einheitlicher Dialekt zu sein, der Analogien zum Arkadischen und zum Zyprischen aufweist.

Linear A war überall auf Kreta verbreitet; in den Palästen und in manchen Häusern wurden Tontafeln gefunden, auf denen alles Notwendige zum Leben aufgezeichnet ist. Die gleiche Schrift fand sich auch etwa auf Siegelabdrucken und Tonetiketten an Handelsartikeln, wurde für Weihgeschenke und andere, meist religiöse Zwecke auf Stein- oder Tongeräte, Wände usw. eingemeißelt, geritzt oder aufgemalt. Auf vergänglichem Material wie Holz, Papyrus, Leder oder, wie die Überlieferung weiß, auf Palmblättern hat es viele
Aufzeichnungen gegeben. Diese Linear A-Schrift war auf dem Festland weniger bekannt; dort wurden nur *120*
jeweils wenige Buchstaben gefunden.

Die mykenische Linear B-Schrift hingegen scheint auf dem Festland weit verbreitet gewesen zu sein, während *120*
sie von Kreta nur aus dem Palast von Knossos bekannt ist. In den Palästen von Pylos, Mykenai und Theben wurden Tontafelarchive gefunden, ebenso Vasen mit Schriftzeichen. Es ist fraglich, ob die mykenische Schrift über die Grenzen der Paläste hinaus bei der Bevölkerung bekannt war. Die in der Unterstadt von Mykenai gefundenen Tontafeln stammen aus Häusern, die – zwischen den königlichen Tholosgräbern liegend – wahrscheinlich zum Palast gehört haben.

Die mykenische Schrift diente ausschließlich für Eintragungen der Verwaltung über Handelsware und lebensnotwendige Dinge für die Palastbewohner in Register und Inventare. Nur im Palast von Pylos fand sich eine geringe Anzahl von Tontafeln mit Angaben für eine schnelle Mobilisierung militärischer Kräfte unter Erwähnung einiger Ortsnamen. Die auf Tonvasen gemalten oder eingeritzten kurzen Inschriften, wie sie besonders aus Theben, Tiryns, Orchomenos und Eleusis bekannt sind, dienten Handelszwecken. Die Ausführung der Schrift lag in den Händen von Berufsschreibern, die in den Palästen oder vielleicht auch nur in den größeren von ihnen gehalten wurden. Wahrscheinlich konnten auch nur sie diese mit Hilfe von Ideogrammen und Ligaturen ausgeführten Verzeichnisse lesen. Ein literarischer Text – wenn seine Niederschrift überhaupt möglich gewesen wäre – hätte wohl auch nur von den Berufsschreibern allein gelesen werden können.

Obwohl es offenbar keine Aufzeichnungen von Dichtung oder Geschichte gegeben hat, ist die Entzifferung der gefundenen Tontafeltexte von großer Wichtigkeit für unsere Kenntnis der mykenischen Kultur. Die Schrifttafeln weisen für Kreta wie für das Festland den gleichen Dialekt aus. Ob er auch gesprochen oder nur von den Berufsschreibern beherrscht wurde, ist unbekannt. Nationale Namen für Länder und Völker kennen wir fast keine. Es ist möglich, daß der Name Achaia für die Peloponnes üblich war. Akhaiwija kommt in knossischen Texten vor und soll im ägäischen Raum liegen. In hethitischen Keilschrifttexten wird verschiedentlich ein Land Ahhijawa erwähnt, das wahrscheinlich westlich oder südwestlich des Hethiterreiches am oder über dem Meer gelegen hat. Ob nun das Wort das Land oder auch das Volk – die Achäer – bedeutet, ist nicht klar; es könnte auch zunächst der Name des Volkes bestanden haben ohne Bezeichnung für das betreffende Land. In den pylischen Texten kommt Pakijane vor, etwa Sphagianes, Homer nennt Kephallanes. Der Name der Insel Kephallenia vor der Westküste der Peleponnes erscheint aber nicht vor der Zeit des Herodot; und vor der Bucht von Pylos ist in späterer Zeit eine kleine Insel Sphakteria (Sphagia) bekannt.

Von den geographischen Namen der Tontafeln können nur verhältnismäßig wenige mit einiger Sicherheit identifiziert werden wie auf Kreta: Amnissos, Lyktos, Tylissos; auf dem Festland: Orchomenos, Pylos, Kyparissia, Metropylos (Palaepylos).

Etwas leichter gelingt die Identifizierung der Personennamen, die durch Namen aus dem Epos und den Sagen lebendig geblieben sind. Die glorreichen Namen der homerischen Helden – der Achäer wie der Troier – finden sich unter den Namen der Handwerker und Arbeiter auf den pylischen Tontafeln. Einige Namen sind sogar aus hethitischen Archiven belegt; so entspricht z. B. der hethitische Name Tawagalawa dem pylischen Eteoklos, wie aus dem Patronymikon zu schließen ist. Der hethitische Name Pijamaradu kommt nicht nur als lykischer Name vor, sondern ist offenbar auch mit Immarados in Eleusis verwandt. Alektryon Etewokleweios, Hahn, Sohn des Eteokles, ist eine echt indogermanische Namensbildung, die noch heute in Rußland üblich ist und die dem homerischen Aias Telamonios oder Sthenelos, Sohn des Kapaneus, analog gebildet ist. Auf den Tontafeln kommen viele Namen wie Machaon, Pluteus, Onaseus, Ptolematas, Ophelanor, Charops, Pikreus, Enchesios, Akonteus, Aithon, Telephontes usw. vor, die hier zwar als Namen von Kupferschmieden, Maurern, Töpfern und Berghirten genannt werden, die aber in Sinn und Struktur dem heroischen Zeitalter angehören.

Die Entzifferung der Schrift hat uns wichtige Aufschlüsse gegeben über Berufe, Sozialstruktur und Landesprodukte. Hauptprodukte des Landes waren Weizen, Öl, Wein und Schafwolle, die als Rohwolle oder in gewebten Stoffen unter verschiedenen Namen von den Palastschreibern aufgezeichnet wurden. Pawea (Pharea) bedeutet ein langes, breites Tuch, das im Epos oft genannt ist (pharos). Die Schreiber führten auch Buch über Pachten und Ablieferungspflichten, wobei sie sorgfältig etwaige Lieferschulden vom Vorjahr vermerkten.

Das Volk wird wie bei Homer mit Demos bezeichnet, daneben werden Kerote *(gerontes)* und Kerosija *(gerusia)* – die Alten, die um den König versammelten Mitglieder des Rates, d. h. die angesehensten Häupter des Adels – erwähnt. Es gab wohl verschiedene Verwaltungsbehörden. An der Spitze stand der König. Die Bezeichnung für König, Basileus, erscheint in der Form von pasireu, bezeichnet aber offenbar einen niederen Beamten. Der König wird mit dem epischen Wort Wanaka aufgeführt. Lawaketa scheint der ihm im Rang Nachfolgende zu sein. Laagetas ist dem Sinn nach Volksführer. Homer nennt ihn in diesem Sinn mit *agós* (Führer) und dem betreffenden Ethnikon (Volkszugehörigkeit). Diese Form blieb auch weiterhin gebräuchlich; Aischylos z. B. nennt wiederholt den *poleos agós* (Stadtführer). Pindar hingegen gebraucht die mykenische Sprachform lagetas. Weitere Beamtenränge sind noch problematisch.

Über die Ausrüstung der Krieger erfahren wir mancherlei aus den Tontafeln. Der Name für Streitwagen ist iqija und muß von dem Namen für Pferd (iqo) abgeleitet sein. Anioko *(heniochos)* heißt der Wagenlenker. Häufig werden Wagenräder und weitere Wagenteile erwähnt, aber die Ausdrücke wechseln. Wir lernen auch, daß unterschiedliche Holzarten zur Anfertigung eines Streitwagens verwendet wurden, was auf technische Erfahrung hinweist. Verschiedene Arten von Schwertern und schneidenden Instrumenten (qisipee, wao, pakana, offenbar *xiphos, aor, phasganon*) sowie von Panzern (torake, qero) sind aufgeführt. Aus den Wörtern tokosowoko oder tokosota können wir auf das iranische Wort *toxon* (Bogen) schließen; ekeija müssen die Speere *(encheie)* sein; pataja (griech. *palton* und *paltaion*) bezeichnet vielleicht den Wurfspieß und makera den Dolch oder das Kultmesser; koru *(korys)* ist der Helm.

Über die kulturellen Beziehungen zu anderen Völkern und Ländern brachten die Tontafeltexte nichts außer einigen Orts- und Inselnamen auf Tafeln in Pylos, die an Namen auf Kreta, Kypros, in Lykien und selbst in Ägypten anklingen. Dagegen finden sich in den Texten häufige Erwähnungen von Göttern, Kulthandlungen, heiligen Stätten und Darbringung von Opfergaben. Unsere bisherige Informationsquelle für die mykenische Religion waren die Kunstdenkmäler, in erster Linie Ringe und Siegel; aber sie sind, wie alle Denkmäler, stumm; auch waren sie minoisch beeinflußt, konnten sogar kretischer Import sein.

Die Entzifferung der Linear B Tafeln hat erwiesen, daß die Hauptgötter der Griechen bereits in mykenischer Zeit verehrt wurden. Am Anfang stand der Begriff für Gott, teo *(theós)* und der für Gottheiten, teoi; für Heiligkeit ijero *(hieros)*, von dem sich die Worte ijerewijo, ijerowoko ableiten. Genannt werden sowohl die Priesterin, ijereja *(hiereia)*, wie der Priester, ijereu *(hiereus)*. Viele weibliche Gottheiten sind erwähnt, von denen uns einige aus griechischer Zeit bekannt sind, andere unbekannt. Eine Tontafel aus Pylos erwähnt parfümiertes Öl, das der göttlichen Mutter dargebracht werden soll; erawo matere teija aropa. Sie ist mit der späteren Göttermutter *(meter ton theon)* gleich zu setzen. Ferner ist eine Gottheit namens Potinija *(potnia)*, die Herrin, erwähnt; sie scheint eine allmächtige, aber in ihrer Person nicht festgelegte Göttin zu sein. Im klassischen Altertum wurde der Beiname Herrin manchen weiblichen Gottheiten zugeordnet, so der Artemis, Athena, Hera, Demeter, seltener der Hestia, Hebe und Enyo. Auf knossischen Tafeln kommt Atana Potinija vor, aber auch namenlos Potnia iqueia (der Pferde), oder dapuritojo (des Labyrinths?) oder upojo (der Weberei?) oder asiwija, was vielleicht eine lokale Beifügung sein mag.

Sprachlich in der Dualform als wanasso (zwei Herrinnen) werden zwei weibliche Gottheiten bezeichnet. Zweiheiten von Mutter und Tochter, in denen die Tochter die verjüngte Mutter ist, waren im archaischen Hellas, besonders auf Kreta, typische Erscheinungen. In Arkadien, wo sich Mythos und Kult am längsten unverändert erhielten, gab es ein charakteristisches göttliches Paar, das als Demeter und Kore (Persephone) in Griechenland bekannt ist und dort die »großen Göttinnen« genannt wurde; eine von ihnen trägt in Lykosura und in Phigaleia den Namen Despoina. In späterer Zeit hatte sie in Lykosura ein berühmtes Heiligtum, das Pausanias (VIII, 37, 1) beschreibt. Er sah hier Altäre und Statuen von Demeter, Despoina, Magna Mater, Artemis (mit Schlangen) als Tochter der Demeter sowie von dem Titanen Anytos. Die Göttinnen waren nach den Worten von Nilsson »sehr merkwürdige Wesen«. In Lykosura waren die Statuen von Despoina und Demeter sowie der Thron, auf dem sie saßen, aus einem einzigen Steinblock gehauen, wie Pausanias berichtet. Nach seinen Worten wurde Despoina in Arkadien mehr als jede andere Gottheit verehrt. Pausanias scheut sich, ihren wahren Namen, der ihm bekannt ist, Uneingeweihten mitzuteilen (Paus. VIII, 37, 9).

In Knossos wurden einer Göttin Erinu Opfergaben dargebracht, wahrscheinlich ist sie identisch mit der arkadisch-mykenischen Demeter, die in Thelpussa als Erinys verehrt wurde. Vielleicht darf man sogar die in Mykenai von Lord William Taylour gefundenen zwölf Tonidole und großen Schlangen mit dem Kult der Demeter Erinys, der Fruchtbarkeitsgöttin, in Verbindung bringen. Demeter Erinys gebar dem Poseidon das Wunderroß Areion.

Als weitere weibliche Gottheit wird Diwija genannt, wohl ein adjektivischer Name. Sie wurde in Pylos mit dem Heiligtum Diwiaion (diujajo) verehrt. Der Sinn des Namens ist der des epischen *dios-dia*, göttlich, und es könnte sich um einen ähnlichen Kult handeln wie er der Dia von Sikyon dargebracht wurde, oder in römischer Zeit der Göttin Dea-Dia durch die Fratres Arvales. Weiter wird eine sonst unbekannte Persa verehrt, die vielleicht in Verbindung mit Perse-phone oder Pherse-phatta gebracht werden kann. Auf einer Tontafel aus Mykenai steht Sitopotinija; sicherlich handelt es sich hier um Demeter als »Kornmutter«; Sitó wurde als Beiname der sizilischen Demeter, der Kornmutter, beigelegt, wie Athenäus überliefert.

Unter den griechischen Göttern nahm Poseidon eine besondere Stellung ein. Die Entzifferung von Linear B hat die Erkenntnis der Philologen, daß die älteste Überlieferung von Poseidon aus der Peleponnes stamme, bestätigt. Auf die enge Verbindung von Poseidon mit Demeter in Arkadien wurde schon hingewiesen. Poseidon galt als Gatte der Erde, Demeter als Erdmutter, Kornmutter. Auf den Schrifttafeln erscheint Poseidon (Posedao, Posedaone) am häufigsten von allen Götternamen, er war wohl der Hauptgott der Achäer. Der klassische Poseidon gilt als Gott des Meeres, aber seine ursprüngliche chthonische Natur wird durch das homerische Epitheton *ennosigaios* (Erderschütterer) bezeugt, das bei Pindar die Sprachform *enosidas* behält. Auf den mykenischen Tontafeln wird diese Eigenschaft des Gottes bereits in Verbindung mit den Quellen in Amnisos verbunden (enesidaone Aminiso kerena rene). Merkwürdig ist ein Fest in Pylos zu Ehren des Poseidon, das den Namen Lechestroteria, das Bett bereiten, trug.

Unter den Schrifttafeln von Pylos befindet sich eine Art Kalender mit Eintragungen der Opfergaben für die Götter. Die meisten galten Poseidon in seinem Heiligtum. Unter Aufsicht des Palastes brachte ihm die Bevölkerung in gemeinsamem Aufzug allerlei Opfergaben, darunter Ochsenfelle, goldene Gefäße, Weizen. Es ist bezeichnend, daß ein Schiffer namens Kopreus dem Poseidon als dem Herrn des Meeres seine Gabe bringt. Wie wir bereits gehört haben, waren die Mykener ein seefahrendes Volk; so hatte für sie auch ein Kult der Winde (anemo ijereja) Bedeutung, den eigene Priesterinnen ausübten. Aus späterer Zeit haben sich in Delphi und an wenigen, entlegenen Plätzen Spuren eines derartigen Kultes gefunden.

Auf den Schrifttafeln von Pylos und Knossos erscheint auch der Name von Zeus (im Dativ di-we), aber viel seltener als der von Poseidon. Es gibt mindestens ein Heiligtum Diwion und einen Monat Diwios in Pylos. Ein sehr aufschlußreiches Tontäfelchen von Knossos zählt die Opfergaben für verschiedene Götter und Heiligtümer im Monat Leukios auf. Da wird Öl für Zeus Diktaios (dikatajo dive plus Öl-Ideogramm) erwähnt. Der Kult dieses Gottes war auch in klassischer Zeit berühmt.

Der Name Hera, der Gattin des Zeus, konnte auch entziffert werden. Sie hatte einen eigenen Priester in Knossos (Era ijereu) und wurde gemeinsam mit Zeus durch Opfergaben und goldene Geräte verehrt.

Die griechische Göttin der Geburt und der schwangeren Frauen, Eileithyia, war eine Göttin höheren Ranges in kretisch-mykenischer Zeit, wie durch die Entzifferung der Schrifttafeln bestätigt wurde. Sie hatte ein berühmtes Heiligtum, das in der Grotte von Amnissos wiedergefunden wurde. Hier waren ihr Amphoren mit Honig dargebracht worden. Amnissos gehört zu den ersten Namen, die Ventris zu entziffern vermochte.

1; Fig. 1, 2

Die Lesung der Namen Hephaistos, Dionysos, Hermes, Ares ist noch nicht sicher. Ob der Name eines Gottes Pajawo (pajawone) mit Apollo Paion oder Paian gleichgesetzt werden kann, ist fraglich.[108]

Über die Mythologie der kretisch-mykenischen Kultur überliefern die Denkmäler ihrer Zeit wenig, auch die Entzifferung der Schrifttafeln hat keine mythologischen oder geschichtlichen Erkenntnisse gebracht. Die Mythologie aller Kulturvölker, besonders bei den Sumerern und Griechen, zeigt, daß anfangs die Distanz zwischen Mensch und Gott gering ist. Hesiod berichtet, daß »damals« Zusammensein und gemeinsame Mahlzeiten von Göttern und Menschen üblich waren. Pausanias wiederholt es mit ähnlichen Worten: »Die damaligen Menschen waren Gäste und Tischgenossen der Götter.[109]« Bald aber wurde die Distanz größer. An den kretisch-mykenischen Kulthandlungen nehmen nur einzelne Götter teil, im Epos erscheinen zwar häufig Götter und nehmen Anteil an den Handlungen der Menschen, aber sie sind unsichtbar oder sind verwandelt in die Gestalten von Menschen, Tieren und Vögeln. Sie leben fern von den Menschen, gemäß ihrer Natur im Himmel oder in der Tiefe der Erde und des Meeres. Die zwölf großen Götter leben im Olymp des Homer, so wie die indischen Götter auf dem Meru, dem Weltberg der Inder, leben.

Die Suche nach mythologischen Darstellungen auf mykenischen Kunstwerken war praktisch erfolglos. Martin Nilsson, der ein wichtiges Buch über die Herleitung des griechischen Mythos von dem mykenischen veröffentlicht hat, verdanken wir die Beobachtung, daß die Mythen an Orten lokalisiert waren, an denen die Ausgrabungen immer das Vorhandensein mykenischer Kulturen bewiesen haben.

Die Seltenheit greif- und deutbarer mythologischer Szenen aus mykenischer Zeit, wenn sie auch die griechische Mythologie bestimmt und geformt haben, ist begreiflich. Noch gab es keine breite, die Überlieferung tragende und verbreitende Volksschicht. Die großen Taten beschränken sich auf den Kreis der herrschenden Kriegsaristokratie. Die heroischen Taten der Könige und des Adels wurden nur im Bereich der Paläste besungen. Auch die Kunstwerke, die Heldentaten verherrlichen, blieben an die Paläste gebunden, wie die Fresken; die beweglichen Kunstwerke wurden letztlich Grabbeigaben. Erst in den Generationen, die mit dem homerischen Epos aufwuchsen, fand die griechische Mythologie einen wirklichen Widerhall im Volk.

Neben die Überlieferung von den Göttern, göttlichen Wesen und Helden traten die märchenhaften Erzählungen. Manche dieser Märchenmotive sind nicht auf den mykenischen Raum beschränkt, sondern sind allgemein orientalisch. Die beliebtesten sind die von Meleager mit der Abhängigkeit seiner Lebensdauer von dem im Herdfeuer liegenden Holzscheit; von Perseus, seiner Herkunft, seiner Abenteuer und der für ihre Überwindung notwendigen Zaubermittel – Flügelschuhe, Zaubertasche und Tarnkappe – bei der Enthauptung der Medusa. Dem Mythos von der Befreiung der Andromeda liegt eines der verbreitetsten Märchen zugrunde: Eine Königstochter wird geraubt und von einem Drachen bewacht; ein junger Held zieht aus, tötet den Drachen, befreit die Königstochter und macht sie zu seiner Frau. Andere verbreitete Märchenmotive lassen sich in der Bibel und aus sumerischen und indischen Quellen nachweisen. Häufig ist die Kunde von Meeresungeheuern, die Tiere, Menschen und Prinzessinnen verschlingen; von ungewöhnlichen Taten von Tieren, insbesondere von Vögeln, und von Verwandlungen von Menschen in Tiere und umgekehrt. Viele dieser Züge blieben bis heute lebendig.

Für die Masse des Volkes galten die Mythen bis zum Untergang der antiken Welt als Tatsachen. Pausanias, der im 2. Jahrhundert n. Chr. lebte, berichtet voll Ehrfurcht und Glauben von der Verwandlung des arkadischen Königs Lykaon in einen Wolf. Große Trauer vermochte Männer und Frauen in Vögel zu verwandeln. Anläßlich des Todes von Meleagros verwandelte Artemis seine verzweifelten Schwestern, die Meleagriden, in Vögel. Tereus, König von Thrakien, seine Frau Prokne und deren Schwester Philomela wurden aufgrund ihrer Greueltaten in Vögel – Wiedehopf, Nachtigall und Schwalbe – verwandelt. Auch die Minyaden, Töchter des Minyas von Orchomenos, die Dionysos mit Wahnsinn bestrafte, da sie sich geweigert hatten, an seinen

Feiern teilzunehmen, wurden von Hermes in Nachtvögel verwandelt, nachdem sie in ihrem Wahn den Sohn der Leukippe getötet hatten.

Die Überlieferung von der Verwandlung von Menschen in Vögel blieb ein lebendiges Erbe der mykenischen Zeit. Sie fand letztlich ihren Niederschlag in einem Lehrgedicht »Ornithogonia« des hellenistischen Dichters Boios oder der Dichterin Boio, das verloren ist, aber nachklingt in den Metamorphosen des Nikandros von Kolophon, die uns in Auszügen erhalten sind in den Verwandlungsgeschichten des Antoninus Liberalis aus dem 2. Jahrhundert n. Chr. Am bekanntesten sind die Metamorphosen des Ovid, dem auch die Werke von Boios bzw. Boio und Nikandros als Quellen gedient haben.

Szenen auf Werken der bildenden Kunst lassen sich auch mit diesen märchenhaften Erzählungen in Verbindung bringen. Kypro-mykenische Kratere tragen Darstellungen von Menschen, die von fischartigen Wesen oder großen Vögeln verfolgt werden. Auf mykenischen Vasen halten manche Vögel Kräuter oder Wurzeln in den Schnäbeln; andere Vasen zeigen Kämpfe von Vögeln mit menschlichen Wesen, die an das ägyptisch-griechische Märchen von den Pygmäen und ihrem jährlichen Kampf gegen die Kraniche, die ihre Felder verwüsteten, erinnern. Eine Gruppe von Tonsarkophagen, die unlängst in Tanagra gefunden wurde, zeigt Leichen- oder Klageszenen, bei denen große Vögel neben den menschlichen Gestalten erscheinen. Kykladische und andere Siegel sowie Tonabdrucke von Zakros zeigen Monstren und Mischwesen, die folkloristische Märchengestalten, möglicherweise auch Menschen in der Verwandlung zu Vögeln, wiedergeben.[110]

Innerhalb der mykenischen Kultur wird es sicher eine epische Dichtung gegeben haben, obwohl wir im ägäischen Raum keine Schrift kennen, die sich für literarische Aufzeichnungen geeignet hätte. Bei den zahl-
72, 73 reichen, immer wenig glücklichen Deutungsversuchen der Hieroglyphen auf dem Diskos von Phaistos wurde auch darauf hingewiesen, es könne sich um die Aufzeichnung eines Hymnos oder Gedichtes handeln, da in manchen Wortgruppen die gleiche Endung oder der gleiche Auslaut vorkomme, als handele es sich um Strophen mit einer Epodos. Doch sind auch andere Erklärungen möglich.

Das Vorhandensein einer epischen Dichtung wird man unbedingt annehmen müssen, denn die mykenischen Könige und Krieger bedurften für ihren Ruhm Lobgesänge über ihre Taten. Die einzelnen Berichte, besonders wenn sie poetischen Wert hatten und berühmte Helden feierten, wurden mündlich weitergetragen. Die Rhapsoden kannten sie auswendig, und aus ihrer Vertrautheit mit dem Inhalt und dem Versmaß vermochten sie die Gedichte improvisierend zu modifizieren und sogar neue Teile hinzuzufügen, um sie den Ansprüchen ihrer Zuhörer anzupassen. Es geschah durch Veränderung der Verse, durch Hinzufügen von neuen, da ihnen die Wörter, Ausdrücke und epischen Formeln geläufig waren. Neue Erzählungen und Berichte von weiteren Helden und Ereignissen wurden so in die bestehende epische Überlieferung aufgenommen.

Auch das Homerische Epos gehört zu dieser Art Dichtung. In gleicher Weise singen in der Odyssee Phemios auf Ithaka und Demodokos auf Scheria. So konnten die Alten viele Zusätze in das Epos einschieben, bis die offiziellen Ausgaben und die alexandrinische philologische Homerkritik dem Epos die uns bekannte Fassung gaben. Die sogenannte Homerische Frage ist ein weites und vielgeplagtes Kapitel der modernen philologischen Forschung. Die meisten Fragen werden noch immer erörtert, und es gibt wohl kaum eine, die von der Mehrzahl der Gelehrten übereinstimmend beantwortet wird. Trotzdem sollen hier wenigstens Beobachtungen zur Frage des Alters der mykenischen Elemente in der Homerischen Dichtung aufgeführt werden, da wir nur mit ihnen beweisen können, daß manche Teile des Epos nicht nur aus mykenischer, sondern bereits aus altmykenischer Zeit stammen.

Ein derartiger Fall wurde mit Recht schon von Schliemann hervorgehoben, als er – anstatt in Bunarbassi – in Hissarlik das homerische Troia suchte: Der Dichter, der Hektor dreimal um die Stadt laufen ließ, als dieser von Achilleus verfolgt wurde, muß sich Troia als eine kleine Stadt vorgestellt haben. Tatsächlich wissen wir heute, daß fast alle Städte des Orients, in Syrien, Palästina usw., selbst Megiddo und die mykenischen Städte (Tiryns, Mykenai, Athen) einen kleinen Umfang, gewöhnlich unter einem Kilometer, hatten. Ein solches Troia muß echt mykenischer Herkunft sein, während ein Troia, das Tausende von Trojanern und verbündeten Truppen barg, eine poetische Erfindung war.

Der in der Ilias VII, 219 erwähnte »Turmschild« des Aias kann nicht der achtförmige, sondern nur der halbzylindrische Schild sein, den wir von altmykenischen Kunstwerken kennen. Ein derartiger Schild läßt keinen anderen Teil des Körpers als den Hals für eine Verwundung frei. Auf einigen altmykenischen Denkmälern erkennen wir, daß der gegnerische Stoß auf diese Stelle zielt. Derartige Hinweise stehen auch im Homerischen Epos: Achilleus tötet Hektor durch eine Verwundung am Hals. Die angeführten Beispiele beweisen, daß im Epos altmykenische Elemente lebendig sind, die durch mündliche Überlieferung erhalten blieben. Auch im Zweikampf zwischen Aias und Hektor im VII. Gesang der Ilias sind sie noch nachzuweisen. Der Dichter schildert auf der einen Seite den »klassisch« altertümlichen Heros mit ledernem Turmschild und auf der anderen Seite Hektor, den er sich offenbar mit dem Rundschild bewehrt denkt. Die Einzelheiten des Kampfes aber widersprechen dieser Vorstellung: Die Lanze des Aias durchbohrt Hektors Schild und verwundet ihn leicht am Nacken, was besser bei einem halbzylindrischen Turmschild verständlich ist. Mit seinem nachfolgenden Steinwurf brach Aias den Schild Hektors, dieser stürzte rücklings zu Boden »unter seinen Schild, der seinen Leib deckte«. Das kann nur sein, wenn wir den großen halbzylindrischen Turmschild voraussetzen, unter dessen Last Hektor das Gleichgewicht verlor. Übereinstimmend mit dieser Feststellung ist die Schilderung von Hektor im VI. Gesang, wo er vom Schlachtfeld nach Troia eilt im funkelnden Helm und dem vom Hals bis zu den Knöcheln reichenden Schild, der – beim Marschieren über den Rücken geworfen – ihn am Nacken und an den Füßen störte. Auch das weist auf den Turmschild, wie wir ihn, freilich etwas kürzer, nun auch von dem Miniaturfresko von Thera kennen.

230 oben

In der berühmten Episode der Dolonie, dem X. Gesang der Ilias, leiht Meriones dem Odysseus für seinen Spähgang zum Lager der Trojaner seinen mit Eberzähnen gepanzerten Helm. Durch die Funde in den Schachtgräbern und durch das Fresko von Thera sind Helme dieser Art als typisch für die altmykenische Zeit erwiesen. Sicher blieben sie auch in mittelmykenischer Zeit in Gebrauch. Die Art seiner Erwähnung bei Homer (Ilias X, 261f.) beweist, daß er nicht etwa ein besonderes Kleinod war, sondern die übliche Form des mykenischen Helmes, der durch mündliche mykenische Gedichte bis zur Zeit Homers lebendig blieb. Es ließen sich noch weitere Fälle anführen, das Gesagte aber mag genügen, um zu beweisen, daß die im Epos vorkommenden altmykenischen Elemente aus einer mehr oder weniger gleichzeitigen literarischen Überlieferung stammen.

Für die mykenische Kultur wird man auch Gesetzessprüche, Genealogien und Ansätze zu didaktischer Dichtung annehmen müssen. Plutarch erwähnt in seiner Theseus-Biographie Pittheus, den mykenischen König von Troizen, als namhaften »Gelehrten und höchst Weisen unter seinen Zeitgenossen«. Plutarchs Quelle war Aristoteles. Er vermutet glaubhafterweise, daß die damalige Weisheit von der Art der in den »Werken« von Hesiod gegebenen Anweisungen zu praktischer Arbeit und nützlichen Einrichtungen war und sich auf Landwirtschaft, Seewesen, Kalender bezog, wahrscheinlich auch auf eine elementare Gesetzgebung. Er erwähnt einen dem Pittheus zugeschriebenen Lehrspruch: »Die einer lauteren Person versprochene Entschädigung muß ihr freigebig überlassen werden.« Charakteristischerweise wurden solche Lehren oder – wenn man sie so nennen will – Gesetze kretischen Königen zugeschrieben, so dem Rhadamanthys die Verfügung, daß in der Verteidigung verübte Taten straffrei sind. Hierauf berief sich der junge, dickköpfige Herakles, der seinen berühmten Lehrer Linos, den Bruder des Orpheus, eines Tages aus Zorn über eine Zurechtweisung mit seiner Leier erschlug. Das Gericht sprach ihn frei. Daraus ergibt sich, daß in kretisch-mykenischer Zeit – Linos starb in Theben – das sogenannte jus talionis üblich war, das schon in den Gesetzen des Hammurapi steht und auch aus den hebräischen Gesetzen bekannt ist. Auch das archaische Griechentum bewahrte es (Charondas, Drakon); erst Solon führte Gesetze ein, die unserem Rechtsgefühl näher stehen.

Wieviel in Hesiods didaktischer Dichtung aus der mykenischen Welt herrührt, können wir nicht sagen. Die Daten und Ratschläge, die Hesiod über Frühlings- und Sommerseefahrten gibt, scheinen auf den Erfahrungen zu beruhen, die die ältesten Schiffer des ägäischen Meeres seit Generationen gesammelt hatten. Auf manchen mykenischen Goldringen scheinen Kulthandlungen dargestellt zu sein, die sich auf die Himmelskörper, also auf die Jahreszeiten, beziehen oder an einige Feste der griechischen Religion erinnern.

Bis uns die Forschung aufschlußreichere Belehrung erteilen kann, können wir uns nur vergegenwärtigen, daß hier an der Grenze des Orients, im Osten des Mittelmeerraumes, wo alle drei im Altertum bekannten Kontinente aneinandergrenzen, ein Zusammenströmen der Kulturen und eine Fortdauer der Tradition besteht, die nicht zu unterschätzen ist und die uns für die Lösung von Kunst- und Kulturproblemen wertvolle Hilfe zu leisten vermag.[111]

KRETA

- NEOLITHIKUM –3100
- SUBNEOLITHIKUM 3100–2800
- FRÜHMINOISCH (VORPALASTZEIT)
  - FM I 2800–2500
  - FM II 2500–2200
  - FM III 2200–2000
- MITTELMINOISCH
  - MM I 2000–1850
  - MM II 1850–1700
  - MM III 1700–1550
  - ALTE PALÄSTE 2000–1700
- SPÄTMINOISCH
  - SM I 1550–1450
  - SM II 1450–1400
  - SM III 1400–1100
  - NEUE PALÄSTE 1700–1450
  - KNOSSOS 1700–1400 (1300/1250)

ÄGYPTEN

- NEOLITHIKUM –3000
- THINITENZEIT 3000–2778
- ALTES REICH: III.–VI. DYNASTIE 2778–2263
- I. ZWISCHENZEIT 2263–2040
- MITTLERES REICH: XI.–XIV. DYNASTIE 2040–1680
- HYKSOS 1730–1580
- NEUES REICH
  - XVIII. DYNASTIE 1580–1314
  - XIX. DYNASTIE 1314–1200
  - XX. DYNASTIE 1200–1085

HELLAS

- FRÜH-HELLADISCH 2500–1900
- MITTEL-HELLADISCH 1900–1580
- SPÄT-HELLADISCH
  - MYKENISCH I 1580–1500
  - MYKENISCH II 1500–1425
  - MYKENISCH III 1425–1100

Vergleichende Zeittafel

ANMERKUNGEN ZUR EINFÜHRUNG

[1] Siehe NETOLITZKY, in: Bericht über den VI. Internationalen Kongreß, Berlin 1940, S. 155.

[2] EVANS, Palace of Minos I, S. 34–35, schätzt den Anfang der neolithischen Kultur in Knossos mindestens auf 8000 v. Chr. Nur für den Fall, daß die tiefsten Schichten sich bei Nachgrabungen als mesolithisch, also vorkeramisch, erweisen sollten, könnte diese frühe Datierung in Betracht kommen.
Die paläontologische Forschung hat inzwischen die Existenz von Menschen des Paläolithikum (Altsteinzeit), Angehörigen der sog. osteokeratischen Kultur, auf Kreta nachgewiesen: SIEGFRIED KUSS (Geol. und Paläont. Inst. der Universität Freiburg) in Berichte d. Naturf. Ges., Freiburg i. Br. 59, S. 137, 168.

[3] Man hat über ein illyrisches Element in Westkreta gesprochen. Wieviel aber von diesen Theorien zu halten ist, ist noch schwer zu sagen. Siehe A. FICKS Arbeiten »Vorgriechische Ortsnamen« und »Hattiden und Danubier in Griechenland«.
Für Westkreta gelang es der Forschung nun, reichere Spuren aller Perioden der minoischen Kultur aufzudecken sowie Tholos- und Kammergräber. In der Stadt Chania wird zur Zeit ein bescheidener Bau freigelegt, der – da ein kleiner Herd und Bruchstücke von Schrifttafeln gefunden wurden – ein kleiner Palast sein könnte. Die Keramikfunde gehen zurück bis in die Zeit des Kamaresstils; besonders interessant sind die Vasen der jüngsten Periode, die aus den Kammergräbern stammen. Auch ist jetzt ein Bergheiligtum ausgegraben worden mit Hunderten von Tonidolen und anderen Opfergaben.

[4] Der erste Aufsatz erschien in Antiquity 13, 1939, S. 425 ff (The Volcanic Destruction of Minoan Crete).

[5] Ephemeris 1939–1941 (herausgeg. 1948), S. 91/92.

[6] Herodot VII, 171. Nach der kretischen Überlieferung ist die Insel zweimal verwüstet worden. Wie bekannt, wohnten in Praisos bis in griechische Zeit hinein die Eteokreter, die Spuren ihrer Sprache und anscheinend auch ihrer A-Schrift (s. Minoica, Festschrift J. Sundwall 1958, S. 226ff.), ihrer Religion und sonstigen Traditionen bewahrt hatten. Die Überlieferung über die Vernichtung der Bevölkerung muß richtig sein; die angegebenen Ursachen sind ätiologische Sagen. (Die Frage der Katastrophe der minoischen Kultur im Höhepunkt ihrer Blüte durch den Ausbruch von Thera hat der Verfasser in ANTIQUITY 1939, S. 425ff., ausgeführt.)

[7] M. VENTRIS and J. CHADWICK, Evidence for Greek Dialect in the Mycenaean Archives, JHS LXXIII, 1953, S. 84ff.; (dieselben), Documents in Mycenaean Greek, Cambridge 1956.

[8] SP. MARINATOS, La marine Créto-mycénienne, BCH LVI 1933, S. 170–235; besonders S. 181 über die obige Frage, S. 193 über die Schiffswerften von Hagioi Theodoroi, S. 191ff. über Dimensionen, S. 212ff. über Typen der ägäischen Schiffe.

[9] Zuletzt über die Datierungsfragen F. SCHACHERMEYR, Die ältesten Kulturen Griechenlands, S. 28ff., mit einer Tabelle S. 32 der Datierungen nach namhaften Gelehrten.

[10] Die Hauptarbeit über die minoische und mykenische Religion ist Professor M. NILSSONS Buch Minoan and Mycenaean Religion, 2. Aufl. 1950. Nebst seinen zahlreichen anderen Büchern und Monographien auf demselben Gebiet gibt es eine reiche Bibliographie, von der hier noch erwähnt seien: CH. PICARD, Les religions Préhelléniques, 1948, und FR. MATZ, Göttererscheinung und Kultbild im minoischen Kreta, Abhandlg. der Akademie der Wissenschaften, Mainz, 7, 1958, S. 358–448.

[11] Weiteres kann man finden in der Monographie »Ἕνωσις« in: Πρακτικά (Jahresberichte) der Akademie Athen 31, 1956, S. 400ff.

[12] PRYCE, BMKat. Skulpture I, I 13 Nr. A 34 (Aus Amorgos).

[13] Darüber siehe Gnomon 29, 1957, S. 536–537.

[14] Zu dieser Möglichkeit siehe Διογενεῖς Βασιλῆες, Studies presented to David Robinson I, S. 126ff.

[15] Grundlegend für diese Periode bleibt immer das Buch von FRIEDRICH MATZ, Die frühkretischen Siegel, 1928. – Derselbe, Kreta–Mykene–Troja, 1956. – FRITZ SCHACHERMEYR, Die ältesten Kulturen Griechenlands, 1955.

[16] Zur Orientierung der minoischen Architektur: Proceedings of the first International Congress of Prehistoric and Protohistoric Sciences, Oxford 1934, S. 197ff. (MARINATOS).

[16a] Den Töpfern der Kamaresware wurde die Erfindung des Firnisses zugeschrieben. Inzwischen ist erwiesen, daß der sog. Firnis der Kamaresgefäße – wie auch der der späteren griechischen Vasenmalerei – meist auf einer beim Brennen im Töpferofen entstehenden Reduktion von Metalloxiden beruht. Bei der Kamareskeramik handelt es sich um einen Ton, der von Natur aus reich an Eisenoxid ist. Rote Malfarbe besteht aus Eisen oder reinem Kupfer, während die weiße Farbe aus feingemahlenem Talk gewonnen wurde, wie die letzten Untersuchungen von Prof. W. NOLL erbracht haben. Ausführliche Publikationen stehen noch aus.

[17] Eine kleine Malerei aus Knossos, der sog. Krokuspflücker, der als »Blue Boy« berühmt geworden ist, soll nach Angabe des Ausgräbers (Evans) dem Alten Palast angehören. Es ist aber fast sicher, daß das Fresko aus der folgenden Periode stammt. In der nur kopflos erhaltenen Gestalt glaubt man heute eher einen Affen zu erkennen. Andererseits trägt sie Armband, Gürtel und sogar ein Amulett (Faden auf der Brust sichtbar), Dinge, die schlecht zu einem Affen passen.

[18] Berühmt ist es geworden wegen seines ovalen Grundrisses, der die seltenste Form eines Hausplanes in Griechenland ist. Es scheint, daß er nur lokal bedingt wurde durch die Gestalt des Hügels, auf dem das Haus liegt. Man hat jedenfalls mehrere Theorien auf Grund von dieser Form über den altmittellmeerländischen Palast entwickelt. Die feste Außenwand hat eine einzige Öffnung, die Zimmer sind rings um einen kleinen Zentralhof gelegen, von dem sie ihr Licht empfangen.

[19] Diodor (Siculus IV, 79ff.) erzählt, daß die Kreter nach dem Tode von Minos in Sizilien für ihren König ein »Doppelgrab« bauten, in dessem unsichtbaren Teil sie die Knochen des Königs beisetzten, während sie den freistehenden Teil des Grabes als Aphroditetempel gestalteten. Nachdem von Evans das Grabdenkmal in Knossos ausgegraben war, das aus einem in den Felsen gehauenen unsichtbaren Grabzimmer und aus einem sichtbaren, gebauten Teil bestand, wurde Diodors Beschreibung sofort herangezogen. Auf sie bezieht sich der Name Tempelgrab. Dieses bestand, nach Diodor, auch nach der Gründung von Akragas weiter. Erst unter dem Tyrannen Theron wurde das Grab zerstört und die Knochen wurden den Kretern am Anfang des 5. Jahrhunderts v. Chr. wiedergegeben.

Die gesamte Anlage des Tempelgrabes in Knossos mutet sehr ägyptisch an und erinnert an das sog. Hemispeos vom Anfang des Neuen Reiches. Um dieselbe Zeit (mittelminoisch III) wurde auch das knossische Tempelgrab errichtet. Es wurde bald zerstört und wieder hergestellt. Der letzte König wurde im Spätminoischen II dort beigesetzt. Zufolge vieler Plünderungen ist uns, abgesehen von kleinen Kostbarkeiten, die den Räubern entgangen waren, nichts von den ursprünglichen Schätzen erhalten geblieben. Der angebliche goldene »Ring des Minos«, der dort gefunden worden sein sollte, war ein Gebilde aus schlechter Legierung, ungeschickt gegossen, mit einem Loch in der Mitte der Stempelplatte, das auch ungeschickt geflickt war. Ohne jeden Zweifel war es eine Fälschung. Es ist anzunehmen, daß das Tempelgrab nicht das einzige königliche Grab in der jahrhundertelangen Geschichte des Palastes ist. In Mykenai und Pylos baute sich fast jeder König ein eigenes Grab. Tatsächlich gibt es, etwas entfernt von Knossos, ein paar Tholosgräber. Das Grab von Isopata gilt als königlich. Es lag an der Straße, die Knossos mit seinen Hafenstädten verband. Es ist zu erwarten, daß in Knossos wie auch bei den anderen Palästen noch königliche Gräber gefunden werden.

[20] Les légendes royales de la Crète Minoenne. Revue Archéologique 1949 (Melanges Charles Picard).

[21] Eingestempelte Schriftzeichen bezeugen den offiziellen Charakter der Kupferbarren, wie sie überall im Mittelmeerraum gefunden wurden. Die Herkunft der Schriftzeichen ist noch problematisch, man spricht von Zypern. Interessant ist in unserem Falle, daß der Herrscher von Hagia Triada seine Schatzkammer bei sich hatte. In Knossos wurde ein Porphyrgewicht mit Reliefdarstellung eines Oktopus gefunden, das das Gewicht eines Talentes hatte und zur Kontrolle der Kupferbarren diente.

[22] Einige Kilometer weiter östlich liegen die Ruinen des alten Miletos. Sarpedon, der »dritte« Bruder des Minos, war ein Verehrer des Miletos, des Sohnes Apollons und der Akakallis, den als Kind eine Wölfin betreute, und folgte ihm nach Kleinasien, als Minos ihn vertrieb. Miletos gründete die gleichnamige Stadt, und Sarpedon mit seinen Mitvertriebenen, die sich Termilen nannten, fanden in Lykien eine neue Heimat. Eine Kombination dieses alten Berichtes und des modernen Namens Tarmaros (auch in Westkreta bekannt) mit den Termilen führt zu der Vermutung, daß der dritte Palast von Kreta mit dem »dritten« Bruder des Königs Minos in Verbindung steht.

[22a] ANTIQUITY, 13 (1939) S. 436: Drei Paläste in Kreta sind schon bekannt, die Entdeckung eines weiteren ... sei wahrscheinlich in Ostkreta, da in Mirabello und Siteia »a brillant school of Art with distinct local characteristics flourished ... It ist probably there where we must look for the home of the magnificent Marine Style«.

[22b] Der neugriechischen Aussprache gemäß müßte man im Deutschen eigentlich *Zakros* schreiben. Der Name wird von den Archäologen seit alters falsch, nämlich im Neutrum (Τό Ζάκρον Zakro) ausgesprochen. Richtig ist aber das Maskulinum ὁ Ζάκρος, was der Ausgräber, dem wir hier folgen, vorgezogen hat. Er setzt die Ausgrabungen weiter fort, und die Resultate werden fortlaufend in ERGON und in PRAKTIKA der Archäologischen Gesellschaft jedes Jahr publiziert. Inzwischen hat der Ausgräber ein Buch für ein allgemeines Publikum geschrieben: NIKOLAOS PLATON, Zakros, Scribner's Sons, New York 1971. Kurzer Bericht der früheren Grabungen und Bibliographie sind beigegeben. – Der Hauptpalast ist möglicherweise vollständig ausgegraben; aber da der Meeresspiegel seit der minoischen Zeit um 3–3,50 m gestiegen ist, liegen heute einige Teile des Ostflügels unter dem Grundwasser. Die Ausgrabungen der letzten vier Jahre galten hauptsächlich den Annexen des Palastes auf dem Nordhügel und der Erforschung der älteren Schichtenfolge des Palastes.

[23] Zehn Kilometer westlich, inmitten des Vorgebirges des Ida, liegt einsam das Herrenhaus von Sklavokampos. Reste einiger kleiner Häuser liegen etwas höher. Das Herrenhaus, das mindestens zwei Stockwerke hatte, hat bemerkenswerte Züge. Sein fast quadratischer Grundriß zeigte in der Mitte einen kleinen Hof, ein compluvium displuviatum. An der kühlen Nordseite lag das vornehmste Zimmer und an der Nordwestecke eine Veranda, die sich auch in der 1. Etage wiederholte, der kühlen Brise geöffnet. Die hier gefundenen Siegelabdrücke wurden schon erwähnt.

Der Raum unter der aufwärtsführenden Treppe (Sottoscala) wurde als Toilette benutzt, wie es auch heute noch manchmal in Kleinstadthäusern der Fall ist. Unter dem mit einem runden Loch versehenen Stein (21 cm Durchmesser) befand sich ein Abflußkanal. Das Loch wurde mit einem Stück weichen Tons zugedeckt. Ein durch die Feuersbrunst gehärteter Deckel ist gefunden worden. (Dieses Herrenhaus ist in Einzelheiten und mit Rekonstruktionsversuchen in Δελτίον 1939–1941 [erschienen 1948], S. 67ff., publiziert worden.)

[24] Die vorläufigen Berichte sind in Πρακτικά der Archäolog. Gesellschaft Athen 1949, 1950, 1952 (Hauptbericht) und in den folgenden Bänden zu finden.

[25] In 5 km Entfernung des Palastes von Malia wurden Spuren eines vermutlichen Hauses mit schönem Bronzegerät gefunden (Bull. Corr. Hellénique 53, 1929, S. 365ff.). In Lykastos, südwestlich vom heiligen Berge Juktas, wurden Anzeichen einer palastartigen Anlage mit umliegender Stadt festgestellt. Bedauerlich, daß alles so zerstört ist, da gerade Lykastos in den Königslegenden von Kreta vorkommt und eine der Städte war, deren Soldaten mit Idomeneus nach Troja zogen. Von Ostkreta, besonders Palaikastro, wissen wir mehr über die Privathäuser. Auf der Insel Psyra bestand auch eine kleine Siedlung. Sie zeigen immer dasselbe Bild kleinerer und größerer Häuser mit engen oder breiteren Straßen, die in der Regel steingepflastert waren.

[26] In Städten mit beschränktem Raum, in denen die Häuser buchstäblich übereinander lagen, wie es zum Beispiel bis heute auf dem befestigten venezianisch-türkischen Fort von Kanea in Westkreta ist, bestehen oft eigenartige Regelungen; dort ist der Hausherr gesetzlich verpflichtet, dem Nachbarn Durchgang durch das eigene Haus zu gestatten, da dessen höher gelegenes Haus keinen Zugang von außen haben kann. Dieses Durchgangsrecht ist sogar erblich. Ähnlich mag die Situation in Gurnia gewesen sein.

[27] EVANS, Palace of Minos I, S. 536ff., Abb. 389, 390 und besonders Farbtafel VI. Die Amnissosfresken, die in ausgedehnten Fragmenten erhalten sind, beweisen über jeden Zweifel die frühe Stufe der Malerei, die aus den dürftigen knossischen Fragmenten nicht klar erschien.

[28] Möglich, daß die nicht einheimischen Pflanzen und Affen von einem vielgereisten Künstler aus dem Gedächtnis gemalt waren, wahrscheinlicher ist die Annahme, daß auf Kreta die so oft abgebildeten Affen und auch der Papyros importiert waren. Überraschender ist die Darstellung von Springbrunnen, die ihr blaues Wasser hoch über die Felsen spritzen. Kaskadenartige Wasserspiele sind aus Knossos bekannt und Springbrunnen sind vorstellbar, nachdem Tonröhren als Wasserleitung gefunden wurden. Über das Freskohaus und die Springbrunnen s. EVANS, Palace of Minos II, S. 444ff. (mit zwei Farbtafeln) und III, S. 254 (Farbtafel des Springbrunnens).

[29] EVANS, Palace of Minos IV, S. 484ff. Die Abhandlung, sehr gut durchgeführt und illustriert, enthält in jeder Hinsicht das Interessanteste.

[30] Die Kompositionsregeln, wie schon oben angedeutet, stehen uns manchmal fern und müssen auch zum Teil auf tief wurzelnde Dekorations- und Temperamentsprinzipien des minoischen Volkes zurückgehen. Grundlegende Abhandlungen hierzu bei F. MATZ in »Frühkretische Siegel« und in einer Reihe von späteren Arbeiten. Torsion, Spirale, S-Linien und ähnliches sind die latenten Motive, nach denen die Lebewesen auf die Fläche verteilt werden.

[31] Im frühesten Ägypten galt Eisen als ein magische Kräfte besitzendes Metall. Sein Name Bia bedeutet meteorische Herkunft, man fügt sogar dem Namen Bia das Epitheton ni–pet (des Himmels) hinzu. WAINWRIGHT, The Coming of Iron, in: Antiquity, März 1936, S. 5–24. Das entsprechende griechische Wort für Eisen, σίδηρος, wenn es mit sidus-sideris zu tun hat, würde dieselbe Bedeutung wie im ägyptischen haben.

[32] MARINATOS, Le Chernibon etc., in: Bull. Corresp. Hellénique 53, 1929, S. 365, Taf. 23. Für Bronzevasen, gefunden in Privathäusern von Knossos, besonders im NW-Haus, vgl. EVANS, Palace of Minos II, S. 623–647, mit zahlreichen Abbildungen.

[33] Es gibt nur Vorberichte, da die Funde noch nicht gereinigt und bearbeitet sind; Archäologischer Anzeiger 1934, S. 250, Abb. 3; 1935, S. 247, Abb. 4–6. – EVANS, Palace of Minos IV, Suppl. Taf. 68.

34 Die Pflanzenvorbilder werden zu mannigfaltigen dekorativen Formen entwickelt, deren einige (zum Beispiel die sog. ogival canopy) noch heute diskutiert werden. Ein tiefgreifendes Kapitel über obige Fragen hat EVANS in Palace of Minos II, S. 468ff., geschrieben, über Einzelheiten der Motive FURUMARK in Mycenaean Pottery.

35 Auch in der Freskomalerei tritt der Meeresstil seltener hervor. Reste davon gibt es im sog. Haus der Fresken von Knossos.

36 Die Akten dieses Kongresses sind erschienen: Acta of the 1st Intern. Scientific Congress on the Volcano of Thera (15.–23. Sept. 1969), Athen 1971, Archeol. Services of Greece. – Die jährlichen Berichte über die Ausgrabungen erscheinen in den Praktika der Archaeologischen Gesellschaft seit 1967 und in besonderen Heften in engl. Sprache (Thera I–V). – Über weitere Bibliographie Thera I S. 3. – Zum Thema Thera in Verbindung mit Atlantis ist anläßlich des Kongresses das Büchlein »Some words about the legend of Atlantis«, by SP. MARINATOS, Athen 1969, erschienen. Die Fresken und weitere Grabungsfunde von Thera wurden provisorisch in zwei Sälen des Nationalmuseums, Athen, ausgestellt und ein kleiner Führer herausgegeben (SP. MARINATOS, A brief guide to the temporary exhibition of the antiquities of Thera, Athen 1971). – Zur 150-Jahrfeier der griechischen Freiheitsrevolution von 1821 hat Prof. S. Andreades, Direktor der Kommerzialbank von Griechenland, ein Album mit dem bis dahin ausgegrabenen Schatz von Thera herausgegeben (SP. MARINATOS, Treasures of Thera, Athen 1972). Weitere Publikationen: Life and Art in Prehistoric Thera (British Academy, Albert Reckiff Lecture 1971). Die Ausgrabungen auf Thera und ihre Probleme, Oesterr. Akad. d. Wissenschaften, Mykenische Studien Bd. 2, 1973.

37 Vgl. Thera V, S. 43f.

38 Weiteres Thera III, S. 68.

39 Thera I, S. 15 Abb. 13, 14 und S. 36 Abb. 51–53.

40 Farbbild: Thera V, Farbtaf. D.

41 Farbbild: Thera II, Farbtaf. B (vgl. S. 53 Abb. 43) und Athen Annals of Archaeology (1969) S. 374, Farbb. 1.

42 Thera IV (1970) S. 20f., Farbtaf. A–C, Taf. 29–41.

43 Für weitere Einzelheiten und Detailplan s. Thera IV (1970) S. 28f., Plan Abb. 30. Funde Taf. 51–61.

44 Thera V (1971), Farbtaf. J, K.

45 HERODOT IV, 175, 1 und VII, 70,2. Dazu How and WELLS, Commentary 1,358.

46 Thera IV (1970), Farbtaf. G, Taf. 96a–d.

47 Athens Annals of Archaeology II (1969) S. 68. Eine andere Klasse von schlanken, dünnhalsigen und mit senkrechten plastischen Rippen versehenen »Libationsvasen« ist auch zahlreich und typisch für Thera (Thera II, S. 15 mit Abb. 16, 17).

48 Thera IV (1970), S. 37, Taf. 85b.

49 Thera IV (1970), S. 38, Taf. 86b, c.

50 Er ließ sogar ein Ölgemälde dieses Königs, der Grabgenosse des »Agamemnon« war, anfertigen. SCHLIEMANN, Mykenae, S. 340/41, Abb. 454, S. 385 erwähnt weitere Fälle, bei denen »viel von dem Fleisch geblieben war«.

51 Das hier Dargelegte aus dem unpublizierten Vortrag des Verfassers von 1951. Die Entdeckung des neuen Gräberrundes B und dessen zu erwartende Publikation haben die Veröffentlichung der obigen Studien verzögert. Über Hyksos und Mykenai haben PERSSON, New Tombs at Dendra (1942), und SCHACHERMEYR, Archiv Orientálni 17 (1949) einiges geschrieben. Zur allgemeinen Orientierung über Mykenai dienen die Bücher von WACE, Mycenae (1949), und MYLONAS, Ancient Mycenae (1957).

52 Paretymologisch heißen sie meist pelasgisch, ein Name, der synonym mit dem Ausdruck kyklopisch geworden ist.

53 Auf den Fresken von Amnissos verraten dieselben Gegenstände, zum Teil noch von dichten senkrechten Zickzacklinien gefüllt, ägyptischen Ursprung, »Meer« oder »Land des Meeres« bedeutend. Infolgedessen läßt sich aus dem Wappen von Mykenai »Vereinigung der zwei Meerstaaten« ablesen. In der Zeit, in der das Löwentor erbaut wurde, könnte der zweite Staat sowohl Kreta wie auch Ahhijawa in Kleinasien gewesen sein. Siehe darüber MARINATOS, in: Praktika der Akademie Athen 31, 1956, S. 400.

54 Aus dem gleichen Grunde wurde der Nordeingang der Akropolis von Athen aufgegeben und das »Pelargikon Enneapylon« (die Tore brauchten nicht gerade neun zu sein) an der Seite gen Phaleron und Peiraeus gebaut. Der kyklopische Turm, der vor einigen Jahren unter dem späteren Niketurm gefunden wurde, entspricht dem Turm des Löwentores von Mykenai so genau, als wenn beide Tore von demselben Befestigungsbaumeister erbaut worden wären.

55 Die Erklärung, daß die Eingänge zum Megaron mit Vorhängen versehen gewesen seien, ist nicht befriedigend. Man darf eher annehmen, daß senkrecht bewegliche Falltüren (und wohl auch Fenster) vorhanden waren. Homer hat uns den betreffenden Namen ὀρσοθύρη überliefert. Etymologisch bedeutet das Wort: die nach oben bewegliche Tür, wie auch die Variante εἰρεθύρη, die uns durch Hesych erhalten ist. Die Lexikographen haben aber dem seltenen Wort nur den Sinn beizulegen vermocht, der der betreffenden Odysseestelle zu entnehmen ist.

56 Gerade diese letzte Einzelheit führt uns zu den schwierigsten Problemen, nämlich zu der Licht- und Dachfrage des Megaron. In fast allen Palästen befindet sich das Megaron zwischen Korridoren oder zweistöckigen Räumen. Es ist fraglich, ob es Fenster oben an den Seitenwänden des Megaron überhaupt geben konnte. Man nimmt gewöhnlich an, daß die vier Säulen um den Herd ein überhohes Dach trugen, das seitlich dem Rauch Ausgang und dem Lichte Zugang ermöglichte. Die Entdeckung des Palastes zu Pylos hat gelehrt, daß dort der Rauch durch einen ziemlich breiten Schornstein direkt über dem Zentrum des Herdes abzog. Weiter ist das Problem aber nicht erhellt worden. Die vier Säulen um den Herd sind so dünn, daß sie weder allzu hoch noch für eine große Last bestimmt sein konnten. Sie konnten höchstens ein leichtes Dach, höher als das des Megaron, getragen haben, so daß Licht von den Seiten hat einströmen können, eine Lösung, die für die Lichtzuführung großer Innenräume stets angewandt wurde, wie in dem hypostylen Saal der ägyptischen Tempel und der späteren dreischiffigen Basilika. Das Megaron hat demnach kein sehr helles Licht erhalten, aber immerhin genügend. Homer nennt die Megara σκιόεντα, schattenreich. Wie aber war das Dach des Megaron beschaffen? Ein Flachdach würde auf technische Schwierigkeiten gestoßen sein bei Räumen von 11 und 12 m Weite ohne Innenstützen. Denkt man an ein Giebeldach für die Megara, muß es mit Stroh oder Binsen gedeckt gewesen sein, da sich in den Palästen nie Dachziegel gefunden haben. In Kreta waren sicher Flachdächer üblich; jeder größere Raum hatte dort im Erdgeschoß Pfeiler und im Obergeschoß kurze, dicke Säulen zur Stütze.

57 Besonders groß ist die Hoffnung auf Entdeckung weiterer Archive, hier sowohl wie in Theben, zumal wir schon aus beiden Orten beschriftete Bügelkannen besitzen.

58 Ein erster Bericht ist von MYLONAS, Ancient Mycenae, S. 128ff., publiziert worden. Vgl. MARINATOS, in: Geras Keramopullu (Gesellschaft für Makedonische Studien) Nr. 9, 1953, S. 54ff.

59 Waren allerdings das Gestein oder die Erde zu weich, so mußte selbst der Dromos mit Stein verkleidet werden, was besonders bei späteren Gräbern geschah.

60 Berühmt ist die Geschichte von Trophonios und Agamedes, königliche Sprosse von Orchomenos und Baumeister, die das Schatzhaus des Hyrieus in Aulis bauten; sie hatten einen Stein beweglich gelassen, durch den sie heimlich die Schätze des Auftraggebers stahlen. Dieses Märchen gab es schon in Ägypten; es wird von Herodot in Zusammenhang mit dem Pharao »Rhampsinitos« erwähnt. Man glaubt, es könne Ramses III. sein, aber für Herodots Zeit liegt näher, an Ramses-Nacht, einen hohen Priester, zu denken. Wenn die Meinung von Wilamowitz, das Märchen sei in Griechenland durch die Telegonie des Eugammon von Kyrene

verbreitet worden, stimmt, dann vollzog sich die Identifizierung der Tholosgräber mit den Schatzhäusern bereits am Ende des 7. Jahrhunderts v. Chr. Danach wäre die Benennung der Schatzhäuser von Delphi, Olympia und anderer erfolgt.

61 Auf der einen Stele ist einer der Löwen, die den Stier angegriffen haben, mit Hilfe eines Messers oder einer Keule erlegt worden; der hier Beigesetzte oder auch ein einfacher Hirt könnte dieses getan haben. Auf der anderen Stele, die wohl breiter als hoch gewesen war, ist der Stier vom Löwen so angegriffen worden, wie wir es von der Gemme aus Vaphio kennen. Diese Darstellung mag letzten Endes zurückgehen auf das Stuckrelief des Nordeingangs des Palastes von Knossos. Die Hinterfüße des mächtigen Raubtieres sind noch unter dem Stierbauch auf der neuen Stele von Mykenai sichtbar. Die erstbesprochene Stele, die bei der Wiederverwendung als Base zum Teil behauen wurde, hat durch das entstandene Loch den Mittelteil der Darstellung verloren. Das Übriggebliebene ist gut erhalten. Die zweite Stele ist sehr abgenutzt und befindet sich noch in Reparatur. Siehe MARINATOS, in: Geras Keramopullu, S. 72–73, Abb. 2 (Wiederherstellung), und Taf. 8–9 (Fundumstände und jetziger Zustand). Die Stele gehörte dem Grabe »Gamma« und ist als Relief gearbeitet. Die andere Stele, die sich über Grab »Alpha« befand, zeigt die primitivere Ritztechnik. Rechts ist sie abgenutzt und unvollkommen erhalten, man kann aber mindestens einen, vielleicht speertragenden Verteidiger unterscheiden. Vgl. auch über die Stelen MYLONAS, Ancient Mycenae, S. 131, Abb. 41 (Stele des B I), und S. 135ff., Abb. 45 (Stele B III).

62 Eine große Seltenheit ist der Dolchstab aus Schachtgrab VI; wenn er eine Waffe ist, was bezweifelt wird, ist er ein Import aus dem Norden. Über Schwerter haben EVANS, The Shaft Graves and Bee-Hive Tombs of Mycenae (1929), S. 32ff., und KARO, Schachtgräber von Mykenae, S. 200ff., geschrieben. Den Gebrauch des kleinen Schwertes (oder großen Dolches) zur Entscheidung im Zweikampf schildert sehr gut das kretische, lyrisch-epische Gedicht Erotokritos (aus dem 17. Jahrhundert) D, V. 1836ff. Charakteristisch sind die Verse »sie haben die langen Waffen abgeworfen und an die Kurzwaffen gegriffen, indem sie der eine den anderen umarmten«. Das Beil als Kriegswaffe ist eigentlich nur einmal in der Ilias erwähnt (XIII, 611ff.), und zwar in den Händen des Troers Pisander gegen Menelaos. Beim Kampf um die Schiffe (XV, 711) wird berichtet, daß jede Waffe in der höchsten Not benutzt wurde. Von kleinen, an einem Ende zum Anhängen durchbohrten Schleifsteinen kennen wir viele sowohl aus den Schachtgräbern wie auch aus anderen Gräbern. Daß sie ständige Hilfsgeräte waren, beweist die Leiche des Meskalam-Dug, aus dessen Silberkoppel ein Dolch und ein Schleifstein hingen. Vgl. WOOLLEY, Ur und die Sintflut, Leipzig 1930 S. 48. Erwähnt sei, daß andere unbekannte Steingegenstände aus Schachtgrab VI, dem Grab des Dolchstabes, anscheinend auch aus dem Norden stammen und eine Art Schleifsteine sind. Sie bestehen aus Sandstein und zeigen je eine flache Rinne (KARO, Schachtgräber, S. 63, Abb. 79). Die Museen des Nordens bergen mehrere und größere Beispiele dieser Art, die als »Pilglaettare«, Pfeilstrecker (oder Arrowshaftpolishers) beschrieben werden. Ein weiteres Stück wurde zuletzt in einem frühmykenischen Kammergrab in Pylos gefunden.

63 In der gleichen Technik gibt es nur noch einige Becher. In einfacher Einlegearbeit sind einige Werke aus Ägypten bekannt. Bei ihnen sind aus Gold und Silber ausgeschnittene Muster in entsprechende Eintiefungen eingehämmert. Manche mykenischen Werke zeigen gleichfalls diese einfachere Technik.

64 Die heutigen Kreter ziehen sie in Blumentöpfen, da der abgekochte Saft von ihnen gegen Magenstörungen wirken soll. Ob nicht der mykenische Elektronbecher den vom Gelage erschöpften Helden Heiltrank bot?

65 Nestor führte ein ererbtes Gefäß mit nach Troja, auf dessen Henkeln Goldtauben saßen. Wenn es gefüllt war, war es so schwer, daß nur die Hände des ehrwürdigen Helden es zu heben vermochten. Daß aber aus diesem Becher getrunken wurde, läßt sich aus den Versen Homers nicht schließen. Er nennt es Depas, einer seiner vielen Ausdrücke für Becher. Di-pa ist aber im mykenischen Dialekt kein eigentlicher Becher. Vgl. auch MARINATOS, in: Neue Beiträge zur Klassischen Altertumswissenschaft (Festschrift für B. Schweitzer), S. 11–18.

66 Aus Kreta (Knossos und Palaikastro) sind echte Becher aus Bergkristall bekannt. Schon damals bestand offenbar die Vorstellung, daß Kristall »aus reinem Wasser bestand, das aber nicht durch Kälte, sondern durch Kräfte göttlichen Feuers gefroren war« (Diodor). Daher wurden in solchen Bechern, Krystalla, die im Werte denen aus Gold gleichgesetzt wurden oder sogar als noch kostbarer galten, nur kalte Getränke gereicht. Vgl. MARINATOS, in: Ephemeris 1931, S. 158–160.

67 Siehe MARINATOS, in: Neue Beiträge zur klassischen Altertumswissenschaft (Festschrift für B. Schweitzer), S. 16–17.

68 Staphylos ist nach der Überlieferung der Name des Kreters, der unter Rhadamanthys die Insel kolonisiert hat.

69 Vgl. MARINATOS, in: Essays in Aegean Archaeology presented to Sir A. Evans, S. 63ff. Vgl. Evans, Palace of Minos III, S. 126ff. KARO, Schachtgräber von Mykenae, S. 313/14.

70 Vgl. HELGA REUSCH, Die zeichnerische Rekonstruktion des Frauenfrieses im böotischen Theben. 1956. Dazu Gnomon 29, 1957, S. 533–537.

71 Die Frage des ersten Auftretens der mykenischen Griechen ist in zwei Aufsätzen dargelegt, die anläßlich des ersten mykenologischen Kongresses von Rom (Atti e Memorie del 1. Congr. Intern. di Micenologia 1, 1968) erschienen sind: F. SCHACHERMEYR, Zum Problem der griech. Einwanderung, S. 297–317, und SP. MARINATOS, Mycenean Culture within the Frame of Mediter. Anthropology and Archeology, S. 277–296 mit weiterer Bibliographie. Speziell über Marathon: Praktika der Arch. Gesellschaft von Athen, 1970, 5f. mit weiterer Literatur. – Über Pylos: SP. MARINATOS, Die Eulengöttin von Pylos, A M 83 (1968) 167f. – Über die wilden Pferde im heiligen Hain der Hera von Mykenai: DIODOR IV, 15, 4.

72 Über das heroische Zeitalter bei verschiedenen Nationen s. besonders H. CHADWICK, The Heroic Age, und J. MYRES, Who are the Greeks? – MARINATOS, Diogeneis Basilees (Festschrift D. Robinson I).

73 Platon, Kritias XII, 121 A–B.

74 Siehe Text von FRAZERS Pausaniasausgabe, Index s. v. Poseidon. Der Gott der Achäer, Poseidon, kämpft persönlich gegen die Schutzgötter von anderen griechischen Phylen. Allbekannt ist sein Streit mit Athena, der Schutzgöttin des athenischen Königsgeschlechts. Es ist wohl kein Zufall, daß auf dem Westgiebel des Parthenon, dem allerheiligsten Symbol von Athen, gerade dieser Streit dargestellt war. Königliche Söhne des Poseidon haben natürlich seine Natur. Die Streitigkeiten der Neleiden, deren Stammvater Poseidon war, mit dem einheimischen königlichen Geschlecht in Athen enden mit dem Auswandern der ersteren unter Neleus von Athen nach Kleinasien. Auch Eumolpos oder Immarados in Eleusis stammen von Poseidon und sind daher Feinde von Athen. – Die übrigen Götter werden selten als Ahnen von heroischen Familien aufgeführt. Phlegyas, als Sohn von Ares, ist vielleicht einer der berühmtesten. Göttinnen werden selten als Ahnen von königlichen Geschlechtern genannt. Achilleus ist der Sohn der Nereide Thetis. Aphrodites Sohn Aeneas ist kein Grieche.

75 HERODOT II, 143.

76 H. SCHLIEMANN, Mykenai (1878) 129.

77 PLATON, Timaios III, 22 A–B.

78 Über die obigen Fragen und auch über die weiter unten zu behandelnde Frage des Doppelkönigtums s. meine Arbeit: Zu den neuen königlichen Gräbern von Mykenai (in griechisch) in: Geras von A. KERAMOPOULOS 54–88 (Gesellschaft der Makedonischen Studien Nr. 9, 1953). Die neun Könige von Mykenai sind: Perseus – Elektryon – Sthenelos – Eurystheus (Perseiden) und Atreus – Thyestes – Agamemnon – Orestes – Tisamenos (Pelopiden). –

E. VERMEULE, Greece in the Bronze Age, (1964), 190f., behandelt die Schachtgräberzeit. Über die Könige von Mykenai und über die Genealogie als mythische Form gibt es mehrere ältere Arbeiten.

79 M. NILSSON, Das homerische Königtum. Sb. der preuss. Akademie der Wissenschaften, 1927, 26f.

80 PLATON, Kritias VII, 114 D. Vgl. W. BRANDENSTEIN, Atlantis (1951) 89.

81 Über das Wesen der Dioskuren und der Zwillinge s. M. NILSSON, Mycenaean Origin of Greek Mythology 76 (mit weiterer Literatur), und MARINATOS, Athens Annals of Archaeology II, 1969, S. 267 (The Twins of Thermopylae).

82 J. FRAZER, Apollodorus I, S. 165, Anm. 3. Es waren: 1. Elektryon – Tochter des Alkaios; 2. Butes – Tochter des Erechtheus; 3. Phineus – Tochter des Kepheus. Sicher gibt es weitere Beispiele, z. B. Kretheus, der die Tochter seines Bruders Salmoneus, Tyro, geheiratet hatte.

83 HERODOT V, 40–48 in Vergleich mit VII, 205.

84 PAUSANIAS IV, 2, 2f. und IX, XXXVI, 6–7.

85 Antiquity 13, 1939, S. 426 und 429.

86 MARINATOS, Akten der Akad. von Athen 33 (1958), 161f. (griechisch mit deutscher Zusammenfassung). Die geläufigen Namen der zwei Gebäude sind »Haus des Ölhändlers« und »Haus der Schilde«. Über Handel der Könige von Theben vgl. KERAMOPOULOS, Ephemeris, 1930, 29f.

87 APOLLONIOS RHOD., Argonautica II, 1039f. Auf mykenischen Werken kommen die Lederriemen auf dem Goldschieber aus Mykenai und auf einer Gemme vor. CMS (Corpus der min. und myken. Siegel unter der Leitung von Fr. Matz) I, Nr. 11 und 290, wie auch auf der Gemme unten, Anm. 21. Kypros: S. SJΦQUIST, Problems of Late Cypr. Bronze Age, Abb. 20, I.

88 Grundlegend auch für das prähist. und das achäische Pferd: F. SCHACHERMEYR, Poseidon und die Entstehung des griech. Götterglaubens, (1950), besonders 50ff.

89 Über Panzerbenennungen in den Schrifttafeln s. MARINATOS, Thorakes und QE-RO, Akten der Akad. von Athen 37 (1962), 72f. (griechisch mit deutscher Zusammenfassung).

90 HESIOD (Fr. 117 Rzach) ist unsere Hauptquelle. Alle Stellen bei Kern, Orph. Fragmenta S. 282, gesammelt.

91 Ilias V, 785. König Dareios hatte einen Ägypter, der die mächtigste Stimme der damaligen Welt hatte (HERODOT IV, 141). Xerxes hatte einen anderen Stimmgewaltigen, einen Achämeniden namens Artachaies (ebd. VII, 117). Thrasybulos aus dem attischen Demos Steiria galt als der stimmgewaltigste Athener (Plut., Alcib. 26).

92 S. BOARDMAN-BROWN-POWELL, The European Community in Later Prehistory (Festschrift C. Hawkes) 53f. (MARINATOS: Kämpfer mit zwei Schwertern). Je vier Kämpfer in minoisch-mykenischer Kunst: EVANS PM I, 691. Bibelkämpfe s. YADIN, Warfare in Biblical Lands I, 71f., und II, 267f. mit Relief aus Tell Halaf, das mit den Fresken von Pylos (s. weiter unten) nahe übereinstimmt. Im dorischen Bereich ist das älteste Beispiel der Zweikampf zwischen Herakles' Sohn Hyllos mit Echemos, dem König von Tegea (Herod. IX, 26. Thyrea, ebd. I, 82). Das Beispiel der Horatii aus der Geschichte Roms (Liv. 1, 25) zeigt, wieviel Historisches in diesen Legenden und in diesen Kunstwerken steckt.

93 H. DROYSEN, Heerwesen und Kriegführung der Griechen (in Herman's Lehrbuch der griech. Antiquitäten) S. 2 und Anm. 3 mit weiterer Literatur.

94 Atalante: APOLLODOR III, 9, 2f. Amymones Abenteuer: II 1, 4f.

95 PAUSANIAS IV, 2, 7. – Die Gattin des Protesilaos ist auch unter dem Namen Laodameia bekannt.

96 HERODOT I, 73 und 118–119.

97 Die Nachricht steht bei DIODOR IV, 65, 2. Die Gemme CMS I, Nr. 263. Vgl. auch die im Zweikampf gefallenen Helden Mopsos und Amphilochos; sie hatten um die Herrschaft in Mallos (Kilikien) gestritten: STRABO XIV, 676.

98 HESIOD, Fragm. 144 (Rzach). Durch Pausanias ist uns das Fragment des Hesiod erhalten. Er fügt für Hyettos hinzu, er sei der erste gewesen, der sich das Recht auf Ermordung des ertappten Ehebrechers genommen habe. Sie war auch später in den Gesetzen des Drakon straffrei.

99 Farbbild der Amphora: ARIAS/HIRMER, Tausend Jahre griechische Vasenkunst, Taf. XII, oder BOARDMAN/DÖRIG/FUCHS/HIRMER, Die Griechische Kunst, Taf. X. Datierung 560–550 v. Chr. Nach einem dürftigen Fragment des Mimnermos soll Tydeus wirklich Ismene getötet haben. Jedenfalls – und das ist hier das Interessante – galt Tydeus nach verschiedenen Überlieferungen als Töter fast aller seiner Verwandten. Vgl. Anm. 97 und W. ALY in RE VII A 2, 1705 (Blutschuld des Tydeus). Es handelt sich also um eine tief verwurzelte Tradition, und deshalb sind wir berechtigt, Kunstwerke wie das oben in Anm. 97 zitierte historisch zu betrachten.

100 Salmoneus: HESIOD Fr. 7 (Rzach). Apollodor I, 7. Sophis wird in der Hypothese von Aristophanes' Fröschen zusammen mit Salmoneus als donnernd und blitzend erwähnt. Caligula: Cass. Dio 59, 28, 6.

101 Siehe MARINATOS, Andres Hyperphialoi (griechisch mit englischer Zusammenfassung), Akten Akad. Athen 40 (1965), 1f., und B. FORSSMAN, Zu Hyperphialos. Münchener Stud. zur Sprachwiss. 26 (1969), 27f. und FRISK, Etymol. Wörterbuch s. v.

102 C. BLEGEN, Palace of Nestor I (1966), 369 (»outsized Kylix«) mit Abb. 361–367. Über sonstige Einzelheiten vgl. Anm. 30.

103 Über die Geschichte des Halsbandes (Hormos) und des Peplos kann man bei APOLLODOR III, 7, 5f., DIODOR IV, 65, 5f., und PAUSANIAS VIII, 24, 7f. nachlesen. Beide Geschenke gab Aphrodite der Harmonia zu ihrer Hochzeit mit Kadmos von Theben, zu der alle Götter geladen waren. Somit kamen die kostbaren Sachen, die von Hephaistos und Athene aus Haß gegen Aphrodite vergiftet worden waren, um allen Besitzern Verderben zu bringen, an das Geschlecht der Labdakiden, bis Polyneikes und sein Sohn sie an Eriphyle gaben. Nach Eriphyles Ermordung blieben sie Eigentum ihres Sohnes Alkmeon, der sie seiner arkadischen Frau Alphesiboia schenkte. Als er, von den Erinyen getrieben, an die Mündung des Acheloos kam, um dort eine neue Heimat zu suchen, heiratete er Kallirrhoe, die Tochter des Flußgottes Acheloos. Kallirrhoe aber wollte unbedingt das kostbare Geschmeide besitzen. So ging Alkmeon, obwohl er schon zwei Kinder von ihr hatte, zurück nach Phegeia in Arkadien, um den Schmuck zu holen. Er wurde von den Brüdern seiner früheren Gattin ermordet, die aber, um weiteres Unglück zu verhüten, die verderbenbringenden Schmuckstücke an das Apollonheiligtum in Delphi weihten. Diese Sage, anscheinend eine der berühmtesten des mykenischen Altertums, ist in mehreren Versionen bekannt (u. a. soll Zeus das Halsband Europa geschenkt haben, durch die es zu Kadmos, und bei seiner Hochzeit mit Harmonia an diese kam), da es sicher mehrere außergewöhnliche Halsbänder gab.

104 Erste provisorische Publikation der »Eriphyle«, die G. MYLONAS 1970 in Mykenai gefunden hat, in: Geschichte der griech. Nation (Ekdotiki Athinon) Bd. I (1970), S. 315 (farbig) und 317. Praktika der Arch. Gesellschaft, Athen, 1970, S. 123 und Taf. 170–171. »Blaue Dame« von Knossos: EVANS PM I, 546 (Abb. 397–8). Korinthischer Krater: BOARDMAN/DÖRIG/FUCHS/HIRMER, Griech. Kunst S. 98, Abb. 148. Eriphyle von Polygnotos in der Lesche der Knidier in Delphi gemalt: PAUSANIAS X, 29, 7. Thamyris von Pylos: M. LANG, P(alace) of N(estor) II, Taf. 126, S. 79. Tonpyxis aus Chania (Westkreta): AAA (Athens Annals of Archeology) III, Abb. 1–2 (IIIb Stil). Mörderische Zweikämpfe: PN II, Farbtaf. M und N.

105 HESIOD Fr. 27–29 (Rzach). Über analoge Erscheinungen in Indonesien: FRAZER, Apollodorus I, 147.

106 Die erhaltenen Fragmente der Kataloge oder Eheoeae bei Rzach, Hesiodi Carmina. Polygnots Gemälde: Paus. X, 28f. – C. ROBERT, Die Nekyia des Polygnot. Mit einem Rekonstruktionsversuch des Gemäldes. Dieser auch bei Frazer, Paus. V, S. 373 abgebildet.

[107] Pylos (Stadt), πυλών Portal, πυρός (Weizen und eine Pflanze), πυρρός (fuchsrot), Πύρρος (Eigenname), Πύρρων (Eigenname). Dazu kommen πυρός als Gen. Sing. von πῦρ. Feuer und mehrere ähnliche Fälle von Gen. Plur. der obigen Wörter.

[108] Literatur. Das grundlegende Werk über die Entzifferung ist das der Entzifferer, M. Ventris und John Chadwick: Documents in Mycenaean Greek (Cambridge 1956), gewöhnlich als Docs abgekürzt. Die Literatur ist in den nachfolgenden Jahren enorm angewachsen und hat sich neben dem Bereich der Archäologie zu einer eigenen Sparte der Sprachwissenschaft entwickelt. Die meisten Einzelstudien werden in zwei Fachzeitschriften, MINOS und KADMOS, publiziert. Besonders zu erwähnen ist auch die große Reihe INCUNABULA GRAECA (Editioni del Ateneo, Roma) unter Leitung von Prof. C. Gallavotti (Centro di Studi Micenei, Univ. di Roma). Die Reihe erscheint fortlaufend, bald mit Monographien, bald mit kleineren Aufsätzen, die in Heften unter dem Titel »Studi Micenei ed Egeo-Anatolici« vereinigt werden. Der erste Band der Incunabula, unter dem Titel »Inscriptiones Pyliae«, gab das damals vorhandene Material aus dem Palast von Pylos bekannt (C. Gallavotti und A. Sacconi, 1961). Seither haben mehrere andere Publikationen das gesamte Material der Schriftdokumente aus Kreta und dem Festland veröffentlicht. Von den übrigen Bänden seien hier die allgemeineren Charakters genannt: L. Deroy, Initiation à l'Epigraphie Mycénienne, 1962. – L. A. Stella, La Civiltà Micenea nei documenti contemporanei, 1965. – L. Deroy, Le Cadastre Mycénien de Pylos, 1965. – J. Raison, Les vases à inscriptions peintes de l'âge mycénien, 1968. Band III bringt das erste Linear B-Schrift Wörterbuch: A. Morpurgo, Mycenaeae Graecitatis lexicon, 1963. Viele der Publikationen (besonders die von Stella) enthalten ausführliche bibliographische Angaben. Eine komplette Bibliographie bis zum Ende 1961 gibt E. Grumach: Bibliographie der Kreto-mykenischen Epigraphik, Beck, München 1963 (256 Seiten). Die Geschichte der Entzifferung beschreibt J. Chadwick: The Decipherment of Linear B (mehrere Ausgaben).

[109] Hesiod, Fr. 82 (Rzach). Pausanias VIII, 2, 4.

[110] Ich habe eine erste Skizze der obigen Ideen in dem Aufsatz »Some Hints about Eastern Mediterranean Mythology« in Arch. Ephemeris, 1964, 1f. gegeben. Viele Arbeiten sind verwandt und können die obigen Ansichten stützen oder modifizieren. Wir zitieren die wichtigsten: E. Vermeule, Mythology in Mycenaean Art, Class. Journal Dec. 1958, 98–108. – Webster, Homer and Eastern Poetry, Minos 4. – Derselbe BSA 50, 1955, 38f. – Banti AJA 58, 1954, 307–10. – Karageorghis AJA 62, 1958, 383. Vgl. ebenda 64, 1960, 278 und Kypr. Spoudai 25, 1961, 11 (Literatur). Man kann auch allgemeinere Werke, wie A. Gitti, Mythos, la traditione prestoriographica della Grecia (Studi Baresi I, 1949), R. Hampe, Frühe griech. Sagenbilder, und F. Brommer, Vasenlisten zur griech. Heldensage (1961) vergleichen. Grundlegend für die Frage der Tradition ist Nilsson's Buch »The Mycenaean Origin of Greek Mythology« (1932).

[111] Das Gesetz des Rhadamanthys, das als ein kostbares Fragment bronzezeitlicher Gesetzgebung gelten darf, lautet folgendermaßen (Hesiods Opera Magna, Fr. 174, Rzach):
εἴ κε πάθοι, τά τ' ἔρεξε, δίκη κ' ἰδεῖα γένcιτο:
Wenn jemand das erduldet, was er anderen angetan hat, so ist die Gerechtigkeit vollkommen. S. weiter Plutarch, Theseus III, 2 (Pittheus). – Apollodor IV, 9 (Herakles – Linos). – Pausanias III, 2, 4 (Minos als Gesetzgeber). – Aristoteles, Eth. Nicom. V, 8 (Jus talionis von Rhadamanthys). – Diodor XII, 17 (Charondas). Vgl. auch U. Wilcken, Griech. Gesch. 3, 8 über Hamurapis Gesetze.

Die mykenische Kultur wird ausreichend und meist mit reicher Literatur in der neuen Ausgabe der Cambridge Ancient History (CAH), die zugleich in Einzellieferungen erscheint, behandelt. Zwischen mehreren interessanten Beiträgen findet sich F. Stubbings, The Rise of Mycenaean Civilization (1963). Für das Ende und für die darauffolgenden Perioden der »Dunklen Jahrhunderte« des Griechentums s. besonders denselben: The Recession of Mycenaean Civilization (1965) und N. Hammond, The End of the Mycenaean Civilization and the Dark Age. Dasselbe Material behandelt V. Desborough in seinen Büchern »The Last Mycenaeans« (1964) und »The Greek Dark Ages« (1972). Das pylische Gebiet behandelt aufgrund der Archive des Palastes von Pylos Stefan Hiller: Studien zur Geographie des Reiches um Pylos (Österr. Akad. d. Wiss., Kommission für mykenische Forschung, hrsg. v. F. Schachermeyr, Bd. I, Wien 1972).

KRETA

I Blick vom Norden des Palastes von Phaistos auf das Gebirgsmassiv des Ida. Unter dem rechten Doppelgipfel die Kamares-Höhle, der erste Fundplatz der berühmten Kamares-Keramik. An der im Bild unsichtbaren Nordflanke des Bergmassivs liegt die Idäische Grotte (IDAION ANTRON), die berühmteste der Kulthöhlen des Altertums, in der das Kind Zeus, vor dem Vater Kronos verborgen und von der Ziege Amaltheia genährt, aufwuchs

1 Grotte der Eileithyia bei Amnissos.
In neolithischer Zeit bewohnt, diente die Grotte in der Folgezeit als Kulthöhle bis weit in die christliche Zeit

DIE ZEIT VOR DEN GROSSEN PALÄSTEN

NEOLITHIKUM (5000-3100 V. CHR.), SUBNEOLITHIKUM (3100-2800 V. CHR.)
UND FRÜHMINOISCHE ZEIT (2800-2000 V. CHR.)

2 Oben: Tonidol. Höhe 9,3 cm. – Unten: Schale mit Ritzmustern. Durchmesser 20,5 cm. Beide aus Knossos. Spätneolithisch

3 Zwei Rundgräber bei Hagia Triada, Messara. Frühminoisch, 1. Hälfte des 3. Jahrtausends v. Chr.

4 Zwei hochfüßige Becher aus schwarzem Ton mit Politurmustern.
Pyrgos-Stil. Höhe je 22 cm. Aus dem Höhlengrab von Pyrgos bei Niru Chani, Mittelkreta. Frühminoisch I, um 2800/2600 v. Chr.

II Links: Schnabeltasse aus geädertem Kalkstein. Höhe 7,2 cm. Rechts: Krug aus buntfarbigem Stalaktit. Höhe 12 cm. Beide von der Insel Mochlos, Golf von Mirabello, Ostkreta. Frühminoisch II, um 2400 v. Chr.

5 Oben: Schnabelkannen mit Mattmalerei. Hagios Onuphrios-Stil. Höhe 18,5 und 19 cm Aus dem Höhlengrab von Kyparissi, Mittelkreta. Frühminoisch I, um 2700/2500 v. Chr. – Unten: Pfanne mit Ritzmustern. Import aus den Kykladen. Durchmesser 12,2 cm. Frühminoisch II/III, 2500/2000 v. Chr. – Slg. Giamalakis

6 Deckel einer Pyxis aus grünem Steatit. Griff in Form eines liegenden Windhundes. Durchmesser 12 cm. Von der Insel Mochlos, Golf von Mirabello, Ostkreta. Frühminoisch II, um 2400 v. Chr.

7 Pyxis aus Schiefer. Durchmesser 17 cm. Aus dem Höhlengrab von Maronia, Ostkreta. Frühminoisch II, um 2500 v. Chr.

8 Oben: Sog. Teekanne mit geflammtem Dekor. Vassiliki-Stil. Höhe 14,5 cm. Aus Vassiliki, Ostkreta. Frühminoisch II, um 2500 v. Chr. – Unten: Krug mit weißer Bemalung. Höhe 19 cm. Von der Insel Mochlos, Golf von Mirabello, Ostkreta. Frühminoisch III, um 2200 v. Chr.

III Schnabelkanne mit geflammtem Dekor. Vassiliki-Stil. Höhe 33,5 cm. Aus Vassiliki, Ostkreta. Frühminoisch II, um 2500/2400 v. Chr.

9 Kultgefäß in Form dreier Tauben. Ton. Höhe 12 cm. Fundort unbekannt. Frühminoisch III, um 2200/2000 v. Chr.
Sammlung Giamalakis

10 Oben: Ton-Rhyton in Form einer Büste. Höhe 17,5 cm. – Unten: Schiff aus Ton. Länge 20 cm. Beide von der Insel Mochlos, Golf von Mirabello, Ostkreta. Frühminoisch III, um 2200/2000 v. Chr.

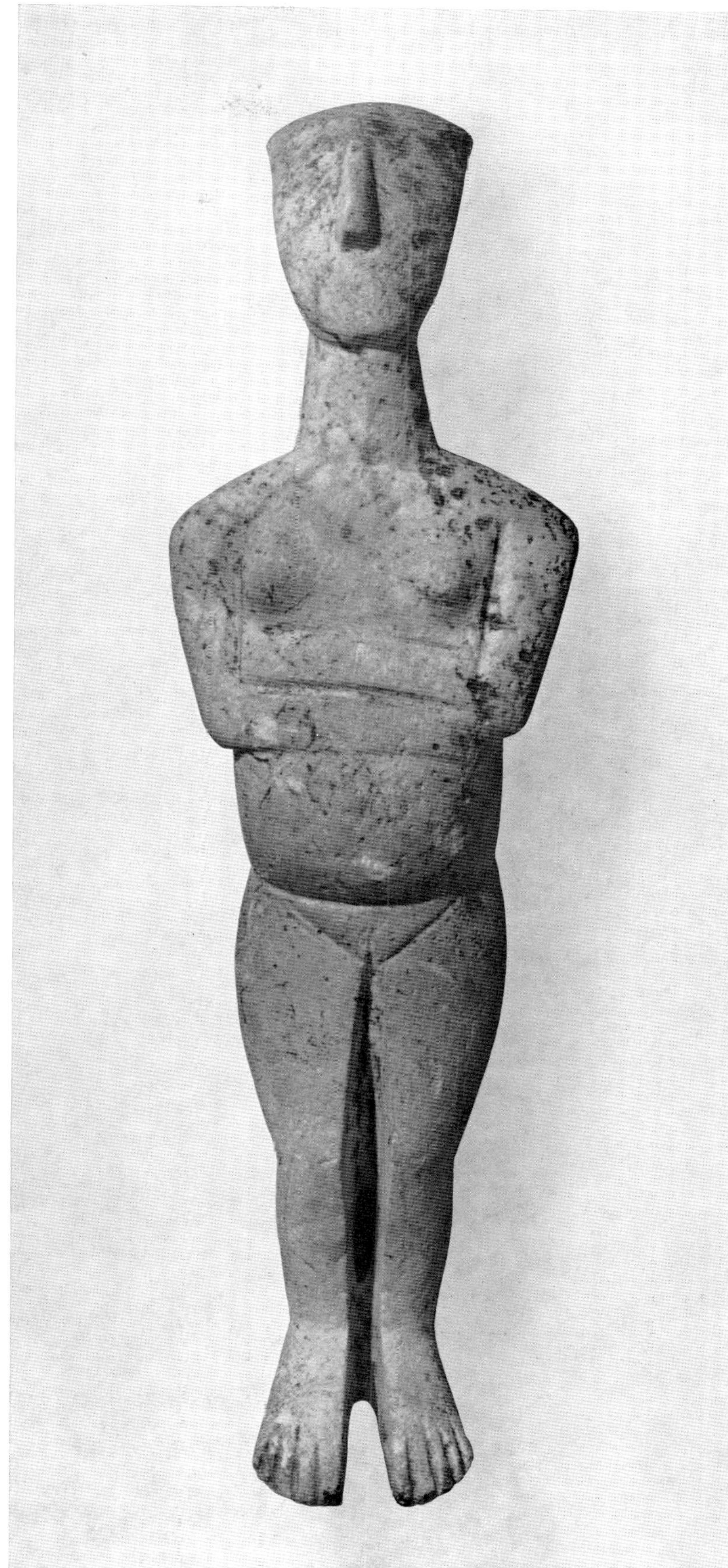

11 Kykladische Idole. Links: Höhe oben 5 cm, unten 8,3 cm. Aus einem Fund bei Teké, nördlich von Knossos. Rechts: Höhe 23,5 cm. Aus dem Rundgrab von Kumasa. Frühminoisch II, um 2400/2200 v. Chr.

12 Siegel aus Elfenbein in Gestalt eines Äffchens. Höhe 3,2 cm. Darunter Siegelfläche. Wohl aus Lassithi. Frühminoisch III, um 2200/2000 v. Chr. Sammlung Giamalakis

13 Goldschmuck. Oben links: Beblätterter Zweig und Blüten. Etwa 1,5fach vergrößert. Von der Insel Mochlos, Golf von Mirabello, Ostkreta. Frühminoisch II. – Oben rechts: Frosch mit Granulation und Kettenglied mit Spiralen. Beide 3,5fach vergrößert. Aus dem Rundgrab von Kumasa bzw. Kalathiana, Messara. Frühminoisch II/III. – Unten: Anhänger in Form zweier Hornissen, die an einer granulierten Honigwabe saugen. Spannweite 4,7 cm. Aus der Nekropole von Malia. Frühminoisch III, um 2000 v. Chr.

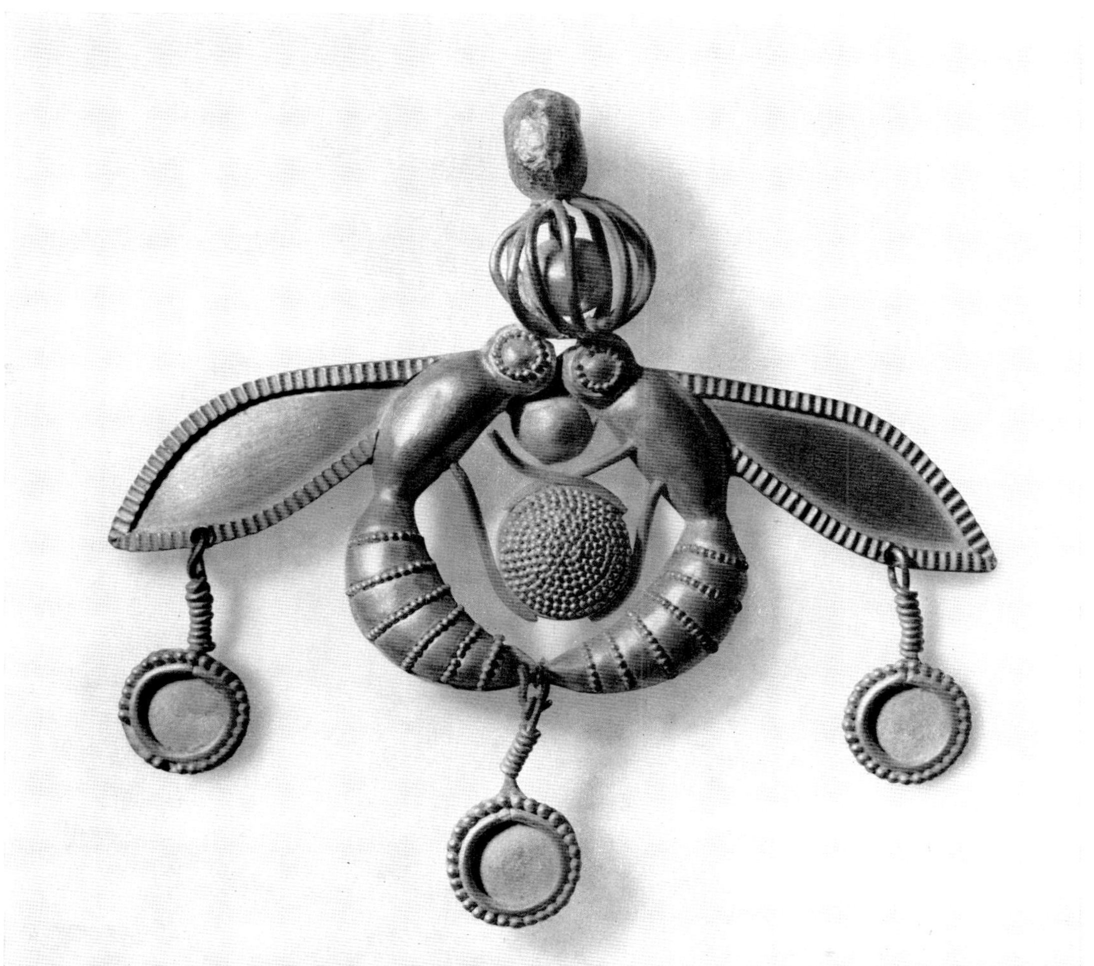

ZEIT DER ALTEN PALÄSTE

MITTELMINOISCHE ZEIT,
I. UND II. PHASE (2000-1700 V. CHR.)

14 Oben: Tonidol, Tier. Höhe 19,5 cm. – Unten: Ton-Rhyton, Stier mit Akrobaten. Länge 16 cm. Beide aus einem Rundgrab bei Porti, Messara. Mittelminoisch I, um 2000/1850 v. Chr.

15 Tonstatuetten. Höhe der größten Figur 23 cm. Aus dem Bergheiligtum von Petsofa und dem Ovalhaus Chamaisi in Sitia, Ostkreta. Mittelminoisch I, um 2000/1850 v. Chr.

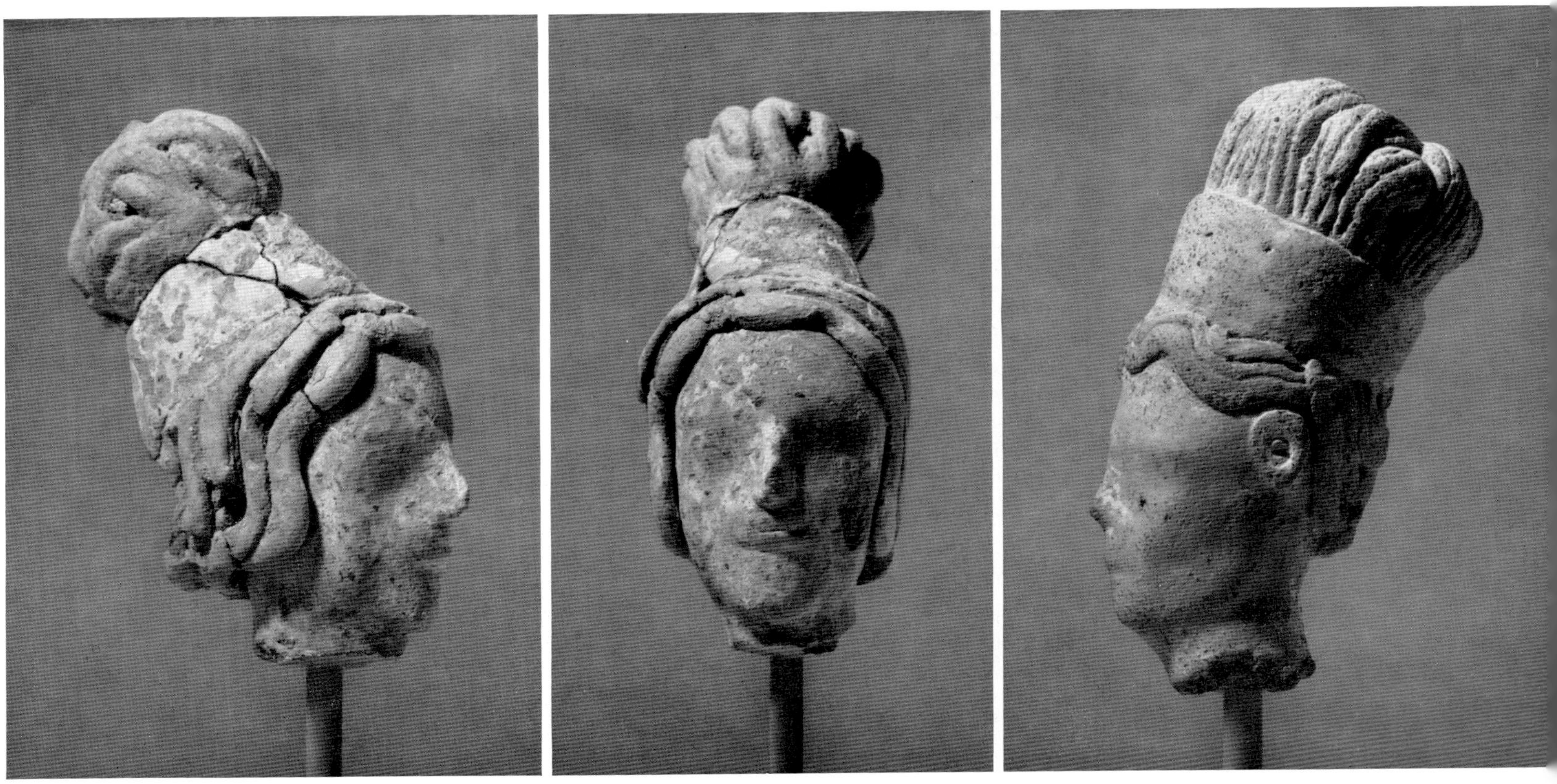

16 Köpfe von Frauenidolen aus Ton. Höhe links und Mitte 12 cm, rechts 13 cm. Aus Piskokephalon in Sitia, Ostkreta. Mittelminoisch II, um 1850/1700 v. Chr.

17 Tonstatuette einer betenden Frau. Höhe 26,4 cm. Aus Piskokephalon in Sitia, Ostkreta. Mittelminoisch II, um 1850/1700 v. Chr.

18 Oben: Tonschale mit Hirt und Herde. Durchmesser 19,5 cm. – Unten: Tonschale mit fliegendem Vogel. Durchmesser 11,3 cm. Beide aus Palaikastro, Ostkreta. Mittelminoisch I, um 2000/1850 v. Chr.

IV Oben: Schnabelkännchen mit Fischdekor. Frühester Kamares-Stil. Höhe 10,5 cm. Aus Vassiliki, Ostkreta. Mittelminoisch I, um 2000 v. Chr.
Unten: Links kleiner Krug mit geflecktem Dekor. Vassiliki-Stil. Höhe 12,2 cm. Aus Gurnia, Ostkreta. Mittelminoisch I, um 2000 v. Chr.
Rechts Doppelhenkelkrug. Barbotine-Stil. Höhe 16,5 cm. Aus Hagia Triada. Spätes Mittelminoisch I, um 1850 v. Chr.

19 Oben: Glockenförmiger Kultgegenstand mit Hörnern, aus Fayence. Höhe 8 cm. Aus einer Votivgrube beim ehem. Hafen von Knossos. Mittelminoisch I. – Mitte und unten: Rinder aus Ton, bemalt, Kamares-Stil. Höhe je 21 cm. Aus dem Alten Palast von Phaistos. Mittelminoisch II, um 1850/1700 v. Chr.

20 Oben: Ausgußgefäß mit Margeritendekor. Kamares-Stil. Höhe 12 cm. Aus der Grotte beim Dorfe Kamares am Ida.
Unten: Becher. Kamares-Stil. Höhe 16,2 cm. Aus dem Alten Palast von Phaistos. Beide Mittelminoisch II, um 1850/1700 v. Chr.

21 Schnabelkrug. Kamares-Stil. Höhe 27 cm. Aus dem Alten Palast von Phaistos. Mittelminoisch II, um 1850/1700 v. Chr.

22 Gefäß mit Sieb und Saugröhre. Kamares-Stil. Höhe 13,8 cm.
Aus dem Alten Palast von Phaistos. Mittelminoisch II, um 1850/1700 v. Chr.

V Schnabelgefäß. Kamares-Stil. Höhe 12,5 cm. Aus dem Alten Palast von Phaistos. Mittelminoisch II, um 1850/1700 v. Chr.

VI Oben: Links kleine Tasse. Höhe 5 cm. Rechts Tasse von Eierschalenfeinheit. Höhe 7,5 cm. Aus den Alten Palästen von Phaistos (links) und Knossos (rechts). – Unten Ausgußgefäß. Höhe 18 cm. Aus dem Alten Palast von Knossos. Sämtliche Kamares-Stil. Mittelminoisch II, um 1850/1700 v. Chr.

VII Ausgußgefäß. Kamares-Stil. Höhe 23,5 cm. Aus dem Alten Palast von Knossos. Mittelminoisch II, um 1850/1700 v. Chr.

VIII Schnabelkrug. Kamares-Stil. Höhe 27 cm. Aus dem Alten Palast von Phaistos. Mittelminoisch II, um 1850/1700 v. Chr.

IX Dreihenkeliger Ausgußphitos. Kamares-Stil. Höhe 69 cm. Aus dem Alten Palast von Phaistos. Mittelminoisch II, um 1850/1700 v. Chr.

X Dreihenkeliger Pithos. Kamares-Stil. Höhe 45,5 cm. Aus dem Alten Palast von Phaistos. Mittelminoisch II, um 1850/1700 v. Chr.

XI Dreihenkeliger Pithos mit Fischdekor. Kamares-Stil. Höhe 50 cm. Aus dem Alten Palast von Phaistos. Mittelminoisch II, um 1850/1750 v. Chr.

XII Krater mit plastischen Blüten, vielleicht Nachahmung einer Metall- oder Steinarbeit. Kamares-Stil. Höhe 45,5 cm. Aus dem Alten Palast von Phaistos. Mittelminoisch II, um 1850/1700 v. Chr.

XIII Innenseite der Schale in Taf. 23. Kamares-Stil. Durchmesser 54 cm. Aus dem Alten Palast von Phaistos. Mittelminoisch II, um 1850/1700 v. Chr.

23 Schale mit Fuß. Kamares-Stil. Durchmesser 54 cm. Aus dem Alten Palast von Phaistos. Mittelminoisch II, um 1850/1700 v. Chr.
Vgl. Taf. XIII

24 Pithos. Kamares-Stil. Höhe 110 cm. Aus dem Alten Palast von Phaistos. Mittelminoisch II, um 1850/1700 v. Chr.

25 Oben: Porträt eines Kindes. Siegelabdruck in Ton. Aus dem Alten Palast von Knossos. Mittelminoisch II, um 1800 v. Chr.
Unten: Larnax (Sarkophag in Truhenform). Länge 74 cm. Aus einem Rundgrab von Voru, Mittelkreta. Mittelminoisch I/II, um 2000/1700 v. Chr.

DIE PALÄSTE, HERRENSITZE UND VILLEN

26 Hauptteil des Palastes von Knossos, von der Hagios Elias-Höhe im Osten gesehen

27 Oben: Gesamtbild der Landschaft und des Palastes von Knossos von der Höhe des Hagios-Elias-Berges im Osten gesehen.
Unten: Palast von Knossos, von der Höhe Gypsades im Süden gesehen

28 Palast von Knossos. Heilige Straße am Nordrand des Palastes und Schautreppen für die Kulthandlungen, von Osten gesehen

29 Palast von Knossos. Schautreppen für die Kulthandlungen, von der Heiligen Straße aus gesehen

30 Palast von Knossos. Nordeingang. Links Pfeilerhalle, rechts das zum Teil wiederhergestellte Säulenvestibül mit den Stierreliefs

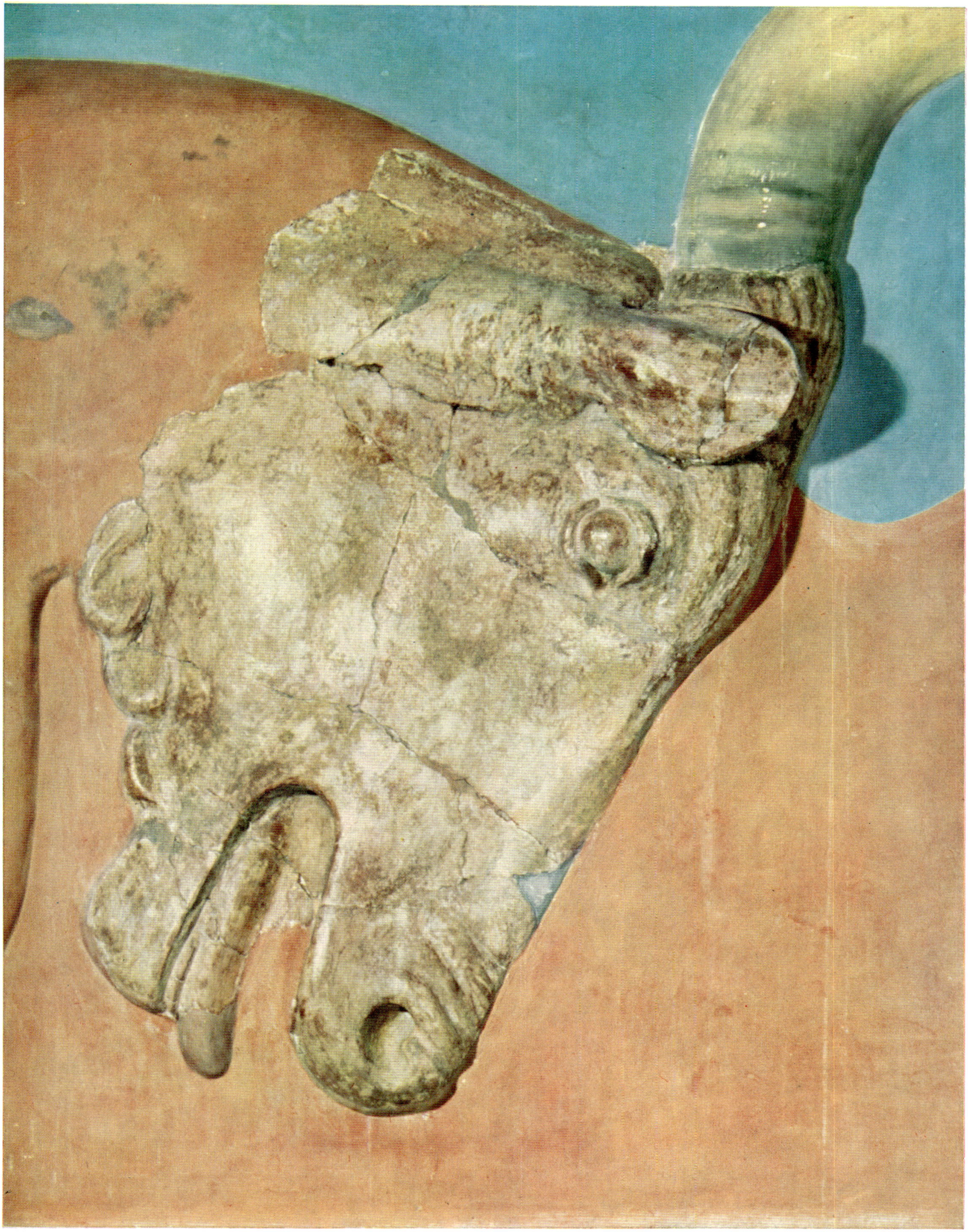

XIV Kopf des Stieres aus dem farbigen Stuckrelief im Säulenvestibül am Nordeingang des Palastes von Knossos. Frühe Zeit des Neuen Palastes. Mittelminoisch III, um 1600 v. Chr.

XV Rhytonträger aus dem Prozessionsfresko der Großen Süd-Propyläen des Palastes von Knossos. Spätere Zeit des Neuen Palastes. Spätminoisch I, um 1500/1450 v. Chr.

31 Palast von Knossos. Nordeingang, vom Mittelhof aus gesehen

32 Palast von Knossos. Blick vom Ende der Ostflügel-Haupttreppe über den Mittelhof auf Thronsaal und Vorraum des Westflügels. Links davon die Westflügel-Veranden, rechts außen die Säulenhalle am Nordeingang

33 Palast von Knossos. Thronsaal

34 Palast von Knossos. Blick aus WSW auf den oberen Säulenhof der Ostflügel-Haupttreppe (links) und auf die Räume der Königin im Hauptstockwerk und eine Etage darunter

35 Palast von Knossos. Ostflügel-Haup:treppe, Säulenhalle

36 Palast von Knossos. Ostflügel-Haupttreppe, oberer Abschnitt

37 Palast von Knossos. Ostflügel-Haupttreppe, unterer Abschnitt und Lichtschacht

38 Palast von Knossos. Oben: Megaron der Königin mit Säulenhalle und Lichtschacht.
Unten: Tänzerin. Freskofragment von einem der Pfeiler im Megaron der Königin

XVI Weiblicher Kopf, sog. Pariserin. Bruchstück eines Freskos aus dem 6säuligen Prunksaal im Westflügel des Palastes von Knossos.
Spätere Zeit des Neuen Palastes. Spätminoisch I, um 1500/1450 v. Chr.

XVII Das Stierspiel. Fresko aus einem kleinen Hof des Ostflügels des Palastes von Knossos, in dem Fresken die verschiedenen Phasen des Stierspiels darstellten. Spätminoisch I, kurz nach 1500 v. Chr.

39 Palast von Knossos, Ostflügel. Vorraum zum Saal der Doppeläxte, von außen und innen

40 Palast von Knossos. Blick aus Nordwesten: Zentraler Prunksaal mit drei Säulen und drei Pfeilern im Hauptstockwerk des Westflügels. Davor oberes Propylon, links darunter Südost-Loggia

41 Palast von Knossos. Ein Teil der Westmagazine mit großen Pithoi in situ

42 Knossos, sog. Kleiner Palast. Sacellum.
Links Abdrücke kannelierter Holzsäulen; rechts Doppelhörnerstück und natürliches Steingebilde (Fetisch)

43 Knossos, sog. Kleiner Palast. Blick aus Südosten

44 Knossos, sog. Königliche Villa. Oben: Innere Halle mit Blick auf Vorraum und Lichtschacht.
Unten: Innere Halle mit Blick auf Balustrade und Thronnische. Rechts Eingang zur sog. Pfeilergruft, vgl. Taf. 45 unten

45 Knossos, sog. Königliche Villa. Oben: Treppe im Südwestteil. – Unten: Sog. Pfeilergruft, vom Durchgang zur inneren Halle aus gesehen

46 Knossos, Tempelgrab. Blick aus der Eingangshalle über den Vorhof in die innere Halle und die sog. Pfeilergruft

47 Knossos, Tempelgrab. Blick von der Höhe im Westen: Obere Säulenhalle, darunter sog. Pfeilergruft; im Hintergrund Vorhof und Eingangshalle

48 Phaistos. Häuser westlich des Palastes, meist Mittelminoisch I

XVIII Palast von Phaistos. Westfront und Teil des Westhofes. Im Vordergrund Ruinen von Häusern der griechischen Zeit; im Hintergrund das Asterusia-Gebirge

49 Palast von Phaistos. Blick von Süden durch den Mittelhof. Im Hintergrund das Gebirgsmassiv des Ida

50 Palast von Phaistos. Oben: Der Palast von Nordwesten. – Unten: Westhof mit Heiligtum des Alten Palastes, Schautreppe für die Kulthandlungen (links) und Große Treppe des Neuen Palastes (rechts); davor Prozessionsstraße

51 Palast von Phaistos. Oben: Links Großes Propylon mit Großer Treppe davor;
rechts Westfront des Neuen Palastes und davor die des Alten Palastes. – Mitte: Westhof-Nordmauer; davor Schautreppe für die Kulthandlungen.
Unten: Westhof und Westfassade des Neuen Palastes; davor die Mauer des Alten Palastes

52 Palast von Hagia Triada. Blick aus Nordosten auf den Hauptteil des Palastkomplexes

XIX Palast von Hagia Triada. Blick vom Großen Hof auf das Gebirgsmassiv des Ida

53 Palast von Hagia Triada. Blick aus Südosten auf den Hauptteil des Palastkomplexes

54 Palast von Hagia Triada. Blick aus NNO auf den sog. Markt und die Magazine

55 Palast von Hagia Triada.
Oben: Blick aus Südwesten über den Palast. – Unten: Blick vom Dienertrakt auf Säulenhalle des sog. Marktes und Magazine

56 Palast von Malia. Oben: Nordzugang.
Unten: Südwestecke des Mittelhofes mit steinernem Kernos zu Kulthandlungen für Fruchtbarkeit.

XX Palast von Malia, von Westen gesehen

57 Palast von Malia. Oben: Mittelteil von Westen.
Unten: Blick auf das Nordende des Mittelhofes mit nördlicher Säulenhalle und anschließendem Pfeilersaal

58 Palast von Malia. Oben: Südteil des Mittelhofes mit Schautreppe für die Kulthandlungen.
Unten: Mitteltteil des Westflügels; im Vordergrund Mittelhof mit Altar (Eschara)

59 Palast von Malia. Oben: Nordwestpartie des Mittelhofes mit nördlicher Säulenhalle und anschließendem Pfeilersaal. Unten: Blick auf Mittelhof mit Altar (Eschara). Rechts Osthalle mit Pfeilern und Säulen im Wechsel

60 Palast von Zakros, Ostkreta. Mittlerer und östlicher Teil. Von rechts nach links: Zentralhof, Königliche Gemächer, quadratischer Raum mit Rundbassin. Spätminoisch I, um 1550/1450 v. Chr.

XXI Palast von Zakros, Ostkreta. Mittlerer und westlicher Teil. Von links nach rechts: Zentralhof, Zeremonienhalle und Gelageraum, sakraler Bereich. Spätminoisch I, um 1500/1450 v. Chr.

XXII Herrensitz Vathypetron, südlich von Knossos. Gesamtansicht von Norden. Spätminoisch I, 16. Jahrhundert v. Chr.

61 Herrensitz Vathypetron, südlich von Knossos. Spätminoisch I, 16. Jahrhundert v. Chr. Oben: Osthof mit Fundamenten des Heiligtums. Unten: Links Ostwest-Gang, von Osten gesehen; rechts Blick aus Nordwesten auf Propylon (rechts), Innenhof (Mitte) und Räume der Weberei und der Weinpresse

62 Herrensitz Vathypetron. Oben: Weinpresse; unten: Ölpresse, beide in situ

63 Tylissos, Mittelkreta. Zwei der Herrensitze. Spätminoisch I, 1550/1450 v. Chr.

64 Amnissos, Hafenstadt von Knossos. Ruinen einer Villa. Späteres Mittelminoisch III, um 1600 v. Chr. Oben: von SO; unten: von WNW

XXIII Weiße Lilien im Blumengarten. Fresko aus der Villa in Amnissos (Taf. 64). Höhe etwa 180 cm. Mittelminoisch III, um 1600 v. Chr.

65 Niru Chani, Villa eines Hohen Priesters. Spätminoisch I, 1550/1450 v. Chr. Oben: von Osten; unten: von Westen

66 Ruinen der Stadt Gurnia, Golf von Mirabello, Ostkreta. Spätminoisch I, 1550/1450 v. Chr.
Oben: Gesamtbild von Osten. – Unten: Aufweg im Nordostteil der Stadt

XXIV Blick von Osten auf die Ruinen der Stadt Gurnia. Im Hintergrund der Golf von Mirabello. Spätminoisch I, Mitte 16. Jahrhundert v. Chr.

67 Ruinen der Stadt Gurnia, Golf von Mirabello, Ostkreta. Oben: Blick von Süden auf den Westteil der Stadt. Rechts Palast mit Hof und Schautreppe. – Unten: Teil der Ringstraße im Westteil der Stadt

FRÜHZEIT DER NEUEN PALÄSTE

MITTELMINOISCHE ZEIT, III. PHASE (1700-1550 V. CHR.)

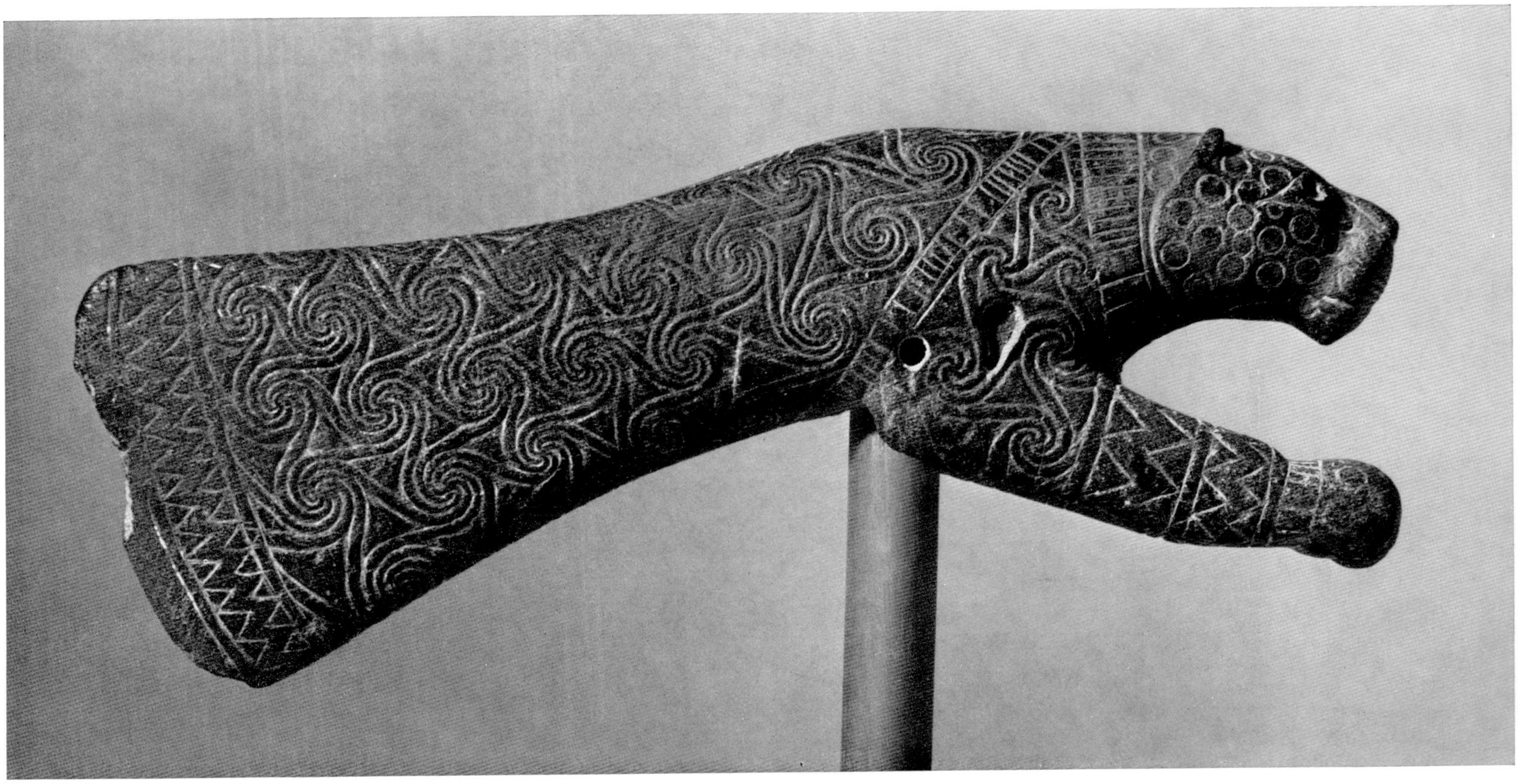

68 Zepterkopf in Form eines Leoparden, in Streitaxt endend. Grauer Schiefer. Länge 14,8 cm.
Aus dem Alten Palast von Malia. Mittelminoisch III, um 1650/1600 v. Chr.

69 Goldverkleidung am Griffkopf eines Bronzeschwertes mit der Darstellung eines Akrobaten. Durchmesser 7 cm.
Aus dem Alten Palast von Malia. Mittelminoisch III, um 1600 v. Chr.

70 Erdgottheit mit Schlangen. Fayence. Höhe 34,2 cm.
Aus den unterirdischen Schatzgruben des Zentralheiligtums im Palast von Knossos. Mittelminoisch III, um 1600 v. Chr.

XXV Erdgottheit mit Schlangen. Fayence. Höhe 29,5 cm.
Aus den unterirdischen Schatzgruben des Zentralheiligtums im Palast von Knossos. Mittelminoisch III, um 1600/1580 v. Chr.

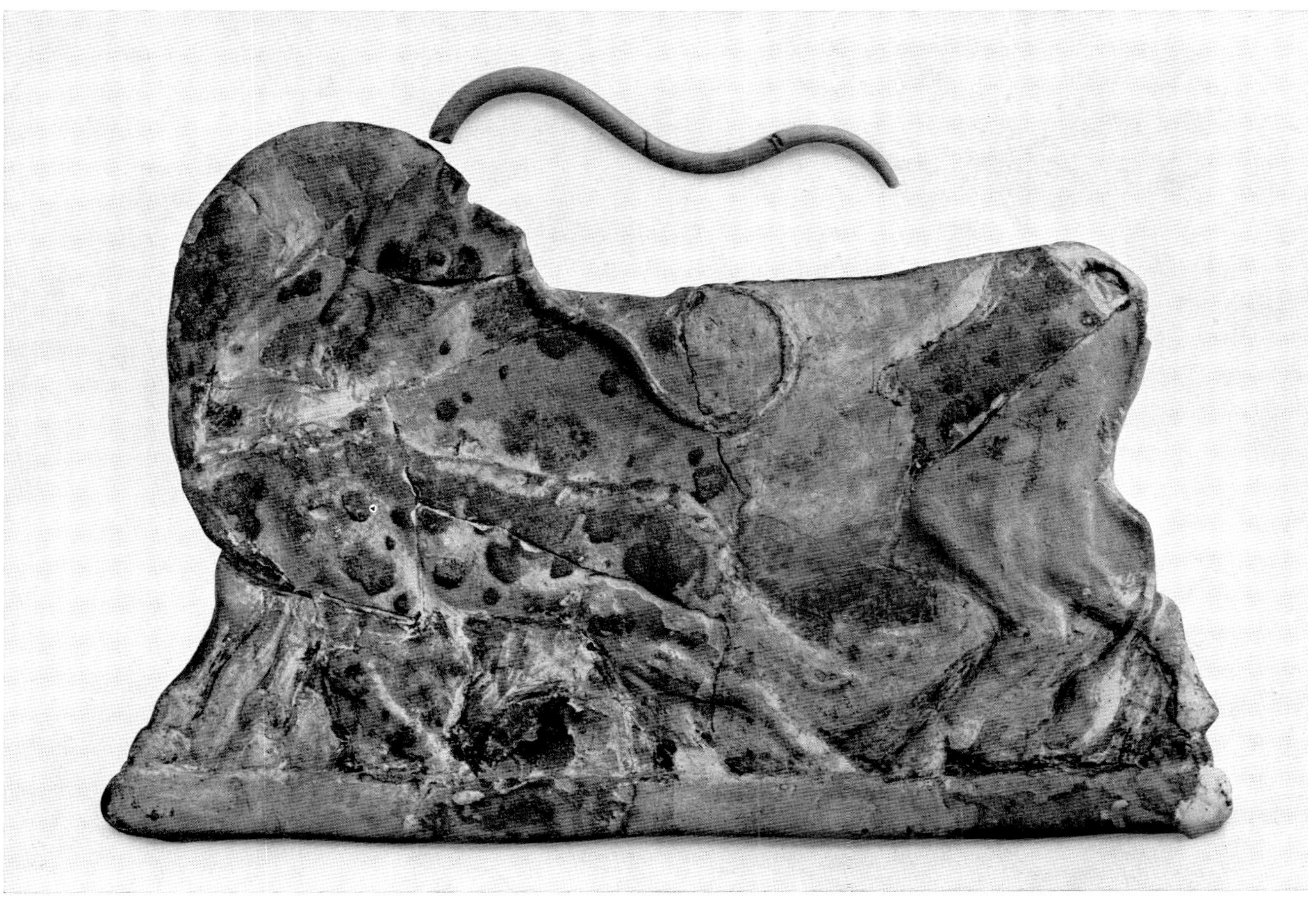

71 Fayence-Reliefs mit säugenden Tieren. Oben: Wildziege mit ihren beiden Jungen. – Unten: Kuh mit Kälbchen. Basisbreite je 19 cm. Aus den unterirdischen Schatzgruben des Zentralheiligtums im Palast von Knossos. Mittelminoisch III, um 1600 v. Chr.

72 Diskos von Phaistos, Seite B. Gebrannter Ton. Durchmesser 16 cm.
Spiralenförmig angeordneter Text, wohl religiösen Inhalts, in eingestempelten Hieroglyphen. Mittelminoisch III, nach 1600 v. Chr.

73 Diskos von Phaistos, Seite A, vgl. Taf. 72. Gebrannter Ton. Durchmesser 16 cm. Spiralenförmig angeordneter Text, wohl religiösen Inhalts, in eingestempelten Hieroglyphen. Mittelminoisch III, nach 1600 v. Chr.

74 Bauchiger zweihenkeliger Topf mit Palmendekor. Höhe 57 cm. Letzte Phase des Kamares-Stils. Aus dem Alten Palast von Knossos. Mittelminoisch II/III

XXVI Gefäß mit Liliendekor. Höhe 27 cm. Aus dem Palast von Knossos. Mittelminoisch III, um 1600/1580 v. Chr.

75 Henkelkrug mit Vogeldekor, importiert von Melos.
Höhe 58 cm. Aus den Schatzgruben des Palastheiligtums von Knossos. Mittelminoisch III, um 1600 v. Chr.

76 Gefäß mit zwei Henkeln. Dekor von weißen Sternanemonen auf dunklem Grund. Höhe 22 cm. Aus Zakros, Ostkreta. Mittelminoisch III, um 1560/1550 v. Chr.

SPÄTERE ZEIT DER NEUEN PALÄSTE

SPÄTMINOISCHE ZEIT, I. UND II. PHASE (1550–1400 V. CHR.)

KERAMIK

77 Schnabelkrug. Höhe 31,5 cm. Aus dem Palast von Knossos. Spätminoisch I, um 1550 v. Chr.

78 Becher und Tassen aus dem Neuen Palast von Knossos. Höhe: oben 6,8 und 6,4 cm; Mitte 12,3 cm; unten 7,5 und 6,5 cm. Spätminoisch I, um 1550/1520 v. Chr.

79 Schnabelkanne mit Gräserdekor. Höhe 29 cm. Aus dem Neuen Palast von Phaistos. Spätminoisch I, um 1550/1520 v. Chr.

80 Pithos mit Spiralendekor. Höhe 98 cm. Von der Insel Psyra, Golf von Mirabello, Ostkreta. Spätminoisch I, um 1550/1520 v. Chr.

81 Kultgefäß mit Doppeläxten und Stierköpfen als Hauptdekor; darunter stilisiertes Efeulaub und Spiralen. Höhe 77 cm. Von der Insel Psyra, Golf von Mirabello, Ostkreta. Spätminoisch I, um 1550 v. Chr.

82 Links: Krug mit Doppelaxt und Heiligem Knoten im Dekor. Höhe 28,5 cm. Aus dem Palast von Hagia Triada. Spätminoisch I, um 1500 v. Chr.
Rechts: Krug mit stilisiertem Papyros als Dekor. Höhe 24,5 cm. Aus Palaikastro, Ostkreta. Spätminoisch I, um 1500 v. Chr.

XXVII Ausgußgefäß. Höhe 16,5 cm. Stil des entwickelten Naturalismus. Aus dem Palast von Hagia Triada. Spätminoisch I, um 1500 v. Chr.

83 Oben: Krug. Höhe 24,5 cm. Aus Palaikastro, Ostkreta. Spätminoisch I, um 1500 v. Chr.
Unten: Schnabelkanne und Becher mit den Heiligen Symbolen (Doppelaxt und Heiliger Knoten).
Höhe 26,8 bzw. 14,5 cm ohne Henkel. Aus dem Neuen Palast von Phaistos. Spätminoisch I, um 1500 v. Chr.

84 Oben: Doppelkrug mit Nautilos-Dekor. Höhe 26 cm. Aus Gurnia, Ostkreta. Spätminoisch I, um 1500 v. Chr.
Unten: Henkeltopf und Gefäß in Korbform mit Doppelaxtdekor. Höhe 14,5 bzw. 20 cm.
Beide von der Insel Psyra, Golf von Mirabello, Ostkreta. Spätminoisch I, kurz nach 1500 v. Chr.

85 Rhyton mit Nautilos-Dekor. Höhe 20,2 cm. Aus dem Neuen Palast von Phaistos. Spätminoisch I, um 1500 v. Chr.

86 Zwei Rhyta. Links: mit Delphinen. Höhe 32 cm. Von der Insel Psyra, Golf von Mirabello, Ostkreta.
Rechts: mit Seestern und Purpurschnecken. Höhe 33 cm. Aus Zakros, Ostkreta. Beide Spätminoisch I, um 1500 v. Chr.

87 Linsenförmige Flasche mit Oktopusdekor. Höhe 28 cm. Aus Palaikastro, Ostkreta. Spätminoisch I, um 1500 v. Chr.

88 Henkelkanne in reinem Meeres-Stil mit Nautilos-Dekor. Höhe 28,5 cm. Aus dem Palast von Zakros, Ostkreta. Spätminoisch I, um 1450 v. Chr.

89 Kult-Doppelgefäß mit Betendem. Höhe 16 cm. Spätminoisch I/II, um 1450 v. Chr. – Sammlung Giamalakis

90 Zwei Rhyta aus Ton in Stierform. Länge 25,5 und 26 cm. Der im Bild untere Stier ist bedeckt mit dem Maschengeflecht der königlichen Stiere. Von der Insel Psyra, Golf von Mirabello, Ostkreta. Spätminoisch I, um 1500 v. Chr.

91 Dreihenkelige Amphora mit Papyrosdekor. Palast-Stil. Höhe 70 cm. Aus dem Palast von Knossos. Spätminoisch II, um 1425 v. Chr.

92 Dreihenkelige Amphora mit Papyrosdekor. Palast-Stil. Höhe 78 cm. Aus Knossos. Spätminoisch II, um 1430 v. Chr.

93 Pithos mit Papyrosgewächsen in leichtem Relief. Höhe 97 cm. Aus der Königlichen Villa in Knossos. Spätminoisch II, um 1425 v. Chr.

94 Dreihenkelige Amphora. Im Dekor Helme mit Wangenklappen und Büscheln aus Pferdeschwänzen. Höhe 47,5 cm. Aus einem Grab bei der Kairatosmündung, im Hafengebiet von Knossos. Spätminoisch II, um 1425/1400 v. Chr.

95 Dünnhalsige Schnabelkanne (wohl Kultvase), bemalt und mit Reliefornamenten versehen. Höhe 49,5 cm. Aus einem Grabe bei der Kairatosmündung, im Hafengebiet von Knossos. Spätminoisch II, um 1400 v. Chr.

SPÄTERE ZEIT DER NEUEN PALÄSTE

SPÄTMINOISCHE ZEIT, I. UND II. PHASE (1550-1400 V. CHR.)

ARBEITEN IN STEIN, ELFENBEIN, BRONZE UND GOLD

96 Kopf eines Stierspringers, aus einer Figurengruppe, die das Stierspiel darstellte. Vgl. Taf. 97. Elfenbein. Etwa fünffach vergrößert. Aus dem Palast von Knossos. Frühestes Spätminoisch I, um 1550 v. Chr.

97 Stierspringer im Salto mortale, aus einer Figurengruppe, die das Stierspiel darstellte. Elfenbein, ehedem mit Gold. $^{9}/_{10}$ der nat. Größe. Aus dem Palast von Knossos. Frühestes Spätminoisch I, um 1550 v. Chr.

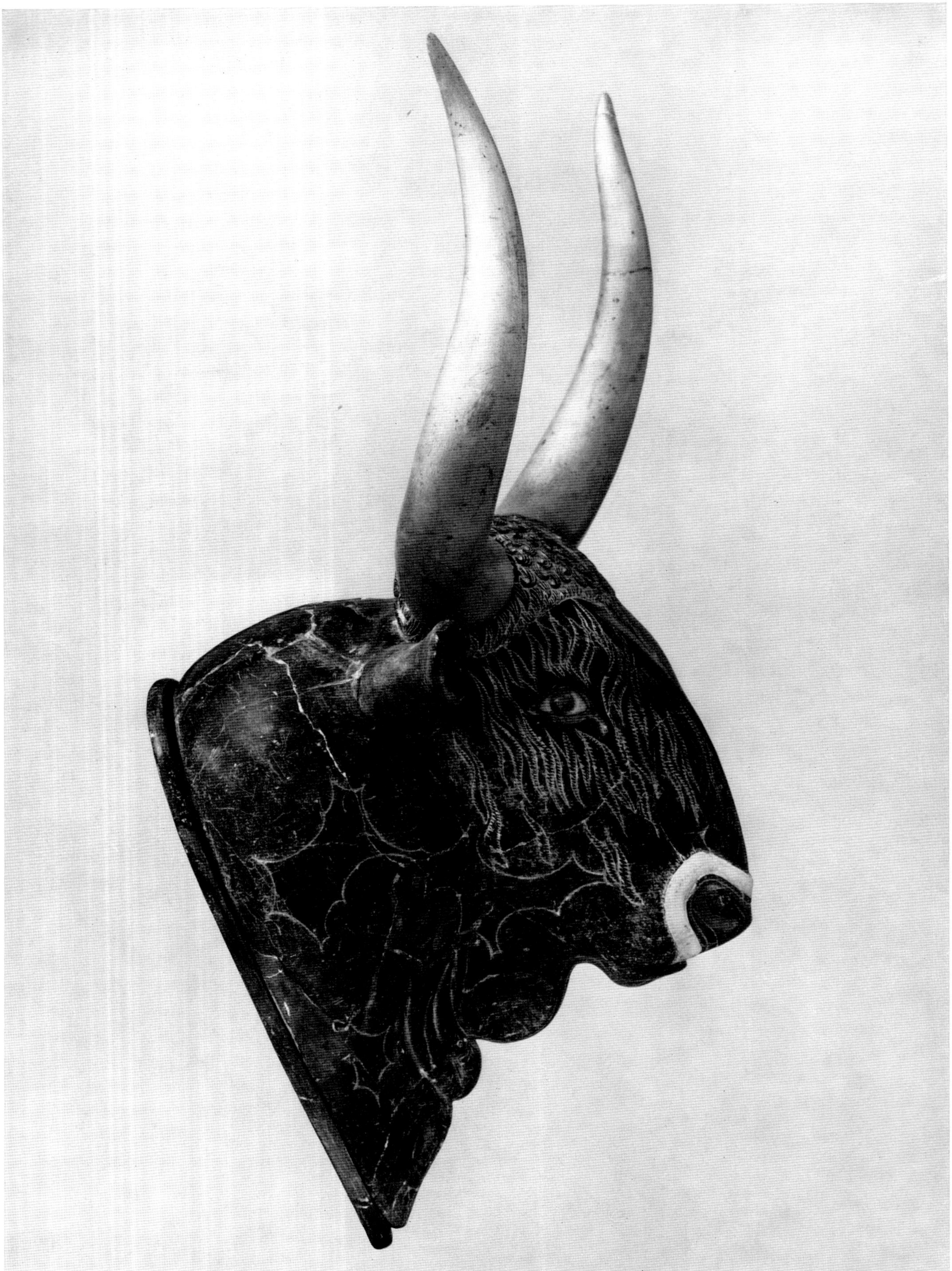

98 Rhyton in Form eines Stierkopfes aus schwarzem Steatit. Nüsternpartie aus Tridachna-Muschel, Augen aus Bergkristall, Hörner aus vergoldetem Holz. Länge des Kopfes ohne Hörner 20,6 cm. Aus dem Kleinen Palast in Knossos. Spätminoisch I, um 1550/1500 v. Chr.

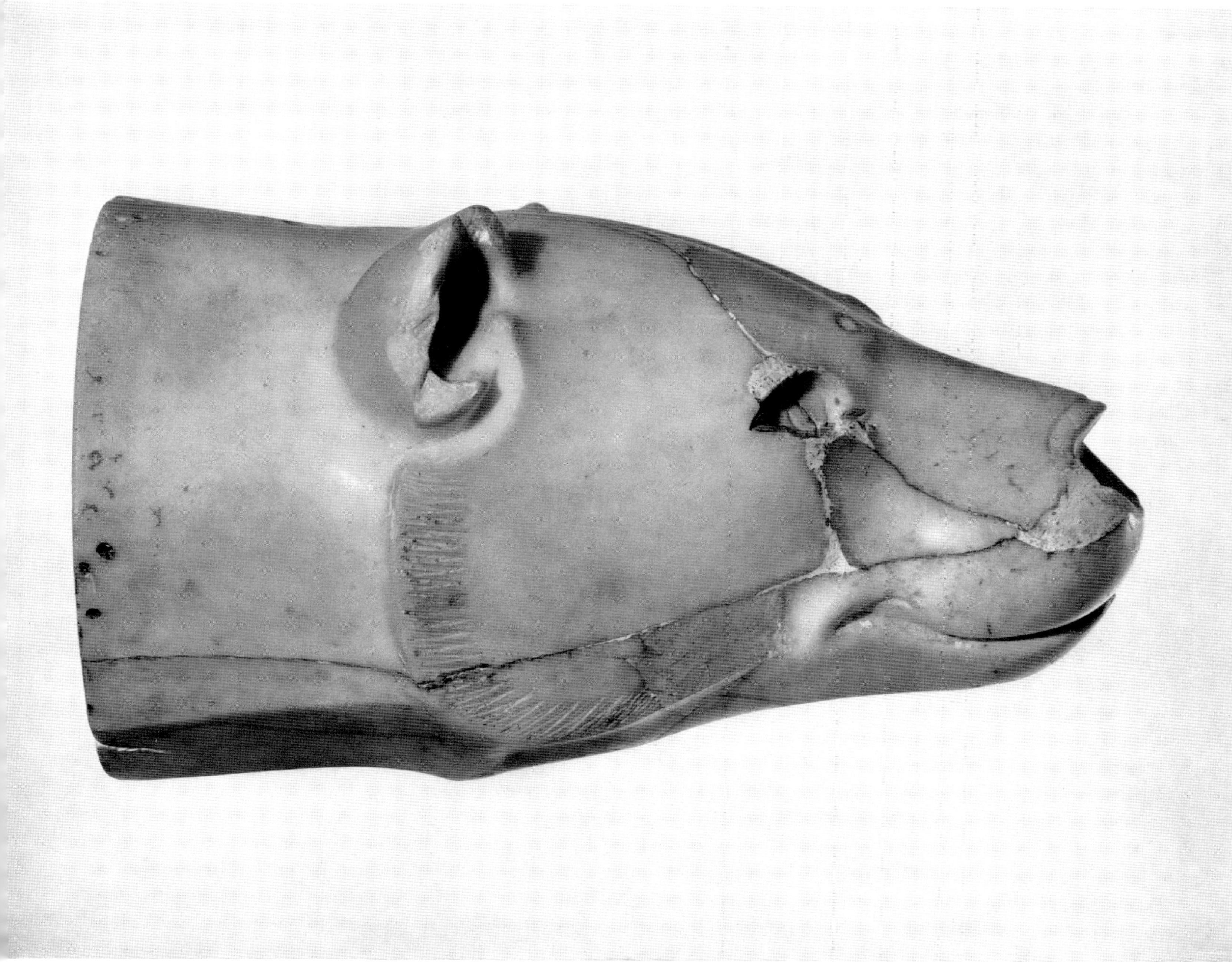

99 Rhyton aus weißem, marmorartigem Kalkstein in Form des Kopfes einer Löwin. Schnauze und Augen ehedem aus rotem Jaspis und Bergkristall. Hinterer Durchmesser 16,6 cm. Aus dem Palast von Knossos. Spätminoisch I, um 1550/1500 v. Chr.

100 Sog. Prinzenbecher aus schwarzem Steatit mit spielenden Kindern, die einen Prinzen, einen Offizier und auf der Gegenseite drei Soldaten mimen. Oberer Durchmesser 9,9 cm. Aus dem Palast von Hagia Triada. Spätminoisch I, um 1550/1500 v. Chr.

101 Rückseite des sog. Prinzenbechers. Vgl. Taf. 100. Aus dem Palast von Hagia Triada.
Spätminoisch I, um 1550/1500 v. Chr.

102 Vom sog. Prinzenbecher: Offizier und Prinz. Aus dem Palast von Hagia Triada. Spätminoisch I, um 1550/1500 v. Chr.

103 Sog. Schnittervase. Rhyton in Straußeneiform aus schwarzem Steatit
mit der Darstellung wohl einer Dankprozession nach der Ernte (Olivenernte?). Größter Durchmesser 11,5 cm. Untere Hälfte verloren.
Aus dem Palast von Hagia Triada. Spätminoisch I, um 1550/1500 v. Chr.

104 Von der sog. Schnittervase: Zug des Gefolges. Aus dem Palast von Hagia Triada. Spätminoisch I, um 1550/1500 v. Chr.

105 Von der sog. Schnittervase. Fortsetzung des Zuges des Gefolges. Aus dem Palast von Hagia Triada Spätminoisch I, um 1550/1500 v. Chr.

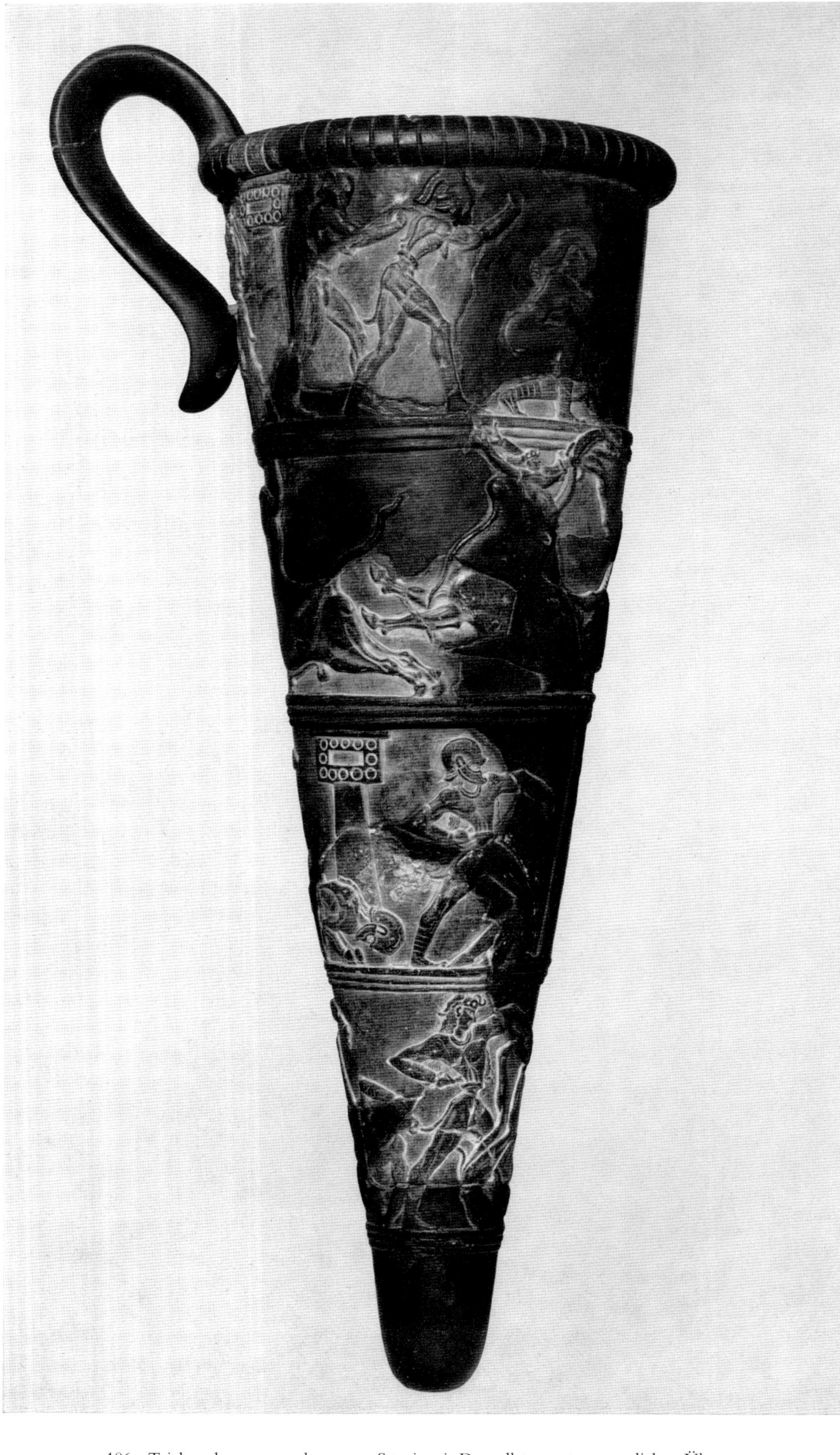

106 Trichterrhyton aus schwarzem Steatit mit Darstellungen von sportlichen Übungen: Ringkampf, Stierspiel, Faustkampf der Männer im Helm und Faustkampf der Epheben. Höhe ohne Griff 46,5 cm. Aus dem Palast von Hagia Triada. Spätminoisch I, um 1550/1500 v. Chr.

107 Teilbilder von dem Trichterrhyton in Taf. 106. Oben: aus dem Stierspiel; unten: aus den Faustkämpfen.
Aus dem Palast von Hagia Triada. Spätminoisch I, um 1550/1500 v. Chr.

108 Aus dem Palast von Zakros, Ostkreta. Rhyton mit Bergheiligtum in Flachrelief. Grünlicher Schiefer, ehedem vergoldet. Höhe 31 cm. Vorderseite und Rückseite. Vgl. Taf. 109. Spätminoisch I, um 1500 v. Chr.

109 Aus dem Palast von Zakros, Ostkreta. Rhyton mit Bergheiligtum in Flachrelief. Mittelteil der Vorderseite. Vgl. Taf. 108. Spätminoisch I, um 1500 v. Chr.

110 Aus dem Palast von Zakros, Ostkreta. Springende Wildziege von dem Rhyton mit Bergheiligtum. Vgl. Taf. 108 und 109

XXVIII Kleines Rhyton aus Bergkristall. Höhe 16,5 cm. Aus dem Palast von Zakros, Ostkreta. Spätminoisch I, um 1450 v. Chr.

XXIX Aus dem Palast von Zakros, Ostkreta. Amphora aus geädertem und stellenweise rot geflecktem Marmor mit weit ausladenden Henkeln. Höhe 39 cm. Spätminoisch I, um 1500/1450 v. Chr.

111 Zwei Kultbecher aus geädertem Marmor. Aus dem Palast von Zakros, Ostkreta. Höhe 30,1 und 32,7 cm. Spätminoisch I, um 1500/1450 v. Chr.

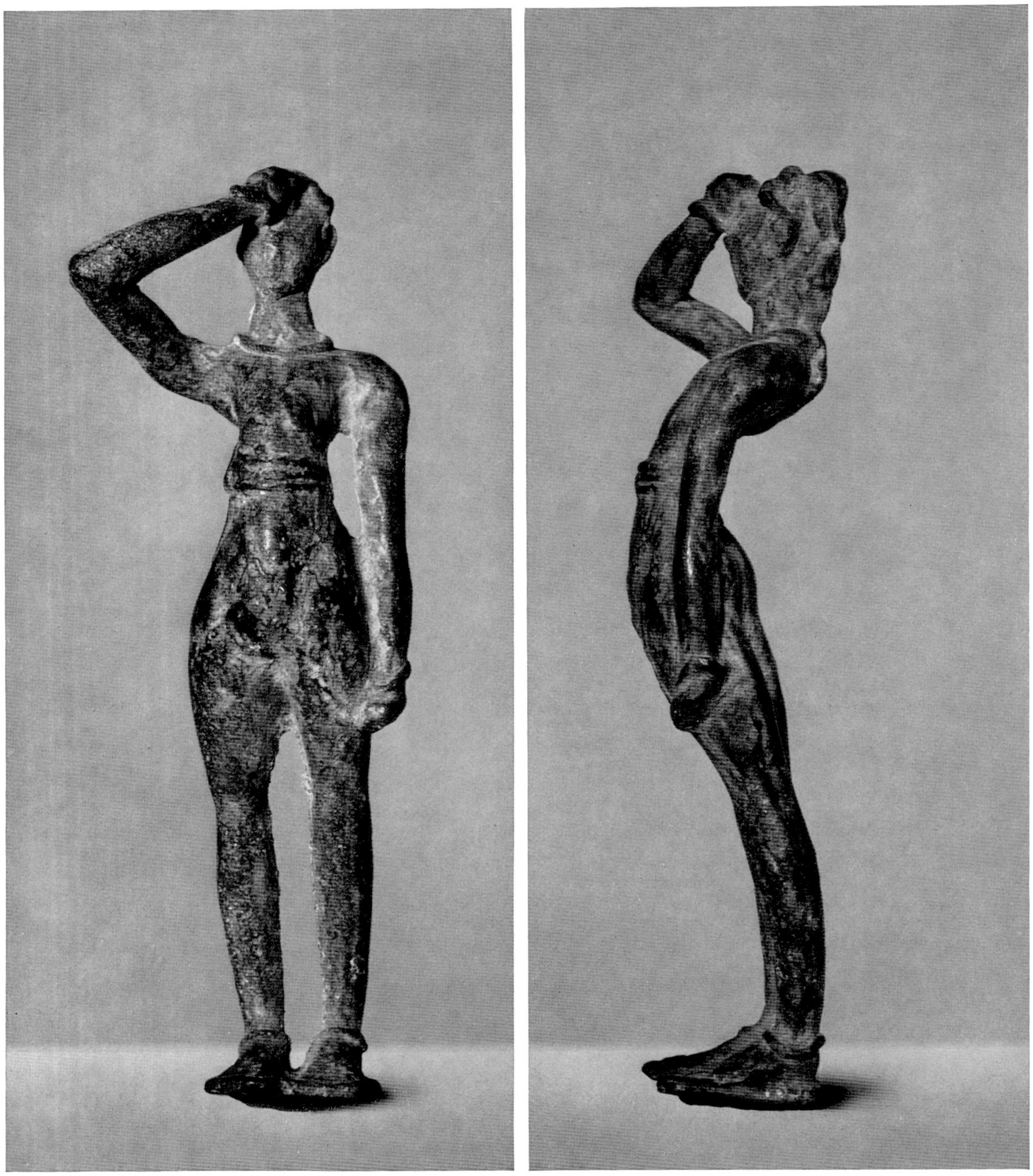

112 Bronzestatuette eines Betenden. Höhe 15,2 cm. Aus Tylissos. Spätminoisch I, um 1550 v. Chr.

113 Oben: Elfenbeinplatte mit Wundervogel. Höhe 7 cm. – Unten: Kind, offenbar beim Knöchelspiel. Elfenbein. Höhe 4 cm. Beide aus Palaikastro, Ostkreta. Spätminoisch I, um 1550/1450 v. Chr.

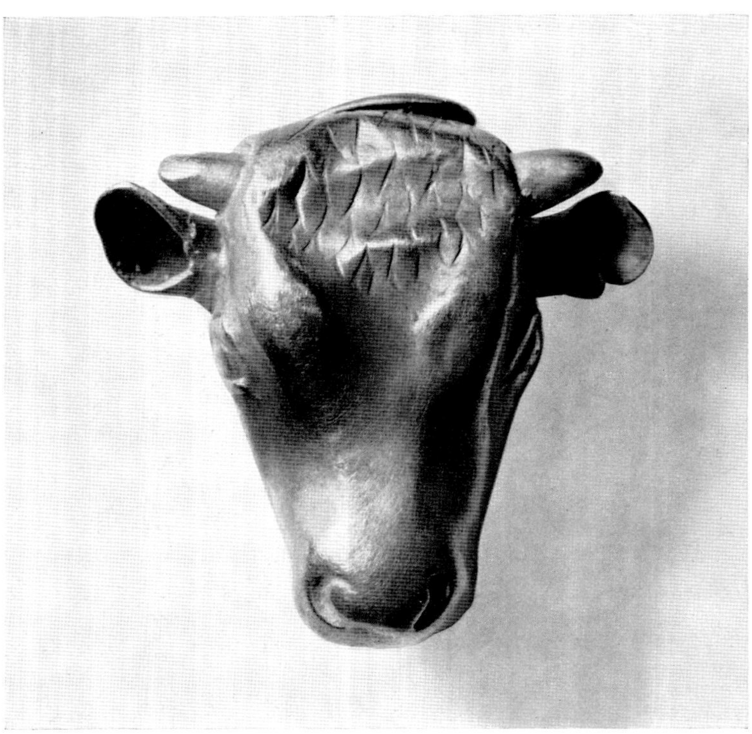

114 Oben: Doppelaxt aus Gold. Querdurchmesser 8,6 cm. Aus der Höhle von Arkalochori, Ostkreta. Spätminoisch I.
Unten: Anhänger aus Gold, links Stierkopf, Höhe 2,5 cm; rechts Löwe, Querdurchmesser 2,7 cm.
Aus einem Grab beim Palast von Hagia Triada. Spätminoisch I, um 1500 v. Chr.

115 Oben: Siegelringe aus Gold. Aufsicht auf die Siegelplatten. Vierfach vergrößert. Aus verschiedenen Gräbern auf Kreta. Spätminoisch I/II. – Unten: Siegelabdrücke in Ton, wohl von Ringen. Dreifach vergrößert. Spätminoisch I, um 1550/1530 v. Chr.

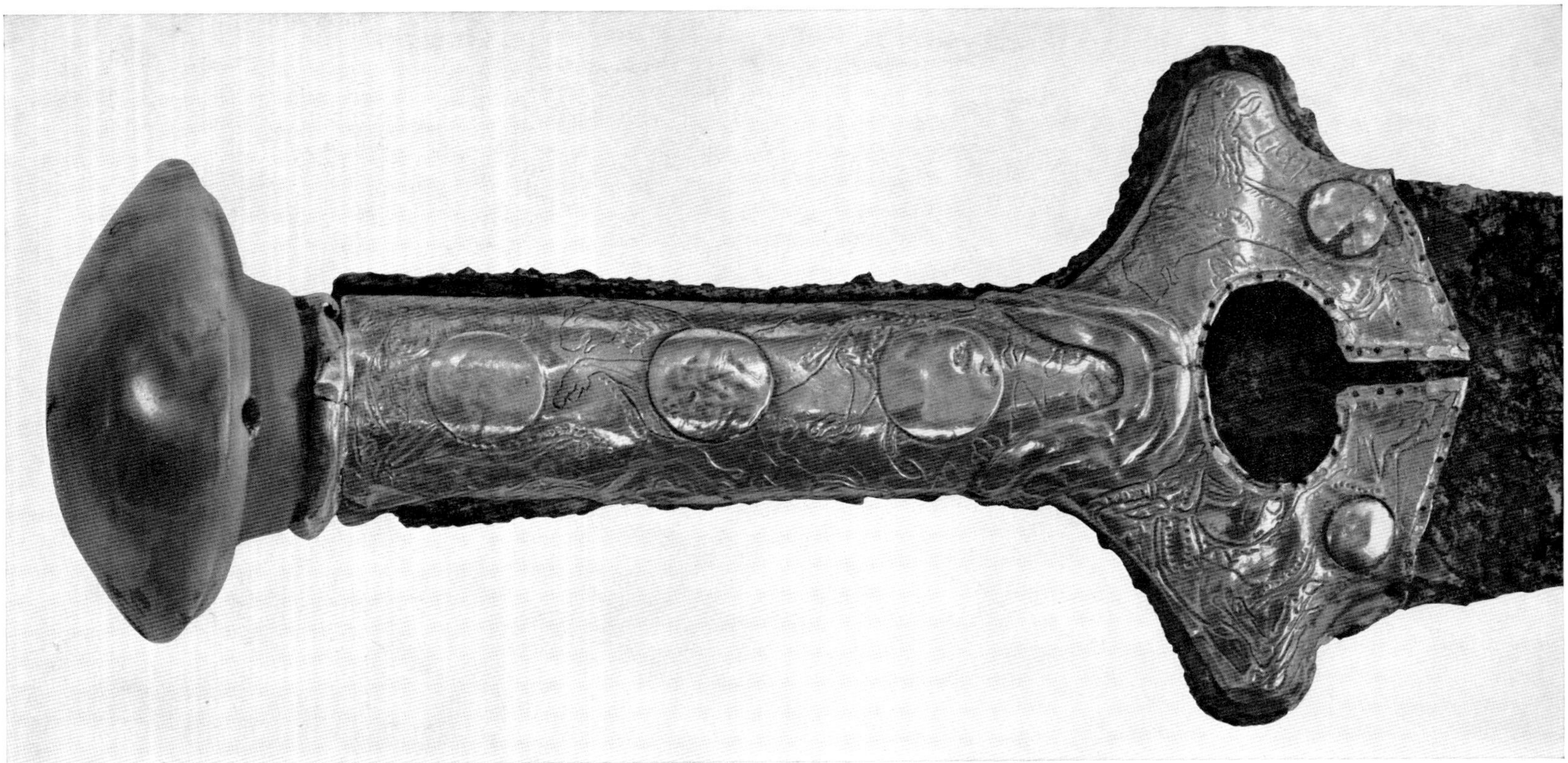

116 Goldgriff eines Bronzeschwertes. Durchmesser des Achat-Knopfes 4,4 cm. Im Griff eingeritzt: Löwe verfolgt Wildziege.
Oben: Goldgriff im ganzen; unten: unterer Teil. Aus Grab 36 der Nekropole von Zapher Papura bei Knossos. Spätminoisch II, um 1450/1400 v. Chr.

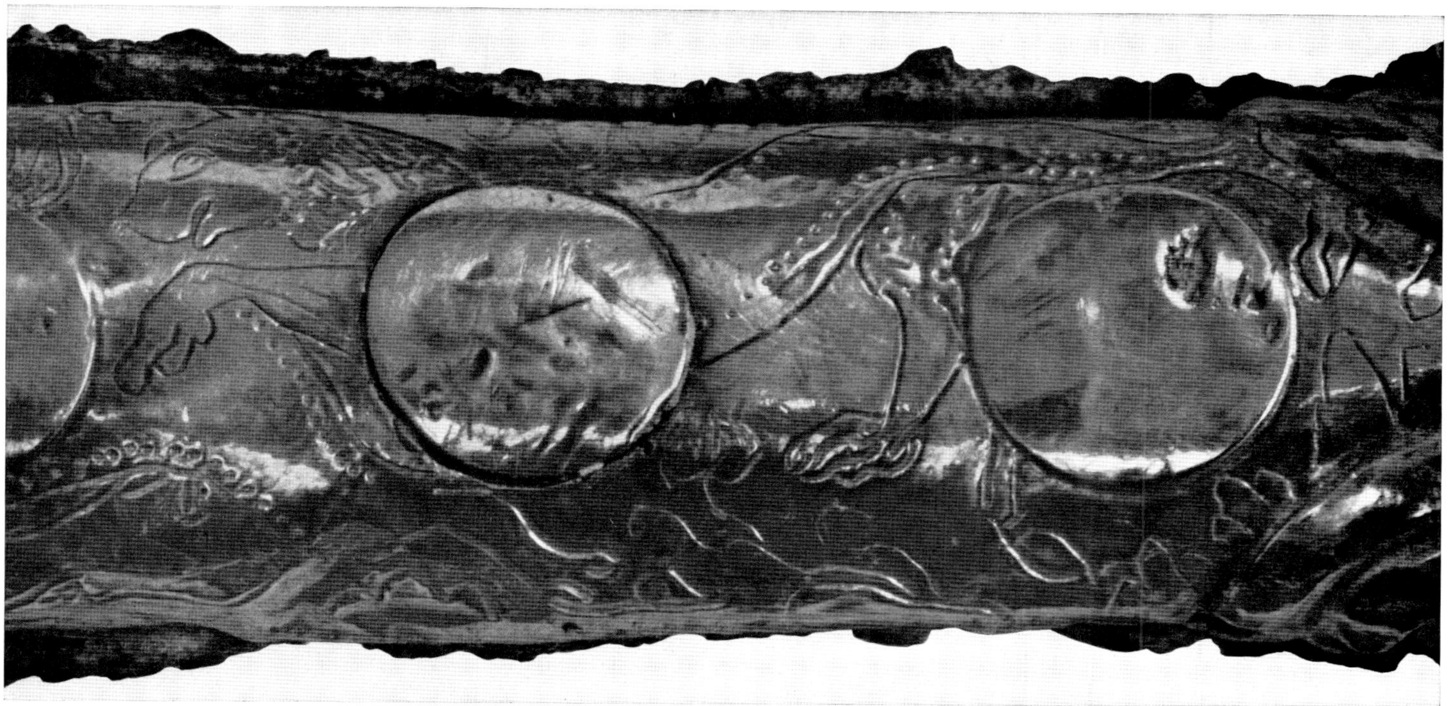

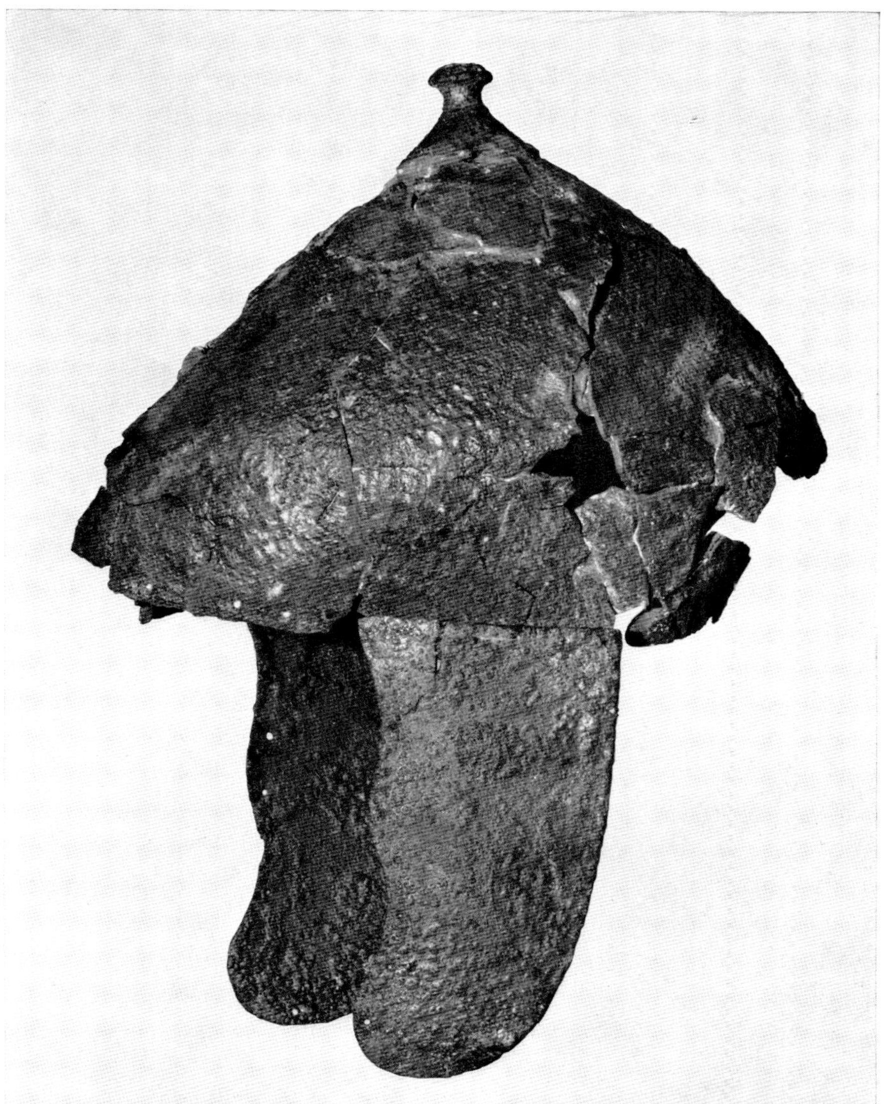

117 Oben: Mittelteil des Goldgriffes von Zapher Papura. Vgl. Taf. 116 oben. – Unten: Bronzehelm mit Wangenschutz. Gesamthöhe 38,6 cm. Aus einem Grab bei Knossos. Spätminoisch II, um 1450/1400 v. Chr.

118 Oben: Fries vom Nordwest-Außenportal des Neuen Palastes von Knossos. Kalkstein. Höhe 19 cm. Spätminoisch I/II, um 1500/1450 v. Chr. Unten links: Oberteil einer Lampe mit Papyrosdekor. Aus dem Neuen Palast von Knossos. Unten rechts: Von einer Lampe mit Efeudekor. Aus dem Südost-Haus in Knossos. Beide Mittelminoisch III / Spätminoisch I, um 1550 v. Chr.

119 Oben: Lampe. Dunkler Kalkstein. Durchmesser 12 cm. Aus dem Palast von Hagia Triada. Spätminoisch I/II, um 1500/1450 v. Chr.
Unten: Triton-Muschel aus Alabaster. Länge 30 cm. Aus der Nekropole von Phaistos bei Kalyvia. Spätminoisch II, um 1450/1400 v. Chr.

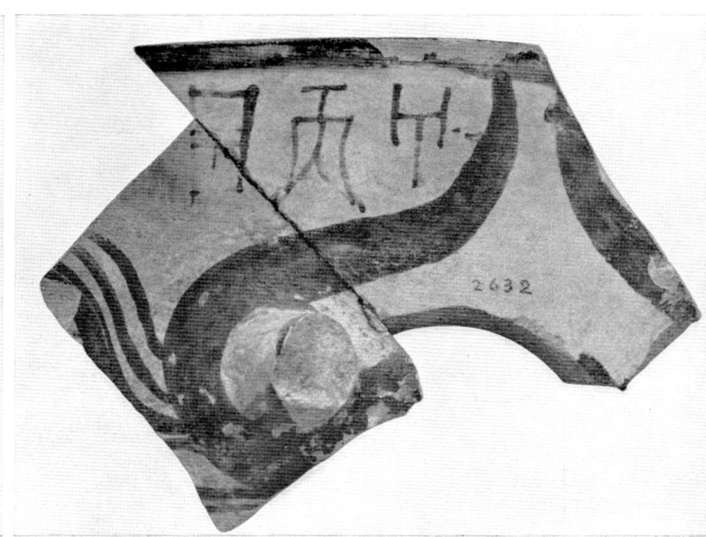

120 Oben: Schrifttafeln aus Ton. Rechts mit Linearschrift A. Aus Hagia Triada. Spätminoisch I. Links mit Linearschrift B. Aus Knossos. Spätminoisch II. Nat. Größe – Unten: Links Bruchstücke einer Steatittasse mit Linearschrift A. Aus Apodulu, Südkreta. Um 1550 v. Chr. Rechts Gefäßbruchstück mit Linearschrift B. Aus dem Neuen Palast von Knossos. Nach 1400 v. Chr. Wohl mykenischer Import

121 Siegelsteine aus verschiedenen Orten auf Kreta. I.–III. Phase der spätminoischen Zeit. Aufnahmen nach den Originalen und dem Gipsabdruck, $3^1/_3$fach vergrößert

122 Siegelsteine aus verschiedenen Orten auf Kreta. I.–III. Phase der spätminoischen Zeit. Sämtliche Aufnahmen nach den Originalen und dreifach vergrößert

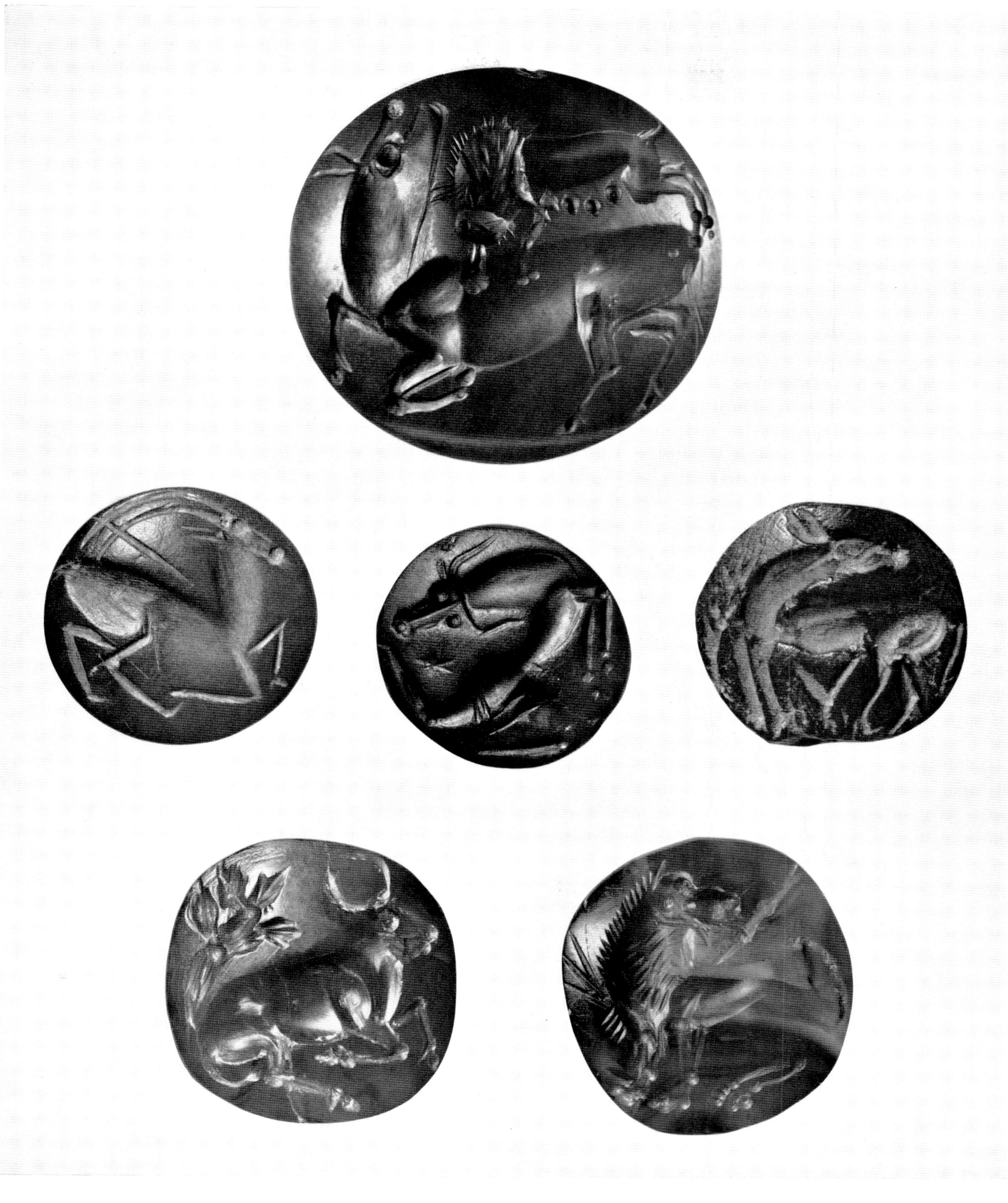

123 Siegelsteine aus verschiedenen Orten auf Kreta. I.–III. Phase der spätminoischen Zeit.
Sämtliche Aufnahmen nach den Originalen und dreifach vergrößert

DIE ZEIT NACH DEN GROSSEN PALÄSTEN

SPÄTMINOISCHE ZEIT, III. PHASE (1400–1100 V. CHR.) UND SUBMINOISCHE ZEIT (1100 BIS NACH 1000 V. CHR.)

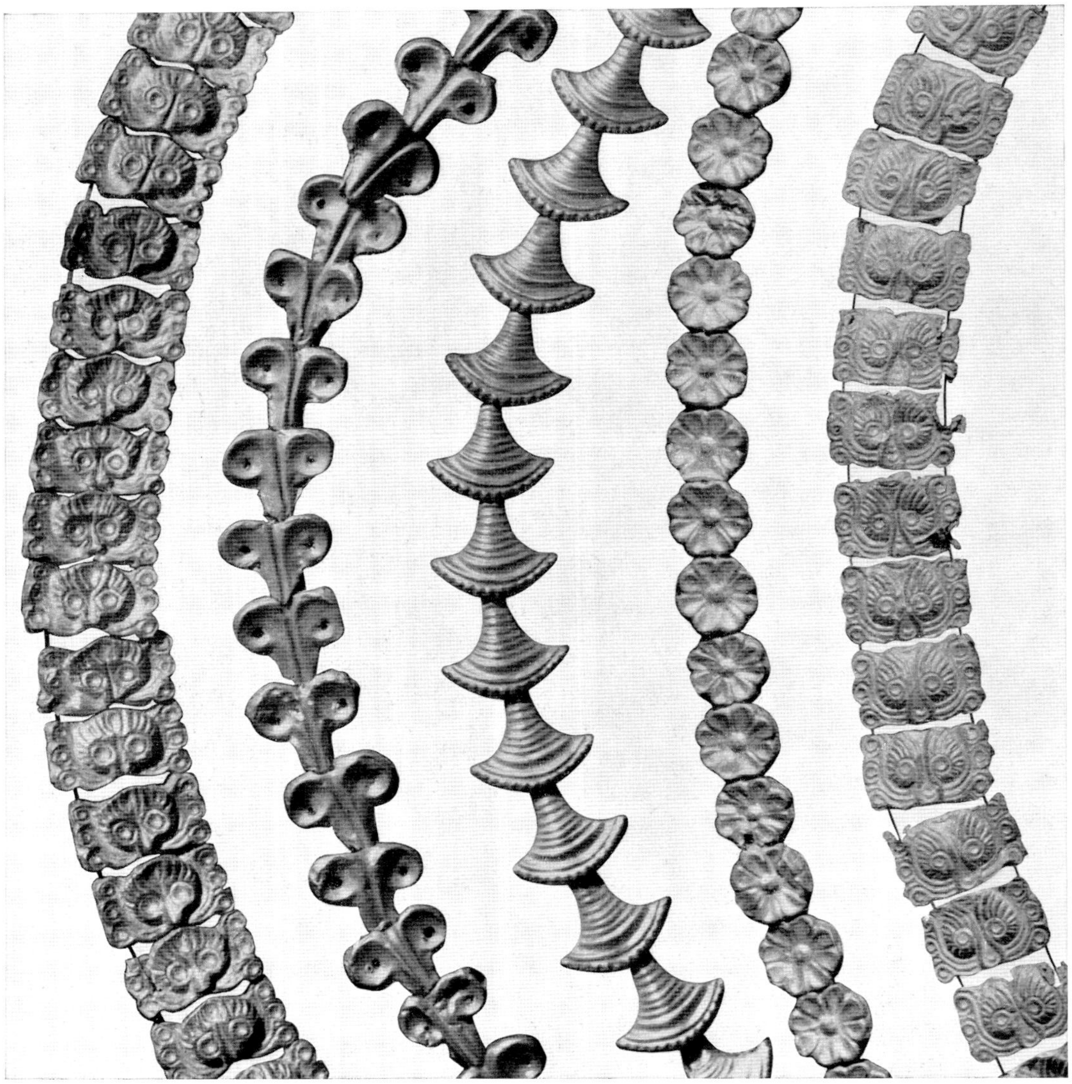

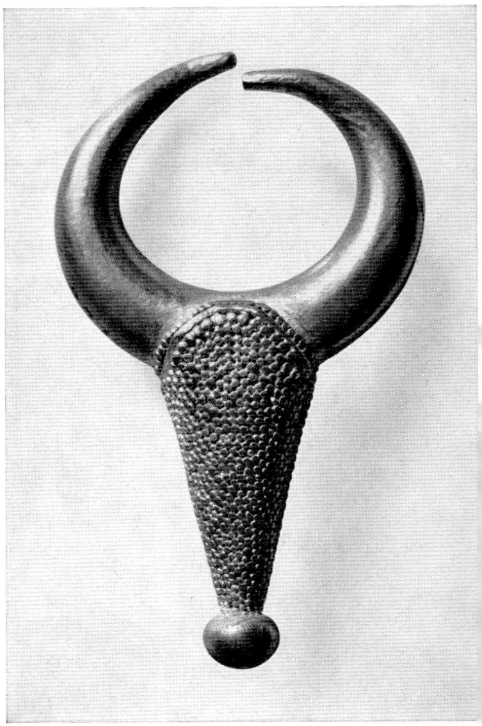

124 Links: Goldketten. Aus den Gräbern von Zapher Papura bei Knossos und aus der Nekropole von Phaistos bei Kalyvia. Etwa 2fach vergrößert. Rechts: Goldener Ohrring. Aus der Nekropole von Mavro Spelio bei Knossos. $2^1/_2$fach vergrößert. Beide Spätminoisch III, kurz nach 1400 v. Chr.

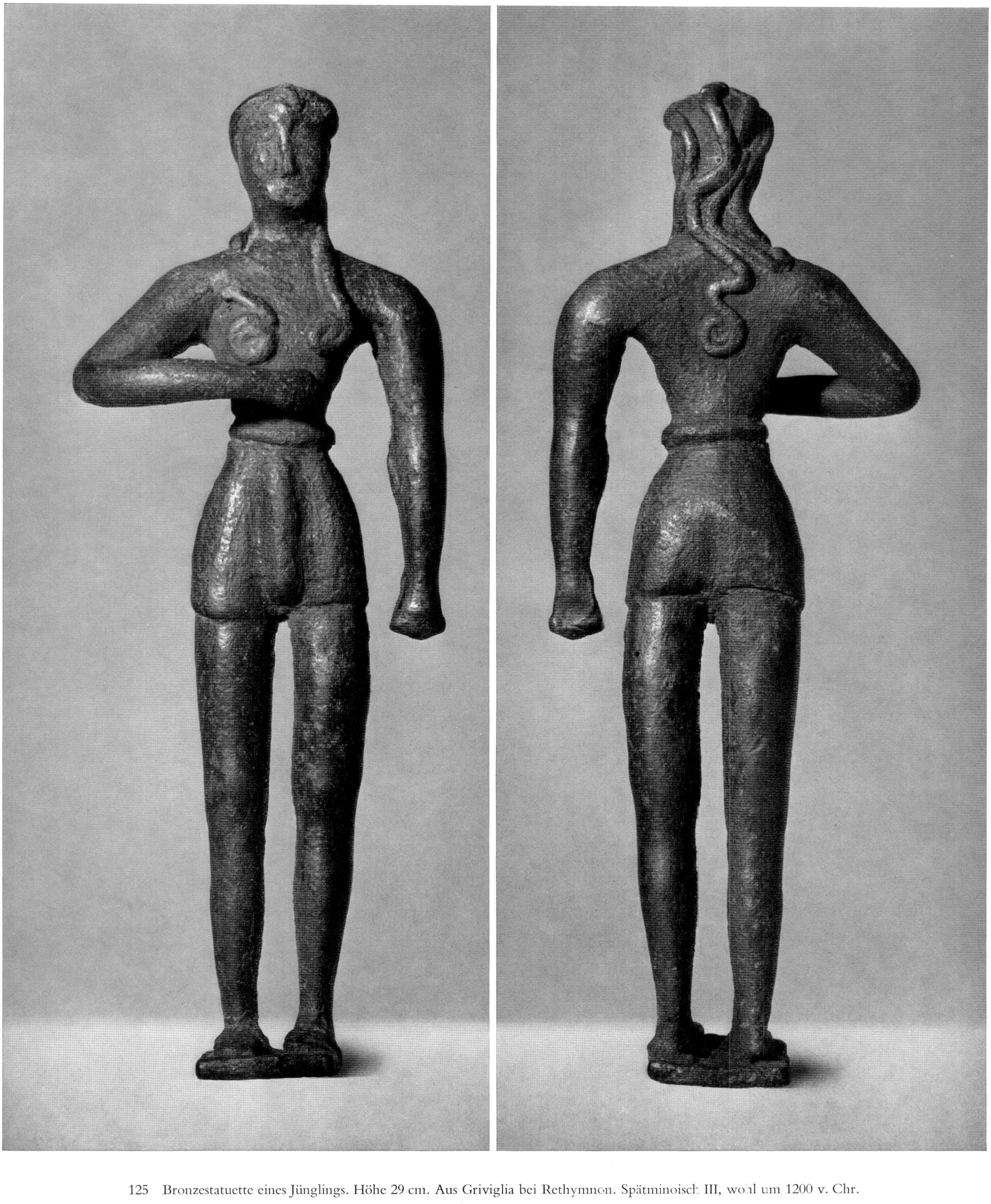

125 Bronzestatuette eines Jünglings. Höhe 29 cm. Aus Griviglia bei Rethymnon. Spätminoisch III, wohl um 1200 v. Chr.

126 Ton-Alabastron mit Wasservögeln. Höhe 23 cm. Aus der Nekropole von Phaistos bei Kalyvia. Spätminoisch III, um 1300 v. Chr.

127 Ton-Alabastron mit Wasservögeln und Fischen. Höhe 28,5 cm. Aus der Nekropole von Phaistos bei Kalyvia.
Spätminoisch III, um 1300 v. Chr.

128 Oben: Schmuckdose mit Rebhühner-Dekor. Deckel Durchmesser 14,9 cm. Aus einem Kammergrab in Pachyammos, Golf von Mirabello, Ostkreta. Spätminoisch III. – Unten: Tonpyxis, Höhe 15 cm. Aus einem Kammergrab in Kalami, Distrikt Aptara, Westkreta. Spätminoisch IIIb, um 1250 v. Chr.

129 Mischkrug. Höhe 24,5 cm. Aus einem späten Kammergrab in Amnissos. Spätminoisch III

130 Oben: Wannen-Sarkophag mit Oktopus und stilisiertem Papyros. Obere Länge 121 cm. Aus Pachyammos.
Unten: Truhen-Sarkophag mit Deckel; stilisierter Papyros, Wasservögel und Fische. Aus Vasilika Anogeia, Mittelkreta.
Beide Spätminoisch III, um 1400/1350 v. Chr.

XXX Porossarkophag, in Freskotechnik bemalt. Länge 1,37 m. Aus einem Kammergrab nahe dem Palast von Hagia Triada. Frühestes Spätminoisch III, um 1400 v. Chr.

XXXI Fresko der einen Langseite des Porossarkophages in Taf. XXX: Stieropfer unter Flötenmusik und Opferung von Früchten und Wein im geweihten Bezirk eines Heiligtums

XXXII Oben: Fresko der anderen Langseite des Porossarkophages in Taf. XXX: Links Darbringung und Ausgießung der Opferflüssigkeiten unter Kytharamusik, rechts Darbringung von zwei Kälbchen und einem Schiff vor der Gestalt des Toten.
Unten: Von der einen Schmalseite des Porossarkophages: Zwei weibliche Gestalten auf einem von zwei Rossen gezogenen Wagen

XXXIII Von der anderen Schmalseite des Porossarkophages in Taf. XXX:
Zwei göttliche oder vergöttlichte Gestalten in einem von zwei Flügelgreifen gezogenen Wagen

131 Oben: Truhen-Sarkophag mit Giebeldeckel. Obere Länge 123 cm. Doppelhorn, Doppelaxt und Flügelgreif. Aus Palaikastro, Ostkreta. Spätminoisch III, um 1400 v. Chr. – Unten: Wannen-Sarkophag mit Rindern. Obere Länge 117 cm. Aus Gurnia. Spätminoisch III

132 Tonsarkophag mit Giebeldeckel. Länge 1,29 cm. Aus Episkopé nahe Hierapetra, Ostkreta. Spätminoisch III a, um 1400/1350 v. Chr. Museum von Hierapetra

133 Tonidol einer minoischen Schlangengöttin. Höhe 34 cm. Aus Kania in der Messaraebene. Spätminoisch IIIb/c, um 1250/1200 v. Chr.

134 Weibliches Idol. Auf dem Haupte das Doppelhorn und Vögel. Höhe 52 cm.
Aus Gazi, westlich von Herakleion. Spätminoisch III.

135 Weibliches Idol, vgl. Taf. 134. Aus Gazi, westlich von Herakleion. Spätminoisch III.

136 Idol, sog. Mohngöttin, wohl Göttin der Fruchtbarkeit und der Heilkräfte. Höhe 77,5 cm.
Aus Gazi, westlich von Herakleion. Spätminoisch III.

137 Idol, sog. Mohngöttin, wohl Göttin der Fruchtbarkeit und der Heilkräfte, vgl. Taf. 136.
Aus Gazi, westlich von Herakleion. Spätminoisch III.

138 Oben: Drei Frauen im Reihentanz mit Lyraspielerin. Figurenhöhe 13,1 cm. Aus Palaikastro, Ostkreta. Spätminoisch III.
Unten: Göttinnen und Adorant. Höhe der Mittelfigur 21 cm. Aus dem Heiligtum der Doppeläxte in Knossos. Spätminoisch III

139 Oben: Menschlicher Kopf. Höhe 8,5 cm. Aus der Höhle des Hermes Kranaios, Patsos bei Rethymnon. Spätminoisch III.
Unten: Rhyton in Form eines Kopfes. Höhe ohne Henkel 15 cm. Aus dem Palast von Phaistos. Spätminoisch III oder etwas früher

140 Oben: Mit Krügen beladener Esel. Höhe 17 cm. – Unten: Stier. Höhe 37 cm. Beide aus dem Palast von Phaistos. Spätminoisch III

141 Weibliches Idol. Höhe 63 cm. Aus Karphi, Diktegebirge. Subminoisch, um 1100/1000 v. Chr.

142 Weibliches Idol mit beweglichen Beinen, auf dem Haupte das Doppelhorn. Höhe 67 cm. Aus Karphi, Diktegebirge. Subminoisch, um 1100/1000 v. Chr.

143 Weibliches Idol, vgl. Taf. 142. Aus Karphi, Diktegebirge. Subminoisch, um 1100/1000 v. Chr.

144 Tonnachbildung eines Tempelchens mit Gottheit im Innern. Türe geschlossen. Höhe 22 cm. Aus Archanes, Mittelkreta. Subminoisch, um 1100/1000 v. Chr. – Sammlung Giamalakis

145 Tonnachbildung eines Tempelchens, vgl. Taf. 144. Türe geöffnet, Gottheit sichtbar. Höhe 22 cm. Aus Archanes, Mittelkreta.
Subminoisch, um 1100/1000 v. Chr. – Sammlung Giamalakis

146 Berg Iyttos, heute Iuktas, der Tradition nach die Grabstätte des Zeus

THERA

XXXIV Der Fischer. Aus dem Westhaus, Thera. Höhe bis zu den Knöcheln 1,09 m. Spätminoisch I, um 1500 v. Chr.

147 Thera. Von der Ausgrabung nahe dem Dorf Akrotiri.
Oben: Front der »Einheit I«. Hinter der Außentüre die Steintreppe mit den durch das Erdbeben eingeknickten Stufen der Treppe.
Unten: Sektor B. Der etwas eingesunkene, mit Steinplatten belegte Fußboden des Raumes B 2

148 Thera. Von der Ausgrabung nahe dem Dorf Akrotiri.
Oben: Der Dreiecksplatz, in den die Telchinenstraße mündet;
links das Westhaus, das die bedeutenden Fresken: Fischer, Taf. XXXIV, Miniaturfries, Taf. XL–XLII, Priesterin und Labarum, Taf. 153, barg.
Unten: Die Telchinenstraße von Norden, im Vordergrund der Mühleplatz

XXXV Thera. Blick von der Mühle nahe dem Dorf Akrotiri (westlich von dem das Grabungsgelände liegt) auf den Golf von Thera. In der Mitte die Kaldera des Vulkans mit den Kammenen, im Hintergrund links Theresia, rechts Oia (Epanomeria)

XXXVI Aus der Westwand des Frühlingsfresko-Zimmers. Vgl. Taf. XXXVII

XXXVII Das Frühlingsfresko-Zimmer. Aus dem Bereich des Sektors Δ, Thera. Höhe der Wänce 2,50 m. Spätminoisch I, um 1500 v. Chr.

XXXVIII Boxende Kinder.
Aus Zimmer (B 1) im Sektor B
Thera.
Bildfeldbreite 92,5 cm.
Spätminoisch I, um 1500 v. Ch

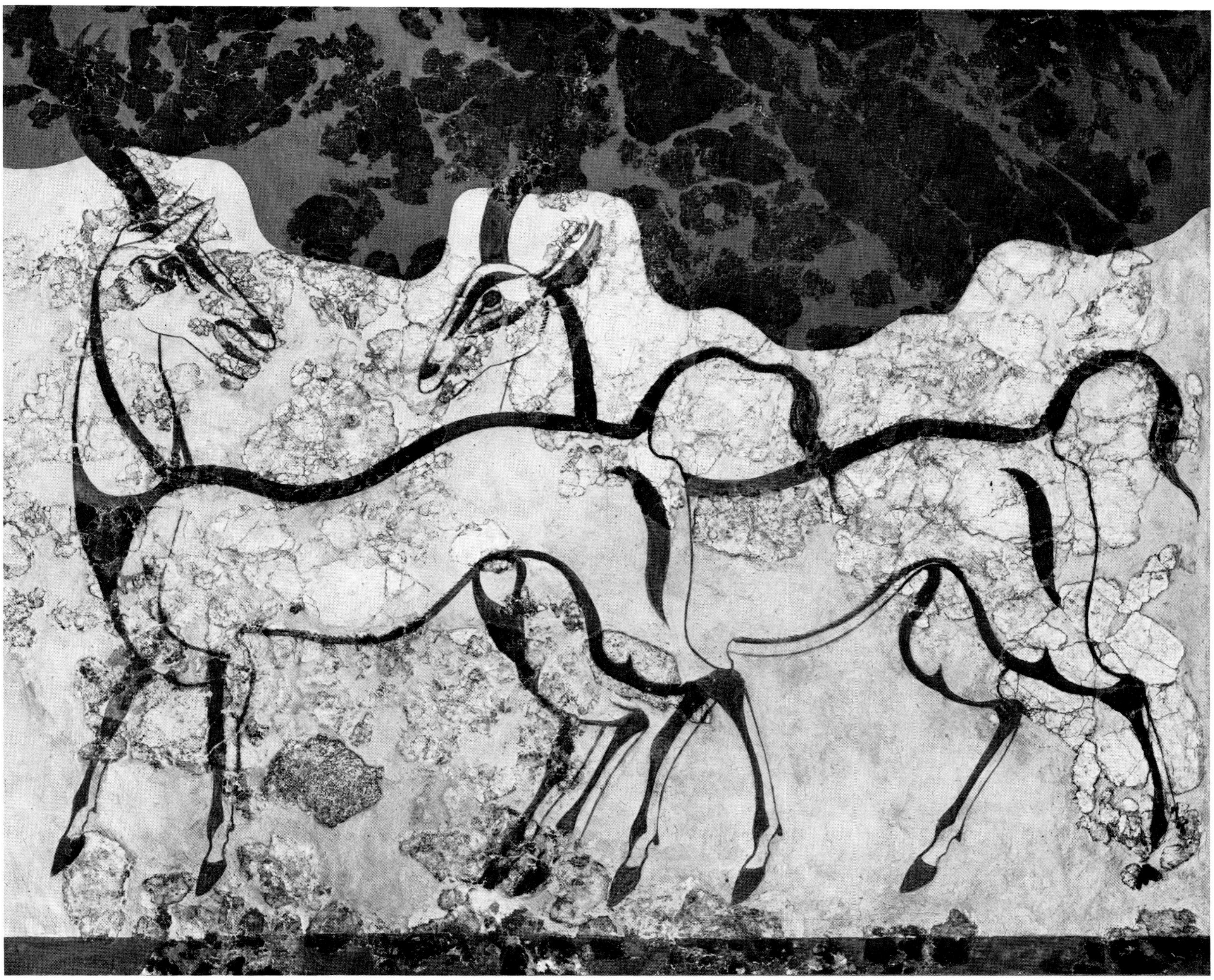

149 Zwei Antilopen. Aus Zimmer B 1 im Sektor B, Thera. Breite 1,52 cm. Spätminoisch I, um 1500 v. Chr.

150 Meereslilien (Pancratium maritimum) aus dem Frauenhaus, Thera. Höhe der Pflanzen etwa 1,20 m. Spätminoisch I, um 1500 v. Chr.

151 Aus: Frauen bei einer Kulthandlung (vgl. Taf. XXXIX). Eine einen Peplos darbringende Mutter.
Aus dem Frauenhaus, Thera. Höhe der Figur 1,14 m. Spätminoisch I, um 1500 v. Chr.

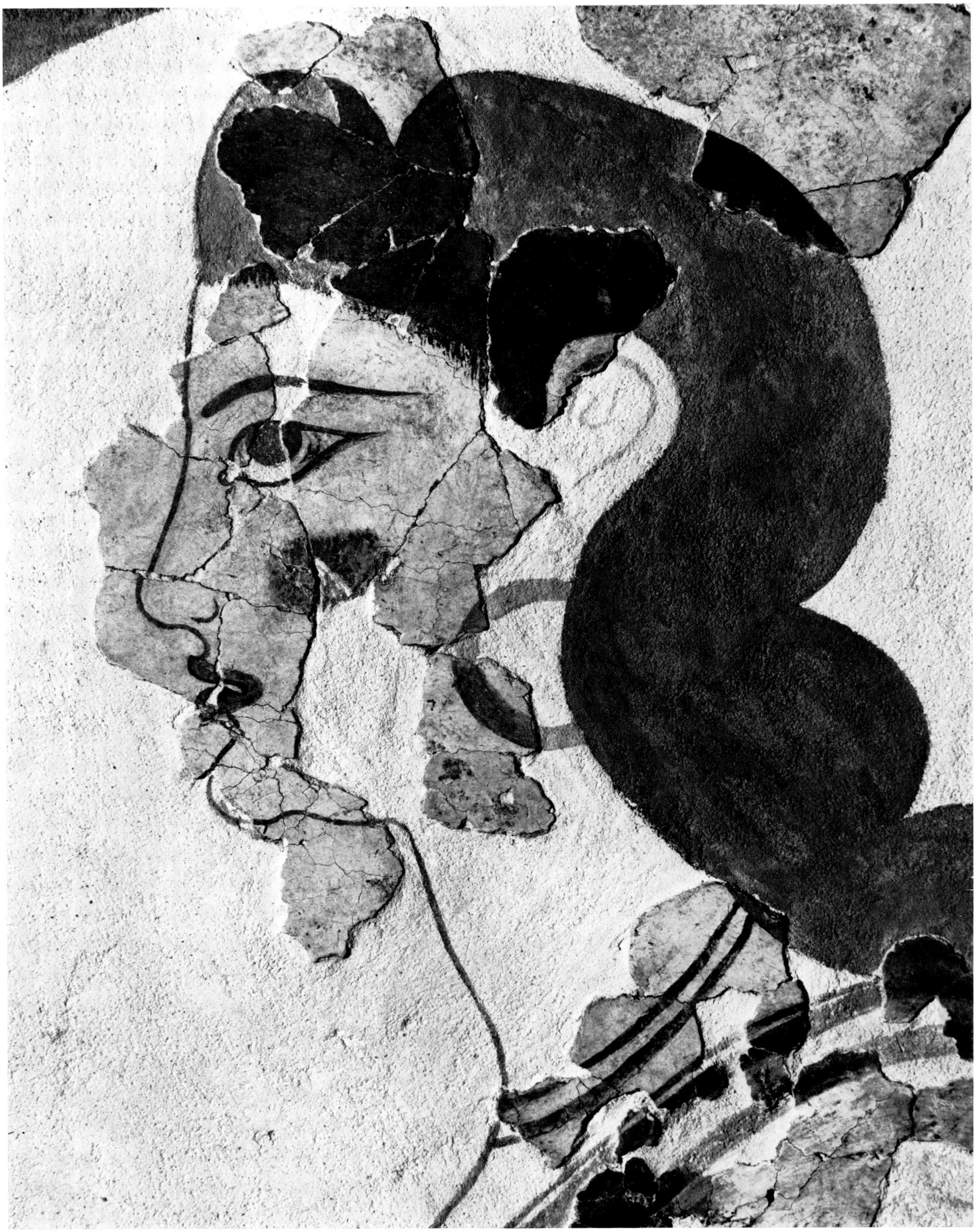

152 Kopf der schreitenden Frau. Vgl. Taf. XXXIX

XXXIX Aus: Frauen bei einer Kulthandlung (vgl. Taf. 151).
Schreitende Frau, ursprünglich mit Opfergaben in den Händen. Aus dem
Frauenhaus, Thera. Höhe der Figur 1,15 m. Spätminoisch I, um 1500 v. Chr.

XL Aus dem Westhaus, Zimmer 5, Thera. Oben: Von dem über Fensterhöhe gemalten Fries der Ostwand. Flußlandschaft mit Palmen. Frieshöhe 20 cm. Spätminoisch I, um 1500 v. Chr.
Unten: Der über Fensterhöhe gemalte Fries der Südwand. Höhe 40 cm. Vgl. die Teilbilder der Taf. XLI. Spätminoisch I, um 1500 v. Chr.

XLI Linke und rechte Partie des in Taf. XL unten wiedergegebenen 40 cm hohen Südwandfrieses aus Zimmer 5 des Westhauses, Thera. Spätminoisch I, um 1500 v. Chr. – Oben: Siedlung am Fluß und Hafen, darüber Hochland mit Hirschen, die ein Löwe verfolgt. Unten: Einzug der Kriegsflotte in den Hafen

153 Aus dem Westhaus, Thera. Links: Sog. Labarum, die Seitenansicht der Kajüte des Kapitäns eines Kriegsschiffes. Vgl. die Schiffe im Freskoabschnitt Taf. XLI unten. Höhe 1,78 m. – Rechts: Junge Priesterin mit Opfergabe. Höhe 1,51 cm. – Spätminoisch I, um 1500 v. Chr.

XLII Aus dem Fries der Nordwand des Zimmers 5 des Westhauses, Thera. Höhe 40 cm. Spätminoisch I, um 1500 v. Chr. Oben links ein Haus mit Männern und Frauen auf dem Dach, rechts bewaffnete Krieger, darüber Tiere. In der unteren Bildhälfte ein Schiff und Ertrinkende

154 Schnabelkanne mit gegenläufigem Spiralendekor. Höhe 21,5 cm. Aus Thera. Spätminoisch I, um 1500 v. Chr.

155 Hohes Ausgußgefäß mit Schilfdekor. Höhe 37 cm. Aus Thera. Spätminoisch I, um 1500 v. Chr.

156 Zwei Augenkannen, links mit Myrtenzweig und Erbsenhülsen als Dekor. Höhe 26 cm; rechts mit Gersten-Dekor. Höhe 20,7 cm. Aus Thera. Spätminoisch I, um 1500 v. Chr.

157 Hohe Brustwarzenkanne mit Gersten-Dekor. Höhe 26 cm. Aus Thera. Spätminoisch I, um 1500 v. Chr.

158 Dreihenkelige Amphora mit Dekor von Pflanzen und Kanne. Höhe 41,5 cm. Aus Thera. Spätminoisch I, um 1500 v. Chr.

159 Warzenkanne mit Schwalbendekor. Höhe 18,4 cm. Aus Thera. Spätminoisch I, um 1500 v. Chr.

160 Weinkrug mit Traubendekor. Höhe 49,5 cm. Aus Thera. Spätminoisch, um 1500 v. Chr.

161 Kultvase mit Dekor verblühender Lilien. Höhe 25,9 cm. Aus Thera. Spätminoisch I, um 1500 v. Chr.

162 Augenkrug im frühen Meeresstil mit Dekor großer Delphine über Wellen. Höhe 44,5 cm. Aus Thera. Spätminoisch I, um 1500 v. Chr.

XLIII Augenkanne mit großen Vögeln (Kranichen oder Störchen) als Dekor. Höhe 29,2 cm. Aus Thera. Spätminoisch I, um 1500 v. Chr.

XLIV Oben: Kymbe mit Schwalbendekor. Durchmesser 46 cm. Aus Thera. Spätminoisch I, um 1500 v. Chr.
Unten: Dreifüßiger Opfertisch mit Delphinendekor. Höhe 29,2 cm. Aus Thera. Spätminoisch I, um 1500 v. Chr.

DAS MYKENISCHE HELLAS

XLV Blick auf Mykenai vom Hügel des sog. Schatzhauses des Atreus. Über dem kyklopischen Mauerring der Palast; im Hintergrund der Berg Hagios Elias

163 Mykenai, Löwentor der Burg von Mykenai

164 Mykenai. Oben: Aufweg zum Löwentor mit einer der turmartigen Befestigungen der Mauer. – Unten: Oberburg und Palast

165 Mykenai. Blick vom Palast nach Südwesten auf die Unterstadt und die Argosebene

166 Mykenai. Blick von Osten über das Megaron und die Vorräume des Palastes; im Megaron sichtbar die Basen der vier Säulen und der (wiederzugeschüttete) Herd

167 Mykenai. Das Schachtgräber-Rund A innerhalb des Mauerrings

168 Grabstele, ursprünglich über Grab V der Burg von Mykenai. Jagdszene

169 Grabstele, ursprünglich über Grab V der Burg von Mykenai. Jagdausfahrt

170 Mykenai, sog. Schatzhaus des Atreus von Osten. Der Eingang (dromos) und der das Kuppelgrab umschließende Hügel

171 Mykenai. Bauglieder vom Tor zum Schatzhaus des Atreus. Unten: Teil einer der flankierenden Halbsäulen. Oben: Teile der Plinthe und des Spiralendekors darüber. London, Britisches Museum

172 Mykenai, sog. Schatzhaus des Atreus. Das Innere. Blick auf Eingang (rechts) und Grabkammerzugang (links)

173 Mykenai, sog. Schatzhaus des Atreus. Aufblick in die Kuppel

174 Burg von Tiryns. Blick aus der sog. Großen Kasematte gegen Süden

175 Burg von Tiryns. Oben: Blick von Osten auf die Burg. – Unten: Rampe und Osttor der Burg

176 Burg von Tiryns. Palast. Unten: Blick vom Propylon auf den Großen Hof mit dem Rundaltar.
Oben: Blick vom Großen Hof auf das Hauptmegaron und die sog. Prinzenmegara

177 Burg von Tiryns. Blick von der Nordostecke der Palastanlage über die Prinzenmegara auf das große Megaron. Im Hintergrund Bucht und Berge von Argos

178 Gebiet von Pylos. Oben: Die Buchten von Buphras (Voidokoila) und von Pylos, von Koryphasion aus. Unten: Der sog. Palast des Nestor bei Englianos. Im Hintergrund der Bergzug Aigaleon

XLVI Koryphasion, nach alter Tradition der Sitz des Nestor, von Norden, mit der Grotte des Neleus. Rechts das Ionische Meer, links Buphras und die Bucht von Pylos. Im Vordergrund das wiederentdeckte Tholosgrab, das im Altertum als das Grab des Thrasymedes, des Sohnes des Nestor, gezeigt wurde

XLVII Blick von Koryphasion auf die Bucht von Buphras (Voidokoila). Dahinter Englianos, wo der sog. Palast des Nestor liegt. Im Hintergrund der Bergzug Aigaleon

179 Oben: Pylos. Tholosgrab nahe dem sog. Palast des Nestor bei Englianos (Kuppel wieder hergestellt). Unten: Palaipylos – (Volimidia bei Chora). Eines der Kammergräber der dortigen frühmykenischen Nekropole

180 Akropolis von Arne (Gla). Oben: Blick von der Höhe des Palastes nach Osten. – Unten: Teil der Nordmauer mit Nordtor

181 Akropolis von Arne (Gla). Oben: Nordwestecke der Mauer, links die Stützmauer des Palastes; im Hintergrund der einstige, jetzt trockengelegte Kopaissee. – Unten: Nordtor

182 Orchomenos, sog. Schatzhaus des Minyas. Blick in das zerstörte Rundgrab. Links der Eingang zur Grabkammer

183 Orchomenos, sog. Schatzhaus des Minyas. Decke in der Grabkammer des Rundgrabes

184 Goldene Totenmaske eines mykenischen Fürsten, sog. Agamemnon. Profilansicht. Höhe 26 cm. Burg von Mykenai, Grab V

XLVIII Goldene Totenmaske eines mykenischen Fürsten, sog. Agamemnon. Höhe 26 cm. Burg von Mykenai, Grab V

185 Goldene Totenmaske eines mykenischen Fürsten. Höhe 31,5 cm. Burg von Mykenai, Grab V

186 Goldene Totenmaske eines mykenischen Fürsten. Höhe 20,5 cm. Burg von Mykenai, Grab IV

187 Goldene Totenmaske eines mykenischen Fürsten. Höhe 21,5 cm. Burg von Mykenai, Grab IV

188 Goldene Totenmaske eines mykenischen Fürsten. Höhe 30,3 cm. Burg von Mykenai, Grab IV

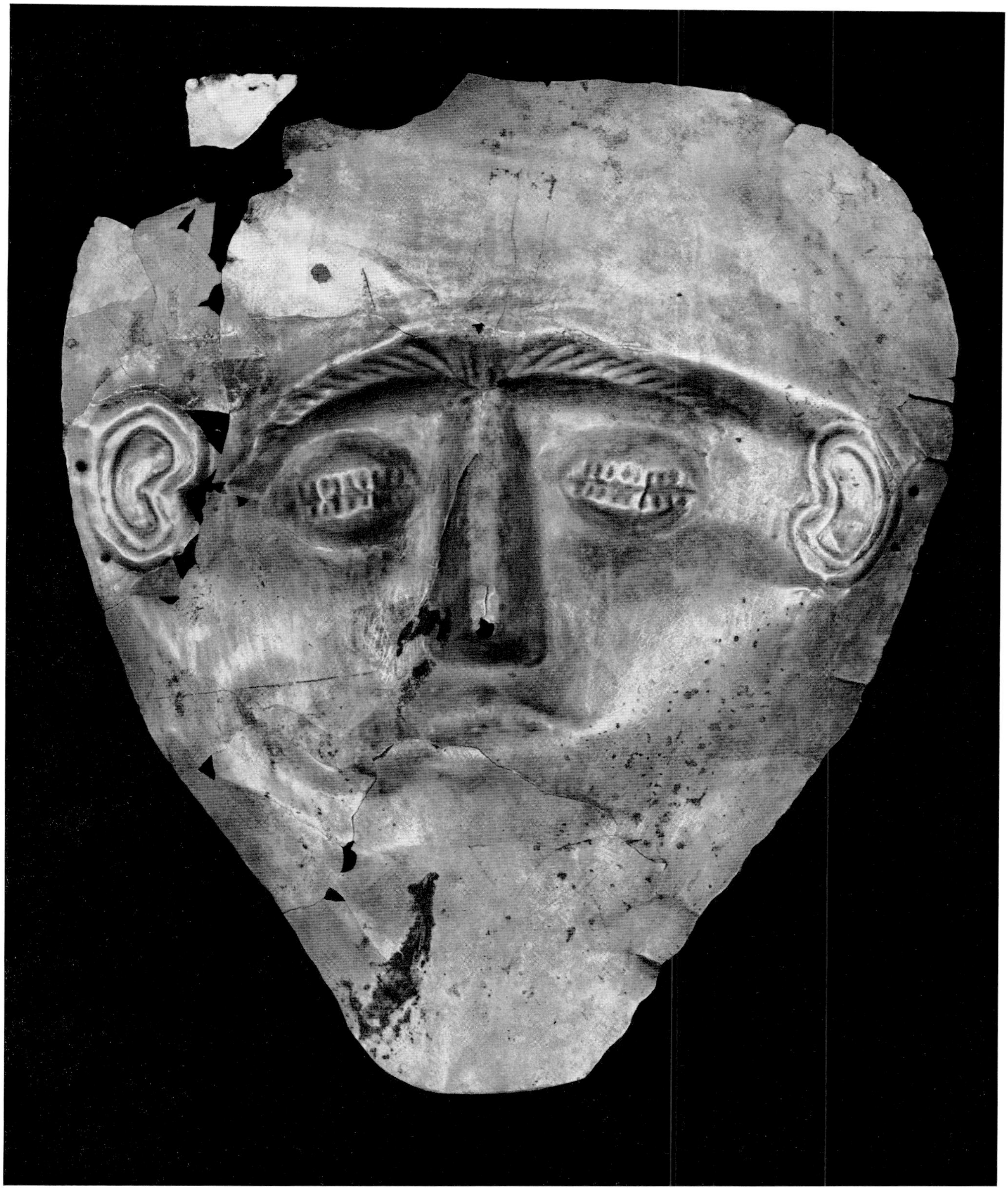

189 Totenmaske eines mykenischen Fürsten. Elektron. Höhe 22 cm.
Aus Grab Gamma des neuentdeckten Gräberrundes B außerhalb der Burg von Mykenai

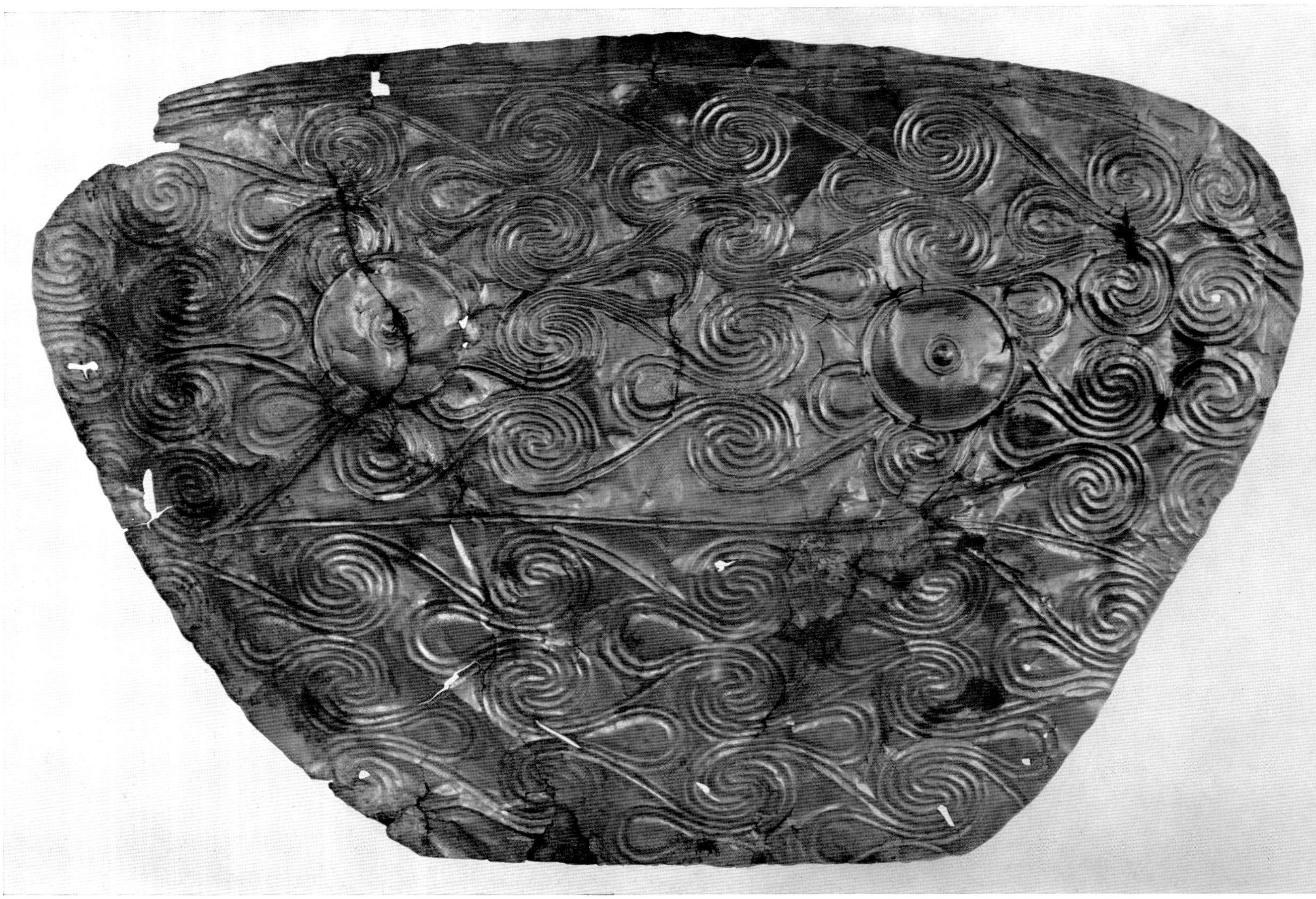

190 Goldener Toten-Brustschild des sog. Agamemnon. Höhe 36,5 cm. Burg von Mykenai, Grab V

191 Oben: Goldenes Diadem mit neun aus je vier kreuzweise angeordneten Blättern bestehenden Blütenkelchen. Weite 62 cm.
Unten: Strahlen-Diadem. Weite 65 cm. Beide Burg von Mykenai, Grab III

192 Prunkschwert von Staphylos auf Skopelos. Aufsicht auf den Knauf des Goldgriffes. Durchmesser 13,8 cm

193 Prunkschwert von Staphylos auf Skopelos. Gesamtansicht des Goldgriffes. Nat. Größe

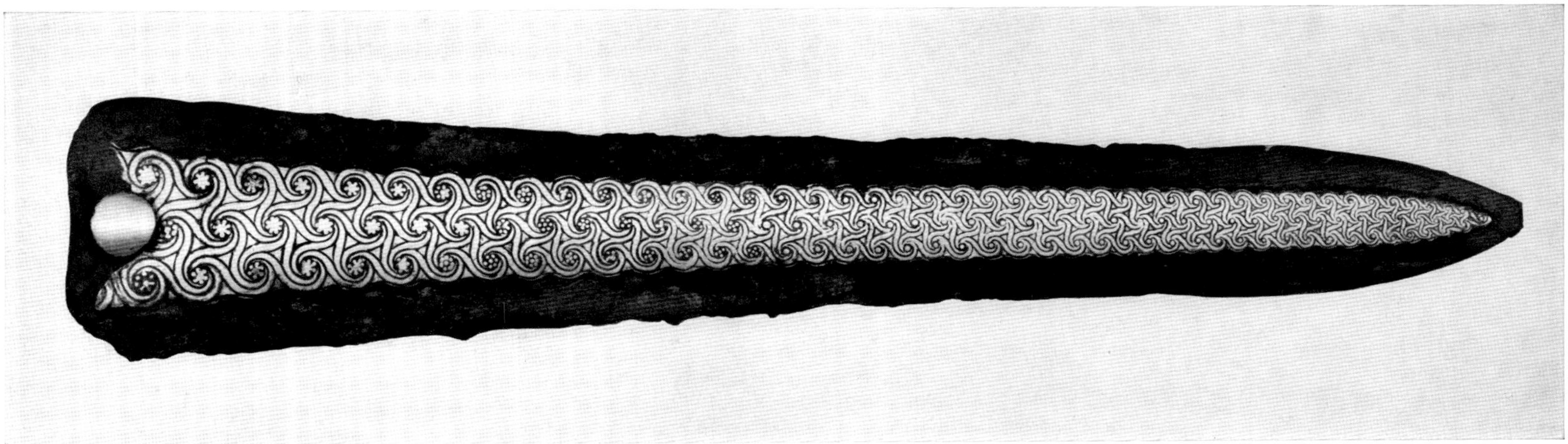

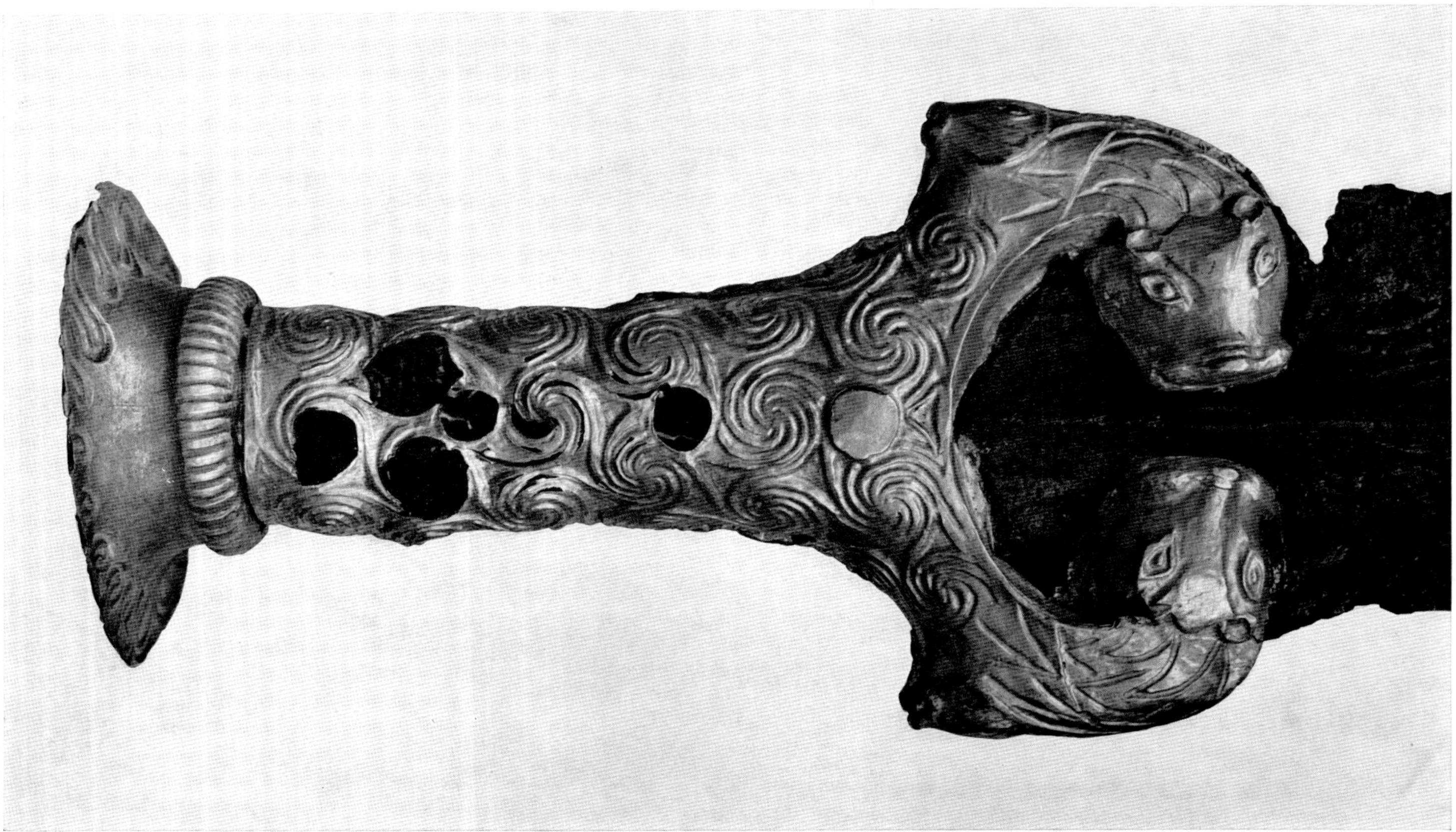

194 Oben: Bruchstück eines Dolches mit Goldgriff und Liliendekor. Länge soweit erhalten 18 cm. Mitte: Bronzeklinge mit Spiralendekor in Gold. Länge 24,3 cm. Beide Burg von Mykenai, Grab V. – Unten: Goldgriff eines Schwertes mit Löwen und Spiralendekor. Länge des Griffes 14 cm. Aus Grab Delta des neuentdeckten Gräberrundes B außerhalb der Burg von Mykenai

XLIX Bronzeklingen dreier Dolche mit Einlagen aus Gold, Silber und schwarzem Niello. Um 1570/1550 v. Chr.
Oben: Im Papyrossumpf. Länge 16,3 cm. – Mitte: Löwenjagd, Länge 23,8 cm.
Unten: Drei rennende Löwen. Länge 21,4 cm. Sämtliche: Burg von Mykenai, oben Grab V, Mitte und unten Grab IV

L Teilbilder aus der großen Bronzeklinge von Grab IV, vgl. Taf. XLIX Mitte.
Unten: von der Vorderseite, Bogenschütze und Hopliten im Kampf mit Löwen. – Oben: von der Rückseite, Löwe greift Gazellen an.

LI Oben: Teilbild aus der Bronzeklinge von Grab V, vgl. Taf. XLIX oben: im Papyrossumpf, Leopard zwischen Wildenten; im Wasserlauf kleine Fische. – Unten: Teilbild aus der kleineren Bronzeklinge von Grab IV, vgl. Taf. XLIX unten: einer der rennenden Löwen, über ihm Wolken

LII Oben: Bronzeklinge eines Dolches mit Nautiloi. Länge 25 cm. – Mitte: Dolch mit goldenem, spiralenverziertem Griff. In der Bronzeklinge jagende Leoparden. Länge 32 cm. Beide aus einem Tholosgrab bei Pylos, um 1500 v. Chr. Unten: Bronzeklinge eines Dolches mit Delphin. Länge 18,5 cm. Aus Prosymna in Argos. Um 1450 v. Chr. Sämtliche Einlagen aus Gold, Silber und schwarzem Niello

195 Teilbilder aus den Dolchklingen von Pylos, vgl. Taf. LII oben und Mitte

196 Oberer Teil eines silbernen Trichterrhytons. Mykenische Krieger stürmen eine Stadt. Gesamthöhe des Rhytons 22,9 cm, oberer Durchmesser 11,2 cm. Burg von Mykenai, Grab IV

197 Rhyton aus Silber und Gold in Form eines Stierkopfes. Höhe ohne Hörner 15,5 cm. Burg von Mykenai, Grab IV

198 Rhyton aus Gold in Form eines Löwenkopfes. Höhe 20 cm. Burg von Mykenai, Grab IV

LIII Goldenes Rhyton in Form eines Löwenkopfes. Höhe 20 cm. Burg von Mykenai, Grab IV

199 Rhyton in Form eines Hirsches. Silberblei. Höhe bis Einguß 16,2 cm. Burg von Mykenai, Grab IV

200 Goldbecher I mit Stierfang. Aus dem Tholosgrab von Vaphio in Lakonien. Um 1500 v. Chr. Oberer Durchmesser 10,8 cm.
Oben: Stier greift Fänger und Fängerin an. – Unten: Gegenseite, Stier auf der Flucht

201 Goldbecher I mit Stierfang. Aus dem Tholosgrab von Vaphio in Lakonien. Um 1500 v. Chr. Der Stier im Netz

202 Vom Goldbecher I von Vaphio: Stier greift Fänger und Fängerin an. Vgl. Taf. 200 oben

203 Vom Goldbecher I von Vaphio: Der Stier im Netz. Vgl. Taf. 201

204 Goldbecher II. Stierfang mit Hilfe einer Kuh als Köder. Aus dem Tholosgrab von Vaphio in Lakonien. Um 1500 v. Chr. Oberer Durchmesser 10,8 cm. Oben: Stier am Hinterfuß gefangen. – Unten: Fänger; rechts von ihm die ködernde Kuh und ein zweiter Stier

205 Goldbecher II aus dem Tholosgrab von Vaphio in Lakonien. Um 1500 v. Chr. Oben: Ködernde Kuh und Stier.
Unten: Vorsichtiges Nahen eines dritten Stieres

206 Vom Goldbecher II von Vaphio: Fänger den Stier am Bein fesselnd. Vgl. Taf. 204 unten

207 Vom Goldbecher II von Vaphio: Ködernde Kuh und Stier. Vgl. Taf. 204 unten und 205 oben

208 Becher aus Elektron mit Gold und Niello. Im Dekor eine Schale mit Diktamonpflanzen. Höhe 15,5 cm. Burg von Mykenai, Grab IV

209 Goldbecher mit Rosettendekor in Relief. Höhe ohne Henkel 15 cm. Burg von Mykenai, Grab IV

210 Sog. Nestor-Becher. Auf den Henkeln je ein Falke mit gespreizten Flügeln. Gold. Höhe ohne Henkel 14,5 cm.
Burg von Mykenai, Grab IV

211 Goldbecher mit Hundekopf an den Henkeln. Höhe etwa 15 cm. Aus einem Fund beim Gräberrund A der Burg von Mykenai

212 Oben: Goldtasse. Höhe 9 cm. – Unten: Goldbecher. Höhe ohne Henkel 12,6 cm. Beide Burg von Mykenai, Grab IV

213 Oben: Goldenes Schminkgefäß. Höhe ohne Henkel 12,2 cm. – Unten: Goldtasse. Höhe 7 cm. Beide Burg von Mykenai, Grab IV

214 Oben: Becher mit rennenden Löwen als Dekor. Höhe ohne Henkel 12,8 cm.
Unten: Goldener Kantharos. Höhe ohne Henkel 9,2 cm. Burg von Mykenai, Grab V bzw. IV

215 Oben: Goldtasse. Höhe ohne Henkel 6,2 cm. – Unten: Hohe Goldtasse. Höhe ohne Henkel 12 cm. Burg von Mykenai, Grab IV bzw. V

216 Oben: Goldtasse mit Spiralendekor. Höhe ohne Henkel 11 cm.
Unten: Goldtasse mit Pflanzendekor. Höhe ohne Henkel 8,8 cm. Burg von Mykenai, Grab V bzw. IV

217 Silberkanne mit Spiralen- und Banddekor. Höhe 34,5 cm. Burg von Mykenai, Grab V

218 Oben: Silberbecher in Schalenform mit Goldeinlagen männlicher Köpfe. Vgl. Taf. 226. Durchmesser 16,2 cm. Aus einem Kammergrab in Mykenai. – Unten: Goldbecher in Schalenform mit Meerestieren. Durchmesser 17,3 cm. Aus Midea in Argos

219 Goldbecher in Schalenform, von unten gesehen. Vgl. Taf. 218 unten

220 Goldplatten von dem Kästchen in Taf. 221 unten. Zweifach vergrößert

221 Unten: Sechseckiges Holzkästchen mit Goldplatten. Etwa nat. Größe. Burg von Mykenai, Grab V. – Oben: Liegender Löwe vermutlich vom Henkel eines Bechers. Gold. Etwa dreifach vergrößert. Aus einem Fund beim Gräberrund A der Burg von Mykenai

222 Links: Anstecknadel aus Silber mit Golddekor: Weibliche Gottheit mit ausgestreckten Armen im Rund stilisierter Zweige. Dekor 6,7 cm hoch, Nadellänge 21,5 cm. Burg von Mykenai, Grab III. – Rechts: Goldzierat in Form stilisierter Nautiloi. Etwas vergrößert. Aus Mykenai

223 Oben: Goldarmreif eines Mannes. Durchmesser 9,3 cm. – Unten: Goldene Ohrringe. Durchmesser 7,5 cm.
Burg von Mykenai, Grab IV bzw. III

224 Goldscheiben in repoussé-Arbeit, wohl zum Annähen an Gewänder. Etwa nat. Größe. Burg von Mykenai, Grab III

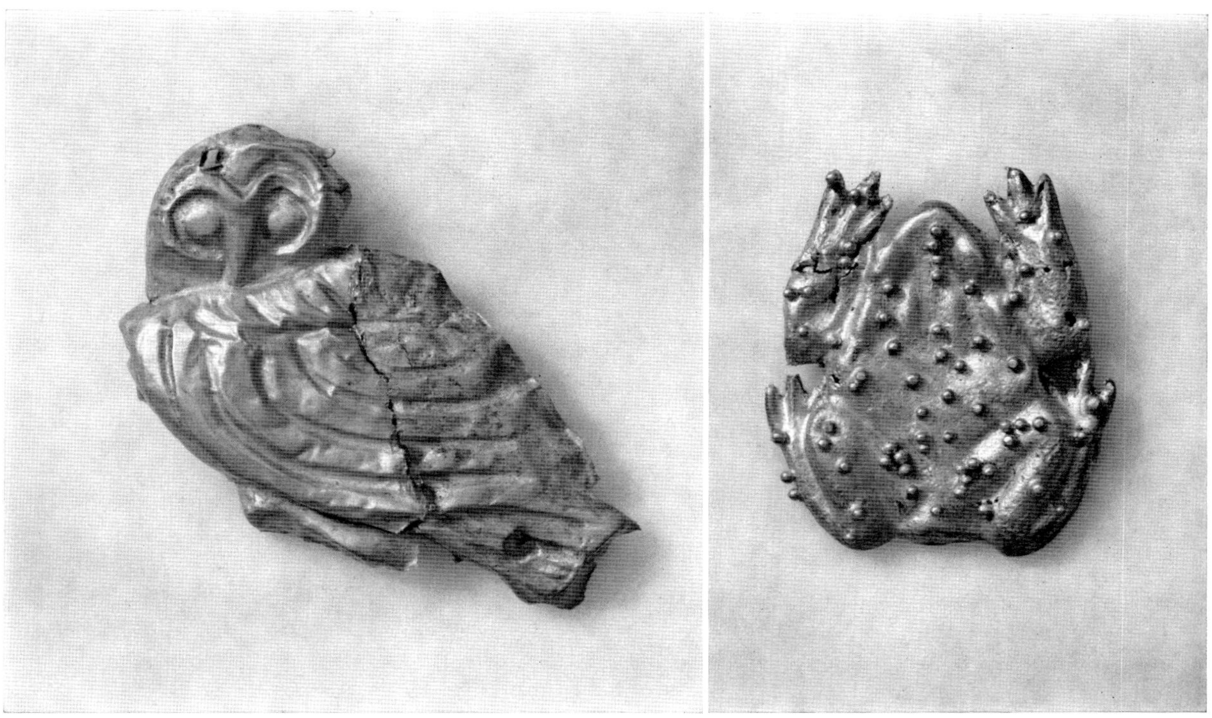

225 Oben: Goldketten $1\frac{1}{3}$fach vergrößert. Aus Prosymna in Argos.
Unten: Eule und Frosch. Gold. $3\frac{1}{3}$fach vergrößert. Aus Kakovatos bei Pylos

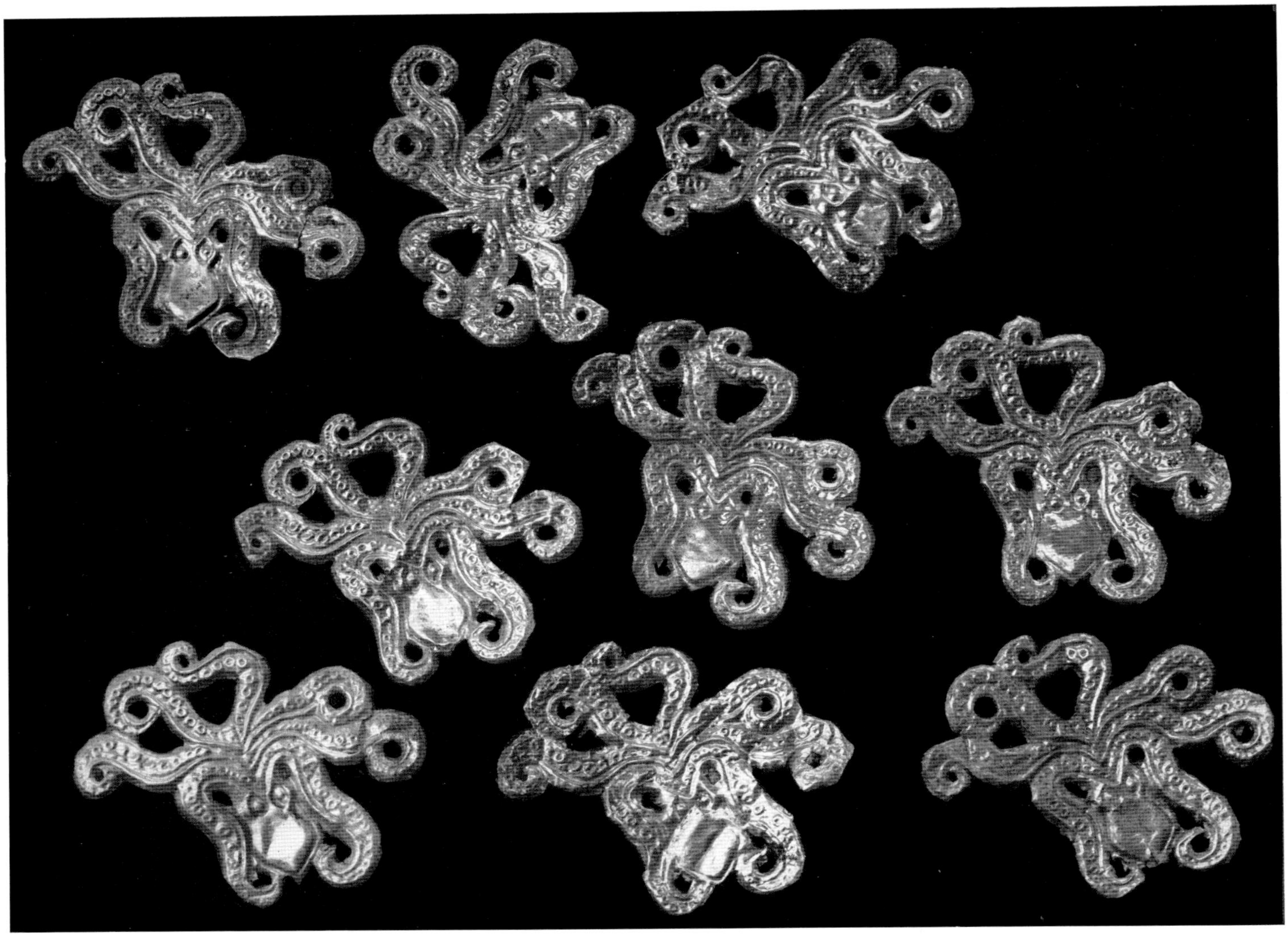

226 Oben: Goldzierat in Form von Oktopoden. $^2/_3$ nat. Größe. Burg von Mykenai, Grab IV. – Unten: Köpfchen aus Gold und schwarzem Niello, vermutlich Zierat einer Schale ähnlich der in Taf. 218 oben. Etwa $1^1/_3$fach vergrößert. Aus Pylos

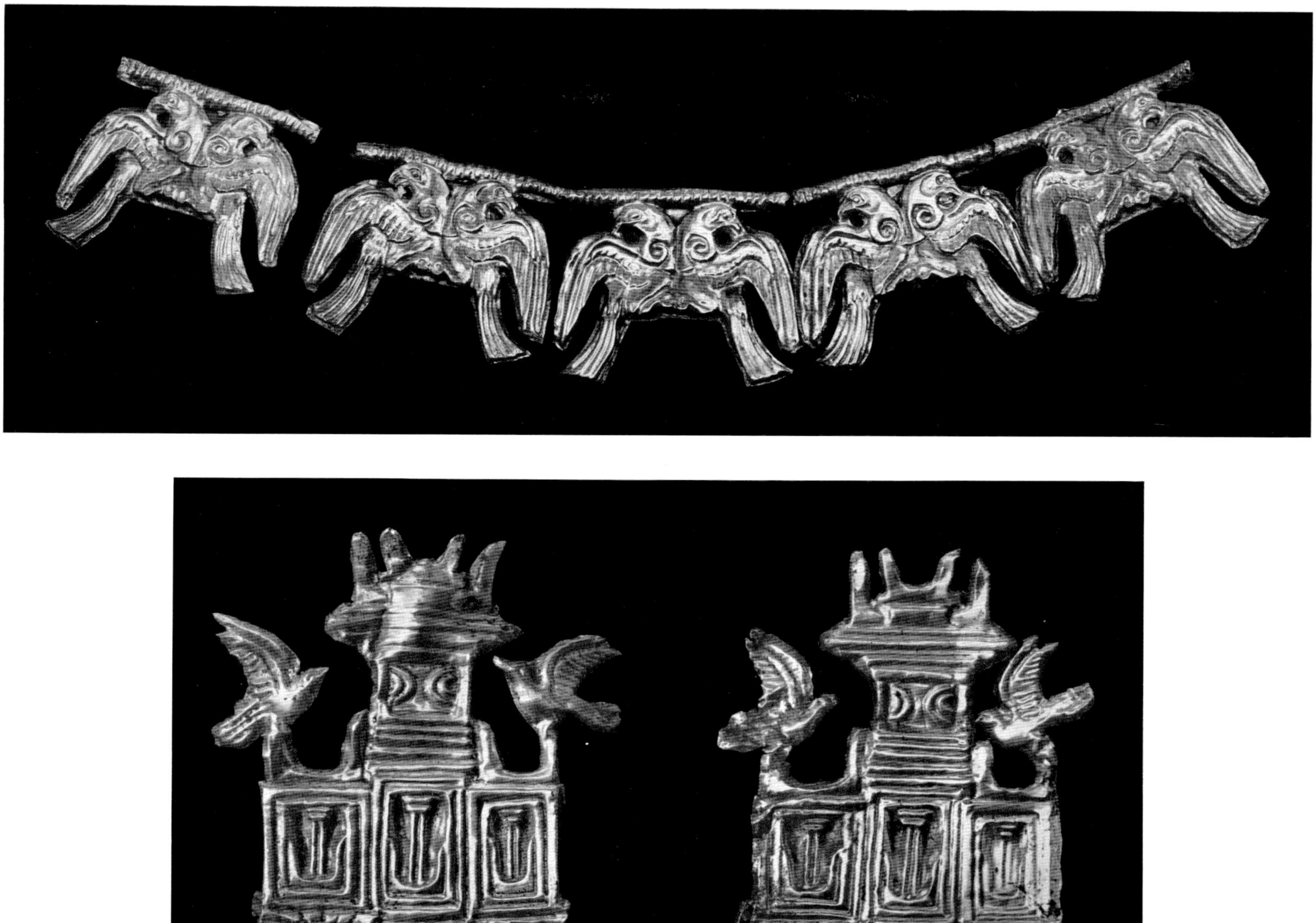

227 Oben: Goldkette. Falkenpaare. $^{9}/_{10}$ nat. Größe. – Mitte: Goldzierat. Altar mit Doppelhorn und Tauben. $^{9}/_{10}$ nat. Größe. Unten: Goldzierat. Weibliche Gestalten. Burg von Mykenai, Grab V bzw. IV bzw. III

228 Goldene Siegelringe. Aus Mykenai. Aufsicht. Sämtliche Aufnahmen nach den Originalen, 3¼fach vergrößert

229 Goldene Siegelringe. Aufsicht. Oben: aus Tiryns, dreifach vergrößert.
Unten: aus Mykenai, vierfach vergrößert. Beide Aufnahmen nach den Originalen

230 Siegelabdrücke. Oben und Mitte links: Von goldenen Ringplatten aus Mykenai. 4fach bzw. 4,5fach vergrößert. Späthelladisch I, um 1580/1500 v. Chr.
Mitte rechts und unten: Amethyst- bzw. Chalzedon-Siegelsteine aus Messenien, 3,5fach bzw. 3fach vergrößert.
Späthelladisch II, um 1500 bzw. 1400 v. Chr.

231 Goldene Siegel. Aus Pylos. Aufsicht. Aufnahmen nach den Originalen, $3^1/_2$fach vergrößert

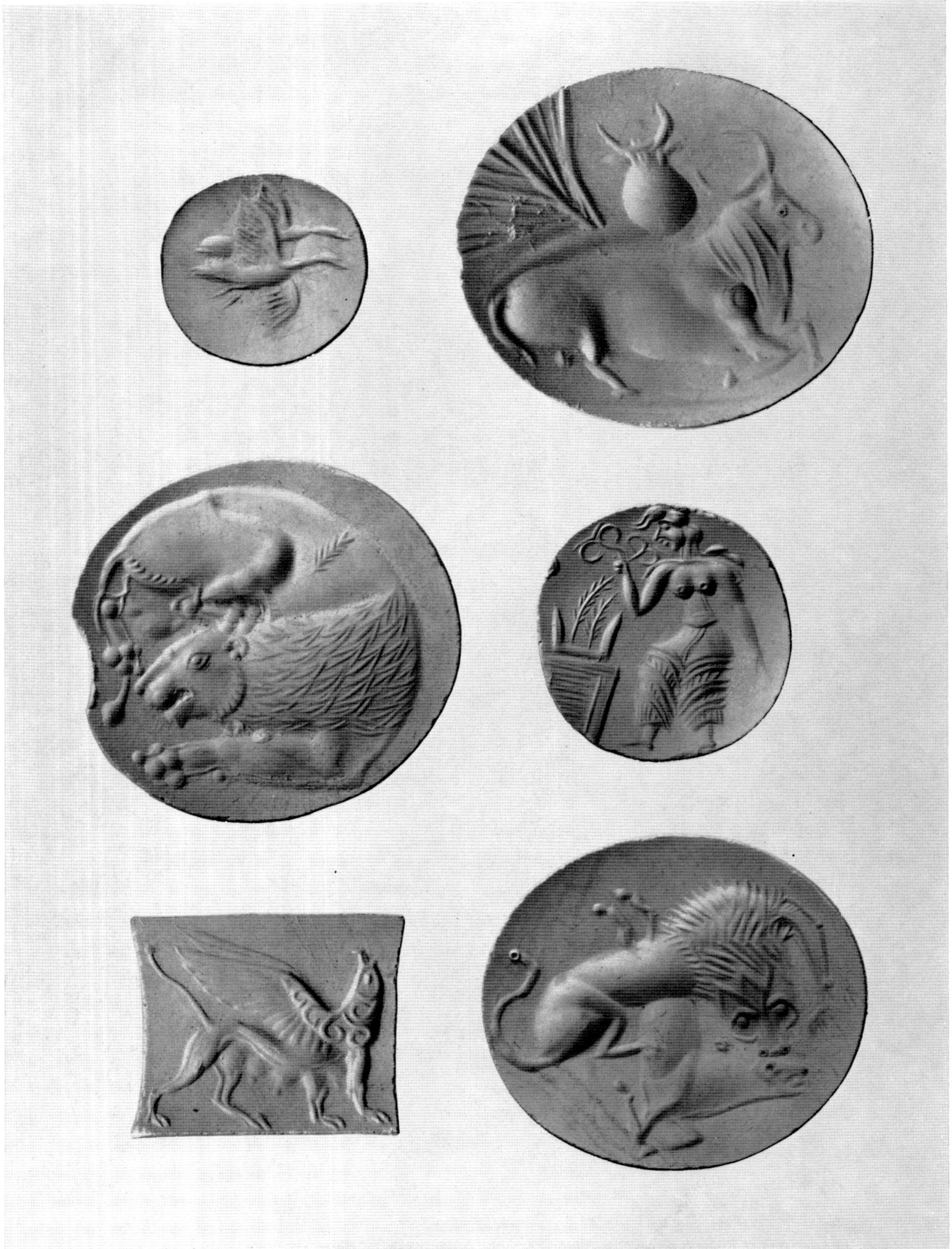

232 Siegelbilder (Amethyst, Karneol, Sardonyx). Aus Pylos. Aufnahmen nach Gipsabdrücken, 2½fach vergrößert

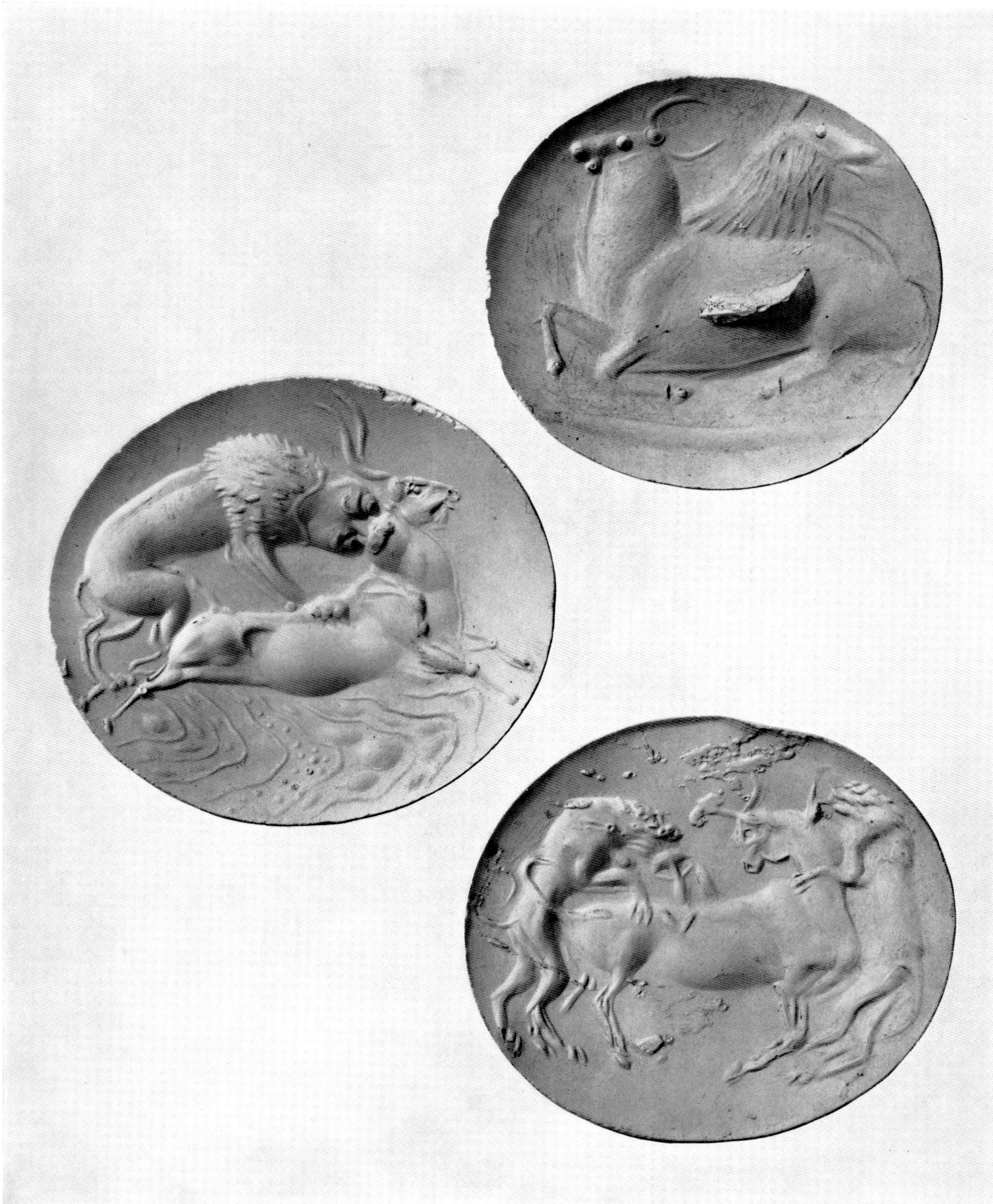

233 Siegelsteine (Achat). Aus Midea in Argos. Aufnahmen nach Gipsabdrücken, 2½fach vergrößert

234 Siegelsteine aus verschiedenen Halbedelsteinen. Aus Vaphio in Lakonien. Um 1500 v. Chr.
Aufnahmen nach Gipsabdrücken, $2^1/_2$fach vergrößert

235 Oben: Siegelstein aus Amethyst. Aufnahme nach dem Original, achtfach vergrößert. – Unten: Bergkristallschale in Form einer Ente. Längsdurchmesser 13,2 cm. Aus Grab Gamma bzw. Omikron des neuentdeckten Gräberrundes B außerhalb der Burg von Mykenai

236 Elfenbeinpyxis aus einem mittelmykenischen Kammergrab der Agora von Athen. Höhe 16 cm, Durchmesser 11,2 cm.
Späthelladisch, um 1400 v. Chr.
Oben: Abrollung des Reliefs der Pyxiswandung: Überfall zweier Greifen auf zwei Hirsche; unten: Ansicht und Deckel der Pyxis

237 Alabastervase. Höhe mit Henkel 23,4 cm. Burg von Mykenai, Grab IV

238 Kopf eines Kriegers im Helm aus Eberzähnen. Elfenbein. Etwa dreifach vergrößert. Aus Mykenai

239 Kopf eines Kriegers im Helm aus Eberzähnen. Elfenbein. Etwa dreifach vergrößert. Aus Spata, Ostattika

240 Reliefplättchen aus Elfenbein. Oben: Geflügelte Sphinx. – Unten: Stier von einem Löwen angegriffen. Etwa $3^1/_2$fach vergrößert. Aus Spata, Ostattika

241 Weibliche Gottheit auf einem Felsen sitzend. Elfenbein. Etwa zweifach vergrößert. Aus Mykenai

242 Elfenbeingruppe: das Göttliche Kind von zwei Müttern bewacht. Ansicht von hinten. Zweifach vergrößert.
Aus Mykenai. 15. Jahrhundert v. Chr.

243 Elfenbeingruppe: das Göttliche Kind von zwei Müttern bewacht. Ansicht von vorne. Zweifach vergrößert. Aus Mykenai. 15. Jahrhundert v. Chr.

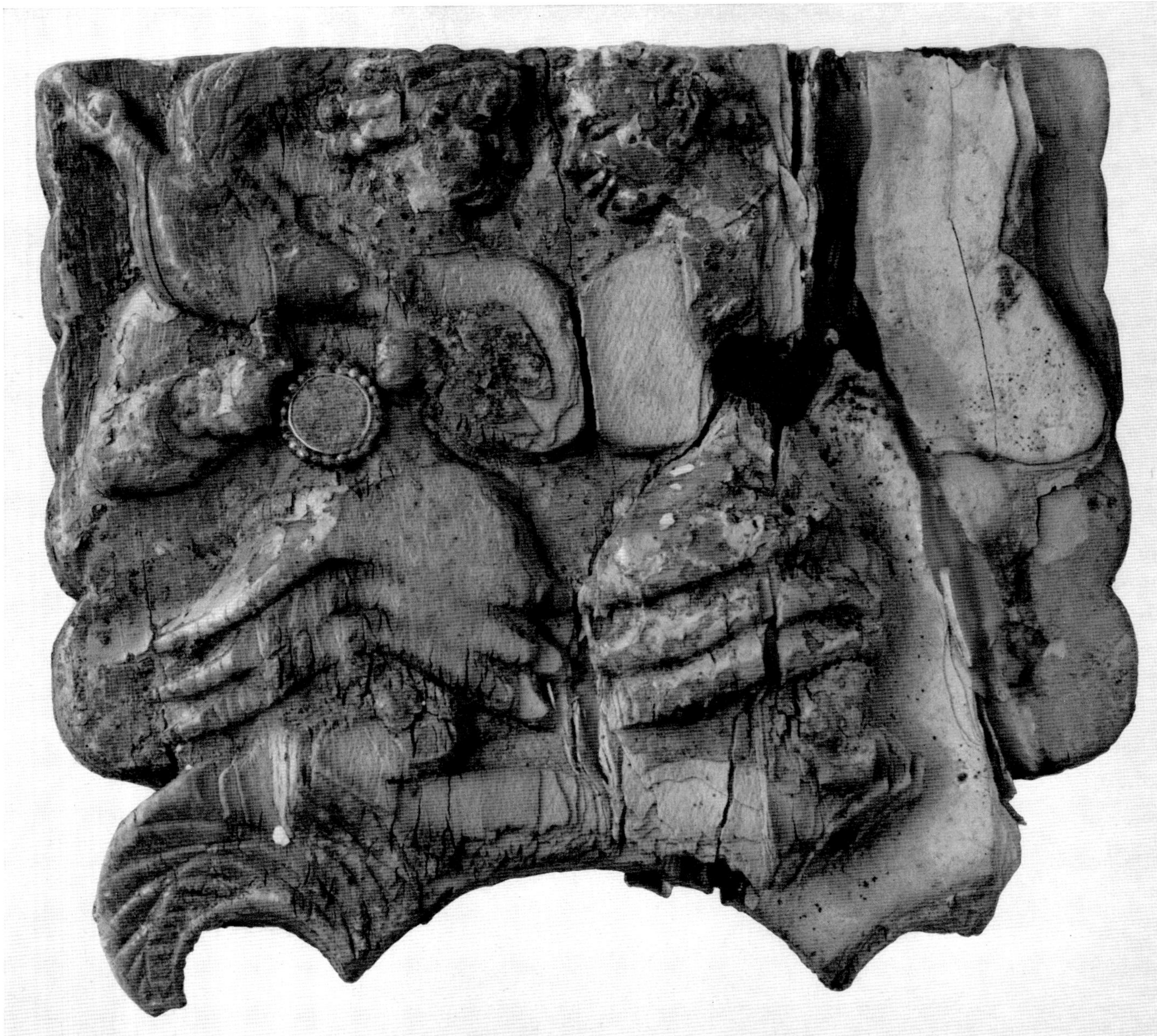

244 Fragment eines Spiegelgriffes aus Elfenbein. Zwei weibliche Gestalten mit einer Taube, auf Palmenblättern sitzend. Mykenai, aus dem sog. Grab der Klytaimnestra. Etwa vierfach vergrößert

245 Elfenbeingriff eines Bronzespiegels. Zwei weibliche Gestalten auf einem Palmbaum sitzend. Mykenai, aus dem sog. Grab der Klytaimnestra. Etwa zweifach vergrößert

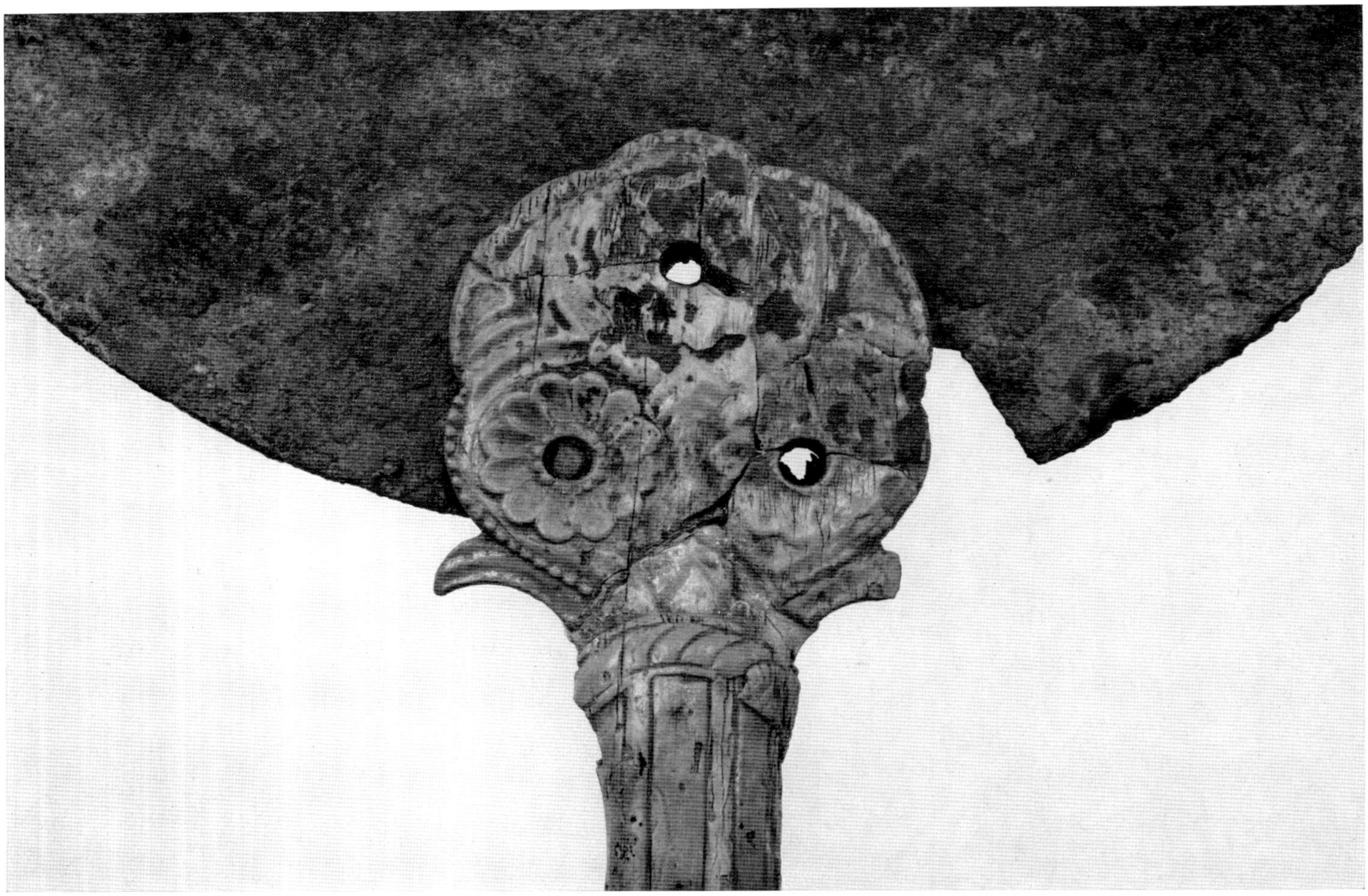

246 Oben: Elfenbeingriff eines Bronzespiegels, mit Rosettendekor. – Unten: Elfenbeinkamm. Raubkatzen verfolgen Wildenten. Beide aus Rutsi bei Pylos

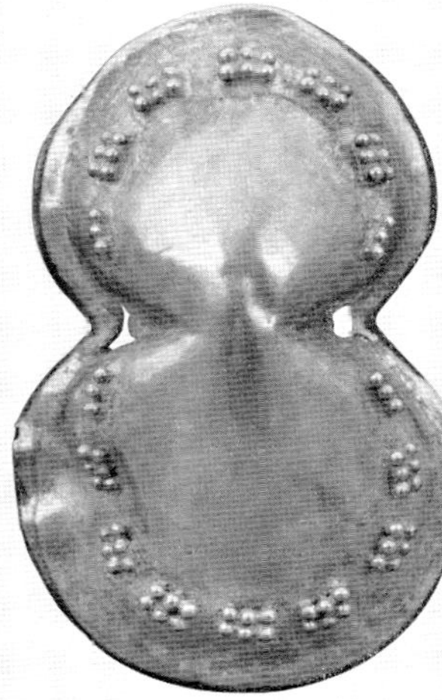

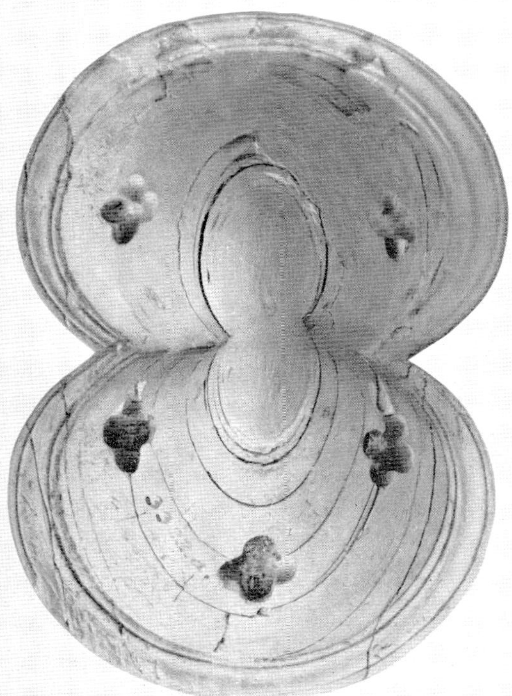

247 Links: Elfenbeinpyxis mit Spiralendekor. Aus Rutsi bei Pylos. Etwa nat. Größe. Um 1500 v. Chr.
Rechts: Miniaturschilde, oben aus Gold, von Pylos; unten aus Elfenbein, von Mykenai

248 Jünglingsstatuette aus Blei. Höhe 12 cm. Aus einem Grab in Kampos, Lakonien

249 Jünglingsstatuette aus Blei. Höhe 12 cm. Aus einem Grab in Kampos, Lakonien

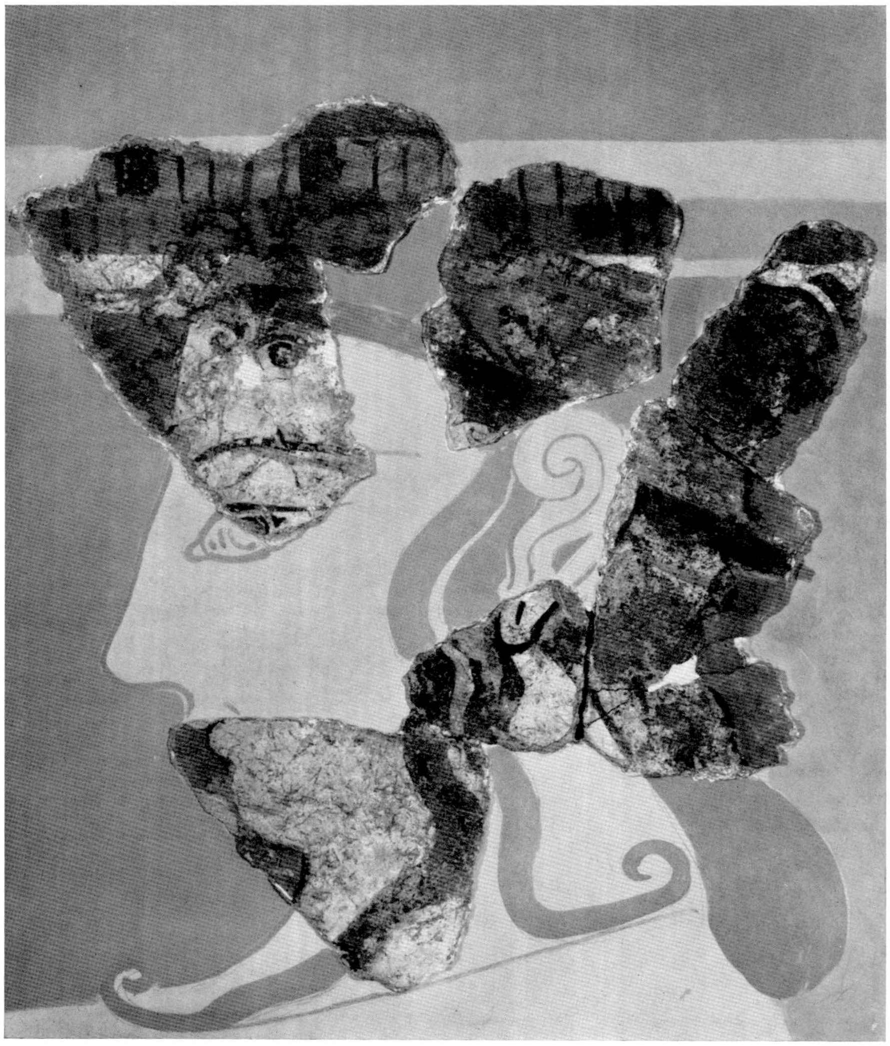

250 Freskenfragmente einer Frauenprozession. Höhe etwa 30 cm. Aus dem Palast von Tiryns

LIV Freskofragment. Stehende Frau. Aus dem Palast von Tiryns

LV Wandfreskofragment aus Mykenai, aller Wahrscheinlichkeit nach das Bild der Eriphyle, der Gattin des Sehers Amphiaraos, mit dem verderbenbringenden Halsband der Harmonia in Händen. Um 1450 v. Chr.

LVI Weiblicher Kopf, vielleicht einer Sphinx. Aus Stuck. Höhe 16,8 cm. Aus Mykenai

LVII Weiblicher Kopf, vielleicht einer Sphinx. Aus Stuck. Höhe 16,8 cm. Aus Mykenai

LVIII Oben: Freskofragment: Frauen sehen aus einer Veranda einem Schauspiel zu. Breite 13,5 cm.
Unten: Freskofragment. Drei kretisch-mykenische Ta-urt-Dämonen. Beide aus Mykenai

251 Hohes dreihenkeliges Gefäß mit Nautilosdekor. Höhe 78 cm. Aus Kakovatos, Triphylia

252 Hohes dreihenkeliges Gefäß mit Palmendekor. Höhe etwa 45 cm. Aus Deiras in Argos

253 Hohe Kanne mit stilisierten Efeuzweigen. Höhe 33 cm. Burg von Mykenai, Grab I

254 Oben: Schnabelkrug. Höhe 31 cm. – Unten: Dreibügelkanne. Höhe etwa 21,5 cm. Beide aus Rutsi bei Pylos

255 Oben: Kleine dreihenkelige Amphora. Höhe 24,5 cm.
Unten: Ausgießtopf mit drei Henkeln. Höhe ohne Henkel 28,5 cm. Beide aus Prosymna in Argos

256 Krater mit Kriegern. Seitenansicht. Höhe 41 cm. Von der Burg von Mykenai. Um 1200 v. Chr.

257 Krater mit Kriegern. Vorderseite. Höhe 41 cm. Von der Burg von Mykenai. Um 1200 v. Chr.

258 Fragment eines Gefäßes. Krieger im Streitwagen. Aus Mykenai

259 Dreibeiniges Rhyton mit zwei Hirschköpfen und einem Stierkopf als Dekor. Höhe 22,4 cm. Aus Palaipylos. Museum in Chora bei Pylos

260 Spendegefäß in Form eines geflügelten Stiefels. Höhe etwa 13 cm. Aus Voula in Attika

BESCHREIBUNG DER ABGEBILDETEN WERKE

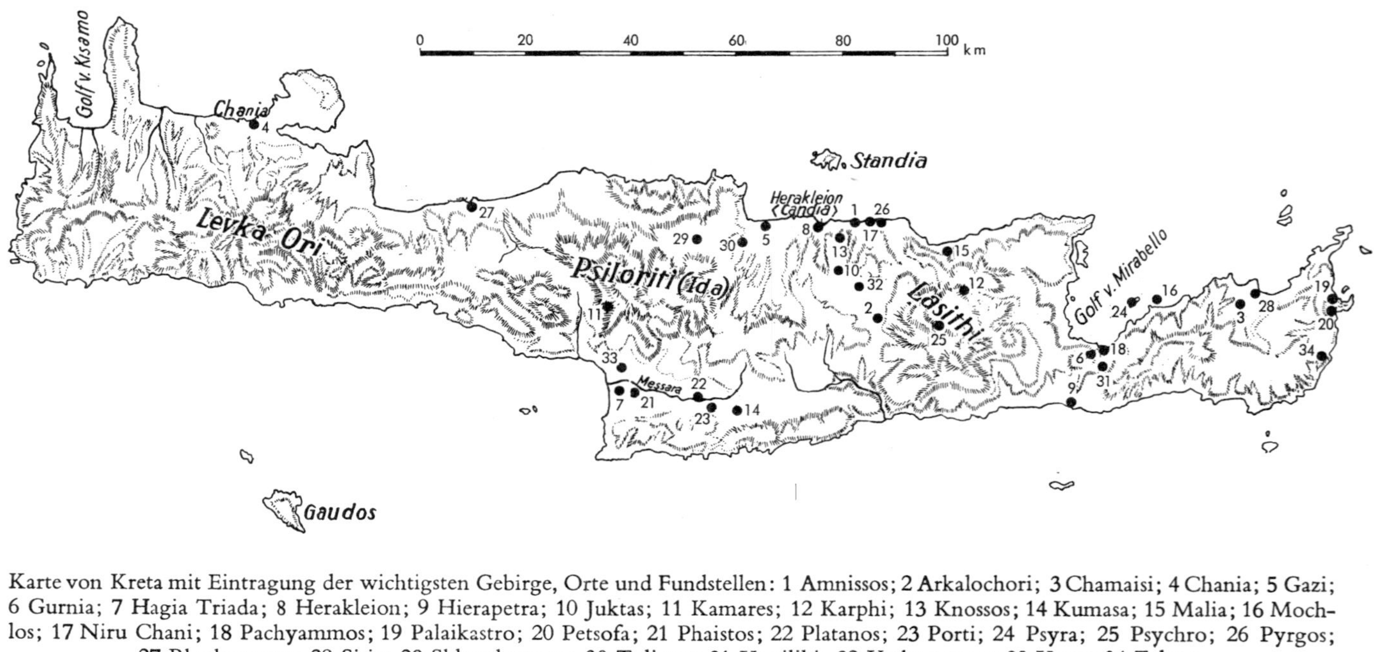

Karte von Kreta mit Eintragung der wichtigsten Gebirge, Orte und Fundstellen: 1 Amnissos; 2 Arkalochori; 3 Chamaisi; 4 Chania; 5 Gazi; 6 Gurnia; 7 Hagia Triada; 8 Herakleion; 9 Hierapetra; 10 Juktas; 11 Kamares; 12 Karphi; 13 Knossos; 14 Kumasa; 15 Malia; 16 Mochlos; 17 Niru Chani; 18 Pachyammos; 19 Palaikastro; 20 Petsofa; 21 Phaistos; 22 Platanos; 23 Porti; 24 Psyra; 25 Psychro; 26 Pyrgos; 27 Rhethymnon; 28 Sitia; 29 Sklavokampos; 30 Tylissos; 31 Vassiliki; 32 Vathypetron; 33 Voru; 34 Zakros.

KRETA

Soferne nichts anderes vermerkt ist, befinden sich die musealen Stücke im Archäologischen Museum von Herakleion (Iraklion).

I
DAS GEBIRGSMASSIV DES IDA von Phaistos aus.

Im Vordergrund ein Teil der Messaraebene mit Ölbäumen. Das Bergmassiv kulminiert im Doppelgipfel des Ida mit 2498 m. Hinter dem Doppelgipfel ist das Plateau Nida, das bis heute seinen antiken Namen behalten hat. Unter dem (im Bild) rechten Doppelgipfel liegt die Kamareshöhle, der erste Fundplatz der berühmten Kamareskeramik. An der im Bild unsichtbaren Nordflanke liegt die Idäische Grotte (IDAION ANTRON), die berühmteste der Kulthöhlen des Altertums, in der das Kind Zeus, vor dem Vater Kronos verborgen und von der Ziege Amaltheia genährt, aufwuchs.

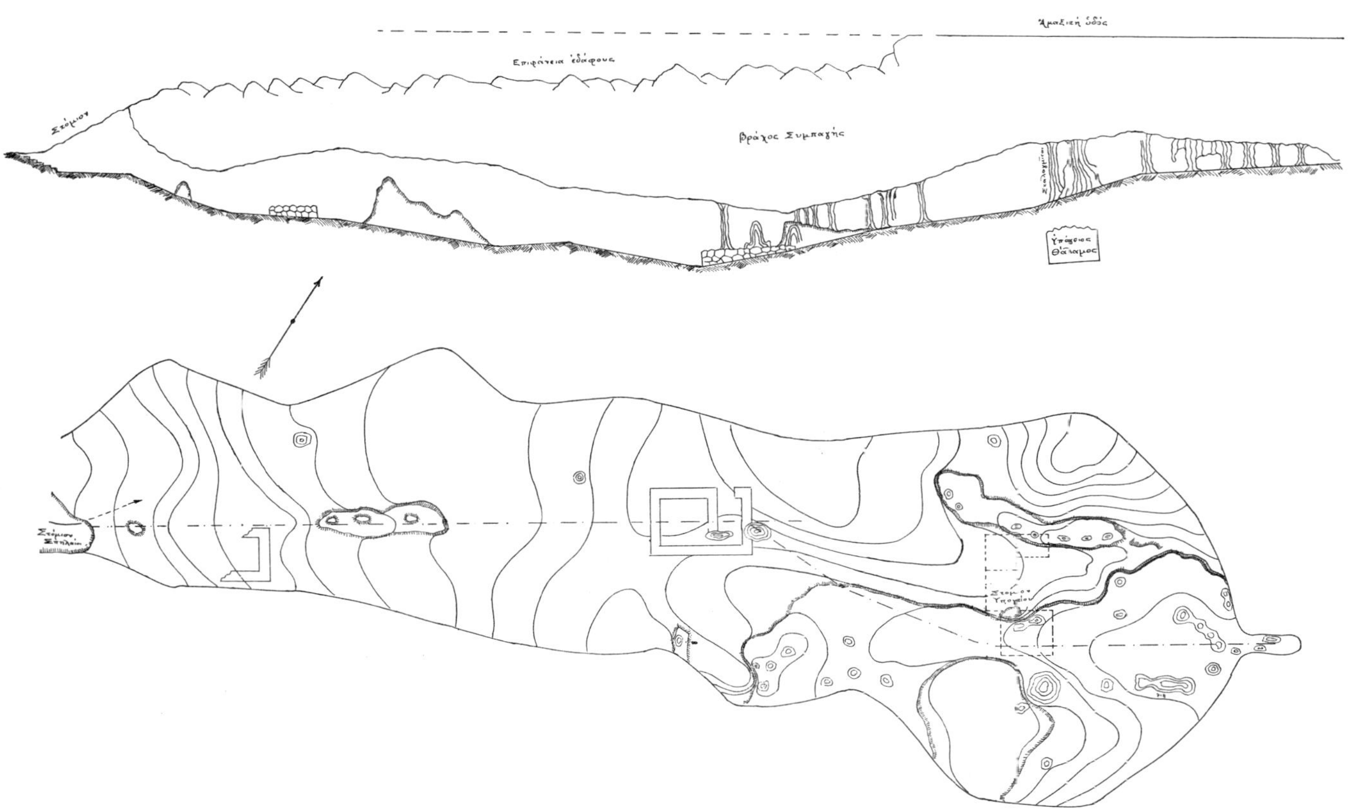

1/2 Grotte der Eileithyia. 1 Längsschnitt; links der Eingang; oben die natürliche Bodenoberfläche über dem Felsendach der Grotte; rechts unter der Sohle der Grotte der hypogäische Raum. – 2 Grundriß. – Maßstab: 1 cm = 3,5 Meter. – Original *Marinatos*.

1; Fig. 1, 2
GROTTE DER EILEITHYIA BEI AMNISSOS.
Die von J. Hazzidakis längst vermutete Grotte wurde 1929/30 ausgegraben und identifiziert. Sie liegt 6 km östlich von Herakleion und ist leicht zugänglich; ihre Länge beträgt von Ost nach West 62,3 m, ihre Breite bis zu 12 m. Sie enthält Stalaktiten mit deutlichen Kultspuren. Es wurden nur Vasen gefunden, die aber in ununterbrochener Reihe von der neolithischen bis zur frühchristlichen Zeit reichen. Vor der Höhle fanden sich Reste von Kultstätten und einfachen Gebäuden frühgriechischer Zeit.
Die Bilder zeigen oben: von Westen gesehen zwei Stalagmiten in der Mitte der Höhle, die durch eine Wand (links sichtbar) umschlossen waren; unten: zwei Stalaktiten am Ende der Höhle, unter denen ein weiter Raum mit engem Eingang und mit keramischen Funden liegt.

Praktika 1929, S. 94, und 1930, S. 91. – *Nilsson*, Minoan-Mycenaean Religion, 2. Aufl., S. 58. – Archäologischer Anzeiger 1930, S. 157, Abb. 32.

DIE ZEIT VOR DEN GROSSEN PALÄSTEN

NEOLITHIKUM (5000–3100 V. CHR.), SUBNEOLITHIKUM (3100–2800 V. CHR.) UND FRÜHMINOISCHE ZEIT (2800–2000 V. CHR.)

2 oben
TONIDOL. Aus Knossos. Höhe 9,3 cm. Spätneolithisch.

Die neolithischen Funde in Knossos entstammen den mächtigen, unter den Palasthöfen stellenweise erforschten Schichten. Ihr Ton ist grau, graugelb oder grauschwarz mit Ritzmustern; keine Bemalung.

2 unten
SCHALE MIT RITZMUSTERN. Aus Knossos. Durchmesser 20,5 cm. Spätneolithisch.

Eines der ganz wenigen fast vollkommen erhaltenen Stücke.

Evans, Palace of Minos I, S. 46, Abb. 121 a–c.

3
ZWEI FRÜHMINOISCHE RUNDGRÄBER
BEI HAGIA TRIADA.

Diese beiden Rundgräber gehören zu den ältesten uns bekannt gewordenen; sie enthielten, besonders das größere östliche (Durchmesser 9 m, Wanddicke bis zu 2 m), reiche Funde. Das kleinere und ärmere gilt als etwas später gebaut.
Derartige Gräber sind typisch für die Messaraebene und ihre Randgebiete. Zu Beginn des Jahres 1959 wurden zwei weitere Gräber in Leben, an der Südküste von Mittelkreta, entdeckt. Xanthudides hat die Messaragräber als Tholosgräber angesehen. Das ist schwer vorstellbar, da sie über der Erde lagen und einige von ihnen große Dimensionen aufweisen (Grab B von Platanos hat einschließlich der Wände 18 m Durchmesser). Trotz der Neigung der Wandungen nach innen müssen die Gräber mit Holzbalken und Laub gedeckt gewesen sein. Gebaut in der zweiten Phase der frühminoischen Zeit – nur das von Krassi an der Nordküste von Kreta scheint älter zu sein, gehört aber eher zu dem Grabtyp der Kykladen als zu dem der Messara –, blieben diese Gräber viele Generationen lang bis in die Kamareszeit in Gebrauch. Sie bargen, zum mindesten die größeren von ihnen, Hunderte von Toten.

Paribeni, in: Monumenti Antichi 14, 1904, S. 677. – *Stefani* und *Banti*, in: Annuario Atene 13–14, S. 147. – Hauptwerk: *Xanthudides*, The Vaulted Tombs of Mesarà, 1924.

4
ZWEI HOCHFÜSSIGE BECHER. Pyrgos-Stil. Aus dem Höhlengrab von Pyrgos bei Niru Chani, Mittelkreta. Ton. Höhe je 22 cm. Frühminoisch I, um 2800/2600 v. Chr.

Zu den frühesten Typen der Bronzezeit gehören die beiden hochfüßigen, mit eingeriebenen Politurmustern geschmückten Becher aus schwarzem Ton. Bei manchen Exemplaren scheinen die Muster Holz nachzuahmen, so daß an hölzerne Vorbilder zu denken ist.

Xanthudides, in: Deltion 4, 1918, S. 159. – *Evans*, Palace of Minos I, S. 59.

5 oben
SCHNABELKANNEN MIT MATTMALEREI. Hagios Onuphrios-Stil. Aus dem Höhlengrab von Kyparissi, in der Umgebung des alten Lykastos, Mittelkreta. Ton. Höhe 18,5 und 19 cm. Frühminoisch I, um 2700/2500 v. Chr.

Alexiou, in: Kret. Chronika 5, 1951, S. 277.

5 unten
PFANNE MIT RITZMUSTERN. Import aus den Kykladen. Fundort unbekannt. Ton. Durchmesser 12,2 cm. Frühminoisch II/III. – Sammlung Giamalakis.

6
DECKEL EINER PYXIS AUS GRÜNEM STEATIT. Von der Insel Mochlos, Golf von Mirabello, Ostkreta. Durchmesser 12 cm. Frühminoisch II, um 2400 v. Chr.

Mochlos, jetzt Insel, war ehedem Landzunge. Da der Deckel in Grab I lag, wo »kein Gefäßfragment gefunden wurde, dem dieser Deckel gehören könnte«, ist es wahrscheinlich, daß die zugehörige Büchse entweder von Anfang an oder, wegen Zerstörung der ursprünglichen, später aus Holz gearbeitet war. Der schläfrig liegende Hund, ein wichtiges Beispiel früher Kleinplastik, diente als Griff. Durch vier Löcher konnte der Deckel mit Hilfe einer Schnur oder eines Drahtes an den entsprechenden Ösen der Pyxis befestigt werden.

Seager, Mochlos, S. 21, Abb. 5. – *Evans*, Palace of Minos I, S. 94, Abb. 62.

II
FRÜHMINOISCHE STEINGEFÄSSE.
Links: SCHNABELTASSE AUS GRAUEM GEÄDERTEM KALKSTEIN. Höhe 7,2 cm.
Rechts: KRUG AUS BUNTFARBIGEM STALAKTIT. Höhe 12 cm.
Beide von der Insel Mochlos, Golf von Mirabello, Ostkreta. Frühminoisch II, um 2400 v. Chr.

Auf Mochlos wurden die schönsten farbigen Steingefäße gefunden.

Seager, Mochlos, Taf. IV und V.

7
PYXIS AUS SCHIEFER. Aus dem Höhlengrab von Maronia, Ostkreta. Durchmesser 17 cm. Frühminoisch II, um 2500 v. Chr.

Die Pyxis besteht aus drei Teilen, von denen die zwei unteren die linsenförmige Büchse und der dritte den Deckel bilden. Die untere Hälfte zeigt eingeritzte Dreiecke, wie sie tiefer eingeritzt auf dem Deckel von Mochlos (Taf. 6) vorkommen. Oberteil und Deckel sind, sicher in Nachahmung von Filigranarbeiten in Gold, – mit einem fortlaufenden Muster von Doppelspiralen geschmückt. Die vier Löcher am Deckel dienten zur Befestigung des Griffes. Die Pyxis wurde anläßlich von Sprengungen bei Straßenarbeiten in einer kleinen Höhle gefunden, die sicher ein Grab war. Ein Import aus den Kykladen ist nicht ausgeschlossen, jedoch nicht unbedingt anzunehmen.

Marinatos, in Archäologischer Anzeiger 1937, Sp. 228, Abb. 7.

8 oben
SOG. TEEKANNE MIT GEFLAMMTEM DEKOR. Vassiliki-Stil. Aus Vassiliki, Ostkreta. Höhe 14,5 cm. Frühminoisch II, um 2500 v. Chr.

Die sog. Teekannen erscheinen als neue Elemente orientalischen Ursprungs auf Kreta. Charakteristisch ist die Kombination von geflammtem Dekor auf dem Bauch des Gefäßes und der Maltechnik am Ausguß.

Seager, Vassiliki, S. 10, Taf. 34, 6. – *Evans*, Palace of Minos I, S. 7 7.

8 unten
KRUG MIT WEISSER BEMALUNG. Von der Insel Mochlos, Golf von Mirabello, Ostkreta. Höhe 19 cm. Frühminoisch III, um 2200 v. Chr.

Der Krug zeigt den beginnenden »Hell auf Dunkel«-Stil. Das Spiralenmuster geht wohl auf kykladischen Einfluß zurück.

Seager, Mochlos, S. 46, Abb. 19. – *Evans*, Palace of Minos I, S. 109, Abb. 76.

III
SCHNABELKANNE MIT GEFLAMMTEM DEKOR. Höhe 33,5 cm. Vassiliki-Stil. Aus Vassiliki, Ostkreta. Frühminoisch II, um 2500/2400 v. Chr.

Die Kanne zeigt am Oberrand des Halses beiderseits über dem Henkelansatz je ein plastisches »Auge«. Vgl. hierzu auch die Gefäße in Taf. 21 und VIII.

Seager, Vassiliki, S. 10, Taf. 34.

9
KULTGEFÄSS IN FORM DREIER TAUBEN. Ton. Fundort unbekannt. Höhe 12 cm. Frühminoisch III. – Sammlung Giamalakis.

Der nicht sehr gut gebrannte Ton zeigt geringe Spuren schwarzer Farbe.

10 oben
TON-RHYTON IN FORM EINER BÜSTE. Von der Insel Mochlos, Golf von Mirabello, Ostkreta. Höhe 17,5 cm. Frühminoisch III.

Der Entdecker der mit weißer Bemalung versehenen Büste bezeichnete diese in Übereinstimmung mit Evans als weiblich. Die Gesichtszüge, die atrophischen Brüste und die Kopfbedeckung (vgl. *Seager*, Mochlos, S. 49, Abb. 21, wo der Kopf gleichfalls männlich ist) beweisen jedoch, so merkwürdig es sein mag, daß die durch die zitzenähnliche Brust spendende Gestalt nicht weiblich sein kann.

Seager, Mochlos, S. 54, Abb. 32, 34. – *Evans*, Palace of Minos I, S. 116, Abb. 84.

10 unten
SCHIFF AUS TON. Von der Insel Mochlos, Golf von Mirabello, Ostkreta. Länge 20 cm. Frühminoisch III.

Durch seine Form und die vier Ruderpflöcke zeigt das Schiff, daß es ohne zu drehen vor- und rückwärts fahren konnte.

American Journal of Archaeology 1909, S. 279, Abb. 2. – *Marinatos*, in: Bull. Corr. Hellénique 57, 1933, S. 173, Nr. 20.

11
FRÜHKYKLADISCHE IDOLE.
Links: aus einem Fund bei Teké, nördlich von Knossos. Höhe oben 5 cm, unten 8,3 cm.
Rechts: aus dem Rundgrab von Kumasa, südliches Mittelkreta. Höhe 23,5 cm.
Sämtliche: Frühminoisch II, um 2400/2200 v. Chr.

Von den benachbarten Kykladen wurden viele Marmoridole und -geräte importiert. Sie wurden in den Rundgräbern der Messara gefunden, einige waren schon im Altertum geflickt. Eine Ausnahme ist der Fund nahe der Nordküste Kretas bei Teké, zwischen Knossos und dem Meere. Mehrere andere Idole und Bronzedolche wurden zusammen an einem Platz ohne die geringsten Gebäude- oder Grabreste gefunden. Anscheinend stammen sie von den Benutzern der Handelsstraße von der Küste nach der Messara.

Zu links: *Marinatos*, in: Archäologischer Anzeiger 1933, S. 299, Abb. 9–14. – Zu rechts: *Xanthudides*, The Vaulted Tombs of Mesarà, Taf. 7, 1.

12
SIEGEL AUS ELFENBEIN IN GESTALT EINES ÄFFCHENS. Wohl aus Lassithi. Höhe 3,2 cm. Frühminoisch III. – Sammlung Giamalakis.

Ein interessantes und typisches Beispiel der Siegelschnitzerei der letzten frühminoischen Phase. Aus der Zeit des Ankaufes durch Dr. Giamalakis und den übrigen Umständen ist zu schließen, daß es aus der Höhle von Trapeza in Lassithi stammt, obwohl ganz ähnliche Affen auch aus der Messara bekannt sind (z. B.: *Evans*, Palace of Minos I, S. 118, Abb. 87, 1). Das Siegelfeld zeigt zwei umstilisierte Skorpionmotive und darunter fünf Zonen von einer Art laufender Spiralen.

Xenaki-Sakellariou, Cachets Giamalakis, in: Etudes Crétoises X, S. 1, Nr. 2, Taf. 1.

13
FRÜHMINOISCHER GOLDSCHMUCK.
Oben links: BEBLÄTTERTER ZWEIG UND BLÜTEN. Von der Insel Mochlos, Golf von Mirabello, Ostkreta. Etwa 1,5fach vergrößert. Frühminoisch II.

Oben rechts: FROSCH MIT GRANULATION UND KETTENGLIED MIT SPIRALEN. Aus dem Rundgrab von Kumasa bzw. Kalathiana, Messara.
Beide 3,5fach vergrößert. Frühminoisch II/III.
Unten: ANHÄNGER IN FORM ZWEIER HORNISSEN, die an einer granulierten Honigwabe saugen. Aus der Nekropole von Malia. Spannweite 4,7 cm. Frühminoisch III, um 2000 v. Chr.

Der Zweig und die Blüten sind sehr elegante Arbeiten. Der Frosch und die Hornissen zeigen die sehr früh in Anwendung gebrachte Granulationstechnik. Die Hornissen sowie das Spiralenglied sind Beispiele für »Filigran-appliqué«-Arbeit.

Seager, Mochlos, S. 41–43, und passim, Abb. 10, 11. – *Evans*, Palace of Minos I, S. 96–98. – *Xanthudides*, The Vaulted Tombs of Messara, Taf. 4, 8. –*Demargne*, Mallia, 1. Liefg., S. 54. – *Evans*, Palace of Minos IV, S. 75, Abb. 48.

ZEIT DER ALTEN PALÄSTE

MITTELMINOISCHE ZEIT, I. UND II. PHASE (2000–1700 V. CHR.)

14 oben
TIER, TONIDOL. Aus einem Rundgrab bei Porti, Messara. Höhe 19,5 cm. Mittelminoisch I.

Das Tier ist nicht fest zu bestimmen. Schwanz- und Schnauzenform zeigen, daß es sich um keine »Wildziege« handelt, wie vielfach behauptet wird. Eher ist es ein Windhund. Die überlangen Ohren sehen wir auch auf zeitgenössischen ägyptischen Slugi-Darstellungen.

Xanthudides, The Vaulted Tombs of Mesarà, S. 62, Nr. 5114.

14 unten
TON-RHYTON, STIER MIT AKROBATEN. Aus einem Rundgrab bei Porti, Messara. Länge 16 cm. Mittelminoisch I.

Dieses Ton-Rhyton gibt uns ein Bild aus dem Leben der Messarahirten und zeigt vielleicht eine Vorstufe der sich entwickelnden Stierspiele. Mehrere derartige Exemplare sind aus Porti und Kumasa bekannt, sogar solche mit drei Akrobaten.

Xanthudides, The Vaulted Tombs of Mesarà, S. 62, Nr. 5052. – *Evans*, Palace of Minos I, S. 189, Abb. 137, 137d.

15
TONSTATUETTEN aus dem Bergheiligtum von Petsofa und dem Ovalhaus Chamaisi in Sitia, Ostkreta. Höhe der größten Figur 23 cm. Mittelminoisch I.

Aus den östlichen Teilen von Kreta und vor allem aus den Bergheiligtümern dort besitzen wir die bisher bedeutendste Reihe von Menschen- und Tierdarstellungen aus Ton. Die menschlichen Gestalten beider Geschlechter sind immer Adoranten, die Tiere Weihgeschenke. Abbilder einzelner menschlicher Körperteile (aus Petsofa) sind als Gebet um Heilung zu erklären. Die Statuetten sind wichtig, weil sie uns ein Bild von der Tracht zur mittelminoischen Zeit geben. Die abgebildeten sind auch künstlerisch interessant. Die größte der drei Figuren stammt aus dem berühmten Ovalhaus von Chamaisi, einem mittelminoischen Herrenhaus, das anscheinend eine Hauskapelle besaß.

Myres, in: BSA 9, 1902/03, Taf. 8, S. 10 (Petsofa). – *Xanthudides*, in: Ephemeris 1906, S. 138, Abb. 4 (Chamaisi).

16/17
KÖPFE VON FRAUENIDOLEN. Ton. Höhe links und Mitte 12 cm, rechts 13 cm.
TONSTATUETTE EINER BETENDEN FRAU. Höhe 26,4 cm.
Sämtliche aus Piskokephalon in Sitia, Ostkreta. Mittelminoisch I/II.

Das Köpfchen links im (Profil) und Mitte (en face) von einem ziemlich neu gemachten Fund ist hier zum erstenmal abgebildet. Der Kopf rechts ist schon länger bekannt. Wie auch die Statuette der Adorantin, stammen die beiden Köpfe aus dem Bergheiligtum von Piskokephalon und dürfen als mittelminoisch I/II gelten, obwohl der letzte Erforscher des Heiligtums sie für mittelminoisch III hält.

Platon, in: Kret. Chronika 5, 1951, Taf. 4, 1, und St (= 6), 1, 4. – Zum rechten Köpfchen: *V. Müller*, Der Polos, Taf. 1, S. 1–2. – *Bossert*, Altkreta, 3. Aufl., Abb.286.

18
MITTELMINOISCHE WEIHGESCHENKE.
Oben: TONSCHALE MIT HIRT UND HERDE. Durchmesser 19,5 cm.
Unten: TONSCHALE MIT FLIEGENDEM VOGEL. Durchmesser 11,3 cm.
Beide aus Palaikastro, Ostkreta. Mittelminoisch I.

Aus zufälligen Funden, aus Gräbern (»Bone-enclosure« aus Palaikastro) und aus Landheiligtümern kennen wir Gefäße, auf deren Boden ein rundplastisches Tier dargestellt ist, wie hier im Bild unten eine Taube. Einzigartig ist die oben abgebildete Schale, zu deren Erklärung Rodenwaldt sagte: »Der Hirt, der im Bilde sich und seine Herde darstellte, ist vielleicht aus schwerer Gewittersnot gerettet worden.« Es könnte natürlich auch eine Bitte sein um Segen zugunsten des Mannes und seiner etwa 200 Rinder. Auch menschliche Gestalten in der typischen Haltung der Adoranten kommen am Boden einfacher Schalen vor, als Weihgeschenke geretteter oder zu rettender armer Gläubiger. Die letzteren stammen sicher aus der Zeit um 1600 v. Chr., wenn nicht aus noch späterer Zeit.

Bosanquet, in: British School Annual 8, S. 294. – *Evans*, Palace of Minos I, S. 180, Abb. 130. – *Rodenwaldt*, Essays in Aegean Archaeology in Honour of Sir A. Evans, 1927, S. 100, Taf. 17.

IV

FRÜHE MITTELMINOISCHE BUNTFARBIGE KERAMIK.

Oben: SCHNABELKÄNNCHEN MIT FISCHDEKOR. Frühester Kamares-Stil. Aus Vassiliki, Ostkreta. Höhe 10,5 cm. Mittelminoisch I, um 2000 v. Chr.

Einfachere Naturformen, besonders Fische, werden in dieser Zeit als Dekor verwendet.

Seager, Vassiliki (Transactions of Archaeology, University of Pennsylvania, 1907, Bd. II, 2), S. 125, Taf. 30b. – *Evans*, Palace of Minos I, S. 182, Abb. 131.

Unten links: KLEINER KRUG MIT GEFLECKTEM DEKOR. Vassiliki-Stil. Aus Gurnia, Ostkreta. Höhe 12,2 cm. Frühminoisch III / Mittelminoisch I.

Gurnia 38, Taf. 6, I.

Unten rechts: DREIHENKELKRUG. Barbotine-Stil. Aus Hagia Triada. Höhe 16,5 cm. Spätes Mittelminoisch I.
Bei den Gefäßen dieses Stils ist die Oberfläche punkt- oder wellenförmig skulptiert, die Dekoration bereits vielfarbig, wie es an diesem besterhaltenen Stück gut sichtbar ist.

Banti, in: Annuario Atene 13–14, Taf. 17c.

19

MITTELMINOISCHE WEIHGESCHENKE.

Oben: GLOCKENFÖRMIGER KULTGEGENSTAND MIT »HÖRNERN«. Aus einer Votivgrube beim ehemaligen Hafen von Knossos. Fayence. Höhe 8 cm. Mittelminoisch I.

Der im Bild gezeigte neue Fund ist das bisher einzige Exemplar in Glockenform innerhalb einer Gruppe kleiner Gegenstände von sicherlich religiöser Bedeutung, die im Rundgrab von Voru gefunden wurden. Diesem »glockenförmigen« Gebilde ist ein menschliches Gesicht aufgemalt, nach dem Ausgräber eine Maske.

Mitte und unten: RINDER AUS TON, bemalt. Kamares-Stil. Aus dem Alten Palast von Phaistos. Höhe je 21 cm. Mittelminoisch II.

Die Tierdarstellungen tragen in Weiß aufgemalte Muster.

Platon, in: Revue Archéologique 1949 (Mélanges Picard), S. 835, Abb. 1. – Zur Bedeutung: *Marinatos*, in: Deltion 13, 1930/31, S. 158, Abb. 21. – *Nilsson*, Minoan-Mycenaean Religion, 2. Aufl., S. 191, und Addenda auf S. XXIII.

20

KAMARES-GEFÄSSE.

Oben: AUSGUSSGEFÄSS MIT MARGERITENDEKOR. Aus der Grotte beim Dorfe Kamares am Ida. Höhe 12 cm.
Unten: BECHER. Aus dem Alten Palast von Phaistos. Höhe 16,2 cm.
Beide mittelminoisch II.

Das oben abgebildete Gefäß wurde in der Kamareshöhle selbst gefunden und ist deshalb interessant, weil die darauf gemalten »Margeriten« praktisch identisch sind mit denen, die ein Kamaresgefäß zeigt, das aus Ägypten, einem ungeplünderten Grab bei Abydos, stammt. Es wurde zusammen mit Siegelzylindern gefunden, die die Kartuschen von Sesostris III. (1878 bis 1841) und von Amenemhêt III. (1842–1797) tragen. Die Daten sind ein wichtiger Anhaltspunkt für die Datierung des entwickelten Kamares-Stils (mittelminoisch II).

Dawkins-Laistner, in: British School Annual 19, 1912/13, Taf. II, I. – *Evans*, Palace of Minos I, S. 268, Abb. 199, und Taf. IV.

21

WEISS BEMALTER SCHNABELKRUG. Kamares-Stil. Aus dem Alten Palast von Phaistos. Höhe 27 cm. Mittelminoisch II.

Dieser Krug, der dem der Farbtafel VIII nahe verwandt ist, hat wie dieser oben am Henkelansatz plastische »Augen«; er ist aber einfacher und nur weiß bemalt. Die beiden exakt gemalten margeritenähnlichen Sterne lassen den Krug zu den edelsten Beispielen der Kamareskeramik zählen.

Pernier, Festòs I, S. 254, Abb. 134, u. a.

22

GEFÄSS MIT SIEB UND SAUGRÖHRE. Kamares-Stil. Aus dem Alten Palast von Phaistos. Ton. Höhe 13,8 cm. Mittelminoisch II.

Der gewellte Rand mit dem Rankenmuster legt die Vermutung nahe, daß das zierliche Gefäß nach einem Vorbild aus Metall gearbeitet wurde. Interessant ist die Schnabeltassenform mit Siebverschluß. Die durch das Sieb eingefüllte Flüssigkeit konnte durch das rohrartige Mundstück getrunken werden. Die verschieden gestellten Henkel und die Schrägstellung der Saugröhre erleichtern das Zum-Munde-Führen.

Pernier, Festòs I, Farbtaf. 34.

V

SCHNABELGEFÄSS. Kamares-Stil. Aus dem Alten Palast von Phaistos. Höhe 12,5 cm. Mittelminoisch II.

Ein Gefäß außerordentlich in Schönheit und Erhaltung.

Levi, in: Bolletino d'arte II 1955, Farbtaf. gegenüber S. 144.

VI oben

Links: KLEINE TASSE. Höhe 5 cm.
Rechts: TASSE VON EIERSCHALENFEINHEIT. Höhe 7,5 cm.
Beide Kamares-Stil. Aus den Alten Palästen von Phaistos (links) bzw. Knossos (rechts). Mittelminoisch II.

Zur Zeit des Kamares-Stils entstanden Gefäße kleineren Formats mit Wandungen von der Feinheit einer Eierschale. Die Palastwerkstätten von Knossos lieferten die feinste Ware, von der hier ein Beispiel im Bilde rechts gezeigt wird. Evans schreibt von dieser Tasse, sie sei »admirable in the harmony of its design and hues, on which shell-like sprays, creamy white and crimson-veined, are linked with rosettes reserved in the lustrous black ground.«

Evans, Palace of Minos I, S. 241–242, Farbtaf. IIa. – *Pernier*, Festòs I, S. 305, Abb.180.

VI unten
AUSGUSSGEFÄSS. Kamares-Stil. Aus dem Alten Palast von Knossos. Höhe 18 cm. Mittelminoisch II.

Mit dem noch glänzend erhaltenen leuchtenden Rot und Weiß auf dem schwarzen Grunde und der Apartheit des Dekors von Zickzacklinien in Kombination mit dem Blütenmotiv ist das kleine Gefäß von besonderem Reiz.

VII
AUSGUSSGEFÄSS. Kamares-Stil. Aus dem Alten Palast von Knossos. Höhe 23,5 cm. Mittelminoisch II.

Dieses berühmte Gefäß, das lange Zeit – bis zu den neuesten Funden in Phaistos – als die »kunstvollste« Schöpfung des Kamares-Stils galt, gehört zweifellos zu den edelsten Erzeugnissen der keramischen Werkstätte von Knossos. Auf schwarzem Firnisgrund sind die Muster in Weiß und Orange aufgetragen. Sie bestehen aus miteinander verbundenen Medaillons mit Rosetten innerhalb des Runds und aus blütenartigen Gebilden, die wie Vorläufer des griechischen Anthemion wirken.

Grundlegend: *Evans*, Palace of Minos I, S. 246–247, Abb. 181, Farbtaf. III.

VIII
SCHNABELKRUG. Kamares-Stil. Aus dem Alten Palast von Phaistos. Höhe 27 cm. Mittelminoisch II.

Dieses vorzüglich erhaltene Gefäß zeigt zwei Warzen (Augen) am Schnabel (vgl. Taf. III und 21). Die Muster bestehen aus einer Kombination von Doppelspirale und »doppelter Feder« im Ovalrahmen. Das pflanzliche Element ist hier fast linear durchgeführt.

Levi, in: Nuova Anthologia, Juni 1956, Taf. 4, I.

IX
DREIHENKELIGER AUSGUSSPITHOS. Kamares-Stil. Aus dem Alten Palast von Phaistos. Ton. Höhe 69 cm. Mittelminoisch II.

Große, fortlaufende Spiralen in Weiß umziehen das Gefäß in drei Reihen.

Levi, in: Annuario Atene 33–34, 1955/56, S. 296, Abb. 11, 2.

X
DREIHENKELIGER PITHOS. Kamares-Stil. Aus dem Alten Palast von Phaistos. Höhe 45,5 cm. Mittelminoisch II.

In vorwiegend weißer und sparsam gebrauchter orangegelber Farbe zeigt der Pithos lineare Motive stark stilisierter Pflanzenformen.

Levi, in: Annuario Atene 33–34, 1955/56, S. 296, Abb. 11, I.

XI
DREIHENKELIGER PITHOS MIT FISCHDEKOR. Kamares-Stil. Aus dem Alten Palast von Phaistos. Höhe 50 cm. Mittelminoisch II.

Das Gefäß zeigt in weißer Farbe auf schwarzem Grund unten Wellenlinien und darüber Spiralen. Über letzteren in gelbbrauner Farbe ein großer Fisch über der Schlinge eines Netzes.

Levi, in: Annuario Atene 33–34, 1955/56, Taf. 3.

XII
KRATER MIT PLASTISCHEN BLÜTEN. Kamares-Stil. Aus dem Alten Palast von Phaistos. Höhe 45,5 cm. Mittelminoisch II.

Dieses Gefäß ist in seiner Art das einzige bisher gefundene. Es gehört zu den jüngsten Ausgrabungen und ist schon der Form wegen eine Überraschung. Es ist ein echter Krater, wie wir solche in großer Anzahl aus griechischer Zeit kennen. Die Ketten, die am oberen Rand an Haken hingen (jetzt größtenteils fehlend), und die insgesamt sieben plastisch gearbeiteten lilienähnlichen Blüten lassen an Nachahmung eines Vorbildes aus Metall denken.
Die Bemalung, die – abgesehen von dem Schachbrettmuster – buntfarbige Brekzie nachahmt, läßt jedoch an die Nachbildung eines Kraters aus Stein denken, der mit metallenen Ketten und Blüten – diese wohl aus Silber – geschmückt war. An den Ketten hingen sicher einst die Schöpflöffel.

Levi, in: Bolletino d'arte III 1956, S. 249, Farbtaf. 2, gegenüber S. 246.

XIII, 23
SCHALE MIT FUSS. Kamares-Stil. Aus dem Alten Palast von Phaistos. Durchmesser 54 cm. Mittelminoisch II.

Die große Schale gehört zu den vielen interessanten Funden der letzten Grabungen in den tieferen Schichten des Alten Palastes von Phaistos. Im Innen- und Außendekor sind Dornspiralen und blüten- und rankenartige Gebilde harmonisch verbunden.

Levi, in: Bolletino d'arte III 1956, S. 248, Farbtaf. 2.

24
PITHOS. Kamares-Stil. Aus Magazin XXXII des Alten Palastes von Phaistos. Höhe 110 cm. Mittelminoisch II.

Je eine Henkelreihe oben und unten. Auf gelblichem Grund stehen braunrote Spitzovale; in diesen jeweils oben ein gleichgeformtes helles Oval und unten ein helles Rund, eine höchst aparte und eigenwillige Dekoration.

Pernier, Festòs I, Taf. 37.

25 oben
PORTRÄT EINES KINDES. Siegelabdruck in Ton. Aus dem Alten Palast von Knossos. Mittelminoisch II, um 1800 v. Chr.

Dieses interessante Werk, das Porträt eines Knaben, stammt aus dem »Hieroglyphic Deposit« des Alten Palastes von Knossos; es ist zusammen mit dem Siegelporträt eines älteren Mannes (des »Vaters«) gefunden worden. Vielleicht zeigen beide wirklich Vater und Sohn, König und Prinz. Das junge Gesicht trägt krankhafte Züge.

Evans, Palace of Minos I, S. 271–272, Abb. 201b.

25 unten
SARKOPHAG IN TRUHENFORM (Larnax). Aus einem Rundgrab von Voru am Nordrand der Messara, Mittelkreta. Ton. Länge 74 cm. Mittelminoisch I/II.

Eines der frühesten Beispiele dieser Gattung. Zu beachten sind die knopfartigen Gebilde, die wie die gleichfalls angebrachten Ösen dazu dienten, den Deckel mit Hilfe von Stricken unter Verwendung kunstvoller Knoten auf der Truhe zu befestigen. Ganz ähnliche Knöpfe kennen wir auf Holztruhen, die in Ägypten gefunden wurden. Über den verwickelt geschlungenen Knoten, den Kirke selbst erfunden haben soll, erfahren wir aus dem Munde des Odysseus (Odyssee VII, 447/448). Freilich bediente sich in der minoischen Zeit der Kreter zu solchen Zwecken auch noch eines eigenen Siegels, während sich der große König der Odyssee nur noch durch Knoten allein sein Eigentum zu sichern bemühen mußte.

Marinatos, in: Deltion 13, 1930/31, S. 147, Abb. 10.

DIE PALÄSTE, HERRENSITZE UND VILLEN

26–41; XIV–XVII; Fig. 3–6
PALAST VON KNOSSOS.

Der erste Eindruck des heutigen KNOSSOS auf den Besucher ist mächtig; auch er hat wie die Alten das Gefühl, ohne Führer nicht durch die Ruinen zu kommen. Wenn wir jedoch als Richtlinie die schon erwähnte Nordsüd-Orientierung der Paläste und ihres Mittelhofes nehmen, ist es nicht schwer, einen klaren Weg durch das Labyrinth zu finden.

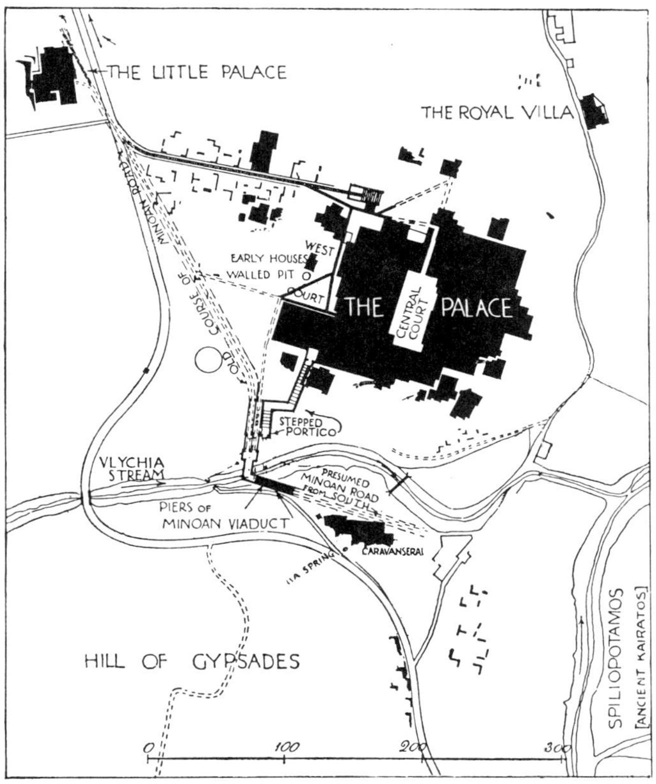

3 Palast von Knossos und nähere Umgebung. In der Mitte der Palast selbst mit kleineren minoischen Gebäuden ringsum. Links oben im Plan der sog. Kleine Palast, rechts oben die sog. Königliche Villa. – Orientierung des Planes genau Nord-Süd. – Nach *J. D. S. Pendlebury* 1933/1954.

Der Palast hatte, wie es für einen mächtigen Bau natürlich ist, an allen vier Seiten Eingänge; aber für den großen Verkehr waren die zwei Haupttore im Norden und Süden bestimmt. Der heutige Besucher, der durch das moderne Wächterhaus zuerst den Westhof des Palastes erreicht, kann von da beide Eingänge im Norden und Süden finden. Das Palastinnere jedoch wird am besten durch den südlichen Haupteingang, das Süd-Propylon, betreten. Die einstige Westfassade zeigt ihre riesigen Orthostatenblöcke aus Gipsstein, wie überhaupt die Westfassaden an Palästen und Herrenhäusern solidest und mit möglichst wenigen Öffnungen gebaut sind. An der Südwestecke des Palastes liegt die Westhalle (im Hauptplan »West Porch«), die den Eingang zu dem langen und berühmten Prozessionskorridor (ebenda »Corridor of the Procession«) bildet. Die Eingangshalle hatte eine Holzsäule von 1,20 m Durchmesser in der Fassade, Wächterzimmer und Warteraum an der Hinterseite. Ein Relieffresko mit Stierspieldarstellung schmückte einst die Wand zur Linken des Eintretenden.
Der lange, im rechten Winkel nach Osten knickende Korridor führt nach rund 24 m zum Südpropylon (ebenda »South-Propylaeum«), von dem eine Monumentaltreppe hinauf zum oberen Propylon führte, von diesem erreichte man die Kulträume und sonstigen Gemächer des Ersten Stockwerks, des »Piano nobile« (Rückblick vom Zentralen Prunksaal aus in Taf. 40). Als Fortsetzung des Prozessionskorridors führte, an der Südseite entlang und dann rechtwinklig gegen Norden umbiegend, ein Korridor zum großen Mittelhof (Fig. 5 »Continuation of Corridor of the Procession«). Sowohl der Prozessionskorridor wie das Südpropylon waren durch Fresken lebensgroßer Figuren in zwei übereinanderliegenden Zonen geschmückt. Die Figuren, Jünglinge und Mädchen trugen fast alle kostbare Geschenke. Nur der »Rhytonträger« (Taf. XV) ist erhalten, von einer Anzahl anderer Figuren nur die unteren Teile. Mehr als 500 lebensgroße Gestalten waren einst hier gemalt. Die gewöhnliche Erklärung ist, daß es sich um eine Kultprozession handelte. Vielleicht haben wir es aber mit Tributbringern zu tun, die sowohl aus Kretas Provinzen wie von den Inseln kamen. Man wird diese Annahme wahrscheinlich finden, wenn man überlegt, daß damals Steuern nicht bestanden, wohl aber Abgaben in Form von freiwilligen Geschenken (*Andreades*, Nationalökonomie – in Griechisch); und

4/5 Palast von Knossos. 4 Hauptplan des Palastes im Niveau des Mittelhofes. 5 Westflügel des Palastes, Hauptstockwerk (Piano Nobile). – Nach *J. D. S. Pendlebury* 1933/1954.

4 Hauptplan. Eingänge: *Westhalle* (West Porch), anschließend der Prozessionskorridor (Corridor of the Procession), der von der Westhalle aus an der Südhälfte des Westflügels entlangzieht, zunächst zum Süd-Propylon (vgl. Fig. 7) und weiter zur Südwestecke des Mittelhofes führt. – *Nordeingang* zwischen Nord-Propylon und Pfeilerhalle (Pillar Hall), der zum Nordende des Mittelhofes führt.

Flügel des Palastes: *Westflügel.* Westlich des Nordsüd-Korridors die Magazine, östlich davon der Thronraum, die Palastkapelle, die unteren Veranden und der Aufgang (Stepped Porch) zum Hauptgeschoß. – *Ostflügel.* In der Mitte der Ostwest-Korridor, nördlich von ihm die Räume der Künstler und Handwerker, südlich das Wohnquartier. In letzterem die große Treppe (Grand Staircase) mit Lichthof (Light Area) und Säulenhalle (Hall of the Colonnade). Davor nach Osten: Halle der Doppeläxte (Hall of the Double Axes) als Hauptempfangsraum und seitlich die Räume des »Megarons« der Königin (Queen's Megaron).

5 Westflügel Hauptstockwerk: Westlich des unbedachten Nordsüd-Korridors im Nordteil die Große Halle (Great Hall) und die Kulthalle (Sanctuary Hall). Die Räume östlich des Korridors, die wichtigsten dieses Flügels, wurden über die Treppe beim Großen Propylon bzw. über die im Plan »Stepped Porch« genannte Treppe erreicht. Sie dienten insgesamt den Repräsentationszeremonien. Der wichtigste Raum war die »Central Tricolumnar-Hall«, vgl. Taf. 40.

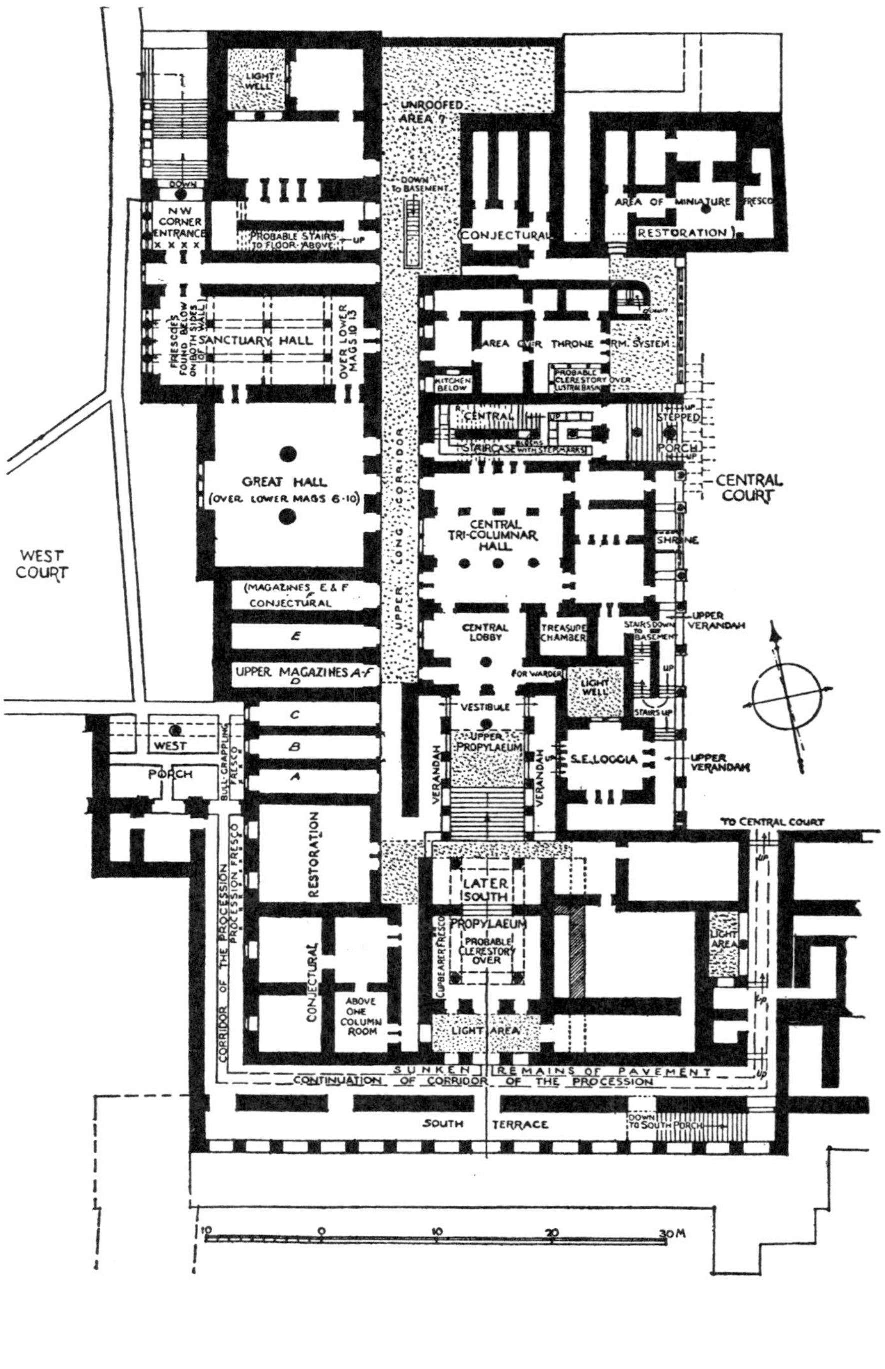

5

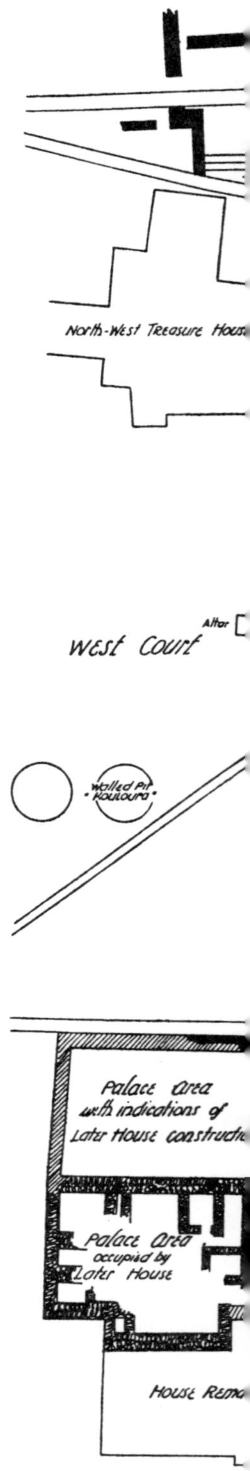

North East House
Outer Gate
Pro-pylon
Pillar Hall
North East Entrance Passage
Guard Rm.
Warder
Initiatory Area
Lustral Basin
Fore-Hall
N.W. Portico
Probable Stairs up to N.W. Porch
Ramp
Northern Entrance Passage
Royal Pottery Stores
Early Buildings Partly in Continuous use
North East Magazines
N.E. Hall
N.E. Stairs
Corridor of the Draught Board
Magazines of Great Pithoi
East Bastion
Conjectural ascending Stair
Magazines
Rm. of the Throne
Ante Room
Stone Drain
Corridor of the Bays
Magazine of Medallion Pithoi
Central Court
Grand Staircase
Long Corridor and Magazines
W. Pillar Crypt
E. Pillar Crypt
Shrine
Lower E.W. Corridor
Hall of the Colonnades
Light Area
Hall of the Double Axes
Portico
Court of the Distaffs
W.C.
Treasury
Bath
Queen's Megaron
Corridor of Painted Pithoi
Altar Base
West Porch
Corridor of the Procession
Grand Staircase up to Piano Nobile
South Propylaeum
Light Area
Ascending Ramp to Central Court
Slight descent
Stairs to Upper Level
South Corridor
Conjectural South West Porch
South Porch
South House
Probable Stairs up to Central Court
Earlier Buildings
S.E. Stairs
S.E. Lustral Basin
House of the Chancel Screen
South East House
N
E
S
W
Actual or Certain Masonry
Conjectural

4

wenn die Besucher den Palast durch den Korridor und das Propylon betraten, wurden sie durch die Wandfresken sogleich an Sitte und Pflicht erinnert.
Der Nordeingang (Taf. 30) war in erster Linie dazu geeignet, die Verbindung mit den nördlich des Palastes liegenden Hafenanlagen, besonders an der Kairatosmündung und bei Amnissos, dem Haupthafen und Arsenal, herzustellen. Ein kleines Propylon führte zu einem Pfeilersaal (im Hauptplan »Pillar Hall«), an dessen Südwestecke der steingepflasterte Aufweg (Taf. 31; im Hauptplan »Northern Entrance Passage«) begann, der ohne Stufen auch von Lasttieren oder Wagen benutzt werden konnte. Rechts und links vom Aufweg war je eine Säulenhalle mit Relieffresken aus dem Leben der Stiere etwas später hinzugefügt. Der Kopf des brüllenden Stieres (Taf. XIV) stammt aus diesen Kompositionen. Es ist wahrscheinlich, daß diese Stierdarstellungen noch lange nach der Zerstörung des Palastes sichtbar waren; sie mögen dazu beigetragen haben, den Mythos vom Minotauros entstehen zu lassen. Wohl mag einst Theseus, der in Amnissos gelandet war, durch dieses Tor den Palast betreten haben; nach anderer Quelle stellt man sich vor, daß er vor diesen »Toren des Labyrinthes« seinen siegreichen Kampf geführt hat (Plutarch, Theseus XIX, dessen Gewährsmann hier Kleidemos war).
Die Längsachse des Mittelhofes, dieses wichtigen Lebenszentrums aller Paläste, ist fast genau nach Nord-Süd orientiert. Durch diesen Mittelhof ist der Palast in zwei Flügel geteilt. Beide Flügel sind in Knossos durch je einen Korridor abermals in je zwei Komplexe oder »Quartiere« unterteilt: ein Nordsüd-Korridor teilt den Westflügel in die Reihe der Magazine im Westen und in den sich nach dem Mittelhof öffnenden Komplex der Kulträume im Osten; der Ostflügel dagegen ist durch einen Ostwest-Korridor geteilt, in seinem Süden lag das Wohnquartier, in seinem Norden waren die bescheidenen Räume der Werkstätten untergebracht.
Die Reihe der engen und langen Westmagazine, die im ganzen ursprünglich zweiundzwanzig zählten, wird im Westen von der massiven Palastmauer abgeschlossen. Die drei ersten Magazine im Süden waren nicht in Gebrauch, als der Palast zugrunde ging; der letzte Raum im Norden war geteilt und stellte wohl eine Art von Magazinverwaltung dar. Die übrigen 18 Magazine wurden voll von großen Pithoi gefunden, manche enthielten auch steinverkleidete Zisten.
Der Raumkomplex für die religiösen Zeremonien hatte eine großartige Fassade nach dem Mittelhof zu. Heute ist der bekannteste Raum des Palastes der Thronraum mit seinem Vorraum (Taf. 33; im Hauptplan »Room of the Throne«). Ehe man den Vorraum betritt, erblickt man rechts die abgerundete Ecke, die als Überbleibsel des ältesten Palastes ehrfürchtig erhalten wurde. In ihrem Inneren führt eine Wendeltreppe zum oberen Stockwerk. Eine große Porphyrschale im Vorraum diente den rituellen Reinigungen vor Betreten des Thronraumes. Der Thronraum selbst ist nicht nur wegen seines Thrones berühmt geworden, sondern auch weil er der Zeuge des Palastendes gewesen ist: gerade dieser Raum befand sich offenbar in Verwendung, als die endgültige Katastrophe über den Palast vernichtend hereinbrach. Es muß ein plötzliches Ereignis gewesen sein, wenn wir die auf dem Boden gefundenen Gegenstände durch den Ausgräber sprechen lassen: große, flache Alabastra aus Stein und die Reste eines großen Pithos lagen da, die natürlich hier nicht ihren originalen Platz hatten. Sie waren offenbar eilig gebracht worden, um zu heiligen Spenden beim Gebet in der Zeit der höchsten Gefahr zu dienen. Die Fresken, die den Raum schmückten, waren bis zu den oberen Zonen erhalten. Ihre Reste sind heute im Museum zu Herakleion zu sehen, aber die an ihrer Stelle gemalten Nachbildungen haben nichts Unbezeugtes an sich. Mächtige Greifen sitzen zu beiden Seiten des Throns. Das Fresko stammt aus der letzten Periode des Palastes. Der Thron ist aus Alabaster; er geht auf das Genaueste auf ein hölzernes Vorbild zurück. Ob es nicht ein religiöser Grund war, den Thron aus Stein, der ja dem Schoße der Erde entstammte, zu bilden? Diente er doch dem Herrscher, einem von der Gottheit geschützten Wesen; und diente er überhaupt dem König oder der Königin, diente er nicht vielleicht der Gottheit selbst, die, zu den religiösen Handlungen herbeigerufen, hier Platz nehmen sollte? Auch anderswo treffen wir Throne aus Stein an, und man kennt auch Fälle, wo im geheiligten Raum für die Gottheit ein Bett oder ein Tisch bereitstand (vgl. auch das zum Thron in der »Königlichen Villa« Gesagte). Rings um die Wände des Thronraumes sind Alabastersitzbänke angebracht, während gegenüber dem Thron eine Einrichtung bis auf die Holzsäulen, die natürlich wiederhergestellt sind, unversehrt erhalten ist: ein symbolischer unterirdischer Raum, zu dem man einige Stufen herunterstieg, um sein Gebet an die Gottheit zu richten. Er kann als eine künstliche und zugleich künstlerische Nachahmung der kretischen Grotten gelten, wo man ja die Gottheit jahrtausendelang aufsuchte. Ein derartiger Raum führt gewöhnlich den Namen »Heiliges Bassin« (Lustral Basin). Er ist auch aus anderen Palästen, im besonderen aus der Zeit der Alten Paläste, bekannt. Ein Hausaltar mit den üblichen Kultgegenständen konnte vom Thronraum mittels eines durch eine Tür verschließbaren Zuganges erreicht werden.
An den Komplex des Thronraumes südlich angrenzend befindet sich eine Treppe, die die Verbindung des Mittelhofes mit dem Ersten Stock herstellte (Taf. 26 und 32), dessen ausgedehnte Räume, wie wir gesehen haben, auch durch das Südpropylon zugänglich waren. Die Räume des Ersten Stocks, des »Piano nobile« (vgl. Plan in Fig. 5), dienten ausschließlich Zeremonien: eine Halle, mit einer Säule in der Mitte, ein Vestibül und dahinter der Saal mit drei Säulen und drei Pfeilern (in Fig. 5 »Central Tri-columnar Hall«; vgl. Taf. 40). Nach Westen wiederholte sich im Ersten Stock der Korridor der Magazine, jedoch ohne Dach, um den benachbarten Räumen Licht und Luft zu geben.
Westlich vom Korridor lagen zwei große Räume, einer über den Magazinen 6–10 mit zwei Säulen (in Fig. 5 »Great Hall«), und ein zweiter über den Magazinen 11–13 mit sechs Pfeilern (in Fig. 5 »Sanctuary Hall«); in diesem letzteren Raum fand man das Freskofragment der sog. Pariserin (Taf. XVI).
An die oben erwähnte Halle mit drei Säulen und drei Pfeilern schließt eine Anzahl kleinerer Räume an, vor denen sich nach Osten gegen den Mittelhof eine ausgedehnte Veranda öffnet. Die Fortsetzung der oben erwähnten, vom Mittelhof heraufführenden Treppe (Taf. 26 und 32) bildet eine kleinere Treppe, die, den Resten nach zu schließen, noch in ein Zweites Stockwerk hinaufführte.

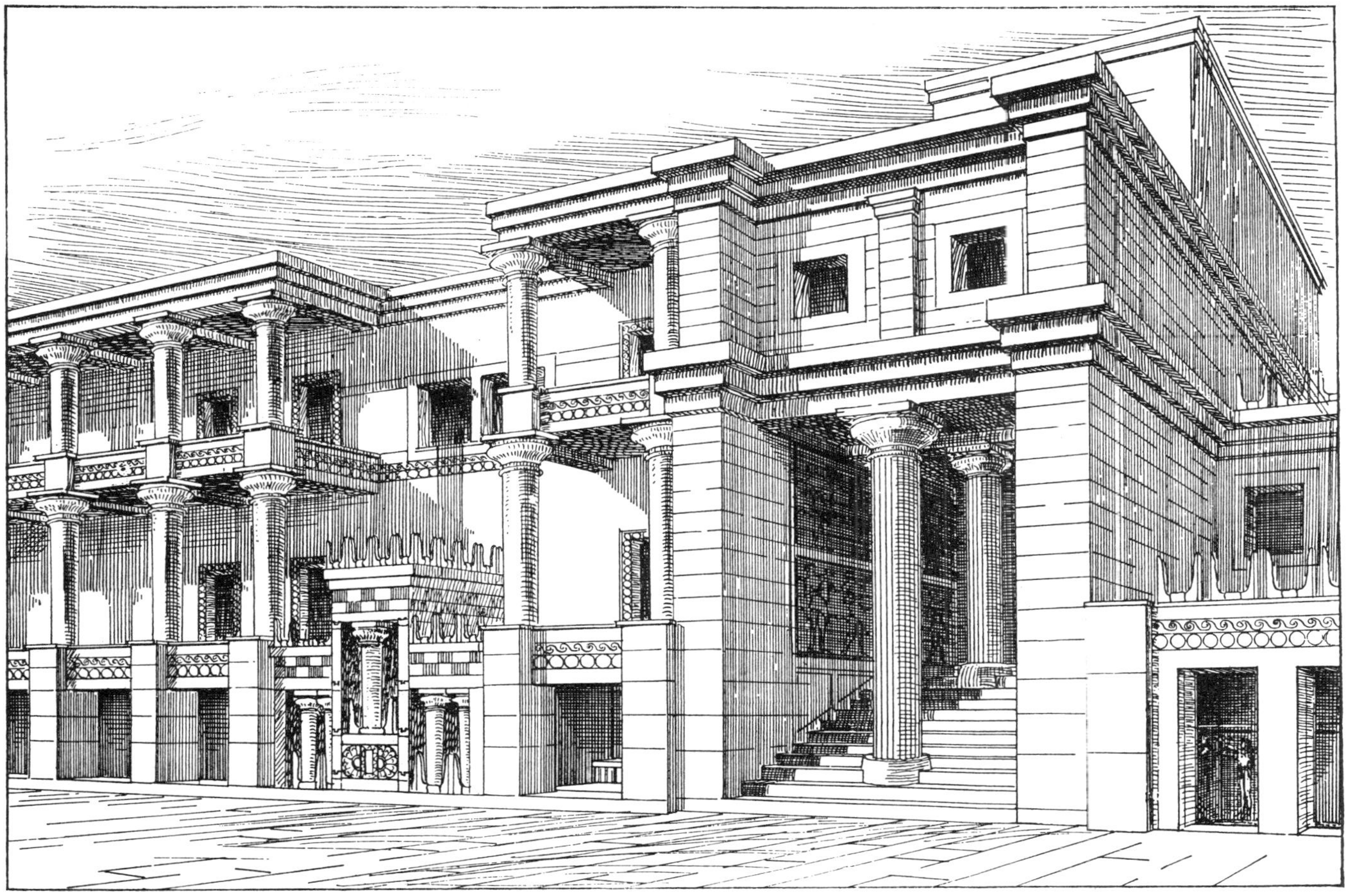

6/7 Palast von Knossos.

6 Ostfront des Westflügels gegen den Mittelhof mit Treppe zum Hauptgeschoß (Stepped Porch) rechts, Palastheiligtum (Shrine) in der Mitte und den südlich anschließenden Veranden links. Ganz rechts ein Teil des Thronraum-Komplexes. Vgl. hierzu die Aufnahme in Taf. 32. –
7 Süd-Propylon mit dem Prozessionsfresko der Rhytonträger und der anderen Gabenbringer in zwei Zonen, dahinter die Große Treppe zum Hauptstockwerk im Westflügel. – Wiederherstellung. Aus: *Evans*, The Palace of Minos, Bd. II, 2, 1928.

Südlich an die oben mehrfach erwähnte Treppe angrenzend, dem Mittelhof zugewandt, war – nach den wenigen Spuren zu schließen – eine dreischiffige Kapelle. Die dahinterliegenden Räume waren ohne Zweifel geheiligt: ein Raum mit Sitzbänken, der die zwei berühmten steinverkleideten Zisten enthielt, aus denen die Schlangengöttinnen (Taf. XXV) und ihr Zubehör stammen, und die zwei nicht weniger berühmten Pfeiler mit Vorrichtungen für flüssige Opfergaben und mit eingemeißelten Doppeläxten (im Hauptplan »W and E Pillar Crypt«). Bei dieser Gelegenheit sei bemerkt, daß es streng wissenschaftlich nicht bewiesen ist, daß die Bezeichnung »Labyrinth«, die dieser ruhmvolle Palast in der Sage erhalten hat, auf die Doppeläxte zurückgeht: In der Lydersprache hieß die Doppelaxt Labrys. Labyrinth wäre also einfach das »Haus der Labrys«, unter dem die Griechen später jedoch den verwickelten Palastbau von Knossos gemeinhin verstanden und mit ihm den Mythos vom Faden der Ariadne verbanden.
Südlich des Raums mit den Pfeilern dehnt sich die große Veranda mit Pfeilern bis zur Südwestecke des Mittelhofes aus. Wenige Schritte weiter nach Osten liegt der Südeingang zum Mittelhof, in den auch der oben beschriebene Prozessionskorridor führte. Zu diesem Mittelhof führte schließlich von der südlichen Hauptstraße her ein großartiger Viadukt (Fig. 3).
Überquert man den Mittelhof, so findet man fast genau in der Mitte des Ostkomplexes den von Osten nach Westen ziehenden Korridor, der, wie schon gesagt, den Ostflügel durch alle Stockwerke halbiert, natürlich als eigener Korridor in jeder einzelnen Etage, so wie ja auch im Westflügel ein Korridor ebenerdig und im Hauptstockwerk, dem Piano nobile (hier allerdings nicht mehr bedacht), verlief.
Leider wissen wir nichts über die Gestaltung der Fassade nach dem Mittelhof zu. Sicher ist nur, daß auch im Ostflügel mehrere Stockwerke bestanden.
Der Komplex nördlich des Ostwest-Korridors, der aus vielen Perioden des Palastes stammt, bietet in seinen Ruinen nicht viel Interessantes für den Besucher. Er war wohl in allen Perioden das Quartier der Künstler und Handwerker, die zum Ruhme des Palastes ihre Werke schufen. Der Daidalosmythos zeugt ja letzten Endes von der Bedeutung der Künstler von Knossos. Bis heute kann man die Räume sehen, in denen die königlichen Töpfer des Alten Palastes die vielbewunderten Gefäße von Eierschalenfeinheit und die übrige Keramik des Kamares-Stils schufen. Die Spuren der Magazine dieses Alten Palastes sind noch da und man hat an Ort und Stelle die riesigen Pithoi gelassen, die über 2 m hoch sind. Auf die Ausmaße solcher Pithoi, die Menschengröße übersteigen, bezieht sich die Legende, der nach Glaukos, ein Sohn des Minos, in einen dieser Pithoi, der mit Honig gefüllt war, beim Naschen gestürzt und darin ertrunken sei. Die etwas jüngeren, aber noch mittelminoischen Pithoi anderer Magazine desselben Quartiers sind als »Medaillon-Pithoi« bekannt. Aus den späteren Tagen des Palastes stammen die Räume, in denen man nachweislich Steingefäße herstellte. Manches schöne Gefäß war gerade halb vollendet, als das Unglück den Palast in Ruinen legte. In einem kleinen Zimmer wurden noch, als Rohmaterial, Stücke des grünen, harten lakonischen Steines gefunden, ein Stein, der bis heute nur in Krokeai im Bezirk von Sparta vorkommt und den wir heute als Verde antico bezeichnen.

Das Wohnquartier liegt, wie gesagt, südlich des Ostwest-Korridors, dessen Westende in die große Treppenanlage (im Hauptplan »Grand Staircase«; Taf. 34 links, 35–37) mündet, die mit ihren Säulen und Läufen seit ihrer Entdeckung Bewunderung fand. Bewunderungswürdig ist auch, daß sie so wohlerhalten auf uns gekommen ist. Nur die Säulen, die verkohlt vorgefunden wurden, sind den originalen Resten in Stein nachgebildet worden. Von den Treppenläufen sind vier vollständig und ein fünfter teilweise auf uns gekommen. Die große Treppe ist, so wie wir sie heute sehen, auf das sorgfältigste restauriert. Ohne die Rekonstruktionsmaßnahmen von Evans – mögen sie noch so bekämpft werden – wäre weder von dieser großartigen Treppenanlage noch von den anderen Palastteilen heute noch etwas zu sehen; sie wären nach der Ausgrabung für immer zugrundegegangen.
Um das Wohnquartier im Osten des Mittelhofes zu schaffen, wurde schon zur Zeit der Erbauung des Alten Palastes ein Einschnitt in den Hügel, auf dem der Palast liegt, vollzogen. Damit gelang es gleichzeitig, die Wohnräume nach Osten und Süden zu orientieren und dem Erdgeschoß sowie dem Ersten Stockwerk, die so beide in den Einschnitt des Hügels zu liegen kamen, im Sommer Kühle, im Winter natürliche Wärme zu sichern. Erst der Boden des Zweiten Stockwerks lag im Niveau des Mittelhofes. Zu diesem zweiten Oberstockwerk führte der uns noch im fünften Flügel erhaltene Teil der obengenannten Haupttreppe (vgl. Taf. 32, Vordergrund). Ob dann noch weitere Stockwerke aufgebaut waren, ist nicht geklärt.
Breit und bequem sind die Stufen der Großen Treppe, dem ganzen Baukomplex das großartige und zeremonielle Gepräge verleihend, das durch die Fresken in allen Etagen des Ostwest-Korridors und die ringsumlaufenden Säulen noch verstärkt wurde. Die Treppe hat östlich einen unbedachten Raum (Taf. 37); es ist einer der vielen Lichtschächte, die wir antreffen. Dadurch, daß viele Räume eng nebeneinanderlagen, ergab sich das Problem, Luft und Licht zu schaffen. Dafür sorgten eben die Lichtschächte, kleine Innenhöfe, die durch alle Stockwerke liefen und ohne Dachbedeckung waren. Des letzteren Umstandes wegen waren die Lichthöfe besonders sorgfältig und in der Regel aus großen Porosquadern gebaut. Nach den Steinmetzzeichen, die die Blöcke tragen, hat Evans mehrfach den betreffenden Raumkomplexen ihren Namen gegeben.
Im Erdgeschoß, ein Stück des untersten Ostwest-Korridors passierend, treffen wir auf die östlich an den Lichtschacht schließende Säulenhalle (im Hauptplan »Hall of the Colonnade«). Nochmals schließt östlich ein Lichtschacht an, ein Beweis dafür, daß wir in der Nähe eines besonders bedeutungsvollen Raumes sind. In der Tat betreten wir nunmehr den wohl großartigsten Raum des ganzen Palastes, der seines Steinmetzzeichens wegen den Namen »Halle der Doppeläxte« (im Hauptplan »Hall of the Double Axes«; Taf. 39) führt. Solche vornehmen Räume, die zwar zu den Privatgemächern gehörten, aber auch als Empfangsräume viel benutzt wurden, sind allen Palästen gemein und hatten immer den günstigsten Platz innerhalb des ganzen Palastes inne. Der großen Hitze wegen, die lange Monate dauert, liegen diese Räume sowohl in Phaistos wie auch in Malia an der Nordwestecke der Paläste, wehte doch aus dieser Richtung der erfrischendste Wind. Hier in Knossos, wo die Räume der Halle der Doppeläxte gegen Südosten ge-

wandt sind, konnte man diese Lage wählen, weil die Kühlung durch die oben erwähnte Eintiefung in das Hügelgelände gesichert war.
Die eigentliche Halle, die, wie gezeigt, einen Lichtschacht im Westen für sich hatte, besaß an der Nordwand einen hölzernen, von einem Baldachin bedeckten Thron. Der Raum ist nicht sehr groß, aber – durch vier Türen verbunden – schließt östlich ein Vorsaal an, dessen Ost- und Südwand wieder in vier und drei Türen aufgelöst war, so daß praktisch die beiden Räume, wenn nötig, zu einem vereinigt werden konnten – auch dies eine Eigentümlichkeit der minoischen Architektur. Endlich lag vor den Räumen ein nach Osten und Süden offener Portikus mit Säulen, der Luft, Licht und zugleich Schatten spendete. Der ganze Raumkomplex trug Freskoschmuck, von dem jedoch nur Spuren erhalten sind.
Von dem Thronraum des eben geschilderten Komplexes führt ein geknickter Korridor zu einem südlich angrenzenden analogen, aber kleineren Raumkomplex, der den Namen »Megaron der Königin« (im Hauptplan »Queens Megaron«; Taf. 38 und 34 rechts) führt. Eine kleine Privattreppe stellte die Verbindung mit den oberen Stockwerken her. Der Hauptraum, mit Fresken (Taf. 38 unten) verschiedener Perioden geschmückt, war mit bequemen Sitzbänken versehen. Nach Osten lag ein kleiner Lichthof vor, westlich schloß ein ganz kleiner Nebenraum mit einer Säule, das Badezimmer, an. Südlich nochmals ein Lichtschacht und ein ziemlich langer Korridor. Er führte zu der berühmt gewordenen Toilette, die eine Einrichtung zeigt, die modernen sanitären Einrichtungen nahekommt. Schon der Alte Palast hatte ja eine erstaunliche Einrichtung zur Wasserführung: Tonröhren führten von irgendwo weiter her Trinkwasser zum Palast, wobei es wahrscheinlich ist, daß die damaligen Ingenieure das Gesetz der »kommunizierenden Röhren« kannten; andererseits war eine gute Kanalisation mit mannshohen Hauptkanälen zum Abfluß des Regenwassers angelegt. Unter dem Wohnquartier ist der Hauptkanal im Querschnitt ungefähr eiförmig und mündet mit Nebenkanälen in einen östlichen Hauptarm zum Tal des Kairatosflusses.
Vom Gesamtbereich des Megarons der Königin führt nordwestlich – den Lichtschacht, der »Spinnrockenhof« (im Hauptplan »Court of the Distaffs«) heißt, links liegenlassend – ein doppelt geknickter Korridor zurück zum Säulenhof und damit wieder zur Haupttreppe. Ehe der Säulenhof (Hall of the Colonnade) erreicht wird, führt westlich eine kleine Treppe in den Ersten Stock in Räume, die offenbar ganz analog denen des Megarons der Königin im untersten Stockwerk sind.
Südlich des Megarons der Königin betritt man einen letzten interessanten Bereich. Hier waren einst Magazine des frühen Neuen Palastes, aus denen die edlen Lilienvasen (Taf. XXVI) stammen. Eine Badewanne mit Schilfdekor ist noch in situ zu sehen. Gleich südlich liegt das kleine Heiligtum der Taubengöttin. Der Raum dort war von jeher geheiligt, wie ein Heiliges Bassin zeigt. In spätester minoischer Zeit, als der Palast längst in Ruinen lag, hat man dann das kleine Heiligtum der Taubengöttin errichtet. Es ist kaum mehr als 1 qm groß. Seine Bedeutung liegt darin, daß alles, Taubengöttinnen, Adorant, kleine Doppeläxte, Heilige Hörner, Opfertisch und dargebrachte Gefäße, an Ort und Stelle gefunden wurden, so wie sie den Gläubigen in letzter Stunde dienten. Abermals muß eine plötzliche Katastrophe eingetreten sein.
Der Westhof des Palastes bietet heute wenig Interessantes. Von mehreren Richtungen kommend, endeten Straßen in ihm. Sicher die bedeutendste war die aus dem Kleinen Palast kommende »Heilige Straße«, die Prozessionen diente. An ihrem Nordende befindet sich die »Theatral Area«, der Platz mit den beiden Schautreppen (Taf. 29), die Nordwestecke des Palastes bildend, zu der die Heilige Straße (Taf. 28) von Westen her zieht. Daß dieser Platz mit den beiden Schautreppen religiösen Zeremonien diente, steht außer Zweifel. Auf der »königlichen Loge« (vgl. das zu Taf. 29 Gesagte) stand wohl ein kleines dreischiffiges Heiligtum, ähnlich wie man es auch wohl für die Mitte des großen Mittelhofes vermuten muß. Das Miniaturfresko, das in Fragmenten aus einem Nordraum des Westflügel-Oberstockwerks stammt, kann uns seine Form ahnen lassen.

26 Der Hauptteil des Palastes, von der Hagios Elias-Höhe im Osten gesehen.
Über dem Palast das moderne Dorf von Knossos, rechts einige Häuser von Fortezza, wo reiche Nekropolen der Geometrischen und Archaischen Zeit liegen. Unten der Fluß Kairatos. Vom Palast sieht man im unteren Bildteil das Wohnquartier des Ostflügels, dahinter den Mittelhof, rechts den Nordeingang, links das Südpropylon. In der Mitte und westlich des Mittelhofes der Thronraum mit seinen vier Türen und daneben die Treppe zum »Piano nobile« des Westflügels.

27 Zwei Gesamtansichten des Palastes.
Oben: Von Osten her mit Knossos, Fortezza und dem modernen Sanatorium, dessen Fundamentierungsarbeiten zu interessanten Funden aus minoischer Zeit führten.
Unten: Südseite des Palastes vom Hügel Gypsades aus, auf dem ein dichtbewohntes Quartier des minoischen Knossos lag.

28 Die Heilige Straße am Nordrand des Palastes und die Schautreppen für die Kulthandlungen, von Osten gesehen.
Die Straße verbindet den Palast mit dem sog. Kleinen Palast, einem Bau, der viele Kulträume enthielt. Sie war mit besonderer Sorgfalt angelegt und für Zeremonien bestimmt. Auch andere Kulturen weisen derartige Straßen auf; so Ägypten: die Sphingenalleen, Babylon: die Mardukstraße; endlich denkt man an Athens »Heilige Straße«.
Die Heilige Straße von Knossos ist 230 m lang und verläuft gerade von Osten nach Westen, um vor der Südostecke des »Kleinen Palastes«, vielleicht vor einem Monumentaleingang, zu enden. Interessant ist, daß in Knossos wie in Phaistos die Straße unter dem großen Palast verschwindet.
Technisch wirkt die Straße wie ein Vorläufer des modernen Straßenbaus. Zutiefst ist eine Schicht roher Steine in Ton eingebettet; darüber die erste Pflasterung mit Feldsteinen, abermals darüber eine neue Schicht von Ton, auf der endlich die eigentliche Straßendecke lag, bestehend aus einem etwas höher liegenden Mittelband von zwei Reihen von Steinplatten und beiderseits je einer Gehbahn. Die Mittelbahn war 1,40 m, die Gehbahnen je 1,20 m breit, so daß eine Gesamtbreite von fast 4 m zustande kam. An der Südseite war die Straße mit einem Abflußkanal versehen. Es ist bezeichnend, daß in römischer

Zeit eine Straße, 2 m höher, fast genau über der alten, bestand. Die Erinnerung an die minoische Heilige Straße mag somit bis zum Ende des Altertums weitergelebt haben.

Evans, Palace of Minos II, S. 572ff., Geschichte der Entdeckung und Beschreibung der Straße.

29 Schautreppen für die Kulthandlungen, von der Heiligen Straße aus gesehen.
Zwei Schautreppen stoßen hier rechtwinkelig aneinander. An dem Punkt des Zusammentreffens ist ein rechteckiger Sockel für die sog. königliche Loge erhalten. Vielleicht war es keine Loge, sondern eine Kapelle von leichter Konstruktion, den Kultfassaden analog, die wir auf Fresken und auf Goldblechen (zum Beispiel aus Mykenai in Taf. 227 Mitte) sehen. Vielleicht könnte die architektonische Gestaltung des ganzen, bis in spätere Zeit erhaltenen Festplatzes das sein, was nach Ilias XIX, 590ff., Daidalos als einen schönen Tanzplatz in Knossos gebaut haben soll.

Beschreibung der »Theatral Area« in *Evans*, Palace of Minos II, S. 578ff.

30 Der Nordeingang des Palastes. Links Pfeilerhalle, rechts die zum Teil wiederhergestellte Säulenterrasse mit den Stierreliefs.
Der Eingang war in der älteren Zeit des Palastes breiter. Die Halle im Osten und die späteren Bauten haben zur Zeit des Neuen Palastes zur Verengung des Einganges geführt.

31 Der Nordeingang des Palastes, vom Mittelhof aus.
Unter der Steinpflasterung des Korridors verläuft der mannstiefe Hauptkanal der Palastanlage.

32 Blick vom Ende der Ostflügel-Haupttreppe über den Mittelhof auf den Westflügel. Links die Veranden, anschließend das dreischiffige Palastheiligtum (in Fig. 4 und 5 »shrine«), weiterhin die Westflügel-Haupttreppe (in Fig. 5 »Stepped Porch«), dann der Vorraum des Thronsaales und endlich, ganz rechts, die Säulenhalle (Säulenterrasse) am Nordeingang. Vgl. hiezu die Wiederherstellung in Fig. 6.

33 Der Thronsaal des Palastes.
Der im Westflügel errichtete Thronsaal gehört der allerletzten Periode des Palastes an. Thron und Sitzbänke sind aus Alabaster gearbeitet.

34 Blick aus WSW auf den oberen Säulenhof der Ostflügel-Haupttreppe des Palastes (links) und auf die Räume der Königin im Hauptstockwerk und eine Etage darunter. Rechts hinten die Südostecke des »Portico«, der Halle der Doppeläxte.

35–37 Die große Haupttreppe des Wohnquartiers im Ostflügel des Palastes.
Vier Läufe der monumentalen Treppe und der Anfang eines fünften sind erhalten. Die bei der Ausgrabung in verkohltem Zustand vorgefundenen Holzsäulen sind jetzt durch Säulen aus Stein erneuert. Tafel 36 zeigt den oberen, Tafel 37 den unteren Abschnitt der Treppe und den Lichtschacht. Vergleiche auch die Bilder 32 und 34, wo das derzeit obere Ende der Haupttreppe zu sehen ist.

38 Oben: Megaron der Königin mit Säulenhalle und Lichtschacht. – Unten: Tänzerin. Freskofragment von einem der Pfeiler im Megaron der Königin.
Die Darstellung der Tänzerin ist halblebensgroß. Es ist eine gute Arbeit der Zeit kurz vor 1500 v. Chr.

Evans, Palace of Minos III, S. 70–71, Abb. 40 und S. 370–71, Farbtaf. XXV.

39 Ostflügel des Palastes. Vorraum, »Portico«, zum Saal der Doppeläxte, von außen und innen.
Der mit einem Thron versehene Saal der Doppeläxte – der prächtigste Raum des Wohnquartiers – hatte nach Osten einen Vorraum, der von einer Säulenhalle umschlossen war. In dem hier unteren Bild der Säulenhalle ist die Rekonstruktion des Holzthrones und der hängenden Schilde zu sehen.

40 Zentraler Prunksaal mit drei Säulen und drei Pfeilern im Hauptstockwerk des Westflügels. Davor oberes Propylon, links darunter Südost-Loggia.
Große Representationsräume existierten auf dem ganzen »Piano nobile« des Palast-Westflügels. Sie waren von Süden durch die große Treppe des Südpropylons und von Osten durch die Treppe des Mittelhofes neben dem Thronsaal (vgl. Taf. 26 und 32) erreichbar. Sie erhielten ihr Licht aus Osten durch die Veranden des Mittelhofes (Taf. 26 und 32), aus Westen durch den Nordsüd-Korridor bei den Magazinen, der vom oberen Stockwerk ab ohne Decke war.

41 Ein Teil der Westmagazine des Palastes mit großen Pithoi in situ.
Im Bild sind einige der Westmagazine sichtbar, darüber hinaus ein Stück des Westhofes. Die in den Magazinen noch in situ stehenden Pithoi sind insgesamt spätminoisch und von verschiedenen Formen. Unter dem Boden der Magazine die Steinkisten (»Kaselles«), mit denen auch der Westkorridor angefüllt war.

XIV–XVII
FRESKEN DES PALASTES VON KNOSSOS.

XIV Kopf des Stieres aus dem farbigen Stuckrelief der Säulenterrasse am Nordeingang des Palastes. Frühe Zeit des Neuen Palastes. Mittelminoisch III, um 1600 v. Chr.

Der gesenkte Kopf eines Stieres in natürlicher Größe gehörte zu einer großen Komposition beim Nordeingang des Neuen Palastes von Knossos. Weitere Fragmente lassen Felsen, Olivenbäume und eine weibliche Wade erkennen. Evans hat an eine Stierspieldarstellung gedacht. Näher aber liegt der Vergleich mit einer Gemme aus Vaphio, auf der, wie das wohl auch auf dem Relieffresko der Fall war, der Stier von einem Löwen angegriffen wurde. Der Kopf ist eines der besterhaltenen und zugleich gewaltigsten Kunstwerke der Zeit um 1600 v. Chr.

Evans, Palace of Minos III, S. 172. – *Marinatos*, in: Archäologischer Anzeiger 1928, S. 102.

XV Rhytonträger aus dem Prozessionsfresko der Großen Südpropyläen des Palastes. Spätere Zeit des Neuen Palastes. Spätminoisch I, um 1500/1450 v. Chr.

Der Rhytonträger ist eine der vielen Gestalten, die in zwei übereinanderliegenden Reihen das Prozessionsfresko in den großen Südpropyläen des Neuen Palastes von Knossos bildeten. Zu beachten sind die stolze Haltung und das edle Profil, die Armreifen, Schläfenschmuck und Gürtel aus Silber, die Gemme am linken Handgelenk und der festliche Lendenschurz des Jünglings. Das große Trichterrhyton, das er trägt, war wohl aus Silber mit eingelegten Goldlinien. Wie die Wolken über dem Kopfe des Trägers beweisen, schritt die Prozession unter freiem Himmel. Einschließlich der Fresken des Prozessionskorridors, wo neben Jünglingen auch Frauen dargestellt waren, müssen die Fresken über 500 lebensgroße Figuren umfaßt haben. Sie gehören der späten Phase des Neuen Palastes an und sind nicht vor 1500 v. Chr. zu datieren.

Evans, Palace of Minos II, S. 706. Rekonstruktionsskizze der Prozession, Ergänzungstafeln XXV–XXVII.

XVI Weiblicher Kopf, sog. Pariserin. Aus dem Sechs-Säulen-Saal des Palastes. Spätminoisch I, um 1500/1450 v. Chr.
Der Kopf wurde mit anderen Fragmenten der zugehörigen Gesamtkomposition über den Westmagazinen gefunden. Das Fresko stammt aus dem sechssäuligen Saal (Sanctuary Hall) im oberen Stock des Westflügels. Es stellte offenbar viele, meist männliche, sehr junge Gestalten in übereinanderliegenden Zonen dar. Von den zwölf erkennbaren Figuren waren mindestens neun sitzend gemalt. Die Sitze sind dünnfüßige, also wohl metallene, mit Fellen bedeckte Klappstühle, weswegen die erste Bezeichnung der Komposition »Camp Stool Fresco« war. Die Jacke der »Pariserin« scheint aus äußerst dünnem, durchsichtigem Stoff zu bestehen. Aus dem gleichen Stoff ist auch der große Knoten über ihrem Nacken, der wohl eher als der modische Knoten eines jungen Mädchens denn als »heiliger Knoten« anzusehen ist. Die erhaltenen männlichen und weiblichen Gestalten tragen lange, buntfarbige Kleider mit kurzen Ärmeln. Einige der männlichen Figuren haben flügelartige Stoff- oder Pelzgebilde über den Schultern, und überraschenderweise tragen einige von ihnen rote Handschuhe. Es ist die älteste Darstellung von Handschuhen, bei weitem älter als die der Handschuhe des Eje in Amarna, die Erman-Ranke (Ägypten, Bd. 2, S. 136) als »die älteste Darstellung von Handschuhen« bezeichnen.
Eine der erhaltenen Hände hält einen silbernen, hochfüßigen Becher, eine andere ein ähnliches Gefäß aus Gold. Evans hat die Komposition als Hinreichen der »Loving Cup« in heiligem Sinne erklärt. Die hochfüßigen Kyliken sind aber ausgesprochene Gefäße des täglichen profanen Gebrauchs. Auf Grund analoger ägyptischer Darstellungen des Neuen Reiches könnte man bei dem in Rede stehenden Fresko an ein Trinkgelage denken, das, nach den Klappstühlen zu schließen, unter freiem Himmel stattfand. Obwohl Kinder von Gelagen Erwachsener ferngehalten wurden, ist doch eher an ein profanes Fest im Freien zu denken als an eine mit Kindern vollführte Kulthandlung.

Ausführliche Darstellung bei *Evans*, Palace of Minos IV, S. 381, mit farbiger Wiedergabe der wichtigsten Fragmente.

XVII Das Stierspiel. Aus einem kleinen Hof des Ostflügels des Palastes, in dem Fresken die verschiedenen Phasen des Stierspiels darstellten. Spätminoisch I, kurz nach 1500 v. Chr.
Der Fries, zu dem als eines der Bilder das hier wiedergegebene Fresko gehört, ist einschließlich des Rahmens insgesamt 80 cm hoch. Er schmückte einen Raum über dem »Hof mit dem Steinausguß« des Ostflügels des Neuen Palastes von Knossos. Mehrere rechteckige Felder enthalten die Darstellungen des Stierspiels. Zeichnung und Stuckqualität sind hervorragend. Der jeder der Felder an allen vier Seiten umgebende Rahmen ahmt buntfarbige Steine nach.
Der Grund war in jedem Tableau abwechselnd gelb und blau. Da bei den Fresken in der Malerei die rote Farbe für die Haut der Männer, die weiße für die der Frauen eine fast feststehende Regel ist, können wir hier mit Sicherheit feststellen, daß an den Stierspielen Jünglinge und Mädchen teilnahmen, die sonst einander sehr ähnlich wiedergegeben sind. Auf dem Fresko kann man sehen, daß die jungen Sportlerinnen mehrere Paare von Armbändern, Halsbänder, zweifarbige Lendenschürze und manchmal blaue und rote Bänder um die Stirn tragen. Ihre Frisuren sind sehr gepflegt. Es ist bezeichnend, daß die jungen Mädchen vollgeschmückt dem Todesspiel begegneten. Es ist sehr wahrscheinlich, daß es junge Prinzessinnen waren. Manche von ihnen, hier die rechte Gestalt hinter dem Stiere, noch deutlicher eine andere auf einem anderen Fresko des Frieses (*Evans*, Palace of Minos III, S. 232, Abb. 164 b), haben die »Sattelnase«, die wir auch bei der »Pariserin« finden. Auch die gekrönte weibliche, also königliche Gestalt auf dem Sarkophag von Hagia Triada zeigt dieselbe eigenartige Nase. Vielleicht war es ein erblicher Zug innerhalb eines Prinzengeschlechtes von Kreta, der wiederkehrte und den wir etwa hundert Jahre lang, durch das 15. Jahrhundert, beobachten können.
Die Frage, ob bei den Stierspielen ein und dieselbe Person die Hörner des wütenden Tieres ergriff, dann auf dessen Rücken und endlich auf der Erde hinter ihm den Salto mortale vollendete, bleibt unbeantwortet. Die Handlung im kretischen Stierspiel bleibt für uns noch dunkel. Es waren offensichtlich immer waffenlose Spiele; niemals ist das Töten des – vielleicht heiligen – Tieres dargestellt. (Es gibt manche Darstellungen, wo ein »minoischer« Matador sein Schwert in den Nacken des Stieres stößt. Dies ist aber nur ein Zeichen mehr dafür, daß es sich hier um eine Fälschung handelt.)
Man kann sich den Vorgang des Stierspiels wohl so vorstellen: Ist es dem Stierspieler gelungen, den Stier an den Hörnern zu packen, so bleibt er für einige Zeit an ihnen, sie fest greifend. Das Tier ist dadurch überrascht und bleibt zunächst unfähig, sich ganz frei zu bewegen. In diesen wenigen Augenblicken gelingt es dem Mitspieler, über den Rücken des Stieres seinen akrobatischen Sprung zu vollenden. Ringe und Gemmen zeigen stets nur Teilbilder; hier im Freskofries ist die ganze Szene dargestellt.
Man beachte, daß das an den Stierhörnern hängende Mädchen mit zwei rechten Händen das linke Horn des Stieres packt. Man beachte die Agonie des Momentes und wie der nach oben gewandte und halbbedeckte Augapfel die Spannung des Mädchens zum Ausdruck bringt.
Das Fresko ist um 1500 v. Chr., eher etwas nach als vor 1500 entstanden.

Evans, Palace of Minos III, S. 209 ff., Abb. 114 und weiter.

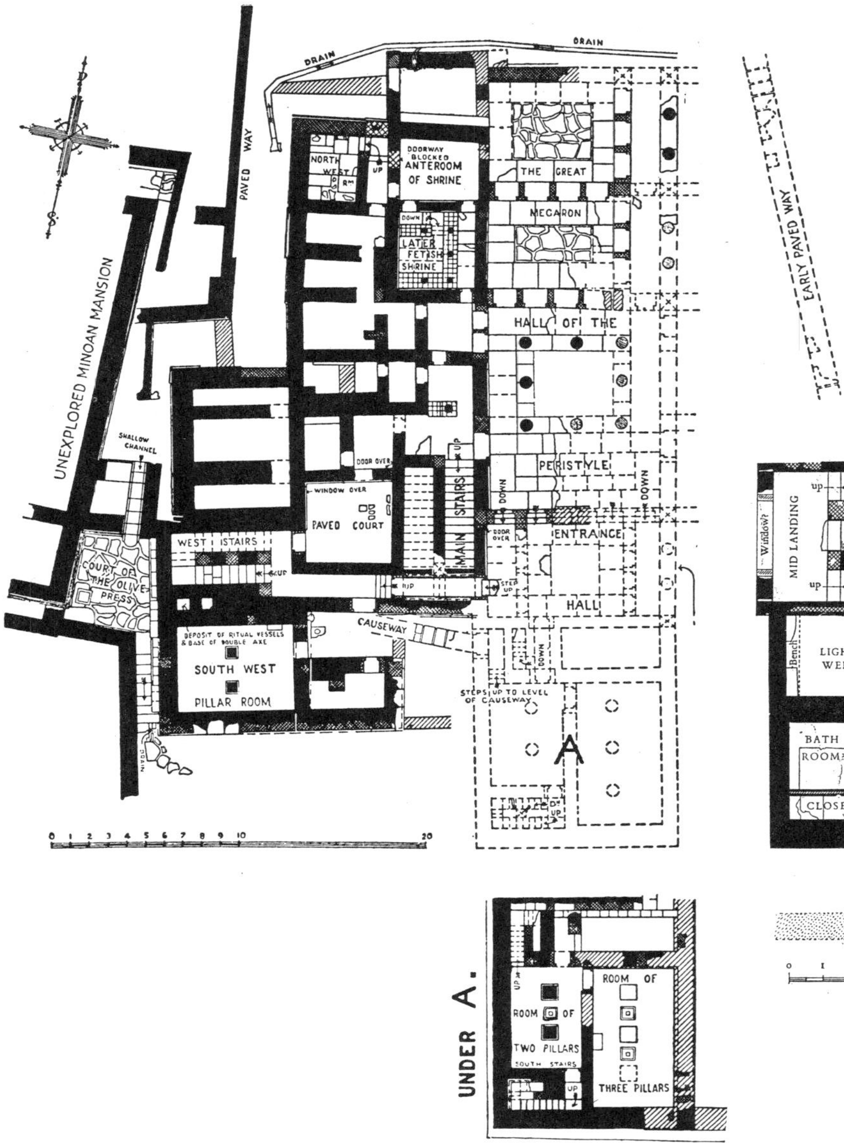

8 Sog. Kleiner Palast, nordwestlich des Palastes von Knossos. Grundriß in Erdgeschoß-Niveau bzw. für den Teil, der in der Figur unterhalb des mit A bezeichneten Flügels liegt, eine Etage tiefer. An der Ostseite die Empfangsräume; zunächst die Eingangshalle (Entrance Hall), anschließend das Peristyl mit acht Säulen, dann das Große Megaron mit zwei Räumen, die untereinander und mit dem Peristyl durch je vier Türöffnungen verbunden waren und sich im Osten gegen einen Portikus mit je drei Türen öffneten. Unter dem südlich der Eingangshalle gelegenen Raumkomplex (im Plan: A) lagen zwei, wohl Kultzwecken dienende Pfeilergrüfte mit zwei bzw. drei Pfeilern. Westlich anschließend an das Peristyl eine Treppe mit Lauf und Gegenlauf; westlich des Megarons die Kulträume.
Nach *J. D. S. Pendlebury* 1933/54.

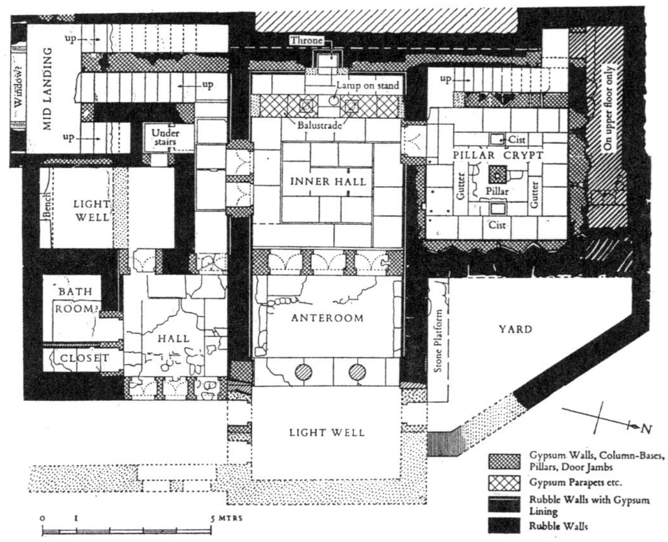

9 Sog. Königliche Villa, nordöstlich des Palastes von Knossos. Grundriß.
Nach *J. D. S. Pendlebury* 1933/54.

42, 43; Fig. 8
KNOSSOS, DER SOG. KLEINE PALAST.

Das so bezeichnete Gebäude hat interessante Kulträume, so drei Pfeilersäle mit kultischen Einrichtungen und ein Purifikations-Bassin, das mit den üblichen, hier in Fünfzahl vorhandenen und kannelierten Holzsäulen versehen war (im Plan »Later Fetish Shrine«). In späterer Zeit hat man diesen geheiligten Raum wiederverwendet. Das eingetiefte Bassin erhielt bis über die Balustrade eine Lehmwand, in welche die drei Holzsäulen der Ostseite eingemauert wurden (Taf. 42); ihre Kanneluren sind erhalten. So entstand das sog. Fetisch-Sacellum, so genannt, weil man dort naturgewachsene Steingebilde als Kultbilder verwendete.
Das Gesamtgebäude (Taf. 43), das 45 m lang und gegen 28 m breit war, hatte mindestens eine obere Etage. Seine Versammlungsräume an der Ostseite (sichtbar auf Taf. 43 rechts und im Plan rechts) waren geräumig. In der Ruine fanden sich wertvolle Kultgeräte, darunter das Stierkopf-Rhyton aus Steatit (Taf. 98).
Die Entfernung des Kleinen Palastes von dem Platz mit den Schautreppen des Hauptpalastes von Knossos beträgt nur 230 m, und die Heilige Straße, welche die beiden Kultstätten verband, ist – wie oben gezeigt – mit ganz besonderer Sorgfalt gebaut worden. Wohl in Erinnerung an die kultische Bedeutung dieser Heiligen Straße, die auch nach der Zerstörung des Palastes noch zur heilig gehaltenen Ruine des Palastes führte, blieb die Straßenrichtung bis in römische Zeit unverändert. In Verfolgung dieser minoischen Straße gelangten die Ausgräber zur Entdeckung des Kleinen Palastes.

Evans, Palace of Minos II, S. 513 ff.

44, 45; Fig. 9
KNOSSOS, DIE SOG. KÖNIGLICHE VILLA.

Das eigenartige Gebäude ist aller Wahrscheinlichkeit nach nichts anderes als ein einfaches Privathaus gewesen. Sein Plan ist recht originell. Aus Platzmangel mußte das Haus in einem Einschnitt des Hügels, ähnlich wie die Wohngemächer des

Palastes selbst, erbaut werden; damit war auch die Möglichkeit der räumlichen Ausdehnung beschränkt und das Haus konnte nur nach der Höhe hin entwickelt werden. Zwei Eingänge sind vorhanden, der des Erdgeschosses im Osten (Taf. 44 oben) und der des Oberstockes im Süden und aus höherem Niveau des Hügels.

44 Oben: Innere Halle mit Blick auf Vorraum und Lichthof. Unten: Innere Halle mit Blick auf Balustrade und Thronnische. Rechts Eingang zur sog. Pfeilergruft, vgl. Taf. 45 unten.

45 Oben: Treppe im Südwestteil.
Unten: Sogenannte Pfeilergruft, vom Durchgang zur inneren Halle aus gesehen.

46, 47; Fig. 10, 11
KNOSSOS, TEMPELGRAB.

46 Blick aus der Eingangshalle über den Vorhof in die Innere Halle und die sog. Pfeilergruft.

47 Blick von der Höhe im Westen: Obere Säulenhalle, darunter sog. Pfeilergruft; im Hintergrund Vorhof und Eingangshalle.
Vgl. im übrigen das in der Einführung S. 33f. Gesagte.

48
PHAISTOS, HÄUSERGRUPPE aus der Zeit vor dem Bau des Alten Palastes, meist Mittelminoisch I.

Beim Ebnen des Hügels für den Bau des Alten Palastes hatte man Häuser zugeschüttet, um Raum für den Westhof zu haben. Jetzt sind dicht nebeneinanderliegende Häuser am Südwestabhang des Hügels wieder ausgegraben worden, die der früheren mittelminoischen Zeit angehören. Man beachte rechts unten ein Stück Wand mit Fischgrätenmuster. An manchen Stellen finden sich spätere Bauten aus der Geometrischen Zeit.

49–51; XVIII; Fig. 12
PALAST VON PHAISTOS.

In Phaistos können wir eine Vorstellung des Alten Palastes insofern bekommen, als der Westhof noch in seinem jetzigen Zustand der Zeit des Alten Palastes angehört. Die Westfassade ist noch 1 m hoch erhalten, indes die Fassade des Neuen Palastes um 7 m nach Osten zurückverlegt wurde. Mit der alten Fassade ist an der Nordseite ein Heiligtum aus vier kleinen Räumen und die große Schautreppe (Taf. 50 unten und 51 Mitte) verbunden, welche die ganze Nordseite des Westhofes einnimmt. Sie ist 25 m lang; ein gepflasterter Weg führt zu ihr

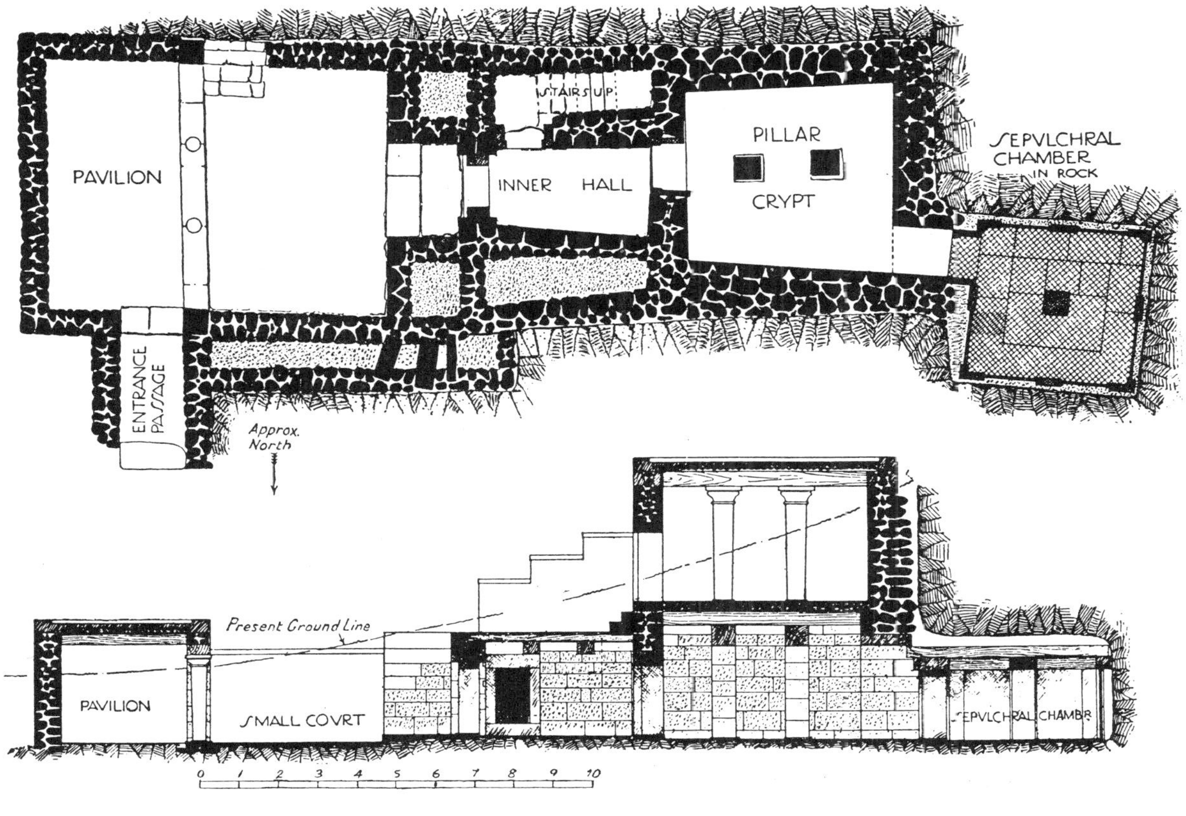

10/11 Sog. Tempelgrab, nordwestlich des Palastes von Knossos. 10 Grundriß, 11 Längsschnitt. Im Osten die Eingangshalle (Pavillion), dann der Vorhof (Small Court), von wo aus man zur Inneren Halle (Inner Hall) und von da zur Pfeilergruft (Pillar Crypt) gelangt. An diese anschließend, in den Felsen gehauen, die Grabkammer (Sepulchral Chamber). – In Anlehnung an *Evans* und *Pendlebury*.

über den ganzen Theaterraum hinweg. An der Stelle, wo er an die Treppe stößt, sind die Stufen etwas höher. Anscheinend war hier eine Art von Altar oder Thron oder sogar ein Sacellum errichtet, das sich irgendwie an die Stützwand hinter der Schautreppe lehnte. Bei dem oben erwähnten gepflasterten Weg handelt es sich offenbar um den »Heiligen Weg«, auf dem sich die Festprozession bewegte.

Das kleine Heiligtum des Alten Palastes, das am Ostende der Freitreppe lag (Plan: VIII–X), liegt in einem Einschnitt im Felsen mit runder Aushöhlung in der Mitte zur Aufnahme der Spenden, und einem Hauptraum. Dieser hatte Bänke ringsum und einen Opfertisch aus Ton in die Mitte des Fußbodens eingemauert (jetzt im Museum zu Herakleion); verschiedene Kultgegenstände fand man ringsum verstreut. Dieses Heiligtum befand sich im Inneren der einstigen Westfassade, während drei winzige andere Räume (Plan: V–VII) mit dünnen Wänden vor der Fassade lagen; sie muten als spätere Hinzufügung an. Über dem Sacellum führt eine schmalere Treppe (Taf. 50 unten und 51 unten) nach Norden zu einer etwas höheren Terrasse hinauf, die bei Zeremonien mit als Raum für die Anwesenden dienen konnte.

Der Westteil des Palastes macht heute einen großartigen Eindruck; eine monumentale dritte Treppe (Taf. 50, 51 oben und XVIII), die zum Propylon des Neuen Palastes führt, steigt, rechtwinkelig zur großen Freitreppe, vor dem Sacellum auf. Zur Zeit des Alten Palastes bestand diese dritte Treppe noch nicht. Als der Neue Palast, dem auch das Propylon angehörte, errichtet wurde, ist der Westhof um etwa 1 m aufgeschüttet worden. Damit waren die heute wieder sichtbaren Orthostaten der Westfassade des Alten Palastes, das Sacellum und ein Teil der großen Schautreppe (abgesehen von den vier obersten Stufen) von dem nun in höherem Niveau liegenden neuen Boden des Westhofes großenteils verdeckt. Erst die sehr vorsichtige, auch auf den ästhetischen Eindruck bedachte Arbeit der italienischen Forschungsmission hat die Wiederfreilegung der Westfassade des Alten Palastes und der Schautreppe geschaffen.

Die erwähnte, zur großen Schautreppe führende »Heilige Straße« kommt von Süden her, wo dem hügeligen Gelände zufolge der Haupteingang zum Palast war. Später haben die Griechen einen Tempel darüber errichtet, der, wie die Bronzeschildweihgaben andeuten, wohl der Magna Mater oder Rhea geweiht war, also derselben Gottheit, deren Tempel und Heiliger Wald auch über dem knossischen Palaste lag. Die Heilige Straße verschwindet heute an einer Stelle des Westhofes, wo die Spuren des Monumentaleingangs zum Alten Palast gefunden worden sind. Dieser war der Westhalle des Knossischen Palastes analog von einer Halle gebildet, mit einer riesigen Holzsäule in der Mitte (Plan: II); die Basis der Säule, aus buntfarbigem Stein, dies ein Merkmal der Alten Paläste, hat rund 1,25 m Durchmesser. Ein Korridor, dem Prozessionskorridor in Knossos entsprechend, nur viel kürzer, führte von der Halle zum Mittelhof des Alten Palastes, dem gleichen, den wir heute sehen (Taf. 49), da dieser Hof auch beim Bau des Neuen Palastes unverändert blieb. Eine kleine Treppe in der Mitte des Korridors deutet an, daß die Westhalle etwas tiefer als der Mittelhof lag.

Der erwähnte Hauptkorridor des Alten Palastes von Phaistos ist heute wegen der darüberlagernden Fundamente des Neuen Palastes und wegen einer kleinen Treppe, die aus einem Hause der griechischen Zeit stammt, schwer zu erkennen. Rechts und links von ihm lagen Magazine und Diensträume; in einem von diesen sind schöne, niedrige und bauchige Reliefpithoi aus der Zeit des Alten Palastes sichtbar. Heute befinden sich diese Räume unter dem Boden des Eingangskorridors des Neuen Palastes, der, zweimal so breit wie sein Vorgänger, ziemlich an derselben Stelle angelegt wurde.

Aus dem Alten Palast ist noch heute – unter dem späteren Propylonhof gefunden und von den Ausgräbern zugänglich gemacht – eine Reihe von kleinen Magazinen zu sehen (Plan: XXXIV). Sie waren voll von mittelgroßen Pithoi im Kamares-Stil (Taf. 24), die zur Aufbewahrung landwirtschaftlicher Erzeugnisse dienten. In dunklen und engen Kellern dicht bei einanderliegend, fast wie vergraben, waren sie trotzdem buntfarbig und geschickt wie irgendwelche Schaustücke bemalt. Neben den genannten Magazinen lag noch ein Purifikationsbassin, gleichfalls aus der Zeit des Alten Palastes.

Nach den Ausgräbern wäre die Zerstörung des Alten Palastes von Phaistos um 1650 v. Chr. anzusetzen, jedoch ist ein genaues Datum schwer errechenbar.

Wie eingangs gesagt, ist die Westfassade des Neuen Palastes um 7 m nach Osten verlegt worden. Dadurch wurde der Westhof wesentlich geräumiger. Sein Boden bestand aus Stukkopflaster, das von den Ausgräbern wieder entfernt wurde, um den heute sichtbaren originalen Boden aus der Zeit des Alten Palastes wieder freizulegen.

Eine der großartigsten Schöpfungen der minoischen Architektur war das Propylon des Neuen Palastes (Plan: 68, 69), das an der Nordostecke des Westhofes errichtet war. Eine Monumentaltreppe (Taf. 51 oben und XVIII) mit zwölf bequemen Stufen von etwa 13,60 m Breite führt zu dem Propylon. In seiner Mitte war eine einzige Säule (von 1,30 m Durchmesser an der Basis). Auf ihr und den Anten beiderseits, die ziemlich weit vorsprangen, ruhte das Gebälk. Der Raum dahinter war breit und wenig tief; durch zwei symmetrisch stehende Türen erreichte man einen in den Dimensionen ähnlichen Raum; mittels dreier Säulen war er gegen den dahinterliegenden offenen Hof geöffnet, unter ihm fanden sich die oben erwähnten Magazine des Alten Palastes (Plan: XXXIV). Das Ganze war ein wirklich königlicher Auf- und Eingang. Die Säulenbasen sind aus rötlichem Stein oder buntfarbiger Brekzie, die Fußböden bestehen aus Gipsplatten. Während aber in Knossos das Südpropylon zu den Prachträumen des Piano nobile des Westflügels leitet und im Ostflügel die große Treppe zur Säulenhalle und den anschließenden imposanten Empfangsräumen führte, gibt es hier in Phaistos nichts diesen großartigen Teilen des Palastes von Knossos Vergleichbares. Sicher waren größere und kunstvoll gestaltete Räume auch hier, aber zu ihnen führten nur bescheidene Treppen und kleine Türen.

Der besonders schöne Teil des Palastes, hoch gelegen und luftig, mit Hallen an der Ost- und Westseite, war der Mittelhof (Taf. 49). An seiner Nordwestecke, wo ein Altar war, mögen gleichfalls kultische Handlungen vorgenommen worden sein. Durch eine Treppe stand er mit dem etwas tiefer liegenden Nordwestquartier in Verbindung. Dieses war, wie wir sehen werden, der vornehmste Teil des Palastes. Nur durch zwei

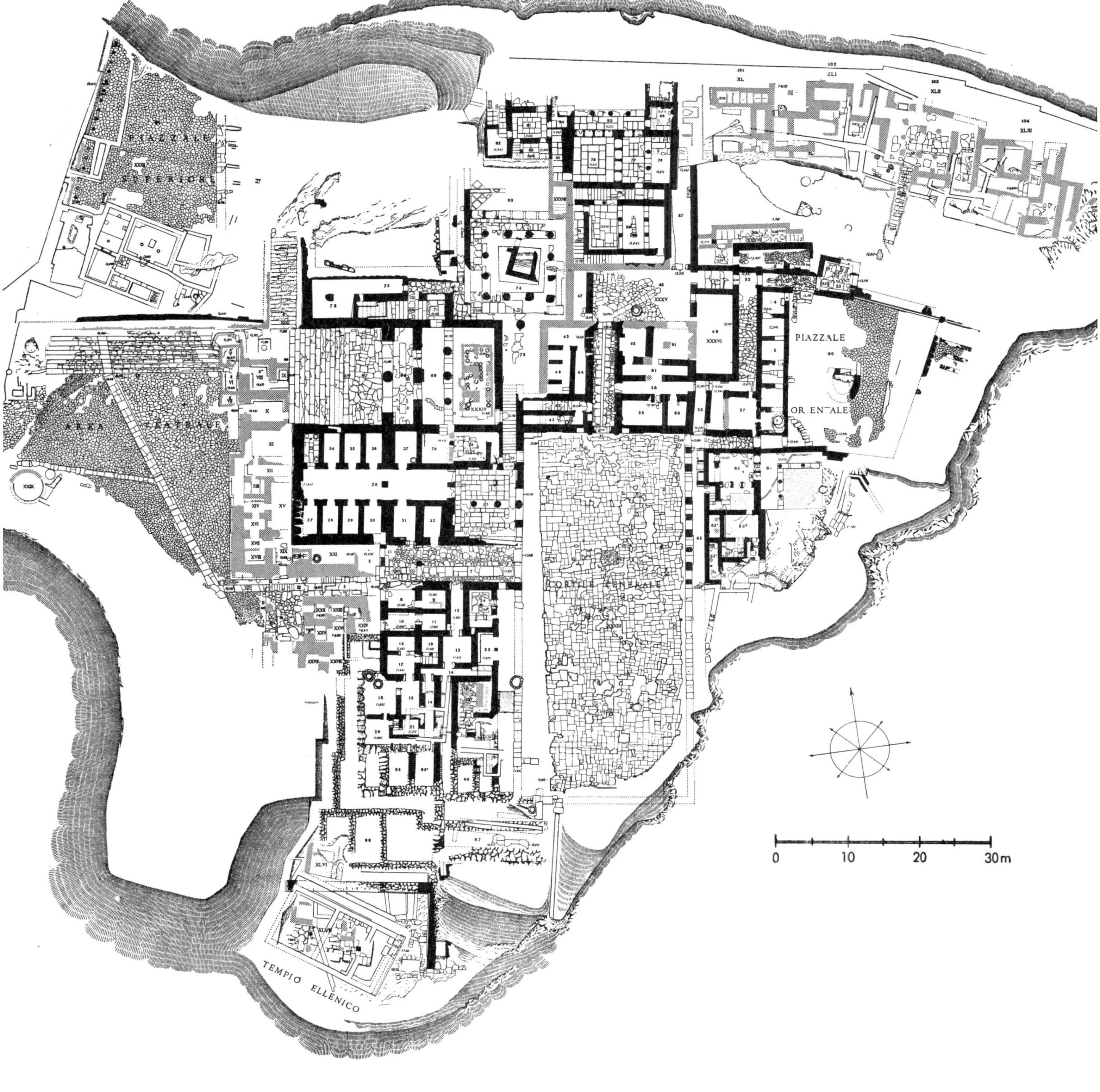

12 Palast von Phaistos. Grundriß.
In Kreuzschraffur: Mauern des Alten Palastes; seine Räume sind mit römischen Zahlen bezeichnet. Schwarz: Mauern des Neuen Palastes; seine Räume sind mit arabischen Zahlen bezeichnet. Die nur mit Linien konturierten Bauteile im Nordosten, Nordwesten und Süden des Palastes gehören der griechischen Zeit an. Originaler Plattenbelag der Höfe und Freiplätze ist eingetragen. Betreff Einzelheiten vgl. die Beschreibung im Text. – In Anlehnung an *L. Pernier,* Festòs I und II, 1935/51.

komplizierte Umwege war es vom Mittelhof her erreichbar. Der offizielle Zugang zu den Prachtwohnräumen war das Propylon am Westhof, und deswegen war es wohl in erster Linie errichtet. Daß es mit seiner Treppe bei großen Zeremonien kultischer Art mit als Schauraum dienen konnte, war vielleicht nur von sekundärem Belang.

Ein zweiter Eingang zum Palaste war der schon erwähnte Westost-Korridor, der von der Mitte der Westfassade zum Mittelhof führte. Er war sicher bedacht; an seine Südseite schließen Räume an, die, abgesehen von zwei Purifikationsbassins, nur den Handwerkern und dem Dienerpersonal gehören konnten. Das Terrain beginnt hier nach Süden abzufallen, und im Sommer war das Quartier sicher das unvorteilhafteste mit erdrückender Hitze. Nördlich des Korridors schließt die doppelte Reihe der Magazine des Neuen Palastes an (Plan: 27 bis 37). Sie waren sinnvoll angelegt; heute, wo wir in den Verwaltungsapparat und in die tägliche Rationierung der Lebensmittel dank der Entzifferung der Schrifttafeln etwas Einblick haben, können wir diese Einrichtung besser verstehen.

Der Magazinkomplex ist ein von dicken Mauern umschlossener rechteckiger Bauteil. Ein Westost-Korridor (Plan: 26) teilt ihn in zwei Reihen von Magazinen (Plan: 27–32, 33–37). Die Magazine beider Reihen haben je eine Tür zum Korridor, nur die östlichsten Räume (Plan: 31, 32) haben ihre Tür zu Räumen des Palastes. Es dürften die Büros der Verwaltungsbeamten gewesen sein. Der zweite der östlichen Räume der Südseite (Plan: 32) hatte eine Tür zu beiden Korridoren; hier mag der Pförtner seinen Platz gehabt haben.

Das Ende des Magazinkomplexes wird von einer großen verandenartigen Halle gebildet (Plan: 25), die sich zum Mittelhof öffnet. Ihre Decke wird von zwei inneren Säulen gestützt, indes drei Pfeiler und eine (im Querschnitt etwas elliptische) Säule an den Mittelhof anschließen, hier eine Art westliche Halle bildend. Südlich des Westost-Korridors findet diese hallenartige Raumgestaltung ihre Fortsetzung in dem verandenartigen langen Raum vor den Zimmern 24, 23 und XLV des Südwestquartiers.

Die Südostecke des Mittelhofes ist abgestürzt. Aber die Annahme, daß etwa der gesamte Ostflügel des Palastes abgestürzt sei, dürfte nicht berechtigt sein. Den Resten nach zu schließen war ein Ostflügel in der möglichen Gesamtlänge gar nicht gebaut.

An der Nordostecke des Hofes liegt eine vornehme, aber kleine Wohnung mit Peristylhof und Salon (Plan: 63, 63a-d, 64). Ein höherer Beamter der Palastverwaltung könnte sie bewohnt haben.

Der Blick aus dem großen, etwa 23×46 m messenden steingepflasterten Mittelhof, dessen Langseiten, wie gesagt, mit Hallen versehen waren, ist heute grandios (Taf. 49, vgl. auch Taf. I). Ungehindert von Bauten sieht man im Norden das Idamassiv, im Winter schneebedeckt, zu seinen Füßen kleinere sanfte oder steilere Hänge und verstreute Dörfer. Im Südosten breiten sich vor den niedrigeren Asterusiabergen die meisten und größten Dörfer aus (vgl. Taf. XVIII, die, von etwas höherer Stelle im Nordwesten des Palastes aufgenommen, ähnlich wie Taf. 50 oben, doch im Hintergrund den Blick gibt, den man auf die Landschaft auch von der Südostecke des großen Mittelhofes des Palastes genießt). Nach Osten sieht das Auge die weite Messaraebene in ganzer Ausdehnung, bis in etwa 40 km Entfernung die Diktekette das reiche Bild abgrenzt. Das weiche Grün der Ebene, durchwirkt mit unzähligen Blüten in leuchtenden Farben, zeugt von der unbeschreiblichen Üppigkeit dieses gesegneten weiten Landstriches. Den Hügel, auf dem der Palast von Phaistos thront, umfließt im Osten und Norden der Fluß Elektra (heute Geropotamos = »der greise Strom«), Kretas größter Strom, der weiter westlich durch die Ebene unter Hagia Triada vorbei zieht, um sich bald danach ins Libysche Meer zu ergießen.

Man vergesse bei Erwägung der Verhältnisse des Palastes von Phaistos nicht, daß Phaistos bereits auf dem 35. Grad nördlicher Breite liegt, südlicher als Algier und Tunis, und daß die Hitze unerträglich sein könnte, brächte nicht der Nordwestwind, der im Hochsommer fast regelmäßig jeden Nachmittag einsetzt, die ersehnte Kühlung und Feuchtigkeit für Mensch und Tier, jener erfrischende Wind, der Zephyros Homers, den die Alten als den Beglückenden begrüßten. So ist es zu verstehen, daß das vornehmste Wohnquartier des Palastes von Phaistos gerade die Nordwestecke des Baues einnimmt, eben die Stelle, die als erste die erfrischende Brise des Nordwestwindes auffängt. Selbst die Götter bedurften dieses beglückenden Genusses des Zephyros. Es ist kein Zufall, daß gerade Rhadamanthys, der König von Phaistos, im Bereiche der Glückseligen herrscht, wo »das Meer den Hauch des Zephyros sendet, um die Menschen zu erquikken« (die berühmte Stelle befindet sich in der Odyssee IV, 565ff., wo Proteus dem Menelaos das Elysion beschreibt). Nicht ohne Grund hat man vermutet, daß das dem Toten dargebrachte Schiff auf dem Sarkophag von Hagia Triada (Taf. XXX, XXXII) seiner Reise zu den Inseln der Glückseligen dienen sollte. Vgl. *M. Nilsson*, Minoan-Mycenaean Religion, 2. Aufl., 1950, S. 619ff.).

Schon der luxuriös gestaltete Nordabschluß des Mittelhofes, zugleich die Südfassade des Wohnquartiers, weist auf die Bedeutung der Räume im Nordteil des Palastes. Vor ihm lag an der Nordwestecke des Mittelhofes ein großer steinerner Stufenaltar.

Zum Nordquartier selbst führte genau aus der Mitte des Hofes ein Nordsüd-Korridor, der ein monumentales zweiflügeliges Tor besaß. Diese Tatsache beweist, daß der Korridor bedacht war. Den Pfosten des Tores waren Halbsäulen vorgesetzt, deren Basen noch erhalten sind. Zwei rechteckige Nischen neben den Türpfosten hatten linearen Freskendekor; was die Nischen enthielten, ob etwa Doppeläxte, ist ungeklärt.

Schreiten wir durch das Tor in den Korridor, so begreifen wir sofort, daß wir einen einheitlichen Komplex von Räumen betreten: Links führt eine Treppe zum Peristyl (Plan: 74) hinauf und zu einer Gruppe von magazinartigen Räumen. Rechts führt ein kleiner Korridor zu verschiedenen Räumen, deren Pfeiler und Basen offensichtlich dem Alten Palast angehören; dahinter ein Innenhof (Plan: XXXV). Es handelt sich um eine gesonderte Baueinheit, die wohl für Frauengemächer diente (Plan: 58–61; 91, 92 sowie XXXVI). Über dem Ganzen wohl ein reich eingerichtetes Obergeschoß, wobei sich die Monumentalfassade gegen den Mittelhof zu im Oberstock fortsetzte, in ihrer architektonischen Gestaltung die des Erdgeschosses wiederholend.

Der letzte und kunstvollste Bereich des Palastes sind die Emp-

fangs- und Repräsentationsräume, die zugleich die Privatwohnung des Königs bildeten. Offiziell konnte dieser Komplex nur von Norden her oder über das oben erwähnte Peristyl (Plan: 74) erreicht werden. Von den Frauengemächern her war er nur durch eine schmale Tür zugänglich. Zuerst erreichte man ein kleines Kompartiment, das aus einem kleinen Raum mit Sitzbänken, einem kleinen Hof östlich und einer kleinen Halle wieder östlich besteht. Man hat diesen kleinen Komplex (Plan: 50) der vier Säulen wegen, von denen er je zwei im Westen und Osten zeigt, als den Vorläufer des späteren toskanischen Atriums erklärt. Die Wände sind mit Gipsplatten verkleidet wie auch die erwähnten Sitzbänke des kleinen Raumes und dessen Fußboden.
Prachtvoller ist der nördlichere Komplex (Plan: 77–79), in dem wir sofort eine Parallele zur knossischen Halle der Doppeläxte erkennen: im äußersten Norden eine Säulenhalle (Plan: 85), dann ein »Polythyron«, d. h. ein Salon, dessen Wände im Osten und Norden in je vier Türen aufgelöst sind (Plan: 79); östlich noch eine Halle, die nach Norden zwei Türen und nach Osten einen Hof zeigt, von dem sie zwei Säulen trennen (Plan: 77, 78). Die Säulen und das Polythyron verleihen dem Raumkomplex einen besonderen Glanz. Wie durch eine durchsichtige Gitterung konnte man vom Inneren die Gebirgskette der Ida sehen in dem immer wechselnden Licht, mit dem Goldton des Abends, mit den großen Schatten der leuchtenden Sommerwolken. Frische, labende Luft drang vom Ida kommend jeden Nachmittag in den königlichen Raum.
Die Ausgräber haben einen Teil von diesen Räumen wiederhergestellt; die neuen Gipsplatten sind aus den ursprünglichen Steinbrüchen, die unweit von Hagia Triada wiedergefunden wurden, gewonnen. Ehedem waren Türpfosten, Pfeiler und Wände und auch die Böden mit Platten von schön geädertem Alabaster und von Gips bedeckt und verkleidet, wobei die die ganzen Platten füllenden Aggregate der Gipskristalle im Schliff zauberhaft glänzten. In alter Zeit, als der Stein poliert und neu war, muß überall hier eine spiegelnde Pracht gewesen sein.
Eine Tür und ein Korridor (Plan: 80) westlich vom Hauptraum führte zu dem Heiligen Bassin und zu privaten Räumen, während eine Treppe hinauf zum großen Peristyl führte, das von der Etage der beschriebenen Prachträume direkt zugänglich war.
Damit sind die Hauptteile des Palastes beschrieben. Ein Quartier an der Nordostecke des Hauptgebäudes stammt gewiß von Bauten mehrerer Perioden. Der Hauptteil ist aus der Zeit des Alten Palastes (Plan: XL–XLIII). Die Räume liegen tiefer als der Palast und muten wie Hilfsräume an. Ein Pfeilersaal (Plan: XLII) von nicht ganz regelmäßiger Form ist durch einen Treppenweg mit einer Plattform an der Nordostecke des Palastes verbunden. Etwas westlicher liegen zwei längliche Räume, die in rechtem Winkel zueinander stehen (Plan: XL). Hier wurde der »Diskos von Phaistos« gefunden. Anscheinend diente dieses ganze Quartier als provisorische Wohnung während der Neue Palast gebaut wurde.

XVIII Westfront und Teil des Westhofes. Im Vordergrund Ruinen von Häusern der griechischen Zeit; im Hintergrund das Asterusia-Gebirge.
Die obere Terrasse, nördlich des Westhofes, wurde zum Teil mit Häusern der griechischen Stadt bebaut. Einige Ruinen davon sind im Vordergrund des Bildes sichtbar. Dahinter rechts ein Teil des steingepflasterten Westhofes, links davon die Mauerbasis der Westfassade des Alten Palastes und dahinter die Fassade des Neuen Palastes mit der Monumentaltreppe, die zum Propylon führt.

49 Blick von Süden durch den Mittelhof des Palastes. Im Hintergrund das Gebirgsmassiv des Ida.
Der Mittelhof zeigt eine großenteils erhaltene Pflasterung aus viereckigen Porosplatten. Die Ausgrabungsarbeiten erwiesen, daß ursprünglich beiderseits der Langseiten Säulenhallen bestanden.

50 Oben: Der Palast mit der Monumentaltreppe des Propylons und dem Mittelhof von Nordwesten.

Unten: Westhof mit Heiligtum des Alten Palastes, Schautreppe für die Kulthandlungen (links) und Monumentaltreppe sowie schmaler Treppe zur oberen Terrasse des Neuen Palastes. Davor die erhöhte Bahn der Prozessionsstraße, deren beide Arme sich vor der Schautreppe treffen.

51 Die Ruinen des Westteiles des Palastes.
Oben: Monumentaltreppe und Propylon, darüber hinaus der Mittelhof und unten rechts das Stück der Westfassade des Alten Palastes, das später beim Bau des Neuen Palastes unter dessen Westhof verbaut und erst jetzt wieder freigelegt wurde.

Mitte: Im Vordergrund rechts die vier kleinen Räume des Sacellums aus der Zeit des Alten Palastes; daneben die große Schautreppe mit ihrer nördlichen Stützwand; die charakteristischen Verzahnungen dieser Wand sind gut sichtbar. Man beachte auch die entsprechend erhöhten Stufen der Schautreppe dort, wo der Prozessionsweg endet.

Unten: Das wieder freigelegte, etwa 1 m hohe Stück der Westfassade des Alten Palastes, dahinter der Westteil des Neuen Palastes mit den Magazinen, rechts davon der Eingangskorridor zum Mittelhof.

52–55; XIX; Fig. 13
PALAST VON HAGIA TRIADA.

52 Blick aus Nordosten auf den Hauptteil des Palastkomplexes.
Das Bild zeigt die Nordfront des eigentlichen Palastes und davor die »Rampa del Mare«, wie sie die Ausgräber nannten. In der Mitte des Bildes ist die Treppe sichtbar, die hinauf zur Straße nach Phaistos führte. Im Hintergrund die Hagios-Georgios-Kapelle.

XIX Blick vom Großen Hof auf das Gebirgsmassiv des Ida. Zu Füßen der Palastruine das Flußbett der Elektra, des größten Stroms von Kreta.

53 Blick aus Südosten.
Im Vordergrund liegen die Hauptteile des Palastes. Im Hintergrund das Tal des Elektra-Flusses und darüber die westlichen

13 Palast von Hagia Triada. 1: Haupthof, der Mittelpunkt des öffentlichen und religiösen Lebens. Westlich davon das Haupt-Wohnquartier mit großem, vieltürig sich öffnendem Repräsentationsraum, Polythyron, (2) und weiteren Räumen (bei 3). 4: Büro und Archiv des Palastherrn. 5: Raumkomplex mit Magazinen. 6: Weiteres Wohnkompartiment mit drei Polythyra. 7: Korridor mit anschließenden Magazinen, gefüllt mit Reliefpithoi. 8: Zwei spätminoische Heiligtümer. 9: Trakt der Palastbediensteten. 10: Der Markt. Acht Magazine (wohl ursprünglich zweistöckig), davor die große Halle, an deren Nordwestseite Pfeiler mit Säulen im Wechsel stehen. Davor und darunter, gegen Nordwesten, die Siedlung. – In Anlehnung an *Luisa Banti*, in Annuario della Scuola Archeologica di Atene etc. III–V, 1941/43.

Ausläufer des Ida. Der hier wolkenbedeckte Kentros (alt: Kedrion = Zedernberg) ist 1830 m hoch. Links ein Streifen des Libyschen Meeres mit der Dibaki-Bucht.

54 Blick aus NNO auf den sog. Markt und die Magazine. Acht Magazine, die sich zu einer Halle nach Westen hin öffnen, zeigen uns den Rest eines minoischen Marktes, des einzigen uns erhaltenen seiner Art.

55 Oben: Blick aus Südwesten über den Palast.
Wir sehen das Gesamtbild der Ruine mit dem Hof der Heiligtümer zur Rechten. Unterhalb der Ruine zieht der Elektra-Fluß. Im Bild links die Häuser der Siedlung, rechts der Markt mit der Markthalle. Im Hintergrund der Kentros.

Unten: Blick vom Dienertrakt auf die Säulenhalle des sog. Marktes, in der Pfeiler und Säulen abwechseln, und auf die Magazine.

56–59; XX; Fig. 14
PALAST VON MALIA.

56 Oben: Der Nordzugang. In der Mitte des Bildes das Ende der mit Steinplatten gepflasterten Straße, die zum Palast führte. Von hier gelangte man zum Nordhof und über den Korridor (Plan: XXI) zum Großen Mittelhof. Die den Weg sperrenden Räume XXIII 1 und 2 sind erst eine spätere Änderung. Die im Bild sichtbaren großen Pithoi sind mittelminoisch.

Unten: Der an der Südwestecke des Palastes in situ gefundene Kernos. In die Eintiefungen wurden die der Gottheit geweihten Erstlinge des Feldes gelegt. Die große Eintiefung in der Mitte war vielleicht für die Aufstellung einer Lampe bestimmt.

XX Der Palast von Westen gesehen.
Das Farbbild zeigt die für diese Gegend charakteristische rötliche Erde. Der bedeckte Teil des Gebäudekomplexes entspricht den Magazinen, die an der Ostseite des Mittelhofes lagen.

57 Oben: Mittelteil des Palastes von Westen. In der Fassade findet sich rechtwinklig eine größere Eintiefung in der Wand und daneben der Eingang zum Palast.

Unten: Blick auf das Nordende des Mittelhofes mit nördlicher Säulenhalle und anschließendem Pfeilersaal.

58 Oben: Südteil des Mittelhofes mit Schautreppe für die Kulthandlungen.
An der Südwestecke des Großen Hofes, in der Bildmitte, lag der Südeingang des Palastes, im rechten Winkel dazu die Schautreppe und der (in Taf. 56 gezeigte) Kernos.

Unten: Mittelteil des Westflügels; im Vordergrund Mittelhof mit Altar (Eschara).
Rechts im Bild eine weitere Treppe und die Loggia, die offiziellen Empfängen diente. Im Raum daneben wurden der Zepterkopf (Taf. 68) und das große Prunkschwert gefunden. Die Eschara, d. i. der Altar des Palastes, ist in dieser Erhaltung nur von Malia bekannt.

59 Oben: Nordwestpartie des Mittelhofes mit nördlicher Säulenhalle und anschließendem Pfeilersaal.

Unten: Blick auf Mittelhof mit Altar (Eschara). Rechts Osthalle mit Pfeilern und Säulen im Wechsel.

Bei der Nordhalle ist im Bild deutlich zu sehen, wie der Raum zwischen den Säulenresten jeweils weitgehend von rechteckigen Basen eingenommen wird. Es liegt nahe, an eine Art Balustrade, die zwischen den Säulen angebracht war, zu denken. Im Gegensatz dazu zeigt die Osthalle einen regulären Wechsel zwischen Pfeilern und Säulen, und zwar in gleichmäßigem Abstand von Säulen und Pfeilern. Der so oft in minoischen Bauten feststellbare Wechsel von Säule und Pfeiler ist hier besonders konsequent und auf eine Strecke von über 30 m durchgeführt.

Chapouthier u. Demargne, Fouilles executées à Mallia, 3. Rapport: Exploration du Palais. 1942.

60, XXI; Fig. 15
DER PALAST VON ZAKROS

Der Palast von Zakros macht infolge der schlechten Erhaltung des Ostflügels und der geringen Höhe der stehenden Wände auf den ersten Blick keinen monumentalen Eindruck. Nur der – nicht gepflasterte – Zentralhof und die rings um ihn liegenden Räume erwecken die Vorstellung eines vornehmen Baues. Die Eingänge zum Palast sind noch nicht sicher festgestellt, wohl deshalb, weil der äußere, sehr unregelmäßige Umriß nicht überall klar ist. In der vermuteten Nordostecke des Baukomplexes sind deutliche Spuren einer gepflasterten Straße zutage gekommen. Sie führte sehr wahrscheinlich vom nordöstlichen Teil des Hafens hierher; dort lag auf Grund lokaler Windverhältnisse der sicherste Ankerplatz. Schräg zu dieser offenbar weiter hinaus zur Stadt verlaufenden Straße war eine monumentale Passage gebaut. Ihre steinerne Schwelle ist die größte des Palastes (2,30 × 1,10 m). Drei breite Stufen (LXIX) führen zum tieferen Niveau der Palastanlage. Dieser Eingangskorridor mündet in einen geräumigen Hof (LXIII–LXIV), an dessen Westseite verschiedene Räume und Terrassen liegen (LV–LXI). Es ist aber nicht klar, ob dieser Korridor für die vorliegende Gestalt des Palastes als offizieller Eingang diente. Die beiden Mauerzüge, die im Süden parallel zu der Süd- und Westmauer der im Süden der Palastanlage liegenden Werkstätten (XLII–XLVIII) verlaufen, lassen genau an der Südwestecke einen Zugang zum Zentralhof frei. Es gibt noch weitere Hallen und Eingänge, die in den Zentralhof führen, aber keiner von ihnen kann als der Haupteingang gelten.
Da der Westflügel zuerst ausgegraben wurde, beginnt der Ausgräber N. Platon, dem wir im nachfolgenden zum Teil folgen werden, die Beschreibung seiner Entdeckung an dieser Stelle.
Den Westflügel betritt man von der Nordwestecke des Zentralhofes, auf dem sich hier die Basis für einen Altar befindet, durch einen ziemlich monumentalen Raum (XXX), der eigentlich das Treppenhaus zu den Räumen des Obergeschosses ist. Oder man kommt durch einen danebenliegenden Korridor (XXXI), den der Ausgräber als Korridor für die Dienerschaft bezeichnet, in die westlichen Teile des Palastes.

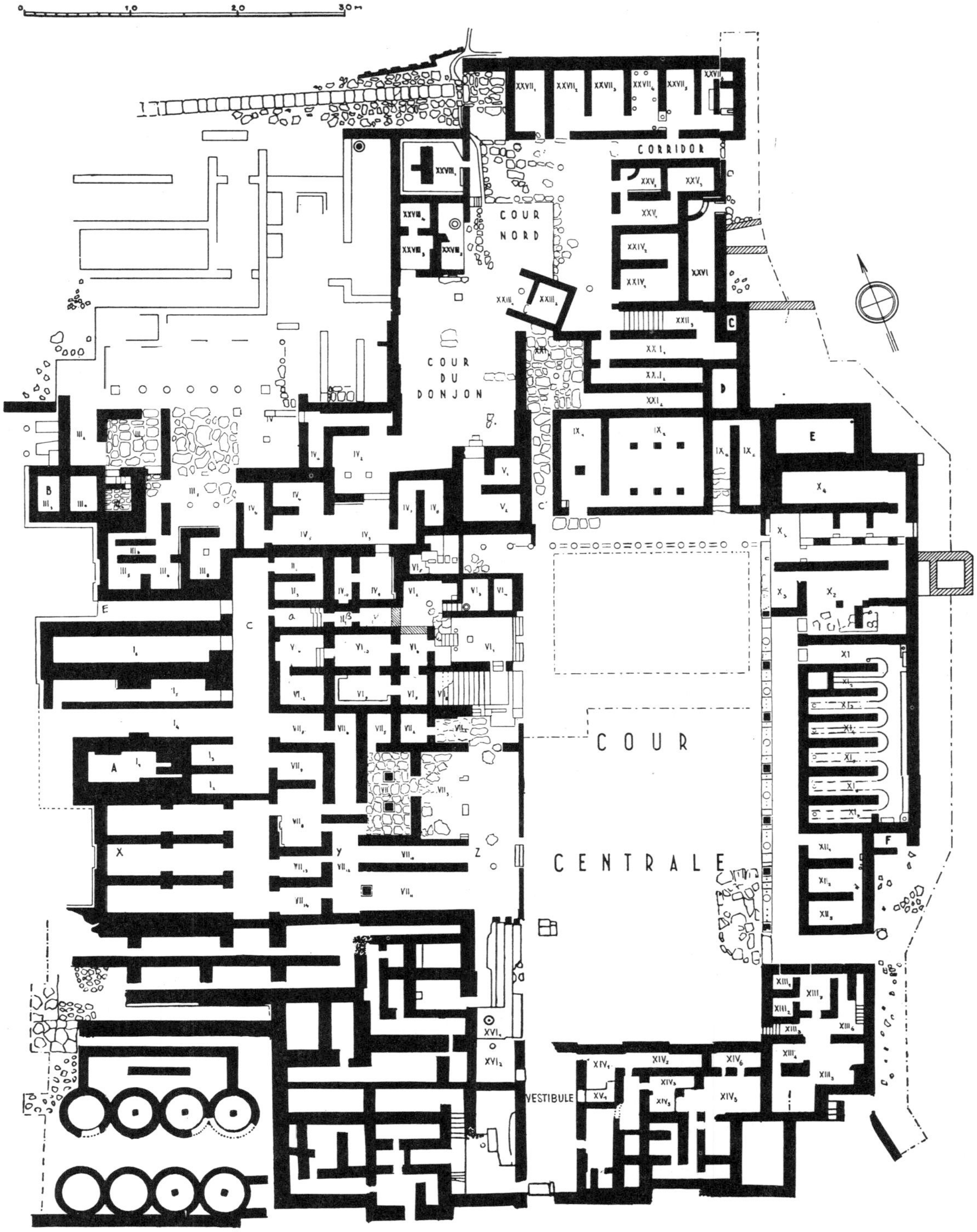

14 Palast von Malia. Grundriß. Oben links der Nordzugang zum Palast. Von hier erreicht man zunächst den Nordhof (Cour Nord) und von da über Korridor XXI den Mittelhof (Cour Centrale). IX: der Pfeilersaal. Der Südeingang des Mittelhofs lag an dessen Südwestecke (im Plan: Vestibule). Nahe dem Südende der Mittelhof-Westseite die große Schautreppe; weiter mittwärts eine weitere Treppe und dazwischen die Loggia für Empfänge. An der Westseite des Palast-Westflügels eine Reihe von Magazinen. Die Räume XI 1–7 und XII 1–3 des viel schmäleren Ostflügels dienten insgesamt als Magazine. Im Nordwesten ein großer Pfeilersaal. – Mangels einer Wasserquelle fehlte dem Palast ein durchgebildetes Kanalisationssystem, dafür enthielt die Südwestecke des Palastes große, rund ausgemauerte Zisternen, die zusammen eine Art »Wasserschloß« bildeten. – Nach *F. Chapouthier*, Études Crétoises V, 1938 und *F. Chapouthier* und *P. Demargne*, ebenda VI. 1942.

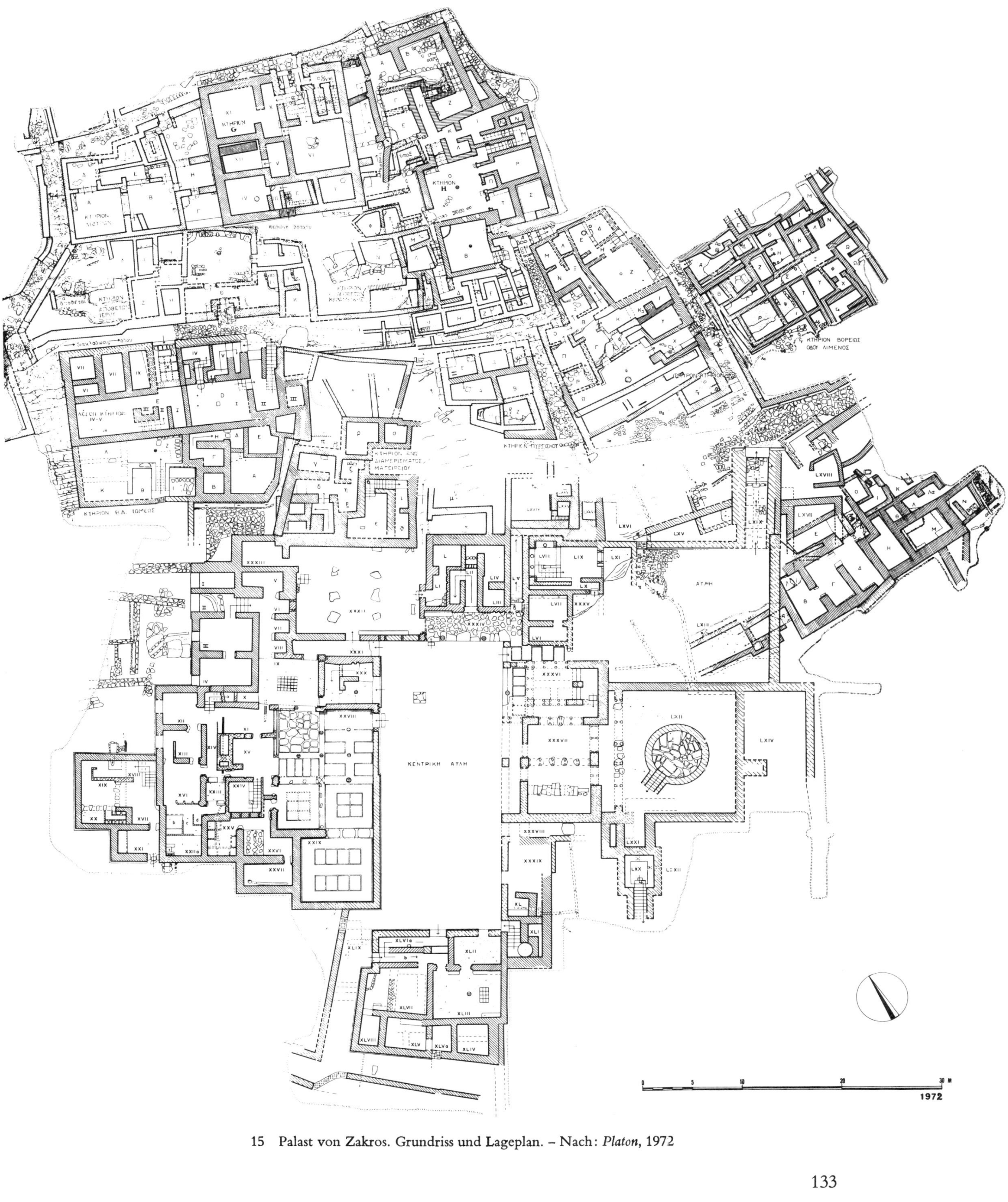

15 Palast von Zakros. Grundriss und Lageplan. – Nach: *Platon*, 1972

Durch das »Empfangszimmer« (XI) gelangt man zu den Magazinräumen (I–VIII). Fünf Steinstufen führen in die unteren südlichen Räume. Die Wände der unteren Magazine (III, IV) sind mit ihrer Höhe von 3 m die höchsten der Palastruine. In diesen von der üblichen Form der Magazine abweichenden Räumen wurden an erster Stelle elf, an anderer dreizehn, insgesamt also nur vierundzwanzig große Pithoi gefunden. Es ist natürlich möglich, daß in Nebenräumen weitere derartige Vorratsgefäße aufbewahrt wurden. Außer den Vorratspithoi fand sich hier eine Menge kleinerer Gefäße, zum Teil »schön in allen Stilen zwischen 1500–1450 v. Chr. bemalt«. Anscheinend waren letztere zur Ausfuhr bestimmt.
Vom Zentralhof führt ein weiterer Eingang zu den vielleicht bedeutendsten und jedenfalls größten Gemächern des Palastes (XXVIII, XXIX). Das erste gilt als »Zeremonienhalle«, das zweite als »Gelagezimmer«. Praktisch ist es ein einheitlicher, durch die innere Aufteilung dreigeteilter Saal. In seinem nördlichen Teil wurde die Decke von Mittelsäulen getragen, schlankere Säulen stützten die Verbindung zum westlich anschließenden Lichtschacht. Der mittlere Raumabschnitt ist quadratisch und durch Säulen von einem ebenfalls westlich liegenden Raum abgetrennt, vom südlichen Raumteil wurde er durch ein Polythyron, einem vieltürigen Durchgang, abgeteilt.
Westlich von diesen Prachträumen liegen kleine, architektonisch bescheidener gestaltete Zimmer (X–XXVII), die zu dem sakralen Bereich des Palastes gehören. Sie waren von Norden (Treppe X) und von den Prachträumen aus zugänglich. In ihnen wurden bedeutende Funde gemacht: keramische Erzeugnisse, die zum Teil bemalt waren; drei große Stoßzähne von Elefanten, deren größter 70 cm mißt; sechs Kupferbarren, ähnlich den in Hagia Triada gefundenen; eine Menge Trankopfergefäße, die wohl aus dem oberen Geschoß herabgestürzt waren; viele Steingeräte, darunter ein Hammer und ein Amboß; eine Vielzahl von Zimmermann-, Schreiner- und Gemmenschneiderwerkzeugen; weiter drei große Sägen und endlich zwei lange Schwerter mit Goldnägeln. Die in den Räumen XI und XV gefundenen bemalten Amphoren müssen aus dem darüberliegenden Stockwerk herabgestürzt sein. Außerdem waren in diesen zwei Räumen sowie in dem Raum mit dem Kultbassin (XXIV) zwanzig »Fruchtständer« und dreißig Kohlebecken.
Mittelpunkt für den Kult und die Zeremonien waren das Heiligtum (XXIII) und der östlich anschließende Raum mit dem Kultbassin (XXIV), zu dessen Boden wie üblich Treppenstufen hinabführen. In der südlich anschließenden Schatzkammer (XXV) wurden zwei weitere wertvolle Funde gemacht: zahlreiche Tongefäße, zum Teil zu religiösem Gebrauch: prachtvolle steinerne Rhyta; hohe Becher und Kannen; ein »Weinheber« aus Bergkristall mit perlengeschmücktem Griff; drei marmorne rituelle Prunkhämmer. Von den Metallgegenständen sind vor allem interessant zwei prachtvolle Doppeläxte, ferner die Ausgüsse und Deckel von Bronzevasen mit hervorragendem Dekor; dazu allerlei Werkzeug sowie Einlegearbeiten aus Fayence, Bergkristall und Elfenbein. Nordwestlich liegt der nach seinen Funden benannte Archivraum (XVI), in dem sich außer dreizehn Tontafeln mit Linear A-Schrift, Steinvasen und schönes Gerät mit Elfenbeineinlagen befanden. Zwei weitere Schrifttafeln wurden im Palast gefunden. Alle tragen Aufzeichnungen über die Handelstätigkeit des Palastes.
Die östlich anschließende Werkstatt (XXVI) und der südliche Lagerraum (XXVII) boten Reste von verschiedenen Steingeräten, Einlegearbeiten aus Elfenbein, viele Doppeläxte, Fayencen und fünfzehn kleine Vorratspithoi. Westlich vom Komplex des Hauptheiligtums wurde noch ein durch eine Treppe zugängliches Quartier ausgegraben, das weitere Werkstätten barg (XVIII–XXI). Ob die Palastanlage hier endete, ist noch nicht klar.
An der Südseite des Zentralhofes liegt ein Komplex von Werkstätten und Lagerräumen (XLII–XLVIII), zugänglich durch eine breite Türe. Raum XLIII hatte eine Säule in der Mitte. Ausgegraben wurden allerlei Tongeräte in zum Teil merkwürdigen Formen. Vielleicht war hier eine Vorrichtung für die Gewinnung ätherischer Öle aus aromatischen Pflanzen. Nach den zutage gekommenen Mühlsteinen zu schließen, hat es auch eine Mühle gegeben.
Die Zimmer der Südwestecke bargen Werkstätten zur Herstellung von Fayencen und Geräten aus Elfenbein, Halbedelsteinen und Metall. Von letzteren ist besonders ein Kohlebecken mit feinem Dekor aus lilienförmigen Motiven hervorzuheben. Bergkristall als Rohmaterial und zu Schmuckstücken verarbeitet wurde ebenfalls gefunden. Durch die Fresken auf Thera haben wir gelernt, daß die knopfartigen, konischen »Spinnwirtel« Zierknöpfe für Gürtel sind.
Wenden wir uns dem Ostflügel zu. Die großen Räume östlich vom Zentralhof hat der Ausgräber mit Recht als die königlichen Gemächer bezeichnet. Den südlichen Saal (XXXVII) weist er dem König zu, den nördlichen, dessen Achse westöstlich verläuft, der Königin (XXXVI). Diese Gemächer waren durch vieltürige Durchgänge (Polythyra) verbunden; zum Zentralhof vorgelagert waren eine Pfeiler- und eine Säulenhalle. Die Wohnräume lagen wohl im Obergeschoß. Zwei Stockwerke sind für den Palast nachgewiesen. Stellenweise dürfen wir in Analogie mit den Entdeckungen auf Thera auch mit einem dritten Geschoß rechnen. Die unter den königlichen Privatgemächern im Erdgeschoß liegenden Räume waren für Empfänge, Audienzen, zur Ausübung der Gerichtsbarkeit durch den Priester-König und wohl auch für bestimmte sakrale Zeremonien besonders geeignet.
Die Fußböden hier wie auch in den gegenüberliegenden Prachträumen waren in einer merkwürdigen Technik ausgeführt: dünne Streifen aus weichem Kalkstrich oder einer ähnlichen Masse teilen den aus Erde bestehenden Boden in Quadrate und Rechtecke. Ob diese Aussparungen noch mit einem anderen Material bedeckt werden sollten, entzieht sich unserer Kenntnis. Auf Thera wurden Fußböden gefunden, die aus einer dünnen Schicht von Erde mit fein zerstoßenen Muschelschalen bestanden. Eine derartige Auflage, die vielleicht nur angefeuchtet und gestampft wurde, ist wenig beständig, verleiht aber dem Boden perlmutterartigen Glanz.
Im Anschluß an die königlichen Gemächer gen Osten wurde ein großer quadratischer Raum (LXII) aufgedeckt, in dessen Mitte sich ein rundes Wasserbassin mit einer lichten Weite von 5 m so tief in die Erde senkte, daß es ständig mit Grundwasser gefüllt war. Noch heute sprudelt eine Quelle darin. Zu dem mit Steinen gepflasterten Boden des Bassins führen acht Steinstufen hinab. Der Ausgräber glaubt, daß der Raum überdacht war, da einige Steinbasen für Holzsäulen gefunden wurden, und

daß es sich um eine Zisterne handelte. Er gibt aber auch andere mögliche Erklärungen: Schwimmbad, Aquarium für lokale oder importierte Fische. Wäre das Becken nur zur Wasserentnahme bestimmt gewesen, hätte es keine Treppe gebraucht. Es läßt sich auch denken, daß ein seefahrttreibendes Volk für die Bitt-Zeremonien um Schutz für seine Seeunternehmungen ein »Heiliges Bassin« mit einem »Heiligen Schiff« hatte. In Ägypten gab es derartige Anlagen bei den großen Kult- und Grabtempeln der Phraonen. Selbst der Grabbau des Architekten des Pharao Amenhotep III., namens Amenophis, Sohn des Hapu, hatte ein Wasserbassin. Der große Tempel von Karnak hatte zwei derartige Wasserbecken für die »Heilige Barke«.

Im Norden der königlichen Gemächer befinden sich neben dem Gemach der Königin zwei Lagerräume (LVI, LVII) und Baderäume (LVIII–LX).

Im Nordflügel des Palastes liegt ein großer hypostyler Saal (XXXII) von 9 × 12 m mit zwei von Norden nach Süden verlaufenden Reihen von Pfeilern sowie ein monumentales Treppenhaus (L–LIII), das durch eine steingepflasterte zweisäulige Halle vom Zentralhof her zugänglich ist. Auf Grund der gemachten Funde hat der Ausgräber in dem hypostylen Saal die Palastküche erkannt. Kochgeräte und Tierknochen wurden hier und in den anschließenden Räumen zum Treppenhaus hin gefunden. An der Südwand der Küche ist eine hohe Bank, an ihrer Nordseite ein »Herd«; an der Westwand befinden sich Stufen von unklarer Funktion. Auf Grund der Darlegungen von Prof. J. Graham glaubt der Ausgräber, daß über der Küche im Obergeschoß eine entsprechend große säulengetragene »Gelagehalle«, ein Speisesaal für den täglichen Gebrauch der königlichen Familie, gelegen hat.

Nördlich vom Palast erstreckt sich die Stadt hügelan. Wie in Palaikastron gab es große und bescheidenere Häuser an gepflegten Straßen.

Die Kanalisation des Palastes ist bisher wenig erforscht. Es wird sicher ein dichtes Netz von Kanälen gegeben haben. Im Westflügel waren nach bisherigen Funden mindestens drei Nebenkanäle vorhanden. Auch an mehreren anderen Stellen wurden weitere festgestellt, doch ist der Hauptkanal und das Gesamtsystem des Wasserabflusses noch nicht bekannt.

Zur Wasserversorgung des Palastes nur das Folgende: Über das Wasserbassin neben dem »Gemach des Königs« (XXXVII) und seine möglichen Funktionen wurde schon gesprochen. Vielleicht geben die weiteren Grabungen bei den Werkstatt- und Lagerräumen in Richtung auf den Hafen hin einmal Aufschluß.

Die im Süden angrenzenden Räume (LXX–LXXII) hat der Ausgräber mit dem homerischen Ausdruck »kunstvoll gebauter Brunnen« bezeichnet. Eine noch in elf Stufen erhaltene, einst fünfzehnstufige Treppe führt in eine kleine, unter dem Niveau des Grundwassers liegende Kammer mit einem aus unregelmäßigen Steinen gepflastertem Boden. Ringsum läuft eine Steinbank, die wohl in Analogie zu der »Quellkammer« von Knossos zur Aufstellung von Opfergaben – Idolen und Gefäßen – gedacht war. Hier wie in dem großen runden Bassin wurden bezeichnenderweise Olivenreste gefunden.

Eine dritte Wasserstelle liegt an der Südostecke des Zentralhofes (XXXIX–XLI) mit drei Eingängen vom Hof her. Im südlichen Raum (XLI) ist auf einer über acht Stufen zu erreichenden Plattform ein runder Brunnen. Sein Boden besteht aus Steinplatten; seine Tiefe beträgt nur zwei Meter; tiefer durften die Brunnen nicht sein, um nicht in das Niveau des salzigen Grundwassers zu kommen.

Alle Brunnen waren offenbar den Göttern geweiht, denen hier Opfergaben gebracht wurden. An diesem Brunnen fanden sich besonders viele Teller und Tassen mit Opfergaben, die vielleicht bei Einbruch der Katastrophe dargebracht worden waren. Eine henkellose, konische Tasse, die für alle Heiligtümer typisch ist, war gefüllt mit Oliven, die die Feuchtigkeit konserviert hatte. Auch Reste von Trauben und noch nicht identifizierten Pflanzen lagen dort. Besonders interessant sind henkellose Tassen mit Bimsstein als Opfergabe, wie sie auch an anderen Plätzen auf Kreta gefunden wurden. War es bekannt, daß Bimsstein in Zusammenhang mit Vulkanausbrüchen ausgestoßen wurde und nahm man ihn als Zeichen göttlichen Zorns?

Wir sind auf unserem Rundgang an mehreren Stellen gutorganisierten Werkstätten begegnet, wie sie für kleine Palastanlagen typisch sind. Werkstätten benötigen Wasser, besonders die Töpfereien. Mit dem großen Wasserbedarf erklären sich wohl die drei vorhandenen Wasseranlagen. Wenn wir bei der größten (LXII) auch an kultische Bestimmung gedacht haben, so würde uns doch die Auffindung einer Gießerei oder Töpferei in ihrer unmittelbaren Nähe nicht überraschen.

Obwohl der Palast klein ist, war die Qualität seiner Erzeugnisse hervorragend. Erstaunlich ist die technische Meisterschaft bei der Fertigung von Steingefäßen. Ostkreta war in frühminoischer Zeit führend auf diesem Gebiet. Nach den Keramikfunden im Palast wissen wir jetzt auch von der Überlegenheit bei der Herstellung der Gefäße im sogenannten Meeresstil und im beginnenden Palaststil, den der Ausgräber mit »precursory Palace style« bezeichnet. Es scheint nun erwiesen, daß dieser Stil hier seinen Ursprung hatte. Zum Zeitpunkt der Vernichtung war er im übrigen Kreta noch selten.

Zakros war, wie seine geringen Magazine anzeigen, nicht reich an landwirtschaftlichen Produkten, aber es war ein Hauptzentrum der Kunst.

60 Östlicher Teil des Palastes. Rechts im Bild der Zentralhof mit der steinernen Altarbasis und gegen Westen angrenzenden großen Gemächern (Plan XXVIII u. XXIX). Östlich des Zentralhofes liegen die königlichen Gemächer (Plan XXXVI und XXXVII). Weiter im Osten vor ihnen der große quadratische Raum (Plan LXII) mit dem runden, 5 m tiefen Wasserbassin.

XXI Mittlerer und westlicher Teil des Palastes gegen Westen. Anschließend an den Zentralhof mit der steinernen Altarbasis (im Bild links) der Monumentalraum (XXX) mit einem Altar und die zwei großen Gemächer, die »Zeremonienhalle« und der »Gelageraum« (Plan XXVIII und XXIX); westlich anschließend der sakrale Bereich mit den Räumen des Planes X–XXVII.

N. Platon, Zakros.

61, 62, XXII
HERRENSITZ VATHYPETRON, südlich von Knossos. Spätminoisch I, 16. Jahrhundert v. Chr.

61 oben: Das Bild zeigt den Osthof von Süden gesehen. Links der Hauptsaal, dessen Fassade drei Säulen aufwies. Rechts das kleine dreischiffige Heiligtum, das nur von leichter Bauart war.

XXI Gesamtansicht des Palastes von Norden. Der großartig angelegte Herrensitz ist niemals vollendet worden, er wurde kurz nach 1550 zerstört und verlassen. Die wichtigsten Teile wurden mit Porosquadern gebaut; die Säulenbasen bestehen aus buntfarbigen Konglomeraten, die Wasserleitung aus dem schwarzen Kalkstein des naheliegenden Berges Juktas.

61 unten links: Der Ostwest-Gang von Osten gesehen; links davon die Räume der Weinpresse und der Weberei (gedeckt). Am östlichen Ende des Ganges wurde die Töpferei mit dem Töpferofen gefunden.

Unten rechts: Der Südeingang mit Pfeilern und, links davon, die Weinpresse mit der Weberei.

62 Oben: Die Weinpresse in situ, wie sie gefunden wurde. Große, flache Tonschale, um die Trauben zu zerquetschen, und ein großer Pithos zu drei Viertel eingesenkt zwecks Aufnahme des Traubensaftes; daneben ein ähnlicher Pithos. In den plattenbedeckten Fußboden eingebettet eine Steinschale mit Ablaufkanal aus Stein.

Unten: Die Olivenpresse im Westhof. Ein großer Kieselstein diente zum Aufreißen der Oliven. Die Masse des Fruchtfleisches wurde dann in Säcke oder Tücher aus Wolle gelegt und mit riesigen Steinen mittels Holzhebeln ausgepreßt.

63; Fig. 16–18
HERRENHÄUSER VON TYLISSOS.
In dieser offenbar bedeutenderen minoischen Stadt wurden drei nebeneinanderliegende große Häuser ausgegraben. Das südlichste, B (im Bild oben hinten), ist das kleinste und ohne besondere Prachträume. Es ist aber schön und regelmäßig gebaut. Das mittlere Haus, A (im Bild oben im Vordergrund), ist das größte, mit vornehmen Räumen und zwei Pfeilerräumen voller Pithoi. Hier dienten also die Pfeilerräume als Magazine, wie in Vathypetron. Das nördlichste Haus, C (im Bild unten), ist das prachtvollste von allen, mit mehreren Treppen zur oberen Etage, mit Gipsstein verkleideten Wänden der Räume und mit einem runden, mit Treppe versehenem Wasserbrunnen, der aus etwas späterer Zeit stammt (im Bild rechts). Es scheint, daß sich hier bis in die griechische Zeit ununterbrochen eine Kultstätte erhalten hat, in der zuletzt Artemis verehrt wurde. Die Häuser gehören der I. Phase der spätminoischen Zeit an.

Hazzidakis, Tylissos, in: Études Crétoises III, 1934. – *Derselbe*, in: Ephemeris 1912, S. 197ff.

64
AMNISSOS, VILLA MIT DEN LILIENFRESKEN.
Amnissos, sagt Strabo, wurde von Minos als Hafenstadt benutzt. Es ist eine hervorragende Landungsstelle wegen der vorteilhaften langen Sandküste. Schon in der Odyssee wird der Hafen erwähnt, obwohl nicht gerade als sehr windgeschützt. Die Ausgrabungen haben gezeigt, daß auf dem kleinen Hügel, der in der Mitte der großen Sandküste liegt (hier im oberen Bild links) schon eine mittelminoische Siedlung existierte. An seiner Westseite wurde ein Heiligtum des Zeus Thenatas, das auf minoischen Schichten und Bauten wurzelt, fast völlig freigelegt. An der Nordseite des Hügels, dicht am Meere, wurden ein minoisches Gebäude und ein Wasserbrunnen gefunden (noch nicht vollkommen ausgegraben). An der Ostseite des Hügels endlich wurden die Ruinen einer Villa entdeckt, die auf den beiden Bildern gezeigt ist. Sie hatte zwei Stockwerke, eine große Veranda nach dem Meere zu (im oberen Bild rechts, im unteren Bild links) und einen großen Saal mit zwei Säulen, der sich auf der oberen Etage wiederholte und mit Fresken geschmückt war, die der III. Phase der mittelminoischen Zeit angehören und einen frühen Stil der kretischen Malerei darstellen. Das besterhaltene Fresko ist auf Taf. XXIII wiedergegeben.

Marinatos, in: Archäologischer Anzeiger (Jahrbuch des Deutschen Archäol. Institutes) 1935, S. 290, Abb. 1–4.

XXIII
WEISSE LILIEN IM BLUMENGARTEN. Fresko aus der Villa in Amnissos (Taf. 64). Höhe etwa 180 cm. Mittelminoisch III, um 1600 v. Chr.

Dieses Fresko, eines der größten und besterhaltenen, stammt aus dem oberen Gemach der Villa in Amnissos, deren Ruinen in Taf. 64 wiedergegeben sind. Eine Gruppe von drei Lilien – die Dreizahl dürfte einen besonderen Sinn haben – war auf zwei Fresken dargestellt. Die weißen Lilien stehen in schönem Kontrast zu dem tiefroten Grund, dessen stufenförmige Umrandung die Einfriedung des Gartens oder Parks andeuten mag. Die Blütenform ist in den Malgrund eingetieft und mit dicker weißer Farbe aufgelegt. Die Komposition ist schlicht und edel. Das vorliegende, wohl um 1600 v. Chr. entstandene Fresko gehört zu den ältesten uns bekannten und muß als eines der ersten der Monumentalmalerei gelten. Auch die Keramik wurde offensichtlich von Fresken dieser Art beeinflußt, wie die Lilienvase der Taf. XXVI zeigt. Die in dem Fresko (Taf. XXIII) und auf der Vase (Taf. XXVI) dargestellten Lilien sind unsere sog. Madonnenlilien (Lilium candidum L.) und nicht die der Gattung Pancratium, wie öfter zu lesen ist.

Abgebildet zusammen mit den aus demselben Zimmer stammenden »Blumentöpfen« bei *Evans*, Palace of Minos IV, Suppl. Taf. LXVII a–b. – Foto bald nach der Auffindung im Archäologischen Anzeiger 1933, S. 291, Abb. 2. – Ebenda, Abb. 1, der provisorische Plan der Villa und die Bilder einiger Fragmente weiterer Fresken. – Zur symbolischen Bedeutung der Fresken siehe: British School Annual XLVI, 1951, S. 102. Zur botanischen Identifizierung der minoischen Pflanzenbilder im Allgemeinen vgl. *M. Möbius*, Jahrbuch des deutschen Arch. Institutes 48 1933, S. 1–39.

65; Fig. 19
NIRU CHANI, VILLA EINES HOHEN PRIESTERS. Spätminoisch I. Oben: von Osten, unten: von Westen.

Dieser zierliche Bau, 12 km östlich von Herakleion und an der Küste liegend, ist sorgfältig gebaut. Die Wände der Haupträume waren mit Gipssteinplatten verkleidet, die Böden ebenso belegt. Der Empfangsraum hatte eine Eckbank aus Gipsstein. Der mit Schieferplatten bedeckte Hof führt zu dem Eingang mit zwei Säulen zwischen Anten; dann führten vier Türen in das Innere (Plan: 2), dessen Korridor (Plan: 11) freskengeschmückt war (dies alles im oberen Bild sichtbar). An der Südseite des Hofes, über einige Stufen zugänglich, ein Aufbau, an dem die Hälfte eines Doppelhorns aus Stein gefunden

17

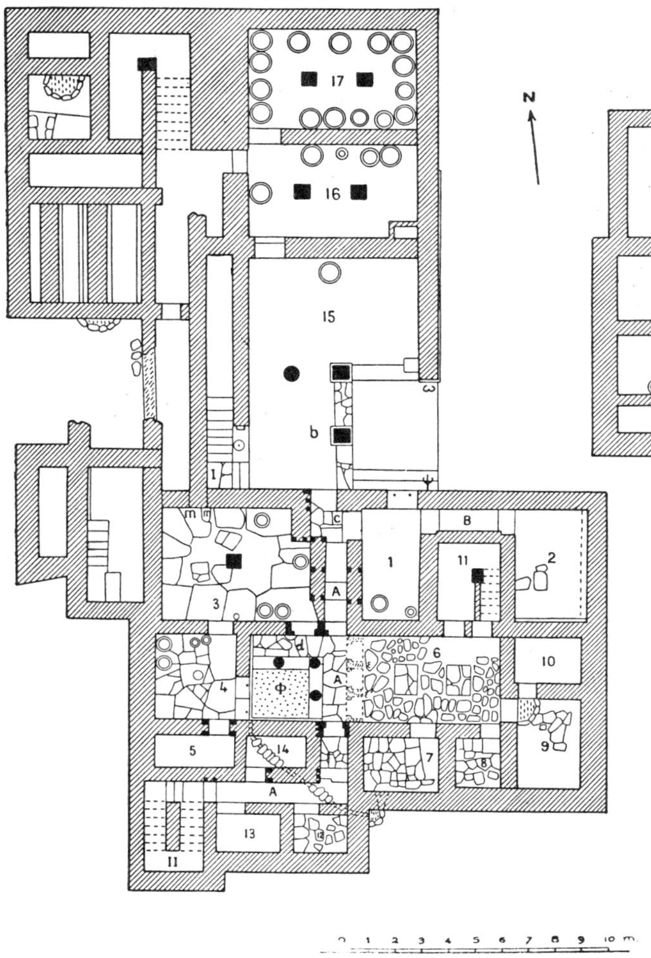

18

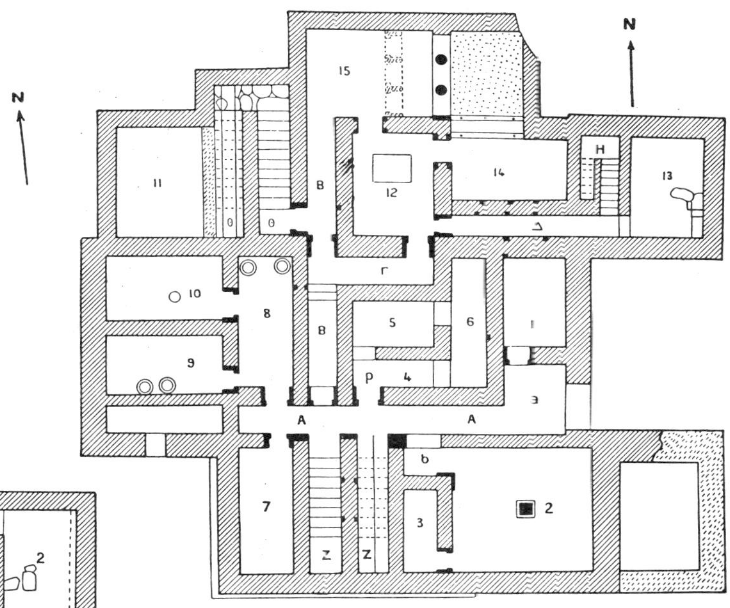

16

16–18 Herrenhäuser von Tylissos.

16 Lageplan. Rechts unten: Haus A (vgl. Fig. 17); links unten: Haus B; oben: Haus C (vgl. Fig. 18). Schwarz: Bauten der drei Herrenhäuser, spätminoisch I. Grauschraffur: Mauern aus der vorausgehenden Zeit. In Umriß gezeichnet: Mauern und Gebäudereste der folgenden Zeiten. – 17 Haus A: ϕ/ω: Pforte; b: Vestibül; 1 und 2: größere Räume mit Verbindungsgang B; A: rechtwinkelig gebogener Korridor im Südtrakt; φ: Lichtschacht, teils mit Fenster, teils mit Säulenstellung; 3–5: als Magazin benutzte Räume; 6: Hauptraum (Megaron) mit drei Türen zum Korridor A und zum Lichtschacht φ; II: Treppe zum **Rez-de-Chaussée;** 15: großer Raum, an das Vestibül anschließend, mit starker Holzsäule als Stütze; 16/17: Magazinräume mit je zwei Pfeilern, enthaltend viele Pithoi. – 18 Haus C: a: Vestibül am Osteingang; A: anschließender Ostwest-Korridor; Z: Treppe mit zwei Läufen; B: Nordsüd-Korridor; 7: Raum mit Fresken; 8–10: Magazine; ϴ: Zweite Treppe; dahinter Raum 11, unter dem Oberlauf der Treppe zugänglich; 12: Vestibül mit Heiligtum in der Mitte und Zugang zu den Räumen 13 und 14 sowie zu Korridor Δ und der dritten Treppe H; 15: Megaron mit drei Türen gegen Säulenhalle und Lichthof (punktiert). – Nach *J. Hazzidakis* 1934.

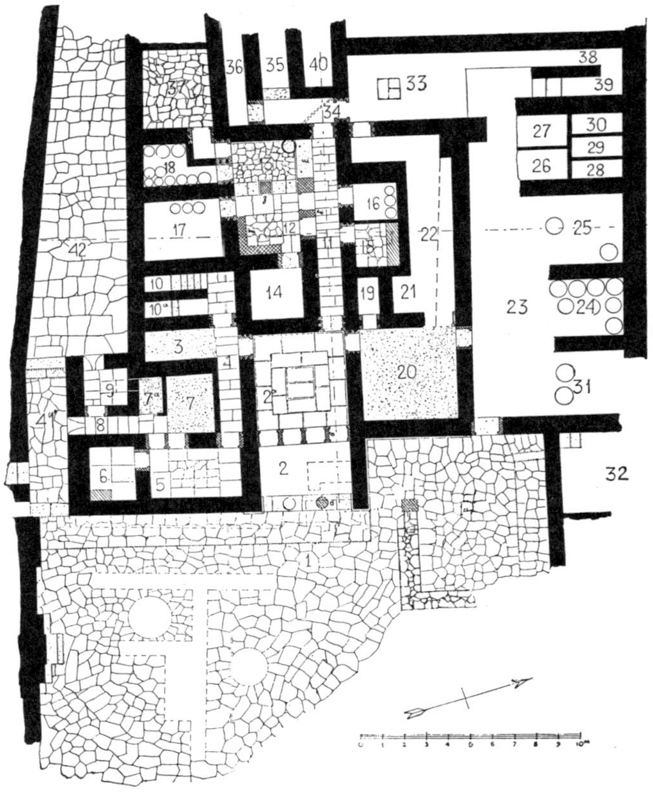

19 Villa eines Hohen Priesters in Niru Chani. Grundriß.
1: Großer Hof im Osten; an seiner Südseite Aufbau mit drei Stufen und Heiligem Doppelhorn, eine Art Exedra zum Beiwohnen der Kulthandlungen; 2: Propylon; 2a: Hauptraum des Megarons; 3 und 14: Dunkle Räume, die mit Lampen erhellt wurden; 7: Raum der vier Doppeläxte, Heiligtum des Hauses; 7a: zugehöriger Nebenraum; 10: zweiflügelige Treppe zum Oberstock; 12: Empfangsraum mit Eckbank; 17 und 18: Altarmagazine; 24–32: Magazine, erreichbar über Flur 23; 33–36 und 40: Räume geringerer Bedeutung. – Nach *Xanthudides* 1922.

wurde, ein Beweis dafür, daß es sich bei diesem Teil des Hofes um eine Kultstätte handelte. Viele Kultgegenstände wurden im Megaron gefunden.

Xanthudides, in: Ephemeris 1922, S. 1ff. – *Evans*, Palace of Minos II, S. 279ff., Abb. 166–68.

66, 67; XXIV

RUINEN DER STADT GURNIA, Golf von Mirabello, Ostkreta.

66 oben und Taf. XXIV Gesamtansicht von Osten.
66 unten Aufweg im Nordostteil der Stadt.
67 oben Blick von Süden auf den Westteil der Stadt. Rechts Palast mit Hof und Schautreppe.
67 unten Teil der Ringstraße im Westteil der Stadt.

Das Städtchen liegt auf der ersten Höhe, die der vom Meere her Kommende vor sich findet. Der kleine Palast mit dem Zeremonienhof liegt auf dem Gipfel des kleinen Hügels. Rings herum, nach Norden zu, der alte Kern der Stadt; gegen die Ebene zu weitere, wohl in Gruppen verteilte Häuser.
Das Städtchen ist deshalb interessant, weil es uns mit den dicht nebeneinanderliegenden kleinen Häusern, den engen, aber gepflegten Straßen, den Handwerkerläden und dem kleinen Palast ein Bild des Lebens einer dichtbesiedelten Stadt minoischer Zeit gibt.

H. Boyd-Hawes, Gournia, 1908.

FRÜHZEIT DER NEUEN PALÄSTE

MITTELMINOISCHE ZEIT, III. PHASE (1700–1550 V. CHR.)

68

ZEPTERKOPF IN FORM EINES LEOPARDEN. Aus dem Palast von Malia. Grauer Schiefer. Länge 14,8 cm. Mittelminoisch III, um 1650/1600 v. Chr.

Der in eine Streitaxt endende Zepterkopf wurde zusammen mit einem Goldheftdolch und einem großen Goldheftschwert mit Amethystknauf in der sog. Loggia des Westflügels des Palastes gefunden. Die von Evans und den meisten Forschern vorgenommene Datierung in die mittelminoische Zeit Ia scheint nicht haltbar, schon allein wegen der Schwertgröße, zu der es aus so früher Zeit keine Parallele gäbe. Die Modellierung des Kopfes, die wie im »fliegenden Galopp« ausgestreckten Vorderbeine des Leoparden sowie das Spiralenmuster auf dem Tierkörper, das auch auf Gefäßen der letzten mittelminoischen Zeit beliebt ist, lassen für die Entstehung des Zepterkopfes die Zeit um 1650 bis 1600 v. Chr. annehmen.

Chapouthier-Charbonneaux, Mallia I, Taf. 32, 1. – *Evans*, Palace of Minos II, S. 274.

69

GOLDVERKLEIDUNG AM GRIFFKNOPF EINES BRONZESCHWERTES. Aus dem Palast von Malia. Durchmesser 7 cm. Mittelminoisch III, um 1600 v. Chr.

Das Prunkschwert wurde 1936 zusammen mit einem zweiten an der Nordwestecke des Palastes, dem Bereich der vornehmen Gemächer des Königs, gefunden. Beide gehören zu einem Typ mit kürzerem Rapier und breiterem Heft, der um 1600 zu datieren ist. Die runde Goldscheibe zeigt in flachem Relief die zum Rund gebogene Gestalt eines mit Gürtel und Lendenschurz (oder Hose?) versehenen Epheben. Vergleiche mit Darstellungen aus Kreta und Ägypten lassen in ihm einen Akrobaten vermuten.

Chapouthier, Mallia, 1938. – Études Crétoises V.

70

ERDGOTTHEIT MIT SCHLANGEN. Aus den unterirdischen Schatzgruben des Zentralheiligtums des Palastes von Knossos. Fayence. Höhe 34,2 cm. Mittelminoisch III, um 1600 v. Chr.

Dieses für die Religion bedeutende Werk, dem freilich gerade neuerdings religiöse Bedeutung abgesprochen wird, stammt zusammen mit der zweiten, kleineren Schlangengöttin und einem reichen Zubehör aus den zwei steinbekleideten Schatzgruben des Palastes von Knossos. Sie ist das größte uns erhaltene rundplastische Werk, abgesehen von den späteren Tonidolen mit erhobenen Händen. Da die letzteren mit Sicherheit Göttinnen darstellen und auch manchmal Schlangen als Attribute halten, dürften auch die beiden Fayencestatuetten Göttinnen sein. Daß sie eine in göttlicher Kleidung und Gestalt erscheinende Königin oder Priesterin darstellen könnten, ist möglich, aber doch nicht sehr wahrscheinlich. Für eine Sterbliche wäre das Spiel mit drei Schlangen unvorstellbar. Die erste Schlange, deren Kopf die Göttin in der rechten Hand, deren Körper sie um Schultern und Rücken und deren Schwanz sie in der linken Hand hält, ist sehr groß. Eine der beiden anderen Schlangen, die zusammengeflochten den Gürtel und den darauf liegenden Knoten um die Hüften der Göttin bilden, erhebt ihren Kopf über der Tiara der Göttin wie die Uraeusschlange an ägyptischen Plastiken. Nur göttliche Kraft kann so die Schlangen bändigen. Die Göttin hat die üppigen Formen und die großen unverhüllten Brüste einer Göttin der Mütterlichkeit. Ob die großen Ohren und das etwas Schrecken erregende Gesicht beabsichtigt waren, bleibt dahingestellt.

Evans, Palace of Minos I, S. 500. – *Nilsson*, Minoan-Mycenaean Religion, 2. Aufl., S. 84 und passim. – *Matz*, Göttererscheinung und Kultbild im minoischen Kreta (Abhandlungen der Akademie Mainz, Jahrg. 1958, Nr. 7), S. 412.

XXV

ERDGOTTHEIT MIT SCHLANGEN. Aus den unterirdischen Schatzgruben des Zentralheiligtums des Palastes von Knossos. Fayence. Höhe 29,5 cm. Mittelminoisch III, um 1600 bis 1580 v. Chr.

Diese kleinere und nur zwei kleine Schlangen haltende Gestalt wird durch ihr Attribut, das Raubtier auf ihrem Haupte, als Göttin bezeugt. Ihre Brüste sind voller als die der größeren Göttin. Sie trägt einen Falbelrock; Schurz und Gürtel gleichen denen der größeren Göttin. Daß beide Gottheiten keine Füße zeigen, ist wohl ein Beweis dafür, daß es sich um Kultidole der Gottheiten und nicht um Abbilder sterblicher Menschen handelt, obwohl das für letztere nicht als Regel gelten kann.

Bibliographie wie bei 70.

71

FAYENCERELIEFS MIT SÄUGENDEN TIEREN. Aus den unterirdischen Schatzgruben des Zentralheiligtums des Palastes von Knossos. Basisbreite je 19 cm. Mittelminoisch III, um 1600 v. Chr.

Diese kleinen Reliefplatten mit Darstellungen einer Wildziege und einer Kuh mit ihren säugenden Jungen wurden mit Fragmenten von anderen Reliefdarstellungen zusammen mit den Schlangengöttinnen gefunden. Sie schmückten irgendein Kultgerät und sind wohl als Einlagen in Holz zu verstehen. Stilistisch und zeitlich stimmen diese kleinen Meisterwerke mit den Göttinnen überein. Die Wildziege steht auf steilem Felsen, dem von ihr bevorzugten Lebensraum. Die Kuh mit dem Kälbchen, ein weitverbreitetes Motiv des ägyptischen Hathorkultes, steht auf einem architektonischen Sockel. Es ist wahrscheinlich, daß beide Reliefs ein größeres Werk monumentaler Kunst wiedergeben.

Evans, Palace of Minos I, S. 510.

72, 73

DISKOS VON PHAISTOS. Gebrannter Ton. Durchmesser 16 cm. Mittelminoisch III, nach 1600 v. Chr.

Einer der merkwürdigsten Funde von Schriftdenkmälern. Auf beiden Seiten trägt die Scheibe in spiraliger Anordnung hieroglyphische Schrift, die wie gedruckt erscheint, da die Hieroglyphen offenbar einzeln eingestempelt sind. So wird sie gewöhnlich als der Vorläufer der Druckschrift bezeichnet. Obwohl der Diskos vor genau einem halben Jahrhundert gefunden wurde, ist seine Entzifferung bis heute nicht gelungen. Inzwischen haben sich zwei weitere Werke, eine bronzene Doppelaxt aus der Grotte von Arkalochori und ein Stein aus Malia, mit ähnlicher hieroglyphischer Schrift gefunden. Damit dürfte bewiesen sein, daß der Diskos nicht fremder Herkunft ist, wie man lange Zeit vermutete. Offenbar in Nachahmung ägyptischen Brauches hatte man auch in Kreta die hieroglyphische Schriftform für religiöse Zwecke beibehalten, obwohl für profane Zwecke schon die Linearschrift eingeführt worden war. Die beiden genannten Schriftfunde sind um 1600, der Diskos, nach den Ausgräbern, etwas später zu datieren. In dieser Zeit bestand schon die Linearschrift A.

Zuerst von dem Entdecker *Pernier* in Ausonia 3, 1909, S. 255, und dann in seinem Werk Festòs I, S. 419, mit voller Bibliographie bis 1931 publiziert. – Zu erwähnen ist eine Monographie von *G. Ipsen*, Indogermanische Forschungen 1929. – Neue Behandlung durch *B. Schwartz* auf Grund der Ventrisschen Lesungen in: Journal of Near Eastern Studies 18, 1959, S. 105 und 222. – Betr. die ähnliche Schrift von Arkalochori vgl. *Marinatos*, in: Archäologischer Anzeiger 1935, S. 253. – Malia, ebenda 1937, S. 230.

74

BAUCHIGER ZWEIHENKELIGER TOPF MIT PALMENDEKOR. Letzte Phase des Kamares-Stils. Aus dem Palast von Knossos. Höhe 57 cm. Mittelminoisch II/III.

Dieses bedeutende Gefäß, von dem sich Fragmente auch in England befinden, ist ein lehrreiches Beispiel dafür, daß zu Ende der Blütezeit eines dekorativen Stils naturalistische Elemente auftauchen können. Aus einer unregelmäßig angedeuteten Bodenfläche wachsen auf der Vorder- und Rückseite des Topfes zu Dreiergruppen zusammengefaßte, naturalistisch gezeichnete Palmen, weiß mit rot gemaltem Detail, deren mittlere die seitlichen überragt. Die Anordnung zu dreien, der wir noch auf den späteren Lilienvasen und Fresken (Amnissos) begegnen werden, ist typisch ägyptisch.

Die Aufnahme zeigt das Gefäß von der Henkelseite, wo die kleinere Palme der linken Dreiergruppe neben der der rechten sichtbar ist, nicht aber eine der beiden Dreiergruppen im ganzen. Sie wurde gewählt, weil an der aufgenommenen Stelle Gefäß und Bemalung original und nicht ergänzt sind.

Evans, Palace of Minos I, S. 253–254, Abb. 190.

XXVI
GEFÄSS MIT LILIENDEKOR. Aus dem Palast von Knossos. Ton. Höhe 27 cm. Mittelminoisch III, um 1600/1580 v. Chr.

Südlich vom Wohnquartier des Palastes lag ein heiliger Raum mit einem Purifikationsbassin; in den spätesten Tagen der minoischen Kultur bestand dort noch das Sacellum der Doppeläxte. Das anschließende, kleine Magazin diente wohl religiösen Zwecken, in ihm wurde eine Anzahl der edlen Gefäße gefunden, deren eines hier wiedergegeben ist. Sie sind in rein mittelminoischer Technik bemalt, weiß auf lilabraunem Grund. Die Vermutung liegt nahe, daß diese Gefäße mit den Dreililiengruppen eine Symbolik bergen, wie schon für ihre Vorbilder, die Amnissosfresken (Taf. XXIII), vermutet wurde. Die Gefäße sind wohl etwas nach 1600 zu datieren. Aus religiösem Konservatismus war die mittelminoische Malweise wohl etwas rückständig.

Evans, Palace of Minos I, S. 578 und 603, Abb. 447. – Vgl. die Beschreibung der Amnissos-Lilienfresken unter Farbtafel XXII.

75
HENKELKRUG MIT VOGELDEKOR. Import von Melos. Aus den Schatzgruben des Palastheiligtums von Knossos. Höhe 58 cm. Mittelminoisch III, um 1600 v. Chr.

Das Gefäß ist ein typisches Beispiel des mattgemalten melischen Stils der mittelkykladischen Zeit III. Stilistisch und zeitlich entsprechen ihm die mattbemalten Gefäße der mittelhelladischen Zeit III, die in den Schachtgräbern von Mykenai gefunden wurden. Der abgebildete Krug, der aus den steinverkleideten Schatzgruben stammt, in denen auch die Schlangengöttinnen und die Reliefs der säugenden Tiere waren, gab wichtige Anhaltspunkte für die Datierung der Funde. Der zurückgebogene Gefäßhals ist auf die im Orient gebräuchlichen Schlauchvasen zurückzuführen.

Evans, Palace of Minos I, S. 556ff., Abb. 404 u. 405.

76
GEFÄSS MIT ZWEI HENKELN. Aus Zakros, Ostkreta. Höhe 22 cm. Mittelminoisch III, um 1560/1550 v. Chr.

Der Dekor dieses Gefäßes zeigt lineare Formen neben sehr bewegt gemalten weißen Sternanemonen auf dunklem Grund. Er gehört dem fortgeschrittenen Florastil an. Die Technik aber ist noch mittelminoisch. Der entzückende Blütendekor gehört zu den liebenswürdigsten Schöpfungen der minoischen Kunst.

Hogarth, in: Journal of Hellenic Studies 22, 1902, S. 333ff. – *Evans*, Palace of Minos II, S. 472, Abb. 279. – Zur Bestimmung der Pflanzen vgl.: *Moebius*, Jahrb. Deutsch. Archäol. Inst. 48, 1933, S. 25f.

SPÄTERE ZEIT DER NEUEN PALÄSTE

SPÄTMINOISCHE ZEIT, I. UND II. PHASE (1550–1400 V. CHR.)

KERAMIK

77
SCHNABELKRUG. Aus dem Palast von Knossos. Höhe 31,5 cm. Spätminoisch I, um 1550 v. Chr.

Typischer Dekor für die frühe, dem Spätminoischen Ia angehörende Periode des Naturalismus. Charakteristisch sind die sog. Augenspiralen, d. i. Spiralen mit breit gemaltem Außenrand, die in einer Scheibe mit breitem Punkt in der Mitte enden.

Evans, Palace of Minos IV, S. 264, Abb. 195.

78
BECHER UND TASSEN. Aus dem Neuen Palast von Knossos. Höhe oben 6,8 bzw. 6,4 cm; Mitte 12,3 cm; unten 7,5 bzw. 6,5 cm. Spätminoisch I, um 1550/1520 v. Chr.

Der Florastil der ersten Phase der spätminoischen Zeit um 1550 bringt als beliebte Motive aufrecht oder schräg gestellte Gräser, Olivenzweige, senkrechte, wellige Linien, die die Oberfläche getriebener Metallvasen nachahmen (den sog. Rippling, der schon in der mittelminoischen Zeit II und III beliebt war) und sog. Augenspiralen (vgl. auch Taf. 77). Henkellose Tassen, vor allem unbemalte, haben sich auf Kreta zu Tausenden gefunden; im mykenischen Gebiet sind sie sehr selten.

Evans, Palace of Minos II, S. 475, Abb. 282.

79
SCHNABELKANNE MIT GRÄSERDEKOR. Aus dem Neuen Palast von Phaistos. Höhe 29 cm. Spätminoisch I, um 1550/1520 v. Chr.

Mit dicht stehenden Gräsern elegant bemalt, ist die Kanne ein typisches Beispiel des entwickelten naturalistischen Florastils. Zu beachten ist der wellige Boden, der unten ein schnurrbartartiges Motiv zeigt, wie es auch auf mykenischen Gefäßen um 1500 und später zu sehen ist.

Pernier-Banti, Festòs II, S. 175, Abb. 106 und Taf. 2.

80
PITHOS MIT SPIRALENDEKOR. Von der Insel Psyra, Golf von Mirabello, Ostkreta. Höhe 98 cm. Spätminoisch I, um 1550/1520 v. Chr.

In ganzer Oberfläche von Spiralen überzogen, besitzt der Pithos oben und unten eine Henkelreihe. Die breiten Außenlinien der Spiralen und die hier kleineren »Augen« sind durch weiße Punkte verziert. In den Zwischenräumen sind kleine Kreise aus dunklen Punkten. Ein ähnlicher Pithos wurde im Nordost-Haus von Knossos gefunden.

Seager, Excavations on the Island of Pseira, S. 27. – *Evans*, Palace of Minos II, S. 422, Abb. 245.

81
KULTGEFÄSS MIT DOPPELÄXTEN UND STIERKÖPFEN. Von der Insel Psyra, Golf von Mirabello, Ostkreta. Höhe 77 cm. Spätminoisch I, um 1550 v. Chr.

Die in rötlicher Farbe auf weißem Grund gemalten Stierköpfe und Doppeläxte zwischen Olivenzweigen als Hauptdekor, das »heilige« Efeu- oder Wazlaub und die Henkel in Form von Achterschilden lassen ein Kultgefäß vermuten. Unten am Gefäß wieder Augenspiralen.

Seager, Pseira, S. 26, Taf. 7. – *Evans*, Palace of Minos II, S. 484, Abb. 284 auf S. 476

82 links
KRUG MIT DOPPELAXT UND HEILIGEM KNOTEN. Aus dem Palast von Hagia Triada. Höhe 28,5 cm. Spätminoisch I.

Das Hauptmotiv des Dekors sind Doppeläxte mit einem schlingenartigen Symbol an der Stelle des Schaftes, das man mit dem Heiligen Knoten identifiziert hat (*Evans*, Palace of Minos I, S. 432, und III, S. 140). Eine Ähnlichkeit mit dem Ankh (nach der älteren Meinung von Evans) oder mit dem Isisknoten ist jedenfalls nicht von der Hand zu weisen. Das Zahnornament unten am Krug (»adder mark« nach *Evans*, Palace of Minos IV, S. 178ff.) erscheint oft auf religiösen Geräten und ist auch als gemaltes Motiv auf den mykenischen Herden häufig.

Halbherr, Memorie R. Istituto Lombardo, Bd. 21, Taf. 6, Abb. 13. – *Nilsson*, Minoan-Mycenaean Religion, 2. Aufl. 1950, S. 210 (Datierung falsch).

82 rechts
KRUG MIT STILISIERTEM PAPYROS. Aus Palaikastro, Ostkreta. Höhe 24,5 cm. Spätminoisch I.

Der Dekor zeigt heraldisch gezeichnete Papyrosstengel, die in Dreiergruppen aus dem charakteristischen gewellten Boden mit schnurrbartartigen Motiven wachsen.

Bosanquet-Dawkins, The Unpublished Objects from Palaikastro, in: British School Annual Supplementary Paper No. 1, 1923, Farbtaf. 18b.

XXVII
AUSGUSSGEFÄSS MIT ZWEI HENKELN. Aus dem Palast von Hagia Triada. Höhe 16,5 cm. Spätminoisch I, um 1500 v. Chr.

Stilistisch gehört das Gefäß der späteren Periode des Florastils an, die sich schon dem Palaststil nähert. In dieser Zeit legt der Künstler absichtlich an einigen Stellen der Blätter dickere Farbe auf, um den Eindruck der Struktur des Pflanzenkörpers klarer hervortreten zu lassen.

Pernier-Banti, Festòs II, Abb. 293, 2.

83 oben
KRUG. Aus Palaikastro, Ostkreta. Höhe 24,5 cm. Spätminoisch I, um 1500 v. Chr.

Sein Hauptschmuck besteht in einem zu einer großen Spirale eingerollten Zweig. Er zeigt Verwandtschaft mit dem sog. Marseille-Krug. Daß dieser berühmte Krug, der über Ägypten nach Marseille kam, aus Kreta stammt, ist sehr wahrscheinlich. Der Exportplatz für Ägypten könnte Palaikastro gewesen sein. Der hier abgebildete Krug und der in Marseille haben beide den unschön wirkenden hochgewölbten Henkeloberteil, stammen also wohl aus der gleichen Werkstatt.

Bosanquet-Dawkins, The Unpublished Objects from Palaikastro, in: British School Annual Supplementary Paper No. 1, S. 46, Abb. 35 (»Late Minoan II«). – Betr. Marseille-Krug vgl. *Matz*, Kreta-Mykene-Troja, Abb. 73.

83 unten
SCHNABELKANNE UND BECHER mit den heiligen Symbolen (Doppelaxt und Heiliger Knoten). Aus dem Neuen Palast von Phaistos. Höhe 26,8 bzw. 14,5 cm ohne Henkel. Spätminoisch I, um 1500 v. Chr.

Der Becher hat die für diese Periode typische Form. Wellenlinien, Bandstreifen, Waz-Symbole und am Halse Grasdekor.

Pernier, in: Monumenti Antichi 12, 1900/1901, Taf. 8. – *Pernier-Banti*, Festòs II, S. 271, Abb. 171. – *Evans*, Palace of Minos IV, S. 184, Abb. 145b.

84 oben
DOPPELKRUG. Aus Gurnia, Ostkreta. Höhe 26 cm. Spätminoisch I, um 1500 v. Chr.

Nautiloi, die mit ihrem gestreiften Schalenmantel auf dem Dolch von Pylos (Taf. LII und 195) wiederkehren, schmücken das Gefäß, das sicher kultischen Zwecken diente.

Boyd-Hawes, Gournia, Taf. J.

84 unten
HENKELTOPF UND GEFÄSS IN KORBFORM. Von der Insel Psyra, Golf von Mirabello, Ostkreta. Höhe 14,5 bzw. 20 cm. Spätminoisch I, um 1500 v. Chr.

Der kleine zylindrische Vorratstopf hat einen Dekor von Waz-Symbolen. Das Gefäß in Korbform ist die Nachahmung eines geflochtenen Korbes. Seine Bemalung mit Reihen von Doppeläxten zwischen hügelartigen Gebilden zeigt die gleichen Motive, die zum Schmuck von Altären verwendet wurden; in Arkalochori wurden Doppeläxte und ein felsartiger Gegenstand in Gold gefunden (Archäologischer Anzeiger 1935, S. 248, Abb. 3).

Seager, Pseira, Abb. 11–12. – Für Seitenansicht der Korbvase vgl. *Evans*, Palace of Minos IV, S. 290, Abb. 226.

85
RHYTON MIT NAUTILOS-DEKOR. Aus dem Neuen Palast von Phaistos. Höhe 20,2 cm. Spätminoisch I, um 1500 v. Chr.

Die Form derartiger Rhyta, wie sie das hier abgebildete repräsentiert, wurde aus der des Straußeneis entwickelt. Das Endglied der Reihe ist die längliche Form, wie sie in Taf. 86

zu sehen ist. Hier liegt die Mittelstufe vor mit unten trichterförmiger Endung. Vollentwickelter Meeresstil.

Pernier-Banti, Festòs II, S. 173, Taf. II, Abb. 103.

86

ZWEI RHYTA IN OSTKRETISCHEM MEERESSTIL.

Links: RHYTON MIT DELPHINEN. Von der Insel Psyra, Golf von Mirabello, Ostkreta. Höhe 32 cm. Spätminoisch I, um 1500 v. Chr.

Die Malerei stellt eine ruhige, sonnendurchleuchtete Meeresfläche dar, in der Delphine schwimmen. Das Meer ist wie aus Schuppen gebildet gemalt.

Rechts: RHYTON MIT SEESTERN UND PURPURSCHNECKEN. Aus Zakros, Ostkreta. Höhe 33 cm. Spätminoisch I, um 1500 v. Chr.

Dieses Rhyton wurde zusammen mit 16 weiteren in einem Haus gefunden, wo sie, offenbar für Export bestimmt, gelagert waren.

Beide Rhyta zeigen die letzte Stufe des aus der Straußeneiform entwickelten Rhytons. Vgl. bei 85.

Evans, Palace of Minos II, S. 222ff., Abb. 129 (über Form), S. 508ff., Abb. 312 (über Form und Malstil). – Journal of Hellenic Studies 22, Taf. 12.

87

LINSENFÖRMIGE FLASCHE MIT OKTOPUS-DEKOR. Aus Palaikastro, Ostkreta. Höhe 28 cm. Spätminoisch I, um 1500 v. Chr.

Das mit einem großen Oktopus bemalte Gefäß von nahezu Linsenform ist, wie die ihm verwandte Bügelkanne aus Gurnia, eines der großartigsten Beispiele des sog. Meeresstils.

Bosanquet-Dawkins, The Unpublished Objects from Palaikastro, in: British School Annual Supplementary Paper Nr. 1, S. 47, Farbtaf. 18. – *Evans*, Palace of Minos II, S. 509, Abb. 312d.

88

SCHLANKHALSIGE, BIRNENFÖRMIGE HENKELKANNE IN REINEM MEERESSTIL. Aus dem Palast von Zakros. Höhe 28,5 cm. Spätminoisch I, um 1470 v. Chr.

Der eleganten Form des Gefäßes entspricht die noble, lockere Verteilung der über die Fläche der Kanne verstreuten, wie im Meer schwimmenden Nautiloi. Das Gefäß ist eine Schwesterkanne der sog. Canne de Marseille, die ihrerseits in Ägypten gefunden sein soll, und gibt uns einen Hinweis auf deren Herkunftsort, der wohl sicher Ostkreta war, wie wir dies bereits in der 1. Auflage dieses Buches (S. 43 bei Besprechung der Doppelkanne aus Gurnia (Taf. 84 oben) angenommen haben.

N. Platon, Zakros S. 106f. mit Abb.

89

KULTDOPPELGEFÄSS MIT BETENDEM. Höhe 16 cm. Spätminoisch II, um 1400 v. Chr. – Sammlung Giamalakis. Auf Grund seiner Form ist das Kultgefäß eine Saugflasche θήλαστριον. Interessant ist die plastische, wohl männliche Gestalt am Übergang des Henkels in den Gefäßhals, die die beiden Hände vor die Brust hält.

90

ZWEI RHYTA IN STIERFORM. Von der Insel Psyra, Golf von Mirabello, Ostkreta. Ton. Länge 25,5 bzw. 26 cm. Spätminoisch I, um 1520 v. Chr.

Oben: Ein Stier aus einfachem gelblichen Ton ohne Bemalung, so daß die außerordentlich klare Modellierung allein wirkt.

Unten: Der plumper geformte Stier erscheint dadurch interessant, daß seine Bemalung ihn von einem Netz bedeckt zeigt. Vielleicht war dieses Netz aus Wolle gefertigt und hatte, wie in anderen Fällen, religiöse Bedeutung.

Seager, Pseira, 1910, S. 22–23, Abb. 7, Taf. 9. – *Evans*, Palace of Minos III, S. 206, Abb. 139b auf S. 204.

91

DREIHENKELIGE AMPHORA MIT PAPYROSDEKOR. Palaststil. Aus dem Palast von Knossos. Höhe 70 cm. Spätminoisch II, um 1425 v. Chr.

Ein typisches Beispiel für die Keramik der letzten Palastperiode. Dem Dekor liegen noch die heraldisch empfundenen Dreiergruppen zugrunde, wie sie auch auf dem Lilienfresko von Amnissos (Taf. XXIII) zu sehen sind. Die Ergänzung der drei Blütenstengel durch zwei Knospenstengel auf fünf kommt auch auf den Irisdarstellungen der Amnissosfresken vor.

Evans, Palace of Minos IV, S. 328, Abb. 271.

92

DREIHENKELIGE AMPHORA MIT PAPYROSDEKOR. Palaststil. Aus Knossos. Höhe 78 cm. Spätminoisch II, um 1430 v. Chr.

Die Bemalung des Gefäßhalses gehört noch zum Formenschatz des sog. Florastils. Die Hauptdekoration mit Papyros aber ist in der Sprache des Palaststils ausgeführt, bei dem die Formen des Papyros in fast alle Pflanzendarstellungen hineinspielen. Die »Sandflächen« ringsum stellen eine bei den Palaststilgefäßen viel benützte Musterung dar.

93

PITHOS MIT PAPYROS IN LEICHTEM RELIEF. Aus der Königlichen Villa in Knossos. Höhe 97 cm. Spätminoisch II, um 1425 v. Chr.

Der Pithos stammt aus der Frühzeit des schon entwickelten Palaststils und wurde auf einem Absatz der Haupttreppe gefunden, wo er vielleicht reine Dekorationsvase war. Die Papyrospflanzen sind in bemaltem flachem Relief dargestellt; dicht gewellte Linien deuten Wasser an.

Evans, Palace of Minos II, S. 400, Abb. 231.

94
DREIHENKELIGE AMPHORA. Aus einem Grabe bei der Kairatosmündung, im Hafengebiet von Knossos. Höhe 47,5 cm. Spätminoisch II, um 1425/1400 v. Chr.

Die Amphora gehört dem Palaststil an. Die stilisierte Darstellung der liegenden Helme läßt erkennen, daß diese mit Eberzähnen beschlagen waren und Pferdeschwanzbüsche und Wangenklappen hatten.

Alexiou, in: Antiquity 28, Nr. 112, Dezember 1954, S. 211, Taf. 8.

95
DÜNNHALSIGE SCHNABELKANNE MIT RELIEFORNAMENTEN. Aus einem Grabe bei der Kairatosmündung im Hafengebiet von Knossos. Höhe 49,5 cm. Spätminoisch II, um 1400 v. Chr.

Die wohl Kultzwecken dienende Kanne mit plastisch hervortretenden Buckeln, einem Achterschild und schöner roter Firnisbemalung, ist technisch hervorragend gearbeitet. Papyros und Nautilos sind Hauptmotiv der Bemalung. Stilistisch hat die Kanne schon die Grenze des Palaststils überschritten. Sie wurde zusammen mit einem Alabastergefäß gefunden, das die Kartusche von Thutmosis III. (1504/1450 v. Chr.) trägt.

Alexiou, in: Kretika Chronika 6, 1952, S. 25ff. mit Farbtaf. A.

SPÄTERE ZEIT DER NEUEN PALÄSTE

SPÄTMINOISCHE ZEIT, I. UND II. PHASE (1550-1400 V. CHR.)

ARBEITEN IN STEIN, ELFENBEIN, BRONZE UND GOLD

96, 97
STIERSPRINGER. Aus dem Palast von Knossos. Elfenbein. Springer 29,9 cm lang, Kopf 4,5 cm hoch. Beginn der spätminoischen Zeit I, um 1550 v. Chr.

Diese kleinen Meisterwerke – Reste einer Figurengruppe, die das Stierspiel darstellte – wurden unter der Hilfstreppe des Wohnquartiers des Palastes von Knossos gefunden. Der Fund enthielt einige Springer, und jeder von ihnen bestand aus mehreren, offenbar gesondert gearbeiteten Stücken. Die Haare dürften durch vergoldete Bronzedrähte als windbewegte Locken dargestellt gewesen sein. Die Springer haben die gleiche Haltung, die wir von den Fresken und Siegeln kennen. Wie die Springer auf oder an den Stieren befestigt waren, bleibt unbekannt. Von den Stieren ist nur ein fragmentarischer Kopf aus Fayence erhalten mit goldgeränderten Löchern für die Hörner. Die Bewegung, die kühne Haltung und die Bearbeitung der Einzelheiten an den Figuren sind bewundernswert. Selbst Finger, Fingernägel, Adern und Muskulatur sind mit minutiöser Sorgfalt modelliert oder geritzt, indes im allgemeinen bei den plastischen Arbeiten der Blütezeit die Gesichtszüge summarisch und fast flau wiedergegeben sind; so zum Beispiel bei den Bronzestatuetten von Betenden, auf Goldringen und Siegeln. Der abgebildete Kopf des Springers steht mit seinen festeren Zügen den Schlangengöttinnen nahe, obwohl sich schon eine Art von Weichheit der Arbeit zeigt.

Evans, Palace of Minos III, S. 428 und passim.

98
RHYTON IN FORM EINES STIERKOPFES. Aus dem Kleinen Palast in Knossos. Schwarzer Steatit. Länge des Kopfes ohne Hörner 20,6 cm. Spätminoisch I, um 1550/1500 v. Chr.

Der religiöse Charakter des sog. Kleinen Palastes ist erwiesen. Nicht weniger als drei ausgesprochene Kulträume wurden festgestellt, darunter der Südwest-Pfeilersaal, wo die Fragmente des vorliegenden besonders schönen Rhytons gefunden wurden. Der Kopf besteht aus schwarzem Steatit, der Hals ist ausgehöhlt, ein Deckel aus demselben Material schließt die Öffnung. Auf dem Deckel ist eingeritzt auch ein Stierkopf dargestellt. Auf dem Nacken ist die Eingußöffnung, am Maul ein kleines Loch zum Ausgießen der Flüssigkeit. Die Ohren (aus Steatit) und die Hörner (sicher aus Goldblech und deshalb nicht mehr vorhanden) waren eigens gearbeitet. Die Augen (nur das rechte, im Bild sichtbare, ist erhalten) sind aus Bergkristall, die Iris schwarz und die Pupille rot bemalt. Das Maul ist eingelegt, das Material scheint Tridachna-Muschel zu sein. Die Haare zwischen den Hörnern sind in Relief gearbeitet, eingeritzte Muster bezeichnen die Flecken der Hautfarbe. Ein Teil der linken (im Bild unsichtbaren) Seite dieses hervorragenden Werkes und die Hörner sind ergänzt.

Evans, Palace of Minos II, S. 527.

99
RHYTON IN FORM DES KOPFES EINER LÖWIN. Aus dem Palast von Knossos. Weißer Kalkstein. Hinterer Durchmesser 16,6 cm. Spätminoisch I, um 1550/1500 v. Chr.

Dieses Kultgerät stammt aus der Halle des Zentralheiligtums im Westflügel des Palastes von Knossos. Eine Menge von Kultgegenständen wurde an dieser Stelle gefunden, darunter zwei Rhyta, ein sehr fragmentarisches in Form eines Löwenkopfes und das hier abgebildete, das bis auf den verlorenen Deckel am Halse und die eingelegten Teile in Augen und Nase nahezu unversehrt ist. Das Material ist ein feinkörniger, marmorartiger Stein, dessen weißgelbliche Farbe an den Lychnites, die beste Marmorqualität von Paros, erinnert. Die Tatsache, daß in den untersten Schichten des delphischen Heiligtums die Fragmente von mehreren Rhyta derselben Form und desselben Materials gefunden wurden, deutet auf einen gemeinsamen Entstehungsort dieser Geräte. Ob Knossos oder ein anderer Platz, und zwar im mykenischen Gebiet, bleibt problematisch. Spuren der Einlagen aus rotem Jaspis sind an der Nase und an den Augen erhalten. Der Rand der Augenhöhlung war mit Jaspis belebt. Die Augen selbst waren wahrscheinlich aus Bergkristall. Das Rhyton ist eine Arbeit der besten Zeit und wohl eine Nachahmung kostbarer Metallrhyta.

Evans, Palace of Minos II, S. 827.

100–102
SOG. PRINZENBECHER. Aus dem Palast von Hagia Triada. Steatit. Oberer Durchmesser 9,9 cm. Spätminoisch I, um 1550/1500 v. Chr.

Der fast vollkommen erhaltene Becher zeigt vermutlich spielende Kinder. Eine stolze Gestalt, reich mit Hals- und Armbändern geschmückt, einen dolchartigen Gegenstand am Gürtel und einen Stab, der ein Zepter sein könnte, in der rechten Hand, steht vor einer Art Türpfosten. Er ist der »Prinz«, nach dem der Becher benannt ist. Links vor ihm steht sein »Offizier«, an der rechten Schulter einen schwertartigen Gegenstand (die Schwertscheide ist jedoch nicht sichtbar), in der Linken einen Gegenstand wie einen Krummstab haltend. Einige Forscher haben diesen als Kultwerkzeug (aspergillum) erklärt, während andere den Offizier als »behelmt« beschreiben. Hinter ihm sind drei »Soldaten« dargestellt. Nur ihre Köpfe – davon nur einer erhalten – sind sichtbar, die Körper sind von eigenartigen Gebilden verdeckt, die als Kleider, Schilde und sogar Rückenteile von Elefantenfellen beschrieben worden sind. Der Becher ist mit der gewohnten Meisterschaft geschnitzt, die auch die übrigen Gefäße aus Hagia Triada auszeichnet. Bei näherer Betrachtung kann man jedoch eine gewollte Ungeschicklichkeit feststellen. Der Prinz ist zu steif, der Offizier zu schauspielerisch. Ein Vergleich mit den übrigen Gefäßen dieser Art läßt die Gesichter klar als Kindergesichter erkennen, und Kinder spielen gerne, wie hier, die großen Herren. Die minoische Kunst hat vielfach Kinder dargestellt.

Die Reliefgefäße von Hagia Triada wurden besonders treffend von *K. Müller*, Jahrbuch d. Deutsch. Archäol. Institutes 1915, S. 242, behandelt. – *Evans*, Palace of Minos II, S. 742f., 790ff. und an anderen Stellen.

103–105
SOG. SCHNITTERVASE. Aus dem Palast von Hagia Triada. Schwarzer Steatit. Größter Durchmesser 11,5 cm. Spätminoisch I, um 1550/1500 v. Chr.

Ein Rhyton aus schwarzem Steatit in der Form eines Straußeneies. Es bestand ursprünglich aus drei Stücken, von denen das unterste verloren ist. Die dargestellte Szene ist noch nicht ganz verständlich. Dem Zug voran marschiert nach rechts eine Gestalt mittleren Alters, wohl der Gutsherr, bekleidet mit einem vielleicht zeremoniellen Gewand, einen Stab mit sichelförmigem Griff über seiner rechten Schulter tragend, der die untere Kopfpartie überschneidet. Hinter ihm folgen paarweise geordnet im Gleichschritt seine Arbeiter. Es sind die uns bekannten jungen, schlanken minoischen Gestalten. Obwohl alle Personen glatt rasiert sind, hat es der Künstler gut verstanden, ihr verschiedenes Alter klar zu kennzeichnen. Sie tragen auf der linken Schulter – so daß das Gesicht nicht überschnitten wird – ein merkwürdiges Werkzeug, einen Stab, an dessen oberem Ende drei lange gabelartige Arme und ein kleiner sichelförmiger Gegenstand befestigt sind. Es ist denkbar, daß derartige Geräte beim Dreschen oder bei der Olivenernte verwendet wurden.
Innerhalb des Zuges marschiert eine Gruppe (104 unten) von drei Sängern, angeführt von einem vierten, der mit der Rechten ein Sistrum hält, während seine Linke den Takt angibt. Sein Brustkorb ist so gedehnt, daß man seine Rippen zählen kann. Die Sänger scheinen mit Begeisterung zu singen, ihr Mund ist weit geöffnet. Der einzelne Junge vor der vorletzten Zweiergruppe des Zuges scheint lachend einen Purzelbaum zu schlagen, sein Nachbar lacht mit. Der Künstler hat die Szene mit großem Können und frischem Humor gestaltet.
Welcher Art die Darstellung ist, ob religiöser Art oder nur ein landwirtschaftliches Fest wiedergebend, oder ob es sich um die Vereinigung beider handelt, ist trotz zahlreicher Erörterungen noch nicht geklärt. Erwähnt sei die Entdeckung einer tönernen Töpferscheibe in Vathypetron, auf der eine Doppelaxt und das oben erwähnte Gerät mit den drei Armen und der Sichel eingeritzt sind.

Savignoni, in: Monumenti Antichi 13, 1903, Taf. 1–3. – Jahrbuch Deutsch. Archäol. Inst. 30, 1915, S. 242. – *Evans*, Palace of Minos IV, S. 218; II, S. 47 über Sistrum und Tanz. Die in Taf. 18 wiedergegebene Rekonstruktion des fehlenden Unterteiles von *Gillieron* ist wenig befriedigend, da die Füße, besonders die des Führers, weder Marsch noch Tanz glaubhaft wiedergeben. – *Matz*, Die Ägäis, in: Handbuch der Archäologie IV, S. 256, Taf. 20, 1.

106, 107
GROSSES TRICHTERRHYTON. Aus dem Palast von Hagia Triada. Schwarzer Steatit. Höhe ohne Griff 46,5 cm. Ergänzt. Spätminoisch I, um 1550/1500 v. Chr.

Das wegen seiner Größe, der Kraft der Zeichnung und durch die Themen der Reliefs hervorragende Werk ist in vier Zonen geteilt. Die Befestigung des eigens gearbeiteten Griffes auf dem Gefäß verdeckte und zerstörte zum Teil zwei Ringer. Die oberste Zone zeigte offenbar Ringkampf, die zweite Stierspiele, die dritte und vierte Faustkampf behelmter und unbehelmter Kämpfer. Während wir Stierspiele aus zahlreichen anderen Darstellungen kennen, sehen wir die beiden olympischen Sportarten des Ring- und Faustkampfes zum ersten Male dargestellt. Ungeklärt sind die säulenartigen Schäfte, die eine mit Kreisen, wohl Disken, bedeckte Tafel tragen. Ähnliche Gebilde mit nur unbedeutenden Abweichungen sehen wir auf den Miniaturfresken von Knossos. Man hat sie als Pfeiler erklärt; das ist aber aus vielen Gründen unmöglich, einmal da die Handlung in beiden Fällen im Freien vor sich zu gehen scheint, und weiter da diese sog. »Pfeiler« sich nach oben verjüngen, was der minoischen Architektur völlig widerspricht. Vielleicht sind es Standarten oder Fahnen, die für festliche Gelegenheiten errichtet wurden, so wie es im Orient üblich war, wie die Stele des

Gudea zeigt. Unter anderen festlichen Symbolen ist dort eine mit vielen Disken geschmückte Stange zu sehen (*Unger*, Sumerische und Akkadische Kunst, Abb. 45).

Jahrbuch des Deutschen Archäol. Institutes 1915, S. 247. – *Evans*, Palace of Minos IV, S. 20–21 (über die »Pfeiler«); III, S. 224 (über die Stierspiele); I, S. 668 (über die Athletenspiele). – *Matz*, Die Ägäis, S. 257.

108–110; Fig. 20

RHYTON MIT BERGHEILIGTUM IN FLACHRELIEF. Aus dem Palast von Zakros. Grünlicher Schieferstein (Chlorit). Ehemals ganz oder teilweise vergoldet; am Halsring und auf der Fläche Reste von Vergoldung sichtbar. Höhe 31 cm. Spätminoisch I, um 1500 v. Chr.

Das Rhyton ist eines der bedeutendsten Kunstwerke aus dem Palast von Zakros. Es konnte zusammengesetzt werden aus den Fundstücken aus dem Lichtschacht des Zentralheiligtums und von drei weiteren Fundstellen. Das Gefäß ist in seinem unteren Teil durch Feuer rötlich-braun verfärbt. Das ganze Rhyton ist von einem Flachrelief bedeckt, das in noch nie gesehener Vollständigkeit den Aufbau eines Bergheiligtums zeigt. Es ist zwischen kahlen Felsen in einer Schlucht erbaut. Links vom Heiligtum richtet sich ein Steinbock (Aegagrus creticus) an einem Felsen auf. Im Vordergrund stehen drei in isodomer Bauart errichtete Mauern, deren Gesimse Doppelhörner tragen. Die vordere Wand steht frei, die beiden seitlichen sind an die Felsen angebaut. Zwischen Vorder- und Seitenwänden müssen wir uns schräge Zugänge in den dahinterliegenden Hof denken, in dessen Mitte ein langer Altartisch aus Ziegeln steht, wie ein ähnlicher Bau vor der Idagrotte erkennen läßt. Am Ende des Hofes führen sechs breite Stufen zum eigentlichen Heiligtum. Links von der ersten Stufe steht ein zweistufiger Altar in der Form desjenigen im Zentralhof des Palastes von Phaistos und des auf dem Sarkophag von Hagia Triada dargestellten. Ein Doppelhorn und zwei Olivenzweige sind von frommer Hand auf ihn gelegt. Auf der Mitte der ersten Stufe steht ein beweglicher, konkaver Altar von der bekannten minoischen Form. Das Heiligtum selbst hat die typische dreischiffige Gestalt, wobei die Seitenschiffe wie üblich schmaler und niedriger sind. Sie tragen über ihren Gesimsen je ein Paar Doppelhörner, auf denen zwei Adler oder Falken sitzen. Da wir wissen, daß derartige Heiligtümer eine geringe Tiefe hatten, müssen wir die Spiraldekoration eher als Schmuck der Rückwand ansehen als den Schmuck eines Portales. Auf dem Gesims lagern vier Steinböcke, die beiden mittleren sind spiegelbildlich symmetrisch dargestellt, zwischen ihnen ist ein spitzer Felsen sicht-

20 Abrollung des Flachreliefs vom Rhyton mit Bergheiligtum. – Nach: *Platon*.

bar. Die beiden äußeren Tiere sind asymmetrisch wiedergegeben, eines hatte gerade Hörner. Vor den Seitenschiffen stehen je zwei »Standarten«, auf ihnen hohe Nagelstangen, für die es verschiedene Erklärungen gibt.
Eigentümlich und interessant ist die Darstellung der Felsen; sie wäre verständlicher für die Formation einer vulkanischen Insel. Zwischen den Felsen zeigt das Relief Gruppen von Krokus und anderen Blumen. Man hat mit Recht nach großformatigen Vorbildern für derartige Werke der Kleinkunst gesucht, Thera liefert uns jetzt, glücklicherweise, solche bisher fehlenden Kunstwerke der großen ägäischen Malerei. Wir können jetzt z. B. Schwalben in der Keramik (Taf. 159, XLIV oben) mit solchen in der Wandmalerei (XXXVI, XXXVII) vergleichen oder die Stadtbelagerung auf dem Silberrhyton von Mykenai (Taf. 196) mit der entsprechenden Darstellung auf dem Miniaturfresko von Thera (Taf. XLI, XLII). Auch für die Stilisierung der Felsen auf dem Rhyton von Zakros haben wir jetzt das Vorbild: es ist das Frühlingsfresko von Thera (Taf. XXXVI, XXXVII). Selbst für das Bergheiligtum dort besitzen wir nun einen Prototyp: das leider unvollständig erhaltene Fresko des »Afrikaners« von Thera. Ist dieses Rhyton ein Import von Thera? Die Darstellung der Steinböcke in ihrer natürlichen Umgebung spricht eher für ein einheimisches Werk. Der Schöpfer des Rhytons könnte aber ein von dem vulkanischen Thera nach Zakros geflüchteter Künstler gewesen sein.

N. Platon, Zakros S. 165–167. – Siehe auch Thera II, S. 53, Abb. 43. – Frühlingsfresko mit Felsen, Lilien und Schwalben: Thera IV, Farbtaf. A–C. Schwalben auf Gefäßen: Thera II, Farbtaf. A, S. 43, Abb. 29; AAA I, S. 216, Abb. 6 und besonders II, S. 65f.

110
Teilansicht von der rechten Seite des Bergheiligtums des vorigen Bildes. Ein Steinbock springt von Felsen zu Felsen mit der gewohnten Meisterschaft dieser Tiere. Die Felsen und Steilhänge des in dem vorliegenden Falle ganz nackten Berges sind schematisch, aber treffend dargestellt.

XXVIII
RHYTON AUS BERGKRISTALL. Aus der Schatzkammer des Palastheiligtums von Zakros. Höhe 16,5 cm. Spätminoisch I, um 1450 v. Chr.

Das Rhyton wurde aus mehr als 300 Stücken wieder vollkommen zusammengesetzt. Gefäßkörper und Hals sind wie üblich aus zwei Teilen gefertigt; den reichlich voluminösen Halsring bilden kleine Bergkristallstücke, die mit vergoldeten Elfenbeinteilchen verbunden sind. Der Henkel besteht aus grünen Kristallperlen, die mit Bronzedraht verbunden waren. Halsring und Henkel wirken etwas zu groß und schwer für die elegante Form des Rhytons; sie dürften ursprünglich für ein größeres Gefäß gearbeitet und erst später diesem zugefügt worden sein. Nur großer technischer Meisterschaft konnten die dünnen Gefäßwände des Rhytons gelingen.

N. Platon, Zakros S. 135f., Abb. S. 139 oben rechts.

XXIX
AMPHORA MIT WEITAUSLADENDEN HENKELN. Aus dem kultischen Reinigungsbad neben der Schatzkammer des Westflügels des Palastes von Zakros. Weiß-grau geäderter, stellenweise rot gefleckter Marmor. Höhe einschließlich der Henkel 39 cm. Spätminoisch I, um 1500–1450 v. Chr.

Das Gefäß hat doppelte Lippen und einen Halsring. Äderung und Rotfleckung des Steins sind geschickt als Dekor ausgewertet. Die edle Form und Arbeit der Amphora läßt sie unter die schönsten und kostbarsten Gefäße aus Zakros reihen.

N. Platon, Zakros S. 10.

111
ZWEI KULTBECHER MIT FUSS AUS GEÄDERTEM MARMOR. Aus dem Palast von Zakros. Höhe 30,1 cm, bzw. 32,7 cm. Spätminoisch I, von 1500–1450 v. Chr.

Derartige kelchartige Becher kennen wir von Kultszenen, bei denen Gottheiten sie in Händen halten. Der linke Becher läßt mit quer verlaufenden Rillen auf ein Vorbild eines goldenen oder silbernen Bechers schließen; die Form des rechten sieht aus, als sei er aus vier, sich nach unten verjüngenden Halbzylindern zusammengesetzt. Vielleicht war diese Form durch die Technik des Bohrens bedingt.

N. Platon, Zakros S. 73, Abb. S. 65 oben rechts; Abb. S. 6.

112
BRONZESTATUETTE EINES BETENDEN. Aus Tylissos. Höhe 15,2 cm. Spätminoisch I, um 1500 v. Chr.

Der Beter ist in der üblichen Haltung dargestellt. Die Flächen sind in gebrochener, nichtglatter, impressionistisch empfundener Weise wiedergegeben, wie bei der Betenden in Berlin und anderen gleichzeitigen Werken.

Hazzidakis, Les villas Minoennes de Tylissos in: Études Crétoises III, 1934, S. 95, Taf. 26.

113 oben
ELFENBEINPLATTE MIT WUNDERVOGEL. Aus Palaikastro, Ostkreta. Höhe 7 cm. Spätminoisch I.

Aus Palaikastro sind ausgezeichnete Elfenbeinarbeiten erhalten. Das abgebildete, an beiden Langseiten wohl beschnittene Plättchen gehörte sicher zu einer Folge von Stücken, die ursprünglich als Einlage dienten. Der zwischen Wolken und Felsen fliegende Wundervogel ist in seiner Gestalt ein Mischwesen aus Reiher und Fasan.

Dawkins, in: British School Annual 11, S. 284, Abb. 14a.

113 unten
KAUERNDES KIND. Aus Palaikastro, Ostkreta. Elfenbein. Höhe 4 cm. Spätminoisch I.

Kopf und Körper des offenbar mit dem Knöchelspiel beschäftigten Kindes sind fein und klar und mit Verständnis für die kindlichen Formen gearbeitet. Bekannt ist noch ein zweites, jedoch aufrecht stehendes Kind. Die Ansicht, daß es sich um nicht einheimische Arbeiten handele, ist nicht richtig. Aus Ostkreta sind mehrere derartige Werke, auch aus Ton, bekannt. (Zu anderen Darstellungen knöchelspielender Kinder vgl. das Fresko in *Evans*, Palace of Minos III, Taf. 25.)

Bosanquet-Dawkins, The Unpublished Objects from Palaikastro, S. 125, Taf. 27. Über ägyptische Herkunft vgl. *Pendlebury*, Aegyptiaca, S. 32–33, Taf. 3 (XII. Dynastie).

114 oben
DOPPELAXT AUS GOLD. Aus der Höhle von Arkalochori, Mittelkreta. Querdurchmesser 8,6 cm. Spätminoisch I.

Arbeiten aus Edelmetall sind auf Kreta selten. In der Höhle von Arkalochori aber haben sich mehr als zwei Dutzend goldener Doppeläxte gefunden, einige davon mit goldenen Schäften, wie die hier abgebildete. Der an einem Exemplar am unteren Schaftende erhaltene Ring zeigt, daß die Doppeläxte zum Teil hingen. Manche Stücke zeigen Dekoration, die geritzt oder, wie bei dem abgebildeten Stück, ziseliert war.

Abbildungen in Archäologischer Anzeiger (Jahrbuch des Deutschen Archäolog. Institutes) 1934, S. 250, Abb. 3, und *Evans*, Palace of Minos IV, S. 346, Abb. 290.

114 unten
ANHÄNGER AUS GOLD. Links: STIERKOPF. Höhe 2,5 cm. Rechts: LÖWE. Querdurchmesser 2,7 cm. Aus einem Grab beim Palast von Hagia Triada. Spätminoisch I.

Die Modellierung der Anhänger ist vortrefflich. Andere in Hagia Triada gefundene Arbeiten in Gold zeigen Filigran und Granulation sehr geschickt ausgeführt.

Paribeni, in: Monumenti Antichi 14, 1905, S. 730, Abb. 28–30.

115 oben
SIEGELRINGE AUS GOLD. Aus verschiedenen Gräbern auf Kreta. Vierfach vergrößert. Spätminoisch I und II.

Auf Kreta sind die Ringfunde sehr selten. Von den hier abgebildeten vier Ringen ist der größere und älteste (vom Ende des Spätminoischen I) zugleich der interessanteste. Er stammt aus dem Grab von Isopata bei Knossos und stellt Frauen in ekstatischem Tanze dar, wobei eine göttliche Gestalt am Himmel erscheint.
Die zwei kleineren, vielleicht etwas jüngeren Ringe sind etwas abgenützt. Sie stammen aus der Nekropole von Phaistos bei Kalyvia. Der eine zeigt eine Säule als Symbol eines Heiligtums; davor eine weibliche Gestalt, wohl eine Göttin. Sie scheint nackt; dies ist jedoch problematisch, denn Nacktheit ist der kretischen Kultur fremd. Rechts stehen ein Kynokephalos in anbetender Haltung und eine Frau. Der andere Ring zeigt ein Bild des Baumkultus. Hier wie auch in anderen Darstellungen scheint es sich um die Zeremonie der Entwurzelung des Heiligen Baumes zu handeln. Es wäre die Symbolisierung des Todes der Vegetation zu einer bestimmten Jahreszeit mit dem letzten und tiefsten Sinn, daß der Tod durch den Tod überwunden wird und daß durch den Tod das neue Leben ersteht. Die Entwurzelung des Heiligen Baumes ist noch klarer auf einem Ring aus Mykenai dargestellt (Taf. 228, zweite Reihe links).
Der vierte Ring (im Bild unten rechts) stammt aus einer Privatsammlung, die dem Museum von Herakleion geschenkt wurde. Wiederholt publiziert und erwähnt. Das Siegelbild zeigt sonderbar steifen Stil. Eine im wesentlichen identische Darstellung bei nur leichten Abweichungen in Haltung und Tracht findet sich im Nationalmuseum in Athen.

Evans, in: Archaeologia 65, 1914, S. 10, Abb. 15. – Monumenti Antichi 14, S. 578, Abb. 51 und 13, S. 43, Abb. 37. – *Nilsson*, Minoan-Mycenaean Religion, 2. Aufl., S. 267, Abb. 131. – *Hogarth*, in: Journal of Hellenic Studies 22, 1902, S. 82–83, Abb. 16–17.

115 unten
SIEGELABDRÜCKE IN TON. Dreifach vergrößert. Spätminoisch I, um 1550/1530 v. Chr.

Diese Abdrücke gehen sicher auf Metallsiegelringe zurück. Sie gehörten wohl großen Persönlichkeiten, die über weite Landstriche in Kreta geboten.

Links: ein prachtvoller Stier, nach links gallopierend. Abdrücke sind in Gurnia (Gournia, S. 54, Abb. 30, 4), Hagia Triada (*Levi*, in: Annuario Atene 8–9, S. 101, Nr. 54, Abb. 71) und Sklavokampos (*Marinatos*, in: Ephemeris 1939/41, S. 88, Nr. 2) gefunden worden.

Rechts: ein von zwei Pferden gezogener Wagen mit stark nach vorne geneigtem, peitschetragendem Lenker. Abdrücke sind in Hagia Triada (*Levi*, a. a. O. Nr. 117, Abb. 133) und Sklavokampos gefunden worden (*Marinatos*, a. a. O. S. 90, Nr. 8, Taf. 4, 8).

Beide Abdrücke sind hervorragend in Stil und Stempelschnitt. »Weitaus die schönste Pferdedarstellung« nennt Rodenwaldt (Tiryns II, S. 106) den zweitgenannten Abdruck.

116, 117 oben; Fig. 21
GOLDGRIFF EINES BRONZESCHWERTES. Aus Grab 36 der Nekropole von Zapher Papura bei Knossos. Durchmesser des Achatknaufs 4,4 cm. Schwertlänge 61 cm. Spätminoisch II.

Wie wir durch die Entzifferung der Schrifttafeln wissen, gehörten die Gräber von Knossos, die von 1450 an zu datieren sind, der Achäischen Kriegeraristokratie.
Das Prunkschwert lag mit einem zweiten, vom Typ der sog. Hörnerschwerter, von 94,5 cm Länge, zu seiten des reichgeschmückten Toten im sog. Chieftain's Grave. Der Schwertknauf ist aus schön geädertem, zum Teil durchsichtigen Achat gearbeitet. Die Goldfassung des Griffes zeigt eingraviert Steinböcke, die von Löwen verfolgt werden. Am oberen Griffende hat der Löwe sein Opfer erreicht und durch einen Tatzenhieb schon erledigt.

Evans, Palace of Minos IV, S. 863ff., Abb. 851.

117 unten
BRONZEHELM MIT WANGENSCHUTZ. Aus einem Achäischen Grabe bei Knossos. Gesamthöhe 38,6 cm. Spätminoisch II.

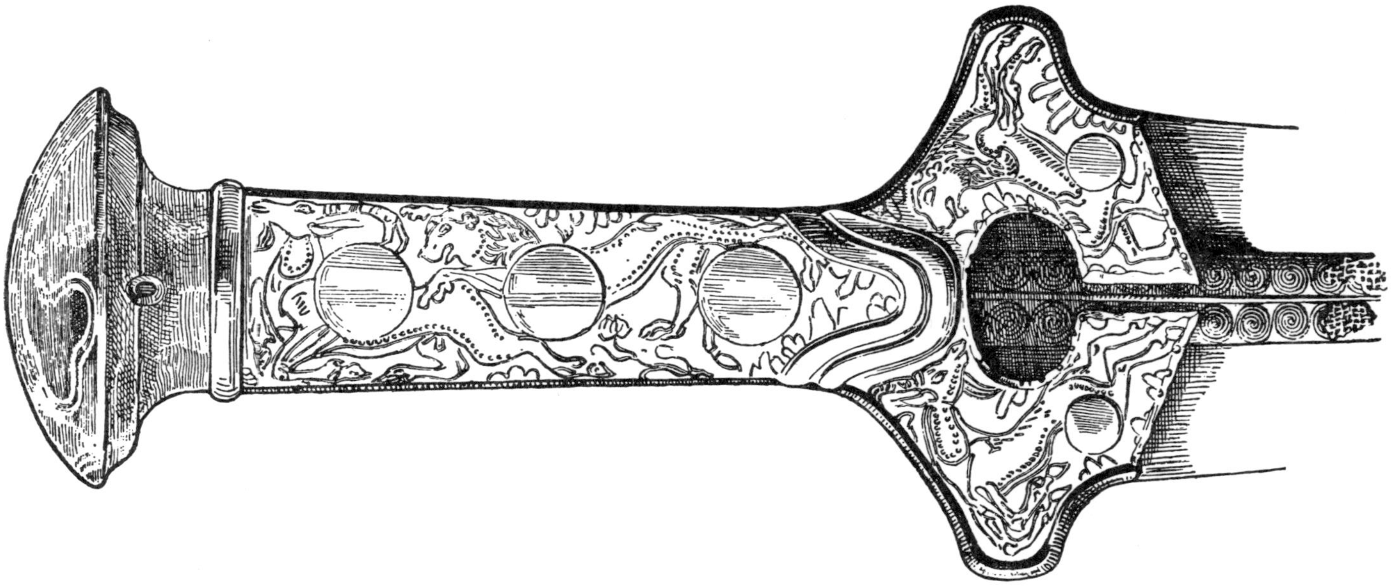

21 Goldgriff mit Achatknauf eines Bronzeschwertes aus der Nekropole von Zapher Papura bei Knossos. Schematische Darstellung in natürlicher Größe. – Nach *Evans*.

Die kleinen Löcher am Helmrand beweisen, daß dieser Helm nicht über einer Filzkappe getragen wurde, wie es manchmal auf griechischen Vasen dargestellt ist, sondern daß er immer Filz- oder Lederfutter hatte. Der Vorderrand der Wangenklappen ist gewellt. An der Helmspitze ist ein knopfartiger Kymbachos.

Hood-de Jong, in: British School Annual 47, 1952, S. 256, Taf. 50.

118
ARBEITEN IN STEIN

Oben: FRIES VOM NORDWEST-AUSSENPORTAL DES NEUEN PALASTES VON KNOSSOS. Kalkstein. Höhe 19 cm. Spätminoisch I/II.

Das Muster aus »Triglyphen und Halbrosetten«, auch im mykenischen Gebiet sehr beliebt, fand sich zum Beispiel am Portal des Schatzhauses des Atreus (jetzt im Britischen Museum, London). Das hier abgebildete Beispiel aus grünlichem Kalkstein ist eine besonders schöne Arbeit.

Evans, Palace of Minos II, S. 590ff., Abb. 368.

Unten links: OBERTEIL EINER LAMPE MIT PAPYROSDEKOR. Aus dem Neuen Palast von Knossos, nördlich des Mittelhofes. Mittelminoisch III/Spätminoisch I.

Der Ständer der Lampe aus rotem porphyrfarbigem Alabaster besteht in Nachahmung ägyptischer Vorbilder aus vier Schäften, darauf die Schale mit Papyrosdekor.

Evans, Palace of Minos II, S. 523, Abb. 325.

Unten rechts: FRAGMENT EINER LAMPE MIT EFEUDEKOR. Aus dem Südost-Haus in Knossos. Mittelminoisch III/Spätminoisch I.

Das Fragment, wohl ein Stück eines Lampenständers in Form einer schräg kannelierten Säule, trägt einen sehr schönen skulptierten Dekor aus Efeu-Waz-Motiven.

Evans, Palace of Minos II, S. 481, Abb. 228; Bd. I, S. 344ff., Abb. 249.

119
ARBEITEN IN STEIN

Oben: LAMPE. Aus dem Palast von Hagia Triada. Dunkler Kalkstein. Durchmesser 12 cm. Spätminoisch I/II.

Auf den Lampenlippen ein Zierat aus schneckenartigen Erhebungen. Ähnlich ist ein Deckenschmuck in Knossos mit Reliefspiralen in Flächenmuster (*Evans*, Palace of Minos III, Farbtaf. 15). Ein ähnliches Motiv zeigen minoische und mykenische Bronzevasen.

Unten: TRITONMUSCHEL AUS ALABASTER. Aus der Nekropole von Phaistos bei Kalyvia. Länge 30 cm. Spätminoisch II.

Wie wir aus Gemmendarstellungen wissen, gebrauchte man derartige Muscheln als Rhyta. Neben Nachbildungen aus Stein wurden auch zahlreiche echte Muscheln des Meeres verwendet. Ein ähnliches Stück ist aus Knossos bekannt.

Evans, Palace of Minos II, S. 823, Abb. 539.

120 oben
SCHRIFTTAFELN AUS TON. Natürliche Größe.

Rechts: LINEARSCHRIFT A. Aus Hagia Triada. Spätminoisch I.

Links: LINEARSCHRIFT B. Aus Knossos. Spätminoisch II.

Typische Beispiele der beiden Schriften und – wie wir jetzt sagen können– Sprachen auf Ton. Die Tafeln mit der Linearschrift A sind in der Regel klein, rechteckig und mit kürzeren Texten; so hier rechts. Die Tafeln mit Linearschrift B sind entweder rechteckig, wie hier links, und dabei manchmal von beträchtlichen Dimensionen oder länglich (»palmblattförmig«).

120 unten
Links und Mitte: BRUCHSTÜCKE EINER STEATITTASSE MIT LINEARSCHRIFT A. Aus Apodulu, westlich von Phaistos, wo die Spuren eines Herrenhauses gefunden wurden. Um 1550 v. Chr.

Rechts: SCHERBE MIT LINEARSCHRIFT B. Im Wohnquartier des Palastes von Knossos gefunden. Die Scherbe ist aus Ton und die Bemalung mykenisch. Es muß sich um einen Import aus dem Festlande handeln. Nach 1400 v. Chr.

Evans-Myres, Scripta Minoa II, Taf. 95, Nr. 813. – *Evans*, Palace of Minos IV, S. 656–57, Abb. 642, S. 738, Abb. 722. – *Marinatos*, in: Archäologischer Anzeiger 1935, S. 247, Abb. 2.

121
SIEGELSTEINE AUS VERSCHIEDENEN ORTEN AUF KRETA. I.–III. Phase der spätminoischen Zeit. Aufnahmen nach den Originalen und zum Teil auch nach den Gipsabdrükken. $3^1/_3$fach vergrößert.

Die Siegel, aus verschiedenen Halbedelsteinen geschnitten, haben gewöhnlich linsen- oder mandelähnliche Form. Nur eines der auf Taf. 121–123 abgebildeten Siegel (122 oben rechts) hat die altertümliche Form eines flachgedrückten Zylinders.

Oben: Onyx-Siegel. Aus der Nekropole von Phaistos. Zwei Löwen greifen einen Stier an. Gipsabdruck und Original.

Monumenti Antichi 14, 1905, S. 621, Taf. 40, Abb. 14–15.

Mitte: Siegel aus der Diktäischen Grotte. Zwei Löwen greifen einen Stier an. Original und Gipsabdruck.
Die Darstellung dieser Siegel zeigt eine der häufigsten Szenen.

Unten: Siegel aus gelbem Achat aus Praisos.
Stier und Akrobat. Gipsabdruck.

British School Annual 8, S. 252, Abb. 25.

122, 123
SIEGELSTEINE AUS VERSCHIEDENEN ORTEN AUF KRETA. I.–III. Phase der spätminoischen Zeit. Sämtliche Aufnahmen nach den Originalen, dreifach vergrößert.

122 *linke Reihe oben:* Aus dem Lassithi-Gebiet. Liegender Löwe. Typische Arbeit der Spätzeit.

124 *linke Reihe, Mitte:* Meteorit. Aus Vatheia, Mittelkreta. Gestalt in asiatischer (?) Kleidung und mit syro-hethitischer Axt auf der Schulter, eine Axtform, deren Darstellung auf Kreta mehrere Male, auf dem Festland einmal in dem Grabe von Vaphio (wo auch ein Beil dieser Art im Original gefunden wurde) entdeckt worden ist.

Evans, Palace of Minos IV, S. 414, Abb. 343, und S. 946, Abb. 914.

122 *linke Reihe unten:* Steatit. Aus dem Kleinen Palast von Knossos. Nach Evans singender Priester; sicher Porträtgemme.

Evans, Palace of Minos IV, S. 218, Abb. 167. – *Biesantz*, in: Marburger Winckelmann-Programm 1953, S. 13ff., Taf. 10, Nr. 3.

122 *rechte Reihe, oben:* Steatit. Aus Knossos. – Sammlung Giamalakis. Weibliches Fabelwesen mit Vogelkopf und Flügeln.

Xenaki-Sakellariou, Les cachets Minoens de la Collection Giamalakis, in: Études Crétoises X, 1958, S. 62, Nr. 373.

122 *rechte Reihe, Mitte:* Chalcedon. Aus Knossos. – Sammlung Giamalakis. Stier mit Akrobat.

Xenaki-Sakellariou, a. a. O., S. 58, Nr. 357.

122 *rechte Reihe, unten:* Chalcedon. Fundort unbekannt.
Zwei Schweine, ein häufiges Thema.

Xenaki-Sakellariou, a. a. O., S. 46, Nr. 302.

123 *oben:* Aus Monastiriako bei Knossos. Löwin (mit Mähne!) greift einen Stier an. Um 1400 v. Chr. oder später.

123 *Mitte*; von links nach rechts:

Aus Tylissos. Steinbock vom Speer getroffen. Um 1500.

Hazzidakis, Tylissos a l'époque Minoenne, 1921, S. 44, Taf. 3f.

Meteorit. Aus Phaistos. – Sammlung Giamalakis.
Mischwesen »Minotauros«. Um 1500 v. Chr. oder etwas später.

Xenaki-Sakellariou, Collection Giamalakis, in: Études Crétoises X, 1958, S. 63, Nr. 379.

Rehartiges Tier unbestimmten Stils. Fundort unbekannt.

123 *unten:* Zwei Seiten eines Prismas. Aus einem der »Sanatoriumsgräber« bei Knossos. Um 1450 v. Chr.
Links: Liegender Stier neben Baum. *Rechts:* Rückwärts blickender Löwe.

Hood-De Jong, in: British School Annual 47, 1952, Abb. 10, III, 22.

DIE ZEIT NACH DEN GROSSEN PALÄSTEN

SPÄTMINOISCHE ZEIT, III. PHASE (1400-1100 V. CHR.) UND SUBMINOISCHE ZEIT (1100 BIS NACH 1000 V. CHR.)

124
GOLDSCHMUCK. Aus den Gräbern von Zapher Papura bei Knossos und aus der Nekropole von Phaistos bei Kalyvia. Spätminoisch III, kurz nach 1400 v. Chr.

Goldketten wurden von Männern und Frauen getragen. Die häufigsten Motive der Kettenglieder sind: Lilie (der Prinz mit der Federkrone auf dem Fresko in Knossos trägt eine »Lilien-Kette«), Papyros (man könnte aber als Motiv auch an die im ganzen Mittelmeergebiet häufige Rotalge Padina pavonia denken [Hirmer]), Rosetten und die Kombination zweier Nautiloi (letztere Kettenform ist in den Schachtgräbern von Mykenai nicht gefunden worden).

Die hier gezeigte Ohrringform, ein Mittelding zwischen Bukranion und Traube, läßt sich seit 1600 v. Chr. nachweisen. Die immer bei diesen Stücken angewandte Granulationstechnik läßt uns das schmückende Wort μορόεις (maulbeerähnlich), das Homer den Ohrringen beifügt, begreifen.

Evans, in: Archaeologia 59, 1906, S. 129, Abb. 119. – *Derselbe*, Palace of Minos IV, S. 862, Abb. 845. – British School Annual 28, 1926–27, Taf. 18 zeigt eine Abbildung des Ohrringes (Nekropole von Mavro Spelio, Knossos).

125
BRONZESTATUETTE EINES JÜNGLINGS. Aus Griviglia bei Rethymnon. Höhe 29 cm. Spätminoisch III, wohl um 1200 v. Chr.

Die Statuette, die zu den größeren der bekannten Stücke zählt, ist ein neuerer Fund aus dem Rethymnondistrikt, wo die aus dem Osten Kretas eingedrungene jüngere spätminoische Kultur gut vertreten ist. Die nervöse, steife Haltung der minoischen Beter ist jetzt verschwunden, ebenso das Führen der Hand vor die Augen. Kompositionell ist Ruhe eingetreten. Dies und die überlangen Schenkel künden das Nahen des geometrischen Stils an.

Bulletin de Correspondance Hellénique 76, 1952, Chronique des fouilles, S. 240, Taf. 10b.

126
ALABASTRON MIT WASSERVÖGELN. Ton. Höhe 23 cm.

127
ALABASTRON MIT WASSERVÖGELN UND FISCHEN. Ton. Höhe 28,5 cm. Beide aus der Nekropole von Phaistos bei Kalyvia. Spätminoisch III, um 1300 v. Chr. oder später.

Die hohen birnenförmigen Alabastra mit ihrem linearen Dekor und der Typisierung der dargestellten Tiere sind charakteristisch für die Zeit um und nach 1300 v. Chr.

Savignoni, in: Monumenti Antichi 14, Taf. 1, 1.

128 oben
SCHMUCKDOSE MIT VOGELDEKOR. Aus einem Kammergrab in Pachyammos, Golf von Mirabello, Ostkreta. Dekkel, Durchmesser 14,9 cm. Spätminoisch III.

Rebhühner versuchen Mohnkapseln, deren Samenfülle die Malerei durchscheinen läßt, aufzupicken – eine Darstellung, die trotz der für diese Spätzeit typischen Formentfremdung mit einer gewissen Eleganz und mit Humor durchgeführt ist.

Alexiou, in: Kretika Chronika 8, 1954, S. 404ff., Taf. Z (= 6).

128 unten
TONPYXIS. Aus einem spätminoischen Kammergrab in Kalami, Distrikt von Aptara, Westkreta. Höhe 15 cm. Spätminoisch IIIb, um 1250 v. Chr.

In Kalami, 15 km von Kanea, an der Hauptstraße nach Rethymnon, wurde eine spätminoische Nekropole ausgegraben. Das unweit liegende Aptara (Aptera) war eine Stadt, die schon auf den knossischen Schrifttafeln erwähnt ist.
Auf der Pyxis ist eine mythologische Szene dargestellt. Eine männliche Gestalt in langem, ungegürtetem Chiton (der aus Unbeholfenheit als ein Viereck erscheint) sitzt auf dem Boden. Er hat eine Hand auf eine neben ihm stehende riesige Phorminx gelegt. Sieben Saiten sind klar zu sehen. Doppelhörner und Doppeläxte weisen auf die religiöse Bedeutung des Augenblicks und des Raumes hin. Schwärme von Vögeln (auch auf die Hinterseite der Pyxis gemalt) fliegen aus jeder Himmelsrichtung auf den Leierspieler zu, anscheinend von der Musik bezaubert. Der spätere Apollon Kitharodos mit seinem langem Chiton könnte hier zugrunde liegen; noch eher dürfte es Orpheus sein, der mit seiner Musik die Vögel entzückte, oder auch Thamyris, der nach Homer im pylischen Distrikt weilte und daher mit dem Wandbild eines Musikers im »Palast des Nestor« verbunden zu sein scheint.

Athens Annals of Archaeology II (1969), 365f. und III (1970), 111–112. Zu dem pylischen Wandgemälde, wo ein Phorminxspieler und eine Taube deutlich zu sehen sind vgl. *Blegen-Lang*, The Palace of Nestor II, Taf. 126 und passim.

129
MISCHKRUG. Aus einem späten Kammergrab in Amnissos. Höhe 24,5 cm. Spätminoisch III.

Diese für einen Mischkrug aus Ton charakteristische Form ist in vielen Beispielen aus der letzten Periode der minoischen Kultur erhalten. Die bei dem abgebildeten Krug aufgemalte Dekoration wirkt wie ein Webemuster.

Marinatos, in: Deltion 11, 1927/28, S. 80, Abb. 5, Taf. 1, 3.

XXX–XXXIII
POROSSARKOPHAG, IN FRESKOTECHNIK BEMALT. Aus einem Kammergrab nahe dem Palast von Hagia Triada. Länge 137 cm. Frühe spätminoische Zeit III, um 1400 v. Chr.

Dieses berühmte Werk, das für unsere Kenntnis der Religionsgeschichte sicher das bedeutendste bisher gefundene ist, stammt nicht mehr aus der Blüteperiode der minoischen Malerei; trotzdem ist es künstlerisch hervorragend, und selbst wenn es nach 1400 zu datieren ist, kann man gerade daraus schließen, daß in Hagia Triada beste Kunsttradition noch lange nach der Blütezeit lebendig blieb. Alle vier Seiten des Sarkophages sind bemalt. Der Erhaltungszustand der Malerei ist gut, und nur eine der Langseiten weist eine größere Lücke auf. Die Darstellungen für sich allein betrachtet sind ziemlich klar. Schwierigkeiten entstehen, sobald man sie als ein Ganzes zu verstehen versucht. Über kein Denkmal der minoischen Kultur ist so viel diskutiert worden, ohne daß bisher eine überzeugende Erklärung erzielt worden wäre.

An der einen der beiden Langseiten (Taf. XXX, XXXII oben) wechselt im Bilde die Farbe des Hintergrundes, wodurch drei Szenenfelder entstehen. Links sieht man vor hellem Grund, wie drei Flüssigkeiten in einen Mischkrug gegossen werden, der erhöht zwischen zwei Doppeläxten, auf denen je ein Vogel sitzt, steht. Das erste große Gefäß mit Flüssigkeit wird gerade von einer mit einem Tierfell bekleideten Frau ausgegossen. Die hinter ihr schreitende Frau mit zwei weiteren Spendegefäßen könnte eine Dienerin sein, trüge sie nicht eine Krone auf dem Haupt, wie sie nur göttliche Wesen – Sphingen – oder der Priesterkönig von Knossos tragen. Deshalb muß sie eine Königin oder Prinzessin sein. Als dritte Gestalt folgt ein Lyraspieler. Dann wechselt der Hintergrund in Blaugrün. Vor ihm drei Epheben, nach rechts schreitend, zwei Kälber und ein Boot tragend. Vor dem anschließenden wieder hellen Grund steht der vermutliche Empfänger dieser Gaben. Ein Pelzmantel umhüllt seine Gestalt, seine Arme sind nicht zu sehen. Er steht aufrecht vor einem Aufbau, seinem »Grab«, vor ihm und seitlich ein Baum und ein stufenförmiger Altar. Die Gestalt wird als der Tote bezeichnet, der unsichtbar den Zeremonien zusieht, die ihn zum Leben rufen.

Die andere Langseite (Taf. XXXI) ist durch den verschiedenfarbigen Grund in vier Felder geteilt. Links vor gelblichem Grund schreiten fünf Frauen nach rechts. Die vorderste, die allein ganz erhalten ist, mit ausgestreckten Armen. Es ist die gleiche Gestalt mit Krone auf dem Haupte wie auf der anderen Langseite, und es erhebt sich die Frage, ob sie die beiden Male in einer zusammengehörigen, fortlaufenden Handlung gezeigt ist. Vor hellem Grund folgt dann das Opfer des Stieres unter den Klängen der Doppelflöte. Anschließend blaugrüner Hintergrund, vor dem eine mit einem Tierfell bekleidete Frau Opfergaben auf einen Altar niederlegt. Darüber stehen ein Krug mit Doppelschnabel und ein Korb mit Äpfeln und Feigen; hinter dem Altar eine Doppelaxt mit einem Vogel. Endlich wieder heller Grund mit dem von Doppelhörnern bekrönten Heiligen Bezirk, aus dem der Heilige Baum aufragt.

Die eine der beiden Schmalseiten (Taf. XXXII unten) zeigt vor hellem Grund einen von zwei schweren Pferden gezogenen Wagen; darauf zwei Frauen. Darüber sind Füße sichtbar, wohl von einer anderen unvollendeten oder überarbeiteten Szene.

Die andere der Schmalseiten (Taf. XXXIII) bringt vor tiefrotem Grund wieder einen Wagen mit wiederum zwei Frauen, jedoch von zwei Greifen mit großen bunten Flügeln gezogen. Ein phantastischer Vogel darüber blickt den Frauen entgegen. Ob diese einzelnen Szenen zusammengehören? Ob sie nicht doch unabhängig voneinander sind, wie auf analogen Beispielen von allerdings einfacheren Tonsärgen? Die Hauptschwierigkeit für die Annahme einer geschlossenen Folge der Szenen liegt in ihrem teils irdischen, teils überirdischen Charakter. Soll man das Wiederkehren der Toten und der Jahreszeiten, soll man Unterwelt und Elysium erkennen? Wir wissen es nicht.

Paribeni, in: Monumenti Antichi 19, S. 1. – *Nilsson*, Minoan-Mycenaean Religion, 2. Aufl., S. 426. – *Matz*, Göttererscheinung und Kultbild im minoischen Kreta. Abhandlung der Akademie Mainz, Geisteswiss. Klasse 1958, Nr. 7.

130, 131
SPÄTMINOISCHE SARKOPHAGE.
Typische Särge, wie die der Ägypter, haben die Kreter nicht entwickelt. Soweit man den Toten nicht einfach in die Erde legte, wurde er entweder in einem Hausgerät, einer Wanne oder einem Pithos, oder Kinder in einem kleineren Gefäß, bestattet. Holztruhen oder deren Nachahmung in Ton dienten nur für reichere Personen. Als am Ende der minoischen Zeit die Leichenverbrennung aufkam, wurde die Asche in einem Bronze- oder Tongefäß beigesetzt. Nur selten und allmählich ging man zur eigentlichen Aschenurne über. Im mykenischen Gebiet erscheinen Wannen und Truhen zur Bestattung nur als seltenste Ausnahmen. Wannen waren wie Pithoi wohl immer Hausgeräte und wurden gelegentlich auch als Särge benützt. Die truhenförmigen Tonsärge waren dagegen von vorneherein für die Bestattung hergestellt. Allerdings zeigen die Ausgrabungen in Vathypetron, daß sie auch als Hausmöbel neben ihrem Vorbild, der hölzernen Truhe, verwendet wurden. Während die Wannen in der Regel mannigfache Töpferbemalung zeigen, weisen die Truhen oft religiöse, ja möglicherweise sogar symbolische, auf den Tod bezogene Darstellungen auf. Daß man die mühevolle und technisch schwierige Arbeit der Nachahmung der hölzernen Truhe nicht scheute, legt den Gedanken nahe, daß ursprünglich die Toten in Holztruhen bestattet worden sind. Mindestens einen Beweis haben wir hierfür aus der knossischen Hafenstadt, wo der Tote in einer blaubemalten Holztruhe liegend gefunden wurde. (*Alexiou*, in: Kretika Chronika 6, 1952, S. 11.)

130 oben
WANNEN-SARKOPHAG mit Oktopus und stilisiertem Papyros. Aus Pachyammos. Ton. Obere Länge 121 cm. Spätminoisch III, um 1400/1350 v. Chr.

Die Vorderseite zeigt einen Oktopus, ein Schuppenmuster, das wir der mykenischen, auf den pylischen Schrifttafeln entzifferten Terminologie nach als pitirowesa/ptiloessa = »Federdekoration« bezeichnen dürfen, und drei heraldisch gestaltete Papyroi. Auf der Innenseite sind drei Delphine gemalt, wohl ein Hinweis, daß die Wanne tatsächlich zunächst als Badewanne gedient hat.

Alexiou, in: Kretika Chronika 8, 1954, S. 402.

130 unten
TRUHEN-SARKOPHAG MIT DECKEL. Aus Vasilika Anogeia, Mittelkreta. Ton. Spätminoisch III, um 1400/1350 v. Chr.

Der Dekor zeigt – roh gezeichnet – Wasservögel, Fische und zu Wasserpflanzen umstilisierten Papyros.

Orsi, Urne funebri cretessi, in: Monumenti Antichi 1890, Taf. 1, 2.

131 oben

TRUHEN-SARKOPHAG MIT GIEBELDECKEL. Aus Palaikastro, Ostkreta. Ton. Obere Länge 123 cm. Spätminoisch III, um 1400 v. Chr.

Der reiche Dekor zeigt religiöse Symbole, wie Doppelaxt, Doppelhorn und Flügelgreif, zwischen lilienartigen Gebilden.

Bosanquet, in: British School Annual 8, 1901/02, Taf. 18. – *Nilsson*, Minoan-Mycenaean Religion, 2. Aufl., S. 170, Abb. 71.

131 unten

WANNEN-SARKOPHAG MIT RINDERN. Aus Gurnia. Obere Länge 117 cm. Spätminoisch III.

Die Dekoration zeigt eine Kuh mit trinkendem Kälbchen und einem jungen, brüllenden Rind.

Boyd-Hawes, Gournia, Taf. 10, 44.

132

TONSARKOPHAG MIT DECKEL. Aus Episkopé nahe Hierapetra, Ostkreta. Länge 129,5 cm. Spätminoisch III, um 1400/1350 v. Chr. – Museum von Hierapetra.

Ein bedeutender Fund von mehreren interessanten und eigenartigen Sarkophagen kam aus den beim Straßenbau zerstörten Kammergräbern zutage. Der vorliegende Sarkophag zeigt vier voneinander getrennte Szenen, die aber wegen der eigentümlichen Kleidung der handelnden Personen in Zusammenhang stehen. Ihre Kleidung ähnelt in ihren unteren Partien der der Adoranten auf dem Sarkophag von Hagia Triada Tafel XXX bis XXXIII; es sind Schaffellröcke; die gleichen Felle scheinen auch die Oberkörper zu bedecken. Die Brust bleibt frei oder ist mit einem anderen Fell oder mit einem Gewebe bekleidet, dessen U-Motiv auch als Füllornament bei Vögeln vorkommt.

Deckeldekor: Links ein Vierfüßler, wohl eine Kuh mit entartetem Diskusmotiv zwischen den Hörnern. Zwischen seinen Vorder- und Hinterbeinen ein Kalb; im Hintergrund Palmen. Eine menschliche Gestalt reicht dem Tier offenbar Gras. – Rechts: Zwei Steinböcke, auf deren Rücken kleine Windhunde stehen, ein weiterer unter dem Leib des rechten Steinbocks.
Langseite des Sarkophags: Linke Szene: Ein eigenartiger, halbkreisförmiger, vierrädriger Wagen (wohl Schiffswagen) wird von einem Roß (wahrscheinlich zweien) nach rechts gezogen. Auf dem Wagen stehen drei Gestalten, von denen die erste Zügel und Peitsche hält und somit der Wagenlenker ist. Die zweite Gestalt trägt eine Art von Standarte, die aus einer dünnen Rute und einem kreisrunden Gegenstand (Sonnenscheibe? Kugel?) besteht. Die dritte Gestalt hält einen kleinen Gegenstand, wohl ein Gefäß. Über den Zügeln drei weitere Gestalten, alle mit erhobenen Händen. Die erste trägt einen zweihenkeligen, hochfüßigen Becher, die zweite etwas ähnliches, obwohl der Becher eher schwebt als gehalten wird, die dritte trägt nichts. Unter den Wagenrädern ein Oktopus mit haardünnen, überlangen Fangarmen. – Die Darstellung rechts ist ähnlich der beschriebenen; auf ihr steht wohl ein Fohlen unter einer Stute mit Zügel und Joch, aber kein Wagen ist sichtbar. An seiner Stelle steht die größte menschliche Gestalt der Sarkophagbilder mit erhobenen Händen, wohl in ekstatischem Tanz, Becher und Standarte zwischen den gespreizten Fingern haltend. Zwischen den beiden Szenen eine kleine Figur mit einer Rute in der rechten Hand. Alle Gestalten des Sarkophags sind männlichen Geschlechts. Ist ein Komos dargestellt?

N. Platon, Geschichte der Griechischen Nation, Bd. I (1970) S. 336 u. Farbbild.

133

TONIDOL EINER MINOISCHEN SCHLANGENGÖTTIN. Aus einem Gutshof in Kanià, Messara, etwa 2 km südlich von Gortyn. Höhe 34 cm. Spätminoisch III b–c, um 1250/1200 v. Chr.

Der Gutshof hatte mindestens drei Räume, die vom Ausgräber mit Recht als »sacelli«, d. h. Hausheiligtümer bezeichnet wurden. In ihnen lagen Tonstatuetten, Idole, Tontafeln mit Darstellungen in Relief, religiöses Geschirr, darunter auch ein Altärchen aus Stein.
Das Idol gehört zu dem schon aus anderen kretischen Ausgrabungen bekannten, mittelgroßen Typus. Die übertrieben großen Hände halten je eine große Schlange. Schlangenköpfe erscheinen auch über der Frisur, die in einer Art gezahnter Stephane endet.
Schwierig ist die Datierung. Da der Ausgräber keine Wiederaufbauperiode für die Villa annimmt, datiert er das Idol zum Zeitpunkt ihres Untergangs um 1400 v. Chr. Manche Archäologen datieren dagegen die Funde von Kanià zusammen mit denen von Gazi, Karphi und Gurnia in die spätminoische Zeit SM III b–c. Es ist zu beachten, daß auch für Gurnia keine Wiederbesiedlung festgestellt wurde, und daß man deshalb die Idole in die Periode SM I setzte, was kaum richtig sein kann; denn durch den Befund der Idole von Kea zeigt sich jetzt, wie Tonidole aus der Zeit um 1450 aussehen.

D. Levi, Bolletino d'Arte No III (1959), S. 245, Abb. 14, S. 261, Abb. 34. – Vgl. auch *F. Schachermeyr*, Die minoische Kultur des alten Kreta (1964), S. 290.

134–137

WEIBLICHE IDOLE AUS GAZI. Ton. Höhe 52 cm (128, 129) bzw. 77,5 cm (130, 131). Spätminoisch III.

Diese späten Tonidole, die größten und interessantesten von allen bisher bekannten, wurden 1936 in einem Heiligtum oder geheiligten Raum eines Hauses in Gazi, 6 km westlich von Herakleion, gefunden. Im ganzen sind es fünf Idole (eines ohne Kopf); dazu auch Gefäße und sonstiges Kultgerät.

Die Göttin auf Taf. 134, 135 ist mit rotem Firnis bedeckt und trägt auf dem Kopfe zwei Tauben und die sog. Heiligen Hörner. Sie ist vielleicht die älteste Trägerin dieses Symbols in der Reihe der Gazi-Göttinnen. Die auf Taf. 130, 131 abgebildete Göttin ist die größte der uns erhaltenen. Sie ist als Mohngöttin bekannt, da auf ihrem Stirnreif drei Nadeln stecken, deren Köpfe den Samenkapseln des Schlafmohns (Papaver somniferum) nachgebildet sind, eine Beigabe, die an eine Heil- oder Fruchtbarkeitsgöttin denken läßt. Im übrigen sieht man, daß die Mohnkapseln eben die gleichen Einschnitte zeigen, die man auch heute bei der Gewinnung von Opium an den Kapseln vor der Reife anbringt. Die Vermutung liegt nahe, daß die damaligen Kreterinnen die Wirkung des Opiums kannten und als Geheimnis der Gottheit verwahrten, um es den Männern zu geben, wenn sie in Bedrängnis oder Mutlosigkeit waren.

Die Odyssee (IV, 220ff.) erzählt, daß Helena, um Menelaos und Telemachos zu trösten, ihnen »kummerstillende, grollverscheuchende« Arznei in den Wein mischte. Man könnte hierbei an Opium denken.

Marinatos, in: Ephemeris 1937, 1, S. 278. – *Nilsson*, Minoan-Mycenaean Religion 2. Aufl., S. 100 und passim. – *Alexiou*, Die minoische Göttin mit erhobenen Händen (griechisch), in: Kretika Chronika 12, 1958, S. 179–294.

138 oben
DREI FRAUEN IM REIHENTANZ MIT LYRA-SPIELERIN. Aus Palaikastro, Ostkreta. Figurenhöhe 13,1 cm. Spätminoisch III.

Ob die Terrakottagruppe einen Kulttanz darstellt oder nur einen Tanz zur Unterhaltung, läßt sich nicht sagen. Die Zugehörigkeit eines mitgefundenen Vogels ist fraglich.

The unpublished Objects from Palaikastro, in: British School Annual Supplementpaper 1, S. 88, Abb. 71. – *Nilsson*, Minoan-Mycenaean Religion, 2. Aufl., S. 109–10, Abb. 30.

138 unten
GÖTTIN MIT TAUBE UND ADORANTEN. Aus Knossos. Terrakotta. Höhe der Mittelfigur 21 cm. Spätminoisch III.
Die Figuren wurden in dem sog. Heiligtum der Doppeläxte, einem sehr kleinen Raum von kaum 1,5 qm Fläche, der aus der Zeit der »Wiederbesetzung« stammt, gefunden.

Nilsson, Minoan-Mycenaean Religion, S. 78ff., Abb. 13 mit weiterer Bibliographie.

139 oben
MENSCHLICHER KOPF. Aus der Höhle des Hermes Kranaios, Patsos bei Rethymnon. Ton. Höhe 8,5 cm. Spätminoisch III.

Der Kopf mit den kreisrunden Augen und den umgelegten Reifen stammt aus einer Grotte am Westabhang des Ida, die in der römischen Kaiserzeit dem Hermes Kranaios geweiht war. Es ist nicht erkennbar, ob der Kopf männlich oder weiblich ist.

Halbherr, Santuario di Hermes Craneo in Museo Italiano di Antichità Classica II, 1888, S. 913ff. und Taf. 14.

139 unten
RHYTON IN FORM EINES KOPFES. Aus dem Neuen Palast von Phaistos. Ton. Höhe ohne Henkel 15 cm. Spätminoisch III oder etwas früher.

Eine sehr niedrige Stirn und zu hoch sitzende Nase zeichnen den Kopf aus, der um Mund und Schläfen die Andeutung eines Flaumes aufweist und einen Kinnbart zeigt.

Pernier-Banti, Festòs II, 1951, S. 507, Abb. 288, Taf. 1.

140
TIERPLASTIKEN. Aus dem Neuen Palast von Phaistos. Ton. Höhe oben 17 cm, unten 37 cm. Spätminoisch III.

Vermutlich ist das im Bild oben gezeigte Tier ein Esel, der in den seitlich angebrachten Krügen Wasser trägt. Der unten abgebildete Stier zeigt eine eigenartige Bemalung, die am Rücken vielleicht einen Sattel darstellen soll. Der Stier dürfte etwas später zu datieren sein als der Esel, der noch eine gewisse künstlerische Tradition zeigt.

Pernier, in: Monumenti Antichi 12, 1900/01, S. 118, Abb. 47. – *Derselbe* ebenda S. 123, Abb. 54.

141–143
WEIBLICHE IDOLE AUS KARPHI, Diktegebirge. Ton. Höhe 63 bzw. 67 cm. Subminoisch, um 1100/1000 v. Chr.

Die Idole wurden in einem dürftigen Heiligtum hoch auf dem Diktegebirge gefunden, einer entlegenen Berglandschaft, in der sich die minoische Kultur und Religion lange zu erhalten vermochte. Von den neun dort gefundenen Statuetten konnten fünf wieder zusammengesetzt werden. Offenbar war in dieser späten Zeit schon jedes Gefühl für Körperform und Proportion verlorengegangen. Die Köpfe sind ungeschickt gearbeitet und unschön. Der Rock der Göttin mit dem Doppelhorn auf dem Kopfe hat unten einen Ausschnitt, um die beweglich eingehängten Beine und Füße sichtbar zu machen.

British School Annual 38, S. 76, Taf. 31, kurze Beschreibung der zwei ersten wiederhergestellten Göttinnen. Eingehendere Beschreibung und Bibliographie: *Alexiou*, in: Kretika Chronika 12, 1958, S. 192ff., Taf. ST. (= 6), 1.

144, 145
TONNACHBILDUNG EINES TEMPELCHENS. Aus Archanes, Mittelkreta. Höhe 22 cm. Subminoisch, um 1100/1000 v. Chr. – Sammlung Giamalakis.

Das aus einer 10 km südlich von Knossos gelegenen wichtigen minoischen Siedlung stammende Sacellum steht in seiner Erscheinung am Beginn einer neuen Kunstepoche in Hellas. Die minoische Zeit klingt noch nach in der Göttin mit den erhobenen Händen, die hier allerdings sitzend dargestellt ist, und in der Rundform des Tempelchens. Bilder derartiger, wohl hölzerner Bauten, finden sich auf minoischen Siegeln; Nachbildungen in Ton sind erst aus der spätesten Zeit bekannt. Das Tempelchen hat an seiner Front eine abnehmbare Tür, wodurch der Blick frei wird in das Innere mit der sitzenden Gottheit. Die Cella hat eine breite Öffnung in der Mitte des Daches, die an die Schornsteine des pylischen Palastes erinnert. Zwei männliche Gestalten bewachen die Göttin, dazu ein Tier, wohl ein Raubtier. Die Bedeutung der Gestalten und des Gegenstandes, den sie mit der rechten Hand über den Kopf halten, ist nicht klar. Daß die Gestalt im Inneren des Rundtempelchens ein Kultbild ist, ist wohl sicher. Ist es ein Xoanon? Göttinnen wurden nach der Erzählung mehrerer Mythen von zwei Freunden geraubt oder von zwei Brüdern befreit. Wohl ein uns unbekannter Mythos oder eine Trias liegt diesem Werke zugrunde.

Alexiou, in: Kretika Chronika 4, 1950, S. 441ff., ferner in Kretika Chronika 12, 1958, S. 277ff. und Taf. 13, 2.

146
BERG IYTTOS, HEUTE JUKTAS,
DER HEILIGE BERG VON KNOSSOS.

Zehn Kilometer südlich von Knossos liegt das eindrucksvolle Bergmassiv des Iyttos, heute Iuktas genannt. Die im Bild sichtbare Westseite fällt steil ab, die Ostseite neigt sich dagegen sanft.

Auf dem höchsten Gipfel (837 m) fanden sich Reste eines Bergheiligtums aus der frühen mittelminoischen Zeit mit Spuren von Bauten und einer Umfriedung in kyklopischer Art (Evans, Palace of Minos I, S. 153ff., Abb. 112–114). Auch zwei heilige Grotten lagen auf dem Berge, die Chosto Nero und die Grotte von Lykastos. Vom Meere aus gesehen (d. i. von Nordwesten) und von Westen, wie hier im Bilde, zeigt die Berglinie die Züge eines liegenden menschlichen Profils, des Zeuskopfes, wie die Volkslegende sagt. Deshalb hat sie auch das Grab des Zeus auf diesen Berg verlegt. Diese Überlieferung stammt nicht aus antiker Zeit; von ihr zeugt nur der vorhellenische Name Iyttos, den uns eine Inschrift bewahrt hat.

THERA

Sofern nichts anderes vermerkt ist, befinden sich die musealen Stücke im National-Museum von Athen.

XXXIV
FISCHER. Aus Zimmer 5 des Westhauses. Höhe des Fischers (bis zu den Knöcheln) 1,09 m (Fußenden restauriert). Spätminoisch I, um 1500 v. Chr.

Der Fischer hält in beiden Händen an Schnüren je ein Bündel Fische; es sind Makrelen, die aber auch Züge der Motellen (wozu auch Motella glauca gehört) tragen. Als einzigen Schmuck trägt der Jüngling einen Faden, dessen Knoten auf dem Nacken sichtbar ist, um den Hals gelegt. Die in Gelb ausgeführte Untermalung ist noch an der Nase, den Lippen und dem Kinn zu sehen, was den klaren Umriß des Kopfes etwas verwischt. Die Kopfhaut ist unter Auslassung von zwei Locken ausrasiert, blau gefärbt und weist eine Reihe von winzigen parallelen Linien auf. Der erste Eindruck einer derartigen Haartracht war – bei der Auffindung des Freskos mit den boxenden Kindern – der einer Mütze mit aufgenähten Locken. Das Bild des Fischers macht es jedoch wahrscheinlicher, daß der Kopf unter Aussparung von Locken nach libyscher Sitte ausrasiert und blau gefärbt ist. In Afrika ist diese Haartracht noch heute anzutreffen. Siehe auch das auf Seite 58, 59 Gesagte.

Unpubliziert.

XXXV; Fig. 23
DIE LANDSCHAFT THERA. Blick vom Hang nahe dem Dorf Akrotiri nach Norden zu in die riesige Kaldera, das vom Meer überspülte Kraterfeld des Vulkans von Thera, die bis zu 300 m tief ist. In der Bildmitte der ehemalige Vulkan, an dessen Stelle jetzt die zwei Kammeneninseln emporgestiegen sind. Im Hintergrund die Teile des Inselrandes, die Insel Therasia im Norden und das Dorf Oia (Epanomeria) im Nordosten.
Am rechten Bildrand hinten (weiß) die Stadt Thera (Thirà). Das Gebiet der Ausgrabungen ist von hier nicht sichtbar, es liegt hinter dem Aufnahmestandpunkt.

147, 148; Fig. 22
DIE AUSGRABUNG

147 Oben: Dreieckplatz an der Mündung der Telchinenstraße. Links das Westhaus, rechts Partie des Sektors Δ während der Ausgrabung. Die drei verschieden großen Fenster und die Türe des Westhauses gehören zum Erdgeschoß.

Nähere Einzelheiten über die Räume und die Fundumstände: Thera V, Taf. 15–27.

Unten: Die Telchinenstraße von Norden. Im Vordergrund der »Mühleplatz«, der rechteckige Platz, auf dem eine Mühle mit Meßgeräten für Mehl, Wein und Öl gefunden wurde.

Nähere Einzelheiten über Ausgrabung und Fundumstände: Thera III, S. 29f., Abb. 14–17, Taf. 26–28.

148 Oben: Sektor Δ, Fassade der Einheit I. Halbrechts die Außentüre, durch die der Vorraum mit dem plattenbedeckten Fußboden und die Steintreppe zum oberen Stockwerk sichtbar sind. Die Treppenstufen wurden durch das Erdbeben in der Mitte eingeknickt.

Nähere Einzelheiten: Thera IV, Taf. 12–14.

Unten: Sektor B, Raum B 2. Der plattenbedeckte Fußboden eines im Obergeschoß befindlichen Zimmers, der leicht eingesunken, aber noch an Ort und Stelle ist. In der Raummitte befindet sich eine Steinbasis für eine Holzsäule. Das Erdgeschoß ist noch nicht ausgegraben.

Nähere Einzelheiten: Thera II, Farbtaf. C 1, 2, Taf. 7–9.

XXXVI, XXXVII
DAS FRÜHLINGSFRESKO-ZIMMER von Osten gesehen. Zimmer Δ 2, im Sektor Δ. Heutige Maße 2,62 × 2,30 m, Höhe 2,50 m. Spätminoisch I, um 1500 v. Chr. Die ausführliche Beschreibung ist auf Seite 56, 57 gegeben.

Die der Türe gegenüberliegende Westwand (Breite des gezeigten Ausschnittes etwa 2,03 m) zeigt den Hauptteil der Komposition. Der mittlere Felsen hat die merkwürdigste Gestalt. An seiner rechten Seite sieht er wie behaart aus, vielleicht sollte damit sein Bewuchs mit Flechten oder Moosen angedeutet werden. Die vier kleinen Mauerlöcher an der Wand oben stammen möglicherweise von Menschen, die das Zimmer als Fluchtplatz in der größten Not benutzt hatten. Besonders reizend ist das schnäbelnde Schwalbenpärchen an der Westwand; auf der Nordwand ist ein analoges Pärchen zu sehen.

Thera IV, S. 49f., Farbtaf. A–C.

XXXVIII
BOXENDE KINDER. Von der Südwand des Zimmers B 1 im Sektor B. Breite des Bildfeldes 92,5 cm. Spätminoisch I, um 1500 v. Chr.

Ausführliche Beschreibung auf Seite 57. Ergänzend zu den dortigen Angaben sei erwähnt, daß die Arm- und Handhaltung der Kinder vielleicht nicht ganz richtig konstruiert ist. Wahrscheinlich dienten die im Ellbogen abgewinkelten Arme zur Abwehr; dann würden die – etwas ungleichen – Fausthandschuhe beide zum linken Kinde gehören. Die bereits besprochene Haartracht weist auf eine libysche Sitte; man beachte auch die ziemlich dicken Lippen der Kinder.

Thera IV, Farbtaf. D links, E, F links.

22 Plan des Ausgrabungsgeländes auf Thera, nahe dem Dorf Akrotiri. – Nach: *Marinatos*, 1972

149
ZWEI ANTILOPEN. Von der Westwand des Zimmers B 1 im Sektor B. Breite des Bildfeldes 1,52 m. Spätminoisch I, um 1500 v. Chr.

Die lebensvoll gezeichneten Antilopen sind nur im Umriß mit abwechselnd dünneren und kräftigeren braunen Linien wiedergegeben. Es handelt sich hier wie bei fast allen Tier- und Pflanzenbildern um aus der Erinnerung wiedergegebene Darstellungen, bei denen Eigenschaften von zwei Arten kombiniert werden. Siehe auch das auf Seite 57 Gesagte.

Thera IV, Farbtaf. D, F rechts.

150
MEERESLILIEN (Pancratium maritimum). Aus Zimmer 1 des Frauenhauses. Höhe der Bildfläche vom Beginn der Pflanzen bis zum ersten Bandstreifen über den Blüten 1,65 m. Spätminoisch I, um 1500 v. Chr.

Zwei der drei Meeresliliengruppen mit je drei Blüten gehören zur Südwand, die dritte zur Westwand; möglicherweise bezeichnen sie einen heiligen Ort. Die langen Blätter sind wie die von Lilien gemalt. Jeder Blütenstengel trägt aber nur eine Blüte mit hoch aus der Blütenkrone emporragenden gelben Staubgefäßen, was der natürlichen Erscheinung des Gewächses gut entspricht.

Thera V, Farbtaf. F, Taf. 94, 95.

151, 152; XXXIX
FRAUEN BEI EINER KULTHANDLUNG. Von der Süd- und Nordwand des Zimmers 1 des Frauenhauses.

151 Von der Nordwand. Höhe der Figur 1,14 m. Spätminoisch I, um 1500 v. Chr. Eine Mutter bringt einen Peplos dar. Sie schreitet nach rechts in vorgebeugter Haltung, ein Beweis dafür, daß sie in Ehrfurcht etwas darbringt. Es scheint ein ganz leichter, gewebter, gelber Stoff zu sein, also ein mit Krokus gefärbter Peplos. Die Menge der mit Krokus gefärbten Stoffe auf Thera verlebendigt das Epitheton »Krokopeplos«, das Eos und die Nymphen bei Homer tragen. Die Brust der Dargestellten ist nackt und ganz realistisch wiedergegeben, anscheinend um die mütterliche Eigenschaft der Adorantin zu betonen. Siehe auch das auf Seite 57, 58 Gesagte.

Thera V, Farbtaf. G, Taf. 97a.

152; XXXIX Von der Südwand. Höhe der Figur 1,15 m. Spätminoisch I, um 1500 v. Chr.

Frauengestalt, nach links schreitend. Ausführliche Beschreibung auf Seite 58. Man beachte das Auge, sein Innenwinkel ist vorsichtig wiedergegeben und rote Bogenlinien beleben das Auge und die Iris.

Thera V, S. 41f., Farbtaf. H, Taf. 96.

XL–XLII
MINIATURFRIES. Aus Zimmer 5 des Westhauses. Länge des Frieses ca. 12 m, davon erhalten 6–7 m. Höhe des Frieses an der Nord- und Südwand 40 cm, an der Ostwand 20 cm. Spätminoisch I, um 1500 v. Chr.

Die ausführliche Beschreibung ist auf Seite 58–61 gegeben.
XL oben: Szene der Ostwand
XL unten: Szenen der Südwand
XLI oben: Ausschnitt aus Bild XL unten
XLI unten: Ausschnitt aus Bild XL unten
XLII Szene der Nordwand

Unpubliziert.

153 rechts
JUNGE »PRIESTERIN« MIT OPFERGABE. Aus Zimmer 5 des Westhauses. Höhe des Freskos 1,51 cm. Spätminoisch I, um 1500 v. Chr.

Die vollkommen erhaltene Figur der jungen »Krokopeplos« wurde in höheren Schichten des Westhauses gefunden. Über der Jacke und der übrigen Kleidung trägt sie einen mit Krokus gefärbten Peplos, der mindestens zweimal von rechts nach links um den ganzen Körper geschlungen, mit einer Nadel auf der rechten Schulter befestigt ist und die linke Schulter frei läßt. Durch die Darstellung erhalten wir eine willkommene Verbesserung unserer Kenntnis über das Frauenkleid in frühmykenischer Zeit. Der Ohrring, das rote Ohr, der blau gefärbte Kopf und die dicken roten Lippen sind zu beachten.

Thera V, S. 43f., Farbtaf. J, K, Taf. 100, 101.

153 links
DIE SCHIFFSKAJÜTE. Aus Zimmer 4 des Westhauses. Höhe 1,78 m. Spätminoisch I, um 1500 v. Chr.

Der früher als »Labarum« beschriebene Gegenstand zeigt drei Holzstangen, die in einer Kombination des ägyptischen Lilien- mit dem ägyptischen Wazsymbol enden. Zwischen den Stangen ist ein horizontales Band mit Spiralen und ein Gehänge von kleinen Karneol- und Lapislazulikugeln mit herabhängenden Wazsymbolen. Ein geflecktes Ochsenfell darunter bildet eine solide Wandung.
Das »Labarum« gibt das Bild der auf jedem Schiff des Miniaturfreskos dargestellten Kajüte wieder, wobei nur die Kajüte des Admiralschiffes mit dem Waz-Liliensymbol geschmückt ist, das insgesamt siebenmal in Zimmer 4 des Westhauses wiederholt wird. So liegt der Schluß nahe, daß das Westhaus das Haus des Admirals der auf dem Fries dargestellten Expedition war.

Thera V, S. 43, Fig. 6, Farbtaf. I, Taf. 98.

154
SCHNABELKANNE MIT SPIRALENMUSTER. Aus der Wandnische des Frühlingsfreskozimmers Δ 2 im Sektor Δ. Höhe 21,5 cm. Spätminoisch I, um 1500 v. Chr.

Das kannenartige Gefäß mit breitem Mund und mit Ausguß zeigt einen schönen rötlichen Dekor mit zwei Reihen herzförmig miteinander verbundenen Spiralen auf punktiertem hellem Hintergrund.

Unpubliziert.

155
AUSGUSSGEFÄSS VON UNGEWÖHNLICHER FORM. Aus Zimmer Δ 2 (Frühlingsfreskozimmer) im Sektor Δ. Höhe 37 cm. Florastil. Spätminoisch I, um 1500 v. Chr.

Das ausgezeichnet erhaltene Gefäß hat auf gelbrötlichem Grund einen Dekor aus braun gemalten schilfartigen Pflanzen, am Fuß Bandstreifen, am Ausguß beiderseits ein gemaltes Auge.

Thera IV, Farbtaf. H b, Taf. 72

156 links

AUGENKANNE MIT MYRTE UND ERBSENHÜLSEN. Aus der Schatzkammer des Zimmers 1 des Frauenhauses. Höhe 26 cm. Florastil. Spätminoisch I, um 1500 v. Chr.

Die kugelförmige Kanne zeigt Myrtenlaub und Erbsenhülsen. Zusammen mit der farbigen Augenkanne mit den großen Vögeln (Tafel XLIII) gefunden.

Thera V, Taf. 59 a, b, Taf. 6 b (Fundumstände).

156 rechts

AUGENKANNE MIT GERSTENÄHREN. Aus Zimmer A 2 im Sektor A. Höhe 20,7 cm. Florastil. Spätminoisch I, um 1500 v. Chr.

Die gedrungene Kanne mit plastischen Augen hat am Hals und Fuß Bandstreifen und als Hauptdekor am Gefäßkörper drei nebeneinanderstehende Gerstenähren. Gefunden u. a. mit einem Opfertisch, was auf den Gebrauch als Kultgefäß deutet.

Thera IV, S. 36, Farbtaf. H c, Taf. 73.

157

LANGOVALE WARZENKANNE MIT GERSTENÄHREN. Aus Zimmer A 2 im Sektor A. Höhe 26 cm. Florastil. Spätminoisch I, um 1500 v. Chr.

Die Kanne war wohl ein Kultgefäß. Die plastisch vortretenden Frauenbrüste als Fruchtbarkeitssymbol weisen auch auf den sakralen Gebrauch des Gefäßes hin. Die zwei ineinanderhängenden »Ohrringe« am Kannenhals mögen anthropomorphen Charakter verraten.

Thera II, Taf. 30, 2; 36, 1.

158

DREIHENKELIGE AMPHORA. Aus Zimmer Δ 9 im Sektor Δ. Höhe 41,5 cm. Spätminoisch I, um 1500 v. Chr.

Die kleine Vorratsamphora ist in reizendem Stil reich bemalt. Die Motive entstammen der Pflanzenwelt. Kranzartig sich schließende Zweige umgeben je eine kultische Warzenkanne, als solle damit der kultische Charakter der Amphora betont werden.

Thera V, Taf. 60 a.

159

WARZENKANNE MIT ZURÜCKGEBOGENEM HALS. Aus Zimmer B 2 im Sektor B. Höhe 18,4 cm. Spätminoisch I, um 1500 v. Chr.

Die bauchige Kanne hat unter dem Ausguß leicht plastische, gemalte »Brustwarzen«, am Hals und Fuß Bandstreifen und am Gefäßkörper fliegende Schwalben. Sie wurde in dem Zimmer neben dem mit dem Fresko der boxenden Kinder (Taf. XXXVIII) gefunden.

Thera II, S. 14, Abb. 5.

160

GROSSER WEINKRUG. Aus dem Vorraum der Einheit zwischen Sektor A und B. Höhe 49,5 cm. Spätminoisch I, um 1500 v. Chr.

Der birnenförmige Krug trägt einen sparsamen, aber interessanten Dekor. Auf seine Schulter sind große Weintrauben gemalt, die erste Darstellung einer Traube, die wir bisher aus dem ägäischen Kulturkreis kennen.

Thera III, S. 60, Taf. 56, 1.

161

KULTVASE MIT LILIEN. Aus Zimmer Δ 8 im Sektor Δ. Höhe 25,9 cm. Florastil. Spätminoisch I, um 1500 v. Chr.

Eines von den zwei Gefäßen, die mit weiteren sakralen Geräten vor dem Frühlingsfreskozimmer Δ2 gefunden wurden. Von den weißgemalten Lilien fallen einige welke Blüten ab und sinken zu Boden. Ein melancholisches Bild, das vielleicht auf eine bestimmte Jahreszeit deuten soll.

Thera IV, Taf. 83, 84, Taf. 46 (Fundumstände).

162

AUGENKRUG MIT DELPHINEN. Aus Zimmer 9 Δ im Sektor Δ, das an das Frühlingsfreskozimmer südlich anschließt und in dem über 300 Gefäße gefunden wurden. Höhe 44,5 cm. Früher Meeresstil. Spätminoisch I, um 1500 v. Chr.

Der bauchige Krug hat als Hauptdekor beiderseits je einen über Wellen schwimmenden Delphin, darüber und darunter Bandstreifen.

Unpubliziert.

XLIII

AUGENKANNE. Aus der Schatzkammer von Zimmer 1 des Frauenhauses. Höhe 29,2 cm. Spätminoisch I, um 1500 v. Chr.

Die unter der Ausgußöffnung angebrachten Augen der hervorragend schönen kugelförmigen Kanne sind plastisch herausgearbeitet. Farbig reicher Dekor, am Hals und Fuß Bandstreifen, in der Mitte des Gefäßkörpers drei große stolze Vögel mit langem Schnabel im Anflug vor dem Aufsetzen auf den Boden. Die dargestellten Vögel sollen wohl Kraniche oder Störche auf dem Rückflug in den Frühling der Heimat sein.

Thera V, Farbtaf. A, Taf. 58, Taf. 6 (Fundumstände).

XLIV oben

LÄNGSOVALE SCHÜSSEL (KYMBE). Magazin 2 im Sektor A. Längsdurchmesser 46 cm. Spätminoisch I, um 1500 v. Chr.

Farbiger Dekor mit niedrig über den Wellen fliegenden Schwalben unter wolkigem Himmel. »Ankommen des Frühlings«.

Thera II, Farbtaf. C 8, Taf. 17.

XLIV unten

DREIFÜSSIGER OPFERTISCH. Aus dem Obergeschoß des Westhauses. Bemalter Stucco. Höhe 29,2 cm, Durchmesser 39 cm. Früher Meeresstil. Spätminoisch I, um 1500 v. Chr.

Der farbige Dekor des vollkommen erhaltenen Opfertisches besteht aus Delphinen, die zwischen korallenartigen Gebilden und Meerespflanzen schwimmen. In einem Felsenloch sitzt ein Seeigel. Die durch die Bewegung der Tiere aufsteigenden Bläschen von Meeresschaum sind im Bild festgehalten.

Thera V, Farbtaf. C, Taf. 25 (Fundplatz).

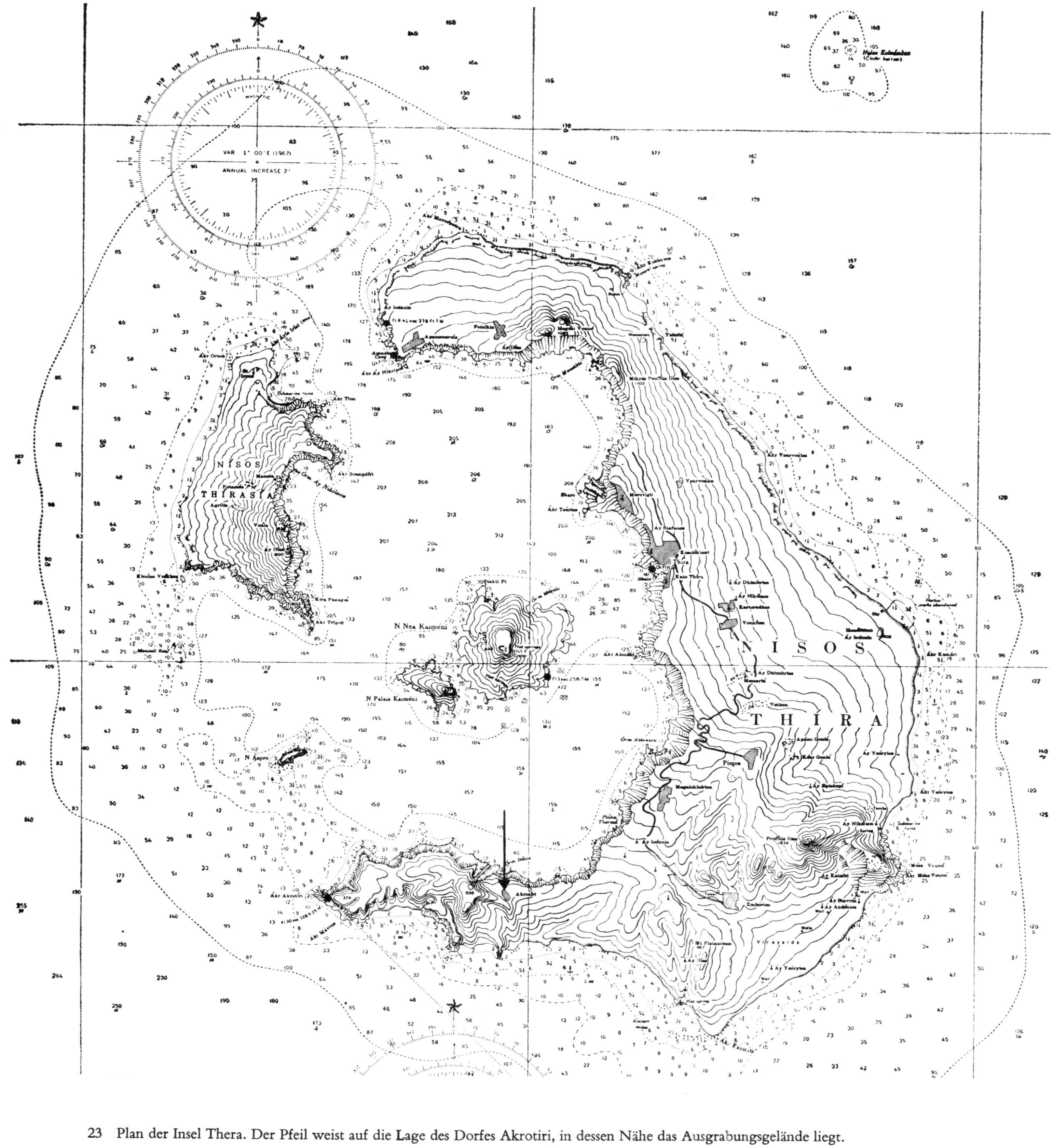

23 Plan der Insel Thera. Der Pfeil weist auf die Lage des Dorfes Akrotiri, in dessen Nähe das Ausgrabungsgelände liegt.

DAS MYKENISCHE HELLAS

Sofern nichts anderes vermerkt ist, befinden sich die musealen Stücke im National-Museum von Athen.

XLV
BLICK AUF MYKENAI VON SÜDWESTEN.

Links von der modernen Straße ist im Bild der Anlauf der Kuppe sichtbar, unter der das »Schatzhaus des Atreus« liegt, und in deren Nähe mehrere Kammergräber der »Nekropole von Kilometer 3« sowie viele Überreste aus mykenischer wie späterer griechischer Zeit wieder ans Licht gekommen sind. Rechts im Bild die tiefe Schlucht Chabos und der Fuß des hier nicht sichtbaren Berges Zara. Im Mittelgrund die Akropolis von Mykenai. Sichtbar ist der Südwestverlauf der kyklopischen Mauer, auf deren Nordwesteinsprung das Löwentor liegt. Auf dem Gipfel der Akropolis der Komplex des Palastes. Im Hintergrund der Berg Hagios Elias, auf dessen Gipfel Spuren eines mykenischen Baues gefunden worden sind.

Die Topographie der Unterstadt der Akropolis von Mykenai ist auf Grund der langjährigen Arbeiten von Tsuntas und Wace jetzt gut bekannt (Fig. 26). Innerhalb der Mauer, hinter dem Löwentor, liegt das 1876 entdeckte Gräberrund A mit sechs großen und reichen Schachtgräbern (B in Fig. 24 und D in Fig. 26). Unmittelbar außerhalb des Löwentores liegen drei der neun Tholosgräber von Mykenai; am nächsten das des »Aigisthos«, etwas westlicher das der »Klytaimnestra« (Fig. 24: C) und etwas nördlich von beiden das der »Löwen«. Die Namen sind rein konventionell. Nahe dem Grab der Klytaimnestra wurde neuerdings das Gräberrund B gefunden (Fig. 24: D); etwas südlich wurden die drei großen Häuser (»Haus der Schilde«, »Haus des Ölhändlers«, »Haus der Sphingen«) aufgedeckt, welche die königlichen Archive und Industrien, darunter die Werkstätte für wohlduftende Öle, enthielten (Fig. 24: E).

Dies alles befindet sich auf der Ostseite des langen Sattels, unter dessen Kuppe das sog. Schatzhaus des Atreus liegt (Fig. 20: H). Die Bezeichnung ist wieder konventionell. Auf der West- und Nordseite außerhalb der Akropolis setzte sich die mykenische Stadt fort. Etwa 100 m nördlich des Gräberrundes B wurden interessante Häuser gefunden, die ganz oder zum Teil dem Palaste angehörten (Fig. 24: F). Hier waren Hunderte von Gefäßen – für Export fertiggestellt – aufbewahrt. In Pylos wurden solche Vasen im sog. Palast des Nestor von Englianos selbst magaziniert, aber der Palast von Mykenai war zu hoch und innerhalb der Akropolis gelegen, so daß Ein- und Ausgang der Wachen wegen zu umständlich und hindernd für den Handelsverkehr gewesen wäre. So waren die königlichen Industrien, die übrigens auch billige Gefäße herstellten und die in ihren Läden auch Kleinhandel von Gewürzen und anderen Dingen trieben, in der Unterstadt unweit der Mauer untergebracht. Noch weiter nach Westen und Norden liegen die übrigen sechs Tholosgräber und die Gruppen der Kammergräber, die den Adelsgeschlechtern von Mykenai gehörten.

163
MYKENAI, LÖWENTOR.

Die neue Befestigungsform mittels kyklopischer Mauern ist hier im Bilde klar zu erkennen: Das Tor wurde an sanft geneigter, leicht zugänglicher Stelle angelegt, aber durch zwei Bastionen befestigt. In die linke Turmbastion ist ein anstehender Fels mit einbezogen. Die rechte Bastion wird von einem viereckigen Turm gebildet.
Die zwei oberen Steine rechts vom Entlastungsdreieck des Tores lagen lange Jahre vor dem Tor und wurden erst vor einigen Jahren wieder an ihre alte Stelle gebracht. Die zwei obersten Steine, die das Dreieck umschlossen, sind nicht mehr erhalten. Auch das Relief ist oben abgebrochen. Zu seiner Ergänzung muß man sich über dem Säulenkapitell noch etwa eine Taube vorstellen, wie auf einem Siegel aus Mykenai (*Wace*, Mycenae, Abb. 110 a), oder drei Wappenblumen, die den Raum am besten füllen würden.

164; Fig. 24–26
RUINEN VON MYKENAI.

Oben: Vor dem Löwentor; links die natürliche Felsenbastion, die von der kyklopischen Mauer bekrönt ist. Rechts die Ruine des gebauten Turmes, hinter dem das Tor liegt. Rechts ist ein Stück der Polygonalmauer sichtbar, die bei den Restaurierungsarbeiten der letzten Jahre freigelegt wurde und die aus hellenistischer Zeit stammt.

Unten: Ein Stück des Weges, der vom Löwentor zum Palast führt; dieser selbst ist rechts oben sichtbar. Im Mittelfeld links ein Stück Mauer, die wahrscheinlich mittelhelladisch ist; es handelt sich also um ein Stück der weit kleineren mittelhelladischen Befestigung von Mykenai.
Die Akropolis von Mykenai (Fig. 26) hat die ungefähre Form eines Dreiecks; die Mauern (Umfang etwa 900 m) wurden um 1350–1300 v. Chr. angelegt, noch später ist der östlichste Teil hinzugefügt worden. Das Löwentor (A) war das Haupttor. Außer ihm bestand noch ein zweites und vielleicht älteres Tor (T) sowie im östlichen Teil ein Notausgang (P) und die berühmte, verborgene Wasseranlage (S). Nicht genau auf dem Gipfel der Akropolis, sondern etwas südlich darunter, vielleicht um Windschutz – vor allem in der kälteren Jahreszeit – zu sichern, liegt der Palast (L); später ist darüber der griechische Tempel (M) gebaut worden.

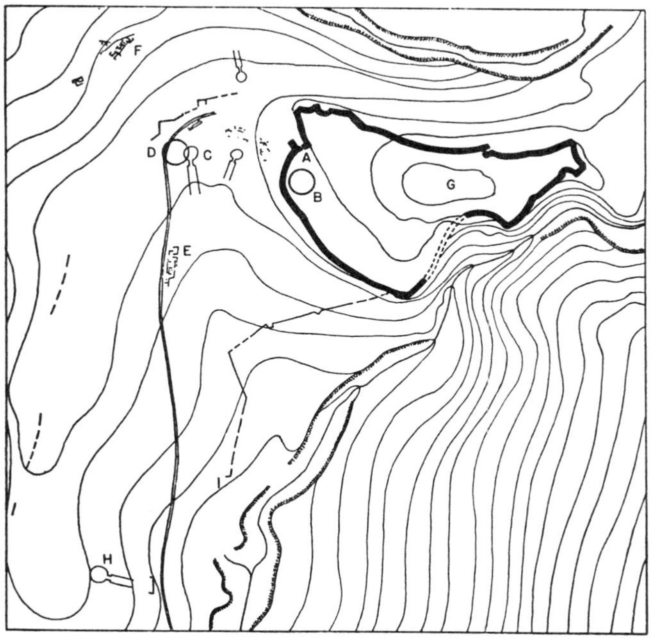

24 Mykenai, Akropolis und nächste Umgebung. Topographische Skizze. A: Löwentor. B: Gräberrund A mit den Schachtgräbern I–VI. G: Palast der Oberburg. E und F: Häusergruppen in der Unterstadt von Mykenai; in E: das »Haus der Schilde«, das »Haus des Ölhändlers« und das »Haus der Sphingen«; in F: Häuser der königlichen Industrien, wie Töpferei usw. C: Tholosgrab »der Klytaimnestra«, östlich davon das »des Aigisthos«, nordöstlich das »der Löwen«. H: Tholosgrab (sog. Schatzhaus) »des Atreus«. D: das neuentdeckte Gräberrund B. – Aus: *Mylonas*, Ancient Mycenae 1957.

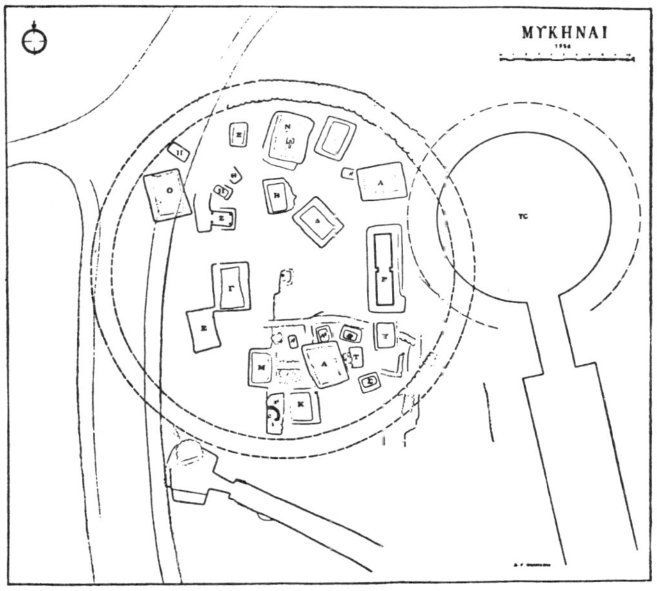

25 Mykenai, das neuentdeckte Gräberrund B nahe dem Tholosgrab »der Klytaimnestra« (TC). Die einzelnen der fünfundzwanzig Gräber sind mit den Buchstaben des griechischen Alphabeths von A bis Φ bezeichnet. Vier kleinste Gräber führen die Bezeichnung A^1, K^1, Λ^1 u. Λ^2. Südlich des Gräberrundes noch ein Kammergrab. – Aus: *Mylonas*, Ancient Mycenae 1957.

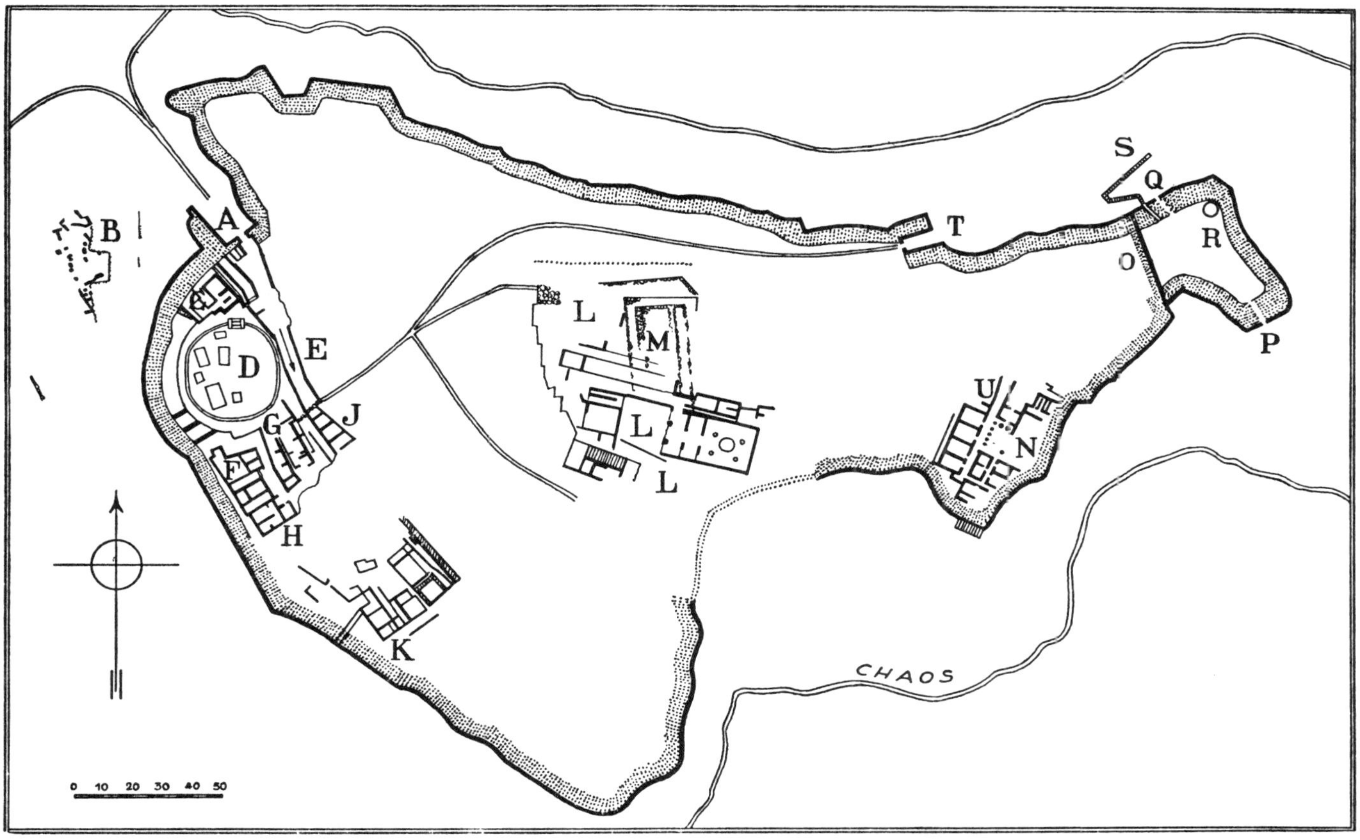

26 Die Burg von Mykenai. A: Löwentor; E: Aufweg (Rampe) zur Oberburg; D: Gräberrund A mit den sechs Schachtgräbern I–VI in seiner Westhälfte; C: Torwächter-Kommandantur, auch als Kornspeicher (Granary) bezeichnet; F, G, H und K sowie J: weitere innerhalb der Akropolismauer gelegene Häuser: F: »Haus der Kriegervase« (vgl. Taf. 232, 233); G: Rampenhaus; H: Südhaus; K: sog. Tsuntas-Haus; J: Hausreste aus hellenistischer Zeit; L: der Palast der Oberburg; M: Tempelfundamente aus griechischer Zeit; N: »Haus der Säulen«, T: Nordtor; O: älterer Ostabschluß der Mauer; P: Not-Tor (Sally-Port); Q: Abflußkanal; S: die verborgene, unterirdisch zugängliche Zisterne »Perseia«; R: Zisterne aus hellenistischer Zeit; B: Prähistorische Nekropole. – Aus: *Wace*, Mycenae 1949.

Das zweitgrößte Gebäude auf der Akropolis war das »Haus der Säulen« (N), dessentwegen man einen isodomischen Turm an die Mauer gesetzt hatte. Fünf weitere Häuser befanden sich noch innerhalb der Mauer in der Nähe des Löwentores. Das erste, gleich hinter dem Tor befindliche (C), das eine Vorrichtung zur schnellen Besteigung der Befestigung wie auch die nötigen Vorratsmagazine für die Mannschaft besaß, war sicher die Torkommandantur. Sowohl im Löwentor wie auch beim Nordtor (T) ist gleich hinter dem Eingang eine Nische angebracht. Die des Löwentores ist geräumig wie ein kleines Zimmer. Es waren Räume für Hunde, die zur Bewachung der Tore gehalten wurden. Die übrigen Häuser tragen heute die Namen »Rampenhaus« (G, wegen der nebenliegenden, zum Palast führenden Aufgangsrampe E), »Haus der Kriegervase« (F, wegen des darin gefundenen Kraters [Taf. 256, 257]), »Südhaus« (H) und »Tsuntas-Haus« (K).

Das Gräberrund A (im Plan der Fig. 26: D, in dem der Fig. 24: B) genoß, wie die Geschichte der Akropolis beweist, göttliche Verehrung. Zu seinem Schutz war die Westmauer trotz der ungeeigneten Form des Geländes an dieser Stelle gebaut, so wie sie noch heute verläuft. Die erwähnten Häuser (C, E–H) haben es nicht berührt. Im Verlaufe des Bestehens der Akropolis, als man sich genötigt sah, die Platten der Umfriedung des Gräberrundes zu erneuern, ist der Ring der Gräberanlage enger und etwas unregelmäßig gestaltet worden, und der Eingang, der im Westen lag, wurde gegen Norden verlegt. Die Stelen aber hat man nicht berührt. Sie blieben alle wie von Anfang an nach Westen zum ursprünglichen Eingang hin orientiert.

165

MYKENAI. BLICK VON DER HÖHE DES PALASTES NACH SÜDWESTEN.

In der Mitte des Bildes sieht man die Innenseite der kyklopischen Südwestmauer der Akropolis. Die Südwestpartie des Gräberrundes und die Häuser links und rechts vom Gräberrund (vgl. Taf. 164 unten) sowie die Innenseite des Löwentores sind auch sichtbar. Im Hintergrund die nördliche Argosebene und das Saminthos-Bergland.

166

MYKENAI. BLICK VON OSTEN ÜBER DAS MEGARON UND DIE VORRÄUME DES PALASTES. Im Vordergrund der Hauptraum des Megarons. Die Säulenbasen und die (wieder zugeschüttete) Hälfte des kreisrunden Herdes (die andere Hälfte ist nicht erhalten) sind sichtbar. Davor Vestibül (Prodomos), Vorraum (Aithusa) und Hof des Palastes.

Der Palast von Mykenai ist nicht gut erhalten. Seine obersten Teile, nahe dem Gipfel des Burgberges, sind verschwunden. Vom eigentlichen Megaron ist ein Teil schon im Altertum in die Chabos-Schlucht gestürzt. So sind die Südwand, der Thronplatz, eine Säulenbasis und die Hälfte des Herdes im Hauptraum nicht mehr erhalten. Der Palast hatte aus älterer Zeit ein Propylon, vielleicht dem von Tiryns analog, das nicht mehr vorhanden ist. Es lag an der Nordwestseite und korrespondierte aller Wahrscheinlichkeit nach mit dem älteren Nordeingang (T) zur Akropolis. Später, als das Löwentor gebaut wurde, hat man einen neuen Eingang an der Südseite gebaut,

27 Mykenai. Rekonstruktion des Nordwestteiles des Palasthofes. – Nach *Wace*, Mycenae.

wegen des aufsteigenden Geländes jedoch kein Propylon, sondern ein großes Treppenhaus mit einer Zweiflügeltreppe.

Über etwa 40 bequeme Stufen betrat man zuerst einen Raum mit Thron, sicher den Kontroll- und Warteraum, der unter Aufsicht eines hohen Vertrauten stand. Rechts (nach Osten) schloß der Palasthof an, dessen Nordwestecke in dem Rekonstruktionsversuch der Fig. 27 dargestellt ist. Links im Bild (westlich) liegt der erwähnte Warteraum und rechts (nördlich) der große bedeckte Westost-Korridor des Palastes. Wie die Rekonstruktion andeutet, bestand vermutlich noch ein Oberstockwerk. An der in der Rekonstruktion nicht sichtbaren Ostseite des Hofes war der Eingang zum Megaron. Der Fußboden des 12×15 m großen Hofes war mit farbigem Stuck bedeckt, der in Felder, abwechselnd gelb, blau und rot oder marmoriert und mit geometrischem Dekor bedeckt, aufgeteilt war. Rings herum lief ein Sockel (in der Rekonstruktion sichtbar), bemalt mit dem beliebten Motiv der Triglyphen und Halbrosetten. Das eigentliche Megaron, das in allen Palästen prinzipiell gleich gestaltet ist, ist in seinen Hauptzügen schon in der Einführung Seite 52 beschrieben. Der Vorraum (Aithusa) war hier durch die üblichen zwei Säulen zum Hof und durch eine Tür an seiner Nordwand zum dahinterliegenden Korridor geöffnet. Der Boden war mit Gipsplatten bedeckt. Eine einflügelige Tür führte zum Prodomos (Vorraum), dessen Boden einen Rahmen aus Gipsplatten hatte und im übrigen mit bemaltem Stuck bedeckt war. Es waren wieder Vierecke, die Alabastermarmorierung nachahmten. Das Hauptmegaron maß 13×12 m. Sein Boden bestand aus Gipsplatten und Stuck wie im Vorraum; der Herd, 3,70 m im Durchmesser, 15 cm hoch, war mindestens zehnmal neu bemalt, immer wieder mit dem traditionellen Muster: Spiralen oben, gezahntes Flammenornament an der Außenseite um die Lippen herum. Über die schwierige Frage, ob auch über dem Megaron eine obere Etage bestand und über seine Lichtführung und Bedachung ist schon in der Einführung das Nötige gesagt worden.

Als 1886 der Palast entdeckt wurde, waren Spuren der Bemalung des Megarons noch an den Wänden erhalten. Weitere Spuren zeigte der Fußboden. Das Studium der Fragmente

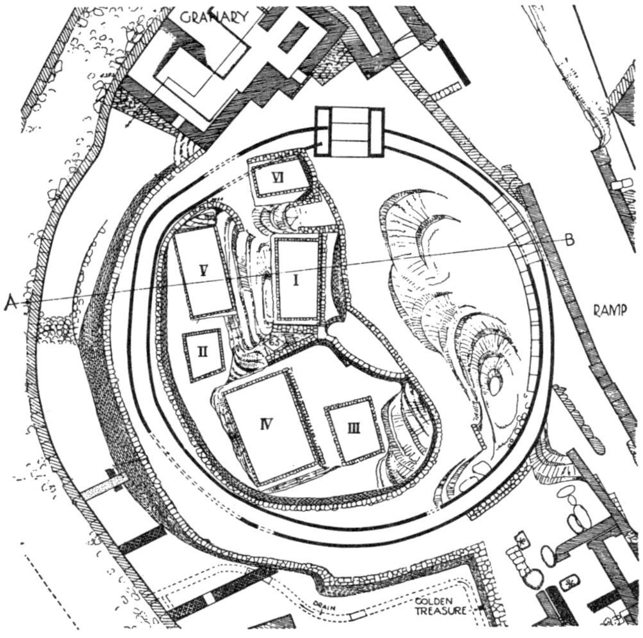

28

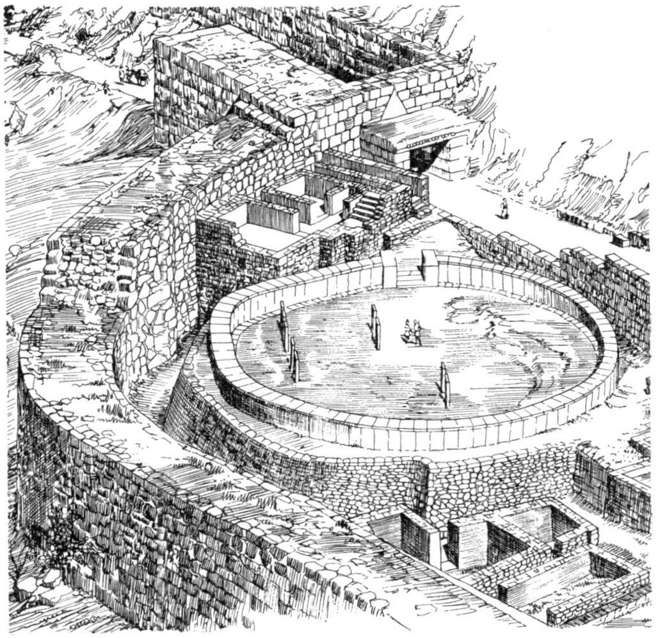

30

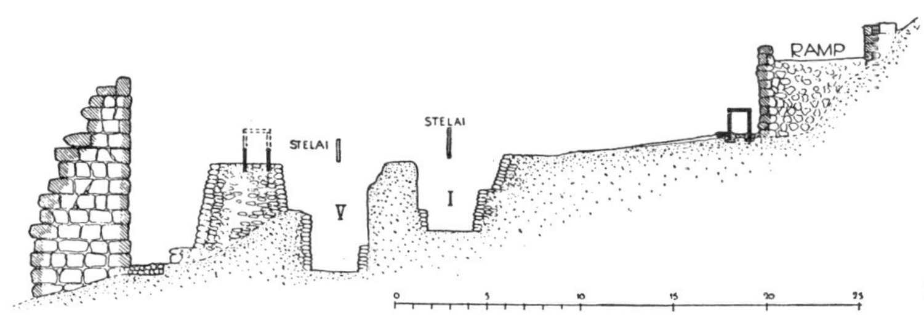

29

28–30 Das Gräberrund A innerhalb der Burgmauer von Mykenai.

28 Plan von Gräberrund A. I–VI: die sechs Schachtgräber. – 29 Schnitt durch das Gräberrund A, die Schachtgräber V und I treffend. – 28 und 29 nach *Karo*, Die Schachtgräber von Mykenai 1930/33. – 30 Das Bild zeigt die Stellung der Stelen über den Schachtgräbern. Wiederherstellung durch *Wace* auf Grund der alten Fotografien. Gefunden wurden durch *Schliemann* über Grab V drei Stelen, über den Gräbern I, II und III je zwei Stelen sowie später durch *Stamatakis* über Grab I eine Stele. Insgesamt waren die Stelen gegen Westen gewandt und standen zu Häupten der – mit zwei Ausnahmen in Grab IV – stets mit dem Kopf nach Osten beigesetzten Leichen, die also auch ihrerseits gegen Westen blickten. Aus: *Wace*, Mycenae 1949.

macht es wahrscheinlich, daß ein ununterbrochener Fries, etwa 46 m lang, das ganze Megaron umlief. Das Thema war ein einziges: die Erstürmung einer Stadt, ähnlich der Darstellung, die wir vom Silberrhyton des Schachtgrabes IV (Taf. 196) kennen.

Der Palast wie das übrige Mykenai wurden zunächst durch *Tsuntas und Manatt*, The Mycenaean Age. London 1897, und dann vorbildlich durch *Wace* und seinen Stab erforscht. Diese Resultate sind in British School Annual, Bd. 24 und 25, und in *Wace*, Mycenae, S. 67ff., dargelegt worden. – Über den Fries vgl. *Rodenwaldt*, Der Fries des Megarons von Mykenai, 1921.

167; Fig. 24, 26; 28–30
MYKENAI. DAS GRÄBERRUND A INNERHALB DER MAUER.

Rechts im Bild ist der Eingang sichtbar. Das Gräberrund besteht aus zwei Reihen von Platten; auf den Oberkanten der Platten sind die Eintiefungen sichtbar, in denen Holzstifte zur Befestigung der Deckplatten angebracht waren. Innerhalb des Rundes ist links die Hälfte mit den sechs Schachtgräbern, rechts die gräberfreie Hälfte zu sehen.
Das neuentdeckte Gräberrund B außerhalb der Mauern der Akropolis (Fig. 24: D und Fig. 25) liegt 130 m westlich des Löwentores; es hat dieselben Dimensionen wie das Gräberrund A (Durchmesser 28 m), aber der Kreis besteht hier aus einfachen Feldsteinen von 1,55 m Dicke, die bis zu 1,20 m Höhe erhalten sind. Der Eingang lag auch hier nach Westen, und die Stelen waren nach derselben Richtung orientiert wie beim Rund A.

Die Seelen der Toten fuhren ja nach ägyptischem Glauben nach dem Westen. Die Totenstadt des ägyptischen Theben lag auch im Westen der Wohnstadt jenseits des Nils. Die Grabinschriften sprechen von dem »schönen Westen«, den jeder Glückselige erreichen muß (*Erman-Ranke*, Ägypten, S. 349). War diese Idee des ägyptischen Totenglaubens auch nach Mykenai gekommen?

Die Leichen in den Schachtgräbern lagen unvermittelt auf der Kieselschicht des Grabbodens. Sie waren in Tücher oder Binden gehüllt; Masken, Brustbleche und anderer Grabschmuck waren, wo vorhanden, festgebunden oder aufgenäht worden. Die Skelette der Toten hat Schliemann noch sehr gut erhalten vorgefunden. Nach der Ausgrabung zerfielen sie jedoch sehr bald. Die durchschnittliche Entfernung der Leichen eines Grabes voneinander betrug etwa einen Meter.
Die Zahl der Toten der sechs Schachtgräber und auch die Belegung mit männlichen und weiblichen Leichen war verschieden. Nur männliche Leichen enthielten die Gräber II, V und VI, und zwar Grab II nur einen einzigen Toten, Grab V drei Tote, davon zwei mit Masken (Taf. 184, XLVIII und 185), und Grab VI ursprünglich nur einen und nachträglich noch einen zweiten Toten.
Frauengräber mit je drei Leichen waren die Gräber I und III.
Das einzige Grab mit Toten beiderlei Geschlechts ist Grab IV. Es enthielt die Leichen dreier Männer (mit den Masken der Taf. 186–188) und zweier Frauen.
Während in den Gräbern I–III sowie V und VI die Leichen insgesamt mit dem Kopf gegen Osten, also nach Westen blickend, gelegt waren, galt dies bei Grab IV nur für die Leichen der beiden Frauen und den Toten der Maske der Taf. 166; die Köpfe der beiden anderen männlichen Toten (mit den Masken der Taf. 186 und 187) waren gegen Norden ausgerichtet.

Mit einem geringeren Maß von Beigaben waren die Toten der Gräber I, II und VI ausgestattet, immerhin hatten die Frauen »recht vollständigen Schmuck« und die Männer Waffen und verschiedenes Gerät, selbst ein paar Gefäße aus Edelmetall und schön bemalte Tongefäße fanden sich. Unerhört reich und prunkvoll war die Ausstattung der Toten der Gräber III, IV und V.

Das Gräberrund B scheint etwas älter als das Rund A zu sein, aber nicht um mehr als höchstens eine Generation. Die mattbemalte mittelhelladische Keramik ist hier viel reicher als im Rund A vertreten, was aber zum Teil auf Konservatismus, geringerem Reichtum und weniger starker Neigung zu Kretas Erzeugnissen beruhen kann.

Das Rund B (Fig. 25) enthielt 25 Gräber, die Hälfte davon Kistengräber, die andere Hälfte Schachtgräber, deren größtes ungefähr die Maße des kleinsten im Rund A (3,50×3 m) erreicht. Wie bekannt, befanden sich Kistengräber für einzelne Tote auch im Rund A. Da solche Gräber im weiteren Umkreis gerade dieser Stelle von Mykenai existierten, muß man vermuten, daß eine große mittelhelladische Nekropole schon bestand, ehe die beiden Gräberrunde angelegt wurden.

Mylonas, Ancient Mycenae, the capital city of Agamemnon. Princeton 1957.

168, 169
MYKENAI.
ZWEI GRABSTELEN DES GRÄBERRUNDES A.

Im Gräberrund A wurden 17 Grabstelen gefunden, von denen sechs schmucklos waren, indes elf dekorativen oder figürlichen Schmuck hatten. Abgesehen von Bruchstücken haben wir von den Stelen drei mehr oder minder gut erhaltene Exemplare, die alle über Schachtgrab V – Schliemanns »Grab des Agamemnon« – standen. Die beiden besterhaltenen Stelen sind hier in Taf. 168 und 169 zu sehen.

168 Stele über Schachtgrab V. Höhe 1,12 m, Breite 1,23 m. – Inv.-Nr. 1427.

Die Darstellung ist schwer zu verstehen, aber künstlerisch die beste. Man nimmt gewöhnlich an, daß das Relief zwei Szenen enthält: Oben: ein Krieger ohne Schutzwaffe auf einem von einem Hengst gezogenen Wagen; unter dessen Beinen liegt der gefallene, mit achterförmigem Schild bedeckte Gegner, der behelmt zu sein scheint. – Unten: Diese Szene wird oft dahingehend gedeutet, daß ein Löwe in gestrecktem Lauf ein Tier, wohl Reh oder Steinbock, verfolgt. Zu beachten ist aber, daß dieses Tier zufolge seiner Kopfbildung und seines langen Schwanzes auch ein Pferd, während der Verfolger wegen seines stark eingeringelten Schwanzes auch ein Hund sein könnte. Riesige Hunde, die wie Löwen aussehen, treffen wir auch auf knossischen Siegeln, und die Molottenhunde von Epirus kämpften einst erfolgreich gegen Löwen. Bis zu Alkiphron (3, 11) hören wir von den »fürchterlichen, laut bellenden molottischen und knossischen Hunden«, von denen wir wissen, daß Könige glücklich waren, sie zu besitzen.

169 Stele über Schachtgrab V. Höhe 1,33 m, Breite 1,06 m. – Inv.-Nr. 1428.

In der figürlichen Szene ist ein mit einem Schwert bewaffneter Wagenlenker und vor ihm eine nackte Gestalt mit einer Waffe, in der man die Kopis, d. i. das »Schlachtmesser«, der Schachtgräber erkennt. Der Handwerker, der das Pferd arbeitete, war mehr mit Stieren als mit Pferden vertraut. Im übrigen ist zu beachten, daß alle Pferdedarstellungen der Schachtgräberzeit eine Rasse von kleinen, gedrungenen, unschönen Pferden zeigen, die bis heute auf dem Pindos und auf Skyros zu sehen ist. In Mykenai muß diese Pferderasse lange Zeit gelebt haben, die wegen ihrer Wildheit und Häßlichkeit als Nachkommenschaft der menschenfressenden Pferde des Thrakers Diomedes galt. Diese Pferde sollen durch Herakles nach Mykenai gekommen sein; Eurystheus habe sie der Hera heilig gemacht und sie sollen sich bis in die Zeit Alexanders des Großen erhalten haben (Diodorus Siculus IV, 15). Ein Kern Wahrheit mag in diesen Überlieferungen, welche die Lokalsage in Mykenai über die wilden Krieger und ihre gleich wilden Pferde und Hunde erzählt, verborgen sein.

Karo, Schachtgräber von Mykenai, S. 168, Nr. 1427–28, Taf. 7 und 5; hier reiche Bibliographie. – *Mylonas*, in: American Journal of Archaeology 55, 1951, S. 134 ff. Abb. 6 und 2. Er erklärt die Darstellungen als Wagenrennen (Chariot races). – *Wace*, Mycenae, Tafelabbildung 79.

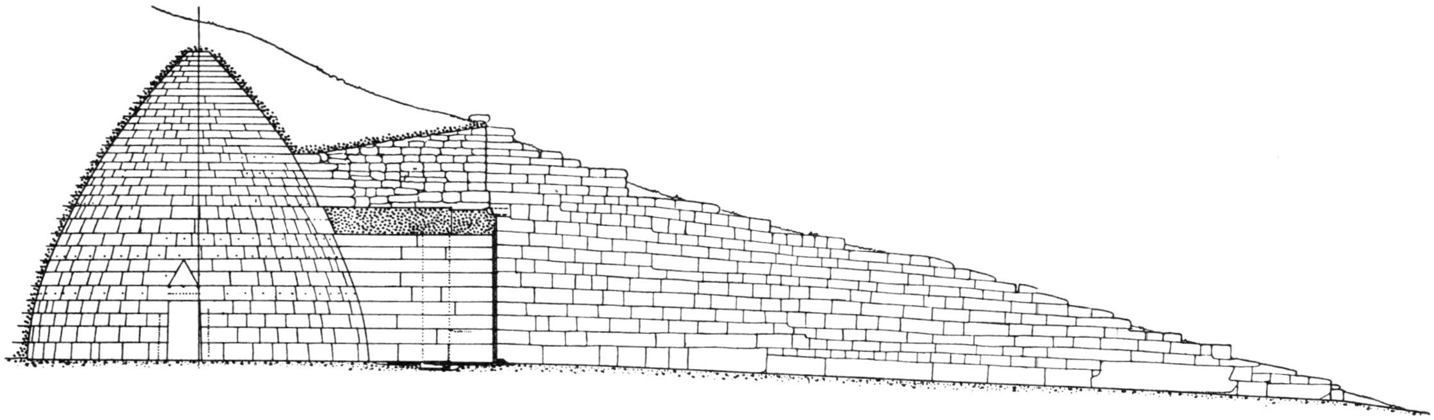

31

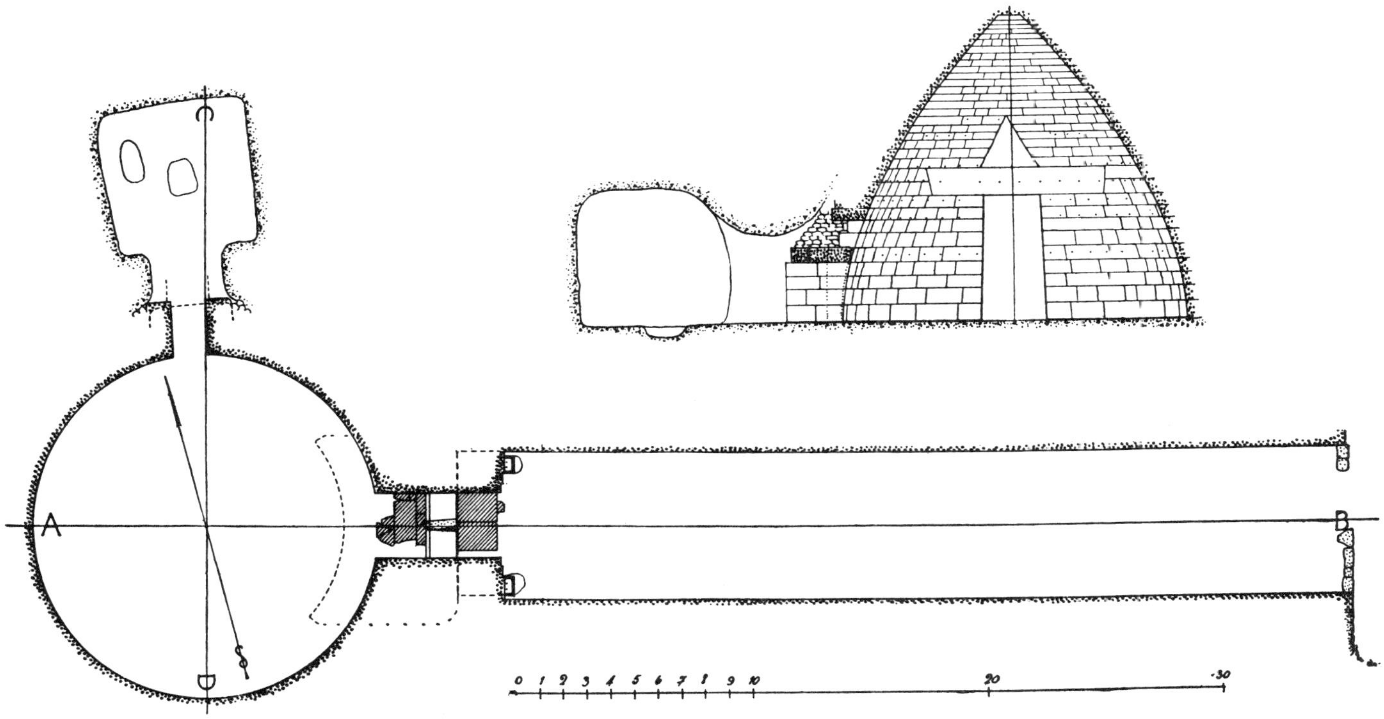

28

33

31–33 Mykenai, sog. Schatzhaus des Atreus.
31 Längsschnitt (entsprechend Linie A/B in Fig. 33). — 32 Querschnitt (entsprechend Linie C/D in Fig. 33). — 33 Grundriß.
Nach: *Wace*, Mycenae 1949.

34 Mykenai, sog. Schatzhaus des Atreus. Fassade des Grabportales. Maßstab 1:50. – Rekonstruktion *Marinatos*.

170–173; Fig. 31–33; 34
MYKENAI. SOG. SCHATZHAUS DES ATREUS.

Dieses großartigste von allen Tholosgräbern ist ganz aus teilweise riesigen Konglomeratquadern gebaut. Der Dromos, dessen Seiten bekleidet sind und der fast genau nach Osten sieht, ist 6 m breit und 36 m lang. Einer der Steine ist 6 m lang und 1,25 m hoch. Die Fassade mißt 10,50 m Höhe und, wie der Dromos, 6 m Breite. Die Türöffnung ist 5,40 m hoch; ihre Breite beträgt 2,70 m unten und 2,45 m oben; die Tiefe der Türöffnung, des Stomion, mißt 5,50 m. Zwei riesige Oberschwellen stehen über dem Stomion, die innere und größere wiegt etwa hundert Tonnen. Die Tholos hat 14,60 m Durchmesser bei 13,40 m Höhe und ist mit einem viereckigen Nebenraum versehen, dessen Tür (2,50×1,50 m), in Nachahmung der äußeren Tür, eine große Oberschwelle und ein Entlastungsdreieck hat. Merkwürdigerweise aber sind die Wandungen dieses Raumes, der fast genau Würfelform mit 6 m Seitenlänge besitzt, völlig nackt wie bei einem Kammergrab. Es ist schwer vorstellbar, daß alles spurlos verlorenging, zumal die Tholos selbst ausgezeichnet erhalten ist. Man möchte glauben, daß der Nebenraum niemals vollendet wurde, wie es auch in Ägypten bei den großen Königsgräbern so oft der Fall war.
Die Fassade des Grabes hatte eine architektonische Verkleidung aus grünem und rotem Stein. Teile der Platten und Halbsäulen sind jetzt in Mykenai, Athen und London (Taf. 149), kleine Stücke auch in anderen Museen. In den Kriegs- und Nachkriegsjahren zeigte sich, daß über den großen Halbsäulen im Niveau des Einganges noch eine weitere Ordnung von kleinen Halbsäulen stand; ferner, daß Schmuck aus Gipsstein auch hier, wie beim Grabe der Klytaimnestra, vorhanden war. So wurde ein neuer Rekonstruktionsversuch unternommen (Fig. 30), da der von Perrot und Chipier gegebene überholt erschien; freilich kann auch er noch nicht als endgültig gelten.

Wace, Mycenae, Tafelabbildung 5 und 8–10 (Pläne), 49–50 (Fassade), 51 (Rekonstruktionsversuch). – *Mylonas*, Ancient Mycenae, Abb. 26 (Rekonstruktionsversuch). – *Marinatos*, in: Ephemeris 1953–54, I, Taf. I.

174–177; Fig. 35
BURG VON TIRYNS.

Die großartige Befestigung von Tiryns hat von alters her Bewunderung erregt, wie uns Pausanias bezeugt. Der Name Tiryns ist vorgriechisch, ebenso der andere Name, Likymna, den die Burg außerdem noch führte. Ein Kranz von Mythen schlingt sich um diese Burg: Hera war besonders mit ihr verbunden. Tirynthier war auch Herakles, in Tiryns konspirierten einst Proitos und Anteia gegen den untadeligen Helden Bellerophon;

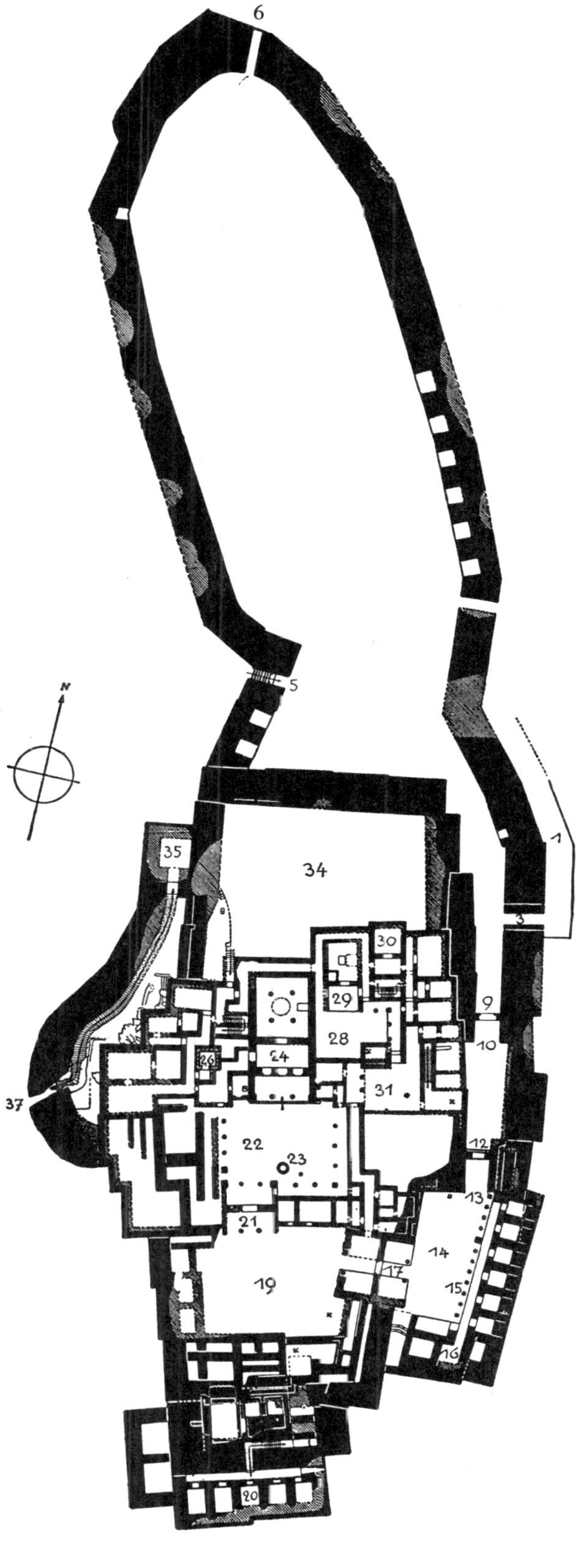

35 Burg von Tiryns.
1: Aufgangsrampe; 3: Äußeres östliches Haupttor; 5: Südwest-Pforte der Unterburg; 6: Nord-Pforte der Unterburg; 9: Inneres Haupttor; 10: Dipylon (Innenhof); 12/13: Holztore; 14: Vorhof; 15: Säulenhalle, wohl mit Kammern dahinter; 16: West-Kasematten. Die im Plan außerhalb (östlich) der Kasematten eingezeichneten Kammern waren eingestürzt und verschüttet und wurden zum Teil erst 1934 ausgegraben. Ihre Außenmauern waren längst abgestürzt; 17: Äußeres Propylon; 19: Äußerer Palasthof; 20: Süd-Kasematten; 21: Inneres Propylon; 22: Haupt- und Innenhof; 23: Altar; 24: Prodomos des Megarons, vor ihm der Vorraum (Aithusa) mit zwei Säulen zum Haupthof hin, hinter ihm das eigentliche Megaron; 26: Badezimmer; 28: Kleiner Innenhof; 29: Westliches (kleineres Megaron mit reich bemaltem Stuckfußboden; 30: Östliches (kleinstes) Megaron; 31: Säulenhof; 34: Mittelburg (Hinterhof); 35: Turm der Westbastion; 37: West-Pforte.
Schwarz: erhalten; schraffiert: ergänzt. Maßstab: 1 cm = 13,9 m. – Nach *Karo*, Führer durch Tiryns.

und auf Tiryns bezieht sich die einzige Erwähnung der Schreibkunst, die überhaupt bei Homer zu finden ist.
Der südliche Teil des kaum 20 m hohen Hügels war von der eigentlichen Akropolis eingenommen mit dem Palaste und den monumentalen Befestigungen, die aus verschiedenen Perioden stammen. Die nördliche Hälfte der Akropolis, die Unterburg, ist nur befestigt worden, um als Zufluchtsort zu dienen.
Der Umfang der Mauer der Oberburg beträgt 700 m, ihre Gesamtfläche etwa 20000 qm. Der Haupteingang befindet sich im Osten, dem Binnenlande zugewandt. Über eine Rampe (Plan: 1), einen Eingang an der äußeren Mauer (Plan: 3) und einen engen, für den Feind sehr gefährlichen Gang, erreicht man das eigentliche Tor (Plan: 9), das in Dimensionen, Konstruktion und Aussehen dem Löwentor von Mykenai vergleichbar ist. Weiter nach Süden folgt ein weiteres Tor (Plan: 12), dann ein offener weiter Raum (Plan: 14). Von hier aus sind die Ostgalerien (Plan: 15) erreichbar und auch das erste Propylon (Plan: 17) zum Palaste. Der Vorhof (Plan: 19) endet in komplizierten Konstruktionen in der Südgalerie (Plan: 20); nördlich öffnet sich das zweite Propylon (Plan: 21), das zu dem Säulenhof mit dem Rundaltar (Plan: 22 und 23) und zum eigentlichen Palast (Plan: 24ff.) führt.
Der Palast ist hier besser erhalten als in Mykenai. Seine Front ist 12,50 m breit, seine Gesamtlänge erreicht 25 m. Die Aithusa (Vorhalle) des Megarons hatte hier die berühmten Sitzbänke aus Alabaster, die irrtümlich mit dem homerischen Kyanosfries identifiziert wurden. Durch den Vorraum (Plan: 24) betritt man das Hauptmegaron, das hier 9,80×11,80 m maß. Herd und Thronplatz sind gut erhalten; auch die Bemalung des Fußbodens wurde noch in Resten gefunden. Die Wände waren, den Fragmenten nach zu schließen, mit einer Eberjagddarstellung geschmückt. Auch ein Fries stehender oder schreitender Frauen in Lebensgröße ist in Bruchstücken (deren wichtigste die Taf. XL und 226 zeigen) gefunden worden. Ein einfacheres und kleineres Megaron (Plan: 29) gilt gewöhnlich als Frauengemach.
Durch Zufügung einer Bastion im Westen (Plan: 35–37) wurde ein weiterer Aufgang geschaffen, der die Verbindung mit dem Meere erleichterte.
Die Frage drängt sich auf, wie es möglich war, daß bei einer Entfernung von etwa 15 km von Mykenai ein so starker und zugleich so prunkvoller Herrensitz bestehen konnte. Die Legende verbindet die beiden Städte als zu einem Herrscher gehörig, und es ist in der Tat nicht ausgeschlossen, daß, mindestens für einige Zeit, ein und derselbe König die beiden Akropolen beherrschte.

Tiryns, Die Ergebnisse der Ausgrabungen des Deutschen Archäologischen Instituts. Athen 1912ff. Bd. II: *Rodenwaldt*, Die Fresken; Bd. III: *K. Müller* und *H. Sulze*, Die Architektur der Burg und des Palastes.

178
DAS GEBIET VON PYLOS, WESTMESSENIEN.

Oben: Die Bucht von Buphras (heute Voidokoilia), die im Altertum kleiner war; dahinter die geräumige Bucht von Pylos-Sphakteria, einer der sichersten, wenn nicht überhaupt der sicherste Ankerplatz der Peloponnes.

Unten: Gesamtansicht der Ruinen des sog. Nestor-Palastes von Englianos, an der Grenze von Messenien und Triphylien (vgl. Fig. 32); im Hintergrund der Bergzug Aigaleon.

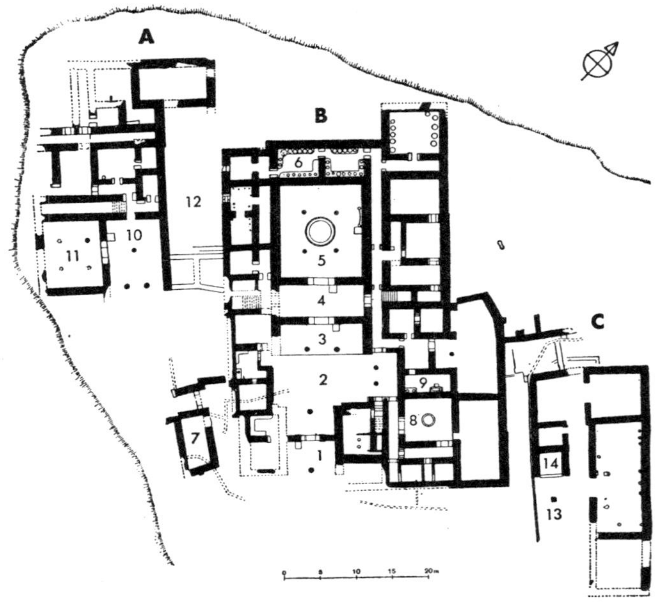

36 Sog. Palast des Nestor in Englianos bei Pylos.
A *Ältester Teil des Palastes.* 10: Große Vorhalle mit drei Säulen; 11: Halle, Hauptraum des alten Palastes mit vier Säulen, die vermutlich das Obergeschoß trugen; 12: Großer Hof, der nach Fertigstellung des jüngeren Hauptpalastes B die Verbindung zwischen dem älteren und neueren Palast bildete.
B *Hauptpalast, etwas jünger als A.* 1: Propylon mit je einer Säule vor und hinter dem Portal; 2: Stoa mit Nordost-Portikus; 3–5: Megaron, 3: dessen Portikus (Aithusa); 4: Vestibül (Promodos); 5: Hauptraum (Thronraum) mit zentral gelegenem Herd von 4,02 m Durchmesser und 15–20 cm Höhe und vier Säulen, die das vermutlich in Form einer Galerie darüber gebaute Obergeschoß trugen. An der Nordostwand der Thron mit Bassin daneben für die königlichen Libationen; 6: Zwei Magazinräume hinter dem Megaron mit Gefäßen für Öl und wohl auch Wein. Beiderseits der in der Mittelachse liegenden Räume 1–6, durch je einen Korridor getrennt, der Südwest- und Nordost-Trakt des Palastes; südlich des ersteren das Archiv (7), worin die Mehrzahl der Schrifttafeln gefunden wurde. Am Südende des Nordost-Traktes: 8: Megaron der Königin, und 9: Bad mit erhaltener Badewanne.
C *der 1956/57 neuentdeckte und freigelegte Südost-Trakt des Palastes.* 13: Altar; 14: Palast-Heiligtum. – Nach *Blegen* 1958. Vgl. *C. Blegen*, The Palace of Nestor. Excavations 1952–1957. American Journal of Archaeology, Bde. LVII (1953) bis LXII (1958).

XLVI
KORYPHASION, DER SITZ DES NESTOR.

Im Bildmittelgrund ist in der Mitte die Felsenkuppe Koryphasion zu sehen. Dorthin, und zwar an die Neleus-Grotte (im Bild als schwarzer Punkt in der Felsenmitte zu sehen), verlegte die altgriechische Tradition das Haus des Nestor und sein Grab, wie auch, etwas entfernt, das Grab seines Sohnes Thrasymedes. Vom Palast und Grab des Nestor am Koryphasion ist bis heute keine Spur gefunden. Dagegen kann das neuentdeckte Tholosgrab, das auf dem Bilde unten zu sehen ist, mit dem »Thrasymedesgrab« identisch sein.

XLVII
BLICK VON KORYPHASION GEGEN NORDEN.

Das Bild ist vom Eingang in die Neleus-Grotte aus aufgenommen. Im Vordergrund der begrünte Ausläufer der Koryphasionkuppe. Ausgedehnte Dünen bedeckten im Altertum die heutige (im Bild rechts sichtbare) Lagune und einen Teil der Bucht von Voidokoilia. Auf dem Felsen links am Eingang zur Bucht liegt das »Tholosgrab des Thrasymedes« (vgl. Taf. XXXII). Im Binnenland, 5 km nördlich der Bucht, ist der sog. Nestor-Palast von Englianos. Im Hintergrund der Gebirgszug Aigaleon.

179
GRÄBER AUS DEM GEBIET VON PYLOS.

Oben: Das königliche Tholosgrab, das etwa 150 m östlich des sog. Nestor-Palastes von Englianos liegt. Es war bis zur Oberschwelle erhalten. Das Kuppelrund wurde wieder hergestellt.

Unten: Eines der frühmykenischen Kammergräber, die in Palaipylos (heute Volimidia bei Chora, Triphylia) gefunden wurden. Das Grab ist unversehrt erhalten. Zu beachten ist der kurze, mit geraden Seiten und rasch sinkendem Fußboden versehene Dromos und ein kleines Hilfsgrab an seiner linken Seite.

Marinatos, in: Das Altertum I, 1955, S. 140ff., besonders S. 145 und 146, Grab A 9.

180, 181; Fig. 37
AKROPOLIS VON ARNE (GLA), BÖOTIEN.

180 Oben: Blick von der Höhe des Palastes nach Osten.
Unten: Teil der Nordmauer mit Nordtor.

181 Oben: Nordwestecke der Mauer, links die Stützmauer des Palastes; im Hintergrund der einstige, jetzt trockengelegte Kopaissee.

Unten: Nordtor.
Die riesige Befestigung, die größte aller mykenischen Akropolen, thront auf einem niedrigen Hügel. Die ziemlich steile Nordwestseite hebt sich etwa 70 m über die Ebene. Nach Osten sinkt der Hügel allmählich, so daß das sehr östlich gelegene Nordtor nur noch 12 m hoch über der Ebene liegt. Die Länge der Mauer beträgt fast genau 3 km und die Fläche der Akropolis umfaßt etwa 200000 qm. Die entsprechenden Zahlen bei den anderen Akropolen sind:

Mykenai: 900 m bzw. 30000 qm.
Tiryns: 700 m bzw. 20000 qm.
Athen: 700 m bzw. 25000 qm.
Troja VI: 500 m bzw. 20000 qm.

Vergleicht man diese Zahlen miteinander, so wird klar, daß Arne nicht der Sitz eines einzigen mächtigen Herrschers, der in der Geschichte spurlos verschwunden wäre, sein kann; vielmehr war es eine Fluchtburg, die für die ganze Umgebung dienen sollte. Die Befestigung ist das Werk einer größeren Gemeinschaft, eines politischen Bundes.
Etwas später hatten die Umwohner (Amphiktionen) von Onchestos in dieser Gegend ihren Sitz. Schon Homer erwähnt

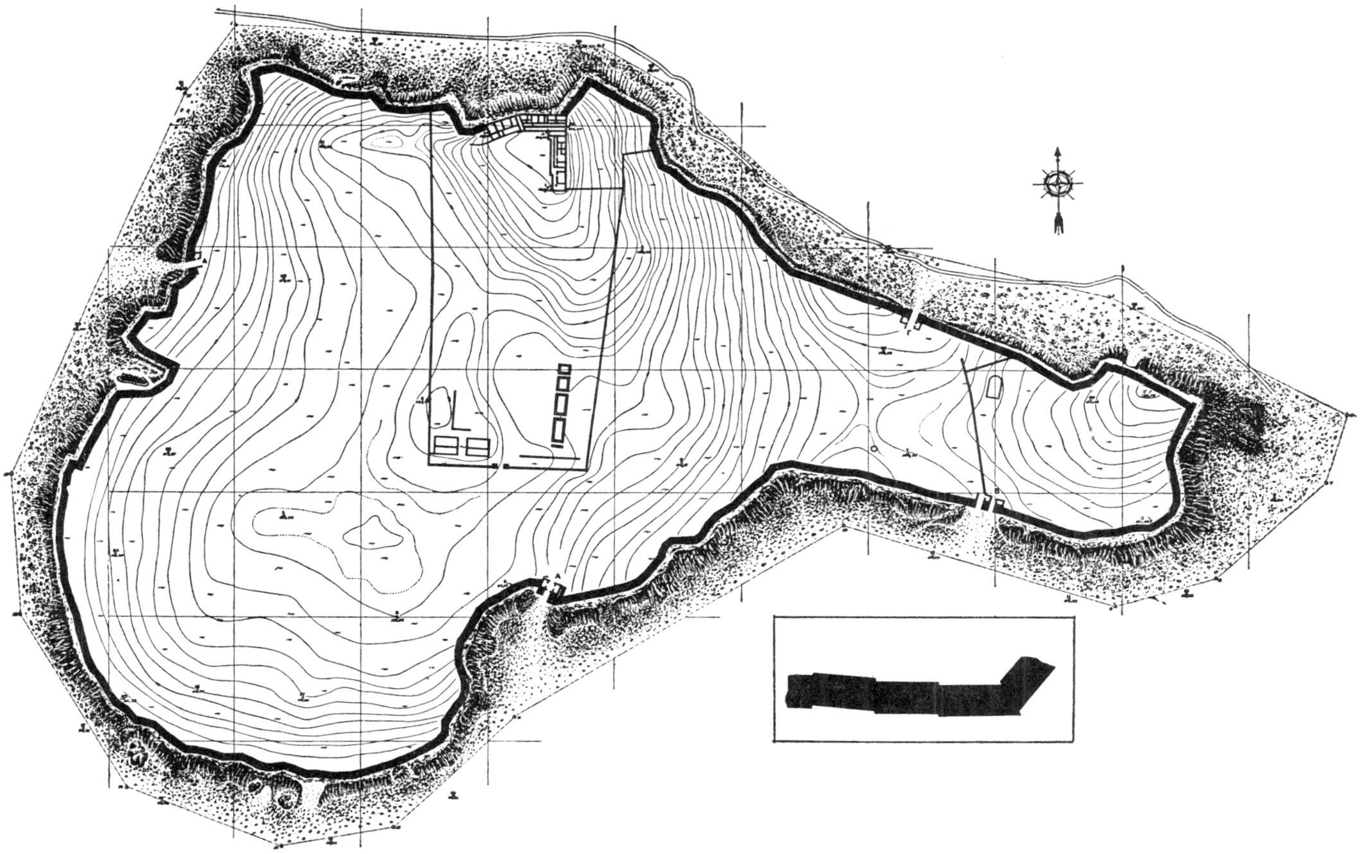

37 Akropolis von Arne (Gla), Böotien. Grundriß. Seitenlänge der Quadrate = je 100 m. Längsdurchmesser der Akropolis rund 900 m. Rechts unten ein Stück der Mauer im Querschnitt. – Griechische Neuaufnahme

Onchestos, und zwar zusammen mit Arne, welchen Namen man heute als wahrscheinlichsten mit den Ruinen von Gla verbindet. Die Mauern sind so zusammengebrochen (vgl. besonders Taf. 180 unten), daß man entweder ein schweres Erdbeben oder die Hand des Feindes als Ursache annehmen muß. Sie sind buchstäblich niedergerissen, wenn sie auch an einzelnen Stellen noch bis zu 3 m Höhe erhalten sind. Ihr Verlauf ist überall erhalten; ihre Dicke beträgt gegen 6 m.

Die kyklopischen Mauern der Akropolen zeigen im allgemeinen innen und außen große Steine, während ihr Kern aus einer Füllung von Feldsteinen und Erde besteht. Es scheint, daß in Arne die Bauweise etwas anders war, da gleichmäßig größere Steine für die ganze Masse der Mauer verwendet wurden.

Das gezahnte, sägeartige Profil der Mauern ist noch gut zu sehen (Taf. 180 unten). Es ist weniger deutlich in Mykenai und Tiryns festzustellen; am deutlichsten aber an der Rückmauer der Schautreppe in Phaistos (Taf. 51 Mitte).

Schon die älteren Forscher der mykenischen Architektur haben diese Bauweise auf den Orient zurückgeführt – auch Troja VI zeigt eine derartig gezahnte Mauer –, ohne jedoch eine Erklärung dafür gefunden zu haben. Vielleicht läßt sich diese Art des Mauerbaues am besten aus dem Ziegelbau verstehen, den Koldewey für Babylon beschrieben und erklärt hat: Wenn die Innenseite einer Mauer zur Außenseite nicht parallel verläuft und immer neu auf Parallelverlauf korrigiert wird, entsteht die sägeartig gezackte Mauer sozusagen automatisch. In der Ziegelarchitektur wurden die gezackten Mauern bald Mode, auch ohne strukturelle Notwendigkeit. Gewiß sind die gezackten Mauern von Babylon später als Troja VI, Phaistos und die mykenische Mauer von Arne; die Tradition bestand aber wohl von alters her im Zweistromlande und übte früh schon ihren Einfluß aus (*Koldewey*, Das wieder entstehende Babylon, 4. Auflage, 1925, S. 108ff., 284 und 279, Abb. 235).

Die Mauer von Arne ist nicht eigentlich kyklopisch zu nennen, obwohl riesige Steine in ihr nicht fehlen. Die Bauweise erscheint etwas eilig. Türme fehlen. Die große Ausdehnung der Mauer hat vier Tore notwendig gemacht. Nördlich (Taf. 181 unten) und südlich sind die beiden Haupttore, östlich an der Südseite ist ein Doppeltor. Das vierte Tor liegt im Westen. So viele Tore sind der mykenischen Befestigungstechnik eigentlich fremd.

Die sieben Tore von Theben und das Enneapylon Pelargikon von Athen scheinen um der Zahl willen entstanden zu sein; vgl. auch die Enneakrunos in Athen. Für die Kadmeia in Theben könnte ein Anachronismus aus klassischer Zeit vorliegen und eine Angleichung der Siebenzahl der Tore an die »Sieben gegen Theben«. Abgesehen davon sei auf die Mystik der Zahl Sieben hingewiesen.

Da in Arne Türme keine Anwendung fanden, hat man auf andere Weise Zwinger an den Toren geschaffen (vgl. Taf. 181 unten). Die Haupttore sind mit 5 m Breite viel breiter als das Löwentor. Wie die Tore geschlossen wurden, wissen wir noch nicht.

Eine aus großen Steinen gebildete Stützmauer (Taf. 181 oben) hat die Terrasse gebildet, auf der der sog. Palast steht. Es ist eine in rechtem Winkel aufeinanderstoßende Reihe von Räumen mit langen Korridoren. Spuren von Bemalung sind gefunden worden, aber die Funde sind unbedeutend. Der Zweck eines großen, hofartig umschlossenen Raumes im Südwesten vor dem sog. Palast ist ungeklärt.

De Ridder, in: Bulletin de Correspondence Hellénique 18, 1894, S. 271ff. – *Frazer*, Pausanias Commentary 5, S. 120ff. – *Tsuntas* und *Manatt*, The Mycenaean Age, S. 374ff. – *Noack*, in: Athenische Mitteilungen 19, 1894, S. 405.

182, 183

ORCHOMENOS, DAS SCHATZHAUS DES MINYAS.

Das mächtige und schöne Tholosgrab, das zur Zeit des Pausanias noch unversehrt war und dessen Bewunderung erregte, ist nun fast zerstört. Die Tholos ist eingestürzt. In neuerer Zeit wurde die Steinbekleidung des Dromos entfernt, um eine Kapelle zu bauen. Schliemann hat das Verbliebene der Tholos ausgegraben.

Die Tholos ist als Schatzhaus des Minyas, des »Reichsten aller Menschen«, bekannt. Die Minyer waren einerseits Seefahrer, deren Ruhm die Argonautensage verewigt hat, andererseits ein Volk von Bauern, deren Tätigkeit durch die weite Ebene und deren Bewässerungsmöglichkeit begünstigt war. Die mächtigen »Deichbauten der Minyer« waren Zeugen dafür. Schon aus der frühen Bronzezeit haben wir Beweise von dem Reichtum von Orchomenos und der Minyer. Kornspeicher gab es wie in Ägypten, und Orchomenos war darin ein kleines Ägypten für das übrige Griechenland. Die Art der Bewässerung der Ebene durch den periodisch hohen Wasserstand der Kopais war ähnlich der des Niltals durch die periodische Nilüberflutung. Die Erinnerung daran läßt Homer in der Ilias (IX, 381–2) Orchomenos mit dem ägyptischen Theben vergleichen, obwohl in der Zeit des Dichters beider Städte große Tage schon vorbei waren. Nur das Tholosgrab besteht heute in Orchomenos als Denkmal jenes goldenen Zeitalters. Mit Recht hat man es mit dem des Atreus in Mykenai verglichen.

Die Länge des Dromos läßt sich nicht mehr feststellen, die Breite war etwa 6 m. Der Eingang zur Tholos ist 5,60 m hoch und unten 2,76 m breit. Oben ist er wie gewöhnlich etwas schmäler. Die Oberschwelle ist nur noch teilweise erhalten, alles übrige darüber fehlt. Der Tholosdurchmesser beträgt wenig über 14 m. Die Dimensionen sind also denen des »Atreus-Schatzhauses« sehr ähnlich. Auch hier sind im Türrahmen der Grabnebenkammer Bronzestifte erhalten, die auf Metalldekor schließen lassen.

Die Nebenkammer des Grabes war nicht in den Felsen gehauen, wie beim Atreus-Grab, sondern aus Stein gebaut; die Decke bestand aus feinkörnigem, grünlichem Kalkstein, der ja bei den kretisch-mykenischen Steinarbeiten viel Verwendung gefunden hat. Die Decke der Kammer, die 3,70×2,70 m mißt, hatte einen einheitlichen Dekor von in Relief gearbeiteten Spiralen und Blüten, der in der Mitte des Deckenfeldes durch einen rechteckigen Rahmen aus zwei Reihen Rosetten mit Astragalleiste dazwischen unterbrochen war.

Schliemann berichtet, daß er im Innern der Tholos hohe Lagen von Asche und Kohlenresten fand, die er wohl mit Recht für Opferreste hielt. In Analogie anderer Gräber und Kammergräber waren es die Toten selbst – in diesem Fall der mythische Minyas und andere Helden –, die mit den Opfern verehrt wurden. Das Grab war in makedonischer und römischer Zeit anscheinend zu einem Heiligtum uns unbekannter Art umgewandelt worden. Ein Marmorsockel in Π-Form ist bis heute in der Mitte der Tholos sichtbar, und Spuren von Marmorstatuen, möglicherweise aus makedonischer Zeit, bezeugen den Kult innerhalb des Grabes auch in dieser Ära.

Tsuntas und *Manatt*, The Mycenaean Age, S. 126ff. – *Frazer*, Pausanias Commentary 5, S. 187ff. – *Orlandos*, in: Deltion 1, 1915, Anzeiger, S. 51ff.

184–189, XLVIII
TOTENMASKEN MYKENISCHER FÜRSTEN.
Masken aus Gold. Burg von Mykenai, Gräberrund A, Schachtgräber IV und V.

184, XLVIII Aus Schachtgrab V. Sog. Agamemnon. Höhe 26 cm. – Inv.-Nr. 624.

185 Aus Schachtgrab V. Höhe 31,5 cm. – Inv.-Nr. 623.

186 Aus Schachtgrab IV. Höhe 20,5 cm. – Inv.-Nr. 253.

187 Aus Schachtgrab IV. Höhe 21,5 cm. – Inv.-Nr. 254.

188 Aus Schachtgrab IV. Höhe 30,3 cm. – Inv.-Nr. 259.

189 Maske aus Elektron. Aus Grab Gamma des Gräberrundes B außerhalb des Mauerringes der Akropolis von Mykenai. Höhe 22 cm.

Von den Toten in den Schachtgräbern des Gräberrundes A trugen nur die Männer Masken. Aber Masken wurden – wie weiter oben (bei 167) gesagt – nur bei den drei männlichen Leichen von Grab IV und bei zweien der drei von Grab V gefunden. Bei dem einzigen Toten von Grab II und den beiden Toten von Grab VI wurden keine Masken gefunden.
In Grab V waren drei Tote beigesetzt; der in der Mitte bestattete war seiner ganzen Beigaben beraubt, der südlich von ihm beigesetzte wurde von Schliemann als Agamemnon benannt und trug die Maske der Tafeln 184 und XLVIII über dem Gesicht, der nördlich von ihm liegende Tote war am reichsten ausgestattet. Er trug eine goldene Kette mit zwei Falken in jedem Glied (Taf. 227 oben) und die auf Tafel 185 wiedergegebene Maske. Zweifellos war bei den Masken versucht worden, die persönlichen Züge der Toten wiederzugeben. Sie waren wohl nur aus religiösen Vorstellungen heraus geschaffen. Die beiden Masken des Schachtgrabes V geben derart verschiedene Menschentypen wieder, einen mit flacherem und einen mit rundem Antlitz, daß es schwer fällt anzunehmen, es seien Brüder oder nahe Verwandte gewesen.
Die drei männlichen Toten des Schachtgrabes IV trugen alle Masken. Zwei von ihnen (Taf. 186, 187) gehören wohl wieder dem flacheren Kopftyp an und sehen sich ähnlich, der dritte (Taf. 188) hat ein ausgesprochen rundes Gesicht mit großen hervortretenden Augen. Ein Vergleich mit der Maske der Tafel 185 aus Grab V läßt sich – wenn auch mit aller Vorsicht – ziehen. Ob eine Verwandtschaft dieser beiden Toten vorliegt, wer weiß es?

Im Gräberrund B wurde nur eine einzige Maske (Taf. 189) gefunden, und zwar in Grab Gamma. Dieses Grab Gamma barg drei Tote. Die Maske lag nicht auf dem Gesicht des Toten, sondern rechts oberhalb des Hauptes. Ob sie ursprünglich schon so gelegt war oder bei einer späteren Beisetzung verlagert wurde, ist nicht bekannt. Jedenfalls hat auch diese Maske neben den Ohren Löcher zur Befestigung. Sie ist klein, ihr Goldgehalt gering. Sie zeigt unverkennbare Ähnlichkeit mit den beiden kleineren Masken aus Schachtgrab IV (Taf. 186, 187) sowohl technisch wie physiognomisch. Alle drei haben die über der Nasenwurzel zusammenstoßenden Augenbrauen. So liegt die Annahme von Blutsverwandtschaft zwischen den genannten zwei Toten aus Schachtgrab IV und dem aus Grab Gamma des Gräberrundes B nahe.
Man darf wohl annehmen, daß nur die toten Könige mit den Masken geschmückt wurden, nicht aber die Prinzen. Ob zwei Linien einer Dynastie bestanden, deren Mitglieder abwechselnd den Thron innehatten, wie manche mykenische Tradition berichtet und wozu das Doppelkönigtum von Sparta eine historisch gesicherte Parallele wäre, ist eine weitere offene Frage.

Karo, Schachtgräber von Mykenai. – *Eugen Fischer* (Anthropologisches), ebenda S. 320. – Vgl. weiter *Marinatos*, Geras Keramopullu, 1953, S. 61 und 78ff. – *Mylonas*, Ancient Mycenae, S. 107 und passim. – *Biesantz*, Marburger Winckelmann-Programm 1958, S. 9ff.

190
GOLDENER TOTENBRUSTSCHILD DES SOG. AGAMEMNON.
Burg von Mykenai, Schachtgrab V. Höhe 36,5 cm. – Inv.-Nr. 625.

Die beiden eine Maske tragenden der drei Toten des Schachtgrabes V hatten auch Brustschilde. Der eine Brustschild ist ganz glatt, der hier abgebildete des sog. Agamemnon ist mit getriebenen Schlingen, die beiderseits in Spiralen auslaufen, geschmückt. In den Dekor eingefügt sind die markant gearbeiteten Brustwarzen.

Karo, Schachtgräber von Mykenai, S. 122, Nr. 625, Taf. 55.

191
ZWEI GOLDDIADEME.
Burg von Mykenai, Schachtgrab III.

Beide Diademe stammen aus dem Frauengrab III und sind nur als Totenschmuck gearbeitet, daher nur aus dünnem Goldblech und ohne Bemühen um größere Festigkeit gefertigt. Sie sind jetzt flach ausgebreitet ausgestellt und konnten daher auch nur so aufgenommen werden. Vergleiche dagegen die Bilder bei Karo a. a. O.

Oben: Diadem mit Blütenkelchen. Weite 62 cm. – Inv.-Nr. 1. Das Diadem selbst hat elliptische Form und spitz zulaufende Enden. Seine Fläche ist mit getriebenen Kreisen geziert, die abwechselnd kleine Buckel in Siebenzahl und ein Blütenmuster füllen. Am Oberrand neun Blütenkelche, die aus je vier kreuzweise angeordneten Blättchen bestehen.

Unten: Strahlen-Diadem. Weite 65 cm. – Inv.-Nr. 3.
Das Diadem hat wieder elliptische, an den Enden spitz zulaufende Form. Seine Fläche zeigt neun, von der Mitte aus an Durchmessergröße abnehmende Kreise, die in der Mitte mit Buckel und um diesen herum mit Zierband geschmückt sind. Ähnlicher Dekor an den sieben Strahlen.

Oben: *Karo*, Schachtgräber, S. 43, Nr. 1, Taf. 11 (und in Nachbildung 12). – Unten: ebenda, S. 44, Nr. 3 und 5, Taf. 13, 14.

192, 193;
PRUNKSCHWERT VON STAPHYLOS AUF SKOPELOS.
Durchmesser des Knaufes 13,8 cm, Länge von Griff und Knauf 24 cm. Um 1500 v. Chr.

Staphylos ist der heutige Name einer Landschaft an der Südküste der Insel Skopelos, dem alten Peparethos. Hier wurde durch Zufall ein halbzerstörtes Schachtgrab, von dem nur noch die Nordostecke erhalten war, entdeckt. Da die Steinverkleidung im N noch in 2,80 m und im O noch in 2,50 m Länge erhalten war, muß das Schachtgrab von bedeutender Größe gewesen sein. Staphylos war der Name des Kreters, der unter Rhadamanthys, dem König von Phaistos, lebte und die kleine Insel in Besitz nahm. So kann die Prunkwaffe vielleicht in Zusammenhang mit dem sagenhaften Kolonisten oder seinen Nachkommen gebracht werden.
Der Schwertgriff ist der größte, der uns aus dieser Zeit bekannt ist. Von der Klinge ist keine Spur gefunden worden. Die Kunst der Schachtgräberzeit ist noch in diesem Werk lebendig.
Die zusammen mit dem Knauf gefundene, noch nicht publizierte Keramik gehört frühestens der Zeit um 1500 v. Chr., spätestens der um 1400 an. Da das Grab mehrere Tote enthielt, kann das Schwert ebensogut dem ersten wie irgendeinem bis zum letzten Toten der Familie gehört haben. Jedenfalls ist es seinem toten Träger als kostbares Erbstück seines Geschlechtes mit ins Grab gegeben worden.

Bakalakis, VI. Intern. Archäolog. Kongreß, Berlin 1939, S. 309ff. – *Platon*, in: Kretika Chronika 3, 1949, S. 534ff.

194, XLIX–LII, 195
BRONZEDOLCHKLINGEN MIT EINLEGEARBEITEN

Wie schon in der Einführung S. 59 erwähnt, ist die Einlegetechnik – sozusagen die Malerei mit Metall in Metall – wohl eine mykenische Spezialität, die in erster Linie zum Schmuck von Prunkwaffen Verwendung fand und ihre Blütezeit im 16. Jahrhundert v. Chr. und, wie es scheint, besonders in dessen zweiter Hälfte hatte. Nach 1500 entstanden nur noch einfachere Einlegearbeiten und die letzten datieren vom Ende des 15. Jahrhunderts. Sie bringen keine Szenen mehr, sondern nur noch Einzeldarstellungen, wie sie zum Beispiel die Dolchklinge aus Prosymna (Taf. LII unten) zeigt.
Im Gräberrund A hat Schliemann, neben einer Anzahl Klingen ohne oder mit nur geringem Zierat, fünf Dolche mit Einlegearbeiten, diese aber von besonderer Qualität, gefunden.
Das Material für die Einlegearbeit war Gold, Silber und Niello. In einigen Fällen wurde, um weitere Farbtöne der Metalle zu erreichen, Gold mit Silber legiert sowie Silber in verschiedenem Grade zum Oxydieren gebracht. Die komplizierte, ganze Szenen darstellende Einlegearbeit in Gold, Silber und Niello geschah auf einem Metallstreifen, der erst nachträglich in seiner Gesamtheit in die Klinge eingepaßt wurde. Die Fertigung der Einlagen oblag wohl besonderen Goldschmiedekünstlern, die Einpassung in die Klinge selbst den sie herstellenden Kupferschmieden.

Karo, Schachtgräber von Mykenai, S. 96, 137. Beschreibung der Dolche S. 313 und passim: Über Einlegetechnik und deren künstlerischen Wert. – *Evans*, Palace of Minos III, S. 113, Farbtaf. XX: über den Nillandschaft-Dolch; S. 118: über den Löwenjagd-Dolch. – Noch einiges über Einlegetechnik und Konservierung: *Persson*, Dendra, S. 48, 134.

194 oben Dolch mit Goldgriff und Liliendekor. Burg von Mykenai, Schachtgrab V. Länge des Bruchstückes soweit erhalten 18 cm. – Inv.-Nr. 764.
Die freistehenden Lilien sind in das Metallband eingehämmert. Sie sind aus Elektron, die Staubgefäße aus Gold. Die die Einlegebänder herstellende Werkstatt stand künstlerisch sehr hoch. Der Goldgriff des Dolches ist gleichfalls eine gute Arbeit.

Karo, Schachtgräber von Mykenai, S. 137, Nr. 764, Taf. 91, 92.

194 Mitte Bronzeklinge mit Spiralendekor in Gold. Burg von Mykenai, Schachtgrab V. Länge 24,3 cm. – Inv.-Nr. 744.
Dieser Dolch zeigt beiderseits ein graviertes Goldband eingelegt, dessen hervorragend feiner Dekor aus in der Größe allmählich abnehmenden Spiralen und Punktrosetten eine sichere Künstlerhand verrät.

Karo, Schachtgräber von Mykenai, S. 135, Nr. 744, Taf. 91, 92.

194 unten Goldgriff eines Schwertes mit Löwen und Spiralendekor. Aus Grab Delta im neuentdeckten Gräberrund B außerhalb der Burg von Mykenai. Länge des Griffes 14 cm.
Der Griff gehört zu einem Schwert, dessen Klinge 94,5 cm lang ist und beiderseits je eine Reihe von Greifen eingeritzt hat. Die mit Spiralen verzierte Goldfassung des Griffes endet in zwei Löwenköpfen, die in die Klinge zu beißen scheinen.

Mylonas, Ancient Mycenae, S. 140, 141, Abb. 51.

XLIX–LI Bronzeklingen dreier Dolche mit Einlagen aus Gold, Silber und Niello. Burg von Mykenai, Schachtgräber IV und V. Um 1570/1550 v. Chr.

Diese drei Klingen zeigen die älteste und zugleich vollendetste Stufe der Einlegetechnik.

XLIX oben und LI oben: Aus Schachtgrab V. Länge 16,3 cm. – Inv.-Nr. 765.

Leoparden jagen am Ufer eines Papyrossumpfes zwischen fliegenden Wildenten. In dem in Windungen verlaufenden Wasser schwimmen kleine Fische.

XLIX Mitte und L: Aus Schachtgrab IV. Länge 23,8 cm. – Inv.-Nr. 394.

Die Vorderseite zeigt eine für unsere Kenntnis von Bewaffnung und Kampfart interessante Darstellung einer Löwenjagd, wie sie sich sicher im mykenischen Hellas noch häufiger ereignet hat. Vier Hopliten und ein Bogenschütze kämpfen gegen einen mächtigen Löwen. Zwei Löwen haben sich zur Flucht gewandt. Der die fünf Krieger angreifende Löwe ist von einer Lanze durchbohrt. Den ihm nächsten Hopliten hat er zu Boden gerissen.
Die Gegenseite zeigt einen Löwen, der eine Gazelle angreift, zwei weitere Gazellen fliehen vor ihm in langen Sprüngen.

XLIX unten und LI unten: Aus Schachtgrab IV. Länge 21,4 cm. Inv.-Nr. 395.

Drei rennende Löwen; über ihnen sind Wolken und auf der Bodenfläche Steine angedeutet.

195, LII oben und Mitte: Zwei Dolche aus dem Tholosgrab zu Rutsi bei Pylos. Um 1500 v. Chr.

Diese beiden Klingen zeigen in ihrer graziöseren und stilistisch gelockerten Art der Einlegearbeiten die zweite Stilstufe. Den Fundumständen nach zu schließen gehörten die Waffen einer Frau, was nicht Wunder zu nehmen braucht, da sportlich sich betätigende Frauen in der mykenischen Kunst und Legende vorkommen. Eine Parallele aus Ägypten bilden die Waffen der Königin Aahhotep.

195 oben und LII oben:
Schwimmende Nautiloi in der Art des kretischen Meeresstiles dargestellt (vgl. z. B. das Gefäß Taf. 84 oben). Mit 25 cm Länge ist die Klinge die längste in Einlegetechnik, die wir besitzen. Im Augenblick der Auffindung der Klinge zeigte ihr Niello fast eher tiefblaue als schwarze Farbe, so dem tiefen Blau des griechischen Meeres sehr nahekommend.

195 Mitte und unten, LII Mitte:
Dolch mit goldenem spiralenverzierten Griff. Länge 32 cm.
Die eingelegte Klinge zeigt drei jagende Leoparden zwischen Felsen. Das mittlere Raubtier ist eine besonders schöne Tierdarstellung der mykenischen Kunst. In beiden Dolchen wiederholen sich (mit unbedeutenden Abweichungen) die Darstellungen auf der anderen Seite der Klinge.

LII unten: Bronzeklinge eines Dolches mit Delphin.
Aus Prosymna, Argos. Länge 18,5 cm. Um 1450 v. Chr.

Die Klinge gehört der dritten Stilstufe an, in der nicht mehr ganze Szenen, sondern nur noch einzelne Lebewesen in Einlegearbeit zur Darstellung kommen.

Blegen, Prosymna I, S. 330 Nr. 1.

196
OBERER TEIL EINES SILBERNEN TRICHTER-RHYTONS. Burg von Mykenai, Schachtgrab IV. Gesamthöhe des Rhytons 22,9 cm, oberer Durchmesser 11,2 cm. – Inv.-Nr. 481.

Dieses berühmte Rhyton ist nur teilweise erhalten und nicht sehr gut restauriert. Es müßte geradlinig bis zur engsten Stelle verlaufen. Die Darstellung zeigt die Landung mykenischer Krieger vor einer Stadtmauer. Ein Teil der Landenden steht unter der Beschießung der gegnerischen Bogenschützen und Schleuderer, andere kriechen, schwimmen oder werden von Meeresungeheuern verfolgt.

Karo, Schachtgräber von Mykenai, S. 106, Nr. 481, Taf. 122. – *Marinatos*, in: Deltion 1926, S. 78ff. – *Evans*, Palace of Minos III, S. 89ff.

197
RHYTON AUS SILBER UND GOLD IN FORM EINES STIERKOPFES. Burg von Mykenai, Schachtgrab IV. Höhe ohne Hörner 15,5 cm. – Inv.-Nr. 384.

Schachtgrab IV des Gräberrundes A war reich an besonders wertvollen Rhyta. Dieses und das vorerwähnte Rhyton haben, da aus Silber bestehend, durch Oxydation gelitten. Es ist »technisch und künstlerisch gleich meisterhaft« *(Karo)*, und es muß eines der wertvollsten Stücke des Grabes IV, des größten und reichsten der mykenischen Schachtgräber, gewesen sein.
Wie wir besonders aus ägyptischen Quellen wissen, war Silber zunächst kostbarer als Gold. In der Zeit der mykenischen Schachtgräber kommt Silber schon etwas häufiger vor, und erst später gewinnt Gold die Vorrangstellung. (*Erman-Ranke*, Ägypten, S. 551, 552.)

Karo, Schachtgräber von Mykenai, S. 93, Nr. 384, Taf. 119–121.

198, LIII
RHYTON AUS GOLD IN FORM EINES LÖWENKOPFES. Burg von Mykenai, Schachtgrab IV. Höhe 20 cm. – Inv.-Nr. 273.

Dieses Ritualgefäß war nicht nur Grabbeigabe, sondern offenbar ein wirkliches Gebrauchsstück und daher aus starkem Goldblech gefertigt. Es ist ein hervorragendes Werk, aus einem einzigen Goldblech getrieben. Künstlerisch zeigt es, wie viele Werke des 16. Jahrhunderts, gewaltige Kraft und Naturnähe, wobei aber absichtlich Dekoratives und Heraldisches beigemischt sind. Die Ohren sind einfach, beinahe menschenähnlich, die Nüstern sind durch Spiralen angedeutet, die Augenwinkel sind sehr lang ausgezogen, ähnlich wie bei dem Löwinnenkopf-Rhyton von Knossos (Taf. 99).

Karo, Schachtgräber von Mykenai, S. 77, 273.

199
RHYTON IN FORM EINES HIRSCHES.
Burg von Mykenai, Schachtgrab IV. Legierung von Silber und Blei. Höhe bis Einguß 16,2 cm. – Inv.-Nr. 388.

Das Rhyton wird vielfach für Import aus dem Orient gehalten. Wegen des schlechten Zustandes kann man nicht eindeutig sehen, ob an dem Munde ein Loch existierte. Die zweite Eingußstelle auf dem Rücken des Hirsches spricht aber dafür.

Karo, Schachtgräber von Mykenai, S. 94, Nr. 388, Taf. 125, 126.

200–207; Fig. 38/39
ZWEI GOLDBECHER MIT STIERFANG AUS DEM THOLOSGRAB BEI VAPHIO IN LAKONIEN.
Oberer Durchmesser 10,8 cm. Um 1500 v. Chr.

Die herrlich erhaltenen Goldbecher stammen aus einem auf dem Gipfel eines Hügels errichteten Tholosgrab, das von einem künstlichen Erdhügel bedeckt war.
Die Becher zeigen in vorzüglicher Treibarbeit Stierfangszenen. Die Bilder der Tafeln 178, 179 und 182, 183 zeigen die einzelnen Szenen der beiden Becher in aneinanderschließenden Aufnahmen. Die Tafeln 180, 181 sowie 184, 185 geben Vergrößerungen der bedeutendsten Stellen der beiden Becher.

GOLDBECHER I. Stierfang mit Netz und durch Stierfänger.

200 oben, 202: Ein Stier greift Fänger und Fängerin an.
Zwei Menschen mühen sich in kaum vorstellbarer Kühnheit um den Fang eines Stieres.

201, 203: Ein im Netz gefangener Stier.

178 unten: Gegenseite von Tafel 200 oben. Ein Stier auf der Flucht.
Zu dem Stierfang im Netz ist in dem mandelförmigen Goldschieber aus Pylos (Taf. 231) eine gleichzeitige Parallele gegeben. Hier nutzt eine Gestalt die Zeit, ehe der Stier sich wieder aus dem Netz befreit, um ihn bei den Hörnern zu packen, wäh-

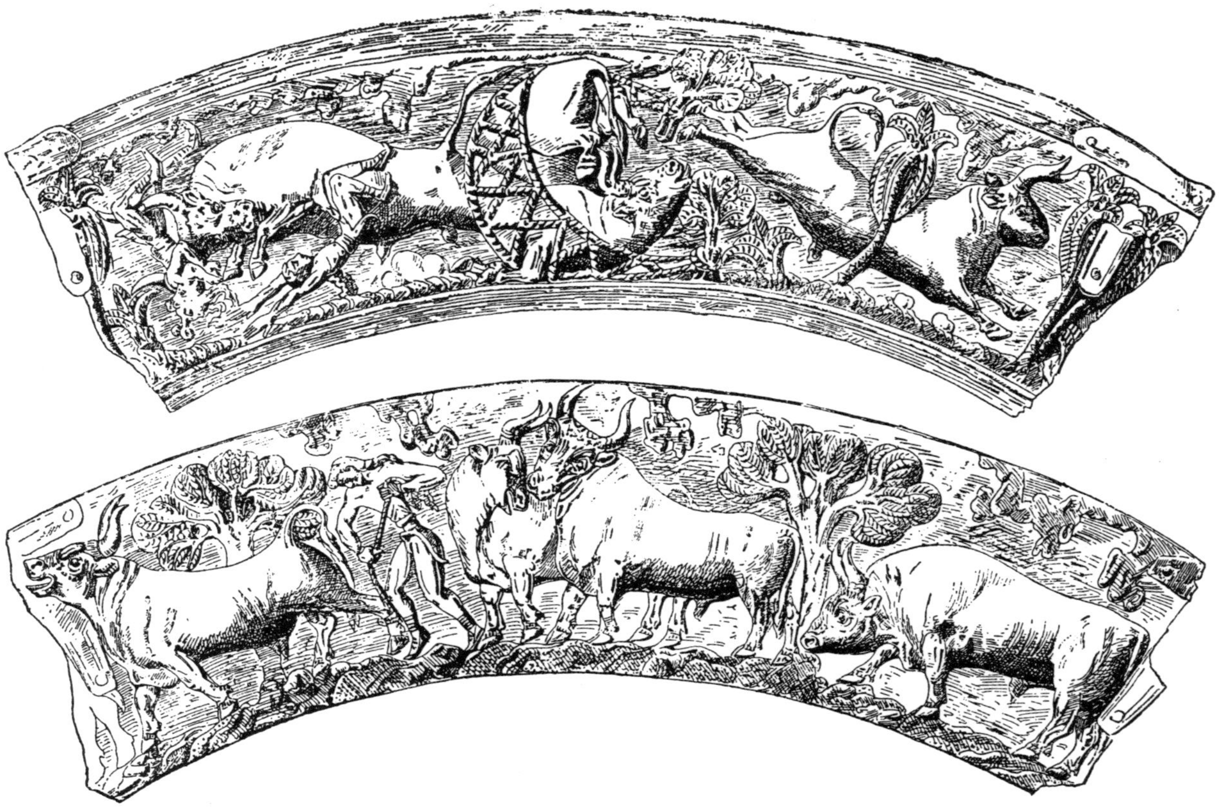

38/39 Schematische Wiedergabe der Darstellungen auf den beiden Goldbechern aus dem Tholosgrab bei Vaphio. Oben: von Becher I, Stierfang mit Netz und Fängern; unten: von Becher II, Stierfang mittels einer Kuh als Köder.

rend auf dem Becher aus Vaphio der im Netz gefangene Stier dort belassen wird (Taf. 201 und 203) und die beiden Stierfänger von einem anderen Stier (Taf. 200 oben, 202) angegriffen werden. Mit Kühnheit hat die eine der beiden Gestalten das eine Horn des Stieres mit den Händen umfaßt und klammert die Beine um das andere Horn des tobenden Stieres. Evans glaubte in dieser Figur eine Frau zu erkennen, was nach der Übereinstimmung der Stirnlocke dieser Gestalt mit der Locke der sich über die Stierhörner schwingenden Frau auf dem Fresko von Knossos (Taf. XVII) richtig sein könnte. Das gefährlichste Wagnis beim Stierfang hätten danach Frauen unternommen.

GOLDBECHER II. Stierfang durch eine Kuh als Köder.
204 oben: Der am Hinterfuß gefesselte Stier.

204 unten, 206, 207: Fänger, den Stier (der Taf. 204 oben) am Bein fesselnd. Hinter ihm die lockende Kuh mit einem zweiten Stier.

205 oben, 207: Kuh und Stier.

205 unten: Vorsichtiges Nahen eines dritten Stieres.

Tsuntas, in Ephemeris 1889, S. 129ff., Taf. 9. – *Evans*, Palace of Minos III, S. 180ff., Abb. 123–127, 130.

208
BECHER AUS ELEKTRON MIT GOLD UND NIELLO.
Burg von Mykenai, Schachtgrab IV. Höhe 15,5 cm. – Inv.-Nr. 390.

Die Gold-Silberlegierung des Bechers enthält nur einen geringen Teil Gold, der aber genügt hat, ihn vor zerstörender Oxydierung zu bewahren. Um den oberen Teil des Bechers sind unter dem Rand und am Beginn der Verjüngung zwei Niellostreifen eingelassen. Der obere trägt ein schmales Goldband, der untere eine Reihe runder Goldplättchen. Aus Goldblech geschnittene Blumenschalen – im ganzen drei –, in denen blühender Diktamon wächst, sind in die Oberfläche des Bechers eingehämmert. Der Becher ist eine vortreffliche Arbeit. Der Gegensatz von Silber, Gold und Niello muß einst ausgezeichnet gewirkt haben.

Karo, Schachtgräber von Mykenai, S. 94, Nr. 390, Taf. 112, 113. – *Evans*, Palace of Minos I, S. 242, 243, Abb. 183.

209–216
GOLDGEFÄSSE VON DER BURG VON MYKENAI.

209 Henkelbecher aus Gold. Aus Schachtgrab IV. Höhe ohne Henkel 15 cm. – Inv.-Nr. 351.

Der Becher, ein schweres und massives Gebrauchsgerät, ist aus einem einzigen Stück Gold getrieben. Die Perlenverzierung des Fußes, die drei um den Becher laufenden Rippen und die edlen Rosetten sind gleichfalls Treibarbeit.

Karo, Schachtgräber von Mykenai, S. 91, Nr. 351.

210 Sog. Nestor-Becher. Aus Schachtgrab IV. Höhe ohne Henkel 14,5 cm. – Inv.-Nr. 412.

Der sog. Nestor-Becher ist aus einem Stück Gold getrieben, aber aus dünnerem Blech als es für die Gebrauchsstücke üblich war. Er war offenbar nur für Spenden bestimmt. Ursprünglich henkellos und von höherer Form, wurde er dann wohl oben verkürzt, durch Hämmern verbreitet und erhielt zwei Henkel; endlich wurden die längslaufenden Stützen hinzugefügt. Die auf den Henkeln sitzenden Vögel hielt Schliemann für Tauben. Es sind aber Falken, die wohl Beziehung haben zu der kultischen Bestimmung des Gefäßes.

Karo, Schachtgräber von Mykenai, S. 100, Nr. 412, Taf. 109. – *Marinatos*, in: Neue Beiträge zur klassischen Altertumswissenschaft (Festschrift B. Schweitzer), S. 11–18.

211 Goldbecher mit Hundeköpfen. Vom Südrand des Gräberrundes A. Höhe etwa 15 cm. – Inv.-Nr. 957.

Einige Monate nach der Entdeckung der Schachtgräber durch Schliemann fand Drossinos im Januar 1877 am Südrand des Gräberrundes eine Ansammlung von Goldgegenständen, die anscheinend nach einer Plünderung wieder weggeworfen oder versteckt worden waren. Unter den Fundstücken waren vier Kyliken, deren Henkel alle in Hundeköpfe endeten. Ihre Höhe beträgt ungefähr 15 cm. Eine der Kyliken ist hier ganz wiedergegeben; die Detailaufnahme auf der Tafel oben stammt von einem anderen der vier Becher. Diese Becherform wurde in den Schachtgräbern nicht gefunden, sie ist zeitlich etwas später entstanden. Die Windhundköpfe sind ausgezeichnet gearbeitete Kleinplastiken. Aus dem gleichen Fund stammt auch der liegende Löwe (Taf. 221 oben), der wohl auch Becherdekor in der Art der Hundeköpfe obiger Kyliken war.

Schliemann, Mykenai, S. 339ff. Eine Kylix unter Nr. 528 abgebildet. BSA 39, 1938–39, Taf. 26, 27. – Zu den Hunderassen der kretisch-mykenischen Periode vgl. *Schweitzer*, in: Athenische Mitteilungen 55, 1930, S. 111.

212 oben Henkelgefäß aus Gold. Aus Schachtgrab IV. Höhe 9 cm. – Inv.-Nr. 441.

Das schöne Gebrauchsgeschirr ist aus einem starken Goldblech getrieben; sein einziger Schmuck ist ein um die Mitte verlaufender Wulst. Die Form dieses Gefäßes ist in zahlreichen Nachbildungen aus Ton bekannt.

212 unten Goldbecher. Aus Schachtgrab IV. Höhe ohne Henkel 12,6 cm. – Inv.-Nr. 427.

Der schmucklose Becher mit Fuß aus sehr starkem Goldblech ist trotz des Fehlens jeglichen Dekors eines der wirkungsvollsten Stücke des Schachtgräberschatzes.

Karo, Schachtgräber von Mykenai, S. 103, Nr. 441, Taf. 107–108 und S. 102, Nr. 427, Taf. 107.

213 oben Schminkgefäß aus Gold. Aus Schachtgrab IV. Höhe ohne Henkel 12,2 cm. – Inv.-Nr. 391.

Der Deckel des Gefäßes hatte zwei Randlöcher, durch die der Golddrahtbügel lief und so den Deckel hielt.

Karo, Schachtgräber von Mykenai, S. 95, Nr. 391, Taf. 114.

213 unten Kleiner Goldbecher in Tassenform. Aus Schachtgrab IV. Höhe 7 cm. – Inv.-Nr. 442.

Senkrecht verlaufende konkave Kannelüren (in Treibarbeit) bilden einen sehr wirksamen und feinen Dekor.

Karo, Schachtgräber von Mykenai, S. 103, Nr. 442, Taf. 107, 108. – *Evans*, Palace of Minos I, S. 242, 243, Abb. 183.

214 oben Goldbecher mit Löwendekor. Aus Schachtgrab V. Höhe ohne Henkel 12,8 cm. – Inv.-Nr. 656.

Der hochfüßige Becher ist aus einem starken Goldblechstück getrieben. Drei ziemlich schematisch gezeichnete Löwen in gestrecktem Lauf schmücken den oberen Teil. Das Gefäß ist eine gute lokale Arbeit.

Karo, Schachtgräber von Mykenai, S. 125, Nr. 656, Taf. 126.

214 unten Goldener Kantharos. Aus Schachtgrab IV. Höhe ohne Henkel 9,2 cm. – Inv.-Nr. 440.

Aus einem starken Stück Gold getrieben. Ein einfaches, aber edel geformtes Gebrauchsstück.

Karo, Schachtgräber von Mykenai, S. 103, Nr. 440, Taf. 108.

215 oben Kleiner Goldbecher in Tassenform. Aus Schachtgrab IV. Höhe ohne Henkel 6,2 cm. – Inv.-Nr. 392.

Der Becher, eines von zwei einander fast gleichen Fundstücken, ist aus dünnem, aber gutem Goldblech gearbeitet und ein Gebrauchsstück. Horizontale Vorkragungen, die in gleichem Abstand um das Becherrund laufen, bilden seinen Schmuck.

Karo, Schachtgräber von Mykenai, S. 95, Nr. 392, 393, Taf. 104.

215 unten Goldbecher in Form einer hohen Tasse. Aus Schachtgrab V. Höhe ohne Henkel 12 cm. – Inv.-Nr. 628.

Die hier gezeigte hohe Tassenform mit Wulst in der Mitte gibt es in vielen Nachbildungen aus Ton. Das wiedergegebene Stück besitzt unter dem Wulst ein Fischgrätenmuster, indes im oberen Teil der Tasse ein bogenförmiger Dekor angebracht ist. Der Becher ist aus mittelstarkem gelbem Goldblech getrieben.

Karo, Schachtgräber von Mykenai, S. 122, Nr. 628, Taf. 124. – *Evans*, Palace of Minos I, S. 243, Abb. 183.

216 oben Goldbecher in Tassenform. Aus Schachtgrab V. Höhe ohne Henkel 11 cm. – Inv.-Nr. 629.

Der Becher zeigt einen breiten Wulst und darüber wie darunter Spiralendekor. Er ist aus starkem Goldblech getrieben.

Karo, Schachtgräber von Mykenai, S. 122, Nr. 629, Taf. 125.

216 unten Goldbecher in Tassenform. Aus Schachtgrab IV. Höhe ohne Henkel 8,8 cm. – Inv.-Nr. 313.
Dieser Becher ist aus vergleichsweise dünnem Goldblech getrieben. Die sieben aufrechten Pflanzenzweige in Treibarbeit sollen wohl Diktamon darstellen.

Karo, Schachtgräber von Mykenai, S. 84, Nr. 313, Taf. 110.

217
SILBERKANNE. Burg von Mykenai, Schachtgrab V. Höhe 34,5 cm. – Inv.-Nr. 855.

Die Kanne ist aus zwei starken Silberblechen – eines für den Gefäßkörper, eines für den Hals – gearbeitet. Die Nahtlinie wird von einem plastisch gebildeten Rundstab verdeckt, den man auch sehr oft auf Tonnachbildungen trifft. Der Dekor besteht aus waagrechter Riefelung, einer Reihe von Doppelbögen, die unten in Tropfen enden, und einem Spiralenfries darüber.

Karo, Schachtgräber von Mykenai, S. 148, Nr. 855, Taf. 134. – *Evans*, Palace of Minos II, S. 645, Abb. 411.

218 oben
SILBERBECHER IN SCHALENFORM mit Goldeinlagen männlicher Köpfe. Aus einem Kammergrab in Mykenai. Durchmesser 16,2 cm. – Inv.-Nr. 2489.

Der Becher zeigt unter dem Oberrand der Lippe eine einfache Blätterreihe aus Gold und Niello, unten eine ebensolche, aber doppelte Blattreihe und dazwischen eine Reihe von insgesamt 21 goldenen Männerköpfen mit Haar und Bart, aber ohne Schnurrbart. Vergleiche auch die einem wohl ähnlichen Gefäß entstammenden Köpfchen aus Pylos auf Taf. 226 unten.

Tsuntas, in: Ephemeris 1888, Taf. 7, 2. – *Tsuntas* und *Manatt*, The Mycenaean Age, S. 167, 234, Abb. 117.

218 unten, 219
GOLDBECHER IN SCHALENFORM. Aus Midea in Argos. Durchmesser 17,3 cm. – Inv.-Nr. 3736.

Der Becher stammt aus einem ungeplünderten Tholosgrab. In gehämmerter, gepunzter und eingeritzter Arbeit zeigt er ungewöhnlich reichen und schönen Dekor von schwimmenden Delphinen, Oktopoden und kleinen Nautiloi im bewegten Meer, dessen Wellen wie Schuppen wiedergegeben sind. Zur Art der Darstellung des Meeres vgl. das Rhyton der Taf. 86 links, von der Insel Psyra, Golf von Mirabello, Ostkreta.

Persson, The Royal Tombs at Dendra near Midea, Titelbild sowie Taf. 9–11 und S. 43ff.

220, 221 unten
SECHSECKIGES HOLZKÄSTCHEN MIT GOLDPLATTEN. Burg von Mykenai, Schachtgrab V. – Inv.-Nr. 808–811.

Gefunden wurden zwei sechseckige Holzplatten, die Boden und Deckel eines Holzkästchens sein dürften; ferner vier Goldplättchen mit getriebenem Spiralenmuster (vgl. Taf. 220 unten), vier mit nach links gegen einen Steinbock anrennenden Löwen mit Bukranion darüber und weitere vier Plättchen mit nach rechts laufendem Löwen, der einen vor ihm fliehenden Hirsch packt; darunter palmartige Gewächse.
Die Arbeit entstammt einer lokalen Werkstatt. Ob die derzeitige Rekonstruktion, so wie sie die Aufnahmen in Taf. 221 unten zeigt, ganz richtig ist, ist etwas fraglich.

Karo, Schachtgräber von Mykenai, S. 143, Nr. 808–811, Taf. 143, 144.

221 oben
LIEGENDER LÖWE AUS GOLD. Burg von Mykenai. Aus einem Fund südlich des Gräberrundes A. Etwa dreifach vergrößert. – Inv.-Nr. 991.

Der massiv gegossene, auf einer Plinthe liegende Löwe stammt vermutlich vom Henkel eines Bechers, aus dem gleichen Fund, der auch die vier Becher mit den Hundeköpfen (vgl. Taf. 211) enthielt.

Schliemann, Mykenae, S. 410, Abb. 532.

222 links
ANSTECKNADEL aus Silber mit Golddekor. Burg von Mykenai, Schachtgrab III. Nadellänge 21,5 cm, Dekor 6,7 cm hoch. – Inv.-Nr. 75.

Die im Frauengrab III gefundene Nadel ist oben umgebogen, so daß die von ihr getragene Darstellung wie hängend erscheint. Sie zeigt eine weibliche Gestalt, wohl eine Gottheit, mit ausgebreiteten Armen und wie schwebend. Über ihrem Kopf zwei wazartige Gebilde, aus denen beiderseits in weitem Bogen je drei symmetrisch angeordnete Papyrosstengel mit ihren Blütendolden herunterhängen.

Karo, Schachtgräber von Mykenai, S. 54, Nr. 75, Taf. 30. – *Marinatos*, in: British School Annual 46, 1951 (Festschrift A. Wace), S. 102ff.

222 rechts
GOLDZIERAT in Form stilisierter Nautiloi. Mykenai, aus dem Dromos des sog. Grabes der Klytaimnestra. Etwas vergrößert. – Inv.-Nr. 2795.

Das als Halsschmuck in Gold oder Glaspaste sehr beliebte Motiv, das je zwei spiegelbildlich einander gegenübergestellte Nautiloi zeigt, und das sich später oft bis zur Unkenntlichkeit veränderte (vgl. die spätminoischen Ketten aus Kreta in Taf. 124), ist in der Schachtgräberkunst für Schmuck noch unbekannt.

Wace, Mycenae, Abb. 57a oben links.

223 oben
GOLDARMREIF EINES MANNES. Burg von Mykenai, Schachtgrab IV. Durchmesser 9,3 cm. – Inv.-Nr. 263.

Der für den Oberarm eines Mannes bestimmte Reif gehört zu den am besten und solidest gearbeiteten Schmuckstücken der Schachtgräberzeit. Die goldene, eigenartig geformte schleifenähnliche Auflage des Armreifs war mit Silber überzogen, darüber eine sternförmige goldene Blüte mit einem silberverkleideten Bronzeknopf in der Mitte angebracht. Das Gold des Reifes ist unversehrt, das stellenweise aufgelegte Silber stark zerstört. Daß Silber zur Zeit der Schachtgräberkunst noch wertvoller war als Gold, ist bereits zu Taf. 197 gesagt worden.

Karo, Schachtgräber von Mykenai, S. 76, Nr. 263, Taf. 42.

223 unten
EIN PAAR GOLDENER OHRRINGE. Burg von Mykenai, Schachtgrab III. Durchmesser 7,5 cm. – Inv.-Nr. 61.

Die im Frauengrab III gefundenen Ohrringe bestehen aus je zwei starken à jour gearbeiteten, mit Sterndekor gezierten Goldblechen, die um einen Golddraht befestigt sind. Zur Befestigung am Ohrläppchen dient je ein spiralenförmiger Goldring. Die Ohrringe waren offenbar der zu Lebenszeit getragene Schmuck einer Königin, der ihr, wie auch die Nadel in Taf. 222 links, mit ins Grab gegeben wurde.

Karo, Schachtgräber von Mykenai, S. 62, Nr. 61, Taf. 20 und (in Zeichnung) 32.

224

GOLDSCHEIBEN IN REPOUSSÉ-ARBEIT. Burg von Mykenai, Schachtgrab III. Wiedergabe in etwa natürlicher Größe. – Inv.-Nr. 2, 4, 6, 8–14.

Die sehr zahlreich gefundenen runden Goldscheiben sind aus dünnem Goldblech geschnitten und haben, wie die Zusammenstellung der wichtigsten Motive zeigt, vielgestaltige, eingestempelte Muster. Die mit Löchern versehenen Scheiben konnten auf die Gewänder und Umhüllungstücher der Toten genäht werden. Wie die Scheiben ohne Löcher angeheftet wurden oder Verwendung fanden, entzieht sich noch unserer Kenntnis. Jedenfalls dienten wohl alle dem Totenschmuck. Schliemann, der 701 Goldscheiben fand, berichtete, daß viele von ihnen unter den Gebeinen der Toten lagen.

Karo, Schachtgräber von Mykenai, S. 43, Nr. 2, 4, 6, 8–14, Taf. 27–29.

225 oben

GOLDKETTEN. Aus Prosymna in Argos, Grab 41. $1^1/_3$fach vergrößert.

Die Kettenglieder tragen in der Mitte je eine Blütenrosette. Ihre Glieder bestehen aus Nachbildungen von Lilienblüten und Papyrosdolden (vgl. jedoch das zu Taf. 124 Gesagte).

Blegen, Prosymna II, Taf. 85, Abb. 362 und Taf. 83, Abb. 359.

225 unten

EULE UND KRÖTE AUS GOLD. Aus Kakovatos bei Pylos. $3^1/_3$fach vergrößert.

Die Eule und die mit Granulation geschmückte Kröte wurden im Tholosgrab A in Kakovatos, Triphylia, gefunden. Die Darstellung der Eule findet sich selten in der kretisch-mykenischen Kunst; sie ist aber von besonderem Interesse, da die Eule ja später zum Attribut der Pallas Athene wurde.

K. Müller, in: Athenische Mitteilungen 1909, S. 271, Taf. 13, 27, 28 bzw. Taf. 12, 8.

226 oben

GOLDZIERAT IN FORM VON OKTOPODEN. Burg von Mykenai, Schachtgrab IV. $^2/_3$ natürlicher Größe. – Inv.-Nr. 386, 387.

Die Oktopoden sind aus dünnem Goldblech à jour gearbeitet. Sie dienten als Totenschmuck auf Gewändern und besonders auf Borten. Die Oktopoden haben hier merkwürdigerweise nur sieben Fangarme. Ob man aus religiösen Vorstellungen die Siebenzahl bevorzugte?

Karo, Schachtgräber von Mykenai, S. 94, Nr. 386, 387, Taf. 44.

226 unten

KÖPFCHEN AUS GOLD UND NIELLO.

Aus dem Palast von Englianos bei Pylos. Etwa $1^1/_3$fach vergrößert.

Die Goldköpfchen stammen von einem Prunkgerät. Sie erinnern an die ähnlichen Köpfe des Silberbechers aus Mykenai (Taf. 218 oben). Nach Blegen haben sie ebenfalls eine Silberschale geschmückt.

Blegen, in: American Journal of Archaeology 59, 1955, S. 32, Taf. 23, 3.

227 oben

GOLDKETTE MIT FALKENPAAREN. Burg von Mykenai. Schachtgrab V. $^9/_{10}$ natürlicher Größe. – Inv.-Nr. 689.

Die Kette gehörte dem König, dessen Maske in Taf. 185 wiedergegeben ist. Sie zeigt spiegelbildlich gestellte Falken im Glied. Daß es Falken und nicht Adler sind, beweist ihr langer Schwanz.

Karo, Schachtgräber von Mykenai, S. 128, Nr. 689, Taf. 66, Grab V.

227 Mitte

GOLDZIERAT. Burg von Mykenai, Schachtgrab IV. $^9/_{10}$ natürlicher Größe. – Inv.-Nr 243 (links) und 242 (rechts).

Aus Schachtgrab III und Schachtgrab IV sind uns insgesamt fünf dieser Zieratstücke (zwei aus Grab III, drei aus Grab IV) bekannt geworden. Sie sind alle mit der gleichen Form gestanzt. Der Zierat stellt die Fassade eines Kultbaues dar, wie er uns schon aus knossischen Fresken bekannt ist. An der Seite je zwei Tauben, auf dem Architrav des Mittelstückes drei Doppelhörner, davon eines frontal gestellt.

Karo, Schachtgräber von Mykenai, S. 74, Nr. 242–44, Taf. 18, Grab IV.

227 unten

GOLDZIERAT. Burg von Mykenai, Schachtgrab III. $^9/_{10}$ natürlicher Größe. – Inv.-Nr. 27, 28 und 36.

Die wieder aus dem Frauengrab III stammenden gestanzten Zieratstücke aus Gold stellen (links und rechts) je eine nackte Göttin mit drei Tauben dar. Die beiden bekleideten Frauengestalten sind entweder irdische oder göttliche Wesen.

Karo, Schachtgräber von Mykenai, S 48, 49, Nr. 27–28 und 36, Taf. 27, Grab III.

228

GOLDENE SIEGELRINGE. Aus Kammergräbern der Unterstadt von Mykenai. Sämtliche Aufnahmen nach den Originalen, $3^1/_4$fach vergrößert. – Inv.-Nr. 2970, 3148, 3179, 3180, 2921, 3182, 3181.

Oben: Zwei Flügelgreifen mit Hauben.

Evans, Palace of Minos III, S. 511, Abb. 360. – *Bossert*, Altkreta, 3. Aufl., Abb. 395f.

Zweite Reihe links: Heiliger Baum im heiligen Bezirk, davor Betender, den Baum pflegend; hinter ihm Steinbock und noch ein Baum im Hintergrund.

Evans, Mycenaean Tree and Pillar Cult, in: Journal of Hellenic Studies 21, 1901, S. 99ff.

Zweite Reihe rechts: Ein vielbesprochener Ring: Männliche Gestalt bei der sakralen Entwurzelung des Heiligen Baumes. Weibliche Gestalt, »wehklagend und die Schenkel schlagend«, wie Homer zu sagen pflegt; rechts eine zweite weibliche Gestalt, über den Altar gebeugt und weinend.

Evans, Mycenaean Tree and Pillar Cult, S. 79 (177), Abb. 53.

Dritte Reihe links: In der Mitte und ganz im Hintergrunde Heiliger Bezirk mit Heiligem Baum. Vor ihm ein Gebilde, das man als Grundriß eines Heiligtums annehmen muß und das dem neuerdings in Vathypetron entdeckten Heiligtum (Taf. 61 oben) gleicht. Neben ihm, aber vor ihm vorzustellen, zwei betende Frauen. Ein Baum und drei »Zypressen« im Hintergrund.

Evans, a. a. O., S. 85 (183), Abb. 57.

Dritte Reihe rechts: Die Göttin sitzt, der junge Partner steht aufrecht vor ihr in »Sacra conversatione«. (So die übliche Erklärung; es könnte sich jedoch auch um eine profane Szene handeln, obwohl die Frau dann zu groß wäre.)

Evans, a. a. O., S. 77 (175), Abb. 51, und Palace of Minos III, S. 464, Abb. 324.

Vierte Reihe links: Sitzende geflügelte Sphinx mit Krone und darüber in Lilie endender Busch.

Bossert, Altkreta, 3. Aufl., Abb. 391 c.

Vierte Reihe rechts: Göttin in einem Lehnstuhl, vor ihr ein geflügelter weiblicher Greif mit Haube.

Bossert, a. a. O., Abb. 399 e und *Stais*, Collection Mycénienne, Nr. 3181.

229

ZWEI GROSSE SIEGELRINGE AUS GOLD.

Diese beiden kostbaren Werke sind die größten Goldringe, die wir bisher aus der Zeit der kretisch-mykenischen Kultur kennen. Zugleich tragen sie die interessantesten und umfangreichsten Darstellungen. Beide stammen aus Schätzen, die – von der Plünderung von Gräbern herrührend – noch in mykenischer Zeit wieder vergraben wurden. Einer von ihnen wurde 1915 in der Unterburg von Tiryns gefunden (Deltion 2, 1916, Anzeiger S. 13ff.). Der andere stammt aus dem schon anläßlich der Becher (Taf. 211) und des Löwen (Taf. 221 oben) erwähnten Schatz aus Mykenai, den Drossinos südlich des Gräberrundes A (in Fig. 28 rechts unten) 1877 gefunden und den Schliemann publiziert hat.

Oben: Aus der Unterburg von Tiryns. Querdurchmesser 5,6cm. Gewicht 78,2 g. Dreifach vergrößert. Aufnahme nach dem Original. – Inv.-Nr. 6208.

Am Rande des Siegelbildes sitzt eine Göttin auf einem Klappstuhl mit hoher Lehne. Ihre Füße ruhen auf einem Gegenstand, dessen Namen wir von Homer her als Θρῆνυς (= Thranys) kennen.

Das entsprechende Wort ist auf den Schrifttafeln von Pylos als Taranu zu lesen und ist durch Ideogramm gesichert, eine glänzende Bestätigung der Richtigkeit der Entzifferung.

Hinter der Göttin sitzt ein falkenähnlicher Vogel, vor ihr steht ein Thymiaterion. Die Göttin hält einen heiligen, henkellosen Becher (von der Form, wie wir uns den ursprünglichen sog. Nestorbecher [Taf. 210] vorzustellen haben). Vier Ta-urt-Dämonen mit kultischen Schnabelkannen schreiten auf sie zu. Hinter ihnen je eine Ähre. Am Himmel sind Sonne und Mondsichel zu sehen und vier Ähren. Bezieht sich die Darstellung auf den Monat, in dem die Kornfelder im Polydipsion Argos nach Wasser dürsten? Die Dämonen erscheinen oft im Dienst der Bewässerung der Pflanzenwelt.

Karo, in: Athenische Mitteilungen 55, 1930, S. 121, Beilage 30, 2. – *Evans*, Palace of Minos IV, S. 460, Abb. 385 und 393, Abb. 329.

Unten: Aus dem Schatz südlich des Gräberrundes A der Burg von Mykenai. Querdurchmesser 3,4 cm. Aufnahme nach dem Original, vierfach vergrößert.

Die unter einem Baum sitzende, drei Mohnkapseln in Händen haltende weibliche Gestalt wird von drei weiblichen Gestalten, deren eine wie ein kindliches Geschöpf anmutet, mit Blumen beschenkt, die als die von jeher heiligen Lilien zu erkennen sind. Die Frauen verkörpern wohl alle göttliche Gestalten. Die hinter ihnen angebrachten sechs Löwenköpfe weisen auf die zu den drei großen Gestalten gehörenden Löwen. Vergleiche hierzu auch den Siegelring aus Kreta in Taf. 115 oben. Die Doppelaxt – im Hintergrund zu denken – bezeichnet wohl den irdischen Heiligen Bezirk. Der Kuros jedoch kommt offensichtlich vom Himmel herab. Stellt die Szene den Augenblick der Befruchtung der Göttin Natur dar? Vielleicht bezeichnen die am Himmel stehende Sonne und die Mondsichel (die hier in einer unnatürlichen Stellung wiedergegeben ist, da sie der Sonne ihre konkave Seite zukehrt) Beginn oder Ende eines bestimmten Monats des Mondkalenders.

Schliemann, Mykenae, S. 402, Abb. 530. – *Evans*, Mycenaean Tree and Pillar Cult, S. 10 (108), Abb. 4, und Palace of Minos II, S. 341, Abb. 194 e.

230

MYKENISCHE GOLDENE SIEGELRINGPLATTEN UND SIEGELSTEINE (Wiedergabe wie der Abdruck positiv)

Oben und Mitte links: Aus Grab IV bzw. III des Gräberrundes A innerhalb des Mauerringes der Akropolis von Mykenai (vgl. Taf. 167) – Späthelladisch I, um 1580–1500 v. Chr. – Athen, Nationalmuseum.

Oben: Aus Grab IV. Siegelringplatte, Gold, 2,1 × 3,5 cm. Kampfszene. Vier Krieger in einer rings von Felsen umstandenen Landschaft. In der Mitte ein behelmter Krieger, der mit seinem Schwert einen zweiten angreift und ihn mit der freien Hand in die Knie zwingt, während der Angegriffene mit dem Schwert nach seinem Gesicht zielt. Links ein dritter Krieger mit Turmschild und Helm, der dem ersten seinen Speer gegen den Kopf richtet. Der vierte sitzt auf der gegenüberliegenden Seite entwaffnet am Boden. Die konischen Helme, deren Eberzähne angedeutet sind, haben lange Helmbüsche. Die beiden Krieger in der Mitte tragen das Zoma (Lendenschurz).

Schliemann, Mykenae 259 Abb. 335. *Furtwängler*, AG I Taf. 2, 3 II 7 Nr. 3. – *Levi* AS Atene 8/9, 1925/26, 123 Nr. 113, 182 Nr. 195. – *Karo*, Schachtgräber 74. 306 Taf. 24. *Mylonas*, AJA. 55, 1951, 140 Abb. 7j. – *Matz*, Kreta u. Griechenland 170. – *F. Matz*, Corpus Min.-Myken. Siegel I, Nr. 16.

Mitte links: Aus Grab III. Siegelringplatte, Gold, 1,2 × 1,8 cm. Zweikampf. Der auf der rechten Seite stehende schutzwaffenlose Mann stößt ein Schwert, seine einzige Waffe, dem Gegner in den Hals. Dieser trägt einen Helm mit großem widderhornförmigem Federbusch, einen achtförmigen Schild und einen Speer. Hinter dem ersten Krieger Fortsetzung des Speeres, dann seine Schwertscheide mit Telamon und Lederriemen aus ihrem Ende hängend, die zum Abbinden der Wunden dienten.

Schliemann, Mykenae 202 Abb. 254. *Furtwängler*, AG. I Taf. 2.1. II 7 Nr. 1. *Mylonas*, AJA. 55, 1951, 140. – *Hampe*, Gymnasium 63, 1956, 13 Abb. 8. – *F. Matz*, Corpus Min.-Myken. Siegel I, Nr. 11.

Mitte rechts: Aus Tholos I von Guvalari bei Kukunara (Messenien) – Um 1400 v. Chr. – Amethyst, 1,3 × 1,7 cm – Pylos, Archäologisches Museum, Inv.-Nr. 13.

Zweikampf zweier Männer mit vier Schwertern. Die Szene ist streng symmetrisch komponiert: Beide Männer stehen in Ausfallstellung mit zurückgebogenen Oberkörpern. Beide stechen jeweils mit einem Schwert von oben her aufeinander ein (das Schwert des rechten Mannes ist kaum erkennbar). Die beiden anderen Schwerter halten sie in Hüfthöhe so, daß die Klingen sich x-förmig überschneiden. Hinter den zurückgestellten Beinen hängen die Schwertscheiden herab.

Ergon 1959, 112 Abb. 128,4. Praktika 1959, 177 Taf. 148b unten rechts. – BCH. 84, 1960, 705 Abb. 6,4. – *Marinatos*, Praktika 1963, 118 Nr. 1 Taf. 92a. *Ders.*, Delt. 19 B_2, 1964, 164 Taf. 164d.

Unten: Aus Tholos I von Tragana (zwischen Englianos und Koryphasion) Messenien – Um 1400 v. Chr. – Hellblauer Amethyst, Durchmesser 1,7 cm (Nachzeichnung nach dem Abdruck). – Chora, Museum, Inv.-Nr. 2705.

Drei männliche Gestalten im Lendenschurz, von denen die mittlere und stärkste einen behelmten Mann schon erschlagen hat und einem Epheben den Speer mitten in die Schulter stößt. Wohl eine mythologische oder historische Szene.

Marinatos, Praktika 1955, 249 Taf. 95,5 – *F. Matz*, Corpus Min.-Myken. Siegel I, Nr. 263

231

GOLDENE SIEGEL. Aus Pylos. Aufnahmen nach den Originalen, $3^1/_2$fach vergrößert.

Oben: Aus dem Tholosgrab neben dem sog. Palast des Nestor in Englianos. »Großartiges Siegel aus Gold, auf der einen Seite ein Netzmuster, auf der anderen (hier abgebildeten Seite) ein Greif mit Haube, ein wirklich königliches Juwel« *(Blegen).*

Mitte und unten: Aus dem Tholosgrab 2 in Rutsi bei Pylos. Mitte: Goldenes, mandelförmiges Siegel (das Innere hohl, einst Holz). Rasender Stier, durch einen Speer im Nacken verwundet. Die Gegenseite zeigt ein Schuppenmuster, das mit blauer Glaspaste gefüllt ist. Unten: Massives Goldsiegel. Ein Stier, im Netz gefangen, wird von einem Fänger bei den Hörnern gepackt. Vergleiche das zu Taf. 200 oben und 202 Gesagte.

Oben: *Blegen*, in: American Journal of Archaeology 59, 1954, S. 32, Taf. 9, 15. – Übriges: Illustrated London News vom 27. April 1957, S. 691.

232

SIEGELBILDER AUS EINEM NEUGEFUNDENEN THOLOSGRAB IN PYLOS.
Aufnahmen nach den Abdrücken, $2^1/_2$fach vergrößert.

Oben links: Amethyst. Zwei fliegende Enten.
Oben rechts: Karneol. Zwei liegende Stiere unter einem Baum.

Mitte links: Karneol. Löwe, mit einem Pfeil in den Rippen, sterbend.
Mitte rechts: Karneol. Vor dem Altare, der mit Doppelhörnern und Oliven- oder Myrtenzweigen geschmückt ist, bringt eine Frau Lilien dar.

Unten links: Sardonyx, in Gold gefaßt. Weiblicher Flügelgreif
Unten rechts: Karneol. Löwe, der ein Kalb gepackt hat.

Unpubliziert. Bilder mit kurzer Beschreibung in: Illustrated London News vom 27. April 1957, S. 691.

233

SIEGELSTEINE. Aus Midea in Argos. Aufnahmen nach Abdrücken, $2^1/_2$fach vergrößert.

Oben: Achat. Liegender Stier, hinter ihm ein Löwe.
Mitte: Dunkelfarbiger Achat. Ein mächtiger Löwe versucht, einer Kuh die Wirbelsäule im Nacken zu zerbrechen, so wie es Homer in seinen Vergleichen schildert (Archäologischer Anzeiger 1928, S. 110–112) und wie es tatsächlich der Löwe beim Angriff auf stärkere Tiere zu machen pflegt. Die Andeutung des marmorierten Sockels in der Art der Monumentalmalerei.
Unten: Achat. Stier oder Kuh, von zwei Löwen angegriffen. Nicht mehr aus der besten Periode.

Persson, Royal Tombs at Dendra, S. 32, Taf. 19 oben, mittlere Reihe.

234

SIEGELSTEINE. Aus Vaphio in Lakonien. Aufnahmen nach Abdrücken, $2^1/_2$fach vergrößert. Um 1500 v. Chr.

Das durch die zwei Goldbecher (Taf. 200–207) berühmte Grab hat einen der schönsten Funde von Siegeln geliefert, deren Wert um so größer ist, als sie genau, und zwar um 1500 v. Chr., datiert werden können. Nicht weniger als 38 Siegelsteine lieferte das große Grab. Das ungeplünderte Tholosgrab von Pylos (mit etwa 5 m Durchmesser gegenüber etwa 10 m Durchmesser der Vaphiotholos) hat den zweitgrößten Fund geliefert, etwa 20 Siegel, von denen einige aus derselben Werkstatt, ja sogar von derselben Hand wie entsprechende Siegel von Vaphio sein können. Die Beobachtung von Tsuntas in Vaphio, daß viele von den Siegelsteinen zu Armbändern aufgereiht waren, ist in Pylos bestätigt worden. Die auf Taf. 234 ausgewählten Steine sind:

Linke Reihe. Oben: Chalcedon. Die Potnia Theron mit einer Gefährtin bezwingt ein Tier. – Mitte: Chalcedon. Jäger in Berglandschaft stößt seinen Speer gegen einen angreifenden Eber. – *Unten:* Achat. Zwei Ta-urt-Dämonen mit Schnabelkrügen im Dienste der durstigen Pflanzenwelt; zwischen ihnen ein Baum, Kulthörner und eine Opferschale (vgl. hierzu die Darstellung auf dem großen Siegelring von Tiryns, Taf. 229 oben).

Mittlere Reihe. Oben: Sardonyx, in Gold gefaßt. Wagen von zwei Pferden im Trab gezogen. Der Lenker hält auf der Schulter einen Speer mit hängendem Beutel oder einem gejagten Tier. – *Darunter:* Karneol. Zwei liegende Stiere (vgl. die Ähnlichkeit mit dem Siegel aus Pylos, Taf. 232 rechts oben). – Darunter: Sardonyx. Liegender Löwe, den Kopf zurückwendend. – *Unten:* Amethyst. Vier Widderköpfe.

Rechte Reihe. Oben: Jaspis. Eine sakrale Gestalt oder ein Gott in weitem, ungewöhnlichem Kleid, einen Flügelgreifen an einem Seile führend. – *Mitte:* Karneol. Weibliche Gestalt, wohl eine Göttin, in ungewöhnlicher, künstlerisch schöner Haltung des Oberkörpers. – *Unten:* Karneol, in Gold gefaßt. Die Potnia Theron hält einen großen Widder.

Tsuntas, in: Ephemeris 1889, S. 165ff., Taf. 10.

235 oben

SIEGELSTEIN AUS AMETHYST. Aus Grab Gamma im neuentdeckten Gräberrund B von Mykenai. Aufnahme nach dem Original, achtfach vergrößert.

Das Siegel zeigt das Porträt eines Mannes im Profil; die Nasenspitze ist leicht aufgebogen, wohl ein persönliches Merkmal. Er trägt Backenbart, aber keinen Schnurrbart. Ein Teil der Haare ist in die Stirn gekämmt mit etwas längerer Strähne in der Mitte. Die übrigen Haare fallen, hinter die Ohren gelegt, in den Nacken. Eine kretische Frisur.

Biesantz, Marburger Winckelmann-Programm 1958. S. 9ff., Taf. 10, 4.

235 unten

SCHALE AUS BERGKRISTALL. Aus Grab Omikron im neuentdeckten Gräberrund B von Mykenai. Längsdurchmesser 13,2 cm.

Der Griff des Ausgußgefäßes endet in einem Entenkopf. Vergleiche das in der Einführung Seite 60 Gesagte.

Mylonas, Ancient Mycenae, S. 139, 146, Abb. 49, 60, 61.

236

ELFENBEINPYXIS. In einem mittelmykenischen Kammergrab der Agora von Athen (auf der Nordseite des Areopag) gefunden. Höhe 16 cm. Durchmesser 11,2 cm. Um 1400 v. Chr.

Die Innenseite der Pyxis war mit Zinnstreifen ausgekleidet. Die Außenseite und der Deckel zeigen als einheitliches Relief eine Herde Hirsche, die von Greifen überrascht wird. Eigenartig sind die beiden gegenüberliegenden ösenartigen Doppelgriffe. Sie werden jeweils von einem liegenden Löwen und einem liegenden, völlig zurückgewandten Hirsch gebildet. Die Außenwandung der Pyxis zeigt zwei Greifen; der eine fällt stehend einen liegenden Hirsch an, der zweite springt im sog. fliegenden Galopp auf einen stehenden, zusammenbrechenden, vor Schmerz brüllenden Hirsch. Auf dem Deckel wirft ein wild stürmender Greif gleichzeitig zwei Hirsche nieder. – Eine kraftvolle und sichere Arbeit aus der Zeit um 1400 v. Chr.

T. Leslie Shear, Hesperia IX (1940), S. 274f., Abb. 27–29 und passim.

237

ALABASTERVASE. Burg von Mykenai, Schachtgrab IV. Höhe mit Henkel 24,3 cm. – Inv.-Nr. 389.

Die drei doppelt im Gegenlauf gekurvten Henkel waren mit Hilfe eines Drahtes an dem Körper dieses höchst kunstvollen Gefäßes befestigt. Vielleicht ist es einem Gefäß aus Metall nachgebildet.

Karo, Schachtgräber von Mykenai, S. 94, Nr. 389, Abb. 138, 139.

238, 239

ZWEI KÖPFE VON KRIEGERN IM HELM AUS EBERZÄHNEN.

238 Aus einem Kammergrab der Unterstadt von Mykenai. Elfenbein. Etwa dreifach vergrößert.

Der Kopf ist sicher der beste unter mehreren ähnlichen Stücken. Der hier nachgebildete Helm, seine Wangen- und Nackenklappen, sind aus gefaßten Eberzähnen zu denken. Die Spirallocken über der Stirn könnten ebenfalls wie die Eberzähne über dem Hinterkopf noch zum Helm gehören und ständig daran befestigt sein. Auf der Spitze dieser Helme war eine eigens gearbeitete Vorrichtung, der Kymbachos, mit einem Loch, in das der Helmbusch gesteckt werden konnte.

Tsuntas, in: Ephemeris 1888, Taf. 8, 12. – *Tsuntas* und *Manatt*, The Mycenaean Age, S. 197, Abb. 85. – *Evans*, Palace of Minos IV, S. 870, Abb. 861.

239 Aus Spata, Ost-Attika. Elfenbein. Etwa dreifach vergrößert.

Der Ausdruck des Kopfes ist der eines nachdenklichen Mannes. Der Helm thront hoch auf der Stirn, der Nackenschlitz ist etwas länger als beim Kopf der Taf. 238; der Wangenschutz ist nur schematisch wiedergegeben. Das Ganze ist eine vielleicht etwas lässigere Arbeit, dennoch aber ein sehr eindrucksvolles Porträt.

Bulletin de Correspondance Hellénique 1878, S. 185ff.

240

RELIEFPLÄTTCHEN AUS ELFENBEIN. Aus Spata, Ost-Attika. Etwa $3^1/_2$fach vergrößert. – Inv.-Nr. 2053, 2045.

Oben: Eine gelagerte Sphinx, deren ausgebreitete Flügel, Seitenlocken und Krone etwas schematisch wiedergegeben sind.

Unten: Etwas konventionell ist auch hier die Darstellung, wo ein Löwe einen Stier niedergerissen hat. Dennoch sind beide Reliefs gute und eindrucksvolle Arbeiten.

Bulletin de Correspondance Hellénique 1878, S. 185ff., Taf. 17.

241

SITZENDE GÖTTIN. Aus Mykenai. Elfenbein. Etwa zweifach vergrößert. – Inv.-Nr. 5879.

Die wohl eine Gottheit darstellende weibliche Gestalt, die auf einem Felsen sitzt, ist, obwohl leider der Kopf fehlt, das vollkommenste Beispiel dieses interessanten, in Kreta beheimateten Typus. Zwei Reliefs mit ähnlich prächtig gekleideten Gestalten sind von dem Inselchen Psyra in Ostkreta bekannt; auch in Knossos wurde eine ähnliche Darstellung gefunden.

Journal International d'Archéologie numismatique 1912, S. 181ff., Taf. 12. – Vgl. *Evans*, Palace of Minos III, S. 38 und Abb. 27 auf S. 45 (Knossos) und S. 28, Abb. 15 A (Psyra).

242, 243

ELFENBEINGRUPPE EINER GÖTTLICHEN DREIHEIT. Aus Mykenai. Zweifach vergrößert. 15. Jahrh. v. Chr. – Inv.-Nr. 7711.

In einem mykenischen Heiligtum, das unter der nördlichen Stützmauer des in griechischer Zeit über dem Palast von Mykenai errichteten Tempels lag, wurde 1939 die hier abgebildete Elfenbeingruppe gefunden. Sie ist von großem künstlerischem und relegionsgeschichtlichem Interesse.

Zwei ähnlich aussehende und ähnlich gekleidete hockende weibliche Gestalten, die durch einen sie beide umfassenden Peplos wie zu einer »heiligen« Einheit verbunden sind, behüten das vor ihren Knien spielende Kind.

Es ist nicht das einzige Mal, daß wir diese Dreiheit antreffen, berichtet doch die Götterlehre von dem mutterlosen göttlichen Kinde, das von zwei göttlichen Ammen – in manchen Varianten auch von deren mehr als zwei – gerettet, behütet und aufgezogen wird.

Wace, Mycenae, S. 83, Abb. 101–103.

244, 245
ELFENBEINGRIFFE ZWEIER BRONZESPIEGEL. Mykenai, sog. Klytaimnestra-Grab. Vierfach bzw. zweifach vergrößert. Nach 1500 v. Chr. – Inv.-Nr. 2900.

1892 wurden im Dromos des sog. Klytaimnestra-Grabes vor der Burg von Mykenai die Reste der Leiche einer dort beigesetzten Frau gefunden. Ob es eine Prinzessin oder eine königliche Geliebte war, ist nicht geklärt. Jedenfalls waren die Grabbeigaben von hohem künstlerischem Rang. Außer dem Goldzierat der Taf. 222 rechts waren die hier wiedergegebenen zwei Bronzespiegel beigegeben, deren Griffe zu den besten Elfenbeinschnitzereien der mykenischen Kunst gehören. Dargestellt sind beide Male zwei jugendliche weibliche Gestalten, die wie ätherische Wesen auf palmenähnlichen Blattwedeln sitzen. Der Eindruck des Überirdischen wird bei der Gruppe der Taf. 244 noch dadurch gesteigert, daß die jungen Geschöpfe – oder »Geister« – Vögel in den Händen halten (nur bei der linken Figur noch erhalten). Bei dem Griff der Taf. 245, einem unendlich poetischen Werk, neigen die jungen »Geister« ihre Köpfchen sanft wie im Schlummer gegeneinander.
Der Erhaltungszustand beider Elfenbeingriffe ist leider nicht ganz befriedigend. Beide Arbeiten sind nach 1500 v. Chr. zu datieren; bei der Stilverschiedenheit der Arbeiten der einzelnen Werkstätten ist eine genauere Datierung jedoch sehr schwierig.

Tsuntas and Manatt, The Mycenaean Age S. 187 ff., Abb. 82 und 83. – *Wace*, Mycenae S. 36, Abb. 55–57.

246 oben
ELFENBEINGRIFF EINES BRONZESPIEGELS, mit Rosettendekor.

246 unten
ELFENBEINKAMM.
Beide aus Rutsi bei Pylos.

Beide Stücke stammen aus dem Tholosgrab 2 von Rutsi bei Pylos. Ihre zeitliche Entstehung läßt sich auf Grund der Toten auf die Zeit zwischen 1500 und 1440 v. Chr. festlegen. Der Kamm, dessen Griff mit Raubkatzen, die Wildenten verfolgen, geschmückt ist, gehörte, wie wohl auch die Pyxis auf Taf. 247 links, einem der älteren Toten; so müssen beide Anfang des Jahrhunderts, also um 1500 v. Chr., gearbeitet worden sein. Der Spiegelgriff mit Rosettendekor dagegen, der als Grabbeigabe zwischen etwa zehn Schwertern und Messern des später beigesetzten Mannes lag, muß um 1440 v. Chr. datiert werden.

Unpubliziert. Zwei Abbildungen mit einer Zeichnung des Spiegels in Illustrated London News vom 6. April 1957, S. 543.

247 links
ELFENBEINPYXIS. Aus dem Tholosgrab 2 von Rutsi bei Pylos. Etwas über natürliche Größe. Um 1500 v. Chr.

Die zylindrische Pyxis hat einen Dekor von Reihen von Spiralen und von Blattspiralen und Blättern in vertikalem Wechsel. Die Reihen sind durch senkrechte Astragalleisten geschieden. Die Henkelchen haben die Form von achterförmigen Schilden.

Illustrated London News vom 6. April 1957, S. 543, Abb. 21.

247 rechts oben
MINIATURSCHILD AUS GOLD. Aus dem Tholosgrab beim sog. Palast des Nestor in Englianos (Taf. 179, oben). Etwa $1^1/_2$fach vergrößert.

An dem achterförmigen Schild sind die Nähte, welche die Ochsenfelle bei den großen Schilden verbanden, durch den Zierat in Granulationsarbeit geschickt nachgeahmt.

247 rechts unten
MINIATURSCHILD AUS ELFENBEIN. Aus Mykenai. Etwa $^2/_3$ natürlicher Größe.

Die Flecken der Ochsenfellbespannung der großen Schilde war durch Einlagen in die Eintiefungen des kleinen Elfenbeinschildes angedeutet.
Wie es scheint, wurde das Werk in der Verschüttung des Gräberrundes A innerhalb der Mauer der Akropolis gefunden. Beide Schilde dienten wohl als Griffe oder waren applizierter Schmuck auf anderen Arbeiten.

Blegen, American Journal of Archaeology 58, 1954, S. 32, Taf. 9, 14.

248, 249
JÜNGLINGSSTATUETTE AUS BLEI. Aus einem Grab bei Kampos in Lakonien. Höhe 12 cm.

Der Dargestellte wirkt in seiner Erscheinung und Tracht rein minoisch. Eigenartig ist sein auf die Hände gerichteter, vorsichtig beobachtender Blick. Die Handflächen der zur Schulterhöhe erhobenen Hände sind leicht abwärts gerichtet, so daß er keinen größeren Gegenstand gehalten haben kann. Vielleicht handelt es sich um eine Genreszene, bei der der Jüngling mit einer Heuschrecke oder einem Schmetterling spielte. Die Statuette ist ein künstlerisch beachtenswertes Werk.

Tsuntas, in: Ephemeris 1891, S. 199. – *Tsuntas* und *Manatt*, The Mycenaean Age, S. 160, Taf. 7 gegenüber S. 158.

250, LIV
FRESKENFRAGMENTE EINER FRAUENPROZESSION. Aus dem Palast der Burg von Tiryns. 250: Höhe je etwa 30 cm; LIV: Höhe 39 cm, Breite 33,5 cm.

Das Prozessionsfresko gehört der zweiten Periode des Palastes von Tiryns an, also der Zeit nach 1400. Es handelt sich um einen Vorgang, bei dem sich Frauen, richtiger gesagt wohl Mädchen, von entgegengesetzter Richtung auf einen gemeinsamen Mittelpunkt zu bewegen. So kommt es, daß die Figur auf Taf. LIV nach rechts, die beiden Köpfe auf Taf. 250 nach links gewandt sind.

Der besterhaltene Rest ist auf Taf. LIV wiedergegeben unter möglichster Weglassung der über das Original hinausgreifenden störenden Rekonstruktion. Von dem Fresko der Taf. 250 sind bedauerlicherweise nur Teile der Köpfe erhalten. Aber die Originalpartien zeigen doch wenigstens instruktiv nochmals die Gestaltung des Mundes und der Augen.
Eine ähnliche, den Resten nach zu schließen künstlerisch sicher noch etwas höherstehende Darstellung einer Frauenprozession, gleichfalls in Lebensgröße, befand sich im »Palaste des Kadmos« auf der Burg von Theben.

Rodenwaldt, Tiryns, S. 80–82, Abb. 33, 34, Taf. IX. – *H. Reusch*, Die zeichnerische Rekonstruktion des Frauenfrieses im Böotischen Theben, S. 31ff. und passim, 1956.

LV
»ERIPHYLE«. Fresko aus Mykenai. Höhe 53 cm, Breite 70 cm. Das Zimmer, in dem das Fresko lag, wurde in der Periode Mykenisch IIIb zerstört. Das Bild muß deshalb etwas vor 1300 v. Chr. entstanden sein.

Das Fresko zeigt das Bild einer wahrscheinlich sitzenden Frau. Sie trägt ein mit Krokus gefärbtes gelbes Hemd aus dünnem, wohl leinenem Stoff und darüber die übliche mykenische Jacke. Die Haarfrisur besteht aus kleinen und einem größeren Löckchen, »Prokotta«, die auf die Stirn fallen, und aus großen »Parotides«, seitlichen Ohrlocken, die auf die Schulter und den Oberarm herabreichen. Das Haar des Hinterkopfes ist zu einem dicken, länglichen Knoten zusammengebunden; eine Stephane schmückt das Haupt. Die nackten Unterarme der schönen Frau – sie ist eine »Leucolenos« – sind mit Armbändern und Perlen geziert. In der erhobenen Rechten hält sie ein prachtvolles Halsband, das sie mit staunender Bewunderung betrachtet; ihre linke Hand liegt vor dem Hals, den ein längliches Halsband umschließt. Der Künstler dieses feinen Werkes vermochte es fühlbar zu machen, welche starke Beziehung diese Frau zu dem kostbaren Schmuckstück in ihrer Hand hat. Auf Seite 89f. haben wir von der Sage von Eriphyle und dem berühmten Schmuck der Harmonia berichtet unter Hinweis auf dieses Fresko, das in der Meisterschaft seiner Darstellung diesem Sagenkreis den schönsten Ausdruck verleiht.

Das Fresko wurde 1970 von *Mylonas* in Mykenai gefunden: Geschichte der Griechischen Nation Bd. I Athen 1970, S. 315. – Praktika der Arch. Gesellschaft 1970, S. 123, Farbtaf. 171, 171a. Zur Datierung: *Mylonas*, Ergon 1970, 99-100.

LVI, LVII
KOPF EINES WEIBLICHEN WESENS AUS BEMALTEM STUCK (Göttin oder Sphinx). Aus Mykenai. Höhe 16,8 cm.

Bei dem Fehlen großplastischer Werke in der kretisch-mykenischen Kunst ist der vorliegende Kopf als das einzige auf uns gekommene Beispiel einer Rundplastik ein besonders kostbares und bedeutungsvolles Stück. Ob es eine Sphinx darstellt, ist schwer zu entscheiden, insofern als der Kopf an Stelle der für die Sphinx üblichen Krone nur eine breite Stephane trägt. Reiche Locken zieren das Haupt. Merkwürdig sind die Punktrosetten auf Wangen und Kinn. Ob sie als Tätowierung zu verstehen sind, ist nicht klar.

Tsuntas, in: Ephemeris 1902, I, Taf. 1–2. – *Evans*, Palace of Minos III, S. 519, Abb. 364. – American Journal of Archaeology 1936, S. 205.

LVIII oben
FRESKOFRAGMENT MIT FRAUEN. Aus Mykenai. Breite 13,5 cm. 15. Jahrhundert v. Chr.

Frauen blicken aus einer festlich mit Girlanden und Doppeläxten geschmückten Veranda.
Das vielerörterte Fragment wurde von Schliemann im Gräberrund A von Mykenai gefunden und zunächst für griechisch gehalten. Es stammt wohl aus dem über den Gräbern gelegenen Rampenhaus und nicht aus dem Palaste selbst.

Rodenwaldt, in: Athenische Mitteilungen 36, 1911, Taf. 9. Nach ihm Kopie eines kretischen Originals (228); nach *Evans*, Palace of Minos I, S. 444 echt minoisch.

LVIII unten
FRESKOFRAGMENT DREIER DÄMONEN. Aus Mykenai. Wiedergabe in etwa natürlicher Größe.

Die drei im Fragment erhaltenen »Genii», kretisch-mykenische Dämonen, leiten sich wohl von den ägyptischen Ta-urt her. In der kretisch-mykenischen Religion und vielleicht noch mehr im Aberglauben des Volkes erfüllten diese Dämonen verschiedenste Aufgaben, Göttinnen dienend, die Pflanzenwelt mit heiligem Wasser erfrischend (vgl. das zum Ring aus Tiryns, Taf. 207, Gesagte), Weidetiere bewachend, oder aber auch diese und wilde Bestien würgend. So kommt es auch zu ihrer Darstellung mit erlegten Tieren, die sie über ihrer Schulter an einer Stange tragen.
Bei dem vorliegenden Fresko muß es sich um eine ähnliche Darstellung gehandelt haben. Es wurde in einem Privathaus von Mykenai gefunden und gehört der späten Zeit an. Ihr Entdecker Tsuntas hielt die Dargestellten zunächst für »eselköpfige» Wesen.

Tsuntas, in: Ephemeris 1887, S. 160ff., Taf. 10. – Gründliche – und trotz der Zweifel von *Nilsson* wohl das Richtige treffende – Behandlung der Genii-Frage bei *Evans*, Palace of Minos IV, S. 431.

251
HOHES, DREIHENKELIGES GEFÄSS. Aus Kakovatos, Triphylia. Höhe 78 cm. Um 1500 v. Chr.

In den Tholosgräbern von Kakovatos wurde eine Reihe großer, vortrefflich bemalter Amphoren gefunden. Die hier abgebildete zeigt einen Dekor aus Nautiloi und Meeresalgen. Sie ist um 1500 v. Chr. oder wenig später zu datieren.

K. Müller, in: Athenische Mitteilungen 1909, S. 304, Abb. 16.

252
BAUCHIGES DREIHENKELGEFÄSS. Aus Deiras in Argos. Höhe etwa 45 cm.

Diese Amphora von bauchigem Typ zeigt in gut erhaltener Malerei von stilisierten Palmen und Efeu-Waz-Motiven den frühen Palast-Stil.

Geschenk an das Nationalmuseum. Unpubliziert.

253

HOHE KANNE. Burg von Mykenai, Schachtgrab I. Höhe 33 cm.

Schachtgrab I enthielt einige Gefäße spätesten Stils der Schachtgräberzeit. Zu ihnen gehört auch die hier abgebildete Kanne mit Augenwarzen am Ausguß und efeuartigem Dekor. Stil und Ausführung der Arbeit sind typisch mykenisch.

Karo, Schachtgräber. S. 68, Nr. 199, Taf. 169.

254

ZWEI TONGEFÄSSE. Aus dem Tholosgrab in Rutsi bei Pylos.

Oben: SCHNABELKRUG mit Doppelbögen und Spiralenmuster und ausgesparten Blumenrosetten am Halse. Höhe 31 cm.

Unten: DREIBÜGELKANNE mit Zickzackmotiven, Doppeläxten und Blättern im Dekor. Höhe etwa 21,5 cm. Das älteste Beispiel für diese Gefäßgattung in Hellas.
Das kleine, fast ungeplünderte Tholosgrab von Rutsi enthielt gegen vierzig Gefäße, aber nur der letztbestattete Tote hatte einige wenige gut erhaltene Exemplare neben sich. Die beiden hier gezeigten Gefäße sind um 1500 v. Chr. zu datieren.

255

ZWEI GEFÄSSE aus Gräbern bei Prosymna in Argos. Um 1500 v. Chr.

Oben: KLEINE DREIHENKELIGE AMPHORA mit zwar ziemlich häufigem, aber schwer zu erklärendem Dekor in Form des sog. Spitzbogen-Baldachins (ogival kanopy). Nahe der Henkel Efeulaub und Lilien. Höhe 24,5 cm.

Unten: AUSGIESSTOPF MIT DREI HENKELN. Im Dekor das sog. Tennisschläger-Motiv (racket). Höhe ohne Henkel 28,5 cm.

Blegen, Prosymna I, S. 403, Farbtaf. 5 (Grab 30), und II, Taf. 165, Abb. 656 (Grab 25).

256, 257

KRATER MIT KRIEGERN. Aus dem sog. Haus der Kriegervase (vgl. Fig. 22, F) der Burg von Mykenai. Höhe 41 cm.

Dieser Krater entstammt der Endphase der mykenischen Kultur und ist im übrigen eines der seltenen Beispiele mit erzählender Darstellung. Seine eine Schauseite stellt sechs ausziehende Krieger dar; hinter ihnen eine Frau mit einer Gebärde, die in gleichzeitigen Werken Ägyptens und andernorts Trauer bedeutet. Die Gegenseite zeigt Krieger mit Helmen ohne Busch und Schmuck, aber bestachelt wie Igelhäute, ähnlich den Lederhelmen, die bei Homer Kataityx heißen.

Tsuntas und *Manatt*, The Mycenaean Age, Taf. 18 gegenüber S. 190. – *Bossert*, Altkreta, 3. Aufl., Abb. 133—135.

258

FRAGMENT EINES GEFÄSSES, Krieger im Streitwagen darstellend. Aus der Poroswand außerhalb der Burg von Mykenai, zwischen den Tholosgräbern von Aigisthos und Klytaimnestra. Höhe 32 cm. Das Gefäß stammt aus der Spätzeit SM IIIa, 14. Jahrhundert), in welcher derartige figürliche Szenen sowohl in Hellas wie im Bereich des Orients, besonders auf Kypros, häufiger sind.

Wace, in British School Annual 48, S. 6, Taf. 1, b. – Zur Frage, ob man in solchen Szenen mythologische Darstellungen erkennen kann: *E. Vermeule*, in: The Classical Journal 1958, S. 97–108.

259

DREIBEINIGES RHYTON mit zwei Hirschköpfen und einem Stierkopf als Dekor. Aus einem frühmykenischen Kammergrab von Volimidia bei Chora (Palaipylos). Höhe 22,4 cm. – Museum in Chora bei Pylos.

Das Kammergrab, dem das hier abgebildete Gefäß entstammt, war wie alle Gräber der Nekropole von Volimidia Generationen lang in Gebrauch, und das Gefäß selbst gehört der späten Zeit der Benutzung des Grabes an. Es hat im ganzen sieben Löcher zum Abfließen. Sein Dekor ist ein wildes Durcheinander entarteten Linienschmuckes.

Marinatos, in: Das Altertum I, 1955, S. 161, Grab A 6.

260

SPENDEGEFÄSS IN FORM EINES GEFLÜGELTEN STIEFELS. Aus Voula in Attika. Höhe etwa 13 cm.

Von dieser Gefäß-Sonderform sind zwei Exemplare, die, wie es scheint, in Attika hergestellt wurden, bekannt. Es bleibt dahingestellt, ob die Stiefelform mykenisch oder fremdländisch, etwa hethitisch, ist.
Geflügelte Stiefel (oder Sandalen) besaßen nur die Nymphen, deren Wohnung nur die Graiai, drei Töchter des Phorkys und der Keto, kannten. Indem Perseus auf den Rat der Athene und des Hermes den Graiai ihr Auge stahl – sie besaßen zu dritt nur ein Auge – zwang er sie, ihm unter anderem den Weg zu den Musen zu verraten. So bekam er die geflügelten Schuhe der Schnelligkeit, die ihm den Weg zu den Gorgonen ermöglicht haben.
Das vorliegende Gefäß vermag zu beweisen, daß die Erzählung Apollodors (2, 4, 2) über die geflügelten Stiefel der Nymphen auf ein mykenisches Märchen zurückgeht, was ein bedeutender Gewinn in dem noch dunklen Bereich der mykenischen literarischen Sphäre ist.

Das Gefäß ist von *Papadimitriu* 1955 gefunden; vgl. *Orlandos* in: Bericht der Archäologischen Gesellschaft für 1955, S. 24–25, Abb. 20, Athen 1956 (griechisch).

BIBLIOGRAPHISCHE NOTIZ

Es ist überflüssig, hier Autoren und Bücherlisten zu geben, die in allen größeren Werken schon genannt sind. Eine beinahe lückenlose Bibliographie aller bis 1957 erschienenen Literatur gibt *Brenda E. Moon*, Mycenaean Civilization, Publications since 1935 (Univ. of London, Institute of Classical Studies, Bulletin Supplement Nr. 3, 1957). Dazu die Besprechung von *Emily Townsend Vermeule* in: American Journal of Archaeology 62, 1958, S. 441. Ferner seien genannt: *F. Matz*, Die Ägäis, in: Handbuch der Archäologie, Bd. 2, 1. München 1950. – *H.-G. Buchholz / V. Karageoghis*, Altägäis und Altkypros (Tübingen 1971).

Für Nichtspezialisten sei bemerkt, daß für die minoische und zum größten Teil auch für die mykenische Kultur grundlegend ist das Buch von *Sir Arthur Evans*, The Palace of Minos at Knossos (4 Bände; 1. Band, 1921, letzter Band 1935). Trotz des begrenzten Titels behandelt diese einzigartige Publikation ohne festen Plan bei Gelegenheit alle Probleme der minoisch-mykenischen Kultur; sie enthält tiefgehende Einzeluntersuchungen, treffende Beobachtungen und vor allem die unschätzbare Erfahrung der eine Generation währenden Tätigkeit des Ausgräbers.

Das klassisch gewordene Buch über die Religion ist *Martin P. Nilsson*, Minoan-Mycenaean Religion (2. Auflage 1950).

Grundlegend, aber für Fachgelehrte bestimmt, ist das Buch von *Arne Furumark*, The Mycenaean Pottery (1941) und The Chronology of Mycenaean Pottery (1941). Neben älteren Monographien über Provinzial- und Exportfunde ist *Lord William Taylor*, Mycenaean Pottery in Italy and Adjacent Areas (1958) zu erwähnen. An grundlegenden Sammelpublikationen für Fachgelehrte sind vor allem zu erwähnen: Corpus der minoischen und mykenischen Siegel, herausgegeben von *F. Matz* und *H. Biesantz* bzw. *I. Pini* (Berlin). Seit 1964 sind 12 Bände dieses Corpus erschienen, das Gemmen und Gemmenabdrücke minoisch-mykenischer Zeit in den Museen und Privatsammlungen der Welt umfaßt. – Archaeologia Homerica. Die Denkmäler und das frühgriechische Epos, herausgegeben von *F. Matz* und *H.-G. Buchholz* (Göttingen), seit 1967. Obwohl in diesen archäologischen Beiträgen zum homerischen Epos die Zeit Homers im Vordergrund steht, greifen viele, wie das Epos selbst, ins 2. Jahrtausend zurück, z. B. *Sp. Marinatos*, Kleidung, Haar- und Barttracht (1967). – *M. Andronikos*, Totenkult (1968).

Für Einzelfragen, besonders der älteren Perioden, sind *Fritz Schachermeyr*, Die ältesten Kulturen Griechenlands (1955), und der Artikel Prähistorische Kulturen Griechenlands in der Realenzyklopädie von *Pauly-Wissowa* von Bedeutung. Zur Verbindung zwischen der kretisch-mykenischen Welt und dem Orient *W. St. Smith*, Interconnections in the Ancient Near East (New Haven und London 1965). – *F. Schachermeyr*, Ägäis und Orient (Wien 1967).

Von Büchern allgemeiner Darstellung seien erwähnt: *F. Matz*, Kreta-Mykene-Troja (1956) – *G. Karo*, Greifen am Thron (1959) – der Bildband von *Christian Zervos*, L'art de la Crète (Paris 1956, mit ausgedehnter Bibliographie) – *F. Matz*, Kreta und frühes Griechenland (Baden-Baden 1962) – *R. W. Hutchinson*, Prehistoric Crete (2. Auflage London 1963) – *E. Vermeule*, Greece in the Bronze Age (Chicago und London 1964) – *L. A. Stella*, La civiltà micenea nei documenti contemporanei (1965) – *G. E. Mylonas*, Mycenae and the Mycenaean Age (Princeton 1966) – *St. Alexiou / N. Platon*, Das antike Kreta (Würzburg 1967) – *R. Higgins*, Minoan and Mycenaean Art (London 1967).

Die Bücher von *Wace* und *Mylonas* über Mykenai und das immer grundlegende von *Georg Karo* über die Schachtgräber von Mykenai (1930/33) wird man in den Zitaten finden, wie dort auch gelegentliche Hinweise, gewöhnlich nur über Meinungen, die vom üblichen abweichen, gegeben sind.